高等学校土木工程专业通用教材

QIAOLIANG GONGCHENG

桥梁工程

（第2版）

主　编◎汪　莲　任伟新

副主编◎赵　青　李海涛　王小松

合肥工业大学出版社

书　名	桥梁工程(第2版)
主　编	汪　莲　任伟新
责任编辑	陈淮民
封面设计	诚邦视觉设计

出　版	合肥工业大学出版社
地　址	合肥市屯溪路 193 号(230009)
电　话	总编室　0551 - 2903038
	发行部　0551 - 2903198
	四编室　0551 - 2903467
网　址	www.hfutpress.com.cn
版　次	2006 年 10 月第 1 版　　2011 年 11 月第 2 版
印　次	2014 年 1 月第 4 次印刷
开　本	787 毫米×1092 毫米　1/16
印　张	26
字　数	578 千字
书　号	ISBN 978 - 7 - 5650 - 0605 - 0
定　价	49.00 元
印　刷	合肥现代印务有限公司
发　行	全国新华书店

图书在版编目(CIP)数据

桥梁工程(第 2 版)/汪莲主编 . —合肥:合肥工业大学出版社,2011.11(2014.1 重印)
ISBN 978 - 7 - 5650 - 0605 - 0

Ⅰ.①桥…　Ⅱ.①汪…　Ⅲ.①桥梁工程—高等学校—教材　Ⅳ.①U44

中国版本图书馆 CIP 数据核字(2011)第 224336 号

前　言
（第 2 版）

本书依据公路工程现行的技术标准、规范和规程，以应用为核心，以实用、实际和实效为原则，及时反映现阶段公路工程的发展和科技成果。结合公路工程人才培养目标和桥梁工程课程的教学特点，加强课程理论体系的科学性与专业针对性，突出了以培养应用型人才为目标的指导思想。

《桥梁工程》第 1 版于 2006 年 10 月出版，多次重印，读者反映良好。第 2 版在前书的基础上做了较多增删，特别是充实了近几年来桥梁建设的基本信息资料，以及新的施工技术和施工工艺。删去了旧的标准和规范。

本书内容主要有：总论、钢筋混凝土和预应力混凝土梁桥、其他体系桥梁及桥梁支座、拱桥、桥梁墩台、桥梁施工、计算机辅助桥梁工程设计。每章有具体的知识要点和重点难点，并附有思考题。各章节计算部分均配有计算实例，能使学习者理论联系实际，可以在日后工作中解决桥梁工程设计计算方面的相关问题。

本书由汪莲和任伟新担任主编。参编人员有：赵青、李海涛、王小松、何敏、李雪峰、邵亚会、梅应华、黄天立、孙增寿、韩建刚、杜建文、王赟等。参编单位有：合肥工业大学、安徽建筑工业学院、安徽理工大学、重庆交通大学、中南大学、郑州大学、海南大学、陕西理工学院、安徽省交通规划设计研究院等。

本书在编写过程中得到了作者所在院校和单位的大力支持，并参考了书后所附参考文献的部分资料，在此向他们表示衷心的感谢！

由于我们水平有限，编写时间也较紧迫，错误之处一定不少，敬请读者批评指正。

编　者

2011 年 9 月

目　录

第1章

总 论

[本章导读]

本章主要介绍桥梁工程在交通事业中的作用以及国内外桥梁建设的发展概况；通过对桥梁的组成和结构体系的了解，掌握桥梁的基本分类以及各类桥梁的受力特点和适应条件；了解桥梁的设计规划原则和桥梁设计所需的基本资料；熟悉桥梁设计的主要内容以及桥梁的设计与建设程序；掌握桥梁的作用分类和桥梁设计荷载的具体计算方法；通过对桥面布置与构造的学习，在今后的桥梁设计中能正确的选用桥面系各构件的形式，合理的拟定结构细部构造尺寸。

[知识目标]

通过本章学习对国内外桥梁建设的发展概况和发展趋势有所了解；掌握桥梁的基本分类以及各类桥梁的受力特点和适应条件；对桥梁设计工作的全貌有一概括的了解。

[能力目标]

能够依据桥梁的设计规划原则对桥梁结构进行总体规划布置，掌握桥梁设计荷载的具体计算方法，并能进行桥梁设计荷载的计算和荷载的组合与计算。

[重点难点]

本章重点是桥梁的基本组成、分类和桥梁设计荷载的计算；难点是依据桥梁的规划设计原则对桥梁进行纵、横断面设计和构造布置。

1.1 概 述

1.1.1 桥梁在交通事业中的作用和国内外桥梁建设发展概况

大力发展交通运输事业,是加速实现我国现代化的重要保证。四通八达的现代交通,对于加强全国各族人民的团结,发展国民经济,促进文化交流和巩固国防等方面,都具有非常重要的作用。在公路、铁路、城市和农村道路交通以及水利等建设中,为了跨越各种障碍(如河流、沟谷或其他线路等)必须修建各种类型的桥梁或涵洞,所以桥涵又成了陆路交通中的重要组成部分。在经济上,桥梁和涵洞的造价一般平均占公路总造价的 10%～20%,特别是在现代高等级公路以及城市高架道路的修建中,桥梁不仅在工程规模上十分巨大,而且往往也是保证全线早日通车的关键。在国防上,桥梁是交通运输的咽喉,在需要高度快速、机动的现代战争中具有非常重要的地位。

20 世纪 50 年代以来,由于科学技术的进步,工业水平的提高,社会生产力的高速发展,人们对桥梁建筑提出了更高的要求。现代高速公路上迂回交叉的立交桥、高架桥和城市高架道路,数十公里的海湾和海峡大桥,新发展的城际高速铁路桥与轻轨运输高架桥等,这些新型桥梁不但是规模巨大的工程实体,而且犹如一条条地上"彩虹",将城市装扮得格外妖娆美丽。纵观世界的各大城市,常以工程雄伟的大桥作为城市的标志与骄傲。因而桥梁建筑已不单纯作为交通线上的重要工程实体,而且常作为一种空间艺术结构存在于社会之中。

1. 我国桥梁的发展概述

桥梁不仅是一个国家文化的象征,更是生产力发展和科学进步的写照。

我国幅员辽阔,大小山脉和江河湖泽遍布全国。我国的桥梁建筑在历史上是辉煌的。古代的桥梁不但数量惊人,类型也丰富多彩,几乎包括了近代所有桥梁中的主要形式。所用的材料多是一些天然材料,例如土、木、石等。

根据史料记载,在三千年前的周文王时期,我国就在渭河上架设过大型浮桥。在秦汉时期我国就开始大量建造石桥。隋唐时期,是我国古代桥梁的兴盛时代,其间在桥梁形式、结构构造等方面有着很多创新。宋代之后,建桥数量大增,桥梁的跨越能力、造型和功能又有所提高,充分表现了我国古代工匠的智慧和艺术水平。举世闻名的河北省赵县的赵州桥(又称安济桥)(图 1-1),就是我国古代石拱桥的杰出代表。该桥在隋大业初年(公元 605 年左右)为李春所创建,是一座空腹式圆弧形石拱桥,全桥

图 1-1 赵州桥

长 50.82m,净跨 37.02m,桥宽 9m,拱矢高度 7.23m。在拱圈两肩各设有两个跨度

不等的腹拱,这样既能减轻桥身自重、节省材料,又便于排洪、增加美观,赵州桥至今仍保存完好。

我国是最早有吊桥的国家,迄今至少有三千年左右的历史。据记载,到唐朝中期,我国就从藤索、竹索发展到用铁链建造吊桥,而西方在 16 世纪才开始建造铁链吊桥,比我国晚了近千年。至今尚保存下来的古代吊桥有四川泸定县的大渡河铁索桥(1706 年)以及灌县的安澜竹索桥(1803 年)等。泸定铁索桥跨长约 100m,桥宽约 2.8m,由 13 条锚固于两岸的铁链组成。1935 年中国工农红军长征途中曾强渡此桥,因此更加闻名。

在秦汉时期我国已广泛修建石梁桥。世界上现在尚存最长、工程最艰巨的石梁桥,就是我国于 1053～1059 年在福建泉州建造的万安桥(又称洛阳桥)。此桥长达 800 多米,共 47 孔,位于"波涛汹涌,水深不可测"的海口江面上。此桥以磐石遍铺桥位江底,是近代筏型基础的开端,并且独具匠心地采用养殖海生牡蛎的方法胶固桥基成整体。万安桥的石梁共有 300 余根,每根重约 20～30 吨。在当时,采用"激浪以涨舟,悬机以弦牵"的方法架设这样重的梁,据分析,就是利用潮汐的涨落控制船只的高低位置,这也是现代浮运架桥的雏形。

新中国成立后,我国的公路建设事业突飞猛进,桥梁建设取得了很大的成就。特别是改革开放以来,我国社会主义现代化建设和各项事业取得了举世瞩目的成就,公路交通的大力发展和西部地区的大开发为公路桥梁建设带来了良好的机遇。三十多年来,我国大跨径桥梁的建设进入了一个辉煌的时期,在中华大地上建造了一大批结构新颖、技术复杂、设计和施工难度大且科技含量高的大跨径斜拉桥、悬索桥、拱桥、PC 连续刚构桥,积累了丰富的桥梁设计和施工经验,我国公路桥梁建设水平已跻身于国际先进行列。

(1)钢桥

1957 年,第一座长江大桥——武汉长江大桥的顺利建成,结束了我国万里长江无桥的历史,标志着建造大跨度钢桥的技术在我国达到新的水平。大桥的正桥为三联 3×128m 的连续钢桁梁,下层双线铁路,上层公路桥面宽 18m,两侧各设 2.25m 的人行道,包括引桥在内,全桥总长 1 670.4m。1969 年我国又顺利地建成了举世瞩目的南京长江大桥,这是我国自行设计、制造、施工,并使用了国产高强钢材的现代化大型桥梁,见图 1-2。该桥上层为公路桥,下层为双线铁路;包括引桥在内,铁路桥全长 6 772m,公路桥全长为 4 589m。桥址处水深流急,河床地质极为复杂,大桥桥墩基础的施工非常困难。南京长江大桥的建成,显示出我国建桥技术已达到世界先进水平,也是我国桥梁史上的又一重要里程碑。2003 年 6 月,我国自主设计的跨径为 550m 的卢浦大桥建成通车(图 1-3)。它是当今世界上第一座全焊接钢结构拱型大桥,首次集斜拉桥、钢拱桥、悬索桥三种不同类型的施工工艺于一身,科技含量高,施工难度大。它的建成,标志着我国桥梁技术取得了重大突破,建桥水平跃上了一个新台阶。2009 年 4 月,主跨 552m 的重庆朝天门大桥建成通车(图 1-4),它是当今世界上跨度最大的钢桁架系杆拱桥。

图1-2　南京长江大桥

图1-3　卢浦大桥

图1-4　朝天门大桥

(2)混凝土梁桥

钢筋混凝土与预应力混凝土梁桥,在我国也取得了很大的发展。对于中小跨径的梁桥(5～20m左右),已广泛采用装配式钢筋混凝土板式或肋板式的标准化设计,它不但经济实用、施工方便,并且能加快建桥的速度。我国装配式预应力混凝土梁桥的标准设计,跨径已达40m。1997年建成的主跨为270m的虎门大桥辅航道桥是中国跨度最大的预应力混凝土梁桥,目前跨度位居世界第三。截至2010年底,国内外已建成的预应力混凝土梁桥排名情况见表1-1。

表1-1　截至2010年底国内外已建成的预应力混凝土梁桥排名

序号	桥名	主跨 (m)	结构 形式	桥址	建成 年份
1	斯托尔马桥(Stolma)	302	连续刚构	挪威	1998
2	拉托圣德桥(Raftsunder)	298	连续刚构	挪威	1998
3	亚松森桥(Asuncion)	270	三跨T构	巴拉圭	1979
	虎门大桥副航道桥	270	连续刚构	中国	1997
4	云南元江大桥	265	连续刚构	中国	2003
5	门道桥(Gateway)	260	连续刚构	澳大利亚	1985
	伐罗德2号桥(Varodd-2)	260	连续梁	挪威	1994
	宁德下白石大桥	260	连续刚构	中国	2004
6	泸州长江二桥	252	连续刚构	中国	2001
7	Schottwien桥	250	连续刚构	奥地利	1989
	Doutor桥	250	连续刚构	葡萄牙	1991
8	斯克夏桥(Skye)	250	连续刚构	英国	1995
	重庆黄花园嘉陵江大桥	250	连续刚构	中国	1999
	马鞍石嘉陵大桥	250	连续刚构	中国	2002
9	黄石长江大桥	245	连续刚构	中国	1995

(3)拱桥

我国拱桥有悠久的历史。在建国初期,广大建桥技术人员继承和发扬了我国建造石拱桥的优良传统,因地制宜,就地取材,修建了大量经济美观的石拱桥。目前,我国已修建跨径在百米以上的石拱桥有十余座,其中建于2000年的山西丹河石拱桥(跨度为146m)创世界纪录(图1-5)。

除石拱桥外,我国还创造和推广了不少新颖的拱桥结构。如

图1-5　山西丹河石拱桥

1964年创建的双曲拱桥,具有材料省、造价低、施工简便和外形美观等优点。在公路桥梁建设中得到应用和推广,并对当时加快我国公路桥梁建设速度,曾起到很大的推动作用。目前,我国跨径在百米以上的双曲拱桥有16座,其中最大跨径达150m(河南前河大桥)。

在拱桥的施工技术方面,除了有支架施工外,对于大跨径拱桥,目前已广泛采用无支架施工,而且在四川、贵州和湖南等省,还采用转体法分别建成跨径为70m的肋拱桥和跨径达200m的箱型拱桥等。截至2010年底,国内外已建成的拱桥排名情况见表1-2。

表 1-2　截至 2010 年底国内外已建成的拱桥排名

序号	桥名	主跨 (m)	结构 形式	桥址	建成 年份
1	朝天门大桥	552	钢桁架拱	中国	2009
2	卢浦大桥	550	钢箱拱	中国	2003
3	新河峡谷大桥	518	钢桁架拱	美国	1977
4	贝尔桥	504	钢桁架拱	美国	1931
5	悉尼港桥	503	钢桁架拱	澳大利亚	1932
6	巫山长江大桥	492	钢管混凝土拱	中国	2005
7	广州新光大桥	428	钢管混凝土拱	中国	2006
8	万州长江公路大桥	420	钢管混凝土劲性骨架拱	中国	1997
	菜园坝长江大桥	420	钢管混凝土系杆拱	中国	2007
9	克尔克一号大桥(KRK-1)	390	钢筋混凝土拱	克罗地亚	1979
10	弗里芝特大桥(Fermont)	383	钢桁架拱	美国	1973
11	湖南淞澧洪道桥	368	钢管混凝土拱	中国	2001
	益阳茅草街大桥	368	钢管混凝土拱	中国	2006
12	广州丫髻沙珠江大桥	360	钢管混凝土拱	中国	2000
13	塔歇尔大桥	344	钢桁架	巴拿马	1962

(4)斜拉桥

自 20 世纪 50 年代公路斜拉桥问世以来,这种结构合理、形式多样、跨越能力大、用材指标低、外形美观的桥梁异军突起,发展迅猛。目前我国主跨超过 600m 的斜拉桥有 10 座。已建成的苏通长江公路大桥是主跨为 1 088m 的钢箱梁,香港昂船洲大桥是主跨为 1 018m 的混合梁,南京长江三桥和二桥主跨分别为 648m 和 628m,全桥均采用钢—混凝土组合梁。截至 2010 年底,国内外已建成的斜拉桥排名情况见表 1-3。

表 1-3　截至 2010 年底国内外已建成的斜拉桥排名

序号	桥名	主跨 (m)	结构 形式	桥址	建成 年份
1	苏通长江公路大桥	1 088	H	中国苏州	2008
2	香港昂船洲大桥	1 018	H	中国香港	2010
3	鄂东长江大桥	926	H	中国湖北	2010
4	多多罗桥(Tatara)	890	H	日本	1998
5	诺曼底桥(Normandie)	856	H	法国	1995
6	荆岳长江公路大桥	816	H	中国湖北	2010
7	闵浦大桥	708	S	中国上海	2009

序号	桥 名	主跨 (m)	结构 形式	桥 址	建成 年份
8	南京三桥	648	H	中国南京	2005
9	南京二桥	628	H	中国南京	2001
10	武汉三桥	618	H	中国武汉	2001
11	青州闽江大桥	605	C	中国福州	2001
12	上海杨浦大桥	602	C	中国上海	1993
13	中央名港大桥(Meiko-Chuo)	590	S	日本	1997
	上海徐浦大桥	590	H	中国上海	1997
14	斯坎圣德特桥(Skarnsundet)	530	PC	挪威	1991

[注] H：混合(Hybrid)；C：复合(Composite)；PC：预应力混凝土(Prestressed Concrete)；S：钢桥(Steel)。

（5）悬索桥

悬索桥的跨越能力在各类桥型中是最大的。我国1997年建成的香港青马大桥，全长2 160m，主跨1 377m，是香港20世纪标志性建筑。它把传统的造桥技术升华至极高的水平，宏伟的结构令世人感叹，在世界171项工程大赛中荣获"建筑业奥斯卡奖"。截至2010年底，国内外已建成的悬索桥排名情况见表1-4。

表1-4 截至2010年底国内外已建成的悬索桥排名

序号	桥 名	主跨(m)	桥 址	建成 年份
1	明石海峡大桥(Akashi—Kaikyo)	1 991	日本	1998
2	舟山西堠门大桥	1 650	中国浙江	2010
3	大贝尔特桥(Great Belt East)	1 624	丹麦	1997
4	润扬长江大桥	1 490	中国江苏	2005
5	汉伯桥(Humber)	1 410	英国	1981
6	江阴长江大桥	1 385	中国江苏	1999
7	香港青马大桥(Tsing Ma)	1 377	中国香港	1997
8	费拉赞诺桥(Verrazana-Narrows)	1 298	美国纽约	1964
9	金门大桥(Golden Gate)	1 280	美国	1937
	武汉阳逻公路长江大桥	1 280	中国武汉	2007
10	霍加-卡斯滕大桥(Hoga-Kusten)	1 210	瑞典	1997
11	麦金奈克桥(Mackinac)	1 158	美国	1957
12	珠江黄浦大桥	1 108	中国广东	2008
13	塔盖斯桥(Tagus)	1 104	葡萄牙里斯本	1960
14	南备赞濑户大桥(Minami Bisan-seto)	1 100	日本	1988

如今,我国的交通事业和桥梁建设呈现出一个崭新的局面,这体现在国道系统的畅通和高速公路建设以及现代化桥梁技术、桥型、美观、跨越能力和施工管理水平的升华。至 2010 年底,我国高速公路的通车里程已达 7.4 万 km,一个干支衔接、布局合理、四通八达的公路网已初步形成,公路交通有效缓解了长期制约国民经济发展的道路"瓶颈"状况。因此,我们应不断努力,善于吸取国内外桥梁建筑的最新技术和有效经验,为我国社会主义桥梁建设做出应有的贡献。

2. 近现代桥梁发展概述

纵观世界桥梁建筑发展的历史,与社会生产力的发展,工业水平的提高,施工技术的进步,数学、力学理论的进展,计算技术的改革等方面都有关系,其中与建筑材料的改革最为密切。

17 世纪中期以前,建筑材料基本上只限于土、木、石、砖等材料,采用的也是很简单的结构,17 世纪 70 年代开始使用生铁。18 世纪末,炼铁技术发展,铁开始应用于桥梁。1779 年首次建成了铸铁拱桥(Coal brookdalc 桥,主跨 30m)。留世至今的是著名的法国巴黎塞纳河上的亚历山大三世铸铁拱桥(Alexander 桥,107.5m,1899年)。

19 世纪开始使用熟铁建造桥梁与房屋,由于这些材料的本身缺陷,土木工程的发展仍然受到很大的限制。19 世纪中期,出现了现代建筑用钢和钢丝,引发了土木工程的第一次飞跃。桥梁采用优质钢材使桁架结构形式有了发展,桥梁主跨从100m 左右跃至 500m 左右。其标志性建筑为 1883 年建成的美国纽约的布鲁克林桥(Brooklyn 桥,主跨 486m 的悬索桥)和 1890 年建成的苏格兰福思湾铁路桥(Firth of Forth 桥,主跨 520m 的悬臂钢桁桥)。进入 20 世纪,钢拱桥的第一个世界纪录为美国新河桥(New River 桥,主跨 518m);钢桁桥的第一世界纪录为加拿大的魁北克桥(Quebec 桥,主跨 549m)。

20 世纪,建筑用钢从普通钢材发展到高强合金钢以及全气候钢,结构的连接从铆接、拴接发展到焊接、高强螺栓连接。结构的高强轻型化,钢管和钢箱梁的应用,制造工艺自动化、工厂化和施工机械化,从而创造出千姿百态的现代钢桥。加上钢筋混凝土的广泛应用,以及预应力技术的诞生,实现了土木工程的第二次飞跃,桥梁跨度突破千米大关。20 世纪桥梁的发展主要反映在悬索桥和斜拉桥的建设上。现代斜拉桥 1955 年始于德国,经过半个多世纪的发展,斜拉桥跨径已跃至 1 088m(苏通长江公路大桥,主跨 1 088m,2008 年建成)(图 1-6)。悬索桥从 20 世纪初的 1 000m 左右(纽约 Washington 桥,主跨 1 067m,1931 年建成),到 20 世纪末已跃至 1 991m。其标志性建筑物为 1937 年建成的美国金门大桥(Golden Gate,主跨 1 280m)(图 1-7)。1998 年建成的日本明石海峡大桥(Akashi-kaikyo,主跨 1 991m),在施工期间经受住了 1995 年的日本阪神大地震(图 1-8)。我国 2004 年建成通车的长江润扬公路大桥,主跨 1 490m,目前位居世界第四,如图 1-9 所示。2010 年建成通车的舟山西堠门大桥,主跨 1 650m,目前位居世界第二。

图1-6 苏通大桥

图1-7 金门大桥

图1-8 明石海峡大桥

图1-9 润扬公路大桥

3. 桥梁建设发展趋势

(1)大跨度桥梁向更长、更大、更柔的方向发展。研究大跨度桥梁在气动、雨振、地震和行车动力作用下结构的稳定性;将截面做成适应气动要求的各种流线型加劲梁,增大特大跨度桥梁的刚度;采用以斜缆为主的空间网状承重体系以及悬索加斜拉的混合体系;采用轻型且刚度大的复合材料作加劲梁,而以自重轻、强度高的碳纤维材料做主缆。

(2)新材料的开发和应用。新材料应具有高强、高弹模、轻质的特点,研究超强聚合物混凝土、高强双向钢丝钢纤维增强混凝土、纤维塑料等一系列材料取代目前桥梁用的钢和混凝土。

(3)计算机辅助手段。设计中采用快速有效的仿真分析和方案优化,运用智能化制造系统在工厂生产部件,利用 GPS 和遥控技术控制桥梁施工。

(4)大型深水基础工程。目前世界上桥梁基础还没有超过 100m 的深海基础工程,今后将需要进行 $100\sim300m$ 深海基础的实践。

(5)桥梁的健康监测。通过自动监测和控制管理系统保证桥梁结构的安全和正常运行,一旦发生故障或损伤,将自动报告损伤部位和养护对策。

(6)重视桥梁美学及环境保护。桥梁是人类最杰出的建筑之一,闻名遐迩的美国旧金山金门大桥、澳大利亚悉尼港桥、英国伦敦桥、日本明石海峡大桥、上海杨浦大桥、香港青马大桥(图 1-10)、上海卢浦大桥等,这些著名的大桥都是一件件宝贵的空间艺术品,成为陆地、江河海洋和天空的景观,成为城市标志性建筑。宏伟壮观的澳大利亚悉尼港桥与别具一格的悉尼歌剧院融为一体,成为今日悉尼的象征。因此,21世纪的桥梁结构必将更加重视建筑艺术造型,重视桥梁美学和景观设计,重视环境保护,达到人文景观和自然景观的和谐。

图 1-10　香港青马大桥

1.1.2　桥梁的组成、分类和结构体系

当道路遇到江河湖泊、山谷深沟以及其他线路(铁路或公路)等障碍时,为了保持道路的连续性,充分发挥其正常的运输能力,就需要建造专门的人工构造物——桥梁来跨越障碍。桥梁既要保证桥上的交通运行,又要保证桥下洪水宣泄、船只通航或车辆通行。

1. 桥梁的组成

(1)基本组成

桥梁有五个"大部件"(图 1-11)和五个"小部件"组成。这五大部件是:

1)桥跨结构(或称桥孔结构)　是线路遇到障碍(如江河、山谷或其他路线等)时,跨越这类障碍的主要承载结构。

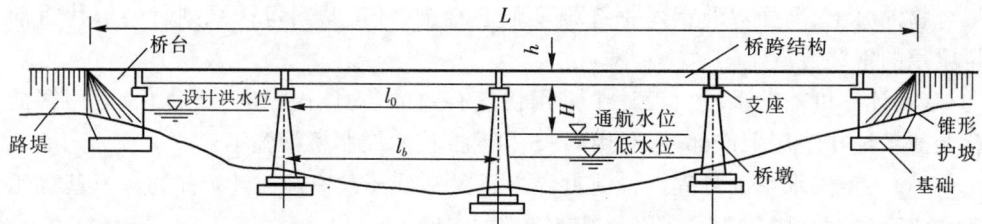

图 1-11　桥梁的基本组成

2)支座系统　支承上部结构并传递荷载于桥梁墩台上,应满足上部结构在荷载、温度或其他因素作用下所预计的位移功能。

3)桥墩　支承两侧桥跨上部结构的建筑物。

4)桥台　位于河道两岸,一端与路堤相接,防止路堤滑塌;另一端支承桥跨上部结构。

5)基础　保证墩台安全并将荷载传至地基的结构部分。基础工程在整个桥梁工程施工中是比较困难的部分,而且常常需要在水下施工,因而遇到的问题也很复杂。

桥跨结构和支座系统是桥梁的上部结构,桥墩、桥台和基础为桥梁下部结构。在路堤与桥台衔接处,一般还在桥台的两侧设置锥形护坡,以保证迎水部分路堤边坡的稳定。

五小部件是:桥面铺装(或称行车道铺装)、排水防水系统、栏杆(或防撞护栏)、伸缩缝和灯光照明。这五小部件均为与桥梁服务功能有关的部件,总称为桥面构造。在桥梁设计中,往往得不到足够的重视,因而使桥梁服务质量降低,外观粗糙。随着经济建设的发展和人类文明水平的提高,人们对桥梁行车的舒适性和结构物的观赏性要求愈来愈高。因而,国外很多桥梁的设计很重视这五个小部件。目前,国内桥梁设计工程师们也越来越感受到五小部件的重要性。

(2)名词术语

1)水位 河流中的水位是变动的,枯水期的最低水位称为低水位;洪水期的最高水位称为高水位。桥梁设计中按规定的设计洪水频率计算所得的高水位称为设计洪水位。在各级航道中,能保证船舶正常航行的水位,称为通航水位(图1－11)。

2)净跨径 对于梁桥是指设计洪水位上相邻两个桥墩或桥墩与桥台之间的净距离,用 l_0 表示(图1－11);对于拱桥是指两拱脚截面最低点之间的水平距离(图1－12)。

3)总跨径 多孔桥梁中各孔净跨径的总和,也称桥梁孔径,它反映了桥下宣泄洪水的能力。

4)计算跨径 对于有支座的桥梁,是指桥跨结构相邻两个支座中心的距离,用 l 表示;对于拱桥,l 是指相邻两拱脚截面形心点之间的水平距离(图1－12)。桥跨结构的力学计算是以 l 为依据的。

5)标准跨径 对于梁桥,是指两相邻桥墩中心线之间的距离,或桥墩中心线至桥台台背前缘之间的距离;对于拱桥,则是指净跨径,用 l_0 表示。我国《公路桥涵设计通用规范》(JTG D60－2004)(**以下简称《桥规》**)中规定,对于标准设计或新建桥涵跨径在50m及以下时,宜采用标准跨径。我国规定的公路桥涵标准跨径为:0.75m、1.0m、1.25m、1.5m、2.0m、2.5m、3.0m、4.0m、5.0m、6.0m、8.0m、10m、13m、16m、20m、25m、30m、35m、40m、45m和50m,共21种。

6)桥梁全长(简称桥长) 指桥梁两端两个桥台的侧墙或八字墙后端点之间的距离,以 L 表示(图1－11)。对于无桥台的桥梁为桥面系行车道的全长(图1－13)。在一条线路中,桥梁和涵洞总长的比重反映它们在整段线路建设中的重要程度。

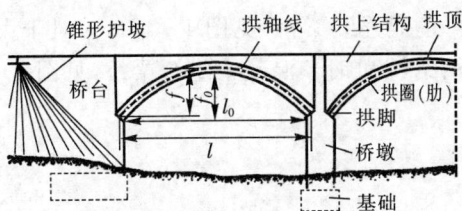

图1－12 拱桥的概貌

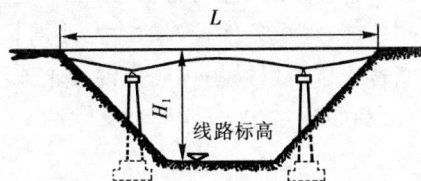

图1－13 带悬臂的桥梁

7)桥梁高度(简称桥高)　指桥面与低水位之间的高差或为桥面与桥下线路路面之间的高差(图1-13)。桥高在某种程度上反映了桥梁施工的难易性。

8)桥下净空高度　指设计洪水位或通航水位至桥跨结构最下缘之间的距离,以 H 表示(图1-11),它应能保证桥下安全排洪,并不得小于该河流通航所规定的净空高度。

9)通航净空　指在桥孔中垂直于流水方向所规定的空间界限(图1-19中虚线所示的多边形),任何结构构件或航运设施均不得伸入其内。

10)建筑高度　指桥上行车路面(或轨顶)标高至桥跨结构最下缘之间的距离(图1-11中 h),它不仅与桥梁结构的体系和跨径的大小有关,而且还随行车部分在桥上的布置而异。公路(或铁路)定线中所确定的桥面(或轨顶)的标高,与桥下设计洪水位加超高或与通航净空顶部标高之差,称为容许建筑高度,桥梁的建筑高度不得大于其容许建筑高度。

11)净矢高　指从拱顶截面下缘至相邻两拱脚截面下缘最低点连线的垂直距离,以 f_0 表示(图1-12)。

12)计算矢高　指从拱顶截面形心至相邻两拱脚截面形心连线的垂直距离,以 f 表示(图1-12)。

13)矢跨比　指拱桥中拱圈(或拱肋)的计算矢高与计算跨径之比(f/l),亦称拱矢度,它是反映拱桥受力特性的一个重要指标。

2. 桥梁的分类

桥梁的种类繁多,它们都是在长期的生产活动中通过反复的实践和不断地总结,逐步创造变化发展起来的。

(1)按受力体系分类

按照受力体系分类,桥梁可分为梁桥、拱桥和悬索桥三大基本体系。梁桥以受弯为主,拱桥以受压为主,悬索桥以缆索受拉为主。由三大基本体系的相互组合,派生出在受力上也具组合特征的多种桥型,如刚构桥和斜拉桥等,下面分别阐述各种桥梁体系的主要特点。

1)梁桥

梁桥是一种在竖向荷载作用下无水平反力的结构(图1-14(b)),由于外力的作用方向与梁桥承重结构轴线基本垂直,与同样跨径的其他结构体系相比,梁桥产生的弯矩最大,通常需要用抗弯、抗拉能力强的材料(如钢、钢筋混凝土、钢一混凝土组合结构等)来建造,施工方法有预制装配和现浇两种。这种桥梁结构简单,施工方便。钢筋混凝土简支梁桥对地基承载力要求不高,常用跨径在20m以下。当跨径较大时,需要采用预应力混凝土结构,但跨度一般不超过40m。为了改善受力条件和适用性能,地质条件较好时,中、小跨径梁桥可建成连续梁桥,见图1-14(c),对于大桥和特大桥可以采用预应力混凝土连续梁桥、钢桥和钢一混凝土组合梁桥,见图1-14(d)和(e)。

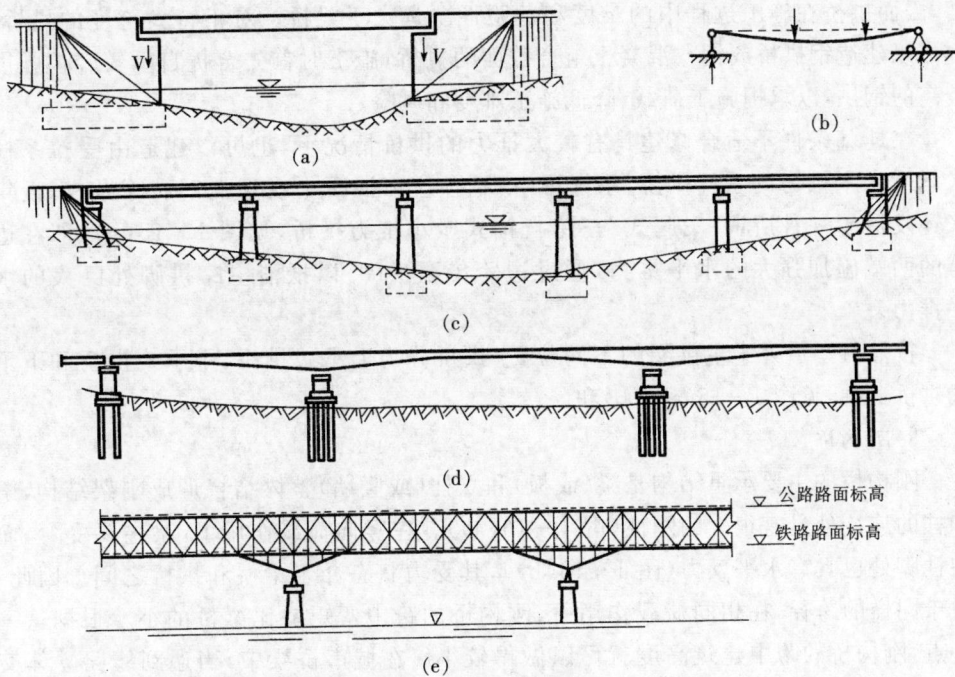

图 1-14 梁桥体系

2)拱桥

如图 1-15 所示为拱桥,拱桥的主要承重结构是拱圈或拱肋。拱结构在竖向荷载作用下桥墩和桥台将承受水平推力,同时,根据作用力和反作用力原理,墩台向拱圈(或拱肋)提供一对水平反力,这种水平反力将大大抵消在拱圈(或拱肋)内作用引起的弯矩。因此,与相同跨径的梁桥相比,拱桥的弯矩、剪力和变形都要小得多。鉴于拱桥的承重结构以受压为主,通常可用抗压能力强的圬工材料(如砖、石、混凝土)或钢筋混凝土等来建造。

拱桥不仅跨越能力很大,而且外形酷似彩虹卧波,十分美观。在条件许可的情况下,修建拱桥往往是经济合理的,一般跨径在 500m 以内均可以作为比选方案。

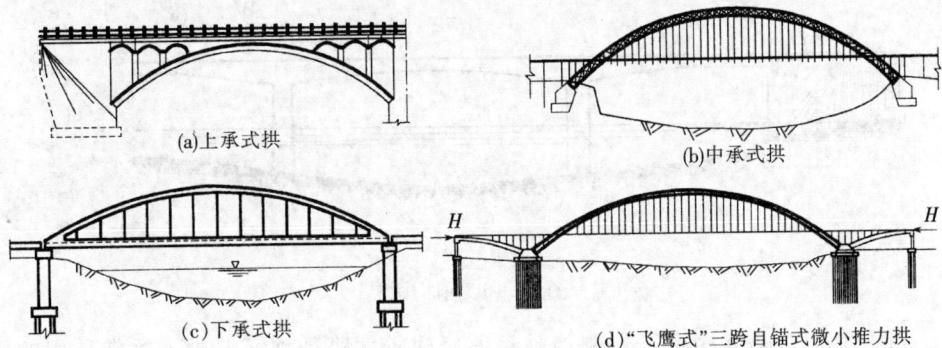

图 1-15 拱桥体系

应当注意,为了确保桥梁的安全,拱桥的下部结构和地基(特别是桥台)必须能经受住很大的水平推力的作用。此外,由于拱圈(或拱肋)在合拢前自身不能维持平衡,因而拱桥在施工过程中的难度和危险性要远大于梁桥。对于特大跨度的拱桥,也可以建造钢拱桥或钢-混凝土组合截面的拱桥,施工时首先合拢自重较轻但强度较高的钢拱,以承担施工荷载,降低施工难度和风险。

在地基条件不适合修建具有较大推力的拱桥情况下,也可以建造由受拉系杆来承受水平推力的系杆拱桥,系杆可由钢、预应力混凝土或高强钢筋等做成,近年来还发展了一种所谓"飞鹰式"三跨自锚式微小推力拱桥,见图 1-15(d),即在边跨的两端施加强大的水平推力,通过边跨传至拱脚,以抵消主跨拱脚处巨大的水平推力。

按照行车道处于主拱圈的不同位置,拱桥分为上承式拱桥、中承式拱桥和下承式拱桥三种,见图 1-15(a)、(b)和(c)。

3)刚构桥

刚构桥的主要承重结构是梁(或板)和立柱(或竖墙)整体结合形成刚架结构,梁和柱的连接处具有很大的刚性(图 1-16(a))。在竖向荷载作用下,梁主要受弯,而在柱脚处也具有水平反力(图 1-16(b)),其受力状态介于梁桥和拱桥之间。因此,对于同样的跨径,在相同荷载作用下,刚构桥的跨中弯矩要比梁桥的小。根据这一特点,刚构桥的跨中建筑高度就可以做得较小。在城市桥梁中,当遇到线路立体交叉或需要跨越通航江河时,采用这种桥型能尽量降低线路标高以改善纵坡并能减少桥头路堤的土石方量。当桥面标高一定时,能增加桥下净空。刚构桥的缺点是施工比较复杂,如用普通钢筋混凝土修建,梁柱刚接处较易开裂。近年来除了采用钢或预应力混凝土结构外,这种桥型已经很少采用。

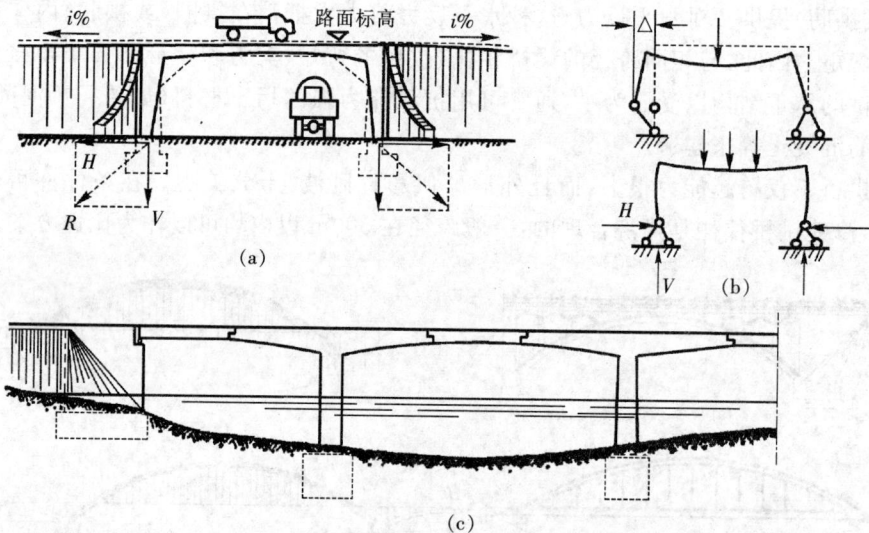

图 1-16 刚构桥

如图 1-16(c)所示的 T 形刚构是目前修建较大跨径钢筋混凝土桥常采用的桥型,它是结合了刚构桥和多孔静定悬臂梁桥的特点发展起来的新颖结构。对于普通钢筋混凝土 T 形刚构桥采用预制装配施工时,往往将跨径较大的梁分成三段来预制安装,从而减小安装重量。这种桥的主要缺点是悬臂根部的负弯矩很大,用普通钢筋混凝土修建时不仅钢材用量大,而且控制混凝土裂缝的开展成为关键,因此跨径就不能做得太大,一般在 40～50m。

随着预应力混凝土工艺的发展,使得 T 形刚构桥的应用得到推广。特别是采用了悬臂拼装和悬臂浇注的分段施工方法,不但加速了修建大跨度桥梁的施工速度,而且也克服了要在江河或深谷中搭设支架的困难。

4)悬索桥

悬索桥也称吊桥,传统的吊桥均使用悬挂在两边塔架上强大的缆索作为主要的承重结构,见图 1-17。在竖向荷载作用下,通过吊杆使缆索承受很大的拉力,这就需要在两岸桥台的后方修筑非常巨大的锚碇结构。吊桥也是具有水平反力(拉力)的结构。现代吊桥广泛采用高强度钢丝编制的钢缆,以充分发挥其优越的抗拉性能,因此结构自重轻,并能以较小的建筑高度跨越其他桥型无与伦比的特大跨度。吊桥的另一特点是成卷的钢缆易于运输,结构的组成构件较轻,便于无支架悬吊拼装。我国在西南地区和在遭受山洪泥石流冲击等威胁的山区河流上,当修建其他桥梁有困难的情况下,往往采用吊桥。相对于其他体系而言,吊桥的自重轻,结构刚度小,在车辆动荷载、风荷载和雨荷载作用下有较大的变形和振动。整个吊桥的发展历史是与变形和振动斗争的历史,也是争取刚度的历史。目前吊桥一般只在公路桥上修建。

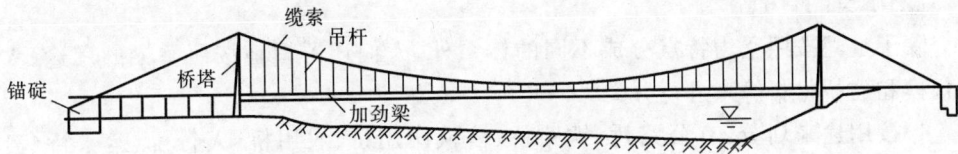

图 1-17 悬索桥

5)组合体系桥

由几个不同结构体系组合而成的桥梁称为组合体系桥。图 1-18(a)所示为一种梁和拱的组合体系,其中梁和拱都是主要承重结构,两者相互配合共同受力。由于吊杆将梁向上(与荷载作用的挠度方向相反)吊住,这样就减小了梁中的弯矩;同时由于拱与梁连接在一起,拱的水平推力就传给梁来承受,这样梁除了受弯以外尚且受拉。这种组合体系桥能跨越较一般简支梁桥更大的跨度,而对墩台则没有推力作用,因此对地基的要求就与一般简支梁桥一样。图 1-18(b)为拱置于梁的下方,通过立柱对梁起辅助支承作用的组合体系桥。

斜拉桥是一种主梁与斜缆相结合的组合体系,见图 1-18(c)。悬挂在塔柱上被张紧的斜缆将主梁吊住,使主梁像多点弹性支承的连续梁一样工作,这样既发挥了高强材料的作用,又减小了主梁截面尺寸,使结构自重减轻从而增加了跨越能力。组合体系桥的种类很多,但究其实质不外乎是梁、拱、吊三者的不同组合,上吊下撑以形成新的结构。组合体系桥梁一般都可用钢筋混凝土来建造,对于大跨径桥梁以采用预应力混凝土、钢或钢-混凝土组合结构修建为宜。一般来说,这种桥梁的施工工艺比较复杂。

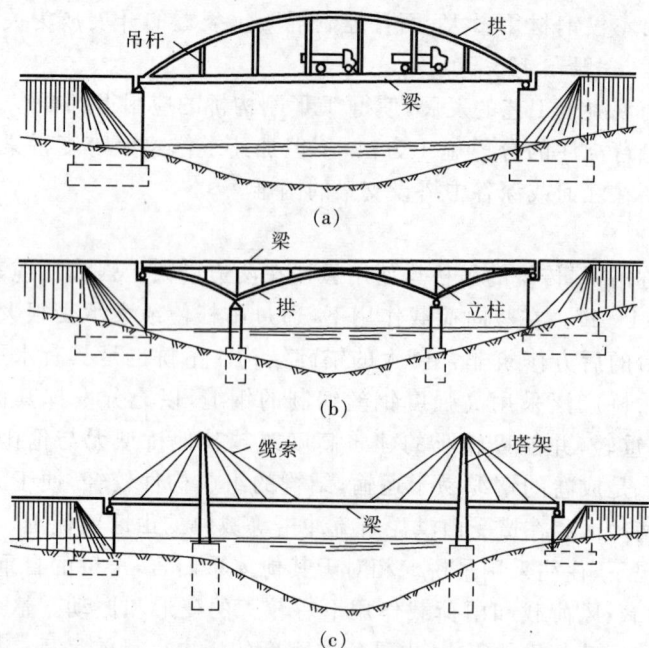

图 1-18　组合体系梁

(2)桥梁的其他分类

除了上述按照受力特点分成不同的体系外,人们还习惯地按照桥梁的用途、大小规模和建桥材料等来进行分类:

1)按用途来划分,有公路桥、铁路桥、公铁两用桥、农用桥、人行桥、运水桥(渡槽)及其他专用桥梁(如通过管路、电缆等)。

2)按桥梁跨径的不同,分成特大桥、大桥、中桥和小桥。《公路工程技术标准》(JTG B01—2003)(以下简称《标准》)规定的大、中、小桥划分标准见表1-5。

表 1-5　桥涵分类

桥涵分类	多孔跨径总长 L(m)	单孔跨径 l_b(m)
特大桥	$L > 1\,000$	$l_b > 150$
大桥	$100 \leqslant L \leqslant 1\,000$	$40 \leqslant l_b \leqslant 150$
中桥	$30 < L < 100$	$20 \leqslant l_b < 40$
小桥	$8 \leqslant L \leqslant 30$	$5 \leqslant l_b < 20$
涵洞		$l_b < 5$

3)按照主要承重结构使用的材料来划分,有圬工桥(包括砖、石、混凝土等)、钢筋混凝土桥、预应力混凝土桥、钢桥和木桥等。木材易腐蚀,而且资源有限,因此除了少数临时性桥梁外,一般不宜采用。目前我国在公路上使用最广泛的是钢筋混凝土桥、预应力混凝土桥和圬工桥。

4)按跨越障碍的性质可以分为跨河桥、跨线桥(立体交叉)、高架桥和栈桥。高架桥一般指跨越深沟峡谷等以代替高路堤的桥梁。为将车道升高至周围地面以上并使其下面的空间可以通过车辆或其他用途而修建的桥梁称为栈桥。

5)按上部结构行车道的位置,分为上承式桥、中承式桥和下承式桥。桥面位于主要承重结构之上者称为上承式桥,桥面位于桥跨结构高度中间的称为中承式桥,桥面位于承重结构之下的称为下承式桥。

上承式桥构造简单,施工方便,而且其主梁或拱肋等的间距可以按照需要加以调整,以求得到经济合理的布置。一般说来,上承式桥梁的承重结构宽度可以做得小一些,因而可以节约墩台的圬工数量。此外,在上承式桥梁上行车时,视野开阔、感觉舒适也是其重要的优点。所以公路桥梁应该尽量做成上承式桥。上承式桥的不足之处是桥梁的建筑高度较大。在建筑高度严格受限时,以及修建上承式桥必须提高路面(或轨顶)标高而显著增大桥头路堤土方量时,可采用下承式桥或中承式桥。对于城市桥梁,有时受周围建筑物等的限制,不容许过分抬高桥面标高时,也可修建下承式桥。

除了以上所述各种固定式桥梁以外,还可依照特殊的使用条件修建开合桥、浮桥、漫水桥等。

1.2　桥梁的总体规划和设计要点

1.2.1　桥梁的设计规划原则及基本资料

1. 桥梁设计的基本原则

桥梁是公路、铁路和城市道路的重要组成部分,特别是大、中型桥梁的建设对当地的政治、经济、国防等都具有重要的意义。因此,桥梁工程建设必须遵照"安全、经济、适用、美观"的基本原则进行设计,设计时要充分考虑建造技术的先进性以及环境保护和可持续发展的要求。桥梁建设应该遵循的各项原则分述如下:

(1)安全性

1)桥梁的全部构件及其连接构造在强度、刚度、稳定性和耐久性方面应有足够的安全储备。

2)防撞栏杆应有足够的高度和强度,人与车流之间应做好防护栏,防止车辆撞入人行道或撞坏栏杆而跌落桥下。

3)对于交通繁忙的桥梁,应做好照明设施,设置明确的交通标志;两端引桥坡度不宜太陡,以避免发生车辆碰撞等交通事故。

4)在地震区修建的桥梁,应按抗震要求采取防震措施;对于河床易变迁的河道,应设计好导流设施,防止桥梁基础底部被过度冲刷;对于通航大吨位河道,除了按规定加大跨径外,还必须设置防撞构筑物等。

(2)适用性

1)桥面宽度应能满足当前以及规划年限内的交通流量(包括行人通行)。

2)桥梁结构在设计荷载作用下不出现超过规定的变形和裂缝。

3)桥跨结构的下方应有利于泄洪、通航(跨河桥)或车辆和行人的通过(旱桥)。

4)桥的两端应方便车辆的进入和疏散,不致产生交通堵塞现象等。

5)考虑综合利用,方便各种管线(水、电、气、通信等)的通过。

（3）经济性

1)桥梁设计应遵循因地制宜,就地取材和方便施工的原则。

2)桥梁应选择造价和使用年限内养护费用综合最省的方案,设计中应该充分考虑维修费用最少,维修时尽量不中断交通,或中断交通时间最短等。

3)桥位应选在地形、地质、水文条件较好的区域,尽量缩短桥梁长度。

4)尽可能缩短运距,促进地方的经济发展,以产生最大的经济效益,对于过桥收费的桥梁,应吸引更多的车辆通过,达到尽可能快地回收投资的目的。

（4）美观性

一座桥梁应具有优美的外形,结构布置简洁,并在空间结构尺寸上有着和谐的比例。桥梁应与周围环境相协调,城市桥梁和游览地区的桥梁,可较多的考虑建筑艺术上的要求。合理的结构布局和流畅的外观轮廓是美观的主要因素,结构细部的美学处理也十分重要,另外,施工质量对桥梁美观也有很大的影响。

（5）技术先进性

在因地制宜的前提下,尽可能采用较成熟的新结构、新设备、新材料和新工艺。学习国内外的先进技术,充分利用最新科学技术成果,把学习和创新结合起来,提高我国桥梁建设水平。

（6）环境保护和可持续发展

桥梁建设必须考虑环境保护和可持续发展的要求,包括生态、水土保持、空气、噪声等方面,应从桥位选择、桥跨布置、基础方案、墩身外形、上部结构施工方法、施工组织设计等多方面,全面考虑环境要求,采取必要的工程控制措施,并建立环境监测保护体系,使其对环境的不利影响降至最低。桥梁施工完成后,应将两岸植被恢复或进一步美化桥梁周边的景观。

2. 桥梁设计的基本资料

桥梁设计中需要进行资料调查,对于跨越河流的桥梁一般包括下列几个方面的内容:

（1）调查桥梁的具体任务。桥上的交通种类和要求,如桥梁的荷载等级、实际交通量和增长率、需要的车道数或行车道的宽度以及人行道宽度的要求等。

（2）选择桥位。一般来说,大、中桥桥位的选择原则应服从路线的总方向,路桥综合考虑。一方面从整个路线或路线网的观点来看,既要力求降低桥梁的建设和养护费用,也要避免或减少车辆绕道而增加的运输费用。另一方面,从桥梁的本身经济性和稳定性出发,应尽量选择在河道顺直、水流稳定、河面较窄、地质较好、冲刷较小的河段上,以降低造价和养护费用,并防止因冲刷过大而发生的桥梁倒塌的危险,此外,一般尽量避免桥梁与河流斜交,增加桥梁长度,从而引起工程造价提高。

大、中桥一般选择2~4个桥位,进行综合比较,然后选择合理的桥位。对于小桥涵的位置,则应服从路线走向,当遇到不利的地形、地质和水文条件时,应采取适当的技术措施,不应因此而改变路线。

（3）测量桥位附近的地形，并绘制地形图，供设计和施工使用。

（4）通过钻探调查桥位的地质情况，并将钻探资料制成地质剖面图，作为基础设计的重要依据，为使地质资料更接近实际，可以根据初步拟定的桥梁分孔方案，将钻孔布置在墩台附近。

（5）调查和测量河流的水文情况，为确定桥梁的桥面标高、跨径和基础埋置深度提供依据，其内容包括：

1）河道性质：了解河道是静水河还是流水河，有无潮水，河床及两岸的冲刷和淤积以及河道的自然变迁和人工规划的情况，北方地区还要了解季节性河流的具体性质。

2）测量桥位处河床断面。

3）调查了解洪水位的多年历史资料，通过分析推算设计洪水位。

4）测量河床比降。调查河槽的各部分形态标高和糙率等，计算流速、流量等有关资料，通过计算确定设计洪水位下的平均流速和流量；结合河道性质，可以确定桥梁所需要的最小总跨径，选择通航孔的位置和墩台基础形式及埋置深度。

5）向航运部门了解和协商确定设计通航水位和通航净空，根据通航要求与设计洪水位确定桥梁的分孔跨径和桥跨底缘的设计标高。

6）对于大型桥梁工程，应调查桥址附近风向、风速，以及桥址附近有关地震资料。

7）调查了解其他与建桥有关的情况，如当地建筑材料的来源；水泥、钢材的供应情况。调查附近旧桥使用情况，有关部门和当地群众对新桥有无特殊的要求，例如桥上是否需要铺设电缆或输气管道等；调查施工场地的情况，是否需要占用农田，桥头有无需要拆除或迁移的建筑物，要尽可能地避免或将这些损失减少到最低限度；调查当地及附近的运输条件，这些情况对施工起着重要的作用；另外，还需要了解桥梁施工机械、动力设备和电力供应等情况，这些因素将直接影响着设计与施工方案的确定。

上述各项野外勘测与调查研究工作，有的可同时进行，有的则需相互交错，例如为进行桥位地形测量、地质钻探和水文调查需要先确定桥位；为选择桥位又必须要有一定的地形、地质和水文资料等。因此各项工作必须互相渗透，交错进行。

根据调查、勘测所得的资料，可以拟出几个不同的桥位比较方案。方案比较可以包括不同的桥位、不同的材料、不同的结构体系和构造、不同的跨径和分孔、不同的墩台和基础形式等，通过综合比较进行方案优选。

1.2.2　桥梁的平、纵、横断面设计

1. 平面设计

桥梁设计首先要确定桥位。按照《标准》的规定，小桥和涵洞的位置和线形一般应服从线路的总走向；为满足线路的要求，可设计斜交桥或弯桥；对于公路上的特大桥、大桥、中桥的桥位，原则上应符合线路的走向，桥、路综合考虑，尽量选择在河道顺直、水流稳定、地质良好的河段上。桥梁的平曲线半径、平曲线超高和加宽、缓和曲线、变速车道设置等，均应满足相应等级线路的规定。桥梁的线形及桥头引道要

保持平顺,使车辆能顺利地通过。小桥涵的线形及其与公路的衔接,可按线路的要求布置。大、中桥梁的线形一般为直线。当桥面受到两岸地形限制时,允许修建曲线桥,曲线的各项指标应符合线路的要求,也允许修建斜桥,其交角(桥墩沿水流方向的轴线与河道主流方向的夹角)一般不大于 45°,通航河流上不宜大于 5°。

2. 纵断面设计

桥梁纵断面设计包括桥梁总跨径的确定、桥梁的分孔、桥面标高与桥下净空、桥上及桥头引道纵坡的布置等。

(1)桥梁总跨径的确定

桥梁总跨径一般参照水文计算来确定,由于桥梁墩台和桥头路堤压缩了河床,使桥下过水断面减小,流速加大,引起河床冲刷。因此桥梁总跨径必须保证桥下有足够的排洪面积,使河床不产生过大的冲刷。山区河流流速较大,应尽可能少压缩或不压缩河床,而在平原地区的宽滩河流(流速较小),虽然允许压缩,但是必须注意壅水对上游河堤、地下水以及附近农田等可能产生的危害。

(2)桥梁的分孔

桥梁的总跨径确定以后,还需进行单孔的布置。对于一座较大的桥梁,可以分成多孔,各孔的跨径有多大,有几个河中桥墩,哪些是通航孔,哪些不是,这些问题要根据通航要求、地形和地质条件、水文情况以及经济技术和美观的要求来加以确定。桥梁的分孔关系到桥梁的总造价,跨径和孔数不同时,上部结构和墩台的总造价是不同的。跨径愈大,孔数愈少,上部结构的造价就愈大,而墩台的造价就愈小,反之亦然。最经济的跨径就是要使上部结构和下部结构的总造价最低。因此当桥墩较高或者地质不良时,基础工程复杂而造价较高时,桥梁的跨径可选得大一些;反之当墩台较矮或地质良好时,跨径就可以选得小一些。在实际工程中,可对不同的跨径布置进行粗略的方案比较,选择最经济的跨径和孔数。

对通航河流,当通航净宽大于按经济造价所确定的跨径时,一般按通航净宽来确定通航孔跨径,其余的桥孔跨径则采用经济跨径;但对于变迁性河流,考虑航道可能发生变化,则需多设几个通航孔。

桥梁的分孔是个非常复杂的问题,各种各样的条件和要求往往互相发生矛盾。例如跨径在 100m 以下的公路桥梁,为了尽可能的符合标准跨径,不得不放弃采用按经济要求确定的孔径;某些应急工程为了便于抢修和互换,常需要将全桥各孔跨径做成统一的,并且跨径不要太大;有时因为工期很紧,为减少水下工程,需要减少桥墩而增加跨径。有些体系中,为了结构受力合理和用材经济,布置时要考虑合理的跨径比例,例如在连续梁桥设计中,其中跨与相邻边跨的比值,对于三跨连续梁一般取 1.0:0.8,对于五跨连续梁一般取 1.0:0.9:0.65 为宜。孔数不多时最好布成奇数跨,以免桥墩正置河道中央。

在有些情况下,为了避免在河中搭脚手架和修建临时墩,可以加大跨径,采用悬臂施工法进行施工;在山区建桥时,往往采用单孔跨越深谷的大跨径桥梁,以免建造中间桥墩。跨径的选择还与施工能力有关,有时选用较大跨径虽然在经济上和技术上是合理的,但是由于缺乏足够的施工技术能力和施工机械设备,也不得不改用较小跨径。

总之,对于大、中型桥梁来说,分孔问题是设计中最基本、最复杂的问题,必须进行深入全面的分析,才能定出比较完美的方案。

(3)桥面标高与桥下净空

桥面标高在线路纵断面设计中已作规定,或根据设计洪水位及桥下通航需要的净空结合桥梁的建筑高度来确定。桥道标高的抬高往往引起桥头引道路堤土方量的增加,而在修建城市桥梁时,则可能使引道布置困难。因此,必须根据设计洪水位、桥下通航(或通车)净空等要求,结合桥型、跨径综合考虑,以确定合理的桥道标高。

对于非通航河流,梁底一般应高出设计洪水位(包括壅水和浪高)不小于0.5m,高出最高流冰水位不小于0.75m;支座底面高出设计洪水位不小于0.25m,高出最高流冰水位不小于0.5m(图1-19)。对于无铰拱桥,拱脚允许被设计洪水位淹没,但一般不超过拱圈矢高的2/3,拱顶底面至设计洪水位的净高不小于1.0m(图1-20)。对于有漂流物或易淤积的河床,桥下净空应分别视情况适当加高。

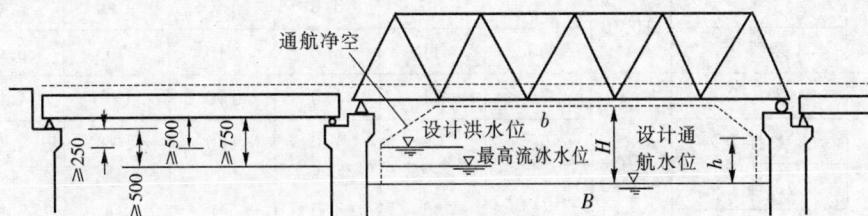

图1-19 梁桥纵断面规划图(单位:mm)

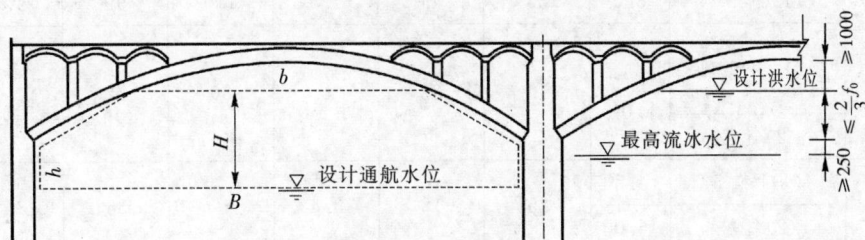

图1-20 拱桥纵断面规划图(单位:mm)

在通航河流上,桥跨结构下缘的标高,应高出自设计通航水位算起的通航净空高度。我国《内河通航标准》(GB 50139—2004)对天然和渠化河流水上过河建筑物通航净空尺度的规定见表1-6。

(4)桥梁的纵坡设置

桥道标高确定后,就可根据桥头两端的地形和线路要求来设计桥梁的纵断面线型。一般小桥通常做成平坡桥,对于大中桥梁,为了利于桥面排水和降低引道路堤高度,往往设置从中间向两边倾斜的双向坡道,桥上纵坡不宜大于4%;桥头引道纵坡不宜大于5%。对位于城镇混合交通繁忙处的桥梁,桥上纵坡和桥头引道纵坡均不得大于3%。桥上或引道处纵坡发生变化的地方,均应按规定设置竖曲线。

表 1-6　天然和渠化河流水上过河建筑物通航净空尺度(m)

航道等级	代表船舶、船队	净高	单向通航孔			双向通航孔		
			净宽	上底宽	侧高	净宽	上底宽	侧高
Ⅰ	(1)4 排 4 列	24.0	200	150	7.0	400	350	7.0
	(2)3 排 3 列	18.0	160	120	7.0	320	280	7.0
	(3)2 排 2 列		110	82	8.0	220	192	8.0
Ⅱ	(1)3 排 3 列	18.0	145	108	6.0	290	253	6.0
	(2)2 排 2 列		105	78	8.0	210	183	8.0
	(3)2 排 1 列	10.0	75	56	6.0	150	131	6.0
Ⅲ	(1)3 排 2 列	18.0★ / 10.0	100	75	6.0	200	175	6.0
	(2)2 排 2 列	10.0	75	56	6.0	150	131	6.0
	(3)2 排 1 列		55	41	6.0	110	96	6.0
Ⅳ	(1)3 排 2 列	8.0	75	61	4.0	150	136	4.0
	(2)2 排 2 列		60	49	4.0	120	109	4.0
	(3)2 排 1 列		45	36	5.0	90	81	5.0
	(4)货船							
Ⅴ	(1)2 排 2 列	8.0	55	44	4.5	110	99	4.5
	(2)2 排 1 列	8.0 或 5.0△	40	32	5.5 或 3.5△	80	72	5.5 或 3.5△
	(2)货船							
Ⅵ	(1)1 拖 5	4.5	25	18	3.4	40	33	3.4
	(2)货船	6.0						
Ⅶ	(1)1 拖 5	3.5	20	15	2.8	32	27	2.8
	(2)货船	4.5						

[注] 1. 角注★的尺度仅适用于长江;

　　　2. 角注△的尺度仅适用于通航拖带船队的河流。

3. 横断面设计

桥梁的宽度取决于桥上交通要求,《标准》规定的各公路桥桥面行车道净宽标准见表 1-7。

表 1-7　车道宽度

设计速度(km/h)	120	100	80	60	40	30	20
车道宽度(m)	3.75	3.75	3.75	3.50	3.50	3.25	3.00(单车道为 3.50m)

一般来说,在高速公路或一级公路上,多数修建上、下行两座独立桥梁。各级公路上的涵洞和二、三、四级公路上跨径小于 8m 的单孔小桥的桥面宽度,应与路基同宽。城市桥梁其桥面宽度应考虑到城市交通的规划要求予以适当加宽。桥上如通行电车和汽车时,一般将电车道布置于桥梁中央,汽车道在它的两旁。在弯道上的桥梁,应按线路要求予以加宽和设置超高。

桥上人行道和慢车道的设置,应根据需要而定,并与前后线路的布置相匹配。慢车道与行车道之间,必要时应设置分隔设施。人行道宽 0.75 或 1.0m,大于 1.0m 时,可按 0.5m 的倍数增加,且人行道宜高出行车道 0.25～0.35m。

1.2.3　桥梁的设计与建设程序

各国根据桥梁建设长期积累的经验,都形成了一整套与本国管理体制相适应的严密而有序的工作程序。我国也根据国家基本建设程序的要求,逐步形成了包括技术、经济及组织工作在内的桥梁建设程序。它分为前期工作及设计阶段。前期工作包括编制预可行性研究报告和可行性研究报告。设计阶段按"三阶段设计"进行,即初步设计、技术设计与施工图设计。各阶段设计文件完成后的上报和审批都由国家指定的行政主管部门负责。批准后的文件就是各建设程序实施的依据,也是下一阶段设计文件编制的依据。各设计阶段与建设程序的关系见图 1-21。

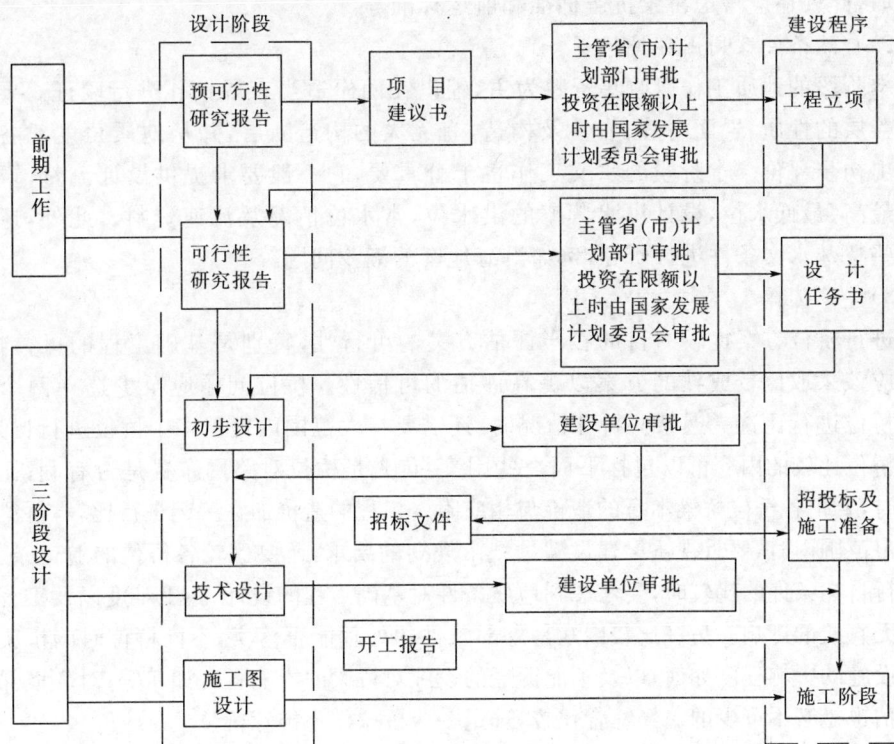

图 1-21　设计阶段与建设程序关系图

1. 前期工作

预可行性研究报告和可行性研究报告均属建设的前期工作。两者应包括的内容及目的基本是一致的，只是研究的深度不同。预可行性研究报告是在工程可行的基础上，着重研究建设上的必要性和经济上的合理性；可行性研究报告则是在预可行性研究报告审批后，在必要性和合理性得到确认的基础上，着重研究工程上和投资上的可行性。这两阶段的研究都是为科学地进行项目决策提供依据，避免决策盲目性带来的严重后果。前期工作的重点在于论证建桥的必要性、可行性，并确定建桥的地点、规模、标准、投资控制等一些宏观问题。因此，本阶段的工作是非常重要的。这两阶段的内容主要有以下几个方面。

（1）工程必要性论证

必要性论证是评估桥梁建设在国民经济中的作用。

（2）工程可行性论证

本阶段工作重点首先选择好桥位，其次是确定桥梁的建设规模，同时还需协调好桥梁与河道、航运、城市规划以及已有设施的关系。工程可行性研究主要包括以下几个方面的内容：

1）制定桥梁标准问题

首先确定车道数、桥面宽度及荷载标准，其次是允许车速、桥梁坡度和曲线半径的选取，此外还应考虑桥梁抗震标准和航运标准等。

2）自然条件及周围环境问题

本阶段的地质工作以收集资料为主，辅以在两岸适当布置钻孔进行验证。要探明覆盖层的性质、岩面高程、岩性及构造，有无大的构造断层，并从地质角度对各桥位做出初步评价。本阶段的水文工作也十分重要，它一般要求提供设计流量，调查历史最高、最低水位，设计洪水频率的洪水位，常水位情况及流速资料。此外，还要对一些特殊水文条件进行研究，例如沿海地区的潮汐问题等。

3）桥位选择

进行桥位方案比较的目的在于评估方案的可行性，特别是基础工程的可行性。为此应该采取比较成熟的方案以提高评估的可信性。桥位问题应至少选择两个以上的桥位进行比选。遇某些特殊情况时，还需要在大范围内提出多个桥位进行比选。

桥位比较的内容可以包括下面一些因素：首先是桥位对路网布置是否有利；比较造价时，要把各桥位桥梁本身的造价与相应附属工程的造价加在一起进行比较；桥梁建在城市范围内时，要重视桥梁建设满足城市规划的要求，还要比较各桥位的航运条件；在进行自然条件的比较时，要考虑到地质条件对基础工程的设计、施工难度以及工程规模有无直接的影响。另一比较因素是外部条件的处理能否落实，不同桥位时的桥梁对周围设施的影响程度如何，以及不能拆迁的设施对桥梁的影响程度如何等；对环境保护的评估也是必不可少的。经综合比较，选定一个桥位作为推荐桥位。

（3）经济可行性论证

1）造价及回报问题

收取车辆过桥费是公路桥梁取得回报的主要方式，但从宏观的角度出发，桥梁建设是推动社会经济发展的重要因素。尤其是公路干线上特大桥的经济效益和社会效益更是全国性的,直接投资者是很难直接得到回报的。因此,特大桥、大桥的投资者主要是国家或地方政府。

2)资金来源及偿还问题

资金来源在预可行性研究阶段应有所计划,可行性研究阶段则必须予以落实。若想通过国外贷款、发行债券、民间集资的渠道筹措资金,必须得到有关部门的批准。

2.设计阶段

(1)初步设计

由计划部门下达的设计任务书是进行初步设计的依据。设计任务书应就桥位、建桥标准、建桥规模等控制性要求作出规定。在进行进一步勘测工作时如发现选定的桥位确系地质不良,并将造成设计和施工困难时,可以在选定桥位的上、下游附近不影响桥梁总体布置的范围内,通过地质条件的比较,推荐一个新的桥位。初步设计阶段的主要内容有以下几点:

1)进一步开展水文、勘测工作

在初步设计阶段还要通过进一步的水文工作提供基础设计和施工所需要的水文资料,施工期间各月可能出现的高、低水位和相应的流速,以及河床可能的最大冲刷深度和施工中可能引起的局部冲刷等。

本阶段的勘测工作称为"初勘",要求在以桥位中心线为轴线的上、下游也适当布置一些钻孔,以便能探明岩层构造情况及其变化。根据钻探取得的资料确定岩性、强度及基岩风化程度、覆盖层的厚度、力学指标,以及地下水位情况等。

2)桥型方案比较

桥型方案比较是初步设计阶段的工作重点,一般均要进行多个方案比较。各方案均要求提供桥型布置图,图上必须标明桥梁纵、横断面结构布置,主要部位高程,上、下部结构的结构形式及工程量。对推荐方案,还要提供上、下部结构的结构布置图,以及一些主要的及特殊部位的构造处理。各类结构都需经过验算并提供可行的施工方案。

3)科研项目

在初步设计阶段要提出设计、施工中需要进一步通过试验或理论研究寻求解决的技术难题,立项并作经费计划,待主管部门审批初步设计文件时一并审批,批准后才能实施。

4)施工组织设计

对推荐桥型方案要编制施工组织设计,包括主要结构的施工方案、施工工序、施工投入机械设备清单、主要工程量清单、砂石料源、施工安排及工期计划等。

5)概算

根据工程量、施工组织设计以及标准定额编制概算。各个桥型方案都要编制相应的概算,以便进行不同方案工程费用的比较。按照规定,初步设计概算不能大于前期工作已审批估算的10%,否则方案应重新编制。根据具体情况,对概算适当调整,可以作为招标时的标底。在主管部门审批初步设计文件时,如对推荐方案提出必须修改的意见时,则需根据审批意见另外编制"修改初步设计"报送上级主管部门批准。

(2)技术设计

技术设计应根据批准的初步设计对存在的重大、复杂的技术问题以及新技术、新材料的应用，通过进一步的科学试验、专题研究及分析论证，解决初步设计中未能解决的问题，落实技术措施，提出可行的施工方案，经批准后作为编制施工设计的依据。

(3)施工图设计

在施工设计阶段还要进一步根据施工需要进行补充钻探，特别是对于重要的基础，要探明岩面高程的变化。根据批准的初步设计文件和技术设计文件，绘制让施工人员能按图施工的施工详图。根据施工图编制工程预算。

3. 桥梁的方案比较及桥梁美学设计

(1)方案比较

为了获得经济、适用和美观的桥梁设计方案，设计人员必须根据自然和技术条件，因地制宜，在综合应用专业知识、了解掌握国内外新技术、新材料、新工艺的基础上，进行深入细致的研究和分析对比工作，才能得出完美的设计方案。桥梁设计方案的比选和确定可按下列步骤进行：

1)明确各种标高

在桥位纵断面图上，按比例绘出设计洪水位、通航水位、堤顶标高、桥面标高、通航净空、行车净空位置图。

2)桥梁分孔和初拟桥型方案草图

在确定了上述各种标高的纵断面图上，根据泄洪总跨径的要求，作桥梁分孔和桥型方案草图。作草图时思路要开阔，只要基本可行，尽可能多做一些方案草图，以免遗漏可能的桥型方案。

3)方案初筛

对各方案草图作技术和经济上的初步分析和判断，筛去弱势方案，从中选出 2～4 个构思好、各具特点的方案，做进一步详细研究和比较。

4)详绘桥型方案

根据不同桥型、不同跨度、不同宽度和施工方法，拟订主要结构尺寸，并尽可能细致地绘制各个桥型方案的尺寸详图。对于新结构，应做初步的力学分析，以确定各方案的主要尺寸。

5)编制估算或概算

依据编制方案的详图，计算上、下部结构的主要工程数量，依据各省、市或行业的"估算定额"或"概算定额"，编制出各方案的主要材料（钢、木、混凝土等）用量、劳动力数量和全桥总造价。

6)方案选定和文件汇总

综合考虑建设造价、养护费用、建设工期、营运适用性、美观等因素，阐述每个方案的优缺点，经分析论证，选定一个最佳的作为推荐方案。在深入比较过程中，应当及时发现并调整方案中的不尽合理之处，确保最后选定的方案是强中选强的方案。

上述工作全部完成之后，着手编写方案说明。说明书中应阐明方案编制的依据和标准、各方案的主要特色、施工方法、设计概算以及方案比较的综合性评述。对于推荐方案应作较详细的说明。各种测量资料、地质勘察和地震烈度复核资料、水文调查与计算资料等应按附件载入。

图1-22为湖南岳阳洞庭湖大桥的桥型方案比较图。该桥位于洞庭湖的长江出口处,从水利、经济、美观等多方面的论证,最后选择了三塔斜拉桥为最终设计的方案。

(2)桥梁美学设计

"美学"一词来源于希腊语,其原意为感觉、感性认识,因而美学可定义为研究感性认识的科学。建筑美学只是其中的一种,而桥梁又是许多建筑种类中的一类。桥梁建筑艺术是桥梁美学的表现,它是通过桥梁建筑实体与空间的形态美及其相关因素的美学处理,形成一种实用与审美相结合的造型艺术,或者说是一种创造桥梁美观的技术。这一科学的研究与发展,可以使桥梁建筑艺术更加灿烂辉煌。

桥梁建筑美的基本原则为:统一和谐、均衡发展、比例协调、韵律优美以及建筑风格的时代性和民族性。它们在桥梁工程中的应用主要体现在:桥梁必须与周围环境相融合,成为自然整体的一个协调部分;桥梁本身的造型必须比例适当、匀称和谐;桥梁造型应注意结构简单,线条流畅;桥梁建筑处理应当表现清新雅洁的风格等。

现代桥梁建筑的美学特征是:简洁明快、轻巧纤细和连续流畅。

1.3 桥梁的设计荷载

桥梁结构除了承受直接施加于其上的荷载(如车辆、人群、结构自重等)作用外,还受地震、基础变位、混凝土收缩和徐变、温度变化等作用。由于桥梁结构处在自然环境之中,还要经受气候、水文等多种复杂因素(作用)的影响。下面分别介绍我国《桥规》中有关公路桥涵设计荷载的一些规定。

1.3.1 作用分类、代表值和效应组合

1. 作用分类

作用是指施加在结构上的一组集中力或分布力,或引起结构外加变形或约束变形的原因。前者称直接作用,后者称间接作用。结构作用的分类方法有多种:

(1)按照空间位置的变异性分类

1)固定作用,在结构空间位置上具有固定位置的作用,但其量值是随机的,如恒载、固定的设备等。

2)自由作用,在结构空间一定范围内可以改变位置的作用,如车辆荷载、人群荷载等。

(2)按照结构的反应分类

1)静态作用,在结构上不产生加速或产生的加速度可忽略不计的作用,如结构自重。

2)动态作用,在结构上产生不可忽略的加速度的作用,如汽车荷载、地震力等。

(3)按时间的变异性分类

即永久作用、可变作用和偶然作用。我国现行《桥规》采用的就是这种分类方法,见表1-8。

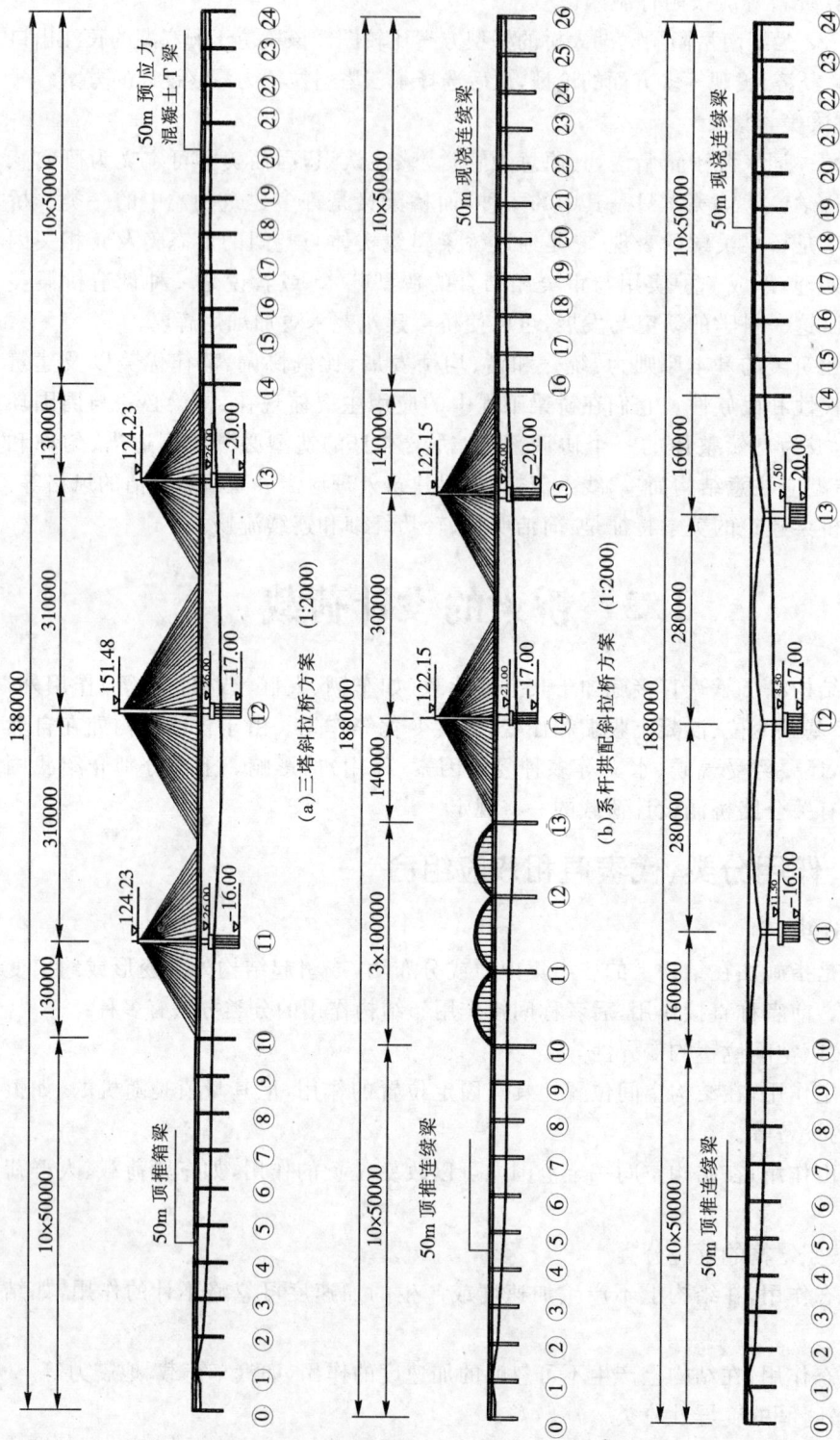

图 1-22 岳阳洞庭湖大桥桥型方案比较图(单位:高程以 m 计,其他以 mm 计)

(a)三塔斜拉桥方案 (1:2000)

(b)系杆拱配斜拉桥方案 (1:2000)

(c)连续刚构方案 (1:2000)

表 1-8　作用分类

作用分类	编号	作用名称
永久作用	1	结构重力（包括结构附加重力）
	2	预加力
	3	土的重力
	4	土侧压力
	5	混凝土收缩及徐变作用
	6	水的浮力
	7	基础变位作用
可变作用	8	汽车荷载
	9	汽车冲击力
	10	汽车离心力
	11	汽车引起的土侧压力
	12	人群荷载
	13	汽车制动力
	14	风荷载
	15	流水压力
	16	冰压力
	17	温度（均匀温度和梯度温度）作用
	18	支座摩阻力
偶然作用	19	地震作用
	20	船舶或漂流物的撞击作用
	21	汽车撞击作用

2. 作用代表值

作用代表值是指结构设计时，针对不同设计目标所采用的各种作用规定值。它是根据作用统计得到的概率分布模型，按照概率统计的方法确定。设计的要求不同，采用的作用代表值也不同，这样可以更确切、合理地反应在不同设计要求下作用对结构的特点。作用的代表值一般可分为标准值、准永久值和频遇值。

3. 作用效应组合

(1)作用效应组合原则

公路桥涵结构设计应考虑结构上可能同时出现的作用，按承载能力极限状态和正常使用极限状态进行作用效应组合，取其最不利效应组合进行设计。

1)只有在结构上可能同时出现的作用，才进行其效应的组合。当结构或结构构件需做不同受力方向的验算时，则应以不同方向的最不利的作用效应进行组合。

2)当可变作用出现对结构或结构构件产生有利影响时，该作用不应参与组合。实际不可能同时出现的作用或同时参与组合概率很小的作用，则按表1-9规定不考虑其作用效应的组合。

表 1-9　可变作用不同时组合表

编号	作用名称	不与该作用同时参与组合的作用编号
13	汽车制动力	15,16,18
15	流水压力	13,16
16	冰压力	13,15
18	支座摩阻力	13

3)施工阶段作用效应的组合,应按计算需要及结构所处条件而定,结构上的施工人员和施工机具设备均应作为临时荷载加以考虑。对于组合式桥梁,当把底梁作为施工支撑时,作用效应宜分两个阶段组合,底梁受荷为第一个阶段,组合梁受荷为第二个阶段。

4)多个偶然作用不同时参与组合。

(2)按承载能力极限状态设计时采用的两种作用效应组合

1)基本组合

永久作用的设计值效应与可变作用设计值效应相组合,其效应组合表达式为:

$$\gamma_0 S_{ud} = \gamma_0 \left(\sum_{i=1}^{m} \gamma_{Gi} S_{Gik} + \gamma_{Q1} S_{Q1k} + \psi_c \sum_{j=2}^{n} \gamma_{Qj} S_{Qjk} \right) \tag{1-1}$$

或:

$$\gamma_0 S_{ud} = \gamma_0 \left(\sum_{i=1}^{m} S_{Gid} + S_{Q1d} + \psi_c \sum_{j=2}^{n} S_{Qjd} \right) \tag{1-2}$$

式中:S_{ud}——承载能力极限状态下作用基本组合的效应组合设计值;

γ_0——结构重要性系数,见表 1-10 规定的结构设计安全等级采用,对应于设计安全等级一级、二级和三级分别取 1.1、1.0 和 0.9;

γ_{Gi}——第 i 个永久作用效应的分项系数,应按表 1-11 的规定采用;

S_{Gik}、S_{Gid}——第 i 个永久作用效应的标准值和设计值;

γ_{Q1}——汽车荷载效应(含汽车冲击力、离心力)的分项系数,取 $\gamma_{Q1}=1.4$。当某个可变作用在效应组合中其值超过汽车荷载效应时,则该作用取代汽车荷载,其分项系数应采用汽车荷载的分项系数;对专为承受某作用而设置的结构或装置,设计时该作用的分项系数取与汽车荷载同值;计算人行道板和人行道栏杆的局部荷载,其分项系数也与汽车荷载取同值;

S_{Q1k}、S_{Q1d}——汽车荷载效应(含汽车冲击力、离心力)的标准值和设计值;

γ_{Qj}——在荷载效应组合中除汽车荷载效应(含汽车冲击力、离心力)、风荷载外的其他第 j 个可变作用的分项系数,取 $\gamma_{Qj}=1.4$,但风荷载的分项系数取 $\gamma_{Qj}=1.1$;

S_{Qjk}、S_{Qjd}、——在作用效应组合中除汽车荷载效应(含汽车冲击力、离心力)外的其他第 j 个可变作用效应的标准值和设计值;

ψ_c——在作用效应组合中除汽车荷载效应(含汽车冲击力、离心力)外的其他可变作用效应的组合系数,当永久作用与汽车荷载和人群荷载(或其他一种可变作用)的组合系数取 $\psi_c=0.80$;当除汽车荷载(含汽车冲击力、离心力)外尚有两种其他可变作用参与组合时,其组合系数取 $\psi_c=0.70$;尚有三种可变作用参与组合时,其组合系数取 $\psi_c=0.60$;尚有四种及多于四种的可变作用参与组合时,取 $\psi_c=0.50$。

表 1-10　公路桥涵设计安全等级

设计安全等级	桥涵结构	设计安全等级	桥涵结构
一级	特大桥、重要大桥	三级	小桥、涵洞
二级	大桥、中桥、重要小桥		

[注](1)所列特大、大、中桥等系按表1-5中的单孔跨径确定,对于多跨不等跨桥梁,以其中最大跨径为准;(2)冠以"重要"的大桥和小桥,系指高速公路和一级公路上、国防公路上及城市附近交通繁忙公路上的桥梁;(3)对于有特殊要求的公路桥涵结构,其设计安全等级可根据具体情况研究确定;(4)同一桥涵结构构件的安全等级宜与整体结构相同,有特殊要求时可作部分调整,但调整后的级差不得超过一级。

表 1-11　永久作用效应的分项系数

编号	作 用 类 别		永久作用效应分项系数	
			对结构的承载能力不利时	对结构的承载能力有利时
1	混凝土和圬工结构重力(包括结构附加重力)		1.2	1.0
	钢结构重力(包括结构附加重力)		1.1 或 1.2	
2	预加力		1.2	1.0
3	土的重力		1.2	1.0
4	混凝土的收缩及徐变作用		1.0	1.0
5	土侧压力		1.4	1.0
6	水的浮力		1.0	1.0
7	基础变位作用	混凝土和圬工结构	0.5	0.5
		钢结构	1.0	1.0

[注]　本表编号1中,当钢桥采用钢桥面板时,永久作用效应分项系数取1.1;当采用混凝土桥面板时,取1.2。

2)偶然组合

永久作用标准值效应与可变作用某种代表值效应、一种偶然作用标准值效应相组合。偶然作用的效应分项系数取1.0;与偶然作用同时出现的可变作用,可根据观测资料和工程经验取用适当的代表值。地震作用标准值及其表达式按现行《公路工程抗震设计规范》规定采用。

(3)按正常使用极限状态设计时采用的两种效应组合

1)作用短期效应组合

永久作用标准值效应与可变作用频遇值效应相组合,其效应组合表达式为:

$$S_{sd} = \sum_{i=1}^{m} S_{Gik} + \sum_{j=1}^{n} \psi_{1j} S_{Qjk} \qquad (1-3)$$

式中：S_{sd}——作用短期效应组合设计值；

ψ_{1j}——第 j 个可变作用效应的频遇值系数，汽车荷载（不计冲击力）$\psi_1 = 0.7$，人群荷载 $\psi_1 = 1.0$，风荷载 $\psi_1 = 0.75$，温度梯度作用 $\psi_1 = 0.8$，其他作用 $\psi_1 = 1.0$；

$\psi_{1j} S_{Qjk}$——第 j 个可变作用效应的频遇值。

2）作用长期效应组合

永久作用标准值效应与可变作用准永久值效应相组合，其效应组合表达式为：

$$S_{ld} = \sum_{i=1}^{m} S_{Gik} + \sum_{j=1}^{n} \psi_{2j} S_{Qjk} \qquad (1-4)$$

式中：S_{ld}——作用效应长期组合设计值；

ψ_{2j}——第 j 个可变作用效应的准永久值系数，汽车荷载（不计冲击力）$\psi_2 = 0.4$，人群荷载 $\psi_2 = 0.4$，风荷载 $\psi_2 = 0.75$，温度梯度作用 $\psi_2 = 0.8$，其他作用 $\psi_2 = 1.0$；

$\psi_{2j} S_{Qjk}$——第 j 个可变作用效应的准永久值。

当结构构件需要进行弹性阶段截面应力计算时，除特别指明外，各作用效应的分项系数及组合系数均取为 1.0，各项应力限值按各设计规范规定采用。

验算结构的抗倾覆、滑移稳定时，稳定系数、各作用的分项系数及摩擦系数应根据不同结构按有关桥涵设计规范的规定确定。构件在吊装、运输时，构件重力应乘以动力系数 1.2 或 0.85，并可视构件具体情况作适当增减。

1.3.2 永久作用

永久作用是指在结构使用期间，其量值不随时间而变化或其变化值与平均值比较可忽略不计的作用，具体分类见表 1-8。

1. 结构重力

结构自重、桥面铺装、附属设备及附加重力等均属结构重力，可按照结构物的实际体积或设计的体积、材料的重力密度来计算。桥梁结构的自重往往占全部设计作用的很大部分，采用轻质高强材料对减轻桥梁自重增大跨越能力有着十分重要意义。

2. 预加力

在结构进行正常使用极限状态设计和使用阶段构件应力计算时，预加力应作为永久作用计算其主效应和次效应，并计入相应阶段的预应力损失，但不计由于预加力偏心距增大引起的附加效应，在结构进行承载能力极限状态设计时，预加力不作为作用，而将预应力钢筋作为结构抗力的一部分，但在连续梁等超静定结构中，仍需考虑预加力引起的次效应。

3. 土的重力及土侧压力

可按《桥规》第 4.2.3 条规定计算。

4. 混凝土收缩及徐变作用

可按《桥规》第 4.2.5 条规定计算。

5. 水的浮力

是指由地表水或地下水通过地基土的间隙而传递给建筑物的水压力,一般可按下列规定采用:

(1)基础位于透水性地基上的桥梁墩台,当验算稳定时,应考虑设计水位的浮力;当验算地基应力时,可仅考虑低水位的浮力,或不考虑水的浮力;

(2)基础嵌入不透水性地基的桥梁墩台,设计时不考虑水的浮力;

(3)作用在桩基承台底面的浮力,应考虑全部底面积。对桩嵌入不透水地基并灌注混凝土封闭者,不应考虑桩的浮力;在计算承台浮力时应扣除桩的截面面积;

(4)当不能确定地基是否透水时,应以透水或不透水两种情况与其他作用组合取其最不利者。

6. 基础变位作用

当考虑由于地基压密等引起的长期变形影响时,超静定结构应根据最终位移量计算构件的效应。

1.3.3 可变作用

可变作用是指在结构使用期间,其量值随时间变化,且其变化值与平均值比较不可忽略的作用。具体分类见表 1-8。

1. 汽车荷载

公路桥涵设计时,汽车荷载的计算图式、荷载等级及其标准值、加载方法和纵横向折减等应符合下列规定:

(1)汽车荷载分为公路—Ⅰ级和公路—Ⅱ级两个等级。各级公路桥涵设计的汽车荷载等级应符合表 1-12 的规定。

表 1-12　各级公路桥涵的汽车荷载等级

公路等级	高速公路	一级公路	二级公路	三级公路	四级公路
汽车荷载等级	公路—Ⅰ级	公路—Ⅰ级	公路—Ⅱ级	公路—Ⅱ级	公路—Ⅱ级

[注]　(1)二级公路为干线公路且重型车辆多时,其桥涵的设计可采用公路—Ⅰ级汽车荷载。(2)四级公路上重型车辆少时,其桥涵设计所采用的公路—Ⅱ级车道荷载的效应可乘以 0.8 的折减系数,车辆荷载的效应可乘以 0.7 的折减系数。

(2)汽车荷载由车道荷载和车辆荷载组成。车道荷载由均布荷载和集中荷载组成。桥梁结构的整体计算采用车道荷载;桥梁结构的局部加载、涵洞、桥台和挡土墙土压力等的计算采用车辆荷载。车辆荷载与车道荷载的作用不得叠加。

(3)公路—Ⅰ级车道荷载和公路—Ⅱ级车道荷载应按均布荷载加一个集中荷载计算,见图 1-23 所示。均布荷载和集中荷载的标准值应按桥梁的荷载等级和跨径确定,见表 1-13 所列。

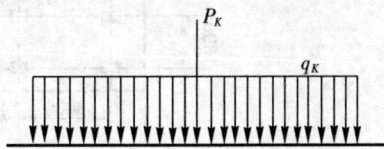

图 1-23　车道荷载

表 1-13 车道荷载标准值

荷载等级	计算跨径(m)	集中荷载 P_K(kN)		均布荷载 q_K(kN/m)
		计算弯矩时	计算剪力时	
公路一Ⅰ级	≤5	180	216	10.500
	≥50	360	432	
公路一Ⅱ级	≤5	135	162	7.875
	≥50	270	324	

桥梁计算跨径在 5～50m 之间时，P_K 值采用线性内插求得。车道荷载的均布荷载标准值应满布于使结构产生最不利效应的同号影响线上，集中荷载标准值只作用于相应影响线中一个最大影响线峰值处。

(4)车辆荷载的立面、平面尺寸见图 1-24，主要技术指标规定见表 1-14。公路一Ⅰ级和公路一Ⅱ级汽车荷载采用相同的车辆荷载标准值。

表 1-14 车辆荷载的主要技术指标

项 目	单位	技术指标	项 目	单位	技术指标
车辆重力标准值	kN	550	轮距	m	1.8
前轴重力标准值	kN	30	前轮着地宽度及长度	m	0.3×0.2
中轴重力标准值	kN	2×120	中、后轮着地宽度及长度	m	0.6×0.2
后轴重力标准值	kN	2×140	车辆外形尺寸(长×宽)	m	15×2.5
轴距	m	3+1.4+7+1.4			

(5)车道荷载横向分布系数应按设计车道数布置车辆荷载进行计算(图 1-25)。

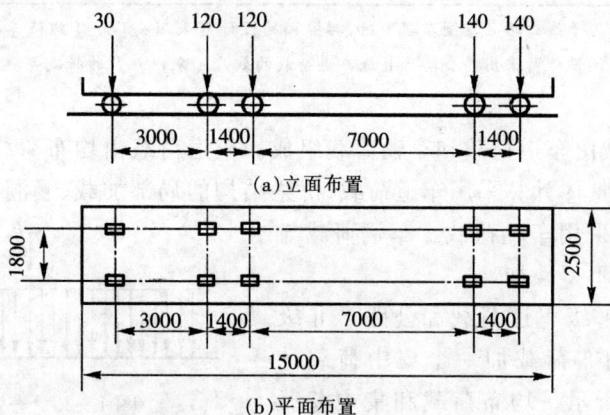

图 1-24 车辆荷载的立面、平面布置图
(图中尺寸单位为 mm，荷载单位为 kN)

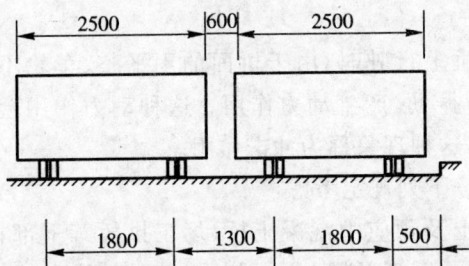

图1-25 车辆荷载横向布置(单位:mm)

(6)桥涵设计车道数应符合表1-15的规定。多车道桥梁上的汽车荷载应考虑多车道折减。当桥涵设计车道数等于或大于2时,由汽车荷载产生的效应应按表1-16规定的多车道折减系数进行折减,但折减后的效应不得小于设计车道为2的荷载效应。

表1-15 桥涵设计车道数

桥面宽度 W(m)		桥涵设计车道数
车辆单向行驶时	车辆双向行驶时	
$W<7.0$		1
$7.0\leqslant W<10.5$	$6.0\leqslant W<14.0$	2
$10.5\leqslant W<14.0$		3
$14.0\leqslant W<17.5$	$14.0\leqslant W<21.0$	4
$17.5\leqslant W<21.0$		5
$21.0\leqslant W<24.5$	$21.0\leqslant W<28.0$	6
$24.5\leqslant W<28.0$		7
$28.0\leqslant W<31.5$	$28.0\leqslant W<35.0$	8

表1-16 横向折减系数

横向布置设计车道数(条)	2	3	4	5	6	7	8
横向折减系数	1.00	0.78	0.67	0.60	0.55	0.52	0.50

(7)大跨径桥梁上的汽车荷载应考虑纵向折减。当桥梁计算跨径大于150m时,应按表1-17规定的纵向折减系数进行折减。当为多跨连续结构时,整个结构应按最大的计算跨径考虑汽车荷载效应的纵向折减。

表1-17 纵向折减系数

计算跨径 l(m)	纵向折减系数	计算跨径 l(m)	纵向折减系数
$150<l<400$	0.97	$800\leqslant l<1\,000$	0.94
$400\leqslant l<600$	0.96	$l\geqslant1\,000$	0.93
$600\leqslant l<800$	0.95		

2. 汽车冲击力

车辆以一定速度在桥上行驶时,由于桥面的不平整、车轮不圆以及发动机的抖动等原因,会使桥梁发生振动,产生动力作用。这种动力作用会使桥梁的内力和变形较静活载作用时为大,这种现象称为冲击作用。

汽车荷载冲击力应按下列规定考虑:

(1)钢桥、钢筋混凝土及预应力混凝土桥、圬工拱桥等上部构造和钢支座、板式橡胶支座、盆式橡胶支座及钢筋混凝土柱式墩台,应计算汽车的冲击作用。

(2)填料厚度(包括路面厚度)等于或大于0.5m的拱桥、涵洞以及重力式墩台不计冲击力。

(3)支座的冲击力,按相应的桥梁取用。

(4)汽车荷载的冲击力标准值为汽车荷载标准值乘以冲击系数 μ。

(5)冲击系数可按下式计算:

$$
\left.
\begin{array}{l}
当 f < 1.5\text{Hz} 时,\mu = 0.05 \\
当 1.5\text{Hz} \leqslant f \leqslant 14\text{Hz} 时,\mu = 0.1767\ln f - 0.0157 \\
当 f > 14\text{Hz} 时,\mu = 0.45
\end{array}
\right\} \qquad (1-5)
$$

式中: f ——结构基频(Hz)。

结构基频宜采用有限元方法计算,对于简支梁桥可采用下式计算:

$$
f = \frac{\pi}{2l^2}\sqrt{\frac{EI_c}{m_c}} \qquad (1-6)
$$

$$
m_c = G/g
$$

式中: l ——结构的计算跨径(m);

E ——结构材料的弹性模量(N/m²);

I_c ——结构跨中截面的截面惯性矩(m⁴);

m_c ——结构跨中处的单位长度质量(kg/m),当换算为重力计算时,其单位应为(N·s²/m²);

G ——结构跨中处每延米结构重力(N/m);

g ——重力加速度,g=9.81(m/s²)。

(6)汽车荷载的局部加载及在 T 梁、箱梁悬臂板上的冲击系数采用1.3。

3. 汽车离心力

当弯道桥的曲线半径等于或小于250m时,应计算汽车荷载引起的离心力。汽车荷载离心力标准值为车辆荷载(不计冲击力)标准值乘以离心力系数 C 计算。离心力系数按下式计算:

$$
C = \frac{V^2}{127R} \qquad (1-7)
$$

式中: V ——设计速度(km/h),应按桥梁所在路线设计速度采用;

R ——曲线半径(m)。

计算多车道桥梁的汽车荷载离心力时,车辆荷载标准值应乘以表1-16规定的横向折减系数。离心力的着力点在桥面以上1.2m处,为计算简便也可移至桥面上,不计由此引起的力矩效应。

4. 汽车荷载引起的土侧压力

车辆荷载在桥台或挡土墙后填土的破坏棱体上引起的土侧压力,可按下式换算成等代均布土层厚度h计算:

$$h = \frac{\sum G}{B l_0 \gamma} \tag{1-8}$$

式中:γ——土的重力密度(kN/m^3);

$\sum G$——布置在$B \times l_0$面积内的车轮的总重力(kN),计算挡土墙的土压力时,车辆荷载应按图1-26规定作横向布置,车辆外侧车轮中线距路边缘的最小距离为0.5m,计算中当涉及多车道加载时,车轮总重力应按规定进行折减;

l_0——桥台或挡土墙后填土的破坏棱体长度(m),对于墙顶以上有填土的路堤式挡土墙,l_0为破坏棱体范围内的路基宽度部分;

B——桥台横向全宽或挡土墙的计算长度(m),可按《桥规》第4.3.4条规定计算。

5. 人群荷载

人群荷载标准值按下列规定采用:

(1)当桥梁计算跨径小于或等于50m时,人群荷载标准值为3.0kN/m^2;当桥梁计算跨径等于或大于150m时,人群荷载标准值为2.5kN/m^2;当桥梁计算跨径在50~150m之间时,可由线性内插得到人群荷载标准值。对跨径不等的连续结构,以最大计算跨径为准。

城镇郊区行人密集地区的公路桥梁,人群荷载标准值取上述规定值的1.15倍。专用人行桥梁,人群荷载标准值为3.5kN/m^2。

(2)人群荷载在横向应布置在人行道的净宽度内;而在纵向应施加于使结构产生最不利荷载效应的区段内。

(3)人行道板(局部构件)可以一块板为单元,按标准值4.0kN/m^2的均布荷载计算。

(4)计算人行道栏杆时,作用在栏杆立柱顶上的水平推力标准值取0.75kN/m;作用在栏杆扶手上的竖向力标准值取1.0kN/m。

6. 汽车制动力

汽车荷载制动力按同向行驶的汽车荷载(不计冲击力)计算,并应按表1-17的规定,以使桥梁墩台产生最不利纵向力的加载长度进行纵向折减。

一个设计车道上由汽车荷载产生的制动力标准值按车道荷载标准值在加载长度上计算的总重力的10%计算,但公路-Ⅰ级汽车荷载的制动力标准值不得小于165kN;公路-Ⅱ级汽车荷载的制动力标准值不得小于90kN。同向行驶双车道的汽车荷载制动力标准值为一个设计车道制动力标准值的两倍;同向行驶三车道为一个设计车道的2.34倍;同向行驶四车道为一个设计车道的2.68倍。

制动力的着力点在桥面以上 1.2m 处,计算墩台时,制动力可移至支座铰中心或支座底座面上;计算刚构桥和拱桥时,制动力的着力点可移至桥面上,但不计因此而产生的竖向力和力矩。

设有板式橡胶支座的简支梁、连续桥面简支梁或连续梁排架式柔性墩台,应根据支座与墩台的抗推刚度的刚度集成情况分配和传递制动力。设有板式橡胶支座的简支梁刚性墩台,按单跨两端的板式橡胶支座的抗推刚度分配制动力。

设有固定支座、活动支座(滚动或摆动支座、聚四氟乙烯板支座)的刚性墩台传递的制动力,按表 1-18 的规定采用。每个活动支座传递的制动力,其值不应大于其摩阻力,当大于摩阻力时,按摩阻力计算。

7. 风荷载

风荷载标准值可按下列规定计算:

(1)横桥向风荷载假定水平地垂直作用于桥梁各部分迎风面积的形心上,其标准值可按《桥规》4.3.7 条规定计算。

(2)顺桥向可不计桥面系及上承式梁所受的风荷载,下承式桁架顺桥向风荷载标准值按其横桥向风压的 40% 乘以桁架迎风面积计算。

桥墩上顺桥向的风荷载标准值可按横桥向风压的 70% 乘以桥墩迎风面积计算。悬索桥、斜拉桥桥塔上顺桥向的风荷载标准值可按横桥向风压乘以迎风面积计算。桥台可不计算纵、横向风荷载。

(3)对风敏感且可能以风荷载控制设计的桥梁,应考虑桥梁在风荷载作用下的静力和动力失稳,必要时应通过风洞试验验证,同时可采取适当的风致振动控制措施。

表 1-18　刚性墩台各种支座传递的制动力

桥梁墩台及支座类型		应计的制动力	符号说明
简支梁桥台	固定支座	T_1	T_1:加载长度为计算跨径时的制动力; T_2:加载长度为相邻两跨计算跨径之和时的制动力; T_3:加载长度为一联长度的制动力。
	聚四氟乙烯板支座	$0.30\ T_1$	
	滚动(或摆动)支座	$0.25\ T_1$	
简支梁桥墩	两个固定支座	T_2	
	一个固定支座,一个活动支座	注	
	两个聚四氟乙烯板支座	$0.30\ T_2$	
	两个滚动(或摆动)支座	$0.25\ T_2$	
连续梁桥墩	固定支座	T_3	
	聚四氟乙烯板支座	$0.30\ T_3$	
	滚动(或摆动)支座	$0.25\ T_3$	

[注]　固定支座按 T_4 计算,活动支座按 $0.30T_5$(聚四氟乙烯板支座)计算或 $0.25T_5$(滚动或摆动支座)计算,T_4 和 T_5 分别为与固定支座或活动支座相应的单跨跨径的制动力,桥墩承受的制动力为上述固定支座与活动支座传递的制动力之和。

8. 流水压力

作用在桥墩上的流水压力标准值可按下式计算:

$$F_w = KA \frac{\gamma V^2}{2g} \qquad (1-9)$$

式中：F_w——流水压力标准值(kN)；

γ——水的重力密度(kN/m³)；

V——设计流速(m/s)；

A——桥墩阻水面积(m²)，计算至一般冲刷线处；

g——重力加速度，g=9.81(m/s²)；

K——桥墩形状系数，见表1-19。

流水压力合力的着力点，假定在设计水位线以下0.3倍水深处。

表1-19 桥墩形状系数

桥墩形状	K	桥墩形状	K
方形桥墩	1.5	尖端形桥墩	0.7
矩形桥墩(长边与水流平行)	1.3	圆端形桥墩	0.6
圆形桥墩	0.8		

9. 冰压力

受冰作用的建筑物部位宜采用实体结构，对于具有强烈流冰的河流中的桥墩、柱，其迎冰面宜做成圆弧形、多边形或尖角，并做成3:1～10:1(竖:横)的斜度；在受冰作用的部位宜缩小其迎冰面投影宽度。对流冰期的设计，高水位以上0.5m到设计低水位以下1.0m的建筑物部位宜采取抗冻性混凝土或花岗岩镶面或包钢板等防护措施。同时，对建筑物附近的冰体采取适宜的使冰体减小对结构物作用力的措施。

冰压力可按《桥规》第4.3.9条的规定计算。

10. 温度作用

计算温度作用时的材料线膨胀系数及作用标准值可按下列规定取用：

(1)当要考虑温度作用时，桥梁结构应根据当地具体情况、结构物使用的材料和施工条件等因素计算由温度作用引起的结构效应。各种结构的线膨胀系数规定见表1-20。

表1-20 线膨胀系数

结构种类	线膨胀系数(以摄氏度计)
钢结构	0.000012
混凝土和钢筋混凝土及预应力混凝土结构	0.000010
混凝土预制块砌体	0.000009
石砌体	0.000008

(2)计算桥梁结构因均匀温度作用引起外加变形或约束变形时，应从受到约束时的结构温度开始，考虑最高和最低有效温度的作用效应，如缺乏实际调查资料，公路混凝土结构和钢结构的最高和最低有效温度标准值可按表1-21取用。

表 1-21　公路桥梁结构的有效温度标准值(℃)

气温分区	钢桥面板钢桥		混凝土桥面板钢桥		混凝土、石桥	
	最高	最低	最高	最低	最高	最低
严寒地区	46	−43	39	−32	34	−23
寒冷地区	46	−21	39	−15	34	−10
温热地区	46	−9(−3)	39	−6(−1)	34	−3(0)

（3）计算桥梁结构由于梯度温度引起的效应时，可采用图 1-26 所示的竖向温度梯度曲线，其桥面板表面的最高温度 T_1 规定见表 1-22。对混凝土结构，当梁高 H 小于 400mm 时，图中 A = H − 100（mm）；梁高 H 等于或大于 400mm 时，A = 300mm。对带混凝土桥面板的钢结构，A = 300mm，图 1-26 中的 t 为混凝土桥面板的厚度（mm）。

混凝土上部结构和带混凝土桥面板的钢结构的竖向日照反温差为正温差乘以 −0.5。

（4）计算圬工拱圈考虑徐变影响引起的温差作用效应时，温差效应应乘以 0.7 的折减系数。

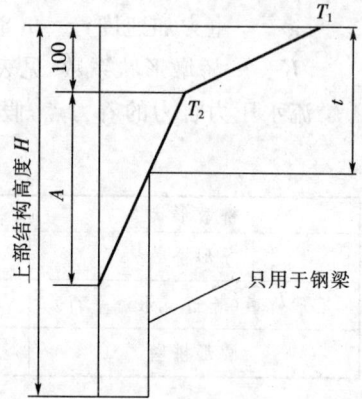

图 1-26　竖向梯度温度(单位:mm)

表 1-22　竖向日照正温差计算的温度基数

结构类型	T_1(℃)	T_2(℃)
混凝土铺装	25	6.7
50mm 沥青混凝土铺装层	20	6.7
100mm 沥青混凝土铺装层	14	5.5

11. 支座摩阻力

支座摩阻力标准值可按下式计算：

$$F = \mu W \tag{1-10}$$

式中：W——作用于活动支座上由上部结构重力产生的效应；

μ——支座的摩擦系数，无实测数据时可按表 1-23 取用。

表 1-23　支座摩擦系数

支座种类		支座摩擦系数 μ
滚动支座或摆动支座		0.05
板式橡胶支座	支座与混凝土面接触	0.30
	支座与钢板接触	0.20
聚四氟乙烯板与不锈钢板接触		0.06(加硅脂;温度低于−25℃时为 0.078)
		0.12(不加硅;温度−25℃时为 0.156)

1.3.4 偶然作用

偶然作用是指在结构使用期间出现的概率很小，一旦出现，其值很大且持续时间很短的作用。

1. 地震作用

在地震动峰值加速度等于 0.10g、0.15g、0.20g、0.30g 地区的公路桥涵，应进行抗震设计。地震动峰值加速度大于或等于 0.40g 地区的公路桥涵，应进行专门的抗震研究和设计。地震动峰值加速度小于或等于 0.05g 地区的公路桥涵，除有特殊要求者外，可采用简易设防。做过地震小区划的地区，应按主管部门审批后的地震动参数进行抗震设计。

公路桥梁地震作用的计算及结构的设计，应符合现行《公路工程抗震设计规范》的规定。

2. 船舶或漂流物的撞击作用

位于通航河流或有漂流物的河流中的桥梁墩台，设计时应考虑船舶或漂流物的撞击作用，其撞击作用标准值可按《桥规》4.4.2 条规定采用或计算。

3. 汽车撞击作用

桥梁结构必要时可考虑汽车的撞击作用。汽车撞击力标准值在车辆行驶方向取 1000kN，在车辆行驶垂直方向取 500kN，两个方向的撞击力不同时考虑，撞击力作用于行车道以上 1.2m 处，直接分布于撞击涉及的构件上。

对于设有防撞设施的结构构件，可视防撞设施的防撞能力，对汽车撞击力标准值予以折减，但折减后的汽车撞击力标准值不应低于上述规定的 1/6。

高速公路上桥梁的防撞护栏应按现行《高速公路交通安全设施施工及施工技术规范》有关规定执行。

1.4 桥面布置与构造

桥梁的桥面部分通常包括桥面铺装、防水和排水系统、伸缩缝、人行道（或安全带）、缘石、栏杆和灯柱等构造，见图 1-27。由于桥面部分天然敞露而受大气影响十分敏感，车辆、行人与桥面直接接触。在以往建桥时因对桥面部分重视不足，导致日后经常地修补和维护。因此，如何合理改善桥面的构造和施工，已愈来愈引起人们的注意。

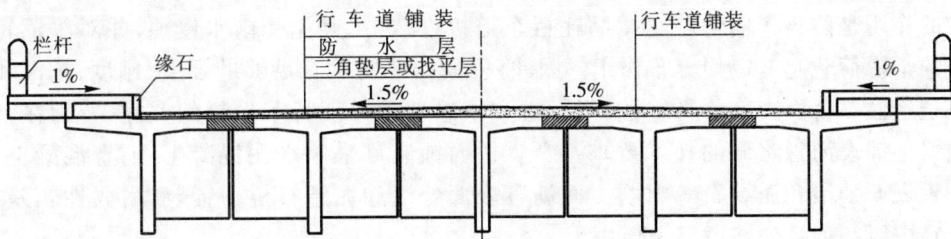

图 1-27 桥面构造横截面

1.4.1　桥面布置

桥面布置应在桥梁的总体设计中考虑。一般应根据公路的等级、桥梁宽度、行车的要求等条件确定。其形式有双向车道布置、分车道布置和双层或多层桥面布置等。

1. 双向车道布置

是指行车道的上下行交通布置在同一桥面上,采用画线作为分隔标记,而不设置分隔设施,分隔界限不明显。由于在桥面上同时有上下行车辆、非机动车辆及行人的通过,因此,交通相互干扰大,行车速度受到限制,对交通量大的道路,易引发交通事故或造成交通阻塞。

2. 分车道布置

是指将行车道的上下行交通通过分隔设施进行分隔设置。采用这种布置方式,上下行交通互不干扰,可提高行车速度,有效地防止交通事故的发生,便于交通管理。但是在桥面布置上要增加一些分隔设施,桥面的宽度相应的要加宽。

采用分车道布置的方法,可在桥面上设置分隔带,用以分隔上下行车辆(图 1 - 28(a)),也可以采用分离式主梁布置,在主梁间设置分隔带(图 1 - 28(b));或采用分离式主梁,但在主梁之间的桥面上不加联系,各自形成单向行驶的交通通道(图 1 - 28(c))。分车道布置除对上下行交通分隔外,也可以将机动车道与非机动车道分隔、行车道与人行道分隔。分隔带的形式可以采用混凝土制作的护栏、钢(或铁)制的护栏。或采用钢杆或钢索(链)分隔等。图 1 - 29 表示用混凝土制作的"新泽西式护栏"是目前应用比较广泛的一种分隔形式。由于自重大,稳定性好,所以有较好的防撞性能,并且可以减少车辆损坏。护栏可以采用预制安装或现场浇筑。预制的护栏 由钢链相连,放在桥面上,并不需要特殊的基础或锚固。

3. 双层或多层桥面布置

是指在空间上可以提供两个或两个以上不在同一平面上的桥面结构。这种布置形式可以使不同的交通严格分道行驶,使公路与铁路分离,使高速车与中速车分离,机动车与非机动车分离,行车道与人行道分离,提高了车辆和行人通行能力,并便于交通管理。同时,可以充分利用桥梁净空,在满足同样交通要求下,减小桥梁宽度。这种布置方式在城市桥梁和立交体系中会更显示出其优越性。

1.4.2　桥面构造

1. 桥面铺装

桥面铺装即行车道铺装,是桥面的保护层,它是车轮直接作用的部分。桥面铺装的作用是防止车辆轮胎直接磨耗行车道板,保护主梁免受雨水侵蚀,并对车辆轮重的集中荷载起一定的分布作用。因此,桥面铺装要求有足够的强度、刚度、抗滑和不透水性。桥面铺装的平整性、耐磨性和不翘性是保证行车平稳的关键,特别在钢箱梁上铺设沥青路面的技术要求甚严。桥面铺装可采用水泥混凝土、沥青混凝土、沥青表面处治和泥结石等材料。而沥青表面处治和泥结石桥面铺装,耐久性较差,仅在中级和低级公路桥梁上使用。

桥面铺装一般不作受力计算,如在施工中能确保铺装层与行车道板紧密结合成整体,则铺装层的混凝土(除去作为车轮磨耗部分可取 10～20mm 厚外)还可以和行车道板在一起共同受力。为使铺装层具有足够的强度和良好的整体性(能起联系各主梁共同受力的作用),一般宜在水泥混凝土桥面铺装层内配置钢筋网,钢筋直径不应小于 8mm,间距不宜大于 100mm。

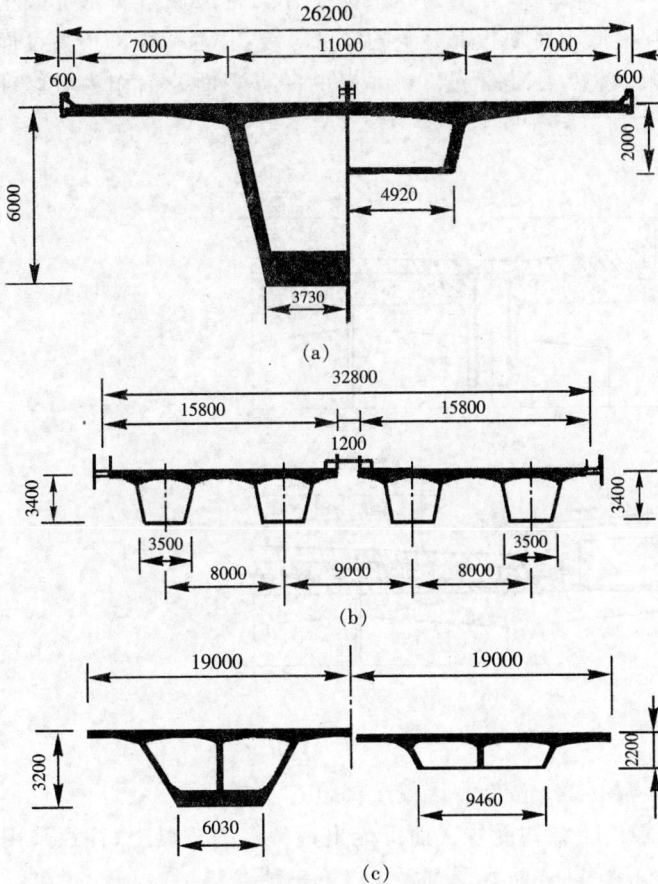

图 1-28　分车道的桥面布置(单位:mm)

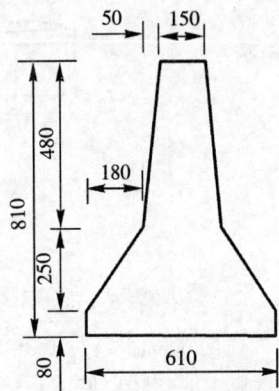

图 1-29　混凝土制作的护栏

桥面铺装宜采用沥青混凝土或水泥混凝土。公路桥梁桥面铺装的结构形式宜与所在位置的公路路面相协调。特大桥、大桥的桥面铺装宜使用沥青混凝土桥面铺装。目前,桥面铺装主要有以下几种形式。

(1)水泥混凝土或沥青混凝土铺装

水泥混凝土桥面铺装面层(不含找平层或垫层)的厚度不宜小于 80mm,混凝土强度等级不应低于 C40,铺装层混凝土的等级一般与桥面板混凝土等级相同或高一级。水泥混凝土铺装的造价低,耐磨性能好,适合于重载交通,但其养生期比沥青混凝土铺装长,日后修补也比较麻烦。沥青混凝土铺装的重量较小,维修养护也比较方便,在铺装后只需很短时间就能投入运营。高速公路、一级公路上桥梁的沥青混凝土桥面铺装层厚度不宜小于 70mm;二级及二级以下的公路上桥梁的沥青混凝土桥面铺装层厚度不宜小于 50mm。为了防滑和减弱光线的反射,最好将混凝土做成粗糙表面。桥上的沥青混凝土铺装可以做成单层式、双层式或三层式。特大桥、大桥的桥面铺装宜采用沥青混凝土。

(2)防水混凝土铺装

在严寒地区的小跨径桥上,通常桥面内可不做专门的防水层,而直接在桥面上铺筑普通水泥混凝土或沥青混凝土铺装层。对位于非冰冻地区的桥梁需作适当的防水时,可在桥面板上铺筑 80~100mm 厚的防水混凝土作为铺装层。防水混凝土的强度等级不应低于 C40,且不低于桥面板混凝土的强度等级,其上一般可不另设面层,但为延长桥面的使用年限,宜在上面铺筑 20mm 厚的沥青表面处治作为可修补的磨耗层,见图1-30(a)。

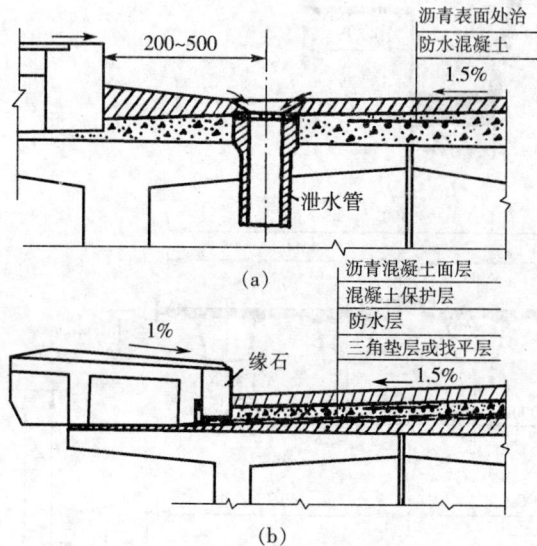

图 1-30　桥面铺装构造(单位:mm)

(3)具有贴式防水层的水泥混凝土或沥青混凝土铺装

在防水要求高或在桥面板位于结构受拉区而可能出现裂缝的桥梁上,往往采用柔性贴式防水层,见图1-30(b)。贴式防水层主要有以下三种类型:

1)洒布薄层沥青或改性沥青。在桥面找平层上撒布一层砂,经碾压形成沥青涂胶下封层。

2)高分子聚合物沥青防水涂料。是以石油沥青为主要原料,以各种表面活性剂及多种化学剂为辅助原料,再掺加大剂量的高分子聚合物进行改性而成复合防水涂料,该涂料不但具有高分子聚合物的优异弹塑性、耐热性和粘结性,又具有与石油沥青制品良好的亲和性,以适应沥青混凝土在高温条件下施工。因操作方便安全,无环境污染,已成为各类大型桥梁及高架桥桥面防水专用涂料。

3)铺装沥青或改性沥青防水卷材以及浸渍沥青的无纺土工布等。沥青防水卷材是先在垫层上用水泥砂浆找平,待硬化后在其上涂一层热沥青底层,随即贴上一层油毛毡(或麻袋布、玻璃纤维织物等),上面再涂一层沥青胶砂,再贴一层油毛毡,最后再涂一层沥青胶砂。这即所谓"三油二毡"防水层,其厚度约为 10~20mm。当它达到足够强度后再铺筑沥青混凝土或水泥混凝土桥面铺装层。沥青防水卷材为结构材料的防水层,造价高,施工麻烦费时。它虽有防水作用,但因把行车道与铺装层分开,如施工处理不当,将使行车道铺装层似有一弹性垫层,在车轮荷载作用下,铺装层容易起壳开裂。

钢桥桥面铺装一般采用沥青混凝土体系。目前,钢桥桥面铺装主要以德国、日本为代表的高温拌和浇筑式沥青混凝土(Gussasphalt),以英国为代表的沥青马蹄脂混合料(Masticasphalt),德国和日本等国近期采用的改性沥青 SMA(Stone Mastic Asphalt),和以美国为代表的环氧树脂沥青混凝土(Epoxy Asphalt)等几类。

2. 防水和排水系统

桥面的防水和排水系统应能迅速地排除桥面上积水,并使渗水可能性降至最低限度。此外,城市桥梁防水系统应保证桥下无滴水和结构上无漏水现象。

(1)桥面纵横坡

桥面设置纵横坡,以利雨水迅速排出,防止或减少对结构的渗透,从而保护行车道板,延长桥梁使用寿命。桥面上设置纵坡不仅有利于排水,同时,还可以在满足桥下通航净空要求的前提下,降低墩台标高、缩短引桥长度并减少桥头引道土方量,从而节省工程费用。桥面纵坡一般都做成双向纵坡,以不超过4%为宜。桥面的横坡,一般采用1.5%~3%,横坡的形成常用以下3种设置方式:

1)板桥(矩形板或空心板)或就地浇筑的肋板式桥梁,为节省铺装材料并减小恒载重力,可以将横坡直接设在墩台顶部,而使桥梁上部构造形成双向倾斜,此时,铺装层在整个桥宽上做成等厚的,见图1-31(a)。

2)在桥面较窄的装配肋板式桥梁中,为使主梁构造简单、架设与拼装方便,通常横坡直接设在行车道板上。先铺设一层厚度变化的混凝土三角垫层,形成双向横坡,再铺设等厚度的混凝土铺装层,见图1-31(b)。

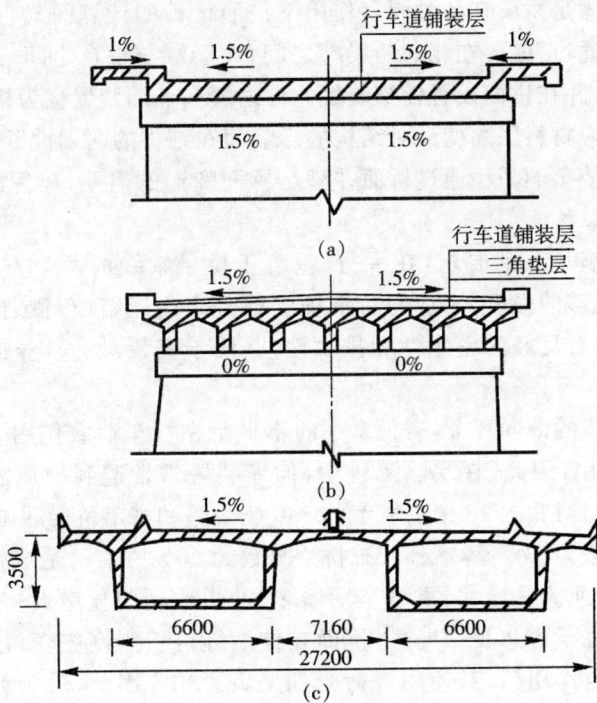

图1-31 桥梁横坡的设置方法(单位:mm)

3)在桥面较宽的桥梁(或城市桥梁)中,用三角垫层设置横坡将使混凝土用量及恒载重力增加过多。为此,可将行车道板做成倾斜面而形成横坡,见图1-31(c)。它的缺点是主梁构造复杂制作麻烦。

(2)防水层

桥面的防水层,一般设置在行车道铺装层下面。钢筋混凝土桥面板与铺装层之间是否要设防水层,应视当地的气温、雨量、桥梁结构和桥面铺装的形式等具体情况而定。桥面伸缩缝处应连续铺设,不可切断,桥面纵向应铺过桥台台背;桥面横向两侧,则应伸过缘石底面从人行道与缘石砌缝里向上叠起100mm。

无防水层时,水泥混凝土铺装应采用防水混凝土。对于沥青混凝土铺装则应加强排水和养护。图1-32(a)为厚20mm的聚合物铺装,它同时兼作磨耗层与防水层。图1-32(b)是由自应力水泥混凝土作为基础的桥面铺装,自应力水泥混凝土厚100mm,内设置钢筋网,它同时起到整平、防水和保护主梁结构的作用。

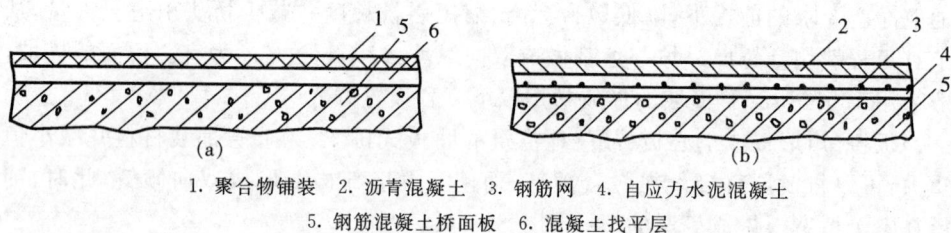

1. 聚合物铺装　2. 沥青混凝土　3. 钢筋网　4. 自应力水泥混凝土
5. 钢筋混凝土桥面板　6. 混凝土找平层
图1-32　桥面铺装构造图

3. 桥面伸缩装置

桥跨结构在温度变化、荷载作用、基础变位、混凝土收缩和徐变等影响下将会发生伸缩变形。为满足桥梁在各种因素作用下按照设计的计算图式自由变形,同时又保证车辆能平稳通过,就要在相邻两梁端之间,或梁端与桥台之间,或桥梁的铰接位置上预留伸缩缝,并在桥面设置伸缩装置。伸缩缝和伸缩装置称为桥面伸缩装置。

伸缩缝为适应材料胀缩变形对结构的影响而在结构的两端设置的间隙。

伸缩装置为使车辆平稳通过桥面并满足桥面变形的需要,在桥面伸缩接缝处设置的各种装置的总称。

伸缩装置应满足下列要求:在平行、垂直于桥梁轴线的两个方向,均能自由伸缩;除本身要有足够的强度外,应与桥面铺装部分牢固连结;车辆通过时应平顺、无突跳且噪声小;具有良好的密水性和排水性,并便于安装、检查、养护和清除沟槽的污物。

伸缩缝是桥梁的薄弱环节,有很微小的不平整在汽车荷载作用下就会使该处受到很大的冲击作用,因此,在实际工程中,伸缩装置常常遭到损坏需要维修、更换。例如,近十多年来,对我国13个大城市的556座公路和城市桥梁的调查结果,伸缩装置已破坏的桥梁数为271座,占被调查桥梁总数的50%左右。造成伸缩装置普遍破损的原因,除了交通流量增大、重型车辆增多(冲击作用明显增大)外,设计、施工和养护方面的失误也不容忽视。况且,桥面在伸缩缝位置刚度突变,该处又在快速行驶车辆荷载的反复作用下,其使用寿命受到严重影响。因此,对于伸缩装置的设计和构造处理绝不能简单从事,而要选用最有抵抗能力的伸缩装置,精确定位,并牢固的锚定它。对于曲线桥或斜桥,除了纵向、竖向变形外,还存在横向、纵向及竖向相对错位,故选用的伸缩装置要有相应的变位适应能力。

伸缩装置类型的选用,主要取决于桥梁的伸缩量 Δl,它包括以安装伸缩装置时为基准温度的气温升高伸长量 Δl_t^+ 或气温降低缩短量 Δl_t^-,混凝土收缩和徐变量 Δl_s 以及计入梁的制造与安装误差的富裕量 Δl_e。因此变形总量为:

$$\Delta l = \Delta l_t^+ + \Delta l_t^- + \Delta l_s + \Delta l_e$$

对于大跨度桥梁,还应计入荷载作用及梁体温差等引起梁端转角伸缩变形量。公路桥梁伸缩装置的设计和施工应按照相关行业标准执行。

公路桥面伸缩装置的种类繁多,它随公路交通事业的发展而不断改进。依据伸缩装置的传力方式及其构造特点,可以把它分为 5 类,即:对接式、钢制支承式、橡胶组合剪切式、模数支承式、无缝式伸缩装置(含桥面连续构造)。

(1)对接式伸缩装置

对接式伸缩装置,根据其构造形式和受力特点的不同,可分为填塞对接型和嵌固对接型两种。填塞对接型伸缩装置是以沥青、木板、麻絮、橡胶等材料填塞缝隙,伸缩体在任何情况下都处于受压状态。该类伸缩装置一般用于伸缩量在 40mm 以下的桥梁上,但容易损坏失效,目前已不多用了。嵌固对接型伸缩装置利用不同形状的钢构件将不同形状的(如 W 形、M 形、箱形、鸟形等)橡胶条(带)嵌固固定,并以橡胶条(带)的拉压变形来吸收梁体的变形,其伸缩体可以处于受压状态,也可以处于受拉状态。该类伸缩装置被广泛应用于伸缩量在 80mm 及以下的桥梁中。图 1-33 所示为国产 GQF-C 型伸缩装置,它采用国产热轧整体成型的"C"字钢为主要构件,嵌固防水密封橡胶带为伸缩体,配以锚固系统所组成。

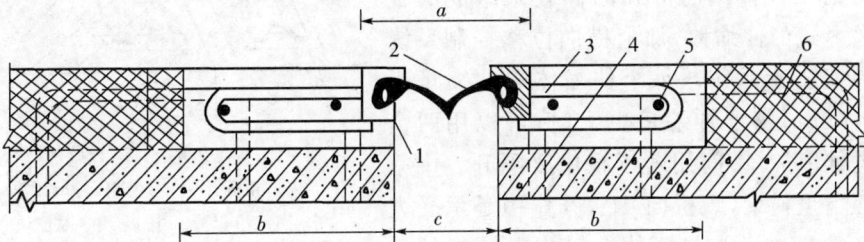

1.C 型异型钢 2.密封橡胶带 3.锚固钢筋 4.预埋钢筋 5.水平加强钢筋 6.桥面铺装

图 1-33　GQF-C 型伸缩装置构造

(2)钢制支承式伸缩装置

钢制支承式的伸缩装置是利用钢材装配制成的,能直接承受车轮荷载的一种构造。以前这种伸缩装置多用于钢桥,现在也用于混凝土桥梁。钢制支承式伸缩装置的形状、尺寸和种类繁多。国内常见的有钢板叠合式伸缩装置和钢梳齿形板伸缩装置。图 1-34 所示为钢梳齿形板伸缩装置的构造示例,它是将钢板做成梳齿状,跨越伸缩缝间隙后,搭在另一端预埋钢板上,伸缩量可达 40mm 以上。这种装置结构本身刚度较大,抗冲击力强,因此在大、中跨桥梁中广泛采用。其缺点是防水性稍差,构造复杂,也较费钢材。

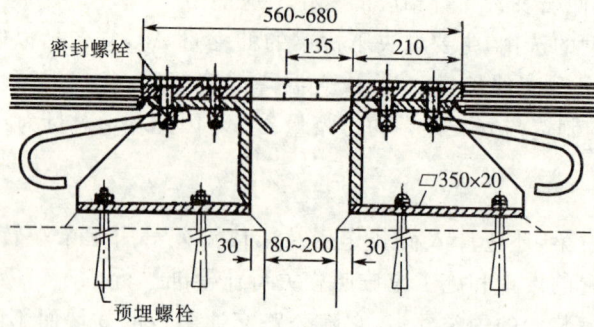

图 1-34 钢梳形板伸缩缝装置构造(单位:mm)

(3)组合剪切式(板式)橡胶伸缩装置

板式橡胶伸缩装置是用一整块橡胶板嵌在伸缩缝中而形成的,橡胶板设有上下凹槽,依靠凹槽之间的橡胶体剪切变形来达到伸缩的目的,并在橡胶板内预埋钢板以提高橡胶的承载能力,伸缩量可达60mm。如果在橡胶板下增设前述梳形板,一面用梳形钢板来支托橡胶板,一面用橡胶板来防水,两者同时起伸缩的作用,则伸缩量可增加至200mm,见图1-35。

(4)模数支承式伸缩装置

模数支承式伸缩装置是高速公路桥梁上主要使用的一种伸缩装置,其伸缩量大,功能比较完善,但结构较为复杂。它的主要部分是由异型钢与各种截面形式的橡胶条组成的犹如手风琴式的伸缩体,加上横向位移控制系统以及弹簧支承系统。每个伸缩体的伸缩量为60~100mm,需要伸缩量更大时,可以用两个以上的伸缩体,中间用若干根中梁隔开。中梁支承在下设横梁(顺桥向)上,其作用是承受大部分车轮压力。为保证伸缩时中梁始终处于正确的位置并作同步位移,应将中梁底部连接

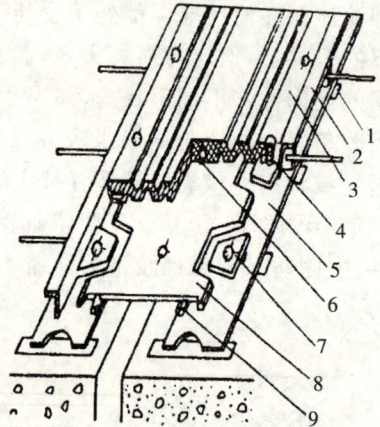

1.预埋铁 2.边角铁 3.橡胶伸缩装置
4.内六角螺栓 5.底钢板 6.螺栓
7.固定齿板 8.托板 9.限位块
图 1-35 BF型伸缩装置一般构造

在连杆式或弹簧式的控制系统上。当伸缩体做成60、80和100mm三种型号时,视中梁根数不同,可以组合成宽度为60、80和100mm倍数的各种伸缩缝,也即可以按模数变化。图1-36为德国毛勒(Maurer)模数式伸缩装置鸟形构造,它采用Z形边梁和工字形中梁与鸟形橡胶带组合构成。

(5)无缝式(暗缝式)伸缩装置

无缝式伸缩装置是指接缝构造不外露于桥面,在梁端部的伸缩间隙中填入弹性材料并铺防水材料,然后在桥面铺装层中铺筑粘弹性复合材料,使伸缩接缝处的桥面铺装与其他铺装部分形成连续体,以连接接缝的沥青混凝土等材料的变形承受伸缩的一种构造。它能适应桥梁上部构造的伸缩变形和小量转动变形,使桥面铺装成为连续体。

其特点是：行车平顺，不致产生冲击、振动等；形成多重防水构造，防水性较好；在寒冷地区，易于机械化除雪防护，不至破坏接缝；施工简单，易于维修更换。不过，这类伸缩构造仅适用于较小的接缝部位，图1-37所示为TST弹塑体（高分子聚合物与沥青混合，并添加有防老化剂等多种配剂）与碎石填充型伸缩装置的构造，适用于伸缩量50mm以下的场合，如小跨径桥梁、路面、桥面切缝等。桥面连续构造也可视为无缝式伸缩装置的一种形式。它在高等级公路的小跨径桥梁中广泛采用。其实质就是将简支的上部构造在其伸缩缝处施行铰接，使桥面连续。这样，多孔简支梁在竖直荷载作用下的变形状态属于简支体系，而在纵向水平力作用下则属连续体系，实际工程中桥面连续构造有多种构造形式，图1-38所示为其中的一种构造形式。

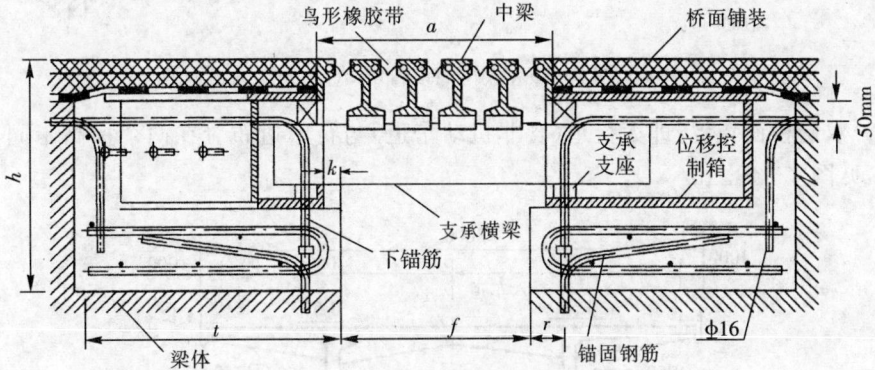

图1-36　毛勒伸缩装置鸟形构造

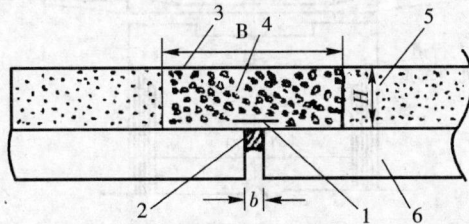

1. 跨缝板　2. 海绵体　3. TST弹塑体　4. 碎石　5. 桥面铺装层　6. 梁体

图1-37　TST碎石填充伸缩装置构造

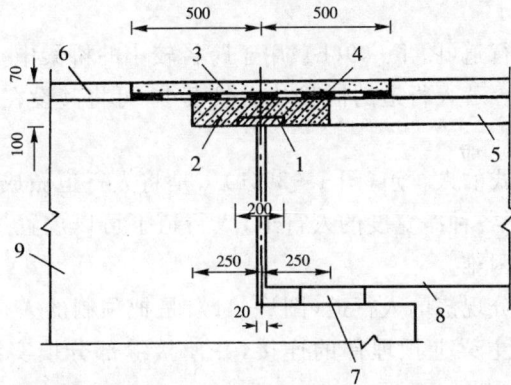

1. 钢板（A_3 200mm×500mm×12mm）　2. Ⅰ型改性沥青混凝土　3. Ⅱ型改性沥青混凝土　4. 编织布

5. 桥面现浇混凝土层　6. 沥青混凝土铺装　7. 板式橡胶支座　8. 预制板　9. 背墙

图1-38　桥面连续构造形式之一（单位：mm）

4. 人行道及附属设施

(1)人行道

人行道是用路缘石或护栏或其他设施加以分隔的专门供人行走的部分。按人行道在桥梁结构中所处的标高不同,有以下几种布置形式:

1)人行道设在桥梁承重结构的顶面,且高出行车道250～350mm,见图1-39。

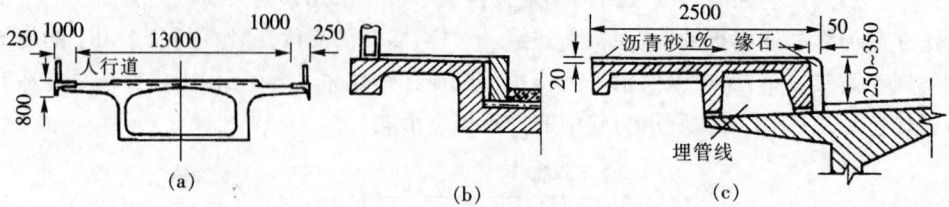

图1-39　人行道设置(单位:mm)

2)双层桥面布置,即人行道(含非机动车道)与行车道布置在两个标高不同的桥面系,见图1-40。

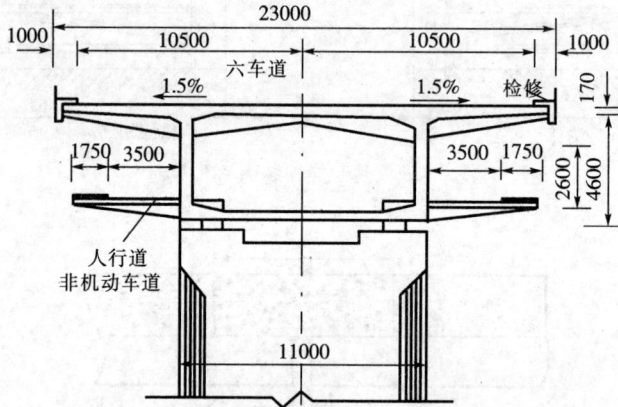

图1-40　南昌大桥双层桥面实例(单位:mm)

3)按人行道的施工方法,又分为就地浇筑式、预制装配式、部分装配和部分现浇的混合式。

①就地浇筑的人行道(图1-39(b))用于跨径较小的桥梁中,人行道与行车道板及梁整体联结在一起。若人行道的恒载及活载很小,可将其设在桥梁行车道的悬挑部分。

②整体预制装配式的人行道(图1-39(c)),是将人行道做成预制块件安装在桥面上,这种形式适用于各种净宽度的人行道,人行道下可以放置过桥管线,但是对管线的检修和更换比较困难。

③部分装配和部分现浇的人行道(图1-41),是把预制的人行道梁、支撑梁及人行道板等构件通过与主梁上预埋件的连接,并使接缝部分填实混凝土与桥面形成整体。

人行道顶面一般铺设20mm厚的水泥砂浆或沥青砂作为面层,并向桥内侧形成1%的横向坡度。桥面铺装中若设贴式防水层,要在人行道内侧设置路缘石,以便把防水层伸过缘石底面,从人行道与缘石之间的砌缝里,向上叠起。人行道在桥面伸缩缝处也必须设断缝。

(2)安全带

不设人行道的桥上,两边应设宽度不小于 250mm,高度为 250~350mm 的护轮安全带。为了保证行车安全,安全带的高度可适当增加。安全带可以做成预制块件或与桥面铺装层一起现浇。预制的安全带有矩形截面和肋板式截面两种(图 1-42),以矩形截面最为常用。现浇的安全带宜每隔 2.5~3.0m 做一断缝,以免参与主梁受力而破损。

(3)照明灯柱

在城市及城郊行人和车辆较多的桥梁上,要有照明设施,一般采用柱灯在桥面上照明。灯柱可以利用栏杆柱,也可以单独设置在人行道内侧。照明灯一般要高出行车道 5m 以上。柱灯的设计要经济合理,要确实能起到照明的作用,同时也要符合在全桥的立面上要有统一的格调。在公路桥上常采用低照明和用发光建筑材料涂层标记的照明设施。

(4)栏杆

栏杆既是桥梁上的安全措施,又是桥梁的表面建筑。桥梁栏杆不仅要求结构坚固,而且还要有一个美好的艺术造型。栏杆的高度不应小于 1.1m,栏杆的间距一般为 1.6~2.7m。桥梁栏杆设置在人行道上,其作用主要在于防止行人和非机动车辆坠入桥下。

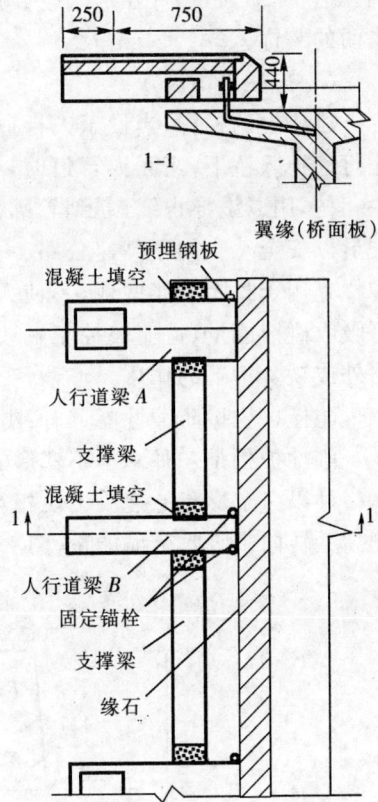

图 1-41 分段预制的人行道构件尺寸(单位:mm)

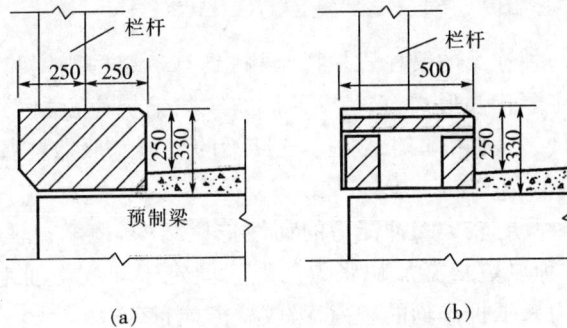

图 1-42 矩形和肋板式安全带(单位:mm)

栏杆的设计首先要考虑结构安全可靠,选材合理,栏杆柱或栏杆底座要与浇在混凝土中的预埋件焊牢,以增强抗冲击能力。同时栏杆要经济实用,工序简单,方便互换。对于艺术上的处理则应根据桥梁的类别,要求有所不同。公路桥的栏杆要求简单明快,栏杆的材料和尺寸与整体协调,常采用简单的上扶手、下扶手和栏杆柱组成。城市桥梁栏杆的艺术造型应予以重视,以使栏杆与周围环境和桥梁本身相协调。这主要是指栏杆在形式、色调、图案和轮廓层次上应富有美感,而不是过分追求华丽的装饰。

(5)护栏

桥梁上的栏杆,当设于人行道上时,主要作用是给行人以安全感,遮拦行人,防止行人掉入桥下;当无人行道时,桥上栏杆主要作用与高填路堤或危险路段所设护栏相仿,用以诱导视线,起到轮廓标示的作用,使车辆尽量在路幅之内行驶,并给驾驶员以安全感。用于高速公路、一级公路、城市快速道路、主干道路、立交工程等的护栏是用于封闭沿线两侧,不使人畜与非机动车辆闯入公路的隔离设施,它同时具有吸收碰撞能量、迫使失控车辆改变方向并使其恢复到原有行驶方向、防止其越出路外或跌落桥下的作用。

防撞护栏按防撞性能分有:刚性护栏、半刚性护栏和柔性护栏。

刚性护栏是一种基本不变形的护栏结构。混凝土结构护栏是刚性护栏形式,它是一种以一定形状的混凝土块相互连接而组成的墙式结构,它利用失控车辆碰撞后爬高并转向来吸收碰撞能量(图1-43、1-44)。

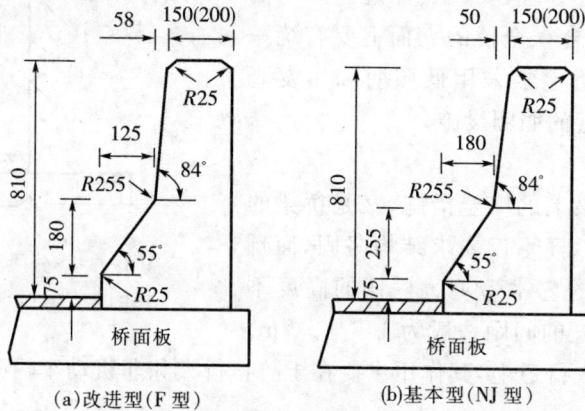

图1-43 钢筋混凝土墙式护栏(单位:mm)

半刚性护栏是一种连续的梁柱式护栏结构,具有一定的刚度和柔性。波形梁护栏是半刚性护栏的主要代表形式,它是一种以波纹状钢护栏板相互拼接并由立柱支撑而组成的连续结构,它利用基础、立柱、波形梁的变形来吸收碰撞能量,并迫使失控车辆改变方向(图1-45)。

柔性护栏是一种具有较大缓冲能力的韧性护栏结构,缆索护栏是柔性护栏的主要代表形式,它是一种以数根施加初张力的缆索固定于立柱上而组成的结构,它主要倚靠缆索的拉应力来抵抗车辆的碰撞,吸收碰撞能量(图1-46)。

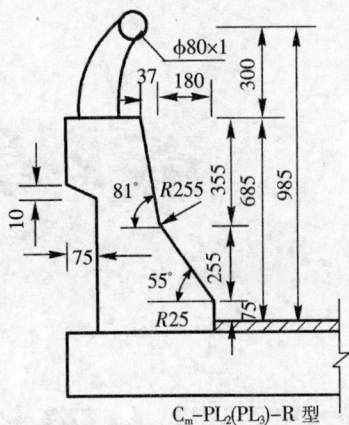

图 1-44 组合式桥梁护栏(单位:mm)

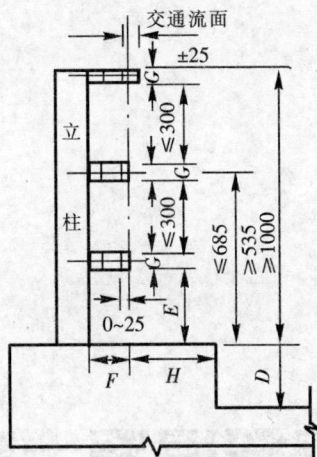

图 1-45 金属制桥梁护栏
($D \geqslant 250mm$)(单位:mm)

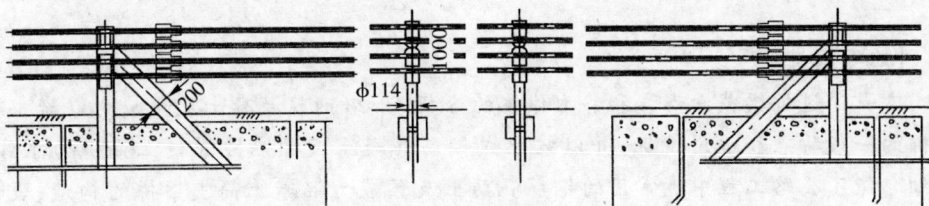

图 1-46 缆索护栏

思考练习题

1. 简述桥梁建设的发展趋势。

2. 桥梁建筑美的基本原则是什么?

3. 各体系桥梁的常用跨径范围及最大的跨径是多少? 代表性的桥梁名称?

4. 何为"五大件"和"五小件"? 在桥梁结构中各自的作用是什么?

5. 桥梁有哪些基本类型? 各类型桥梁的受力特点是什么?

6. 桥梁规划设计的基本原则是什么?

7. 桥梁纵、横断面设计的主要内容包括哪些?

8. 简述桥梁设计的前期工作阶段和设计工作阶段的主要任务。

9. 简述桥梁结构设计中的永久作用、可变作用和偶然作用的主要内容。

10. 作用(荷载)效应的组合有什么原则? 公路桥规的作用效应组合有哪几类?

11. 汽车冲击力产生的原因是什么? 在计算中主要考虑哪些因素的影响?

12. 制动力和离心力各是怎样产生的? 其大小、方向和作用点如何?

13. 桥梁上有哪些基本的附属设施? 桥面构造由哪些部分组成?

14. 桥面铺装的作用、类型及构造要求?

15. 横坡设置有哪几种方法? 各自在什么情况下适应?

16. 理想的桥梁伸缩装置应满足哪些要求? 常用的伸缩装置有哪些类型?

17. 为什么梁与梁之间要留梁缝? 引起梁长变化的因素有哪些?

18. 伸缩缝的伸缩量如何计算?

19. 桥面的防水排水系统有何作用? 常用的构造措施和施工方法有哪些?

第2章

钢筋混凝土和预应力混凝土梁桥

[本章导读]

本章通过桥梁截面形式和静力体系的分析,介绍钢筋混凝土及预应力混凝土梁式桥的一般特点和适用情况;并以装配式钢筋混凝土及预应力混凝土梁桥为主线,详细介绍了公路工程中最常用的钢筋混凝土及预应力混凝土简支梁桥的构造、设计和计算的具体方法。构造与设计的主要内容包括:主梁截面形式的选择、主梁布置、横隔梁布置、结构尺寸的拟定、横向连接构造等。设计计算的主要内容包括:行车道板内力计算、荷载横向分布计算、主梁内力计算、横隔梁内力计算、挠度与预拱度计算等。

[知识目标]

通过本章学习能够对钢筋混凝土及预应力混凝土简支梁桥进行结构布置及尺寸的拟定,并能对主梁、横隔梁、行车道板内力进行计算。

[能力目标]

掌握梁式桥的基本特点和一般构造形式,能较合理地拟定钢筋混凝土及预应力混凝土简支梁桥主要构件的结构尺寸,并能对桥梁各构件的内力进行正确的计算。

[重点难点]

本章重点是梁式桥结构设计及主梁、横隔梁和行车道板的内力计算;难点是拟定桥梁主要构件合理的结构尺寸和桥梁荷载横向分布系数计算及其相应的适用条件。

2.1 概　述

梁桥是指结构在垂直荷载作用下,支座只产生垂直反力而无水平反力的梁式体系桥的总称,该类桥的特点是受力明确、计算简单、理论与实际吻合性好、施工也比较方便。梁桥按静力特性可分为简支梁桥、连续梁桥、悬臂梁桥、T形刚构桥及连续—刚构桥等体系。

钢筋混凝土及预应力混凝土梁桥是利用混凝土良好的抗压性能和钢筋高强的抗拉能力作为建桥材料。根据混凝土受预压程度的不同,预应力混凝土结构又可分为全预应力和部分预应力混凝土结构两种。按施工方法不同,钢筋混凝土及预应力混凝土梁桥可分为整体式梁桥和节段式梁桥,前者是将桥梁上部结构在桥位上整体现浇;后者是将桥梁上部结构分段现浇或分段预制,装配联结而成,又称装配式梁桥。

本章主要介绍钢筋混凝土及预应力混凝土简支梁桥的构造和计算方法。

2.1.1　钢筋混凝土和预应力混凝土梁桥的一般特点

1. 钢筋混凝土梁桥的一般特点

钢筋混凝土梁桥问世迄今已近百年,经过建桥技术人员多年的实践和研究,使钢筋混凝土结构不但在设计理论方面,而且在施工技术方面的研究都日趋完善和成熟。

钢筋混凝土梁桥就其混凝土集料的特点可就地取材,因而成本较低;可塑性强,可根据使用要求浇筑成各种形状的结构;耐久性及耐火性好,建成后维修费用少;结构刚度大,整体性好、变形小;可以采用装配式结构,将桥梁构件标准化,进而实现工厂化生产,施工干扰小、质量可靠、生产效率高。因此,在公路桥梁建设中,钢筋混凝土梁桥应用很广泛。

钢筋混凝土梁桥也有一些不足之处。如结构自重较大,恒载通常占全部设计荷载的1/3~2/3,自重消耗掉大部分材料的强度,这就大大限制了其跨越能力;钢筋混凝土梁式桥结构的抗裂性能也较差,在正常使用阶段往往是带裂缝工作的。因此,装配式钢筋混凝土简支梁桥的跨径一般都不超过20m,而悬臂梁和连续梁桥的最大跨径一般在30~40m左右。

2. 预应力混凝土梁桥的一般特点

预应力混凝土可看作是一种预先储存了足够压应力的新型混凝土结构。对混凝土施加预压应力的高强度钢筋,既是加力工具,又是抵抗荷载所引起构件内力的受力钢筋。考虑到混凝土的收缩和徐变作用会导致预应力损失,所以必须使用高强度、低松弛材料才能使预应力混凝土获得良好的使用效果。

预应力混凝土梁桥除了具有前述钢筋混凝土梁桥所有优点外,还有下述重要特点:

(1)能有效地利用现代化的高强材料(高标号混凝土、高强钢材),减小构件截面尺寸,显著降低自重所占全部作用效应的比重,增大跨越能力。

(2)与钢筋混凝土梁相比,一般可以节省钢材30%～40%,跨径越大,节省越多。

(3)全预应力混凝土梁在正常使用阶段不出现裂缝,即使是部分预应力混凝土梁在常遇荷载下也无裂缝,鉴于截面能全面参与工作,梁的刚度就比通常开裂的钢筋混凝土梁要大,因此变形小。预应力混凝土梁可显著减小建筑高度,能把大跨径桥梁做得轻柔美观。由于能消除裂缝,这就扩大了混凝土结构在多种桥型中的适应性,进一步提高了结构的耐久性。

(4)预应力技术的采用为现代装配式结构提供了最有效的接头和拼装技术手段。根据需要,可在纵向和横向都施加预应力,使装配式构件结合成整体,扩大了装配式桥梁的使用范围。

显然,要建造好一座预应力混凝土桥梁,首先要有作为预应力筋的优质高强钢材,同时需要一整套专门的预应力张拉设备和材质好、制作精度要求高的锚具,并且要掌握较复杂的张拉施工工艺。

2.1.2 梁桥的主要类型及其适用情况

桥梁结构长期以来除了从力学上充分发挥材料特性而不断改进桥梁的截面形式外,构件的施工方法以及起吊安装设备的能力,也是影响截面构造形式发生变化的重要因素。钢筋混凝土和预应力混凝土梁式桥(包括板桥)具有多种不同的构造类型。

1. 按承重结构的截面形式划分

(1)板桥

板桥的截面特点是建筑高度小、构造简单、施工方便,采用预制装配施工时,预制构件重量小、架设方便。板根据其截面形式和施工方式可分为整体式实心板、装配式实心板、装配式空心板、装配一整体组合式板及异形板,见图2-1所示。前4种板主要用于小跨径板梁桥,包括简支板桥、连续板桥和斜板桥等。异形板截面形式主要用于城市高架桥及跨度在20～30m桥面较宽的预应力混凝土连续板桥。

整体式实心板截面形状简单,结构刚度大,整体性好,可适用于各种道路线型复杂的桥梁,如斜、弯、坡、S形和喇叭形桥梁等,通常采用现浇混凝土施工。在车辆荷载作用下,整体式实心板一般多为双向受力板。实心板截面因材料利用不够合理,一般仅用于跨径不超过8m的小跨径板桥。有时为了

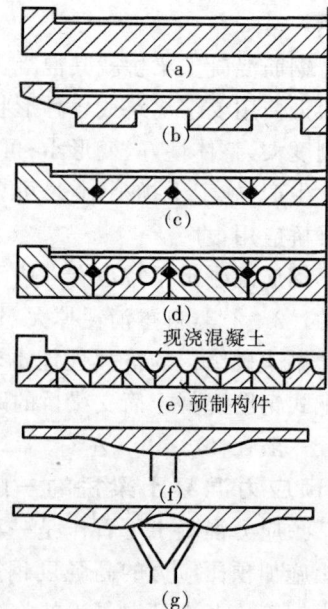

图2-1 板桥横截面

减轻自重,挖去部分受拉区的混凝土,做成矮肋式截面(图2-1(b))。

装配式板截面避免了现场浇筑混凝土引起的弊端,一般由数块一定宽度的实心或空心预制板组成,各板利用板间企口缝填充混凝土相连接。在荷载作用下,每块

板相当于单向受力的梁式窄板,除在主跨径方向承受弯曲外,还承受通过板间接缝(铰缝)传递的剪力和由此而引起的扭转。这种板式截面其结构整体性较差,但施工方便、工期短。钢筋混凝土实心预制板一般用于跨径不超过8m的小跨径板桥。钢筋混凝土空心预制板一般用于跨径在6~13m范围的小跨径板桥。而预应力混凝土空心预制板常用于跨径在8~20m的中小跨径板桥中。

装配—整体组合式板是利用小型预制构件先安装就位作为底模,然后在其上现浇桥面混凝土,使之组合成整体(图2-1(e))。这种组合板桥梁施工简单,适用于缺乏起吊设备的场合或小跨径板桥。

异形板截面是现代城市高架桥经常采用的截面形式。其特点是结构受力合理、建筑高度小、桥下净空大、能够满足城市跨线桥跨度较大的要求,且能与桥梁墩柱很好的匹配形成美观的造型,但其施工较复杂。

(2)肋梁桥

肋梁桥主梁截面的基本形式是T形截面。根据其施工方式可分为整体肋梁式截面和装配肋梁式截面,见图2-2。前者一般为现浇混凝土施工,大多采用双T形截面布置(图2-2(b)),以便简化施工,降低工程造价。后者采用工厂或现场预制,然后装配形成整体。

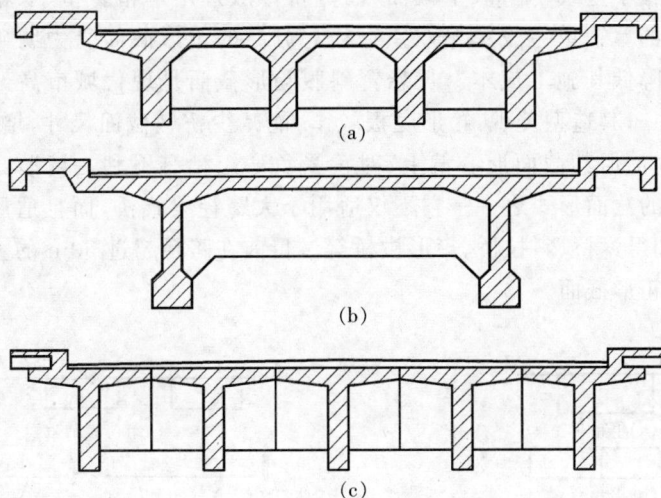

图2-2 肋梁桥横截面

肋梁桥与板桥相比其主要特点是挖去了受拉区的混凝土,减轻了主梁自重,提高了跨越能力。肋梁式截面适合于预制安装,主梁质量易于控制,施工速度快,桥梁部分构件损坏容易修复和更换。其主梁除采用T形截面外,也可采用Ⅱ形或I形截面,将其组合成整体时,桥梁横截面仍类似于T形截面主梁组合的桥梁横截面。从主梁结构受力角度分析,由于T形截面上翼缘面积较大,其截面重心位置偏上,因此T形截面特别适用于承受上翼缘受压、下翼缘受拉的单向弯矩荷载。这与钢筋混凝土和预应力混凝土简支梁的受力模式相当吻合。T形截面上翼缘恰好提供了较大的混凝土受压区,而下翼缘只要能满足受拉钢筋或预应力钢筋的布置就可以了。T形截面的重心至下翼缘的距离较大,对于有效地利用受拉钢筋和预应力钢筋非常有利。因为承受同样拉力的钢筋或预应力钢筋其力臂越大所能承受的弯矩也越大,T形截面为受拉钢筋或预应力钢筋提供了较大的力臂。因而肋梁桥大多用于跨径为13～20m 的钢筋混凝土简支梁桥或 20～40m 的预应力混凝土简支梁桥,以及跨径不大、正负弯矩绝对值相差不多的悬臂梁桥或连续梁桥。

(3)箱形梁桥

箱形截面是大跨径预应力混凝土梁桥以及弯桥和斜桥普遍采用的截面形式之一。其特点是全截面参与工作,截面抗弯、抗扭刚度大;材料在截面上分布合理,能有效地抵抗正、负弯矩和较大的扭矩;同时又有良好的横向抗弯能力。由于箱形截面横向刚度大,在车辆荷载作用下各主梁受力均匀,其荷载横向分布系数较小。箱形截面不仅适用于较大跨径的预应力混凝土简支梁桥,还特别适用于大跨径的连续梁桥、悬臂梁桥和 T 形刚构桥等。

箱形截面一般分为单箱单室、单箱双室、单箱多室、双箱单室、双箱双室和多箱单室以及长悬臂斜腹箱形截面等(见图 2-3),通常根据桥面宽度、桥梁跨度和所采用的施工方式等选用。单箱单室截面受力明确、计算简单、施工方便、材料用量较节省。单箱多室和双箱双室等截面内力分布较均匀,但计算复杂,施工也较困难。由于施工模板复杂,实际工程中较多选用单箱单室或双箱单室等截面。中等宽度的桥梁一般选用单箱单室或单箱双室截面,而宽桥一般选用单箱多室、双箱单室或直接采用两个分离的单箱单室或单箱双室截面。分离的箱形截面受力明确、施工方便,可分开施工以降低其施工成本。长悬臂斜腹箱形截面是现代城市高架桥经常采用的截面形式之一,其造型美观,箱形底板较窄,能减少桥墩截面尺寸,增加桥下净空;材料用量较节省,但其截面形心偏上,对承受负弯矩稍有不利。箱形截面是大跨径桥梁优先选用的截面形式之一。它不仅适用于大跨径梁式桥,而且适用于其他大跨径桥梁结构,如悬索桥、斜拉桥、箱形拱桥等。目前在跨径超过 50m 的大跨径桥梁中绝大多数采用箱形截面。

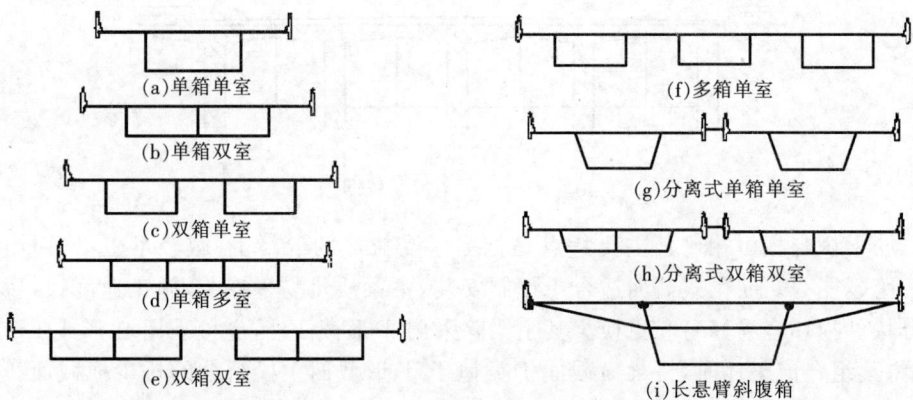

图 2-3　箱形截面

2. 按承重结构的静力体系划分

(1)简支梁桥

简支梁是梁桥中应用最广泛的一种桥型,见图 2-4(a),其结构简单、施工方便、受力明确、易采用标准设计,从而可简化施工、降低建设成本。简支梁桥是静定结构,结构内力不受地基变形及温度变化等的影响,因此对基础的适应性好。但受跨中正弯矩的限制,钢筋混凝土简支梁桥跨径一般不超过20m,而预应力混凝土简支梁桥的经济跨径一般在40m左右。

(2)连续梁桥

连续梁桥是其承重结构不间断地连续跨越几个桥孔而形成的超静定结构体系,见图2-4(b)。连续梁可以做成两跨或多跨一联,一般每联由3～5跨组成。由于连续梁支点负弯矩的卸载作用,使跨中正弯矩明显减小,弯矩分布合理,同时由于负弯矩的存在,钢筋混凝土连续梁桥的应用受到限制,而预应力混凝土连续梁桥的应用却非常广泛。尤其是悬臂施工法、顶推施工法、逐跨施工法在连续梁中的应用,大大地提高了施工质量,降低了深谷高墩桥梁的施工难度。

连续梁桥的特点是:跨中建筑高度较小、结构刚度大、动力性能好、变形挠曲线平缓、行车舒适,中间墩只需单排支座,因此可减小中间墩的结构尺寸,增加桥下过水断面。由于连续梁桥是超静定结构,墩台基础的变位将使结构产生附加内力,通常需要建造在良好的桥基上。

预应力混凝土连续梁桥的常用跨径一般为40～60m,目前最大的跨径已超过200m。

(3)悬臂梁桥

悬臂梁是主梁长度大于单孔跨径并越过支点的悬臂结构,见图2-4(c)。仅一端悬出的称为单悬臂梁,两端悬出的称为双悬梁,也可由单悬臂梁、双悬臂梁与简支挂梁联合组成多孔悬臂梁桥。

悬臂梁利用悬臂根部的负弯矩对主跨跨中正弯矩产生卸载作用,使悬臂梁和连续梁相仿,可节约材料用量、降低建筑高度、加大跨径。悬臂梁一般为静定体系,和简支梁一样对基础的适应性较好,在多孔桥中,其中间墩也只需设置一排支座。由于悬臂梁施工不便,尤其是挂梁端部变形挠曲线不连续,使行车不平顺,桥面易损坏,所以无论是钢筋混凝土还是预应力混凝土悬臂梁桥在实际工程中的应用不是很广泛。

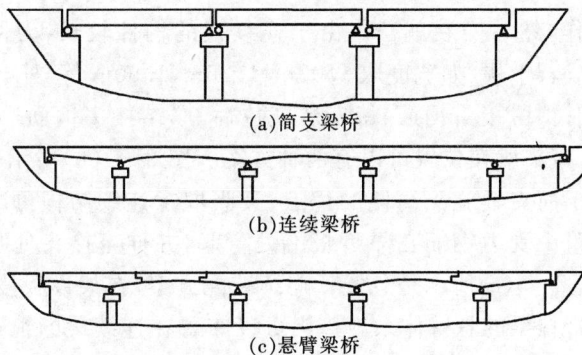

(a)简支梁桥

(b)连续梁桥

(c)悬臂梁桥

图2-4 梁桥的基本体系

2.2 板桥的设计与构造

2.2.1 板桥的类型及其适用情况

1. 简支板桥

简支板桥可以采用整体式结构也可以采用装配式结构。整体式结构的跨径一般在 4～8m，而装配式结构的跨径一般在 6～13m，当采用预应力混凝土时，其跨径可达 20m。在跨径较小，缺乏起吊设备而有模板支架材料的情况下，宜采用就地浇筑的整体式钢筋混凝土板桥。这种结构的整体性能好，横向刚度大，施工也较简便，不足的是模板、支架消耗量较多。而在一般情况下，宜采用装配式结构。

2. 连续板桥

连续板桥是板不间断地跨越几个桥孔而形成的一个超静定结构体系。由于连续，桥面伸缩缝少，行车平稳。从受力分析可知，连续体系在支点处产生负弯矩对跨中正弯矩起到卸载作用，因此与简支板桥相比，连续板桥的建筑高度小、跨径大。在连续板桥的设计中，为了使结构内力均衡，连续板桥一般做成不等跨的，各边跨与中跨之比约为 0.6～0.9，这样可以使各跨的最大弯矩接近相等。连续板桥有整体式和装配式两种结构形式。

(1)整体式连续板桥

当采用整体浇筑混凝土时，连续板桥可以做成变厚度的，如图 2-5(a)所示。支点截面的厚度较大，以承受较大的支点剪力和负弯矩，并能进一步减小跨中的板厚，一般支点截面的高度是跨中截面高度的1.2～1.5 倍。

(2)装配式连续板桥

采用装配式结构可以节省模板

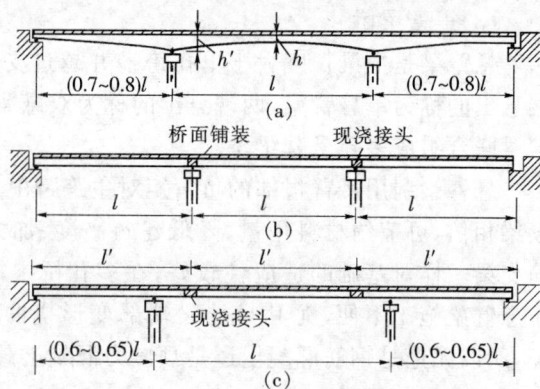

图 2-5 连续板桥

支架，构件预先制作，然后安装就位。由于连续板的构件较长，为便于制作安装起见，除了横向划分成若干块（如宽度取 1.00m、1.25m、1.50m 等）外，在纵向也被分成若干节段，在制作时预留接头钢筋，待安装就位后，联结接头钢筋，再浇注接缝混凝土使之成为整体。接头所在位置可以有两种方案。图 2-5(b)所示是简支—连续装配方案，它既保持了简支板施工简便的优点，又吸取了连续结构可减小荷载弯矩的长处，只是需要将跨中受力钢筋在靠近板端处弯起，并伸至接头处与相邻块件的同类钢筋相焊接。图 2-5(c)所示是悬臂—连续装配方案，在架设板段时，类似于两边孔为单悬臂，中孔带挂梁的悬臂体系。接头可以布置在连续梁的恒载弯矩接近为零或较小的位置处，不足的是需要在接头处搭设临时支架来浇筑接头混凝土。

由于连续板桥属超静定结构，对于支座沉陷比较敏感，容易导致产生附加内力，因此在设计时，要对地基条件及施工质量给予足够的重视。

2.2.2 简支板桥的构造

1. 整体式简支板桥的构造

整体式简支板桥常用在 4~8m 跨径的不规则桥梁上,其横截面一般都设计成等厚度的矩形截面,见图 2-1(a),板的厚跨比一般取 1/16~1/22,有时为了减小自重也可将受拉区稍加挖空做成矮肋式板桥,见图 2-1(b)。对于城市桥梁,由于桥面较宽,为了防止因温度变化和混凝土收缩而引起的纵向裂缝,以及由于活载在板的上缘产生过大的横向负弯矩,常将板沿桥中线断开,做成上下行并列的两座桥。为了缩短桥梁墩台的长度,也可将人行道做成悬臂形式从板的两侧挑出。整体式板桥的跨径通常与板宽相差不大,故在荷载作用下常处于双向受力状态。因此,除了配置纵向受力钢筋以外,还要在板内设置垂直于主钢筋的横向分布钢筋。分布钢筋设在主钢筋的内侧,一般不少于主钢筋的 15%,其直径不应小于 8mm,间距应不大于200mm。考虑到当车辆荷载在靠近板边行驶时,参与受力的板宽要比中间的小,因此板中间的 2/3 板跨范围内需按计算进行配筋,在两侧各 1/6 的板宽范围内应比中间的增加 15% 进行配筋。板的主钢筋直径不应小于 10mm,间距应不大于 200mm;在一般环境下,钢筋的保护层应不小于 30mm;按计算可以不设弯起的斜钢筋,但习惯上仍然将一部分主钢筋按 30° 或 45° 的角度在跨径 1/4~1/6 处弯起。通过支点不弯起的主钢筋,每米板宽内不应少于 3 根,并不应少于主钢筋截面面积的 1/4。

图 2-6 所示为标准跨径 6m 的钢筋混凝土整体式简支板桥构造图,桥面宽度为:净-8.5+2×0.25m。计算跨径为 5.69m,板厚 320mm,纵向主筋采用 HRB335钢筋,直径为 20mm,在中间 2/3 的板宽内间距为 125mm,其余两侧的间距减小为110~95mm。主筋在跨径两端 1/4~1/6 的范围内呈 30° 弯起,分布钢筋采用 R235钢筋,直径为 10mm,间距为 200mm。

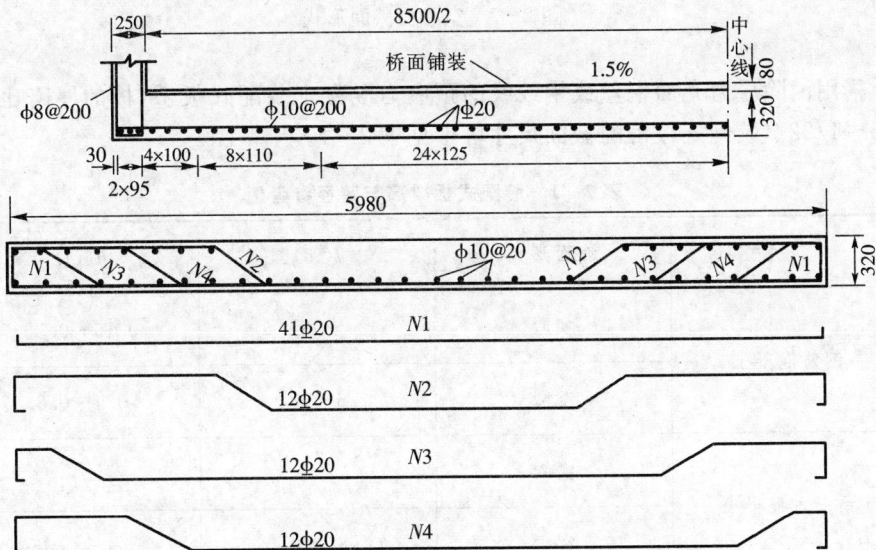

图 2-6 标准跨径 6m 整体式板桥构造示例(单位:mm)

2. 装配式简支板桥的构造

我国常用的装配式板桥按其截面形式主要有实心板和空心板两种。

(1)实心板桥

装配式实心板桥一般用在跨径不超过 8m 的小桥中。我国交通部颁布的装配式钢筋混凝土实心板桥标准图的跨径有 3.0m,4.0m,5.0m,6.0m 和 8.0m,板高从 0.16~0.36m,纵向主受力筋一般采用 HRB335 级钢筋。实心板形状简单、施工方便、建筑高度小、施工质量易于保证,在实际工程中得到普遍的应用,但当跨径增大时,恒载内力占总内力的比重增加,实心板截面就显得不很合理,宜采用截面中部部分挖空的空心板截面。

(2)空心板桥

钢筋混凝土空心板桥的跨径一般在 6~13m,板厚为 0.4~0.8m;而预应力混凝土空心板桥的跨径可做到 8~20m,板厚为 0.4~0.85m。与实心板相比,空心板的自重轻、材料利用合理、运输安装方便、而建筑高度又较同跨径的 T 梁小,因此,在实际工程中应用很广泛。图 2-7(a)和图 2-7(b)为开单孔型,挖空率大、自重最小,但顶板跨度大,需配置横向受力钢筋以承担荷载的作用。图 2-7(c)和图 2-7(d)为开双孔,施工时可用充气囊或无缝管材作芯模,制作及脱模方便,但挖空率小,自重较大。图 2-7(d)的芯模由两个半圆和两块侧板组合而成,当板的厚度改变时,只需更换两块侧板以适应其变化。空心板桥的顶板和底板厚度均不应小于 80mm,空心板的空洞端部应予以填封。为了保证抗剪强度,应在截面内按计算需要配置弯起钢筋和箍筋。

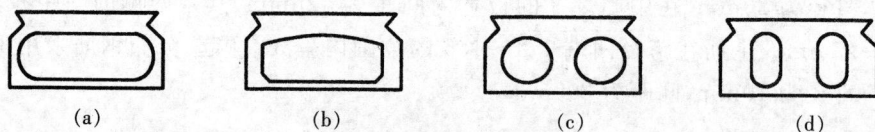

| (a) | (b) | (c) | (d) |

图 2-7　空心板截面形式

采用消除应力光面钢丝或钢绞线的预应力混凝土装配式板桥,板的厚跨比可取 1/16~1/22。装配式板桥的截面尺寸可参见表 2-1。

表 2-1　装配式板梁高与跨径参考值

结构类型	截面形式	l(m)	h(m)
钢筋混凝土	实心	<8	0.16~0.36
	空心	6~13	0.4~0.8
预应力混凝土	实心	/	/
	空心	8~20	0.4~0.85

图 2-8 为标准跨径 8m 的装配式钢筋混凝土空心板的中板截面钢筋布置图,板全长 7.96m,计算跨径 7.60m,板厚 400mm;横截面采用三圆孔,半径 180mm,采用 C40 混凝土预制。每板块底层配 15 根 φ18 的 HRB335 主筋,板顶面配置 4 根 φ16 的 HRB335 钢筋,用以承担剪力的箍筋 N7 做成开口式,待立好芯模后,再与其上的横向钢筋 N6 相绑扎组成封闭式的箍筋。

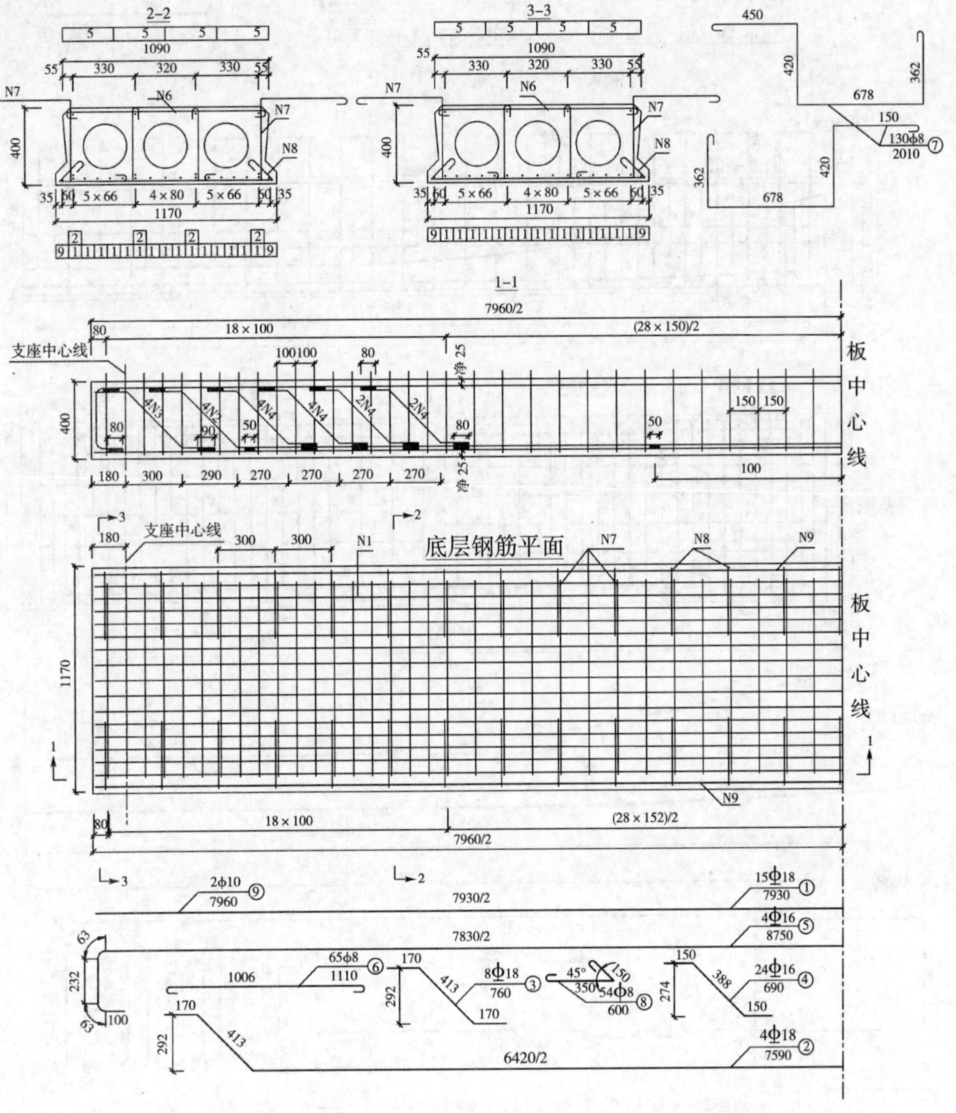

图 2-8 标准跨径 8m 装配式钢筋混凝土空心板钢筋构造(单位:mm)

图 2-9 为标准跨径 16m 的后张预应力混凝土空心简支板的截面和预应力筋布置图。板全长 15.96m,计算跨径 15.30m,板高为 0.75m,采用 C40 混凝土预制,两肋下部各布置 2 束钢绞线,每束由 5 根 φ$_{15.2}^s$ 钢绞线组成。可采用强度等级为 1860MPa 的钢绞线。在顶板和底板布置有 φ8 的 R235 纵向钢筋以增强板的抗裂性。箍筋在板端加密,以承受剪力。

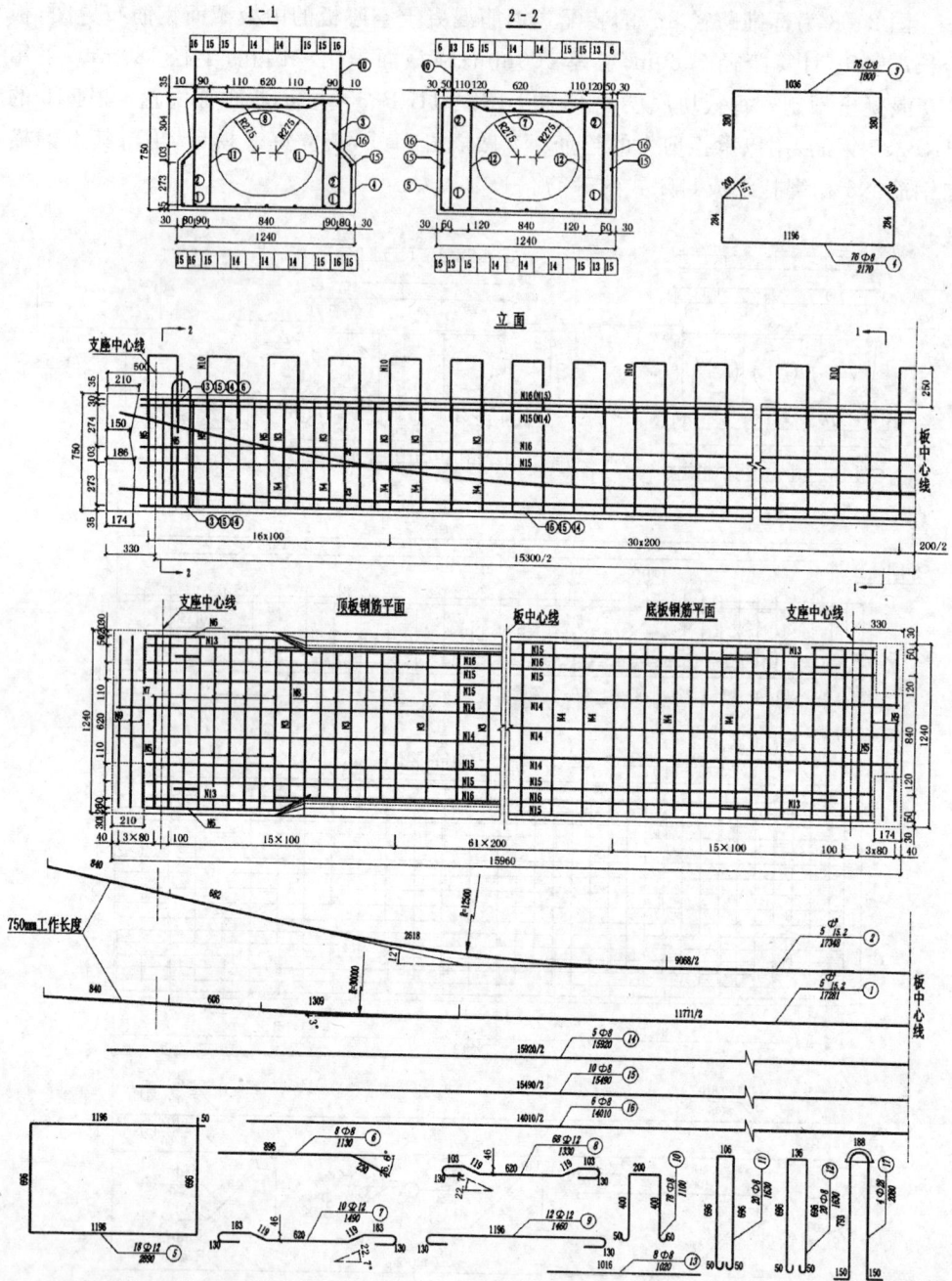

图 2-9　标准跨径 16m 的后张预应力混凝土空心简支板钢筋构造(单位:mm)

（3）装配式板桥的横向连接

为保证板块共同承受车辆荷载，装配式板桥板块之间必须设置横向连接构造。常用的横向连接有企口混凝土铰接和钢板焊接两种连接方式。

企口混凝土铰接形式有圆形、菱形和漏斗形等，见图 2-10。预制板内应预留钢筋伸入铰内，当块件安装就位后，在铰缝内填充细骨料混凝土，铰槽的深度宜为预制板高的 2/3，以保证铰缝有足够的刚度来传递剪力，使各板块共同受力。在铰接板顶面应铺设厚度不小于 80mm 的现浇混凝土;这可以将预制板中的钢筋伸出与相邻板的同类钢筋互相绑扎,再一起浇筑在铺装层内。

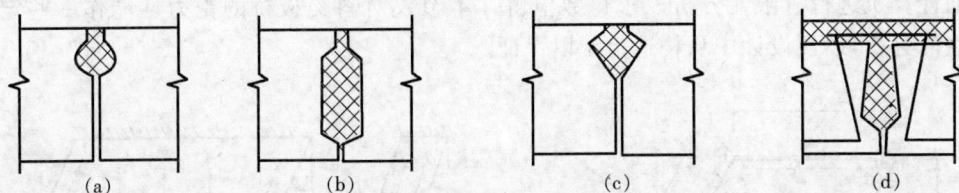

图 2-10 企口式混凝土铰

由于企口缝内的混凝土需要达到设计强度后才能承受荷载,当需要加快工程进度,提前通车时也可采用钢板连接,如图 2-11 所示。其做法是将钢板 N_1 焊在相邻两块件的预埋钢板 N_2 上。连接构造钢板 N_1 的纵向中距通常取 800~1500mm,根据受力分布,跨中部分布置较密,向两端支点处逐渐减疏。

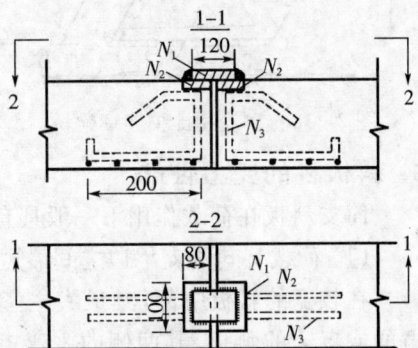

图 2-11 钢板连接构造(单位:mm)

3. 装配-整体式组合板桥的构造

装配-整体式组合板桥是为了减小预制构件的安装重量,加强板跨结构的整体工作性能而设计的一种半装配式桥型。它的特点是将板的一部分提前预制,做得轻巧一些,便于装运;装配部分安装完毕后又可成为其余现浇混凝土的底模。

图 2-12 所示为净跨径 4m 组合式板桥的构造。图中钢筋 N_1、N_2 伸出预制构件外,能使新旧混凝土结合得更好,并起分布钢筋的作用。钢筋 N_3 伸出预制构件与后浇混凝土板顶层钢筋网相联,使后浇混凝土与预制构件结合成整体。由预制板与现浇混凝土结合的组合板,预制板顶面应做成凹凸不小于 6mm 的粗糙面。如结合面配置竖向结合钢筋,钢筋应埋入预制板和现浇层内,其埋置深度不小于 10 倍钢筋直径;钢筋纵向间距不应大于 500mm。

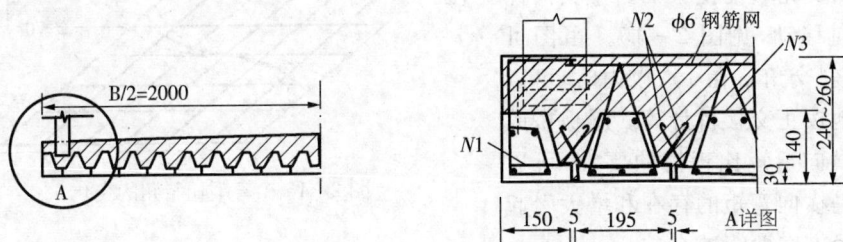

图 2-12 装配-整体式板桥构造(单位:mm)

2.2.3 斜交板桥的受力特点与构造

斜交板桥是指桥轴线与支承线呈某一夹角 α 的桥梁,而桥梁轴线与支承线垂直的夹角 φ 则称为斜交角,见图 2-13 所示。

在桥梁建设中,常常由于桥位处的地形限制,或者由于高等级公路对线形的要求等需要将桥梁做成斜交。斜板桥可改善线形,但它的受力状态很复杂。目前多借助计算机进行有限元分析以求得数值解。本节仅对斜交板桥的受力性能作一些定性的分析,以便设计中从构造上予以保证。

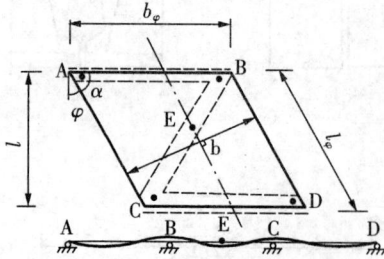

图 2-13　斜交桥比拟连续梁

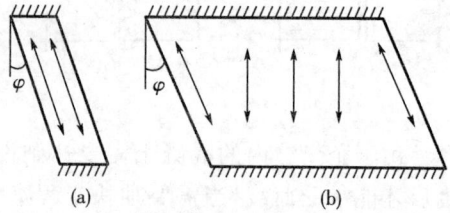

图 2-14　斜板的最大主弯矩方向

1. 斜板桥的受力性能

简支斜板在荷载作用下一般具有下列特性:

(1) 荷载有向两支承边之间最短距离方向传递的趋势

在较宽的斜板中部,其最大主弯矩方向几乎接近与支承边正交。其次,无论对宽的或者窄的斜板,其两侧的主弯矩方向接近平行于自由边,并有向支承边垂线方向偏转的趋势,见图 2-14 所示。

(2) 各角点受力情况可以比拟连续梁的工作来描述

如图 2-13 所示,在斜板的"Z"形条带 A—B—C—D 上各点的受力情况可以用三跨连续梁的受力来比拟,在钝角 B、C 处产生较大的负弯矩,其方向垂直于钝角的角平分线;同时在 B、C 点的反力也较大,锐角 A、D 点的反力较小,当斜交角与斜的跨宽比都较大时,锐角有向上翘起的趋势。由于锐角(支点)的固定,导致板内有扭矩产生。

(3) 最大跨内纵向弯矩比正桥小,横向弯矩比正桥大

在均布荷载作用下,跨径 l 相同时,斜板桥的最大跨内弯矩 M_{φ} 比正桥要小,跨内纵向最大弯矩或最大应力的位置,随着斜交角 φ 的变大而自中央向钝角方向移动,见图 2-15。由图可知,当斜交角 φ 在 15° 以内时,可以近似地按正交板桥计算。斜板桥的跨中横向弯矩比正桥的要大,可以认为是横向弯矩的存在和增大引起了跨径方向弯矩减小。

图 2-15　弯矩随斜角的变化

2. 斜板桥的构造特点

(1) 整体式斜板桥

整体式斜板桥的跨宽比(l/b)一般小于 1.3,根据以上所述斜板的受力特性,主钢筋的配置可采用以下两种方案:

1) 按主弯矩方向的变化配置主筋,分布钢筋与支承边平行,如图 2-16(a)所

示。根据钝角处有较大的反力和负弯矩的特性,在底层钝角处约 1/5 跨径范围内配置与角平分线方向一致的加强钢筋;板的上层应配置与钝角角平分线相垂直的加强钢筋,以抵抗较大的反力和负弯矩;加强钢筋直径不宜小于 12mm,间距 100 ~ 150mm,布置于以钝角两侧 1.0 ~ 1.5m 边长的扇形面积内。上层自由边边缘还应配置不少于三根主钢筋的平行于自由边的钢筋带,如图 2-16(b)所示,以抵抗板内的扭矩。这种钢筋布置符合结构受力特点,但施工复杂。

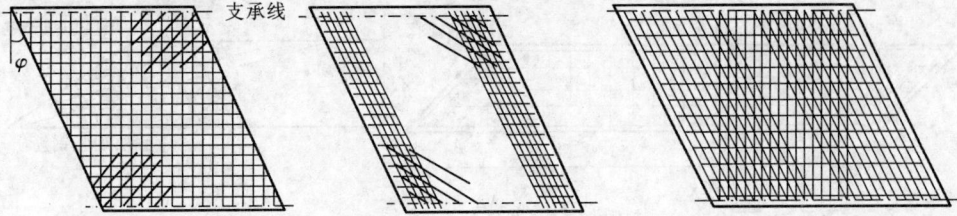

(a)整体式斜交板底层钢筋布置(方案 1)　　(b)整体式斜交板上层钢筋布置　　(c)整体式斜交板底层钢筋布置(方案 2)

图 2-16　整体式斜板的钢筋构造

2)在两钝角角点之间布置垂直于支撑边主筋,在靠近自由边处则应平行于自由边布置主筋,直至中间部分主筋完全衔接为止,如图 2-16(c)所示,其余配筋与(1)同。

(2)装配式斜板桥

装配式斜板桥的跨宽比(l/b)一般均大于 1.3,主钢筋沿斜跨径方向配置,分布钢筋在两钝角角点之间的范围内与主钢筋垂直,在靠近支承边附近,其布置方向则与支承边平行,其钝角部位的加强钢筋同整体式斜板桥的要求布置,见图 2-17 所示,我国编制的装配式钢筋混凝土及预应力混凝土斜板桥标准图中,跨径分

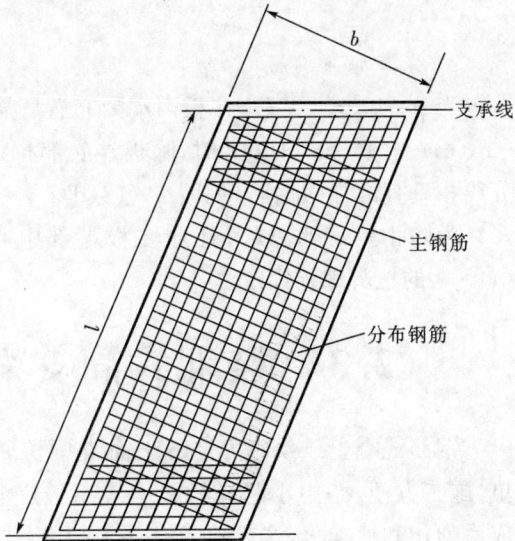

图 2-17　装配式斜板桥钢筋构造

3m、4m、5m、6m、8m、10m、13m、16m、20m9 种。斜交角 0°~60°不等,预制板在垂直于行车方向的板宽有 1.00m,1.25m、1.50m。板厚 0.16 ~ 0.85m。

装配式斜板桥的主钢筋应平行于自由边布置,因斜度不同分布钢筋的布置有以下两种情况:

1)分布钢筋

当 $\varphi = 25° \sim 35°$ 时,分布钢筋平行于支承边方向布置,见图 2-18(a);

当 $\varphi = 40° \sim 60°$ 时,分布钢筋在两钝角角点之间垂直于主筋,在靠近支承边处分布钢筋与支承边平行,见图 2-18(b)。

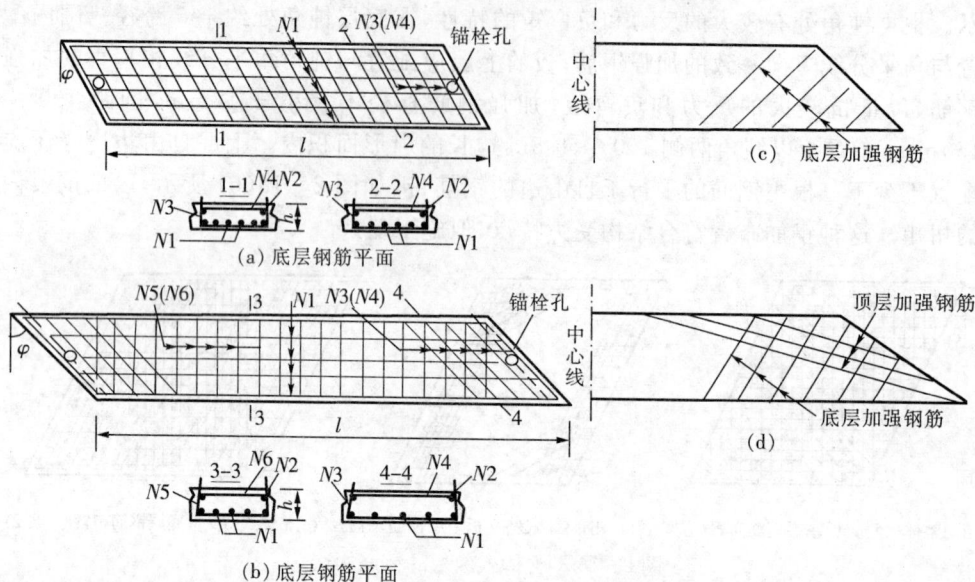

图 2 - 18　装配式斜板钢筋布置构造

2) 分布加强钢筋

当 $\varphi = 40° \sim 50°$ 时,在板两端要布置底层加强钢筋,其方向垂直于支承边,见图 2 - 18(c);当 $\varphi = 55° \sim 60°$ 时,除板端底部布置加强钢筋外,顶部尚应布置与钝角角平分线相垂直的加强钢筋,见图 2 - 18(d)。

为防止钝角处翘起,还应在板端部中心或两侧预留锚栓孔,安装完成后与墩(台)上的地脚螺栓固定。

2.3　装配式简支梁桥的构造与设计

钢筋混凝土或预应力混凝土简支梁桥属于单孔静定结构,它受力明确,构造简单,施工方便,是中小跨径桥梁中应用最广的桥型。简支梁桥的结构尺寸易于设计成系列化和标准化,这就有利于采用工厂化施工,节约模板支架,提高劳动生产效率,并用现代化的起吊设备进行安装,工期短,建桥速度快。因此,近年来国内外对于中小跨径的桥梁,绝大部分采用装配式钢筋混凝土简支梁桥或预应力混凝土简支梁桥。

2.3.1　装配式简支梁桥的构造

装配式简支梁桥,考虑到起吊设备的能力和预制安装的方便,一般采用多主梁结构,主梁间距通常在 2m 左右。装配式简支梁桥,可视其跨径大小、桥梁宽度、运输和施工条件等的不同而采用各种构造类型。所谓构造类型就是涉及装配式主梁的横截面形式、沿纵向横隔梁的布置、块件的划分方式以及块件的连接集整等问题,而且这些问题是互相影响的。以下将着重在主梁截面形式和块件划分方面阐明装配式简支梁桥的主要类型。

1. 装配式简支梁桥的截面形式

对于一定跨径及宽度的桥梁而言,主梁采用何种截面以及主梁的间距多大,应从受力的合理性、经济的材料用量、尽可能减少预制工作量、单片主梁的吊装重量等方面综合考虑。

装配式简支梁桥主梁的截面主要有三种基本类型:Π形、T形和箱形。图2-19(a)所示为Π形梁桥横截面,Π形截面主梁堆放、运输方便,块件之间用穿过腹板的螺栓连接。这种构件的制造较复杂,梁肋被分成两片薄的腹板,通常用钢筋网来配筋,难以做成刚度大的钢筋骨架。跨度较大的Π形梁桥的混凝土和钢筋用量都比T形梁桥的大,而且构件也重,故Π形梁一般只适应在6~12m的小跨径桥梁中使用。

图2-19(b)、(c)所示为T形梁桥横截面。装配式T形梁桥外形简单、制造方便,梁肋内有刚劲的钢筋骨架,主梁之间借助间距为5~8m的横隔梁来连接,整体性好,接头也较方便。但截面在运输安装过程中稳定性差,特别是预应力混凝土T形梁,不能斜置、倒置或在安装过程中倾斜;构件在桥面板的跨中接头,对板的受力不利。我国交通部编制的标准图中装配式钢筋混凝土T形梁的跨径为10~20m、装配式预应力混凝土T形梁的跨径为25~40m。

T形梁的梁肋(或称腹板)厚度在保证抗剪条件下尽可能减小,以期减轻构件自重,从施工考虑,不宜小于150mm。为了增加截面有效高度,或为了满足预应力的受压需要,使受拉钢筋或预应力筋尽量在梁肋底部较集中地布置,形成呈马蹄形的梁肋底部,如图2-19(c)、(d)和(e)所示。但马蹄形的梁肋使模板结构和混凝土的浇注增加难度。

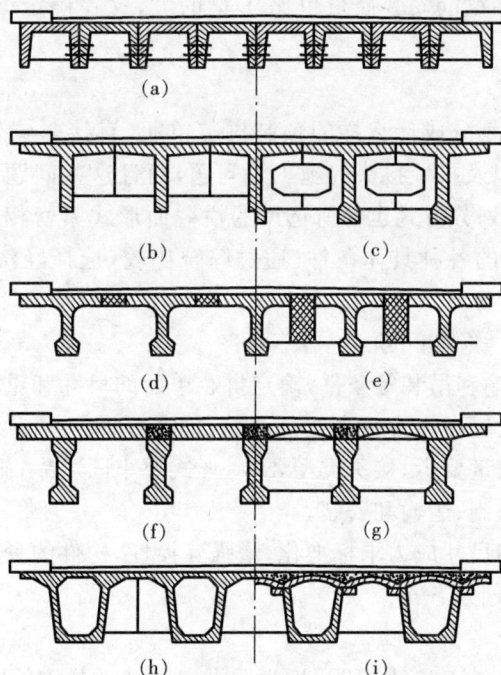

图2-19　装配式简支梁桥的横截面

图 2-19(c)为横隔梁挖空的横截面形式;当横隔梁的高度较大时,为减轻自重,可将其中部挖空,但沿挖空部分的边缘应做成钝角并配置钢筋,挖空也不宜过大,以免内角处裂缝过多削弱其刚度。对于箱形梁桥,由于其本身抗扭能力大,就可以少设或不设跨中横隔梁,但端横隔梁通常是必需的。

图 2-19(d)是为了简化预制工作并避免操作困难的接头集整工作,在跨度内无横隔梁的 T 形简支板桥的横截面形式。在此情况下,主梁间的横向联系主要靠加强的桥面板来实现。实践表明,无横隔梁导致桥跨结构的横向刚性降低,整体性差,需增加翼板厚度、加强板的配筋和接缝强度,以满足受力和使用要求。

图 2-19(f)和(g)为装配组合肋梁式横截面,这种形式的预制主梁采用钢筋混凝土或预应力混凝土的 I 字形构件。I 字形截面的主要特点是主梁构件较轻,便于集中制造和运输吊装。施工时可先架设 I 形梁肋,再通过现浇整体桥面板使结构连结形成整体,其结构整体性好,桥面板受力合理。或安装预制板(有时采用微弯板),最后在接缝内现浇混凝土,使结构连成整体。在 I 字梁上搁置轻巧的预制微弯板或空心板构件,作为现浇桥面混凝土的模板,简化了现浇混凝土的施工程序,并大大减少了预制构件的吊装重量。

图 2-19(h)和(i)所示的箱形梁一般不适用于普通钢筋混凝土简支梁桥,因为箱梁底部受拉,混凝土不参与工作,箱梁底部多余的混凝土反而增加了自重。箱形截面的最大优点是纵横向的抗弯和抗扭能力大;其抗扭惯矩为相应 T 梁截面的十几倍至几十倍,因此在横向偏心荷载作用下,箱梁桥的受力要比 T 梁桥均匀得多,而且预加应力、运输、安装阶段单梁的稳定性要比 T 梁的好得多。但箱梁薄壁构件的预制施工比较复杂,单根箱梁的安装质量也比 T 梁的大,这在确定梁桥截面类型时是必须加以考虑的。

2. 块件的划分方式

一座装配式梁桥划分成什么样的预制拼装单元,直接影响着结构的受力、构件的预制、运输和安装以及拼装接头的施工等问题,而且这些问题往往又彼此影响、相互矛盾。同时块件的划分方式也与所选用的横截面形式紧密相关。因此,在设计中必须考虑施工过程中的各种具体条件,通过综合比较,选择经济合理、技术先进、施工方便的块件划分方案。

(1)块件划分应考虑的问题

1)根据预制、运输和吊装等条件,确定拼装单元的尺寸和重量;

2)接头应尽量设置在内力较小处;

3)拼装接头的数量要少、接头类型要少、形式要牢固可靠、施工要方便;

4)构件要便于预制、运输和安装;

5)构件的形状和尺寸应力求标准化,增强互换性,构件的种类应尽量减少。

(2)常用的块件划分方式

1)纵向竖缝划分

图 2-19(a)、(b)、(c)和(h)所示均为用纵向竖缝划分块件的截面图式。这种划分方式在简支梁桥中应用最为普遍。在这种结构中,作为主要承重构件的各根主梁,包括相应行车道板的 Π 形梁和 T 形梁,都是整体预制的,接头和接缝仅布置在次

要构件 — 横隔梁和行车道板内(图 2-19(b) 和(h)),或直接用螺栓连接(见图 2-19(a)),而且结构部分全为预制拼装,不需现浇混凝土。这种划分方式的特点是:主梁受力可靠,施工方便。但构件的尺寸和质量往往都较大,以致会增加运输与安装上的困难。

为了减轻和减窄用纵向竖缝划分的构件,有时采用缩小桥面板和横隔梁预制尺寸的办法,如图 2-19(d) 和(e) 所示。在此情况下,需在预制构件内伸出接头钢筋,待安装就位后就可浇注部分桥面板和横隔梁的混凝土,并且要等现浇混凝土达到一定强度后结构才能进行后续工序的施工,施工速度较慢。

2)纵向水平缝划分

为了进一步减轻拼装构件的起吊重量和尺寸,还可以用纵向水平缝将桥梁的全部梁肋与板分割开来,再借助纵横向的竖缝将板划分成平面呈矩形的预制构件,施工时先架设梁肋,再安装预制板,最后在接缝内或连同在板上现浇一部分混凝土使结构连成整体。这样的装配式梁桥通常称为组合式梁桥,其截面形式如图 2-19(f)、(g) 和(i) 所示。此种块件划分方式的特点是:主梁构件轻,桥面板整体性好,受力有利。但增加了现浇混凝土的施工工序,延长施工期。

3)纵、横向竖缝划分

如果要使装配式梁的预制块件进一步减小尺寸和减轻重力,尚可将纵向竖缝划分的主梁再通过横向竖缝划分成较小的梁段。图 2-20 就表示这种横向分段装配式 T 形梁的纵、横截面图。显然,对于这样的预制梁段,由于没有钢筋穿过接缝,就必须在安装就位后串联以预应力筋,施加预压应力才能保证所有接缝具有足够的连接强度,使梁整体受力。

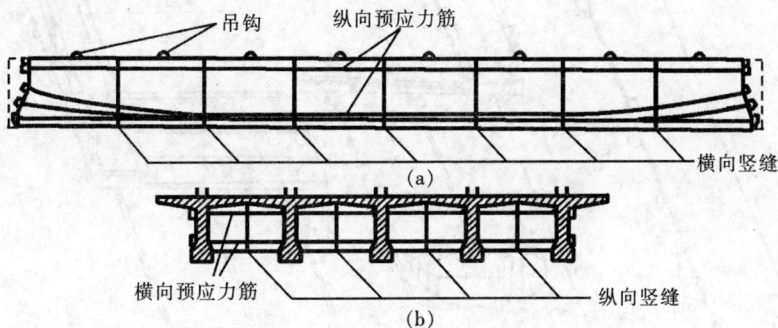

图 2-20 横向分段装配式梁

串联梁的主要优点是块件尺寸小、重量轻,可以工厂化成批预制后方便地运至远近工地。但块件的预制精度要求高。图 2-21 所示为各种横向分段的块件类型,在预制时均应按预应力筋设计位置留出孔道,图 2-21(b) 所示的工字形块件,示出了为横向预应力筋留置的孔道。施工时,将梁段在工地组拼台上或在桥位脚手架上正确就位,并在梁段接触面上涂上薄层环氧树脂或其他胶结材料,这样逐段拼装完成后便穿入预应力筋进行张拉,使梁连成整体。

为了简化箱形和槽形梁段的预制工作,可不在块件内预留孔道,而将预应力筋直接设置在底板上,待张拉锚固后再在底板上灌注混凝土覆盖层,以保护预应力筋。

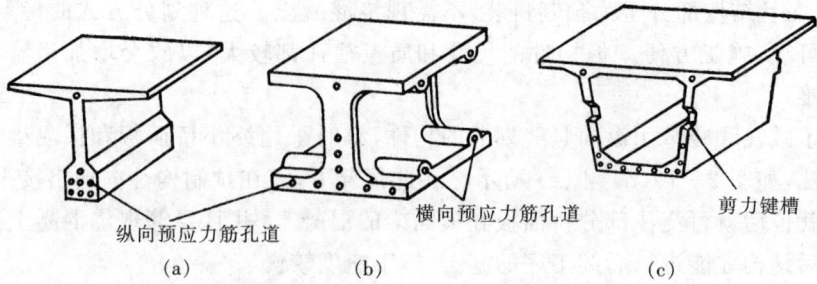

纵向预应力筋孔道　　　　　横向预应力筋孔道　　　　剪力键槽

　　　　(a)　　　　　　　　　(b)　　　　　　　　　(c)

图 2-21　横向分段块件形式

2.3.2　装配式钢筋混凝土简支梁桥构造布置

　　装配式钢筋混凝土简支 T 形梁桥是使用最为普遍的一种结构形式。图 2-22 所示就是典型的装配式 T 形梁桥上部构造。它是由 5 片 T 形截面的主梁,通过设在横隔梁下方和横隔梁翼缘板处的焊接钢板连接成整体。

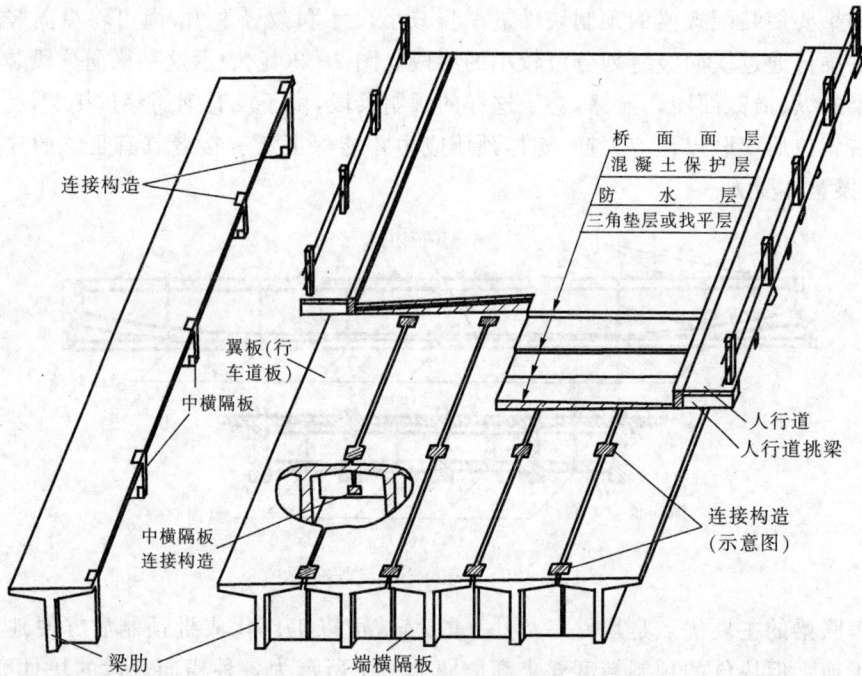

图 2-22　装配式 T 形简支梁桥上部构造

1. 主梁布置

　　(1) 主梁间距

　　当桥面宽度确定后,如何选定主梁的间距(或片数),这是主梁布置中首先要解决的问题。主梁间距的大小不仅与钢筋和混凝土的材料用量以及构件的吊装重量有关,而且还涉及翼板的刚度等问题。一般说来,如果建筑高度不受限制,适当加大主梁间距,则钢筋混凝土用量减少,比较经济;但此时桥面板的跨径增大,可能引起桥面在接缝处产生纵向裂缝;同时,构件重量的增大也使运输和架设工作增加难度。

我国在1973年编制的公路桥涵标准图中,主梁间距采用1.60m。在1983年及以后编制的标准图中,主梁间距加大至2.2m。当吊装允许时,主梁间距采用1.8～2.5m为宜。

(2)截面尺寸

图2-23所示为我国交通部1997年编制的公路桥涵设计标准图中标准跨径为20m的装配式T形梁桥纵、横断面主要尺寸。桥面宽度为净-9+2×1.5m人行道,梁全长19.96m,计算跨径为19.50m,梁高1.5m,沿主梁纵向设两道端横隔梁,三道中横隔梁。

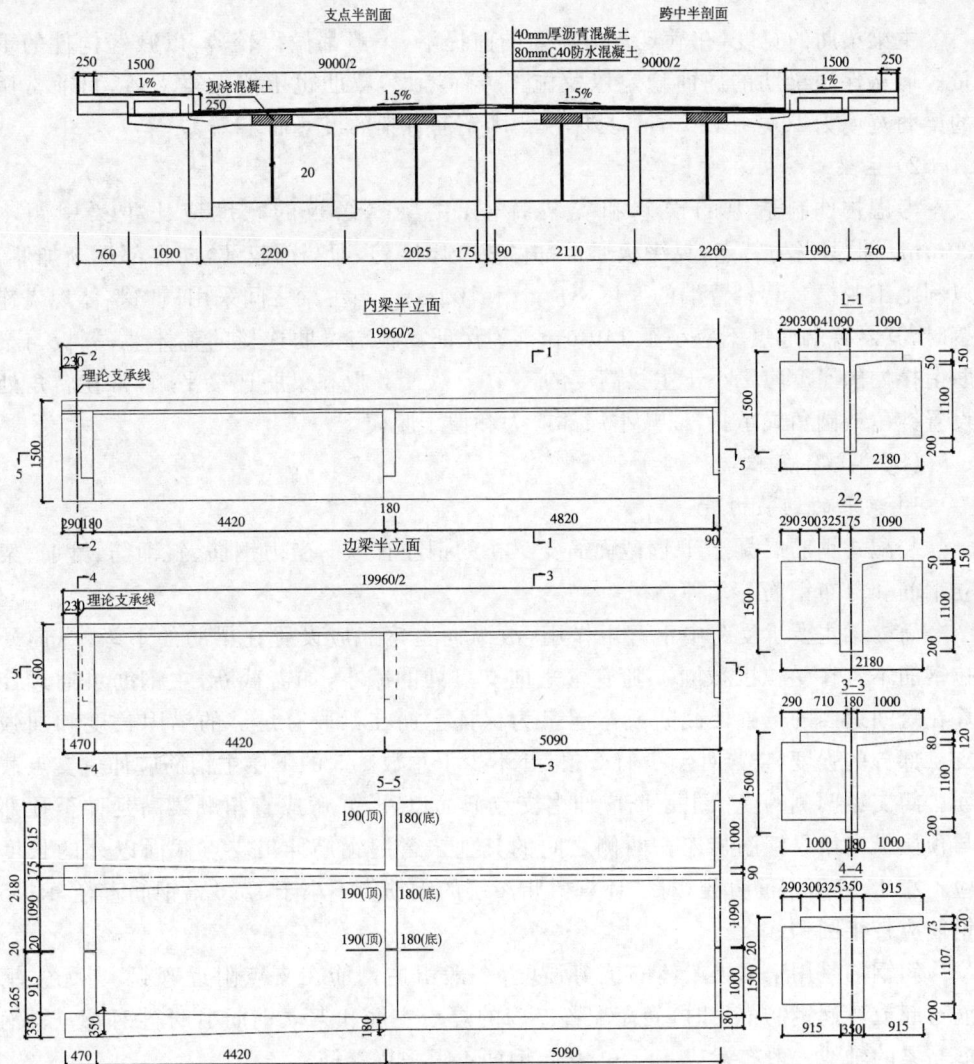

图2-23 标准跨径20m装配式T形梁桥纵、横截面(单位:mm)

1）主梁梁肋尺寸

主梁的高度与主梁间距、主梁跨径以及活载的大小等有关。我国交通部1997年编制的装配式钢筋混凝土T形梁桥标准图中主梁特征参数见表2-2。

表2-2　装配式钢筋混凝土T形梁桥主梁特征参数表（主梁宽度 $b = 2.2m$）

标准跨径 （m）	计算跨径 （m）	梁长 （m）	梁高 （m）	高跨比	跨中肋宽 （mm）	横隔梁 根数	最大吊重 （t）
10	9.5	9.96	0.9	1/11	180	3	12.0
13	12.5	12.96	1.1	1/12	180	3	16.9
16	15.5	15.96	1.3	1/12.3	180	4	22.8
20	19.5	19.96	1.5	1/13.3	180	5	32.5

主梁梁肋的宽度，在满足抗剪需要的前提下，一般都做得较薄，以减轻构件的重量。但从保证梁肋的屈曲稳定以及施工方面考虑，梁肋也不能做得太薄，目前常用的梁肋宽度为150～180mm，具体视梁内钢筋骨架的尺寸而定。

2）主梁翼缘板尺寸

考虑构件制造上的误差和安装就位，主梁翼缘板的宽度应比主梁中距小20mm。根据受力特点，翼缘板通常都做成变厚度的，即端部较薄，向根部逐渐加厚，以利施工脱模。其悬臂端的厚度不应小于100mm，当主梁之间采用横向整体现浇连接时，其悬臂端厚度不应小于140mm。为保证翼板与梁肋连接的整体性，翼板与梁肋衔接处的厚度应不小于主梁高度的1/10。为使翼板和梁肋连接平顺，常在转角处设置钝角或圆角式承托，以减小局部应力和便于脱模。

（3）主梁钢筋构造

1）梁肋的钢筋构造

装配式钢筋混凝土T形截面简支梁桥的钢筋有纵向受力钢筋、斜钢筋、箍筋、架立钢筋和分布钢筋等几种。

简支梁主要承受跨中正弯矩作用，故纵向主钢筋应设置在梁肋的下缘，纵向受拉钢筋不宜在受拉区截断。随着弯矩向支点处的减小，如需截断，主钢筋可通过计算在跨间适当的位置处截断或弯起。为保证主筋在梁段有足够的锚固长度和加强支点部分的强度，支点处至少有2根，并不少于总数1/5的下层主钢筋应伸过支点截面。简支梁两侧的受拉主钢筋应伸出支点截面以外，并弯成直角顺梁高延伸至顶部与顶层纵向架立钢筋相连。两侧之间的其他未弯起钢筋伸出支点截面以外的长度应不小于10倍钢筋直径，对带环氧树脂涂层的钢筋应不小于12.5倍钢筋直径，R235钢筋应带半圆钩。

斜钢筋是用来增强梁体的抗剪强度，一般由主钢筋在支点附近弯起，当无主钢筋弯起或弯起钢筋不足时，尚需配置专门的焊于主筋和架立钢筋上的斜钢筋。斜钢筋与梁的轴线一般布置成45°角，弯起钢筋不得采用浮筋。

箍筋的主要作用也是增强主梁的抗剪强度，根据简支梁的剪力分布，箍筋在支点附近布置得密些，而在梁中间部位布置得稀些，其间距应不大于梁高的1/2，当所箍钢筋为纵向受压钢筋时,其间距不应大于所箍钢筋直径的 15 倍,且均不大于 400mm,两支点附近的第一个箍筋应设置在距端面一个混凝土保护层距离处。其他有关规定详见《公路钢筋混凝土及预应力混凝土桥涵设计规范》(JTG D62—2004)(以下简称《公桥规》)9.3.13~9.3.15 条规定。

架立钢筋布置在梁肋的上缘,主要起固定箍筋和斜筋并使梁内全部钢筋形成立体或平面骨架的作用。

当 T 形梁梁肋高度较大,为了防止梁肋侧面因混凝土收缩等原因而导致裂缝,需要设置直径 6~10mm 纵向防裂的分布钢筋。混凝土拉应力靠近下缘较大,故要将钢筋布置得密些,在上部则可稀些。其间距在受拉区不应大于腹板宽度,且不应大于 200mm,在受压区不应大于 300mm。在支点附近由于剪力较大,其间距宜为 100~150mm。

2) 保护层

为了防止钢筋受到大气影响而锈蚀,并保证钢筋与混凝土之间的粘着力充分发挥作用,钢筋到混凝土边缘需要设置保护层。若保护层厚度太小,就起不到对钢筋的保护作用,太大则混凝土表层因距钢筋远,混凝土容易开裂,且减小了截面的有效高度。保护层厚度在《公桥规》9.1.1 条作了详细规定,具体见表 2-3。

表 2-3　普通钢筋和预应力直线形钢筋最小混凝土保护层厚度(mm)

序号	构件类别		环境条件		
			Ⅰ	Ⅱ	Ⅲ、Ⅳ
1	基础、桩基承台	(1)基坑底面有垫层或侧面有模板(受力主筋)	40	50	60
		(2)基坑底面无垫层或侧面无模板(受力主筋)	60	75	85
2	墩台身、挡土结构、涵洞、梁、板、拱圈、拱上建筑(受力主筋)		30	40	45
3	人行道构件、栏杆(受力主筋)		20	25	30
4	箍筋		20	25	30
5	缘石、中央分隔带、护栏等行车道构件		30	40	45
6	收缩、温度、分布、防裂等表层钢筋		15	20	25

[注]环境条件按《公桥规》1.0.7 条规定选取,对于环氧树脂涂层钢筋,可按环境类别Ⅰ取用。

当受拉区主筋的混凝土保护层厚度大于 50mm 时,应在保护层内设置直径不小于 6mm、间距不大于 100mm 的钢筋网。

为了使混凝土浇筑时振捣器可以顺利插入,要求各主筋之间的净距当主钢筋为三层及以下时不应小于 30mm,且不小于钢筋直径。三层以上时不小于 40mm,且不小于钢筋直径的 1.25 倍。

3) 焊接钢筋骨架

在装配式钢筋混凝土 T 形梁中,由于钢筋数量多,如按钢筋最小净距要求排列就有困难,在此情况下可将钢筋焊接成钢筋骨架,见图 2-24。在焊接钢筋骨架中,为保证焊接质量,使焊缝处强度不低于钢筋本身强度,对焊缝的长度必须满足下述要求:

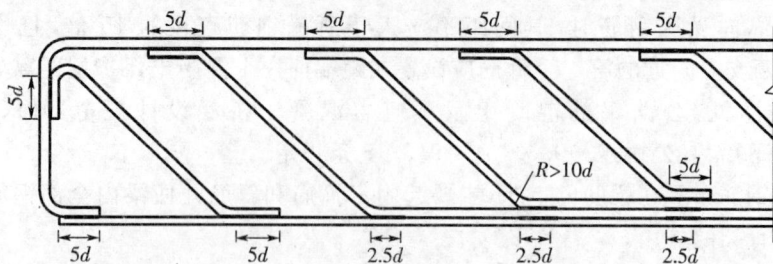

图 2-24　焊接钢筋骨架焊缝尺寸图

（图中尺寸为双面焊缝,单面焊缝应加倍）

①对于利用主钢筋弯起的斜筋,在起弯处应与其他主筋相焊接,可采用2.5倍钢筋直径长度的双面焊缝,弯起钢筋的末端与架立钢筋(或其他主筋)相焊接时,采用5倍钢筋直径长度的双面焊缝;

②对于附加的斜筋,其与主筋或架立筋的焊接,采用5倍钢筋直径长度的双面焊缝;

③各层主钢筋相互焊接固定的焊接,采用2.5倍钢筋直径长度的双面焊缝。

对于小跨径梁可采用双面焊缝,先焊好一边再把骨架翻身焊另一边,这样既可缩短接头长度,又可减少焊接变形,当骨架较长而不便翻身时,必须采用单面焊缝,这时以上所述焊缝长度均应加倍。焊接骨架的钢筋层数不应多于六层,单根钢筋直径不应大于 32mm。

4）翼缘板内的钢筋构造

T 梁翼缘板内的受力钢筋沿横向布置在板的上缘,以承受悬臂的负弯矩,在顺主梁跨径方向还应设置分布钢筋(图2-25)。板内主筋的直径应不小于10mm,每米板宽内不少于 5 根。分布钢筋的直径不小于 8mm,间距不大于 200mm,截面面积不宜小于板的截面面积的 0.1%。在主钢筋的弯折处,应布置分布钢筋。

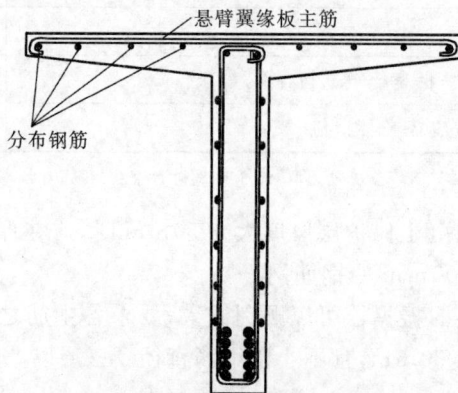

图 2-25　T 梁翼缘板的钢筋布置

2. 横隔梁布置

（1）横隔梁间距

横隔梁使各根主梁相互连接形成整体,横隔梁的刚度愈大,桥梁的整体性愈好,在荷载作用下各根主梁能更好地共同工作。

端横隔梁是必须设置的,它不仅能加强全桥的整体性使荷载横向分布比较均匀,还有利于制造、运输和安装阶段构件的稳定性。中横隔梁每隔 5～8m 设置一道。

(2) 横隔梁的尺寸

横隔梁的高度一般为主梁高度的 0.75 倍左右。横隔梁的肋宽通常采用 140～180mm,为便于施工脱模,一般做成上宽下窄和内宽外窄的楔形。根据运输和安装稳定性的要求,宜将端横梁做成与主梁同高,但这样又不利于支座的检查和更换,工程中视具体情况而定。

3. 装配式主梁的连接构造

装配式 T 形简支梁桥一般由多根主梁组成,为了使所有主梁连接形成整体,通常设有端横梁和中横梁,以保证结构的整体性。图 2-26 所示为常见横隔梁的钢筋构造形式。

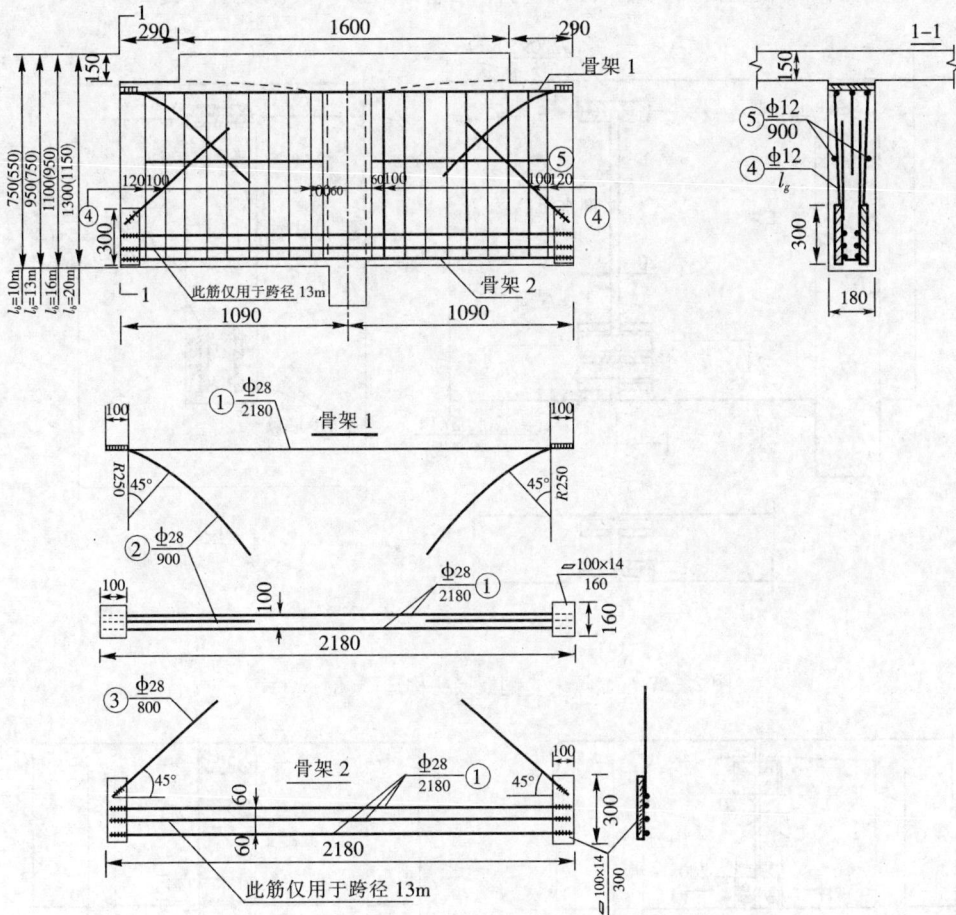

图 2-26 装配式 T 形梁桥中横隔梁钢筋构造(单位:mm)

(1) 横隔梁的连接

1) 钢板连接

如图 2-27 所示,在横隔梁靠近下部边缘的两侧和腹板顶部均有预埋钢板,钢板与横隔梁的受力钢筋焊在一起做成钢筋骨架。当 T 梁安装就位后即在横隔梁的预埋钢板上再焊上盖接钢板使其联成整体。这种接头强度可靠,焊接后就能承受荷载,但现场要有焊接设备,而且有时需要在桥下进行仰焊,施工较困难。

2) 螺栓连接

如图 2-28(a)所示为螺栓连接,此种方法基本上与焊接钢板接头相同,不同之处是使用螺栓与预埋钢板连接,钢板上要预留螺栓孔。这种接头施工工序简单,拼装迅速,但在动荷载作用下螺栓易松动。

3) 扣环连接

如图 2-28(b) 所示是一种强度可靠、整体性好的扣环连接,既可承受弯矩,也可承受剪力。这种接头的做法是:横隔梁在预制时在接缝处伸出钢筋扣环 A,安装时在相邻构件的扣环两侧再安上腰圆形的扣环 B,在形成的圆环内插入短分布钢筋后现浇混凝土封闭接缝,接缝宽度约为 $0.3 \sim 0.6$m。这种连接构造在工地不需要特殊机具,对于主梁间距较大而需要缩减预制构件尺寸并增加横向刚度有一定的效果。

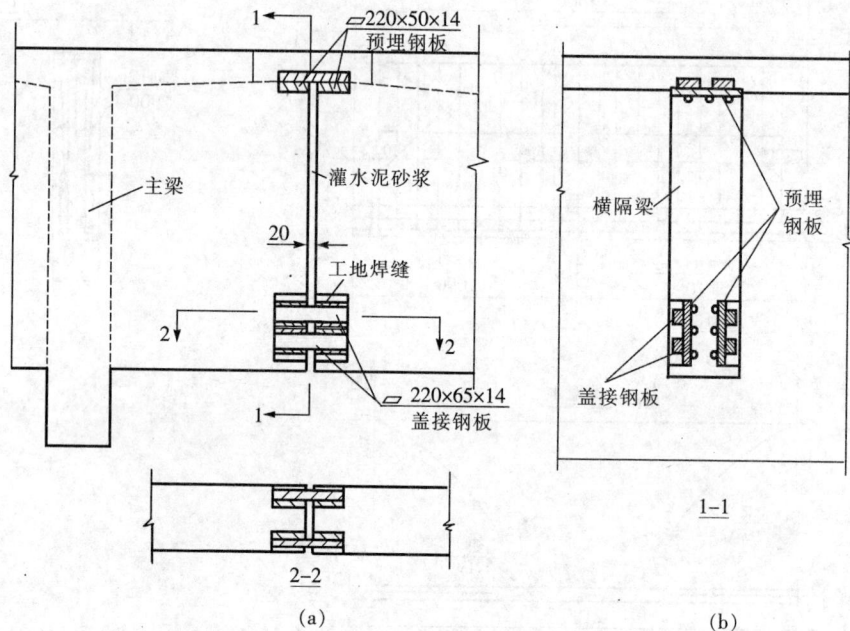

图 2-27 横隔梁的钢板接头构造(单位:mm)

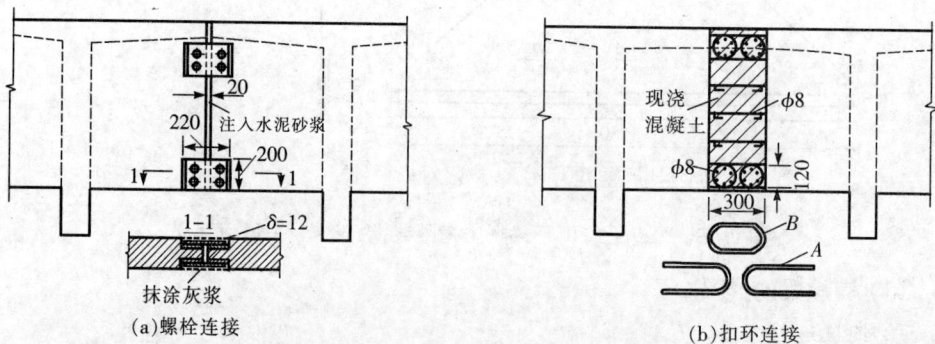

图 2-28 横隔梁的接头构造(单位:mm)

(2) 主梁翼缘板的连接

1) 企口连接

主梁翼缘板的横向连接是通过主梁翼缘板内伸出连接钢筋,交叉弯制后在接缝处再安放局部的 $\phi 8$ 钢筋网,或与桥面钢筋网相连,并将它们浇筑在桥面混凝土铺装层内,如图 2-29(a)。或者可将翼缘板的顶层钢筋伸出,并弯转套在一根长的钢筋上,以形成纵向铰,这种铰结接头只承受剪力,如图 2-29(b)所示。

2) 扣环连接

为改善挑出翼板的受力状态,主梁翼缘板的连接可采用同横隔梁连接的扣环连接,在主梁预制时在接缝处伸出钢筋扣环,安装时在相邻构件的扣环两侧再安上腰圆形的扣环,在形成的圆环内插入长分布钢筋后现浇混凝土封闭接缝,接缝宽度一般取 0.6m,见图 2-29(c)

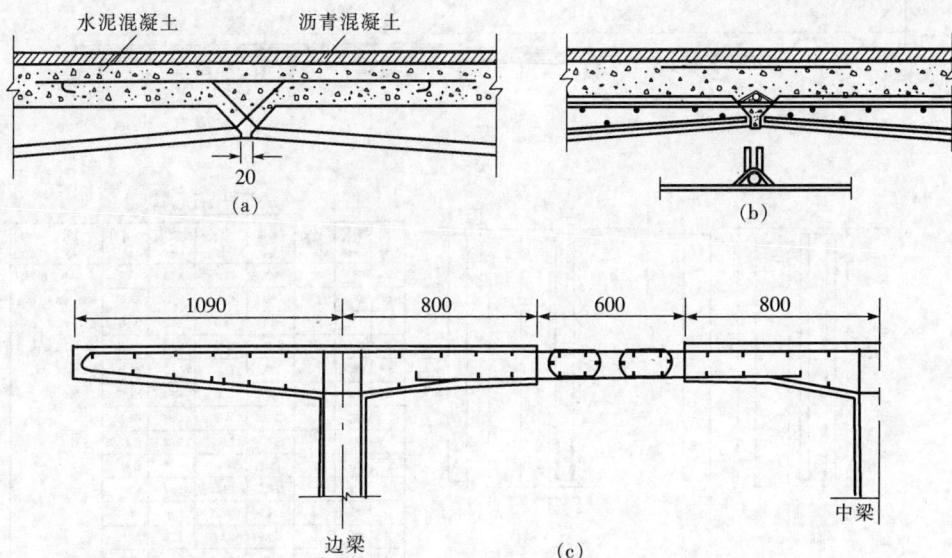

图 2-29 主梁翼板连接构造(单位:mm)

4. 主梁钢筋构造实例

图 2-30 为标准跨径 20m,桥面宽度为净-9+2×1.5m 人行道,按公路—Ⅱ级荷载及人群荷载 3kN/m² 设计的装配式钢筋混凝土简支 T 形梁构造,主梁的混凝土强度等级为 C30。

2.3.3 装配式预应力混凝土简支梁桥的构造布置

预应力混凝土结构以其良好的实用性能被广泛应用。目前公路桥中预应力混凝土简支梁的跨径已做到 50~60m,我国编制的后张法装配式预应力混凝土简支梁桥的标准图跨径有 25m、30m、35m 和 40m。

预应力混凝土简支梁桥的横截面类型与钢筋混凝土简支梁桥基本相似,通常也做成 T 形、Ⅱ 形和箱形,见图 2-19,箱形截面在预应力混凝土体系中应用最广。

装配式构件的划分方式,也与钢筋混凝土简支梁桥基本相同,最常用的是以纵向竖缝划分的 T 梁和小箱梁,鉴于预应力钢筋预加力的特点,还常做成纵、横向竖缝

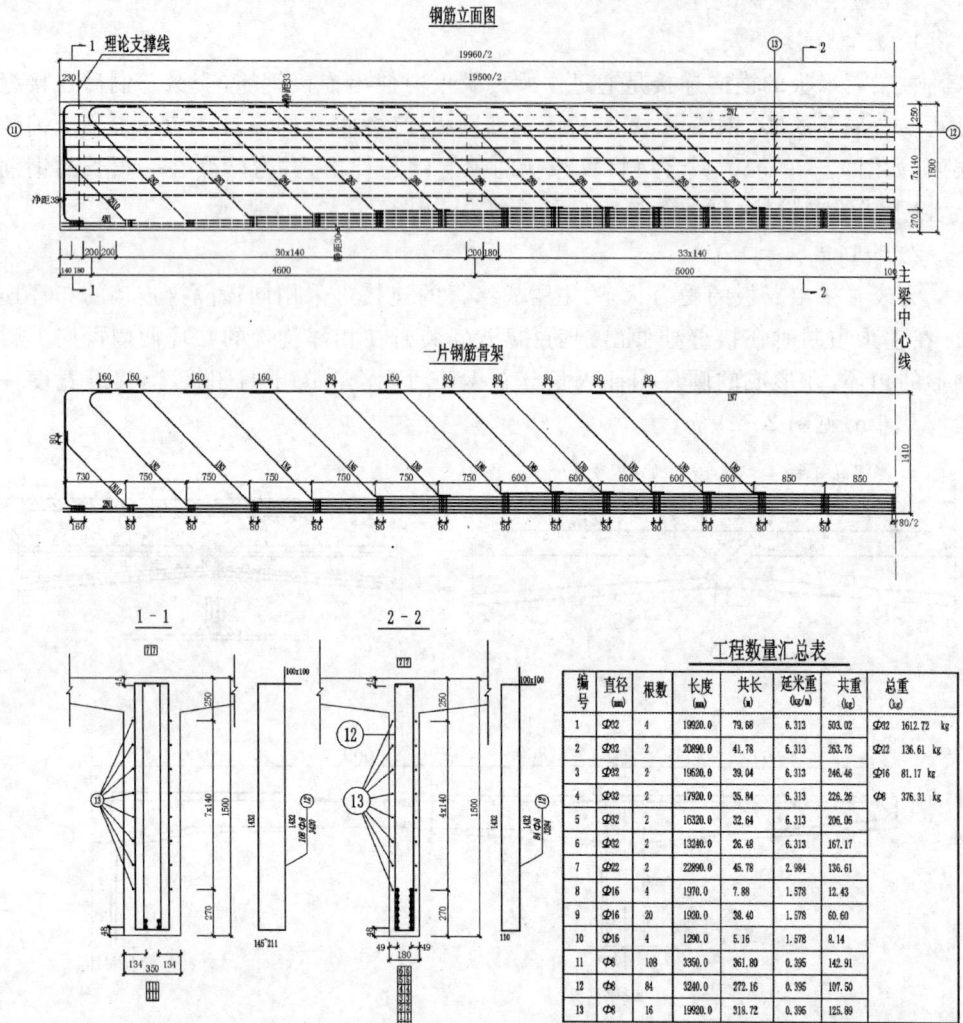

图 2-30   标准跨径 20m 装配式 T 梁配筋图(单位:mm)

划分的串联梁,见图 2-20 所示。

下面将从构造布置、截面尺寸、配筋特点等方面介绍预应力混凝土简支梁桥的构造。

1. 构造布置

主梁的高度是随截面形式、主梁间距、主梁跨径以及建筑高度的不同而不同。我国交通部编制的装配式预应力混凝土 T 梁桥标准图中主梁的特征参数见表 2-4。

表 2-4   装配式预应力混凝土 T 形梁桥主梁特征参数表(主梁宽度 $b = 2.2$m)

标准跨径 (m)	计算跨径 (m)	梁长 (m)	梁高 (m)	高跨比	跨中肋宽 (mm)	横隔梁 根数	最大吊重 (t)
25	24.28	24.96	1.75	1/14.3	160	6	48.0
30	29.14	29.96	2.00	1/15.0	160	7	63.4
35	34.00	34.96	2.25	1/15.6	160	8	83.0
40	38.86	39.96	2.50	1/16.0	160	9	101.0

图 2-31 是标准跨径 30m,桥面宽度为净-12+2×1.5m 人行道的设计构造布置图。

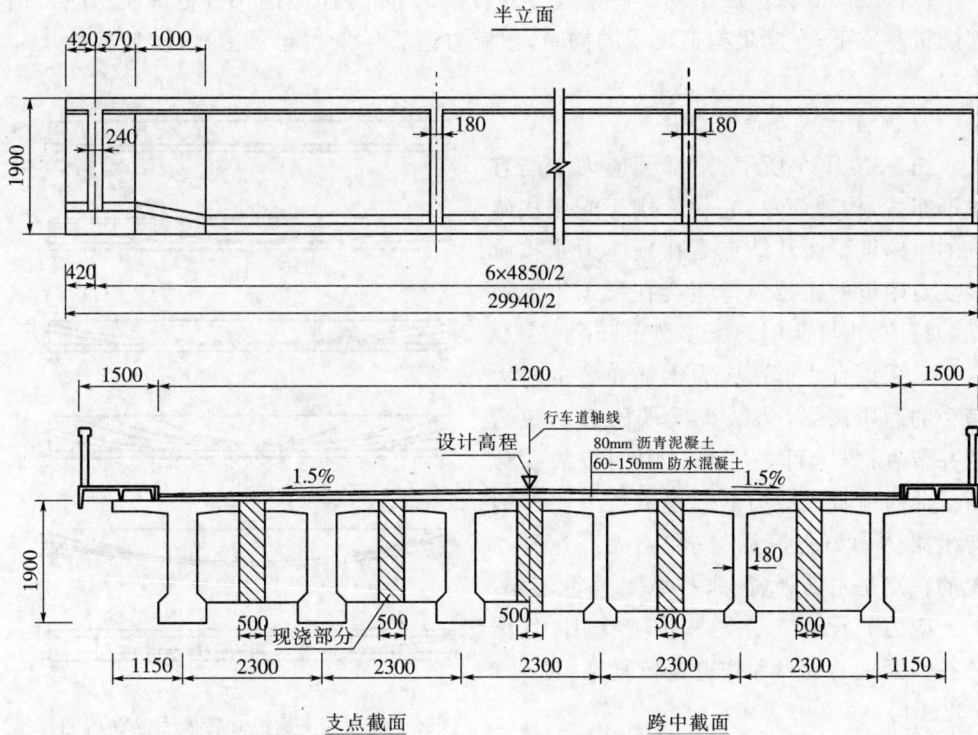

图 2-31　标准跨径 30m 预应力混凝土 T 梁的构造布置(单位:mm)

2. 截面尺寸

为了便于预应力钢束的布置和满足承受预压力的需要,预应力混凝土简支 T 梁的梁肋下部通常加宽做成马蹄形。为了配合钢束的起弯以及梁端布置钢束锚头和安放张拉千斤顶的要求,在靠近支点处腹板也要加宽至与马蹄同宽,沿纵向腹板厚度是变化的、马蹄也逐渐加高,见图 2-31。一般在跨径中部肋宽采用 180mm,肋宽不宜小于肋板高度的 1/15。

为了防止在施工和运输中使马蹄部分遭致纵向裂缝,除马蹄面积不宜小于全截面的 10%～20% 以外,尚建议具体尺寸如下:

(1)马蹄宽度约为肋宽的 2～4 倍,且马蹄部分(特别是斜坡区)的管道保护层不宜小于 60mm。

(2)马蹄全宽部分高度加 1/2 斜坡区高度约为梁高的 0.15～0.20 倍,斜坡宜陡于 45°,同时应注意,马蹄部分不宜过高、过大,否则会降低截面形心,并导致降低抵消自重荷载的能力。为了使截面布置经济合理,节省预应力筋的数量,T 形梁截面的效率指标 ρ 应大于 0.5。

3. 配筋特点

装配式预应力混凝土简支梁桥的配筋除主要的纵向预应力筋外,尚有架立钢筋、箍筋、水平分布钢筋、承受局部应力的非预应力钢筋和其他构造钢筋等。

(1) 纵向预应力筋布置

1) 预应力筋的布置原则

在保证梁底保护层厚度及使预应力钢筋位于索界内的前提下,尽量使预应力钢筋的重心靠下;在满足构造要求的同时,预应力钢筋尽量相互紧密靠拢,使构件尺寸紧凑。

2) 布置方式及适用条件

图2-32(a)所示,全部预应力主筋直线形布置,构造简单,它仅适用于先张法施工的小跨度梁。其缺点是在预应力张拉阶段支点附近的张拉负弯矩会在梁顶出现过高的拉应力,可能引起梁顶严重开裂。

对采用直线形预应力钢筋布置的较大跨径的后张法梁,为减少梁端附近的负弯矩并节省钢材,可将主筋在中间按需要截断。此时应将预应力筋在横隔梁处平缓地弯出梁体,以便进行张拉和锚固。这种布置的特点是主筋最省、张拉摩阻力也较小,但预应力筋没有充分发挥抗剪作用,且梁体在锚固处的受力和构造也较复杂,见图2-32(b)。

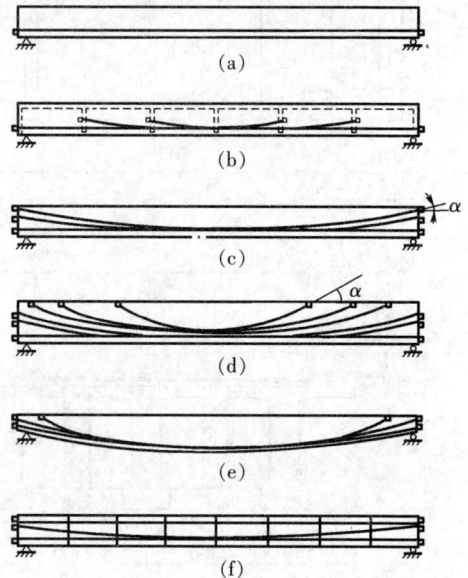

图2-32 简支梁纵向预应力筋布置图式

当预应力筋数量不多,能全部在梁端锚固时,为使张拉工序简便,通常将预应力筋按不同角度全部弯至梁端分散锚固。这种布置的预应力筋弯起角不大,可以减少摩擦损失,但梁端受力集中、应力复杂,见图2-32(c)。

当预应力束根数较多,或预应力混凝土梁的梁高受到限制,不能全部在梁端锚固时,必须将一部分预应力筋弯出梁顶。此时能缩短预应力筋的长度,节约钢材,提高梁的抗剪能力。但是预应力筋的弯起角较大,摩擦损失较大,见图2-32(d)。

图2-32(e)是为了减轻自重,吻合荷载弯矩图形设计的一种变高度鱼腹形梁。这种结构因模板结构、施工和安装都较复杂,且支点截面减小不利主梁抗剪等,一般很少采用。

图2-32(f)为预应力混凝土串联梁,梁顶附近的直线形预应力筋是为防止在安装过程中梁顶出现拉应力而布置。

目前预应力混凝土简支梁桥中采用最多的布置方式是图2-32(c)和(d)。

(2) 非预应力筋的布置

预应力混凝土梁与钢筋混凝土梁一样,应按计算配置箍筋、并按构造要求布置架立钢筋、纵向防裂分布钢筋等。由于预应力混凝土梁肋承受的主拉应力较小,且支点附近有纵向弯起的预应力筋参与抗剪,故一般不另设斜钢筋。

1) 梁端锚固区

采用后张法施工的预应力混凝土梁,锚具对梁端混凝土有很大的压力,且承压面积不大,应力非常集中。因此,为防止锚具附近混凝土破坏,必须配置一定量的非预应力筋予以补强。

图 2-33 所示为梁端锚固区的配筋构造。锚具下设置厚度不小于16mm的钢垫板与 $\phi8$ 的螺旋筋,以提高混凝土的抗裂性。

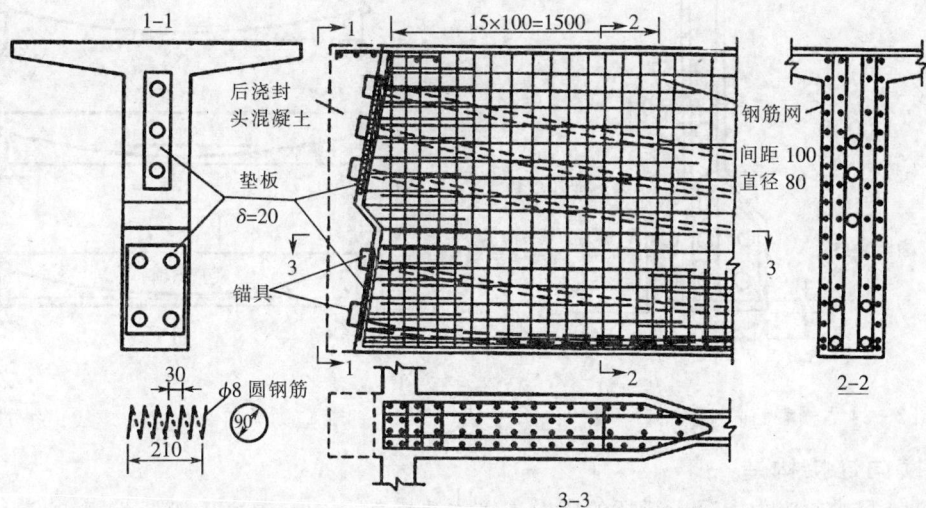

图 2-33 梁端的垫板和加强钢筋网(单位:mm)

2) 马蹄部分

对于预应力比较集中的马蹄内必须另设直径不小于 8mm 的闭合式加强箍筋,其间距不应大于 200mm,马蹄内尚应设置直径不小于 12mm 的定位钢筋,见图 2-34。预应力管道间的最小净距由灌注混凝土的要求所确定,最小净距不小于 40mm。

3) 其他非预应力筋

在预应力混凝土简支梁中,为了补充梁体局部强度的不足,或为了更好地分布裂缝和提高梁的韧性等,可以将非预应力钢筋与预应力筋配合使用,以达到经济合理的效果。

图 2-35(a) 所示,是为了防止张拉阶段在梁顶部可能引起混凝土开裂而布置的非预应力受拉钢筋。

在预加力阶段,跨中部梁的上翼缘可能受拉引起混凝土开裂而破坏。因而可在跨中靠上部分加设非预应力的纵向受拉钢筋,见图 2-35(b)。这种钢筋在运营阶段还能加强混凝土的抗压能力。

图 2-35(c) 所示,在全预应力梁中为了加强混凝土承受预加压力的能力,在跨中部分下翼缘内设置的纵向非预应力钢筋。

对于部分预应力梁也常利用布置在下翼缘的纵向钢筋来提高梁的极限强度,见图 2-35(d)。并且这种钢筋对于配置无粘结预应力筋的梁能起到很好的分布裂缝的作用。

此外,非预应力钢筋还能增加梁在反复荷载作用下的疲劳极限强度。

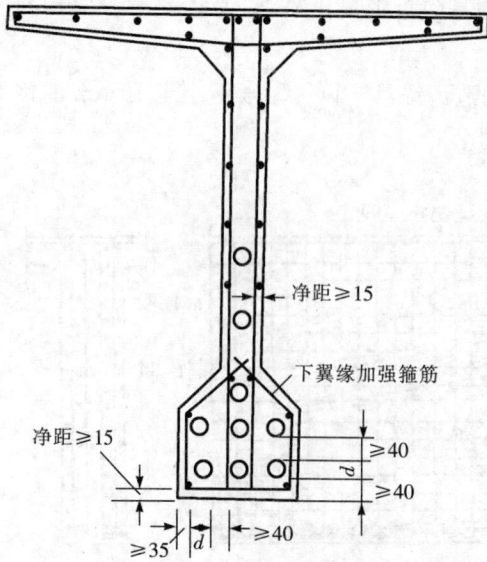

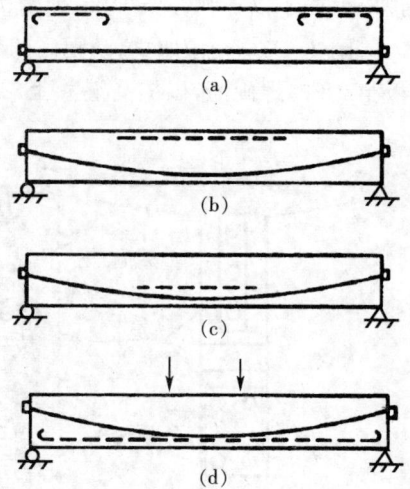

图 2-34　横截面内钢筋布置（单位：mm）　图 2-35　非预应力纵向受力钢筋（虚线）的布置

4. 横向连接构造

装配式预应力混凝土梁桥的横向连接构造一般与钢筋混凝土梁桥相同,也可在横隔梁内预留孔道,采用横向预应力筋张拉集整,但对梁的预制精度要求较高,施工稍复杂。

5. 构造实例

图 2-36 所示为标准跨径 30m 的装配式 T 形梁预应力钢筋布置。梁的全长为 29.94m,计算跨径 29.10m。主梁中心距 2.30m,沿梁纵向设两道端横梁,五道中横梁。主梁采用 C40 混凝土带马蹄的 T 形截面,梁高为 1.90m,高跨比为 1/15。梁肋厚 180mm,梁肋在梁端部分加宽至 360mm。T 梁预应力采用了 6 根（边梁 7 根）$\phi^s_{15.2}$ 高强钢丝束。

2.3.4　组合梁桥

组合梁桥也是一种装配式的桥梁结构,它是利用纵向水平缝将桥梁的全部梁肋与桥面板（翼板）分割开来,再借助纵横向的竖缝将板划分成平面呈矩形的预制构件,施工时先架设梁肋,再安装预制板,最后在接缝内或连同板一起现浇混凝土使结构连成整体。这样就使单梁的截面变成板与肋的组合截面,目的在于减轻拼装构件的起吊重量和尺寸,并便于预制和运输吊装。构件的结合部分采用在工地现浇少量桥面混凝土来完成。主梁构件轻,桥面板整体性好,受力有利。但组合梁桥的施工工序多,施工期长,在未形成桥梁整体前,全部恒载由较矮的预制梁肋来承受,因此,需加大肋的截面,或增加配筋。这又导致了恒载的加大,故一般跨径不能做得太大。

目前,国内外采用的组合式梁桥有钢筋混凝土工字梁、少筋微弯板与现浇桥面组成的 T 形组合梁桥、预应力混凝土的组合 T 形梁桥以及组合箱形梁桥等。

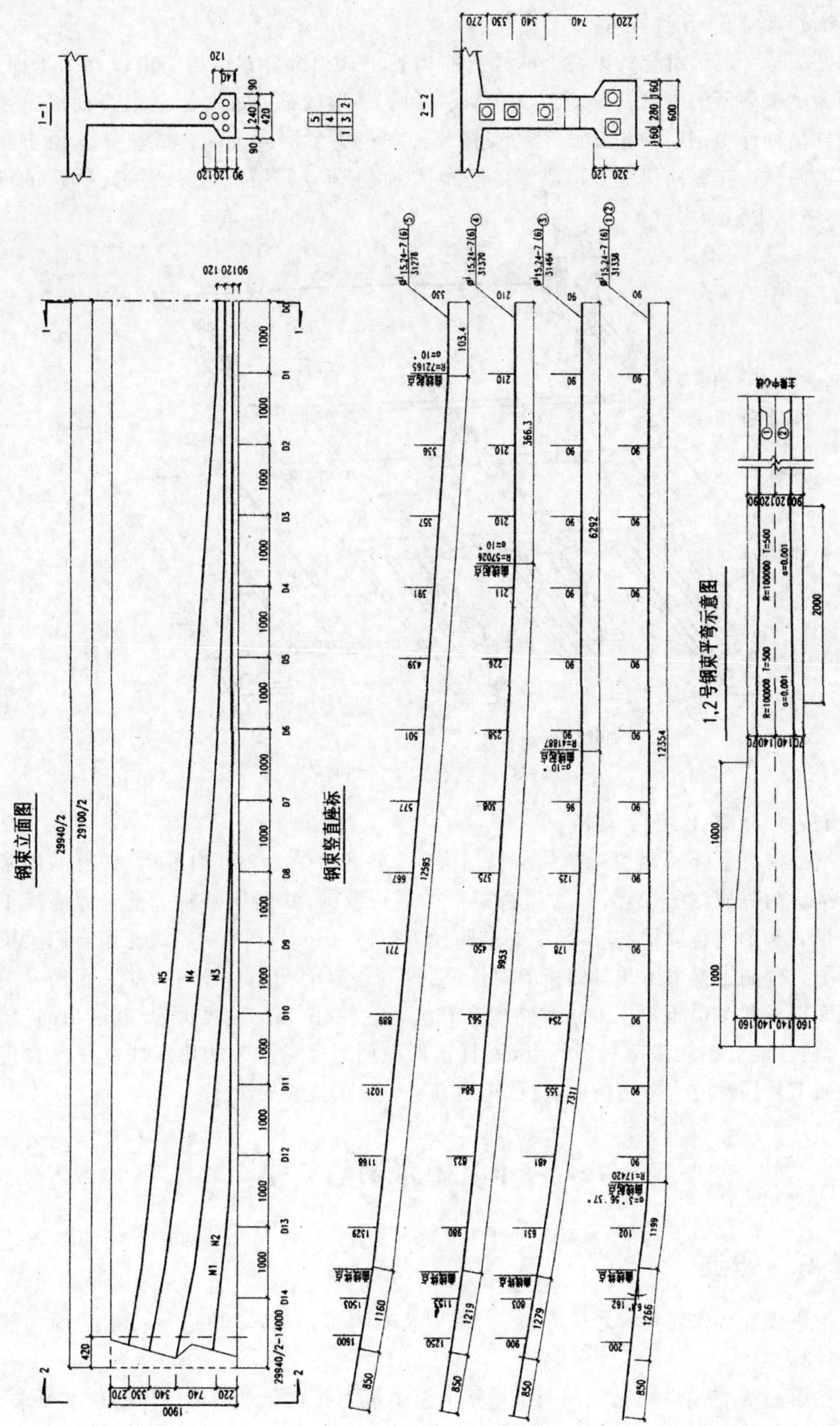

图 2-36 标准跨径 30m 的装配式 T 形主梁预应力钢筋布置（单位：mm）

1. 钢筋混凝土组合梁桥

图 2-37 表示组合式梁桥上部构造的概貌。这种组合式结构是由顶面为平面、底面为圆弧筒形的少筋变厚度板（微弯板）和工字形的钢筋混凝土梁组合而成。预制构件借助伸出钢筋的相互联系和在接缝内现浇少量混凝土结合成整体。由于微弯板的两侧边在纵向接缝处形成整体嵌固，因而在荷载作用下就具有一定程度的拱效应，可减少钢筋用量。

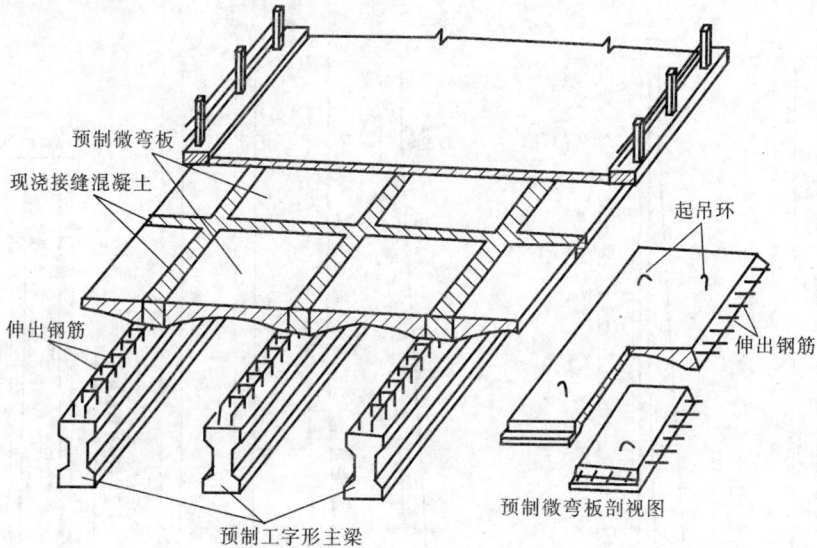

图 2-37　组合式梁桥的概貌

2. 预应力混凝土组合梁桥

钢筋混凝土 T 形组合梁桥如跨径增大，工字梁的受力会更趋不利，材料的用量不经济。为克服这一缺点，扩大组合梁桥的适用范围，我国还研制了预应力混凝土的 T 形和箱形组合梁桥，并编制了标准跨径为 30～40m 的预应力混凝土组合箱梁桥标准图。预制主梁采用开口的槽形构件，见图 2-19(h) 和(i)，预应力筋采用消除应力光面钢丝和 C50 混凝土。这种结构具有抗扭性能好，横向刚度大，承载能力高，结构自重轻，能节省较多钢材等优点，而且槽形截面对运输吊装的稳定性也好。在组合截面上采用预应力空心板块，使行车道具有较高的抗裂安全度。

2.4　简支梁桥计算

2.4.1　概述

桥梁设计首先要确定总体方案，当桥型及布置确定后，就要进行桥梁结构各部件的计算。

在第一章"总论"中已经阐明了桥梁的总体规划原则和对桥梁设计的基本要求，并介绍了钢筋混凝土和预应力混凝土简支梁桥的构造、布置（包括主梁的纵、横截面布置）、各部分构造的主要尺寸和细节处理等。本节将在此基础上进一步阐述简支梁桥的计算原理和方法。

简支梁桥设计计算的内容按结构可分为上、下部结构计算。上部结构包括主梁、横隔梁、桥面板以及其他构造细部,下部结构包括支座、桥墩、桥台和基础。主梁是主要承重构件,无论从结构的安全或材料消耗上来看,它都是最重要的部分。桥面板直接承受车辆的集中荷载,通常又是主梁的受压翼缘,它的工作状态不但影响到行车质量,而且还涉及主梁的受力。桥面板的裂缝或刚度不足,将对行车的舒适性、路面的维护等造成影响。横隔梁主要是增强桥梁的横向刚性,起分布荷载的作用。设计计算时,习惯上常从主梁开始,其次再设计横隔梁和桥面板。

在进行桥梁设计时,首先要了解桥梁的使用要求,如跨径大小、桥面宽度、荷载等级、施工条件等基本资料,拟定桥梁各构件的截面形式和细部尺寸,估算结构的自重,然后根据作用在结构上的荷载,计算出结构各部分可能产生最不利的内力,再由已求出的内力对桥梁进行强度、刚度和稳定性的验算,以此来判断原先拟定的结构尺寸是否符合要求。如验算结果不能满足要求,或者尺寸选得过大,则需修正原来所拟定的尺寸再进行验算,直至满意为止,设计计算过程见图2-38所示。

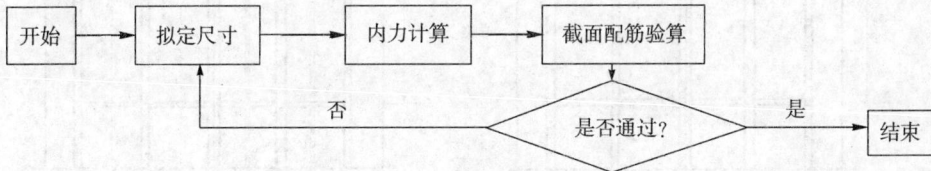

图2-38 桥梁设计计算过程

本节将着重介绍行车道板、主梁和横隔梁的受力特点和最不利内力(包括内力组合)的计算方法。关于支座、墩台和基础的布置、构造和计算,将在第三章和第五章中专门介绍。

2.4.2 行车道板的计算

1. 行车道板的类型

钢筋混凝土和预应力混凝土简支梁桥的行车道板直接承受车辆轮压荷载,它与主梁梁肋和横隔梁连在一起,是主梁截面的组成部分。

从结构形式上看,在具有主梁和横隔梁的简单梁格(图2-39(a))以及具有主梁、横梁和内纵梁(或称副纵梁)的复杂梁格(图2-39(b))体系中,行车道板实际上都是周边支承的板。

从承受荷载的特点来看,在矩形的四边支承板上,当板中央作用一竖向荷载 P 时,虽然荷载 P 要向相互垂直的两对支承边传递,但由于板沿 l_a 和 l_b 跨径的相对刚度不同,因此传递的荷载也不相等。由弹性薄板理论可知,对于四边简支的板,只要板的长边与短边之比 l_a/l_b 大于2,则荷载的绝大部分会沿短边方向传递,而沿长边方向传布的荷载将不足6%。其比值愈大,向长边 l_a 跨度方向传递的荷载也愈小。从图2-40所示的变形曲线或应用一般的力学原理对图示结构进行受力分析均可领会这一基本概念。

根据板的受力特性,通常把长边与短边之比等于或大于2的周边支撑板看作由短跨承受荷载的单向受力板(简称单向板)来设计,而在长跨方向按构造配置分布钢筋。对于长边与短边之比小于2的板,则称双向受力板(简称双向板),需按两个方向的计算内力分别配置受力钢筋。

目前在钢筋混凝土及预应力混凝土简支梁桥的主梁设计中,虽然梁宽有所增加(1.8～2.5m),但与横隔板的间距相比往往小得多,因此,桥面板属单向板的居多。

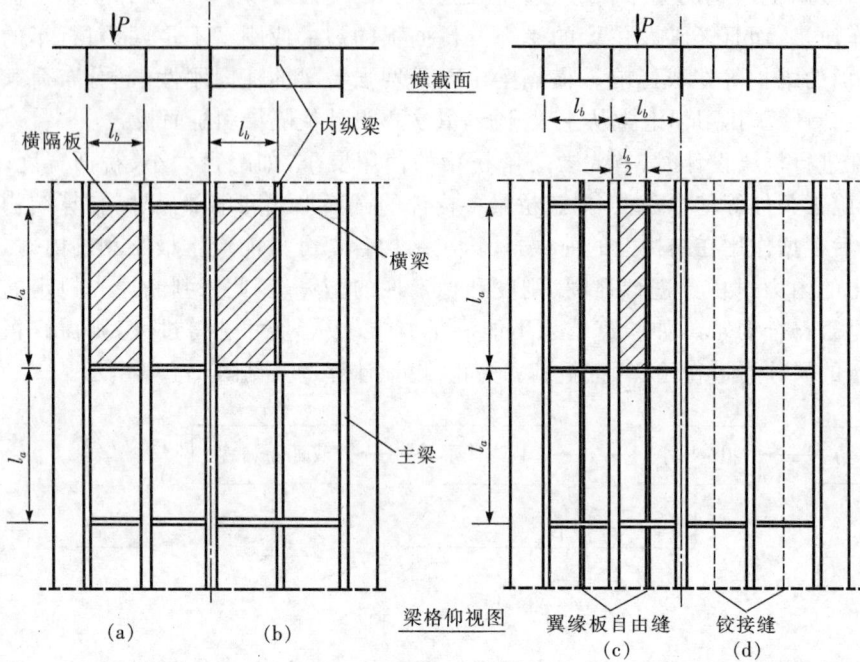

图 2-39 梁格构造和行车道板支承方式

对于常见的装配式 T 型梁桥,当翼缘板的端部为自由边时(图 2-39(c)),实际是三边支承的板,可以简化为沿短跨一端嵌固而另一端为自由端的悬臂板来分析。当相邻翼缘板在端部做成铰接连接缝的情况时(图 2-39(d)),则行车道板应按一端嵌固一端铰接的铰接悬臂板进行计算。

综上所述,在实践中最常遇到的行车道板受力图式为:单向板、悬臂板和铰接悬臂板三种。而双向板由于用钢量大,构造也复杂,实际中较少采用。

2. 车轮荷载在板上的分布

作用在桥面上的车轮压力通过桥面铺装层扩散分布在钢筋混凝土桥面板上,由于板的计算跨径相对于轮压的分布宽度来说不是很大,故在计算中应将轮压作为分布荷载来处理,这样既避免了较大的计算误差,又能减少桥面板的材料用量。

受车轮充气压力及装载重量的影响,车轮在桥面板上的实际分布形状是很复杂的,为了计算方便起见,通常可近似地把车轮与桥面的接触面看作是 $a_2 \times b_2$ 的矩形,此处 a_2 是车轮沿行车方向的着地长度,b_2 为车轮的着地宽度,如图 2-41 所示。在《桥规》中规定公路-Ⅰ级和公路-Ⅱ级汽车荷载均采用相同的车辆荷载,其前轮的着地宽度及长度(即 $b_2 \times a_2$)为 0.3m×0.2m;而中、后轮的着地宽度及长度为 0.6m×0.2m。荷载的扩散程度根据试验研究,对于混凝土或沥青面层,偏安全地假定呈 45° 角扩散。

因此,作用于钢筋混凝土承重结构顶面的矩形荷载面积为:$a_1 \times b_1$,其中:

$$行车方向长度 \qquad a_1 = a_2 + 2H$$
$$垂直行车方向长度 \qquad b_1 = b_2 + 2H \tag{2-1}$$

式中：H— 铺装层的厚度。

据此，当车辆荷载的一个轮重 $P/2$ 作用在桥面板上时，板面上的局部分布荷载为：

$$p = \frac{P}{2a_1 b_1}$$

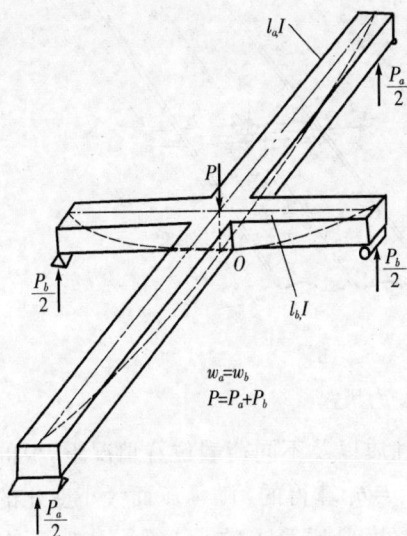

图 2-40　荷载的双向传递　　　　图 2-41　车辆荷载在板面上的分布

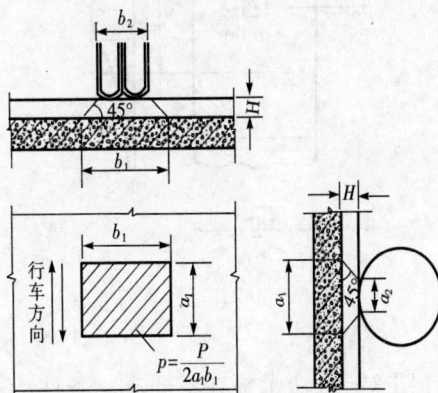

3. 板的有效工作宽度

行车道板是周边支承的板，在局部分布荷载 p 的作用下，不仅直接承压部分的板带参加工作，与其相邻的部分板带也会共同参与工作，不同程度地分担一部分荷载。因此，在桥面板的计算中，首先就要解决如何确定板的有效工作宽度的问题。

以下分单向板和悬臂板来阐明板的有效工作宽度的概念和计算方法。

(1) 单向板

图 2-42 所示为单向板在局部分布荷载作用下的受力状态。当荷载以 $a_1 \times b_1$ 的分布面积作用在板上时，板除了沿计算跨径 x 方向产生挠曲变形 w_x 外，在沿垂直于计算跨径的 y 方向也必然发生挠曲变形 w_y（图 2-42(b)）。这说明在荷载作用下不仅直接承压宽度 a_1 的板条受力，其邻近的板带也参与工作，共同承受局部分布荷载所产生的弯矩。图 2-42(a) 表示的是跨中沿 y 方向板条所分担弯矩 m_x 的分布图形。

跨中分布弯矩 m_x 的变化是呈曲线形分布的，在荷载中心处达到最大值 $m_{x\max}$，离荷载愈远的板条所受的弯矩愈小。如果假设以 $a \times m_{x\max}$ 的矩形来替代此曲线图形，也即：

$$a \times m_{x\max} = \int m_x \mathrm{d}y = M$$

则得弯矩图形的换算宽度为：

$$a = \frac{M}{m_{x\max}}$$

式中：M—— 车轮荷载产生的跨中总弯矩；

$m_{x\max}$—— 荷载中心处的最大单宽弯矩值，可按弹性板理论算得。

a 就定义为板的有效工作宽度,以此板宽来承受车轮荷载产生的总弯矩,既保证了总体荷载与外荷载相同,又满足局部最大弯矩与实际分布相同,计算起来也较方便。

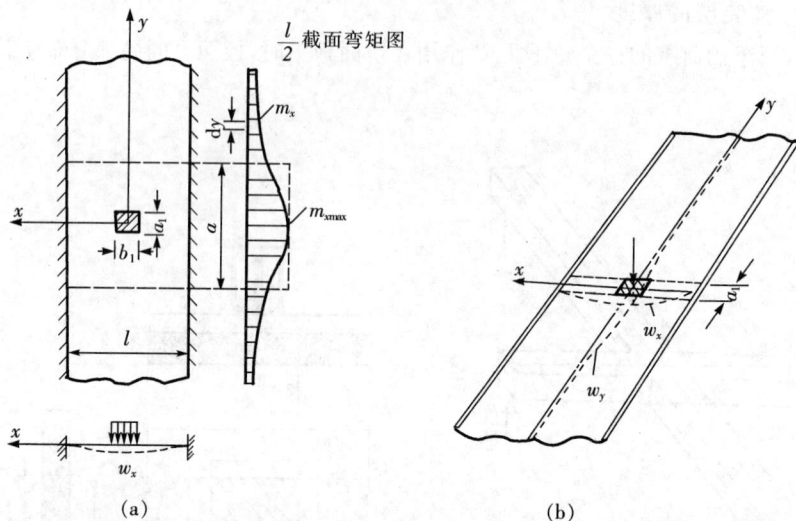

图 2-42　行车道板的受力状态

图 2-43 所示板在不同支承条件、不同荷载性质以及不同荷载位置情况下,板的有效工作宽度与跨径的比值 a/l(表中数值是按 $a_1 = b_1$ 算得的)随承压面大小变化的情况,从图中可以看出,两边固结板的有效工作宽度要比简支的小 30% ～ 40% 左右,全跨满布的条形荷载的有效分布宽度也比局部分布荷载的小些。另外,荷载愈靠近支承边时,其有效工作宽度也愈小。

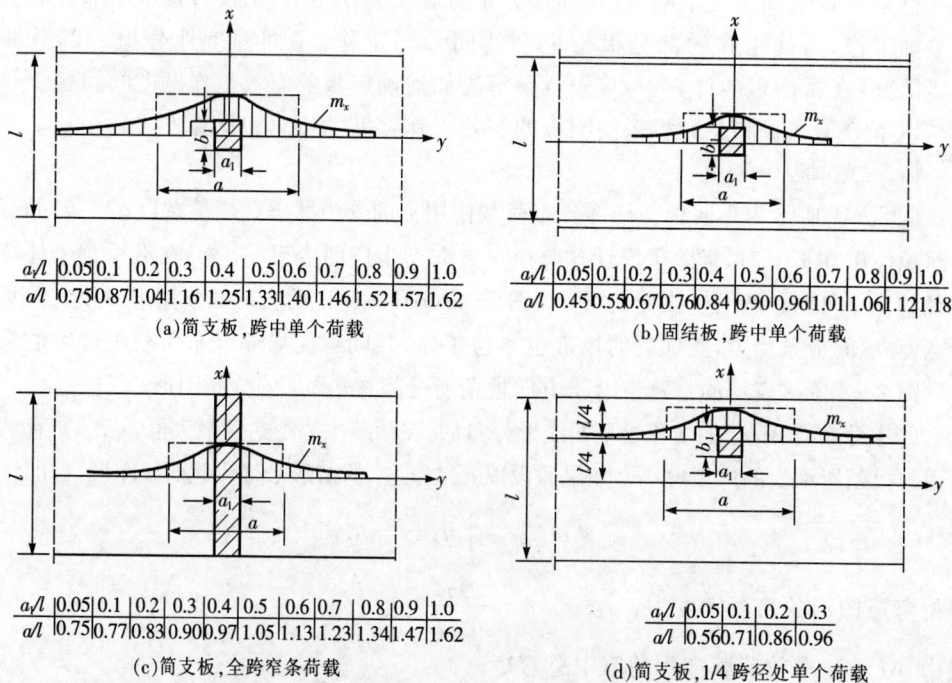

a_1/l	0.05	0.1	0.2	0.3	0.4	0.5	0.6	0.7	0.8	0.9	1.0
a/l	0.75	0.87	1.04	1.16	1.25	1.33	1.40	1.46	1.52	1.57	1.62

(a)简支板,跨中单个荷载

a_1/l	0.05	0.1	0.2	0.3	0.4	0.5	0.6	0.7	0.8	0.9	1.0
a/l	0.45	0.55	0.67	0.76	0.84	0.90	0.96	1.01	1.06	1.12	1.18

(b)固结板,跨中单个荷载

a_1/l	0.05	0.1	0.2	0.3	0.4	0.5	0.6	0.7	0.8	0.9	1.0
a/l	0.75	0.77	0.83	0.90	0.97	1.05	1.13	1.23	1.34	1.47	1.62

(c)简支板,全跨窄条荷载

a_1/l	0.05	0.1	0.2	0.3
a/l	0.56	0.71	0.86	0.96

(d)简支板,1/4 跨径处单个荷载

图 2-43　根据最大弯矩按矩形换算的有效工作宽度 a

综合考虑实际工程中桥面板的跨径、支撑情况、车轮的着地面积和作用位置,并为了计算方便,《公桥规》中对于单向板的荷载分布宽度作了如下规定:

1) 荷载在跨径中部

① 对于单独一个荷载(图 2 - 44(a)):

$$a = a_1 + \frac{l}{3} = a_2 + 2H + \frac{l}{3}, \quad \text{但不小于} \frac{2}{3}l \quad\quad (2 - 2)$$

式中 l 为板的计算跨径。

② 对于几个靠近的相同荷载,如按上式计算所得各相邻荷载的有效分布宽度发生重叠时按相邻靠近的荷载一起计算其有效分布宽度(图 2 - 44(b)):

$$a = a_1 + d + \frac{l}{3} = a_2 + 2H + d + \frac{l}{3}, \quad \text{但不小于} \frac{2}{3}l + d \quad\quad (2 - 3)$$

式中 d 为最外两个荷载的中心距离。

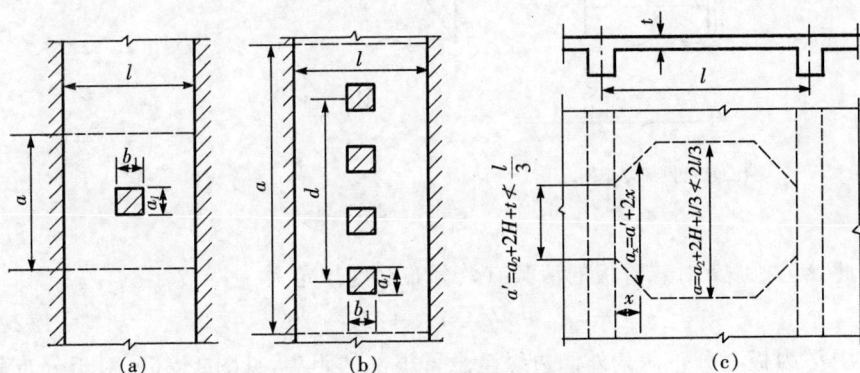

图 2 - 44 荷载有效分布宽度

2) 荷载在板的支承处

$$a' = a_1 + t = a_2 + 2H + t \quad\quad (2 - 4)$$

式中:t —— 板的厚度。

3) 荷载靠近板的支承处

$$a_x = a' + 2x \qu\quad\quad (2 - 5)$$

式中:x —— 荷载离支承边缘的距离。

根据以上规定,单向板的有效分布宽度对于不同荷载位置时的取值如图 2 - 44(c)所示。

(2) 悬臂板

悬臂板在荷载作用下除了直接受载的板条以外,相邻板条也发生挠曲变形(见图 2 - 45(b))而承受部分弯矩。沿悬臂根部在 y 方向各板条的弯矩分布如图 2 - 45(a)中 m_x 所示。根据弹性板理论,当板端作用集中力 P 时,受载板条的最大负弯矩 $m_{x\max} \cong -0.465P$,而荷载引起的总弯矩为 $M_0 = -Pl_0$。因此,按最大负弯矩值换算的有效工作宽度为:

$$a = \frac{M_0}{m_{x\max}} = \frac{-Pl_0}{-0.465P} = 2.15l_0$$

悬臂板的有效工作宽度接近于 2 倍悬臂长度,也就是说,可近似地按 45°角向悬臂板支承处分布,见图 2-45(a)。

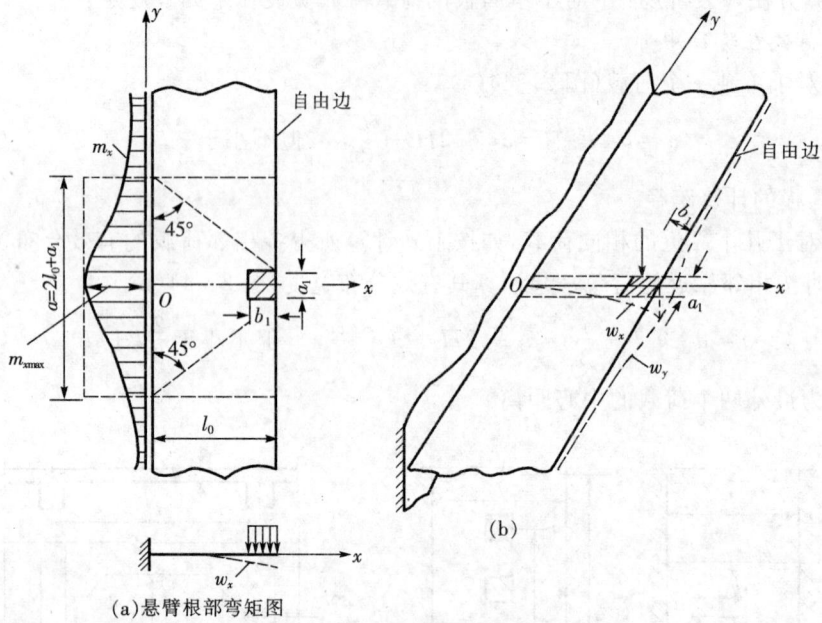

(a)悬臂根部弯矩图

图 2-45　悬臂板受力状态

因此,《公桥规》对悬臂板的活载有效分布宽度规定为:

$$a = a_1 + 2b' = a_2 + 2H + 2b' \tag{2-6}$$

式中 b' 为板上分布荷载外侧边缘至悬臂根部的距离,见图 2-46。对于分布荷载靠近板边的最不利情况, b' 就等于悬臂板的跨径 l_0 ,于是:

$$a = a_1 + 2l_0$$

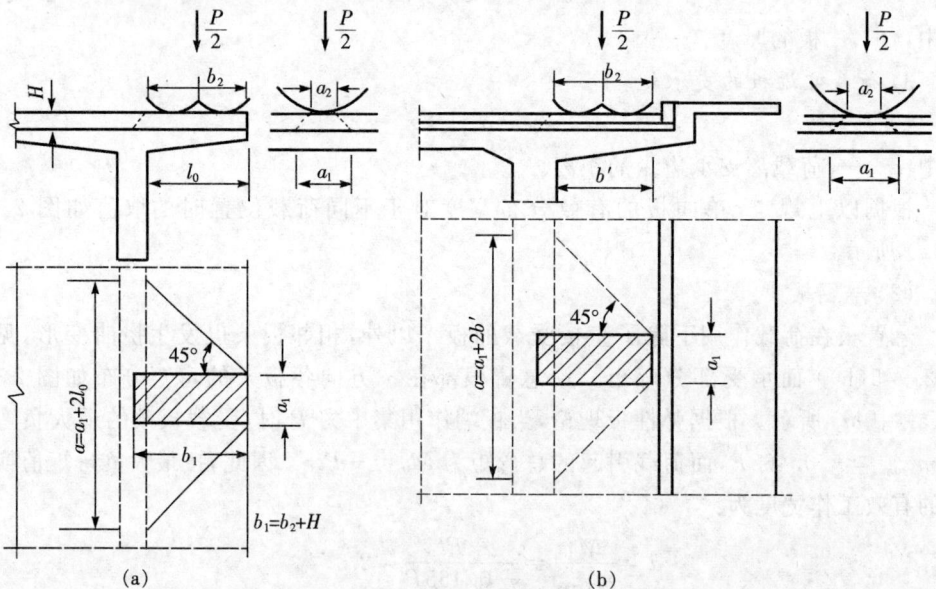

图 2-46　悬臂板的有效工作宽度

4. 行车道板的内力计算

在行车道板设计中,习惯以每米宽板条来进行计算,借助板的有效工作宽度,很容易算出作用在每米宽板条上的荷载和其引起的内力。

(1) 多跨连续单向板的内力

从构造上看,行车道板与主梁梁肋是整体连接在一起的,因此当板上有荷载作用时会促使主梁也发生相应的变形,而这种变形又影响到板的内力。如果主梁的抗扭刚度极大,板的工作就接近于固端梁(图2-47(a)),如果主梁抗扭刚度很小,板在梁肋支承处就接近于铰支座,则板的受力就如多跨连续梁体系(图2-47(c))。行车道板和主梁梁肋的实际支承条件,既不是固端,也不是铰支,而是弹性固结的,其实际的受力状态应是多跨弹性支承连续梁,如图2-47(b)所示。

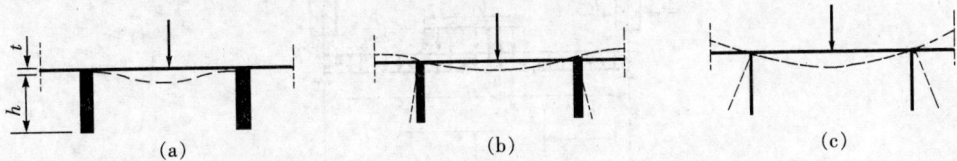

图2-47　主梁扭转对行车道板受力的影响

行车道板的受力情况比较复杂,而且影响的因素也比较多,在工程实用中通常采用简便的近似方法进行计算。例如在计算弯矩时,先算出一个跨度相同的简支板的跨中弯矩 M_0,然后再加以修正。弯矩修正系数可视板厚 t 与主梁梁肋高度 h 的比值大小来选取,如:

当 $t/h < 1/4$ 时:

$$\left.\begin{array}{ll} 跨中弯矩 & M_中 = +0.5M_0 \\ 支点弯矩 & M_支 = -0.7M_0 \end{array}\right\} \qquad (2-7)$$

当 $t/h \geqslant 1/4$ 时:

$$\left.\begin{array}{ll} 跨中弯矩 & M_中 = +0.7M_0 \\ 支点弯矩 & M_支 = -0.7M_0 \end{array}\right\} \qquad (2-8)$$

式中 M_0 是按简支梁计算的跨中弯矩,并由恒载和活载两部分组合而成。即:

$$M_0 = M_{op} + M_{og} \qquad (2-9)$$

M_{op} 为每米宽简支板条的跨中活载弯矩(图2-48(a)),对于汽车荷载:

$$M_{op} = (1+\mu) \frac{P}{8a} \left(l - \frac{b_1}{2}\right) \qquad (2-10)$$

式中:P—— 轴重,对于汽车荷载应取车辆后轴的轴重计算;

$\quad\quad a$—— 板的有效工作宽度;

$\quad\quad l$—— 板的计算跨径,当梁肋不宽时(如窄肋T形梁)可取梁肋中距;当主梁的梁肋宽度较大时(如箱形梁等)可取梁肋间的净距加板的厚度,即 $l = l_0 + t$,但不大于 $l_0 + b$,此时 l_0 为板的净跨径,t 为板厚,b 为梁肋宽度;

$1+\mu$—— 冲击系数,对于行车道板通常取 1.3。

如果板的跨径较大,可能还有第二个车轮进入跨径内时,可按力学方法将荷载布置得使跨中弯矩为最大。

M_{og} 为每米宽简支板条的跨中恒载弯矩,可由下式计算:

$$M_{og} = \frac{1}{8}gl^2 \qquad (2-11)$$

此处 g 为 1m 宽板条每延米的恒载重量。

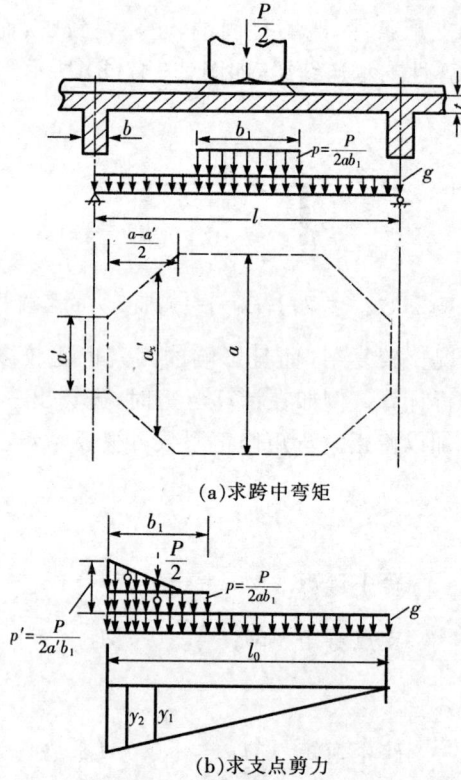

(a)求跨中弯矩

(b)求支点剪力

图 2-48 单向板内力计算图式

计算单向板的支点剪力时,可不考虑板和主梁的弹性固结作用,此时荷载必须尽量靠近梁肋边缘布置。考虑了相应的有效工作宽度后,每米板宽承受的分布荷载如图 2-48(b) 所示。对于跨径内只有一个车轮荷载的情况,支点剪力 $Q_{\text{支}}$ 的计算公式为:

$$Q_{\text{支}} = \frac{gl_0}{2} + (1+\mu)(A_1 \cdot y_1 + A_2 \cdot y_2) \qquad (2-12)$$

其中矩形部分荷载的合力为($p = \dfrac{P}{2ab_1}$ 代入):

$$A_1 = p \cdot b_1 = \frac{P}{2a}$$

三角形部分荷载的合力为($p' = \dfrac{P}{2a'b_1}$ 代入):

$$A_2 = \frac{1}{2}(p' - p) \cdot \frac{1}{2}(a - a') = \frac{P}{8aa'b_1}(a - a')^2$$

式中:p 和 p'—— 对应于有效工作宽度 a 和 a' 处的荷载强度;

y_1 和 y_2—— 对应于荷载合力 A_1 和 A_2 的支点剪力影响线竖标值;

l_0—— 板的净跨径。

如跨径内不止一个车轮进入时,尚应计及其他车轮的影响。

(2) 铰接悬臂板的内力

T 形梁翼缘板作为行车道板有时用铰接的方式连接,最大弯矩一般出现在悬臂根部。计算活载弯矩 M_{AP} 时,最不利的荷载位置是把车轮荷载布置在铰接处,由于对称性,铰内的剪力为零,两相邻悬臂板各承受半个车轮荷载,即 $P/4$,如图 2-49(a) 所示。

因此每米宽悬臂板在根部的活载弯矩为:

$$M_{AP} = -(1 + \mu) \frac{P}{4a}(l_0 - \frac{b_1}{4}) \qquad (2-13)$$

每米板宽的恒载弯矩为:

$$M_{Ag} = -\frac{1}{2}gl_0^2 \qquad (2-14)$$

悬臂根部的剪力可以偏安全地按一般悬臂板的图式来计算。

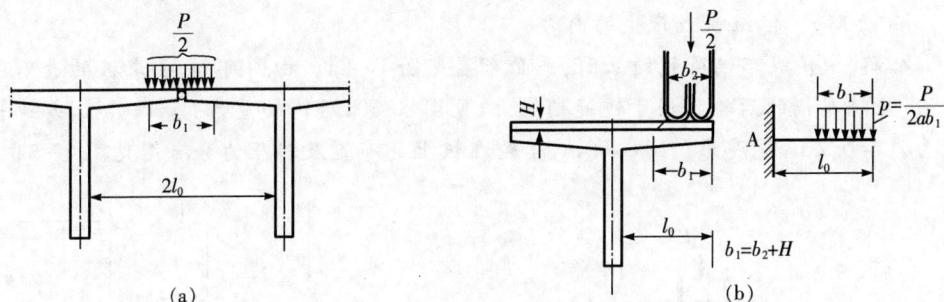

图 2-49 悬臂板计算图式

(3) 悬臂板的内力

1) 悬臂长度 $l_0 \leqslant 2.5\text{m}$

对于边主梁外侧悬臂板或沿纵缝不相连接的悬臂板,在计算根部最大弯矩时,应将车轮荷载靠板的边缘布置,如图 2-49(b) 所示。则恒载和活载弯矩值可由一般公式求得:

① 活载弯矩

$$M_{AP} = -(1 + \mu) \cdot \frac{1}{2}pl_0^2 = -(1 + \mu) \frac{P}{4ab_1}l_0^2 \quad (b_1 \geqslant l_0) \qquad (2-15)$$

或 $M_{AP} = -(1+\mu) \cdot pb_1(l_0 - \frac{b_1}{2}) = -(1+\mu)\frac{P}{2a}(l_0 - \frac{b_1}{2})$ $(b_1 < l_0)$ (2-16)

式中：$p = \frac{P}{2ab_1}$——为作用在每米宽板条上的每延米荷载强度；

l_0——为悬臂长度。

② 恒载弯矩 $M_{Ag} = -\frac{1}{2}gl_0^2$ (2-17)

③ 计算举例

[例2-1]   计算图2-50所示T梁翼板所构成铰接悬臂板的设计内力。桥梁荷载为公路-Ⅰ级，桥面铺装为100mm厚C50混凝土配 φ8@100 钢筋网；容重为25kN/m³；下设 20mm 厚素混凝土找平层；容重为 23kN/m³，T梁翼板材料容重为 25kN/m³。

[解]   a. 恒载及其内力（以纵向1m宽的板条进行计算）

每延米板上的恒载 g

钢筋混凝土面层 g_1： $0.10 \times 1.0 \times 25 = 2.5$kN/m

素混凝土找平层 g_2： $0.02 \times 1.0 \times 23 = 0.46$kN/m

T梁翼板自重 g_3： $\frac{0.10 + 0.16}{2} \times 1.0 \times 25 = 3.25$kN/m

合计： $g = \sum g_i = 6.21$kN/m

每米宽板条的恒载内力

弯矩 $M_{Ag} = -\frac{1}{2}gl_0^2 = -\frac{1}{2} \times 6.21 \times 1.0^2 = -3.11$kN·m

剪力 $Q_{Ag} = g \cdot l_0 = 6.21 \times 1.0 = 6.21$kN

b. 公路-Ⅰ级荷载产生的内力

公路-Ⅰ级车辆荷载的立面、平面布置见图1-24。由图可知，要求板的最不利受力，应将车辆的后轮作用于铰缝轴线上，见图2-50，后轮轴重为 $P = 140$kN，着地长度为 $a_2 = 0.2$m，宽度为 $b_2 = 0.60$m，车轮在板上的布置及其压力分布图见图2-51。

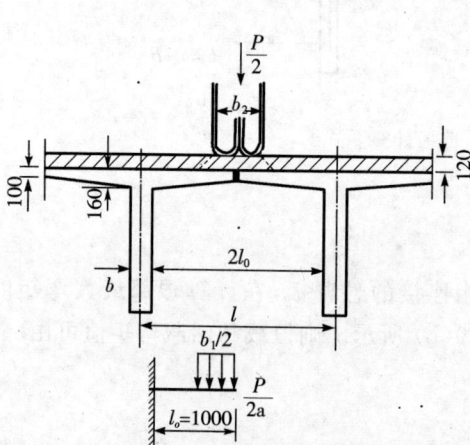

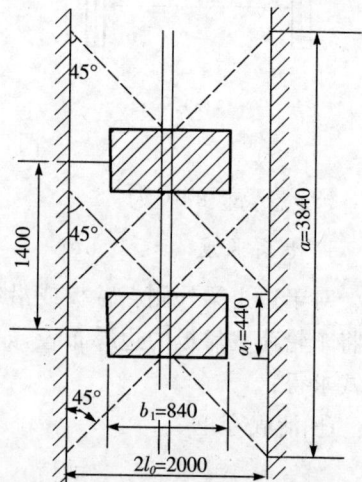

图 2-50   铰接悬臂行车道板（单位：mm）   图 2-51   公路-Ⅰ级荷载计算图式（单位：mm）

由式(2-1):

$$a_1 = a_2 + 2H = 0.20 + 2 \times 0.12 = 0.44\text{m}$$

$$b_1 = b_2 + 2H = 0.60 + 2 \times 0.12 = 0.84\text{m}$$

一个车轮荷载对于悬臂根部的有效分布宽度:

$$a = a_1 + 2l_0 = 0.44 + 2.0 = 2.44\text{m} > 1.4\text{m}(\text{两后轮轴距})$$

两后轮的有效分布宽度发生重叠,应一起计算其有效分布宽度。铰缝处纵向2个车轮对于悬臂板根部的有效分布宽度为:

$$a = a_1 + d + 2l_0 = 0.44 + 1.4 + 2.0 = 3.84\text{m}$$

作用于每米宽板条上的活载弯矩为:

$$M_{AP} = -(1+\mu)\frac{P}{2a}\left(l_0 - \frac{b_1}{4}\right) = -1.3 \times \frac{140}{2 \times 3.84} \times \left(1.0 - \frac{0.84}{4}\right) = -18.72\text{kN} \cdot \text{m}$$

作用于每米宽板条上的活载剪力为:

$$Q_{AP} = (1+\mu)\frac{P}{2a} = 1.3 \times \frac{140}{2 \times 3.84} = 23.70\text{kN}$$

c. 行车道板的设计内力

$$M_A = 1.2 \times M_{Ag} + 1.4 \times M_{AP} = 1.2 \times (-3.11) + 1.4 \times (-18.72) = -29.94\text{kN} \cdot \text{m}$$

$$Q_A = 1.2 \times Q_{Ag} + 1.4 \times Q_{AP} = 1.2 \times 6.21 + 1.4 \times 23.70 = 40.63\text{kN}$$

2) 悬臂板长度 $l_0 > 2.5\text{m}$

当悬臂板长度 $l_0 > 2.5\text{m}$ 时,悬臂根部负弯矩约为上述计算方法的 $1.15 \sim 1.30$ 倍,可用贝达巴赫(Baider Bahkt)方法计算悬臂弯矩,此法适用于带有纵向边梁的变厚度悬臂板。

悬臂板上 x 点的顺悬臂跨径方向弯矩 M_x 可按式 2-18 计算(图2-52):

$$M_x = -\frac{PA}{\pi}\left[\frac{1}{\text{ch}\left(\dfrac{Ay}{\zeta - x}\right)}\right] \tag{2-18}$$

式中:P——轮重,作用点取着地面积中心;

A——系数,见表2-5;

y——P 作用点的 y 向坐标;

x——弯矩求取点的 x 向坐标;

ζ——P 作用点距悬臂根部距离。

[例2-2] 如图2-53所示,悬臂板上有四个轮重①~④,求其根部 o 点单位宽度上的最大负弯矩。

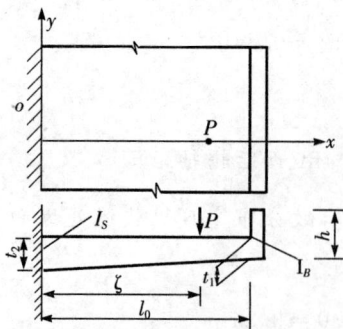

图 2-52 悬臂板计算图式　　　图 2-53 悬臂弯矩计算图(单位:mm)

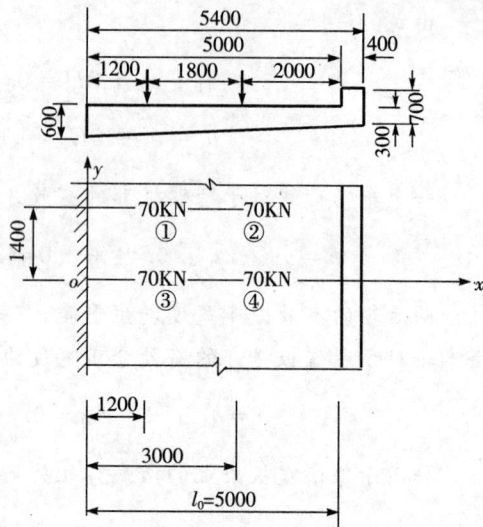

[解] a. 计算 I_B、I_S

悬臂端垂直于悬臂跨径的边梁,其绕纵轴 y 的惯性矩,取纵桥向单位梁长 $I_B = \frac{1}{12} \times 1.0 \times 0.7^3 = 0.028583 \text{m}^4$。悬臂板根部绕纵轴 y 的惯性矩,取纵桥向单位梁长,$I_S = \frac{1}{12} \times 1.0 \times 0.6^3 = 0.018 \text{m}^4$。

b. 求 A

由 $I_B/I_S = 1.558$,自表 2-5 查取 A 值,其法如下:

$$\frac{t_2}{t_1} = \frac{600}{300} = 2.0, \qquad \frac{I_B}{I_S} = 1.588, \qquad B = \frac{x}{l_0} = \frac{0}{l_0} = 0$$

$\frac{\zeta}{l_0}$: 轮重①、③, $\frac{\zeta}{l_0} = \frac{1200}{5000} = 0.24$; 轮重②、④, $\frac{\zeta}{l_0} = \frac{3000}{5000} = 0.6$

A 值用直线插入法求取。

轮重①、③:

ζ/l_0	$I_B/I_S = 1.000$	$I_B/I_S = 1.588$	$I_B/I_S = 2.000$
0.20	1.120		1.010
0.24	1.138	1.079	1.038
0.40	1.210		1.150

轮重②、④:

ζ/l_0	$I_B/I_S = 1.000$	$I_B/I_S = 1.588$	$I_B/I_S = 2.000$
0.60	1.270	1.205	1.160

表 2-5 A 值表

条件	$t_2/t_1 = 1.0, I_B/I_S = 1.0$				$t_2/t_1 = 1.0, I_B/I_S = 2.0$				$t_2/t_1 = 1.0, I_B/I_S = 7.5$			
$B = x/l_0$ ζ/l_0	0	0.25	0.50	0.75	0	0.25	0.50	0.75	0	0.25	0.50	0.75
0.2	1.02				1.00				1.00			
0.4	1.03				0.98				0.91			
0.6	1.05	0.45			1.00	0.41			0.88	0.34		
0.8	1.10	0.63	0.25		1.01	0.58	0.23		0.85	0.50	0.19	
1.0	1.18	0.80	0.45	0.18	1.05	0.71	0.43	0.15	0.86	0.58	0.32	0.07

条件	$t_2/t_1 = 1.0, I_B/I_S = 15$				$t_2/t_1 = 2.0, I_B/I_S = 1.0$				$t_2/t_1 = 2.0, I_B/I_S = 2.0$			
$B = x/l_0$ ζ/l_0	0	0.25	0.50	0.75	0	0.25	0.50	0.75	0	0.25	0.50	0.75
0.2	0.97				1.12				1.01			
0.4	0.87				1.21				1.15			
0.6	0.80	0.31			1.27	0.61			1.16	0.59		
0.8	0.77	0.42	0.14		1.29	0.77	0.41		1.15	0.72	0.35	
1.0	0.76	0.52	0.31	0.05	1.30	0.91	0.61	0.22	1.17	0.81	0.51	0.18

条件	$t_2/t_1 = 2.0, I_B/I_S = 7.5$				$t_2/t_1 = 2.0, I_B/I_S = 15$				$t_2/t_1 = 3.0, I_B/I_S = 1.0$			
$B = x/l_0$ ζ/l_0	0	0.25	0.50	0.75	0	0.25	0.50	0.75	0	0.25	0.50	0.75
0.2	1.12				1.10				1.20			
0.4	1.12				0.99				1.31			
0.6	1.09	0.52			1.03	0.49			1.36	0.72		
0.8	1.00	0.63	0.30		0.90	0.57	0.27		1.34	0.88	0.50	
1.0	0.94	0.77	0.40	0.15	0.82	0.60	0.38	0.14	1.30	0.96	0.65	0.28

条件	$t_2/t_1 = 3.0, I_B/I_S = 2.0$				$t_2/t_1 = 3.0, I_B/I_S = 7.5$				$t_2/t_1 = 3.0, I_B/I_S = 15$			
$B = x/l_0$ ζ/l_0	0	0.25	0.50	0.75	0	0.25	0.50	0.75	0	0.25	0.50	0.75
0.2	1.15				1.15				1.12			
0.4	1.28				1.25				1.21			
0.6	1.20	1.66			1.20	0.61			1.15	0.58		
0.8	1.24	0.82	0.45		1.08	0.70	0.38		1.01	0.63	0.35	
1.0	1.19	0.85	0.54	0.26	0.94	0.70	0.43	0.20	0.82	0.60	0.40	0.18

[注] 本表内某些数值不甚具规律性,原文如此。

---

c. 悬臂根部弯矩计算

$$M_{x0} = \sum \frac{-PA}{\pi} \left[\frac{1}{\mathrm{ch}(\dfrac{Ay}{\zeta - x})} \right]$$

轮重 ①　$M_{x0,1} = \dfrac{-70 \times 1.079}{\pi} \left[\dfrac{1}{\mathrm{ch}(\dfrac{1.079 \times 1.4}{1.2 - 0})} \right] = -12.63\,\mathrm{kN \cdot m/m}$

轮重 ②　$M_{x0,2} = \dfrac{-70 \times 1.205}{\pi} \left[\dfrac{1}{\mathrm{ch}(\dfrac{1.205 \times 1.4}{3.0 - 0})} \right] = -23.10\,\mathrm{kN \cdot m/m}$

轮重 ③　$M_{x0,3} = \dfrac{-70 \times 1.079}{\pi} \left[\dfrac{1}{\mathrm{ch}(\dfrac{1.079 \times 0}{1.2 - 0})} \right] = -24.04\,\mathrm{kN \cdot m/m}$

轮重 ④　$M_{x0,4} = \dfrac{-70 \times 1.205}{\pi} \left[\dfrac{1}{\mathrm{ch}(\dfrac{1.205 \times 0}{3.0 - 0})} \right] = -26.85\,\mathrm{kN \cdot m/m}$

$$M_{x0} = -(12.63 + 23.10 + 24.04 + 26.85) = -86.62\,\mathrm{kN \cdot m/m}$$

以上计算未考虑冲击系数,悬臂板冲击系数取 $1 + \mu = 1.3$。

2.4.3　荷载横向分布系数计算

1. 概述

梁桥是由承重结构的主梁及传力结构的横梁和桥面板两大部分组成。多片主梁依靠横梁和桥面板联成空间整体结构。由于结构的空间整体性,当桥上作用荷载 P 时,各片主梁将共同参与工作,形成了各片主梁之间的内力分布。每片主梁分布到的内力大小,随桥梁横截面的构造形式、荷载类型以及荷载在横向作用的位置不同而异。

作用在桥梁上的荷载包括恒载与活载。恒载包括结构自重、桥面铺装、人行道、栏杆等。结构自重、桥面铺装、人行道、栏杆等构件的重量通常可近似均匀地分摊给各片主梁来承担。但由于人行道、栏杆等构件一般是在桥梁连成整体后安装在边梁上的,为准确起见,也可将这些恒载按以下荷载横向分布的方法来计算。

对于图 2-54(a)所示的单梁来说,如以 $\eta_1(x)$ 表示梁上某一截面的内力影响线,则就可方便地计算该截面的内力值 $S = P \cdot \eta_1(x)$。这里 $\eta_1(x)$ 的是一个单值函数,梁在 xoz 平面内受力和变形,它是一种简单的平面问题。对于如图 2-54(b)所示的一座梁式板桥或者由多片主梁通过桥面板和横隔梁组成的梁桥来说,情况就完全不同了。当桥上作用荷载 P 时,由于结构的横向刚性必然会使荷载在 x 和 y 方向同时发生传递,并使所有主梁都不同程度地参与工作。

鉴于结构受力和变形的空间性,故求解这种结构的内力是属于空间计算理论问题。较精确的空间结构分析是采用有限元理论,将空间结构划分成板、壳或其他单元联接成的整体结构进行分析计算。目前,可应用的通用程序、专用程序有很多,有关计算机在桥梁工程中的应用将在第七章专门讨论。由于实际结构的复杂性,完全精确的计算仍难实现。每一种理论都有一定的假设条件和适用范围。作为空间计算理论的共同点是直接求解结构上任一点的内力或挠度,并且也可像单梁计算中应用影响线那样,借助理论分析所得的影响面来计算某点的内力值。如果结构某点截面的内力影响面用双值函数 $\eta(x,y)$ 来表示,则该截面的内力值可表示为 $S=P\cdot\eta(x,y)$。

但是,鉴于作用于桥上的车辆荷载系沿纵横向都能移动的多个局部荷载,用影响面来求解最不利的内力值仍然是非常繁重的工作,因此上述这种空间计算方法实际上很难推广应用。

目前广泛使用的一种方法是将复杂的空间问题合理转化成图2-54(a)所示简单的平面问题来求解。这种方法的实质是将前述的内力影响面 $\eta(x,y)$ 分离成两个单值函数的乘积,即 $\eta_1(x)\cdot\eta_2(y)$。因此,对于某根主梁某一截面的内力值就可表示为:

$$S=P\cdot\eta(x,y)\approx P\cdot\eta_2(y)\cdot\eta_1(x)$$

在上式中 $\eta_1(x)$ 就是单梁某一截面的内力影响线。如果将 $\eta_2(y)$ 看作是单位荷载沿横向作用在不同位置时对某梁所分配的荷载比值变化曲线,也称作对于某梁的荷载横向分布影响线,则 $P\cdot\eta_2(y)$ 就是当 P 作用于 $a(x,y)$ 点时沿横向分配给某梁的荷载,见图2-54(b),若以 P' 表示,即 $P'=P\cdot\eta_2(y)$。这样,就可完全像图2-54(a)所示平面问题一样,求得该梁上某截面的内力值,这就是利用荷载横向分布来计算内力的基本原理。

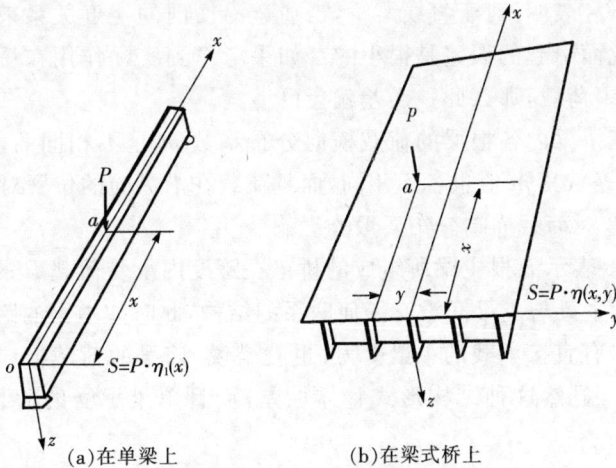

(a)在单梁上   (b)在梁式桥上

图2-54　荷载作用下的内力计算

"荷载横向分布"仅是借用一个概念,其实质应该是"内力"横向分布,而并不是"荷载"横向分布。只是在变量分离后在计算式的表现形式上成了"荷载"横向分布。图 2-55(a) 表示桥上作用一辆前后轴各重 P_1 和 P_2 的车辆荷载,相应的轮重为 $P_1/2$ 和 $P_2/2$。如要求 3 号梁 k 点的截面内力,则可先用对于 3 号梁的荷载横向分布影响线 $\eta_2(y)$ 求出桥上横向各排轮重对该梁分配的总荷载,然后再用这些荷载通过单梁 k 点截面的内力影响线 $\eta_1(x)$ 来计算 3 号梁该截面的最大内力值。显然,如果桥梁的结构一定,轮重在桥上的位置也确定,则分布至 3 号梁的荷载也是一个定值。在桥梁设计中,通常用一个表征荷载分布程度的系数 m 与轴重的乘积来表示这个定值,因此前后轴的两排轮重分布至 3 号梁的荷载可表示为 mP_1 和 mP_2,如图 2-55(b)。这个 m 就称为荷载横向分布系数,它表示某根主梁(这里指 3 号梁)所承担的最大荷载是各个轴重的倍数。

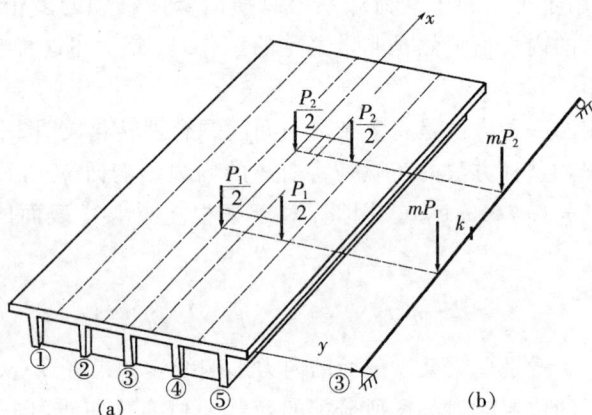

图 2-55   车轮荷载在桥上的横向分布

需要说明的是,上述将空间计算问题转化成平面问题的做法只是一种近似的处理方法,因为实际上荷载沿横向通过桥面板和多根横隔梁向相邻主梁传递时情况是很复杂的,原来的集中荷载传至相邻梁的就不再是同一纵向位置的集中荷载了。但是,理论和试验研究表明,对于直线梁桥,当通过沿横向的挠度关系来确定荷载横向分布规律时,由此而引起的误差是很小的。如果考虑到实际作用在桥上的车辆荷载并非只是一个集中荷载,那么此种误差就会更小。

显然,同一座桥梁内各根梁的荷载横向分布系数 m 是不相同的,不同类型的荷载(如车辆、人群等),其 m 值也各不相同,而且荷载在沿纵向的位置对 m 也有影响。

(1) 横向刚度对荷载横向分布系数的影响

设想图 2-56 表示五根主梁所组成的桥梁在跨度内承受荷载 P 的跨中横截面。图 2-56(a) 表示主梁与主梁间没有任何联系的结构,此时如中梁的跨中有集中力 P 作用,则全桥中只有直接承载的中梁受力,也就是说,该梁的荷载横向分布系数 $m=1$,其他梁的为 0。显然这种结构形式整体性差,而且单梁承受的荷载大,是很不经济的。

如图 2-56(c) 所示,如果将各主梁相互之间借助横隔梁和桥面刚性连接起来,并且设想横隔梁的刚度接近无穷大,则在同样的荷载 P 作用下,由于横隔梁无弯曲变形,因此所有五根主梁将共同参与受力。此时五根主梁的挠度均相等,荷载 P 由五根主梁平均分担,也就是说,各主梁的荷载横向分布系数 $m=0.2$。

然而，一般钢筋混凝土或预应力混凝土梁桥实际构造情况是：主梁虽通过横向结构联成整体，但是横向结构的刚度并非无穷大。因此，在荷载 P 作用下，各根主梁将按照某种规律变形，如图 2-56(b)，此时中梁的挠度 w_b 必然小于 w_a 而大于 w_c。设中梁所受的荷载为 mP，则其横向分布系数 m 必然小于 1 且大于 0.2。

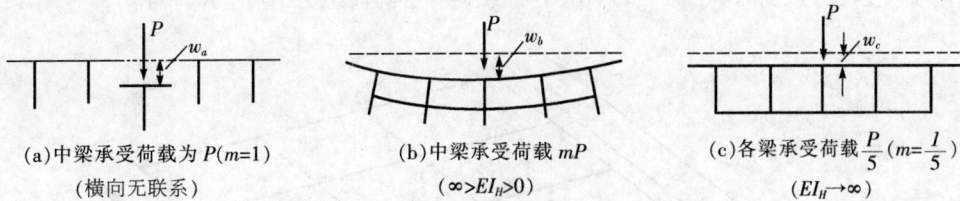

(a)中梁承受荷载为 $P(m=1)$　　　　(b)中梁承受荷载 mP　　　　(c)各梁承受荷载 $\dfrac{P}{5}\left(m=\dfrac{1}{5}\right)$

（横向无联系）　　　　　　　　　　（$\infty > EI_H > 0$）　　　　　　　　　　（$EI_H \to \infty$）

图 2-56　不同横向刚度时主梁的变形和受力情况

由此可见，桥上荷载横向分布的规律与结构的横向连接刚度有着密切关系，横向连接刚度愈大，荷载横向分布作用愈显著，各主梁的荷载分布也愈趋均匀。

（2）荷载横向分布系数的求解方法

在桥梁设计中，为使荷载横向分布的计算能更好地适应各种类型的结构特性，就需要按不同的横向结构简化模型拟定出相应的计算方法。目前常用的荷载横向分布计算方法有以下几种：

1）杠杆原理法 —— 把横向结构（桥面板和横隔梁）视作在主梁上断开而简支在其上的简支梁或悬臂梁；

2）偏心压力法 —— 把横隔梁视作无限刚性的梁，当计及主梁抗扭刚度影响时称为修正偏心压力法；

3）横向铰接板（梁）法 —— 把相邻板（梁）之间视为铰接，铰只传递剪力；

4）横向刚接梁法 —— 把相邻主梁之间视为刚性连接，即接缝传递剪力和弯矩；

5）比拟正交异性板法 —— 将主梁和横隔梁的刚度换算成两个方向刚度不同的比拟弹性薄板来求解，并由实用的曲线图表进行荷载横向分布计算。

上述各种计算方法所具有的共同特点是：从分析荷载在桥上的横向分布出发，求得各梁的荷载横向分布影响线，从而通过横向最不利布载来计算荷载横向分布系数 m，有了作用于单梁上的最大荷载，就能按熟知的内力影响线求得主梁的活载内力值。

钢筋混凝土和预应力混凝土梁桥的恒载一般比较大，即使在计算活载内力时利用上述方法会带来一定的误差，但对于主梁总的设计内力来说，这种误差的影响一般不是太大。

下面分别介绍各种计算荷载横向分布系数方法的基本原理和计算方法。

2. 杠杆原理法

（1）计算原理和适用场合

按杠杆原理法进行荷载横向分布计算，其基本假定是忽略主梁之间横向结构的联系作用，即假设桥面板在主梁上断开，而当作沿横向支承在主梁上的简支梁或悬臂梁来考虑。

图 2-57(a)所示为桥面板直接搁在工字形主梁上的装配式桥梁。当桥上有车辆荷

载作用时,很明显,作用在左边悬臂板上的轮重 $P_1/2$ 只传递至 1 号和 2 号梁,作用在中部简支板上的轮重 $P_1/2$ 只传给 2 号和 3 号梁,也就是说板上的轮重按简支梁支承反力的方式分配给左右两根主梁,而反力 R_i 的大小只要利用静力平衡条件即可求出,这就是所谓的"杠杆原理"。如果主梁所支承的相邻两块板上都有荷载,则该梁所受的荷载是两个支承反力之和,如图 2-57(b) 中 2 号梁所受的荷载为 $R_2 = R_2' + R_2''$。

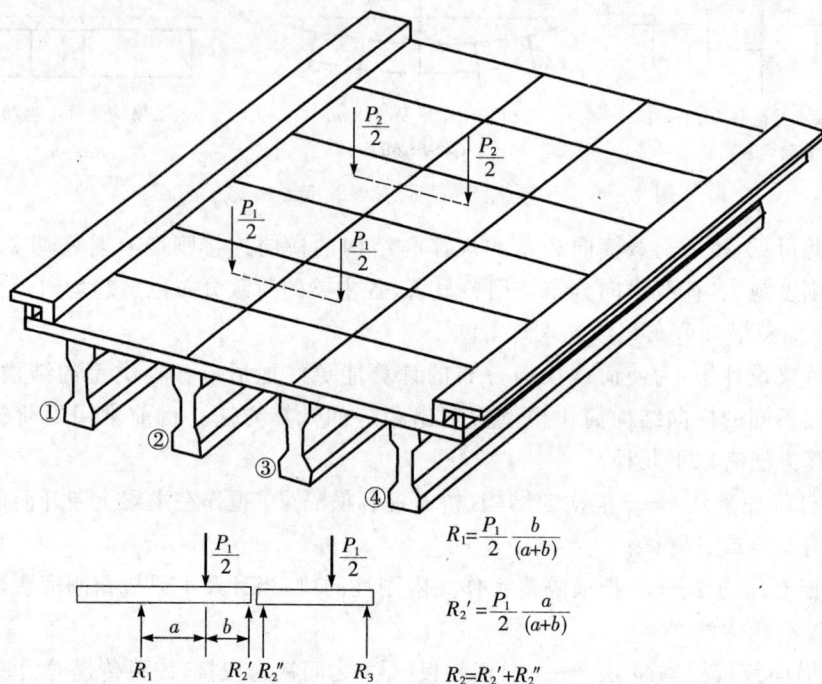

$$R_1 = \frac{P_1}{2} \frac{b}{(a+b)}$$

$$R_2' = \frac{P_1}{2} \frac{a}{(a+b)}$$

$$R_2 = R_2' + R_2''$$

图 2-57 杠杆原理法受力图式

为了求主梁所受的最大荷载,通常可利用反力影响线来进行,也就是计算荷载横向分布系数的横向分布影响线,见图 2-58。

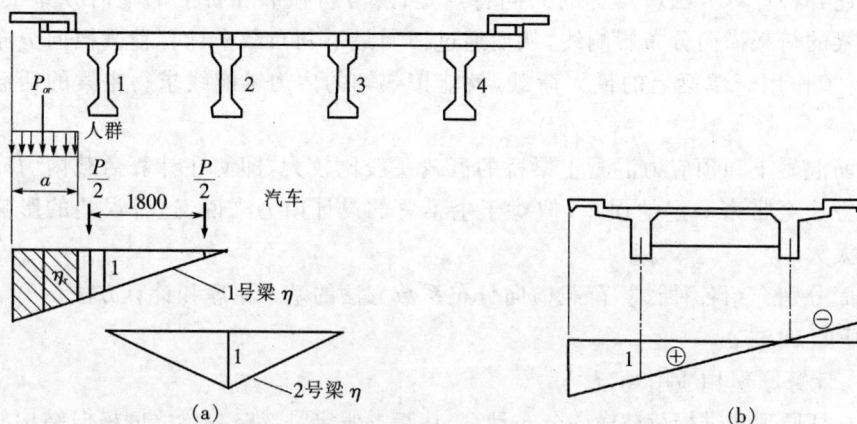

图 2-58 杠杆原理法计算横向分布系数(单位:mm)

有了各根主梁的荷载横向分布影响线,就可根据各种活载,如车辆和人群的最不利荷载布置求得相应的横向分布系数 m_{oq} 和 m_{or},如图 2-58(a) 所示,这里 m_o 表示按杠杆原理法计算的荷载横向分布系数,而脚标 q 和 r 则表示车辆和人群荷载。图中 $P_{or} = P_r \cdot a$,它表示每延米人群荷载的集度。

杠杆原理法求荷载横向分布影响线,一般适用于以下场合:

① 双主梁桥(如图 2-58(b) 所示);

② 一般多梁式桥,不论跨度内有无中间横隔梁,当桥上荷载作用在靠近支点处时;

③ 横向联系很弱的无中间横隔梁的桥梁。

(2) 计算举例

[**例2-3**] 图2-59(a)所示为一桥面宽度为净-9+2×1.5m人行道的钢筋混凝土 T 形梁桥,共设五根主梁。试求荷载位于支点处时 1 号和 2 号主梁相应于汽车荷载和人群荷载的横向分布系数。

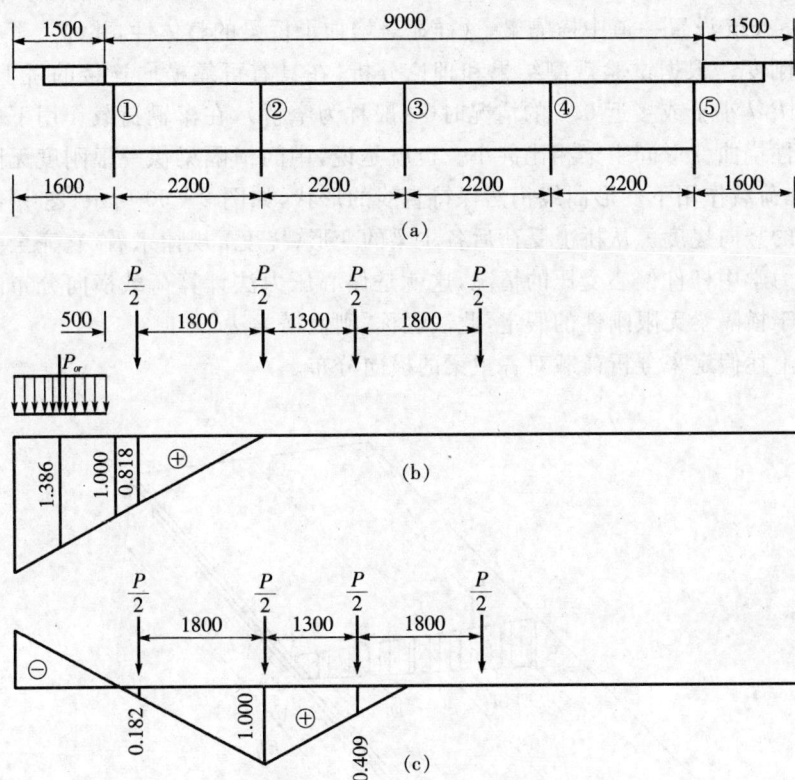

图 2-59 杠杆原理法 m_0 计算图

[**解**] 当荷载位于支点处时,应按杠杆原理法计算荷载横向分布系数。

① 首先绘制 1 号梁和 2 号梁的荷载横向影响线,如图 2-59(b) 和 (c) 所示。

② 在荷载横向影响线上确定荷载沿横向最不利的布置位置。《桥规》规定对于汽车荷载,车辆横向轮距为 1.80m,两列汽车车轮的横向最小间距为 1.30m,车轮离人行道缘石的最小距离为 0.50m。求出相应于荷载位置的影响线竖标值后,就可得到横向所有荷载分配给 1 号梁的最大荷载值为:

$$\text{汽车荷载:} \max R_q = \sum \frac{P}{2} \cdot \eta_{qi} = \frac{P}{2} \times 0.818 = 0.409P$$

$$人群荷载：\max R_r = \eta_r \cdot P_r \cdot 1.5 = 1.386 P_{0r}$$

式中 P 和 P_{0r} 相应为汽车荷载轴重和每延米跨长的人群荷载集度；η_{qi} 和 η_r 为对应于汽车车轮和人群荷载集度的影响线坐标。由此可得 1 号梁在汽车和人群荷载作用下的最不利荷载横向分布系数分别为 $m_{0q} = 0.409$ 和 $m_{0r} = 1.386$。

同理可计算得 2 号梁的荷载横向分布系数为 $m_{0q} = 0.795$ 和 $m_{0r} = 0$。这里，在人行道上没有布载，因为人行道荷载引起的负反力在考虑荷载组合时，反而会减小 2 号梁的受力。

当各根主梁的荷载横向分布系数 m_0 求得后，通常就取 m_0 最大的这根梁来计算截面内力。

3. 偏心压力法

在钢筋混凝土或预应力混凝土梁桥上，除在桥的两端设置端横隔梁外，还在跨中每隔 $5 \sim 8m$ 设置一道中横隔梁，这样显著增加了桥梁的整体性，并加大了桥梁结构的横向刚度。根据试验观测结果和理论分析，在具有可靠横向连接的桥上，且桥的宽跨比 B/l 小于或接近 0.5 的情况时（一般称为窄桥），在车辆荷载作用下中间横隔梁的弹性挠曲变形同主梁相比甚小。也就是说，中间横隔梁像一根刚度无限大的刚性梁，在荷载作用下变形曲线仍然保持直线的形状，如图 $2-60$ 所示，图中 w 表示桥跨中央的竖向挠度。从桥上受荷后各主梁的变形（挠度）规律来看，它完全类似于一般材料力学中杆件偏心受压的情况，这就是偏心压力法计算荷载横向分布的基本前提。鉴于横隔梁无限刚性的假定，此法也称"刚性横梁法"。

根据上述假定来分析荷载对各主梁的横向分布。

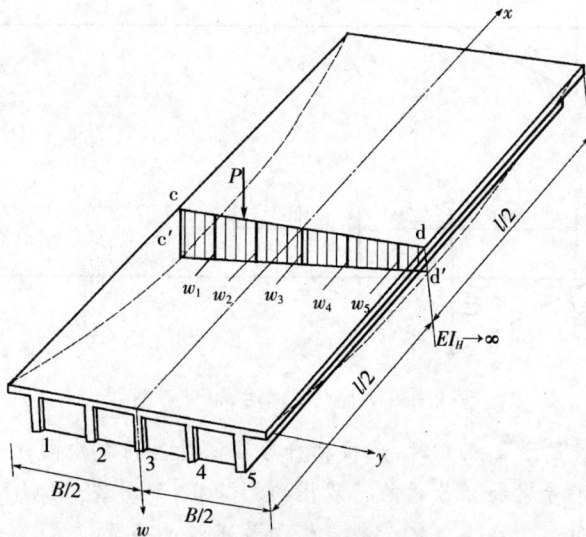

图 $2-60$　梁桥挠曲变形（刚性横梁）

（1）偏心荷载 P 对各主梁的荷载分布

从图 $2-60$ 中可见，在偏心荷载 P 作用下，由于各主梁的挠曲变形，刚性的中间横隔梁将从原来的 $c-d$ 位置变位至 $c'-d'$，呈一根倾斜的直线；靠近 P 的 1 号边梁的跨中挠度 w_1 最大，远离 P 的 5 号边梁的跨中挠度 w_5 最小（也可能出现负值），其间任意主梁的跨中挠度均在 w_1 和 w_5 之间呈直线规律分布。因为在弹性范围内,某根主梁所受到的荷载 R_i 是与该荷载所产生的弹性挠度 w_i 成正比例的,所以在上述情况下,1 号边梁受的荷载最大,5 号边梁受的荷载最小(也可能承受反向荷载)。由此可知:在横隔梁刚度相当大的窄桥上,在沿横向偏心布置的活载作用下,总是靠近活载一侧的边梁受载最大。

为了计算 1 号边梁所受的荷载,现考察图 2-61 所示在跨中有单位荷载 $P=1$ 作用在 1 号梁梁轴线上(偏心距为 e)时,各主梁的荷载分布情况。假定各主梁的惯性矩为 $I_i(i=1,2,\cdots,n;n$ 为主梁根数),对于具有近似刚性的中间横隔梁的结构,其上力系可以进行平移,即图 2-61(a)所示的荷载可以用作用于桥轴线的荷载 $P=1$ 和偏心力矩 $M=1\cdot e$ 来替代,如图 2-61(b)所示。因此,只要分别求出上述两种荷载下(图 2-61(c)和(d))对于各主梁的作用力,并将它们进行相应的叠加,便可得到偏心荷载 $P=1$ 对各主梁的荷载横向分布。

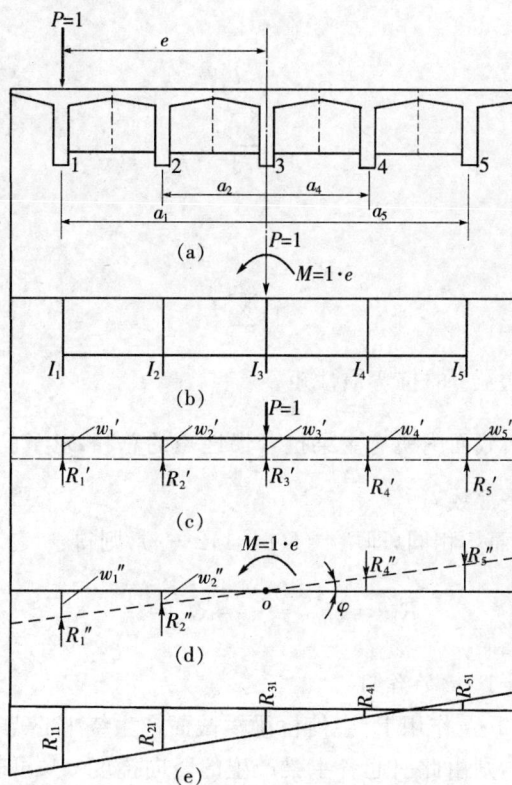

图 2-61　偏心荷载 $P=1$ 对各主梁的荷载分布图

1) 轴心荷载 $P=1$ 的作用

由于假定中间横隔梁是刚性的,且桥梁横截面对称于桥中线,在轴心荷载 $P=1$ 的作用下,桥梁横向结构产生刚体平移,各主梁在跨中截面产生同样的竖向挠度(图 2-61(c)),即:

$$w_1' = w_2' = \cdots = w_n' \tag{2-19}$$

由材料力学理论可知,作用于简支梁跨中的荷载(即主梁所分担的荷载 R_i')与挠

度 w_i' 的关系为：

$$w_i' = \frac{R_i' l^3}{48EI_i} \quad 或 \quad R_i' = \alpha I_i w_i' \tag{2-20}$$

式中：$\alpha = \frac{48E}{l^3}$ 为常数（E 为梁体材料的弹性模量）。

由静力平衡条件并代入式(2-20)可得：

$$\sum_{i=1}^{n} R_i' = \alpha w_i' \sum_{i=1}^{n} I_i = 1$$

则有：

$$\alpha w_i' = \frac{1}{\sum_{i=1}^{n} I_i} \tag{2-21}$$

再将式(2-21)代入式(2-20)，即得在轴心荷载 $P=1$ 作用下各主梁所分配的荷载为：

$$R_i' = \frac{I_i}{\sum_{i=1}^{n} I_i} \tag{2-22}$$

对于 1 号梁为：

$$R_1' = \frac{I_1}{\sum_{i=1}^{n} I_i} \tag{2-23}$$

式中：I_1——1 号梁（边梁）的抗弯惯性矩；

$\sum\limits_{i=1}^{n} I_i$——桥梁横截面内所有主梁抗弯惯性矩的总和，对于已经确定的桥梁横截面它是常数。

如果各主梁的截面均相同，即 $I_i = I(i=1,2\cdots n)$，则得：

$$R_1' = R_2' = \cdots = R_n' = \frac{1}{n} \tag{2-24}$$

2) 偏心力矩 $M = 1 \cdot e$ 的作用

在偏心力矩 $M = 1 \cdot e$ 作用下，会使桥梁横截面产生绕中心点 o 的转动，假设其转角为 φ(图 2-61(d))，则由此引起各主梁产生的竖向挠度 w_i'' 可表示为：

$$w_i'' = a_i \tan\varphi \tag{2-25}$$

由式(2-20)，主梁所受荷载与挠度的关系为：

$$R_i'' = \alpha I_i w_i'' \tag{2-26}$$

将式(2-25)代入式(2-26)即得：

$$R_i'' = \alpha \tan\varphi\, a_i I_i = \beta a_i I_i \quad (\beta = \alpha \tan\varphi \text{ 为常数}) \tag{2-27}$$

由静力平衡条件可知，R_i'' 对桥梁横截面中心点 o 所形成的反力矩之和应与外力

矩 $M = 1 \cdot e$ 平衡,并利用式(2-27)可得:

$$\sum_{i=1}^{n} R_i'' \cdot a_i = \beta \sum_{i=1}^{n} a_i^2 I_i = 1 \cdot e$$

则:

$$\beta = \frac{e}{\sum\limits_{i=1}^{n} a_i^2 I_i} \tag{2-28}$$

式中 $\sum\limits_{i=1}^{n} a_i^2 I_i = a_1^2 I_1 + a_2^2 I_2 + \cdots + a_n^2 I_n$,对于已经确定的桥梁横截面它是常数。

将式(2-28)代入式(2-27),即得在偏心力矩 $M = 1 \cdot e$ 作用下各主梁所分配的荷载为:

$$R_i'' = \frac{e a_i I_i}{\sum\limits_{i=1}^{n} a_i^2 I_i} \tag{2-29}$$

应当注意,式(2-29)中的荷载位置 e 和梁位 a_i 是以桥面中心为原点的横坐标值,因此在取值时应当计入正、负号。例如,当 e 和 a_i 位于同一侧时两者的乘积取正号,反之应取负号。

故对于 1 号边梁为:

$$R_1'' = \frac{e a_1 I_1}{\sum\limits_{i=1}^{n} a_i^2 I_i} \tag{2-30}$$

若以 $e = a_1$ 代入上式,即荷载也作用在 1 号边梁轴线上时,则有:

$$R_{11}'' = \frac{a_1^2 I_1}{\sum\limits_{i=1}^{n} a_i^2 I_i} \tag{2-31}$$

如果各主梁的截面均相同,则:

$$R_{11}'' = \frac{a_1^2}{\sum\limits_{i=1}^{n} a_i^2} \tag{2-32}$$

式中 R_{11}'' 的第二个脚标表示荷载作用位置,第一个脚标则表示由于该荷载引起反力的梁号。

3) 偏心荷载 $P = 1$ 对各主梁的总作用

将式(2-22)和式(2-29)相叠加,并设荷载位于 k 号梁轴线上(即 $e = a_k$),就可写出荷载作用于 k 号主梁对任意 i 号主梁荷载分配的一般公式为:

$$R_{ik} = \frac{I_i}{\sum\limits_{i=1}^{n} I_i} + \frac{a_i a_k I_i}{\sum\limits_{i=1}^{n} a_i^2 I_i} \tag{2-33}$$

由此不难得到关系式:

第 2 章　钢筋混凝土和预应力混凝土梁桥

$$R_{ik} = R_{ki} \frac{I_i}{I_k} \tag{2-34}$$

以图 2-61 为例，如欲求 $P=1$ 作用在 1 号梁轴线上时边主梁（1 号和 5 号梁）所受的总荷载，只要在式（2-33）中将 a_k 代入 a_1，将 $a_i I_i$ 分别代入 $a_1 I_1$ 和 $a_5 I_5$，由于桥梁的对称性，一般可取 $I_5 = I_1$ 和 $a_5 = -a_1$，则得：

$$\left.\begin{array}{l} R_{11} = \dfrac{I_1}{\sum\limits_{i=1}^{n} I_i} + \dfrac{a_1^2 I_i}{\sum\limits_{i=1}^{n} a_i^2 I_i} \\[4mm] R_{51} = \dfrac{I_1}{\sum\limits_{i=1}^{n} I_i} - \dfrac{a_1^2 I_i}{\sum\limits_{i=1}^{n} a_i^2 I_i} \end{array}\right\} \tag{2-35}$$

同理可求出 2 号、3 号、4 号主梁所受的总荷载。求得了各主梁所受的荷载 R_{11}，$R_{21}, \cdots, R_{n1}$ 就可绘出 $P=1$ 作用在 1 号梁上时对各主梁的荷载分布图式，如图 2-61（e）所示。鉴于各梁挠度呈直线规律变化，则 R_{i1} 图形也应呈直线分布，故计算中只需计算两根边主梁的荷载值 R_{11} 和 R_{51}，其他主梁的荷载值可采用线性内插得到。

（2）利用荷载横向影响线求主梁的荷载横向分布系数

以上讨论的是沿桥的横向只有一个集中荷载作用的情况。而实际桥梁中沿桥横向作用的车轮荷载不止一个，为方便起见，通常利用荷载横向影响线来计算横向一排 $2M$ 个（M 为设计车道数）车轮荷载对某根主梁的总影响。

已知，当单位荷载 $P=1$ 作用在桥跨中任一主梁 k 轴线上时，对各根主梁的荷载横向分布为 $R_{ik}(i=1,2,\cdots,n)$，利用式（2-34）的关系，就可得到荷载 $P=1$ 作用在任意 i 梁轴线上时分布至 k 号梁的荷载为：

$$R_{ki} = R_{ik} \cdot \frac{I_k}{I_i}$$

这就是 k 号主梁的荷载横向影响线在各梁位处的竖标值，通常写成 $\eta_{ki}(i=1,2,\cdots,n)$ 如果各主梁的截面尺寸相同，则：$\eta_{ki} = R_{ki} = R_{ik}$

如以 1 号边梁为例，它的横向影响线的两个控制竖标值为：

$$\left.\begin{array}{l} \eta_{11} = R_{11} = \dfrac{I_1}{\sum\limits_{i=1}^{n} I_i} + \dfrac{a_1^2 I_1}{\sum\limits_{i=1}^{n} a_i^2 I_i} \\[4mm] \eta_{15} = R_{51} = \dfrac{I_1}{\sum\limits_{i=1}^{n} I_i} - \dfrac{a_1^2 I_1}{\sum\limits_{i=1}^{n} a_i^2 I_i} \end{array}\right\} \tag{2-36}$$

若假定各主梁的截面均相同，上式可简化为：

$$\left.\begin{array}{l} \eta_{11} = R_{11} = \dfrac{1}{n} + \dfrac{a_1^2}{\sum\limits_{i=1}^{n} a_i^2} \\[4mm] \eta_{15} = R_{51} = \dfrac{1}{n} - \dfrac{a_1^2}{\sum\limits_{i=1}^{n} a_i^2} \end{array}\right\} \tag{2-37}$$

有了荷载横向影响线，就可以根据荷载沿横向的最不利位置布载来计算相应的横向分布系数，从而求得其所受的最大荷载。

(3) 计算举例

[例 2-4] 计算跨径 $l=28.90\text{m}$ 的桥梁横截面如图 2-62(a) 所示，试求荷载位于跨中时，1 号和 2 号主梁的荷载横向分布系数。

[解] 此桥在跨度内设有二道端横梁，五道中横梁，具有强大的横向连接刚性，且承重结构的长宽比为：

$$\frac{l}{B}=\frac{28.90}{5\times2.2}=2.63>2$$

故可按偏心压力法来绘制横向影响线，并计算相应汽车荷载和人群荷载的荷载横向分布系数 m_{cq} 和 m_{cr}。

该桥有 5 根主梁，各主梁的横截面均相等，主梁间距为 2.2m，则：

$$\sum_{i=1}^{5}a_i^2=(2\times2.2)^2+2.2^2+0^2+(-2.2)^2+(-2\times2.2)^2=48.40\text{m}^2$$

由式(2-37) 得 1 号梁的横向影响线竖标值为：

$$\eta_{11}=\frac{1}{n}+\frac{a_1^2}{\sum\limits_{i=1}^{n}a_i^2}=\frac{1}{5}+\frac{(2\times2.2)^2}{48.40}=0.6$$

$$\eta_{15}=\frac{1}{n}-\frac{a_1^2}{\sum\limits_{i=1}^{n}a_i^2}=\frac{1}{5}-\frac{(2\times2.2)^2}{48.40}=-0.2$$

同理可得 2 号梁的横向影响线竖标值为：$\eta_{21}=0.4$；$\eta_{25}=0.0$。由 η_{11} 和 η_{15} 绘制 1 号梁的横向影响线，由 η_{21} 和 η_{25} 绘制 2 号梁的横向影响线，见图 2-62(b) 和(c) 所示，图中按《桥规》规定确定了汽车荷载的最不利荷载位置。

由 η_{11} 和 η_{15} 计算 1 号梁横向影响线的零点位置。设零点至 1 号梁位的距离为 x，则：

$$\frac{x}{0.6}=\frac{4\times2.2-x}{0.2} \qquad 解得：x=6.6\text{m}$$

于是，1 号梁的荷载横向分布系数计算如下：

汽车荷载 $m_{cq}=\frac{1}{2}\sum\eta_{qi}=\frac{1}{2}(\eta_{q1}+\eta_{q2}+\eta_{q3}+\eta_{q4})$

$$=\frac{1}{2}\times\frac{0.6}{6.6}\times(6.2+4.4+3.1+1.3)=0.682$$

人群荷载 $m_{cr}=\eta_r=\frac{0.6}{6.6}\times(6.6+0.1+\frac{1.5}{2})=0.677$

同理可求出 2 号梁的荷载横向分布系数为：$m_{cq}=0.541$；$m_{cr}=0.439$。求得 1 号和 2 号主梁的各类荷载横向分布系数后，就可得到各类荷载作用时梁的最大内力值。

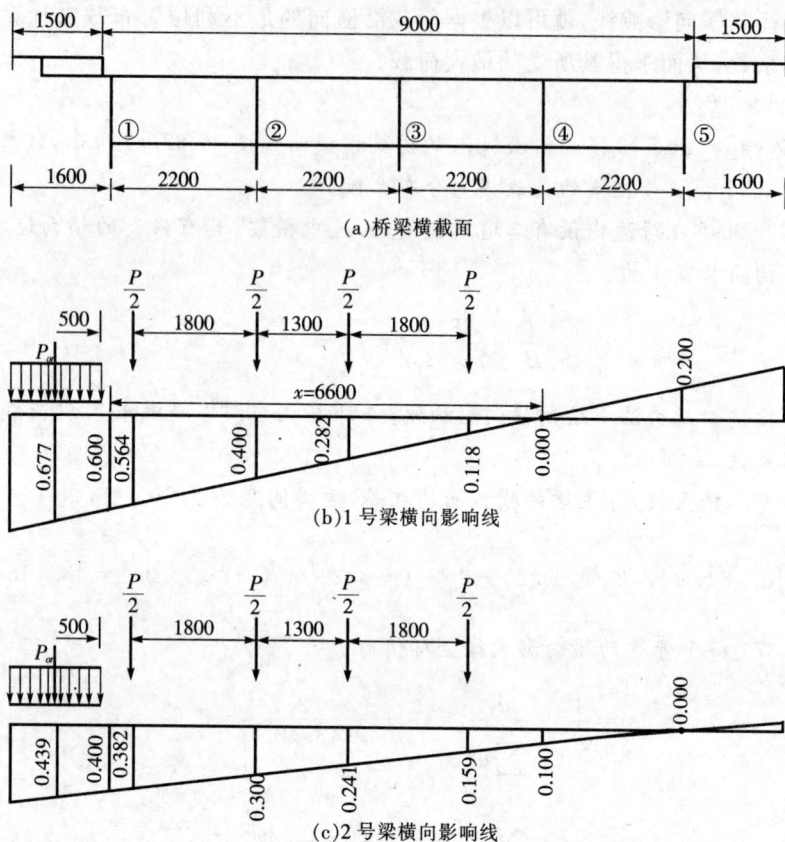

图 2-62 偏心压力法 m_c 计算图式(单位:mm)

4. 考虑主梁抗扭刚度的修正偏心压力法

偏心压力法具有概念清楚、公式简明和计算方便等优点。但在推导过程中由于作了横隔梁近似绝对刚性和忽略主梁抗扭刚度的两项假定,这就导致了边梁受力偏大而中梁受力偏小的计算结果。为了弥补偏心压力法的不足,可采用考虑主梁抗扭刚度的修正偏心压力法。这一方法既不失偏心压力法之优点,又避免了边梁结果偏大的缺陷,因此修正偏心压力法是一个具有较高实用价值的近似法。

(1) 计算原理

用偏心压力法计算荷载横向影响线竖标(以 1 号边梁为例) 的公式为:

$$\eta_{1i} = \frac{I_1}{\sum I_i} \pm \frac{ea_1 I_1}{\sum a_i^2 I_i} \qquad (2-38)$$

式(2-38)中等号右边第一项是由轴心荷载 $P=1$ 所引起,此时各主梁只产生竖向挠度而无转动,见图 2-61(c),显然它与主梁的抗扭无关。等号右边的第二项是由于偏心力矩 $M=1 \cdot e$ 的作用所引起,此时,由于截面的转动,各主梁不仅产生竖向挠度,同时还引起截面的扭转,可是在公式的推导中却没有考虑主梁的抗扭作用。由此可见,要计入主梁抗扭影响,只需对式(2-38)中第二项给予修正。

下面来研究跨中截面在外力矩 $M=1 \cdot e$ 作用下桥梁的变形和受力情况。如图 2-63 所示,在 M 作用下主梁除产生不相同的挠度 w_i'' 外,尚转动一个相同的 φ 角(图 2-

63(b))。各主梁对横隔梁的反作用为竖向力 R_i'' 和抗扭矩 M_{Ti}(图 2-63(c))。

根据平衡条件：

$$\sum_{i=1}^{n} R_i'' a_i + \sum_{i=1}^{n} M_{Ti} = 1 \cdot e \qquad (2-39)$$

由材料力学理论,简支梁自由扭转时跨中截面扭矩与扭转角以及竖向力与挠度的关系为:

$$\varphi = \frac{lM_{Ti}}{4GI_{Ti}} \text{ 和 } w_i'' = \frac{R_i'' l^3}{48EI_i} \qquad (2-40)$$

式中: l 为简支梁的跨度, I_T 为梁的抗扭惯矩, G 为材料的剪切模量,其余符号同前。

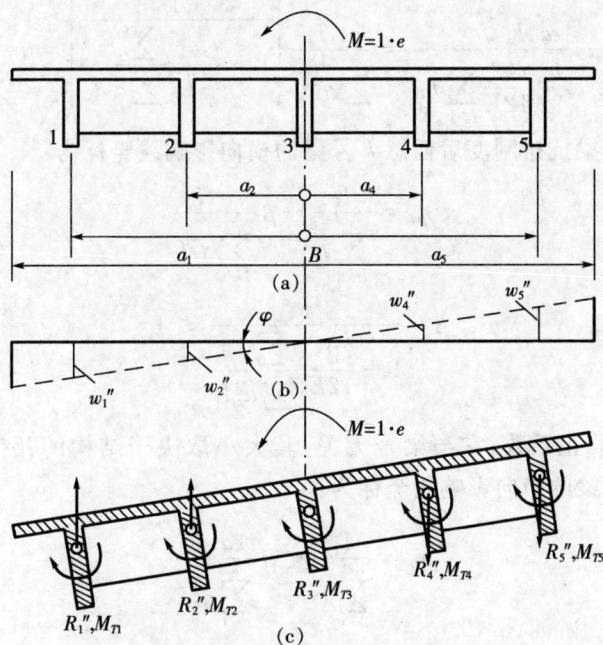

图 2-63　考虑主梁抗扭的计算图式

由图 2-63(b) 几何关系(φ 值较小时):

$$\varphi \approx \tan\varphi = \frac{w_i''}{a_i} \qquad (2-41)$$

将式(2-40)与 R_i'' 的关系式代入式(2-41)可得:

$$\varphi = \frac{R_i'' l^3}{48a_i EI_i} \qquad (2-42)$$

再将式(2-42)代入式(2-40)与 M_{Ti} 的关系式,即得:

$$M_{Ti} = R_i'' \frac{l^2 GI_{Ti}}{12a_i EI_i} \qquad (2-43)$$

为了计算任意 k 号梁的荷载,利用几何关系和竖向力与挠度的关系,将 R_i'' 用 R_k''

表示,则:

$$\frac{w''_i}{w''_k}=\frac{a_i}{a_k}=\frac{R''_i/I_i}{R''_k/I_k}$$

即得:

$$R''_i=R''_k\frac{a_iI_i}{a_kI_k} \tag{2-44}$$

再将式(2-43)和式(2-44)代入平衡条件式(2-39),则得:

$$\sum_{i=1}^n R''_k\frac{a_i^2I_i}{a_kI_k}+\sum_{i=1}^n R''_k\frac{a_iI_i}{a_kI_k}\frac{l^2GI_{Ti}}{12a_iEI_i}=e$$

$$R''_k\frac{1}{a_kI_k}\left(\sum_{i=1}^n a_i^2I_i+\frac{Gl^2}{12E}\sum_{i=1}^n I_{Ti}\right)=e$$

于是:$R''_k=\dfrac{ea_kI_k}{\displaystyle\sum_{i=1}^n a_i^2I_i+\dfrac{Gl^2}{12E}\sum_{i=1}^n I_{Ti}}=\dfrac{ea_kI_k}{\displaystyle\sum_{i=1}^n a_i^2I_i}\left(\dfrac{1}{1+\dfrac{Gl^2}{12E}\dfrac{\sum I_{Ti}}{\sum a_i^2I_i}}\right)=\beta\dfrac{ea_kI_k}{\displaystyle\sum_{i=1}^n a_i^2I_i}$ $\tag{2-45}$

最后可得考虑主梁抗扭刚度后任意 k 号梁的横向影响线竖标为:

$$\eta_{ki}=\frac{I_k}{\displaystyle\sum_{i=1}^n I_i}\pm\beta\frac{ea_kI_k}{\displaystyle\sum_{i=1}^n a_i^2I_i} \tag{2-46}$$

式中:

$$\beta=\frac{1}{1+\dfrac{Gl^2}{12E}\dfrac{\sum I_{Ti}}{\sum a_i^2I_i}}<1 \tag{2-47}$$

β 称为抗扭修正系数,它与梁号无关,其大小取决于结构的几何尺寸和材料特性。对于 1 号边梁的横向影响线竖标为:

$$\eta_{1i}=\frac{I_1}{\displaystyle\sum_{i=1}^n I_i}\pm\beta\frac{ea_1I_1}{\displaystyle\sum_{i=1}^n a_i^2I_i} \tag{2-48}$$

由此可见,与偏心压力法公式不同点仅在于第二项上乘了小于 1 的抗扭修正系数 β,所以此法称为"修正偏心压力法"。

对于简支梁桥,如果主梁的截面均相同,即 $I_i=I$,$I_{Ti}=I_T$,并且跨中荷载 $P=1$ 作用在 1 号梁上,即 $e=a_1$,则得 1 号梁横向影响线的两个竖标值为:

$$\left.\begin{array}{l}\eta_{11}=\dfrac{1}{n}+\beta\dfrac{a_1^2}{\displaystyle\sum_{i=1}^n a_i^2}\\[4mm]\eta_{15}=\dfrac{1}{n}-\beta\dfrac{a_1^2}{\displaystyle\sum_{i=1}^n a_i^2}\end{array}\right\} \tag{2-49}$$

此时

$$\beta=\frac{1}{1+\dfrac{nl^2GI_T}{12EI\sum a_i^2}} \tag{2-50}$$

当主梁的间距相同时,若令 $\dfrac{n}{12\sum a_i^2}=\dfrac{\xi}{B^2}$

则:
$$\beta=\dfrac{1}{1+\xi\dfrac{GI_T}{EI}\left(\dfrac{l}{B}\right)^2} \qquad (2-51)$$

式中:n—— 主梁根数;

$\quad\ B$—— 桥宽,见图 2 - 63(a);

$\quad\ \xi$—— 与主梁根数 n 有关的系数,见表 2 - 6 所列。

表 2 - 6　系数 ξ 取值

n	4	5	6	7
ξ	1.067	1.042	1.028	1.021

从式(2 - 51)中可以看出,l/B 越大的桥,抗扭刚度对横向分布系数的影响也越大。在计算时,混凝土的剪切模量可取 $G=0.425E$;对于由矩形截面组合而成的主梁截面,如 T 形或工字形梁,其抗扭惯矩 I_T 近似等于各个矩形截面的抗扭惯矩之和:

$$I_T=\sum_{i=1}^{N}c_ib_it_i^3 \qquad (2-52)$$

式中:b_i,t_i—— 相应为单个矩形截面的宽度和厚度,见图 2 - 64;

$\quad\ c_i$—— 矩形截面的抗扭刚度系数;根据 t/b 比值查表 2 - 7;

$\quad\ N$—— 梁截面划分成单个矩形截面的块数。

表 2 - 7　矩形截面抗扭刚度系数

t/b	1	0.9	0.8	0.7	0.6	0.5	0.4	0.3	0.2	0.1	< 0.1
c	0.141	0.155	0.171	0.189	0.209	0.229	0.250	0.270	0.291	0.312	1/3

(2)计算举例

[例 2 - 5]　为了进行比较,仍取偏心压力法的计算举例所采用的主梁截面来计算 1 号和 2 号梁考虑抗扭刚度修正后的荷载横向分布系数。T 形主梁的细部尺寸见图 2 - 65 所示。

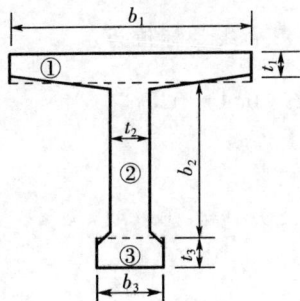

图 2 - 64　I_T 计算图式　　　　图 2 - 65　主梁截面尺寸(单位:mm)

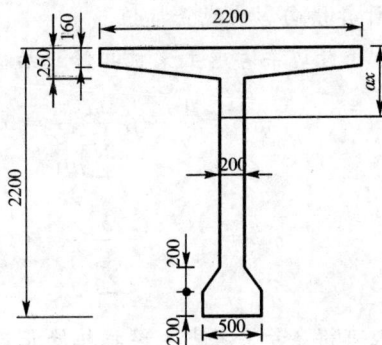

[解] 计算步骤如下：

1) 计算 I 和 I_T

① 主梁抗弯惯矩 I

翼板的换算平均厚度 $t_1 = \dfrac{160+250}{2} = 205 \text{mm}$

马蹄的换算平均厚度 $t_3 = \dfrac{200+400}{2} = 300 \text{mm}$

主梁截面重心位置 a_x

$$a_x = \frac{(2200-200)\times 205 \times \frac{205}{2} + 2200\times 200 \times \frac{2200}{2} + 300\times(500-200)\times\left(2200-\frac{300}{2}\right)}{(2200-200)\times 205 + 2200\times 200 + 300\times(500-200)}$$

$= 756 \text{mm}$

$I = \dfrac{1}{12}\times(2200-200)\times 205^3 + (2200-200)\times 205 \times\left(756-\dfrac{205}{2}\right)^2 + \dfrac{1}{12}\times 200$

$\times 2200^3 + 200\times 2200 \times\left(\dfrac{2200}{2}-756\right)^2 + \dfrac{1}{12}\times(500-200)\times 300^3 + (500-200)$

$\times 300 \times\left(2200-756-\dfrac{300}{2}\right)^2 = 5.575\times 10^{11} \text{mm}^4$

② 主梁抗扭惯矩 I_T

翼板 $t_1/b_1 = 205/2200 = 0.093 < 0.1$，查表 2-7 得 $c_1 = 1/3$

梁肋 $t_2/b_2 = 200/1695 = 0.118$，查表 2-7 得 $c_2 = 0.308$

马蹄 $t_3/b_3 = 300/500 = 0.6$，查表 2-7 得 $c_3 = 0.209$

由式(2-52)得：

$I_T = 1/3 \times 2200 \times 205^3 + 0.308 \times 1695 \times 200^3 + 0.209 \times 500 \times 300^3$

$= 1.332 \times 10^{10} \text{mm}^4$

2) 计算抗扭修正系数 β

由表 2-6 可知 $n=5$ 时 $\xi = 1.042$，并取 $G = 0.425E$，代入式(2-51)得：

$$\beta = \frac{1}{1 + 1.042 \times \dfrac{0.425E \times 1.332\times 10^{10}}{E \times 5.575\times 10^{11}} \times\left(\dfrac{28900}{11000}\right)^2} = 0.932$$

3) 计算横向影响线竖标值

对于 1 号边梁考虑主梁抗扭修正后的荷载横向影响线竖标值为：

$$\eta_{11}' = \frac{1}{n} + \beta\frac{a_1^2}{\sum\limits_{i=1}^{n}a_i^2} = 0.2 + 0.932 \times 0.4 = 0.573$$

$$\eta_{15}' = \frac{1}{n} - \beta\frac{a_1^2}{\sum\limits_{i=1}^{n}a_i^2} = 0.2 - 0.932 \times 0.4 = -0.173$$

同理可得 2 号梁考虑主梁抗扭修正后的荷载横向影响线竖标值为：$\eta_{21}' = 0.386$；
$\eta_{25}' = 0.014$。

4）计算荷载横向分布系数

设影响线零点离1号梁轴线的距离为 x'，则：

$$\frac{x'}{0.573} = \frac{4 \times 2.20 - x'}{0.173} \qquad 解得：x' = 6.76\text{m}$$

1号边梁的横向影响线和布载图式见图 2-66(b) 所示。

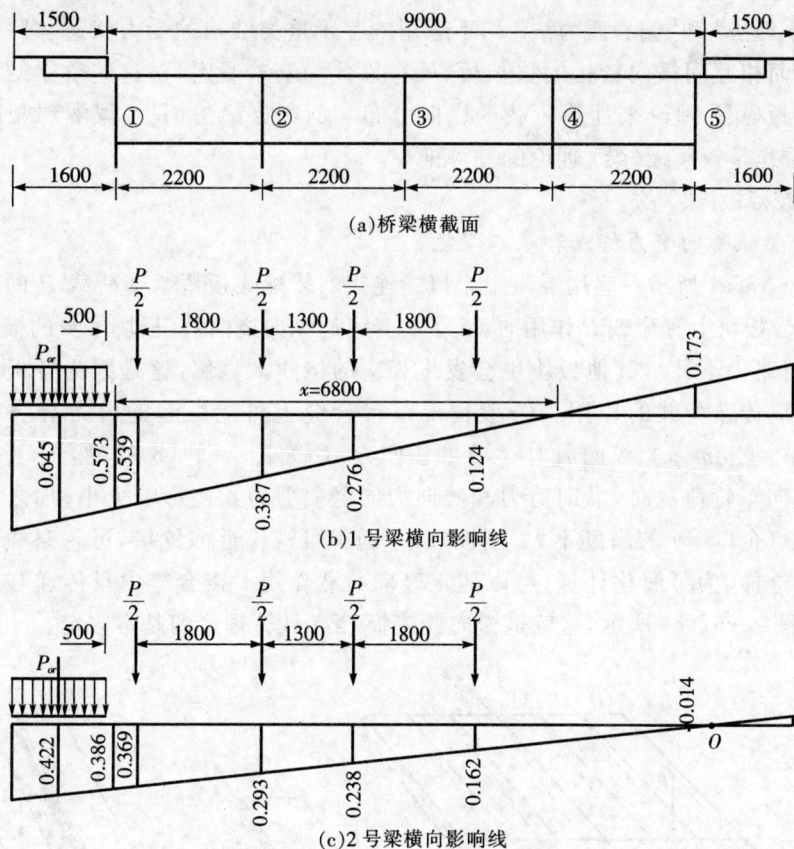

(a)桥梁横截面

(b)1号梁横向影响线

(c)2号梁横向影响线

图 2-66   修正偏心压力法 m_c 计算图(单位：mm)

汽车荷载

$$m_{cq}' = \frac{1}{2} \sum \eta_{qi}' = \frac{1}{2} \times \frac{0.573}{6.76} \times (6.36 + 4.56 + 3.26 + 1.46) = 0.663(0.682)$$

人群荷载

$$m_{cr}' = \eta_r' = \frac{0.573}{6.76} \times \left(6.76 + 0.1 + \frac{1.5}{2}\right) = 0.645(0.677)$$

同理可得2号梁的荷载横向分布系数 $m_{cq}' = 0.531(0.541)$；$m_{cr}' = 0.422(0.439)$。括弧内表示用偏心压力法不计主梁抗扭作用的计算结果。

计算结果表明，计及抗扭影响的 m_{cq}' 和 m_{cr}' 比不计抗扭影响的 m_{cq}' 和 m_{cr}' 稍有降低，修正偏心压力法仍然是在横梁无限刚性的前提下进行的，修正只能改变主梁荷载横向分布影响线的斜率，而不能改变其线性性质。当主梁的根数增多、桥宽增加、横梁与主梁的相对弯曲刚度比值降低、横梁不再能看作是无限刚性时,修正偏心压力法的计算结果仍然带有较大的误差。

5. 铰接板(梁)法和刚接梁法

对于用现浇混凝土纵向企口缝连接的装配式板桥以及仅在主梁翼板间用焊接钢板或伸出交叉钢筋连接的无中间横隔梁的装配式梁桥,由于块件间横向具有一定的连接构造,但其连接刚性又很薄弱,因此对于跨中荷载横向分布的计算,上面所述的"杠杆原理法"和"偏心压力法"均不适用。鉴于这类结构的受力状态实际接近于数根并列而相互间横向铰接的狭长板(梁),以此为基本假定,对这些桥梁结构采用横向铰接板(梁)理论来计算荷载的横向分布。而刚接梁法,是主梁翼缘板刚性连接,可以看作是铰接板(梁)理论的一种推广。

(1) 铰接板(梁)法

1) 铰接板桥的受力特点和基本假定

图 2-67(a) 所示一座用混凝土企口缝连接的装配式板桥承受荷载 P 的变形图式。当2号板块上有荷载 P 作用时,除了本身引起纵向挠曲外(板块本身的横向变形极微小,可略去不计),其他板块也会发生相应的挠曲。显然,这是因为各板块之间通过接合缝传递荷载的作用。一般情况下接合缝上可能引起的内力有竖向剪力 $g(x)$、横向弯矩 $m(x)$、纵向剪力 $t(x)$ 和法向力 $n(x)$(图 2-67(b))。然而,当桥上主要作用竖向车轮荷载时,纵向剪力和法向力同竖向剪力相比影响极小;加之在构造上,接合缝(企口缝)的高度不大、刚性较小,通常可视作近似铰接,可忽略横向弯矩的影响。这样,为了简化计算,可以假定竖向荷载作用下接合缝内只传递竖向剪力 $g(x)$,如图 2-67(c) 所示,这就是横向铰接板(梁)计算理论的基本假定。

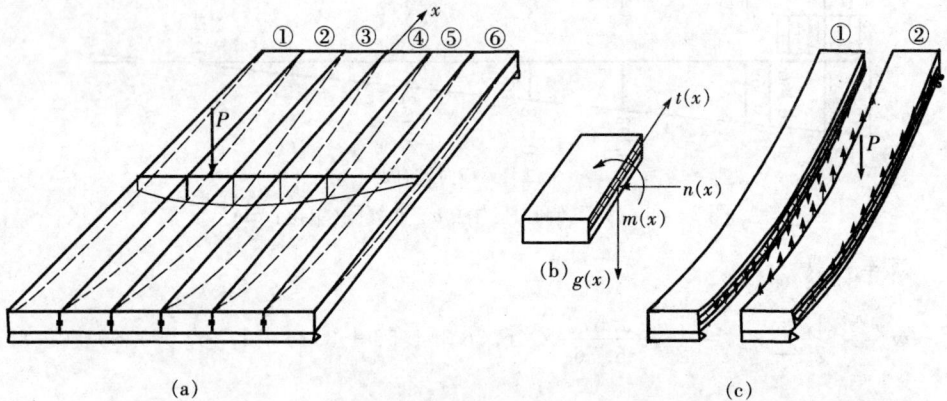

(a)   (b)   (c)

图 2-67 铰接板桥受力示意图

同前所述,桥梁结构的内力求解是属于空间计算理论问题,要把一个空间计算问题,借助按横向挠度分布规律来确定荷载横向分布的原理,简化为一个平面问题来处理,严格来说,应当满足下述关系(以1、2号板梁为例):

$$\frac{w_1(x)}{w_2(x)} = \frac{M_1(x)}{M_2(x)} = \frac{Q_1(x)}{Q_2(x)} = \frac{p_1(x)}{p_2(x)} = 常数 \qquad (2-53)$$

此式表明,在桥上荷载作用下,任意两根板梁所分配到的荷载比值与挠度比值以及截面内力的比值都相同。

对于每条板梁有关系式 $M(x)=-EIw''$ 和 $Q(x)=-EIw'''$，代入式（2-53），并设 EI 为常量，则：

$$\frac{w_1(x)}{w_2(x)}=\frac{w_1''(x)}{w_2''(x)}=\frac{w_1'''(x)}{w_2'''(x)}=\frac{p_1(x)}{p_2(x)}=常数 \qquad (2-54)$$

但是，实际上无论对于集中轮重或分布荷载的作用情况，都不能满足上式的条件。就以图 2-67(c) 铰接板的受力情况来看，2 号板梁上的集中荷载 P 与 1 号板梁经竖向铰缝传递的分布荷载 $g(x)$ 是性质完全不同的荷载，比值不为常数，无法满足式（2-53）的关系。所以，在横向铰接板（梁）法计算理论的推导中作了又一假定，即采用具有某一峰值 p 的半波正弦荷载：

$$p(x)=p\sin\frac{\pi x}{l} \qquad (2-55)$$

根据其积分和求导的性质，条件式（2-53）就能得到满足。

由此可见，严格说来，这种荷载横向分布的处理方法，理论上仅对常截面的简支梁桥作用半波正弦荷载时才属正确。鉴于用正弦荷载代替跨中的集中荷载，在计算各梁跨中挠度时的误差很小，而且，计算内力时虽有稍大的误差，但考虑到实际计算时有许多车轮沿桥跨分布，这样又进一步使误差减少，故在铰接板（梁）法中，作为一个基本假定，也就采用半波正弦荷载来分析跨中荷载横向分布的规律。

2）铰接板桥的荷载横向分布

铰接板桥的受力图式如图 2-68 所示，根据以上所作的基本假定。在正弦荷载 $p(x)=p\sin\frac{\pi x}{l}$ 作用下，各条铰缝内也产生正弦分布的铰接力 $g_i(x)=g_i\sin\frac{\pi x}{l}$，图 2-68(b) 中示出任意一条板梁的铰接力分布图形。鉴于荷载、铰接力和挠度三者的协调性，对于研究各条板梁所分布荷载的相对规律来说，可不失其一般性地取跨中单位长度和截割段来进行分析，此时各板条间铰接力可用正弦分布铰接力的峰值 g_i 来表示。

图 2-69(a) 表示一座横向铰接板桥的横截面图，研究单位正弦荷载作用在 1 号板梁轴线上时，荷载在各条板梁内的横向分布，计算图式如图 2-69(b) 所示。

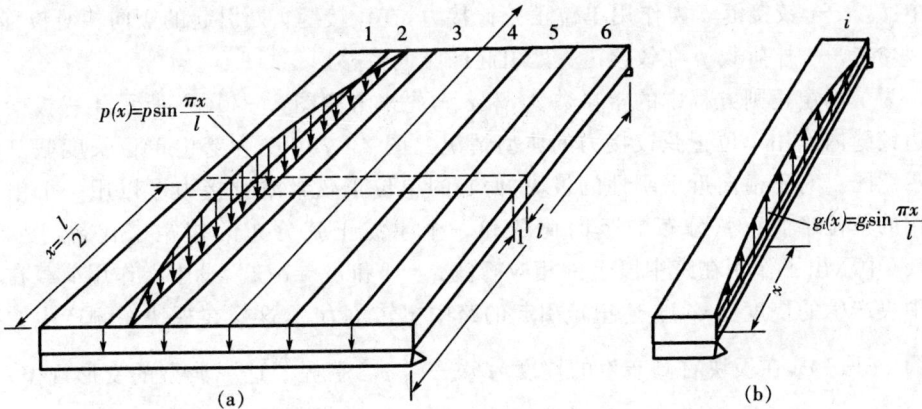

图 2-68　铰接板桥受力图式

一般说来，对于具有 n 条板梁组成的桥梁，必然有 $(n-1)$ 条铰缝。在板梁间沿铰缝切开，则每一铰缝内作用着一对大小相等方向相反的正弦分布铰接力，因此对于 n 条板梁就有 $(n-1)$ 个待求的未知铰接力峰值 g_i。如果求得了所有的 g_i，则根据力的平衡原理，可得分配到各板块的竖向荷载的峰值 p_{i1}，以图 2-69(b) 所示基本体系的五块板为例，即为：

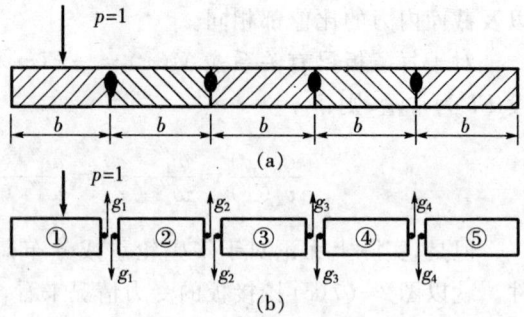

图 2-69　铰接板桥计算图式

$$
\left.
\begin{array}{ll}
\text{1 号板} & p_{11}=1-g_1 \\
\text{2 号板} & p_{21}=g_1-g_2 \\
\text{3 号板} & p_{31}=g_2-g_3 \\
\text{4 号板} & p_{41}=g_3-g_4 \\
\text{5 号板} & p_{51}=g_4
\end{array}
\right\} \tag{2-56}
$$

下面按照结构力学中的力法原理求解正弦分布铰接力的峰值 g_i。

显然，对于 $(n-1)$ 个未知铰接力的超静定问题，总有 $(n-1)$ 条铰接缝，将每一铰缝切开形成基本体系，利用两相邻板块在铰接缝处的竖向相对位移为零的变形协调条件，就可解出全部铰接力峰值。为此，对于图 2-69(b) 的基本体系，可以列出四个正则方程如下：

$$
\left.
\begin{array}{l}
\delta_{11}g_1+\delta_{12}g_2+\delta_{13}g_3+\delta_{14}g_4+\delta_{1p}=0 \\
\delta_{21}g_1+\delta_{22}g_2+\delta_{23}g_3+\delta_{24}g_4+\delta_{2p}=0 \\
\delta_{31}g_1+\delta_{32}g_2+\delta_{33}g_3+\delta_{34}g_4+\delta_{3p}=0 \\
\delta_{41}g_1+\delta_{42}g_2+\delta_{43}g_3+\delta_{44}g_4+\delta_{4p}=0
\end{array}
\right\} \tag{2-57}
$$

式中：δ_{ik}——铰接缝 k 内作用单位正弦铰接力，在铰接缝 i 处引起的竖向相对位移；

δ_{ip}——外荷载 p 在铰接缝 i 处引起的竖向位移。

为了确定正则方程中的常系数 δ_{ik} 和 δ_{ip}，先来考察图 2-70(a) 所示任意板梁在左边铰缝内作用单位正弦铰接力的典型情况。图 2-70(b) 为跨中单位长度截割段的示意图。对于横向近乎刚性的板块，偏心的单位正弦半波铰接力可以用一个中心作用的单位半波正弦分布的竖向荷载和一个半波正弦分布的扭矩来代替，图 2-70(c) 中示出了作用在跨中段上的相应峰值 $g_i=1$ 和 $m_t=b/2$。设中心作用荷载在板跨中央产生的挠度为 w，上述扭矩引起的跨中扭转角为 φ，这样在板块左侧产生的挠度为 $w+\dfrac{b}{2}\varphi$，在板块右侧产生的挠度为 $w-\dfrac{b}{2}\varphi$。掌握了这一典型的变形规律，参照图 2-69(b) 的基本体系，就不难确定以 w 和 φ 表示的全部 δ_{ik} 和 δ_{ip}。计算中应遵循下述符号规定：当δ_{ik}与g_i的方向一致时取正号，也就是说，使某一铰缝增大相对位移的挠度取正号，反之取负号。至此，依据图2-69(b)的基本体系就可写出正则方程(2-57)中的常系数为：

$$\delta_{11}=\delta_{22}=\delta_{33}=\delta_{44}=2\left(w+\frac{b}{2}\varphi\right)$$

$$\delta_{12}=\delta_{23}=\delta_{34}=\delta_{21}=\delta_{32}=\delta_{43}=-\left(w-\frac{b}{2}\varphi\right)$$

$$\delta_{13}=\delta_{14}=\delta_{24}=\delta_{31}=\delta_{41}=\delta_{42}=0$$

$$\delta_{1p}=-w$$

$$\delta_{2p}=\delta_{3p}=\delta_{4p}=0$$

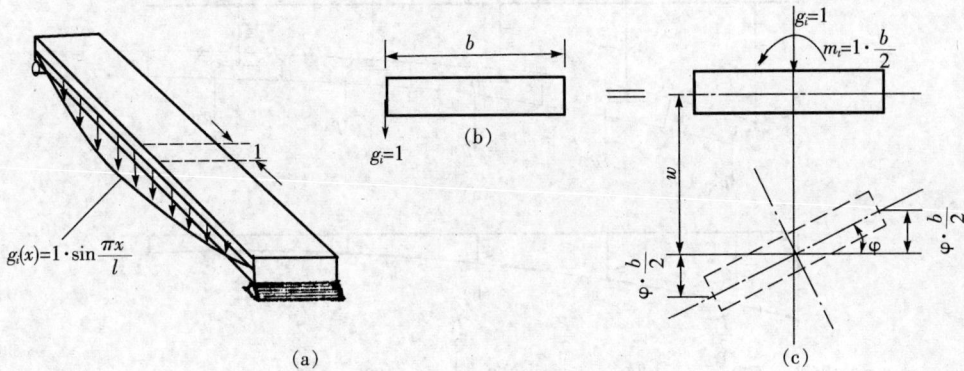

图2-70　板梁的典型受力图式

将上述系数代入式(2-57)，使等式两边同除以w，并设刚度参数$\gamma=\dfrac{\frac{b}{2}\varphi}{w}$，则得正则方程的化简形式：

$$\left.\begin{aligned}2(1+\gamma)g_1-(1-\gamma)g_2&=1\\-(1-\gamma)g_1+2(1+\gamma)g_2-(1-\gamma)g_3&=0\\-(1-\gamma)g_2+2(1+\gamma)g_3-(1-\gamma)g_4&=0\\-(1-\gamma)g_3+2(1+\gamma)g_4&=0\end{aligned}\right\} \qquad (2-58)$$

一般说来n块板就有$(n-1)$个联立方程，其主系数$\dfrac{1}{w}\delta_{ii}$都是$2(1+\gamma)$，副系数$\dfrac{1}{w}\delta_{ik}(k=i\pm1)$都为$-(1-\gamma)$。荷载项系数除了直接受荷的1号板块处为$-1$以外，其余均为零。

由此可见，只要确定了刚度参数γ、板块数量n和荷载作用位置，就可按式(2-58)解出所有$(n-1)$个未知铰接力的峰值。有了g_i就能按式(2-56)得到荷载作用下分配到各板块的竖向荷载的峰值。

3）铰接板桥的荷载横向影响线和横向分布系数

上面阐明了沿桥的横向只有一个荷载（用单位正弦荷载代替）作用下的荷载横向分布问题。为了计算横向可移动的一排车轮荷载对某根板梁的总影响，最方便的方法就是利用该板梁的荷载横向影响线来计算横向分布系数。下面将从荷载横向分布计算出发来绘制横向影响线。

图 2-71(a) 表示荷载作用在 1 号板梁上时，各块板梁的挠度和所分配的荷载图式。对于弹性板梁，荷载与挠度呈正比关系，即：

$$p_{i1} = \alpha_1 w_{i1}$$

同理

$$p_{1i} = \alpha_2 w_{1i}$$

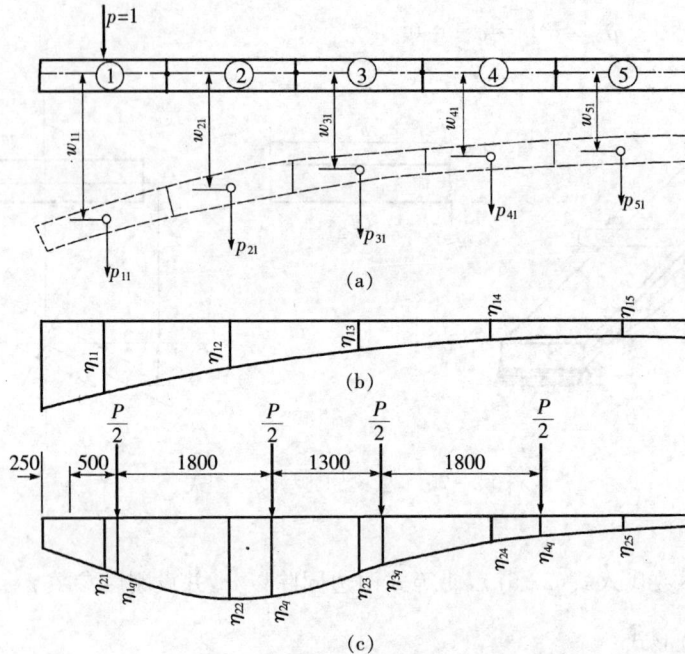

(a)

(b)

(c)

图 2-71 跨中荷载横向影响线(单位:mm)

由变位互等定理 $w_{i1} = w_{1i}$，且每块板梁的截面和跨径相同（比例常数 $\alpha_1 = \alpha_2$），得：

$$p_{1i} = p_{i1}$$

上式表明，单位荷载作用在 1 号板梁轴线上时，任一板梁所分配的荷载，就等于单位荷载作用于任意板梁轴线上时，1 号板梁所分配到的荷载，这就是 1 号板梁荷载横向影响线的竖标值，通常以 η_{1i} 来表示。利用式(2-56)，就可得到 1 号板梁横向影响线的各竖标值为：

$$
\left.
\begin{aligned}
\eta_{11} &= p_{11} = 1 - g_1 \\
\eta_{12} &= p_{21} = g_1 - g_2 \\
\eta_{13} &= p_{31} = g_2 - g_3 \\
\eta_{14} &= p_{41} = g_3 - g_4 \\
\eta_{15} &= p_{51} = g_4
\end{aligned}
\right\}
\qquad (2-59)
$$

把各个 η_{1i} 按比例绘在相应板梁的轴线位置,用光滑的曲线(或近似地用折线)连接这些竖标点,就是 1 号板梁的横向影响线,如图 2-71(b) 所示。同理,如将单位荷载作用在 2 号板梁轴线上,就可求得 p_{i2},从而可得 η_{2i},即 2 号板梁的横向影响线,如图 2-71(c) 所示。

在工程设计中,可以利用第 7 章 7.2.2 所介绍的铰接板(梁)法计算横向分布系数的计算程序求解各号板的横向影响线竖标。按此程序计算出的坂块表目 $n=3 \sim 10$、刚度参数 $\gamma=0.00 \sim 2.00$ 的各号板的横向影响线竖标 η_{ki} 的数值列在附录 I 的表格中,对于非表列的 γ 值,可按上述程序或直线内插来确定。

有了跨中荷载横向影响线,就可按前面介绍的方法计算各类荷载的跨中横向分布系数 m_c。

4) 刚度参数 γ 值的计算

刚度参数为 $\gamma=\dfrac{b}{2}\varphi/w$,为了计算 γ,首先要确定偏心的正弦荷载作用下所产生的跨中竖向挠度 w 和扭转角 φ。

① 跨中挠度的计算

简支板梁轴线上作用正弦荷载 $p(x)=p\sin\dfrac{\pi x}{l}$ 时,如图 2-72 所示。根据梁的挠曲理论可得微分方程:

$$EIw''''(x)=p(x)=p\sin\frac{\pi x}{l}$$

式中:E、I 分别为材料的弹性模量和板梁截面的抗弯惯矩。

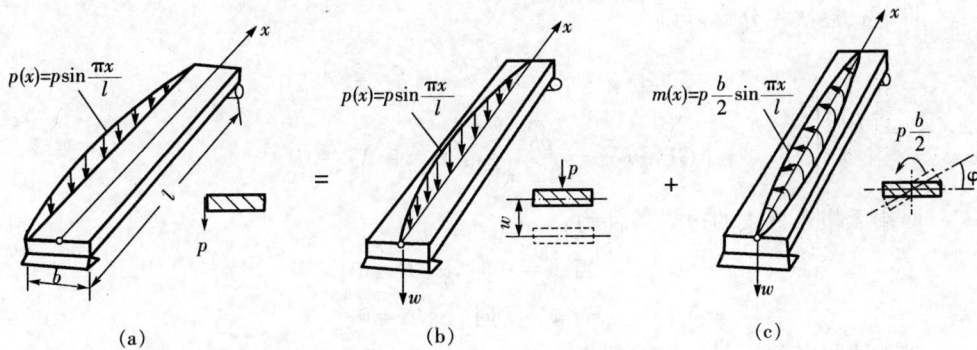

图 2-72 γ 值的计算图式

将上式逐次积分后,可得:

$$EIw'''(x)=-\frac{pl}{\pi}\cos\frac{\pi x}{l}+A$$

$$EIw''(x)=-\frac{pl^2}{\pi^2}\sin\frac{\pi x}{l}+Ax+B$$

$$EIw'(x)=\frac{pl^3}{\pi^3}\cos\frac{\pi x}{l}+\frac{Ax^2}{2}+Bx+C$$

$$EIw(x) = \frac{pl^4}{\pi^4}\sin\frac{\pi x}{l} + \frac{Ax^3}{6} + \frac{B}{2}x^2 + Cx + D$$

简支板梁的边界条件为：

当 $x = 0$ 时，$w(0) = 0$，$w''(0) = 0$；

当 $x = l$ 时，$w(l) = 0$，$w''(l) = 0$。

代入边界条件可得积分常数为：

$$A = B = C = D = 0$$

从而得挠度方程为：

$$w(x) = \frac{pl^4}{\pi^4 EI}\sin\frac{\pi x}{l} \qquad (2-60)$$

当 $x = \dfrac{l}{2}$ 时，跨中挠度为：

$$w = \frac{pl^4}{\pi^4 EI} \qquad (2-61)$$

② 跨中扭转角 φ 的计算

简支板梁轴线上作用正弦分布的扭矩 $m_t(x) = \dfrac{b}{2}p\sin\dfrac{\pi x}{l}$ 时，如图 2-72(c) 所示，根据梁的扭转理论可得微分方程：

$$GI_T\varphi''(x) = -m_t(x) = -\frac{b}{2}p\sin\frac{\pi x}{l}$$

式中 G、I_T 分别为材料的剪切模量和板梁截面的抗扭惯矩。

将上式逐次积分后，可得：

$$GI_T\varphi'(x) = \frac{pb}{2}\frac{l}{\pi}\cos\frac{\pi x}{l} + A$$

$$GI_T\varphi(x) = \frac{pb}{2}\frac{l^2}{\pi^2}\sin\frac{\pi x}{l} + Ax + B$$

两端无扭角板梁的边界条件为：

当 $x = 0$ 时，$\varphi(0) = 0$；

当 $x = l$ 时，$\varphi(l) = 0$。

带入边界条件可得积分常数为：

$$A = B = 0$$

从而得扭角方程为：

$$\varphi(x) = \frac{pbl^2}{2\pi^2 GI_T}\sin\frac{\pi x}{l} \qquad (2-62)$$

当 $x = \dfrac{l}{2}$ 时，跨中扭角为：

$$\varphi = \frac{pbl^2}{2\pi^2 GI_T} \qquad (2-63)$$

③ 刚度参数 γ 的计算

利用式(2-61)和式(2-63)即得：

$$\gamma = \frac{b}{2}\varphi/w = \frac{b}{2}\left(\frac{pbl^2}{2\pi^2 GI_T}\right)\Big/\left(\frac{pl^4}{\pi^4 EI}\right) = \frac{\pi^2 EI}{4GI_T}\left(\frac{b}{l}\right)^2 \approx 5.8\frac{I}{I_T}\left(\frac{b}{l}\right)^2 \qquad (2-64)$$

式中对于混凝土取用 $G = 0.425E$。

由式(2-64)可见,半波正弦荷载峰值的大小不影响 γ 值的计算结果。

④ 抗扭惯矩 I_T 的计算

在刚度参数 γ 的计算中需要计算构件的抗扭惯矩。对于矩形截面或多个矩形截面组成的开口截面,可利用式(2-52)计算抗扭惯矩 I_T,对于封闭的薄壁截面或箱形截面,由于截面内抗扭剪应力的分布规律与开口式截面的本质上有区别,因此不能按式(2-52)来计算。

设任意不等厚的封闭式薄壁截面构件承受纯扭矩 M_T 的作用,如图 2-73(a)所示。从构件中截取一微段 Δx(图 2-73(b)),在横截面上必然产生抵抗扭矩的剪力。由于壁厚较薄,可以认为剪应力沿厚度方向均匀分布,但它沿环向可以是变化的。再从微段上沿 1、2 纵线切取局部微块(图 2-73(c)),根据剪应力互等定理,则上下两个纵切面上的剪应力就等于横截面上 1 和 2 点处的剪应力 τ_1 和 τ_2。因此,由纵向力的平衡条件可得：

$$\tau_1 t_1 \Delta x = \tau_2 t_2 \Delta x$$

亦即：

$$\tau_1 t_1 = \tau_2 t_2$$

式中 t_1 和 t_2 为 1 点和 2 点处的壁厚(图 2-73(c))。

鉴于纵切面 1 和 2 是任意的,因而封闭式薄壁构件单位周长上的剪力 τt 为一常量,称为剪力流,以 q 表示。由此得出一个重要结论：沿周边壁厚最小处剪应力最大。

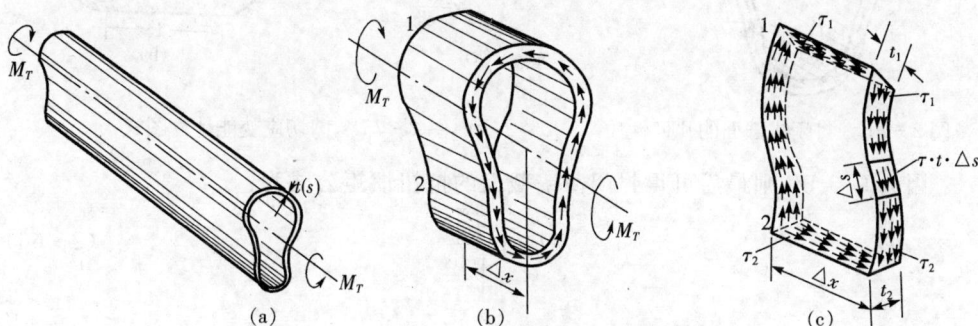

图 2-73　封闭式薄壁截面构件的受力图式

如图 2-74 所示,若在横截面上取任意点 o,则周长 ds 内的剪力 $q ds$ 对 o 点的力矩为 $rq ds$,此处 r 为 o 点至剪力 $q ds$ 作用线的垂直距离。鉴于剪力流是扭矩 M_T 引起的,故剪力流对 o 点产生的总力矩应等于外扭矩 M_T,即得：

$$M_T = \oint q r\,ds = q\oint r\,ds = 2\Omega q$$

亦即剪力流为：

$$q = \tau t = \frac{M_T}{2\Omega} \qquad (2-65)$$

式中:Ω—— 薄壁中线所围的面积。

下面再利用剪切应变能等于外扭矩所作之功的原理来推导出抗扭惯矩 I_T 的计算公式。

弹性体单位体积的剪切应变能为(图 2-75(a)):

$$\bar{u} = \frac{1}{2}\tau(1 \cdot \gamma) = \frac{1}{2}\frac{\tau^2}{G}$$

则单位长薄壁闭合截面构件的总应变能为(图 2-75(b)):

$$\overline{U} = \oint \frac{1}{2}\frac{\tau^2}{G}t\,\mathrm{d}s = \frac{q^2}{2G}\oint\frac{\mathrm{d}s}{t}$$

把 $q = \frac{M_T}{2\Omega}$ 代入上式则得:

$$\overline{U} = \frac{M_T^2}{8G\Omega^2}\oint\frac{\mathrm{d}s}{t}$$

由图 2-75(b) 计算单位长度构件上扭矩所做之功为:

$$\overline{W} = \frac{1}{2}M_T \cdot \varphi = \frac{M_T^2}{2GI_T} \quad (\because \varphi = \frac{M_T}{GI_T})$$

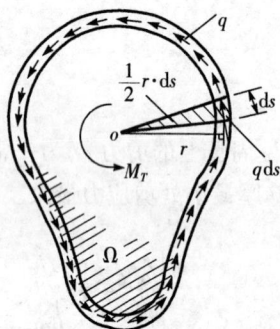

图 2-74 封闭式截面的几何性质

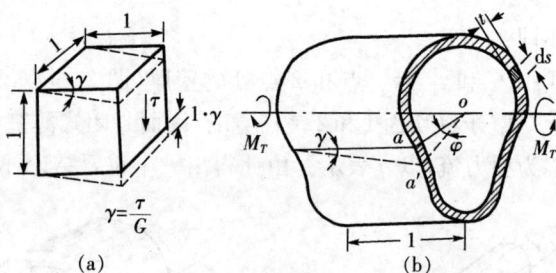

(a)

(b)

图 2-75 剪切应变能计算图式

因为 $\overline{U} = \overline{W}$,则最后可得封闭薄壁截面的抗扭惯矩公式为:

$$I_T = \frac{4\Omega^2}{\oint\frac{\mathrm{d}s}{t}} \qquad (2-66)$$

若遇到封闭薄壁截面上带有"外伸臂"的情况,如图 2-76 所示,则其总抗扭惯矩可近似地按两种情况计算后叠加,即:

$$I_T = \frac{4\Omega^2}{\oint\frac{\mathrm{d}s}{t}} + \sum_{i=1}^{N}c_ib_it_i^3$$

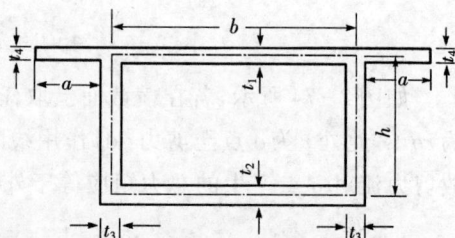

图 2-76 带外伸臂的箱形截面

式中：$\Omega = b \cdot h,\qquad \oint \dfrac{\mathrm{d}s}{t} = \dfrac{b}{t_1} + \dfrac{b}{t_2} + \dfrac{2h}{t_3}$

因此得：

$$I_T = \frac{4\Omega^2}{\oint \dfrac{\mathrm{d}s}{t}} + \sum_{i=1}^{N} c_i b_i t_i^3 = \frac{4b^2 h^2}{b\left(\dfrac{1}{t_1} + \dfrac{1}{t_2}\right) + \dfrac{2h}{t_3}} + 2cat_4^3$$

式中 c 由 t_4/a 之值查表 2-7 求得。

（2）铰接 T 形梁桥的计算特点

小跨径的钢筋混凝土 T 形梁桥，为了便于预制施工，往往不设中间横隔梁，仅在主梁翼板间作适当连接，或者仅由现浇的桥面板使各主梁连接在一起。这种桥梁的横向连接刚度很弱，其受力特点就像横向铰接的结构。此外，对于无横隔梁的组合式梁桥，也因横向连接刚度小而可以近似作为横向铰接来计算。下面将阐述横向铰接 T 形梁桥与铰接板桥相比，在计算荷载横向分布方面的不同点。

图 2-77 所示一座铰接 T 形梁桥在单位正弦荷载作用下沿跨中单位长度截割段的铰接力计算图式。如果将它们与前面铰接板桥计算图式图 2-69(a) 和(b) 相比较，可见两者对于荷载横向分布的表达式（2-56）是完全一样的。不同的是利用式（2-57）正则方程求铰接力 g_i 时，在所有主系数 δ_{ii} 中除了考虑 w 和 φ 的影响外，还应计入 T 形梁翼板悬臂端的弹性挠度 f，见图 2-77(d)。

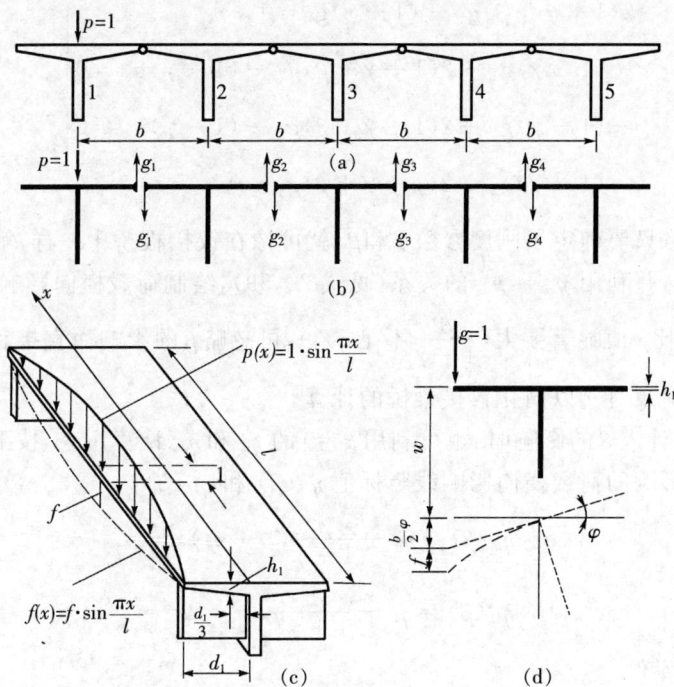

图 2-77　铰接 T 形梁桥计算图式

鉴于翼缘板边缘有单位正弦荷载作用时，翼板可视为在梁肋处固定的悬臂板，其板端挠度接近于正弦分布，即 $f(x) = f\sin\dfrac{\pi x}{l}$（$f$ 为挠度峰值），如图 2-77(c) 所示，则得：

$$f = \frac{d_1^3}{3EI_1} = \frac{4d_1^3}{Eh_1^3}$$

式中：d_1—— 翼板的悬出长度；

h_1—— 翼板厚度，对于变厚度的翼板，可近似地取距离梁肋 $\frac{d_1}{3}$ 处的板厚来计

算，见图 2-77(c)；

I_1—— 单位宽度翼板的抗弯惯矩，$I_1 = \frac{h_1^3}{12}$。

因此，对于铰接 T 形梁桥，正则方程(2-57)中的 δ_{ii} 应改为：

$$\delta_{11} = \delta_{22} = \delta_{33} = \cdots \delta_{nn} = 2\left(w + \frac{b}{2}\varphi + f\right)$$

如令 $\beta = \frac{f}{w}$，则：

$$\beta = \frac{4d_1^3}{Eh_1^3} \bigg/ \frac{l^4}{\pi^4 EI} \approx 390 \frac{I}{l^4}\left(\frac{d_1}{h_1}\right)^3$$

将改变后的 δ_{ii} 代入式(2-57)并经与铰接板的类似处理后，就可得到铰接 T 梁的正则方程：

$$\left. \begin{aligned}
2(1+\gamma+\beta)g_1 - (1-\gamma)g_2 &= 1 \\
-(1-\gamma)g_1 + 2(1+\gamma+\beta)g_2 - (1-\gamma)g_3 &= 0 \\
-(1-\gamma)g_2 + 2(1+\gamma+\beta)g_3 - (1-\gamma)g_4 &= 0 \\
-(1-\gamma)g_3 + 2(1+\gamma+\beta)g_4 &= 0
\end{aligned} \right\} \tag{2-67}$$

由此可见，只要确定了刚度参数 γ 和 β，就可像在铰接板桥中一样，解出所有未知铰接力的峰值，并利用 $\eta_{ki} = p_{ik}$ 的关系（见式 2-59），绘制荷载横向影响线。

当参数 γ 比 β 值显著要大（$\frac{\beta}{1+\gamma}$ 不足 5%），可忽略 β 的影响而直接利用铰接板桥的计算用表（附录 Ⅰ）以简化铰接梁桥的计算。

在有必要计入 β 的影响时，也可利用 $\beta=0$ 的 η_{ii} 和 η_{ki} 计算用表，按下式近似地计算，计及 β 值影响的荷载横向影响线竖标值 $\eta_{ii}(\beta)$ 和 $\eta_{ki}(\beta)$：

$$\left. \begin{aligned}
\eta_{ii}(\beta) &= \eta_{ii} + \frac{\beta}{1+\gamma}(1-\eta_{ii}) \\
\eta_{ki}(\beta) &= \eta_{ki} - \frac{\beta}{1+\gamma}\eta_{ki}
\end{aligned} \right\} \tag{2-68}$$

(3) 计算举例

【例一：铰接板梁桥】

[例2-6]　图 2-78(a) 所示为计算跨径 $l=12.50$m 的铰接空心板桥的横截面布置，桥面宽度为净-9+2×1.5m 人行道。全桥由 9 块预应力混凝土空心板组成，试求 1 号、3 号和 5 号板在汽车荷载和人群荷载作用下跨中荷载横向分布系数 m_c。

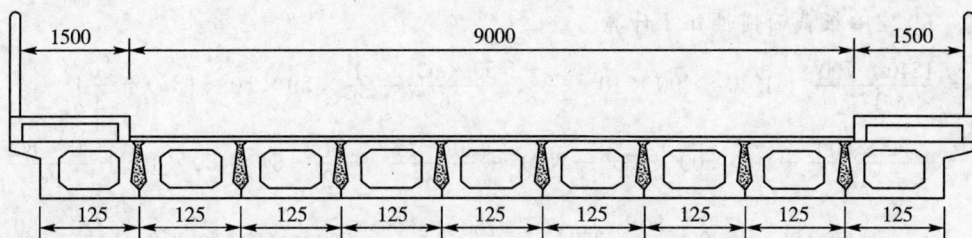

（a）

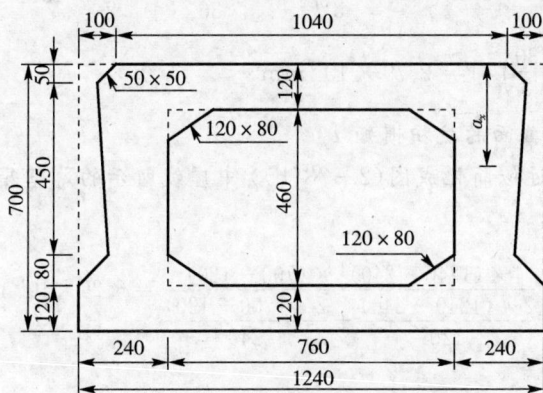

（b）

图 2-78　空心板桥横截面(单位:mm)

[解]　本例以中板截面计算,中板截面构造及尺寸如图 2-78(b) 所示。

① 空心板截面面积 A 计算

$$A = 1240 \times 700 - 2 \times (\frac{1}{2} \times 50 \times 50 + 50 \times 500 + \frac{1}{2} \times 30 \times 450 + \frac{1}{2} \times 80 \times 80)$$

$$- (760 \times 460 - 4 \times \frac{1}{2} \times 120 \times 80) = 4.652 \times 10^5 \, mm^2$$

② 空心板截面重心位置 a_x 计算

全截面对截面上缘的静矩 S 为:

$$S = 1240 \times 700 \times 350 - 2 \times [\frac{1}{2} \times 50 \times 50 \times \frac{50}{3} + 50 \times 500 \times 250 + \frac{1}{2} \times 30 \times 450$$

$$\times 350 + \frac{1}{2} \times 80 \times 80 \times (500 + \frac{80}{3})] - \{760 \times 460 \times 350 - 2 \times [\frac{1}{2} \times 120 \times 80$$

$$\times (120 + \frac{80}{3}) + \frac{1}{2} \times 120 \times 80 \times (580 - \frac{80}{3})]\} = 1.675 \times 10^8 \, mm^3$$

截面形心距截面上缘距离 a_x 为:

$$a_x = \frac{1.675 \times 10^8}{4.652 \times 10^5} = 360 \, mm$$

③ 空心板截面惯性矩 I 计算

$$I = \frac{1240 \times 700^3}{12} + 1240 \times 700 \times 10^2 - 2 \times \left[\frac{50 \times 50^3}{36} + \frac{1}{2} \times 50 \times 50 \times \left(360 - \frac{50}{3}\right)^2\right.$$

$$+ \frac{50 \times 500^3}{12} + 50 \times 500 \times (360 - 250)^2 + \frac{30 \times 450^3}{36} + \frac{1}{2} \times 30 \times 450 \times 10^2 + \frac{80 \times 80^3}{36}$$

$$+ \frac{1}{2} \times 80 \times 80 \times \left(500 + \frac{80}{3} - 360\right)^2\right] - \frac{760 \times 460^3}{12} - 760 \times 460 \times 10^2 + 2 \times \left[\frac{120 \times 80^3}{36}\right.$$

$$+ \frac{1}{2} \times 120 \times 80 \times \left(360 - 120 - \frac{80}{3}\right)^2 + \frac{120 \times 80^3}{36} + \frac{1}{2} \times 120 \times 80$$

$$\times \left(340 - 120 - \frac{80}{3}\right)^2\right] = 2.79 \times 10^{10}\ \text{mm}^4$$

④ 计算空心板截面的抗扭惯矩 I_T

空心板截面可近似简化成图(2-78(b))中虚线所示的薄壁箱形截面来计算 I_T，按式(2-66)，则有：

$$I_T = \frac{4 \times (1240 - 240)^2 \times (700 - 120)^2}{\frac{2 \times (1240 - 240)}{120} + \frac{2 \times (700 - 120)}{240}} = 6.26 \times 10^{10}\ \text{mm}^4$$

⑤ 计算刚度参数 γ

$$\gamma = 5.8 \frac{I}{I_T} \left(\frac{b}{l}\right)^2$$

$$= 5.8 \times \frac{2.79 \times 10^{10}}{6.26 \times 10^{10}} \times \left(\frac{1250}{12500}\right)^2$$

$$= 0.0258$$

⑥ 计算跨中荷载横向分布影响线

从铰接板荷载横向分布影响线计算用表(附录Ⅰ)中所属 9-1、9-3 和 9-5 的分表，在 $\gamma = 0.02 \sim 0.04$ 之间按直线内插法求得 $\gamma = 0.0258$ 的影响线竖标值 η_{1i}、η_{3i} 和 η_{5i}。计算结果见表 2-8(表中的数值为实际 η_{ki} 的 1000 倍)。

将表中 η_{1i}、η_{3i} 和 η_{5i} 之值按一定比例绘于各号板的轴线下方，连接成光滑曲线后，就得 1 号、3 号和 5 号板的荷载横向分布影响线，如图 2-79(b)、(c) 和 (d) 所示。

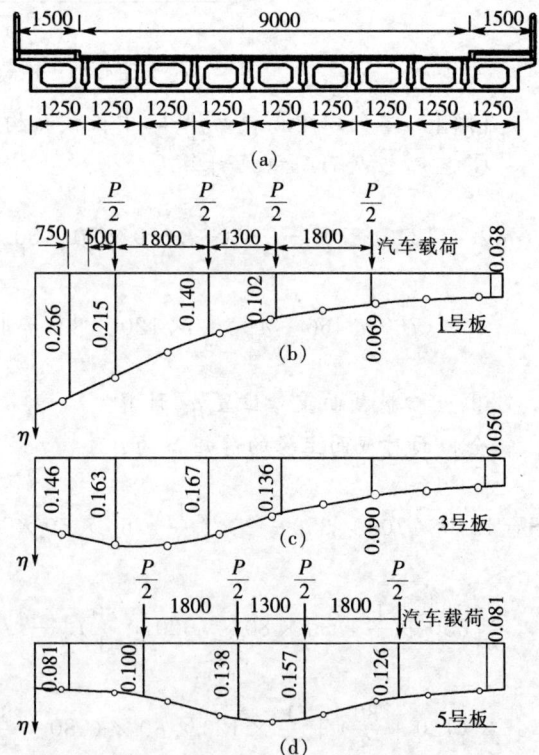

图 2-79 1、3 和 5 号板荷载横向分布
影响线(单位:mm)

表 2-8　影响线竖标值

板号	γ	单位荷载作用位置(i号板中心)									$\sum \eta_{ki}$
		1	2	3	4	5	6	7	8	9	
1	0.02	236	194	147	113	088	070	057	049	046	≈1000
	0.04	306	232	155	104	070	048	035	026	023	
	0.0258	256	205	149	110	083	064	051	042	039	
3	0.02	147	160	164	141	110	087	072	062	057	≈1000
	0.04	155	181	195	159	108	074	053	040	035	
	0.0258	149	166	173	146	109	083	066	056	051	
5	0.02	088	095	110	134	148	134	110	095	088	≈1000
	0.04	070	082	108	151	178	151	108	082	070	
	0.0258	083	091	109	139	157	139	109	091	083	

⑦ 计算荷载横向分布系数

将车辆荷载沿横向最不利荷载位置进行布载后,就可计算跨中荷载横向分布系数。

1号板:汽车荷载　$m_{cq} = \dfrac{1}{2}(0.215 + 0.140 + 0.102 + 0.069) = 0.263$

　　　　人群荷载　$m_{cr} = 0.266 + 0.038 = 0.304$

3号板:汽车荷载　$m_{cq} = \dfrac{1}{2}(0.163 + 0.167 + 0.136 + 0.090) = 0.278$

　　　　人群荷载　$m_{cr} = 0.146 + 0.050 = 0.196$

5号板:汽车荷载　$m_{cq} = \dfrac{1}{2}(0.100 + 0.138 + 0.157 + 0.126) = 0.261$

　　　　人群荷载　$m_{cr} = 0.081 + 0.081 = 0.162$

综上所得,汽车荷载横向分布系数的最大值为 $m_{cq} = 0.278$,人群荷载的最大值为 $m_{cr} = 0.304$。在设计中通常偏安全地取这些最大值来计算板的内力。

【例二:铰接T形梁桥】

[例2-7]　无中横隔梁的横向铰接T形梁桥,计算跨径 $l = 9.5$m,桥面宽度为净 $-7 + 2 \times 0.25$m,由间距 $b = 1.5$m 的5根主梁组成。主梁的截面尺寸如图 2-80 所示。试计算各主梁的荷载横向分布系数。

[解]　① 计算抗弯惯矩 I 和抗扭惯矩 I_T

主梁翼板的平均厚度为:

$$h = \frac{120 + 200}{2} = 160 \text{mm}$$

截面形心距翼板顶面的距离 a_x 为：

$$a_x = \frac{180 \times 900 \times \frac{900}{2} + (1500 - 180) \times 160 \times \frac{160}{2}}{180 \times 900 + (1500 - 180) \times 160} = 240.61 \text{mm}$$

抗弯惯矩 I：

$$I = \frac{1}{12} \times 180 \times 900^3 + 180 \times 900 \times (\frac{900}{2} - 240.61)^2 + \frac{1}{12} \times (1500 - 180)$$

$$\times 160^3 + (1500 - 180) \times 160 \times (240.61 - \frac{160}{2})^2 = 2.3936 \times 10^{10} \text{mm}^4$$

抗扭惯矩 I_T：翼板　$\dfrac{t_1}{b_1} = \dfrac{160}{1500} = 0.107$，查表 2-7 可得 $c_1 = 0.3106$

梁肋　$\dfrac{t_2}{b_2} = \dfrac{180}{(900 - 160)} = 0.243$，查表 2-7 可得 $c_2 = 0.2820$

$$I_T = \sum c_i b_i t_i^3 = 0.3106 \times 1500 \times 160^3 + 0.2820 \times 740 \times 180^3 = 0.3125 \times 10^{10} \text{mm}^4$$

② 求刚度参数 γ 和 β

$$\gamma = 5.8 \frac{I}{I_T} (\frac{b}{l})^2 = 5.8 \times \frac{2.3936 \times 10^{10}}{0.3125 \times 10^{10}} \times (\frac{1500}{9500})^2 = 1.1076$$

$$\beta = 390 \frac{I}{l^4} (\frac{d_1}{h_1})^3 = 390 \times \frac{2.3936 \times 10^{10}}{9500^4} \times (\frac{660}{173.3})^3 = 0.0633$$

$$\frac{\beta}{1 + \gamma} = \frac{0.0633}{1 + 1.1076} = 0.03$$

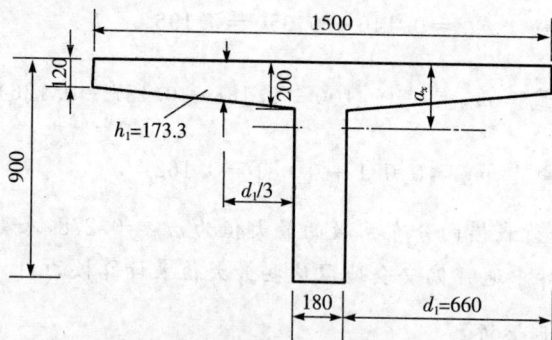

图 2-80　T 形梁截面尺寸(单位:mm)

由计算结果可见，β 值对正则方程(2-67)系数的影响只有 3% 左右，因此可以忽略不计其影响。

③ 绘制跨中荷载横向分布影响线

从附录 Ⅰ 中所属 5—1、5—2 和 5—3 的分表，在 $\gamma = 1.00$ 与 $\gamma = 2.00$ 之间内插求 $\gamma = 1.1076$ 的影响线竖标值 η_{1i}、η_{2i}、η_{3i}，并绘成各梁的荷载横向分布影响线如图 2-81(b)、(c) 和(d)。

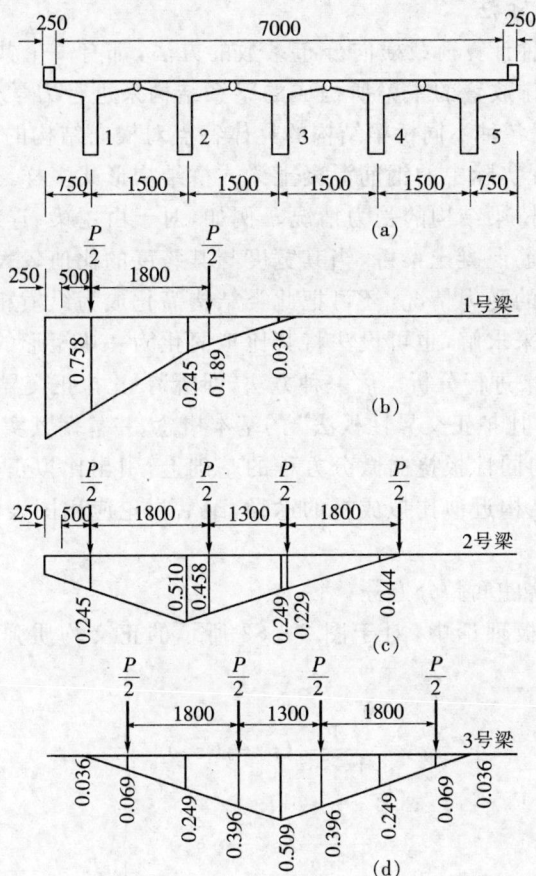

图 2-81　1、3 和 5 号梁的荷载横向分布影响线(单位:mm)

④ 计算各主梁的荷载横向分布系数

汽车荷载的横向最不利布置如图 2-81(b)、(c) 和 (d) 所示,则得各主梁的横向分布系数:

1 号梁:　$m_{cq} = \dfrac{1}{2}(0.758 + 0.189) = 0.474$

2 号梁:　$m_{cq} = \dfrac{1}{2}(0.245 + 0.458 + 0.229 + 0) = 0.466$

3 号梁:　$m_{cq} = \dfrac{1}{2}(0.396 + 0.069) \times 2 = 0.465$

本算例的计算结果表明,各梁的横向分布系数均较接近。

(4) 刚接梁法的计算特点

对于翼缘板刚性连接的肋梁板,只要在铰接板(梁)桥计算理论的基础上,在接缝处补充引入赘余弯矩,就可建立计及横向刚性连接的赘余力正则方程。用这一方法来求解各梁的荷载横向分布的问题,就称为刚接梁法。此法不仅考虑图 2-67(b) 中接缝传递剪力,而且还考虑传递弯矩,求解思路与铰接板法类似。刚接梁法是解决相邻板之间的连接可以近似看成整体板的情形,详细内容请参看《公路桥梁荷载横向分布计算》一书。

6. 比拟正交异性板法

前面介绍的几种计算荷载横向分布系数的方法,都有一个共同的特点,就是把全桥视作一系列并排放置的主梁所构成的梁系结构来进行力学分析。几种方法的不同之处,在于根据各种不同桥梁结构的具体特点对横向结构的连接刚性作了不同的假设。然而,工程实际中的钢筋混凝土梁式桥结构形式多样,这些方法还不足以反映各种不同形式桥梁结构的受力情况。例如,对于由主梁、连续的桥面板和多道横隔梁所组成的钢筋混凝土梁桥,当其宽度与其跨度的比值较大时,为了能比较精确地反映实际结构的受力情况,还可把此类结构简化成为纵横相交的梁格系,按杆件系统的空间结构来求解,也可设法将其比拟简化为一块矩形的平板,作为弹性薄板按古典弹性理论来进行分析。后一种方法,即所谓"比拟正交异性板法"。

为了便于领会"比拟正交异性板法"的基本概念,并掌握其实用计算图表的具体应用,这里将在各向同性板挠曲微分方程的基础上,引出比拟正交异性板的挠曲微分方程,阐明桥梁结构近似比拟成板的途径,最后讨论应用图表的原理和实用的计算方法。

(1) 弹性板的挠曲面微分方程

在均质弹性薄板理论中,对于图 2-82 所示的正交均质弹性薄板,存在下述关系:

应力与应变:
$$\left.\begin{array}{l} \sigma_x = \dfrac{E}{1-v^2}(\varepsilon_x + v\varepsilon_y) \\[3mm] \sigma_y = \dfrac{E}{1-v^2}(\varepsilon_y + v\varepsilon_x) \\[3mm] \tau_{xy} = G\gamma_{xy} = \dfrac{E}{2(1+v)}\gamma_{xy} \end{array}\right\} \qquad (2-69)$$

应变与位移:
$$\left.\begin{array}{l} \varepsilon_x = -z\dfrac{\partial^2 w}{\partial x^2} \\[3mm] \varepsilon_y = -z\dfrac{\partial^2 w}{\partial y^2} \\[3mm] \gamma_{xy} = -2z\dfrac{\partial^2 w}{\partial x\partial y} \end{array}\right\} \qquad (2-70)$$

内力与位移:
$$\left.\begin{array}{l} M_x = -D\left(\dfrac{\partial^2 w}{\partial x^2} + v\dfrac{\partial^2 w}{\partial y^2}\right) \\[3mm] M_y = -D\left(\dfrac{\partial^2 w}{\partial y^2} + v\dfrac{\partial^2 w}{\partial x^2}\right) \\[3mm] M_{xy} = -(1-v)D\dfrac{\partial^2 w}{\partial x\partial y} \end{array}\right\} \qquad (2-71)$$

式中 $D = \dfrac{Eh^3}{12(1-v^2)}$ 是板的单宽抗弯刚度。

内力与荷载的平衡关系为：

$$\frac{\partial^2 M_x}{\partial x^2} + 2\frac{\partial^2 M_{xy}}{\partial x \partial y} + \frac{\partial^2 M_y}{\partial y^2} = -p \qquad (2-72)$$

将式(2-71)代入式(2-72)后,就得熟知的正交均质弹性板的挠曲微分方程为：

$$\frac{\partial^4 w}{\partial x^4} + 2\frac{\partial^4 w}{\partial x^2 \partial y^2} + \frac{\partial^4 w}{\partial y^4} = \frac{p}{D} \qquad (2-73)$$

有了正交均质弹性板的理论基础,就不难导出正交异性板的挠曲微分方程。

一般所指的正交异性板,其特点是结构材料在 x 和 y 两个方向的弹性性质不同,如以弹性性质的对称面作为坐标面,于是应力与应变关系为：

$$\left.\begin{array}{l} \varepsilon_x = \dfrac{1}{E_x}(\sigma_x - \upsilon_x \sigma_y) \\[2mm] \varepsilon_y = \dfrac{1}{E_y}(\sigma_y - \upsilon_y \sigma_x) \\[2mm] \gamma_{xy} = \dfrac{\tau_{xy}}{G} \end{array}\right\} \qquad (2-74a)$$

式中：E_x、E_y —— 相应为材料沿 x、y 方向的弹性模量；

υ_x、υ_y —— 相应为引起应变 ε_x、ε_y 的泊松比。

式(2-74a)也可写成：
$$\left.\begin{array}{l} \sigma_x = E_x' \varepsilon_x + E'' \varepsilon_y \\[2mm] \sigma_y = E_y' \varepsilon_y + E'' \varepsilon_x \\[2mm] \tau_{xy} = G\gamma_{xy} \end{array}\right\} \qquad (2-74b)$$

式(2-74b)中的常量为：$E_x' = \dfrac{E_x}{1-\upsilon_x \upsilon_y}$；$E_y' = \dfrac{E_y}{1-\upsilon_x \upsilon_y}$；$E'' = \dfrac{\upsilon_x E_y}{1-\upsilon_x \upsilon_y} = \dfrac{\upsilon_y E_x}{1-\upsilon_x \upsilon_y}$

像均质板理论一样,将式(2-70)代入式(2-74b),并将所得的应力代入内力计算式(图 2-82(b)),即得：

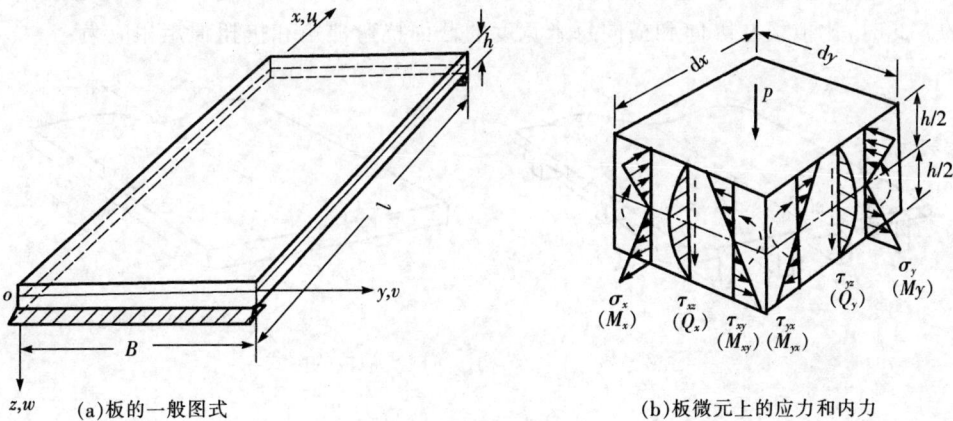

(a)板的一般图式   (b)板微元上的应力和内力

图 2-82 弹性薄板计算图式

$$M_x = \int_{-\frac{h}{2}}^{+\frac{h}{2}} \sigma_x z \, dz = -\left(D_x \frac{\partial^2 w}{\partial x^2} + D_1 \frac{\partial^2 w}{\partial y^2} \right)$$

$$M_y = \int_{-\frac{h}{2}}^{+\frac{h}{2}} \sigma_y z \, dz = -\left(D_y \frac{\partial^2 w}{\partial y^2} + D_1 \frac{\partial^2 w}{\partial x^2} \right) \qquad (2-75)$$

$$M_{xy} = \int_{-\frac{h}{2}}^{+\frac{h}{2}} \tau_{xy} z \, dz = -D_{xy} \frac{\partial^2 w}{\partial x \partial y}$$

式中：$D_x = \dfrac{E_x' h^3}{12}$ 和 $D_y = \dfrac{E_y' h^3}{12}$ 分别为 x 和 y 方向的单宽抗弯刚度；

$D_{xy} = \dfrac{G h^3}{6}$ 为单宽抗扭刚度；

$D_1 = \dfrac{E' h^3}{12}$ 为单宽相关抗弯刚度。

将式(2-75)作相应微分后代入平衡方程式(2-72)，经整理后可得：

$$D_x \frac{\partial^4 w}{\partial x^4} + 2H \frac{\partial^4 w}{\partial x^2 \partial y^2} + D_y \frac{\partial^4 w}{\partial y^4} = p(x, y) \qquad (2-76)$$

其中：$H = D_1 + D_{xy}$。

方程(2-76)即为正交各向(材料)异性板的挠曲微分方程。式中如设 $E_x = E_y = E$ 和 $v_x = v_y = v$，就可得到各向同性板的方程(2-73)。

下面介绍对于具有多根纵向主梁和横向横隔梁的肋形梁桥，如何比拟成正交各向异性板来分析其挠曲问题。

(2)比拟正交异性板挠曲微分方程

图2-83表示实际桥跨结构纵横向的构造图式，纵向主梁间距为 b，每根主梁的截面抗弯惯矩和抗扭惯矩分别为 I_x 和 I_{Tx}；横隔梁的中心距离为 a，其截面抗弯惯矩和抗扭惯矩分别为 I_y 和 I_{Ty}。如果梁肋间距 a 和 b 相应的与桥跨结构的宽度或长度相比是相当小的，并且桥面板与梁肋之间具有完整的结合，可设想将主梁的截面惯矩 I_x 和 I_{Tx} 平均分摊于宽度 b，将横隔梁的截面惯矩 I_y 和 I_{Ty} 平均分摊于宽度 a，这样就把实际的纵横梁格系比拟成了一块假想的平板，如图2-83(b)所示。图中沿 x 方向的板厚表示成虚线，这说明所比拟的板在 x 和 y 两个方向的换算厚度是不相等的。此时，比拟板在纵向和横向每米宽度的截面抗弯惯矩和抗扭惯矩相应为：

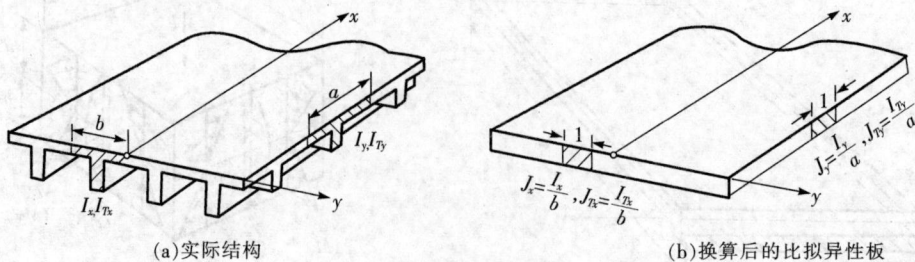

(a)实际结构　　　　　　　　　(b)换算后的比拟异性板

图2-83　实际结构换算成比拟板的图式

$$J_x = \frac{I_x}{b} \text{ 和 } J_{Tx} = \frac{I_{Tx}}{b}$$

以及
$$J_y = \frac{I_y}{a} \text{ 和 } J_{Ty} = \frac{I_{Ty}}{a}$$

对于肋梁式钢筋混凝土或预应力混凝土结构，为了简化理论分析，可近似地忽略混凝土泊松比 v 的影响。这样便得到一块在 x 和 y 两个正交方向的截面单宽刚度为 EJ_x、GJ_{Tx} 和 EJ_y、GJ_{Ty} 的比拟正交异性板。依照式(2-75)并注意到 $E_x = E_y = E$ 和 $v_x = v_y = 0$，就得到内力与挠曲变形的关系为：

$$\left. \begin{array}{l} M_x = -EJ_x \dfrac{\partial^2 w}{\partial x^2}, M_y = -EJ_y \dfrac{\partial^2 w}{\partial y^2} \\[3mm] M_{xy} = -GJ_{Tx} \dfrac{\partial^2 w}{\partial x \partial y}, M_{yx} = -GJ_{Ty} \dfrac{\partial^2 w}{\partial x \partial y} \end{array} \right\} \quad (2-77)$$

把上述关系代入板微元的平衡方程式(2-72)中，便得到比拟正交异性板的挠曲微分方程：

$$EJ_x \frac{\partial^4 w}{\partial x^4} + G(J_{Tx} + J_{Ty}) \frac{\partial^4 w}{\partial x^2 \partial y^2} + EJ_y \frac{\partial^4 w}{\partial y^4} = p(x, y) \quad (2-78a)$$

式(2-78a)可改写为：

$$EJ_x \frac{\partial^4 w}{\partial x^4} + 2\alpha E \sqrt{J_x J_y} \frac{\partial^4 w}{\partial x^2 \partial y^2} + EJ_y \frac{\partial^4 w}{\partial y^4} = p(x, y) \quad (2-78b)$$

式中 $\alpha = \dfrac{G(J_{Tx} + J_{Ty})}{2E\sqrt{J_x J_y}}$。

如设 $D_x = EJ_x$，$D_y = EJ_y$ 和 $H = \alpha E \sqrt{J_x J_y}$，式(2-78b) 就可写成：

$$D_x \frac{\partial^4 w}{\partial x^4} + 2H \frac{\partial^4 w}{\partial x^2 \partial y^2} + D_y \frac{\partial^4 w}{\partial y^4} = p(x, y)$$

这样就得到与正交各向(材料)异性板的式(2-76)在形式上完全一致的挠曲微分方程，它是一个四阶非齐次的偏微分方程，通过对该方程的求解，可得荷载作用下任意点的挠度值 w，既而可得相应的内力值。

由此可见，任何纵横梁格系结构比拟成的异性板，可以完全依照真正的材料异性板来求解，只是方程中的刚度常数不同。同时必须指出，由于梁格系的梁肋并非对称于板的中面布置的，故此法所得的解也是近似的。

1946 年法国的 Guyon 引用正交异性板的理论解决了无扭梁格($\alpha = 0$)的荷载横向分布计算问题。1950 年 Massonnet 又在保留参数 α 的情况下使 Guyon 的理论得到了推广，因此人们就习惯地把这两个方法合称为"G-M"法。

α 称为扭弯参数，对于常用的 T 形梁或工字形梁，α 在 $0 \sim 1$ 之间变化。当 $\alpha = 1$ 且两个方向的单宽抗弯刚度相同($J_x = J_y$)时，式(2-78b)又简化成各向同性板的式(2-73)。

关于比拟正交异性板挠曲面控制方程式(2-78b)的详细求解这里不作介绍。读者可参阅有关著述。下面将详细介绍应用"G-M"法计算图表的原理和方法。

(3) 应用图表计算荷载的横向分布

在工程设计中如直接利用弹性挠曲方程来求解简支梁的各点内力值，将是繁琐而费时的。"G－M"法的最大优点就在于能利用编就的计算图表得出相对来说比较精确的结果。同时,此法概念明确,计算简捷,对于各种桥面净空宽度和多种荷载组合的情况,可以很快地求出各片主梁的相应内力值。因此这一方法在工程设计中得到了广泛的应用。

计算时,也像前面已经介绍的几种方法一样,可以通过求解荷载横向分布系数的熟知方法来计算主梁的内力。下面介绍如何利用计算图表来绘制荷载横向影响线。

1) 荷载横向影响线的绘制

设图 2-84(a) 表示一块纵、横截面单宽惯矩分别为 J_x、J_{Tx} 和 J_y、J_{Ty} 的简支比拟板。当板上在任意横向位置 k 作用单位正弦荷载 $p(x) = 1 \cdot \sin\frac{\pi x}{l}$ 时,板在跨中就产生弹性挠曲,如图 2-84 中 $o'-e'$ 线所示。

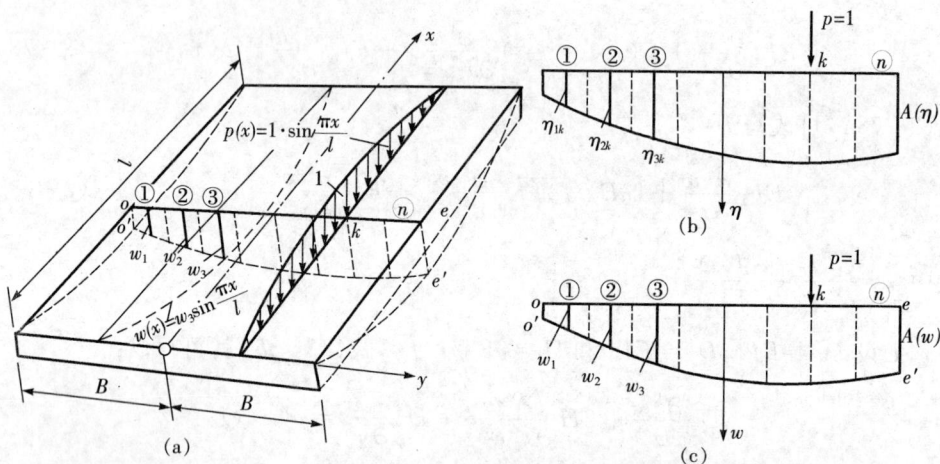

图 2-84　比拟板的横向挠度 w 和横向影响线竖标 η

为了分析方便,将全板按横向不同位置分作 n 块纵向板条 ①,②,…,⑩,并且以单位板宽(简称板条)来考虑。于是,在 k 处有单位正弦荷载作用下,任一 i 板条沿 x 方向的挠度为:

$$w_i(x) = w_i \sin\frac{\pi x}{l}$$

式中:w_i—— 与荷载峰值 1 相对应的第 i 块板条的挠度峰值。

如果研究各板条在跨中($x = l/2$) 的挠度和受力关系,则可得荷载和挠度分布图,如图 2-84(b) 和(c) 所示。图中 $\eta_{1k}, \eta_{2k}, \cdots, \eta_{nk}$ 表示 k 点有单位荷载作用下各板条所分担的荷载。

根据荷载与挠度的正比关系,显然有:

$$\eta_{1k} = Cw_1$$

$$\eta_{2k} = Cw_2$$

$$\cdots\cdots$$

$$\eta_{nk} = Cw_n$$

式中 C 为与跨度和截面刚度相关的常数。将等号左边所有的 η_{ik} 相加并乘以板条宽度,再由平衡条件得:

$$(\eta_{1k} + \eta_{2k} + \cdots + \eta_{nk}) \cdot 1 = \sum_{i=1}^{n} \eta_{ik} \cdot 1 = A(\eta) = 1$$

同样,将等号右边所有的 Cw_i 相加并乘以板条宽度,可得:

$$(Cw_1 + Cw_2 + \cdots + Cw_n) \cdot 1 = C \sum_{i=1}^{n} w_i \cdot 1 = CA(w)$$

式中:$A(\eta)$、$A(w)$——相应为跨中荷载横向分布图形的面积和挠度横向分布图形的面积,见图 2-84(b) 和(c)。

上述两式应相等,由此可得:

$$C = \frac{1}{A(w)}$$

显然,在荷载 $p(x) = 1 \cdot \sin\frac{\pi x}{l}$ 作用下的挠度图面积,也可以用每一块板条承受等分荷载 $\frac{1}{n}\sin\frac{\pi x}{l}$ 时的平均挠度 $\overline{w}$ 来表示,则:$A(w) = 2B\overline{w}$,式中 B 是桥宽的一半。因此得到:

$$C = \frac{1}{2B\overline{w}}$$

这样,当 $p=1$ 作用在跨中截面 k 点时,任一板条所分配的荷载峰值可写成:

$$\eta_{ik} = Cw_{ik} = \frac{w_{ik}}{2B\overline{w}}$$

根据变位互等定理和反力互等定理,上式也可写成:$\eta_{ki} = \dfrac{w_{ki}}{2B\overline{w}}$

将荷载作用在任意位置 i 时 k 点的挠度值 w_{ki} 与同一荷载下设想的平均挠度值 $\overline{w}$ 之比定义为影响系数 K_{ki},即:

$$K_{ki} = \frac{w_{ki}}{\overline{w}}$$

代入上式得:

$$\eta_{ki} = \frac{K_{ki}}{2B} \tag{2-79}$$

这里 η_{ki} 为 $p=1$ 作用在任意位置 i 时分配至 k 点的荷载。显然,这就是对于 k 点的荷载横向影响线的竖标值。

由求解 w_{ki} 不难看出,K_{ki} 是欲计算的板条位置 k,荷载位置 i,扭弯参数 α 以及纵、横向截面抗弯刚度之比 θ 的函数,Guyon 和 Massonnet 已根据理论分析编制了当 $\alpha = 0$ 时的 $K_0 = f(\alpha = 0, \theta, k, i)$ 和当 $\alpha = 1$ 时的 $K_1 = f(\alpha = 1, \theta, k, i)$ 的曲线图表(见附

录Ⅱ图1～图11)。对于一般从肋式结构所比拟成的正交各向异性板来说,α的变化范围在$0\sim1$之间,而$K_a(\alpha=0\sim1$之间)可足够精确地由下式内插求得:

$$K_a = K_0 + (K_1 - K_0)\sqrt{\alpha}$$

参数θ和α为:

$$\theta = \frac{B}{l}\sqrt[4]{\frac{J_x}{J_y}}; \quad \alpha = \frac{G(J_{Tx}+J_{Ty})}{2E\sqrt{J_xJ_y}}$$

这里需要说明,附录Ⅱ中K_0和K_1的图表是将桥的全宽分为八等分共九个点的位置来计算的,以桥宽中间为0点,向左(或向右)依次为正的(或负的)$B/4,B/2,3B/4$和B,如图2-85所示。如果需求的主梁位置不是正好在这九个点上,例如欲求图2-85中①号梁(梁位$f=\varepsilon B$)处的K值时,则要根据相邻两个点的$K_{B,i}$和$K_{\frac{3B}{4},i}$值(由图表查得)进行内插,最后求得的$K_{\varepsilon B,i}$,如图中虚线所示。尚需指出的是,K值是可以互换的,即$K_{ki}=K_{ik}$,适当利用这一关系,还可缩减查表计算的工作量。

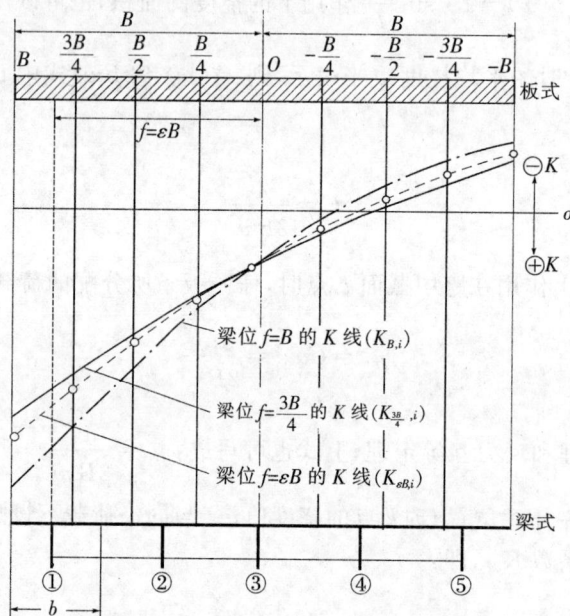

图2-85 梁位$f=\varepsilon B$的K值计算

以上说明了对于比拟板上某点位置(或某一板条)的横向影响线9个坐标值的计算方法。如果要针对中距为b的某一主梁 ⓚ 求算其影响线坐标值,则只要首先求出对于轴线位置 ⓚ 的各点影响线坐标,再将这些坐标值各乘以b就可以了,即:

$$R_{ki} = \eta_{ki}b = \frac{K_{ki}}{2B}b$$

式中:R_{ki}——对于某根主梁的荷载横向影响线竖标。

考虑到全桥宽共有n根主梁,即$b=\dfrac{2B}{n}$,则可得:

$$R_{ki} = \frac{K_{ki}}{2B} \frac{2B}{n} = \frac{K_{ki}}{n} \qquad (2-80)$$

由此可见,对于横截面整齐布置的梁桥,只要将影响系数 K 除以梁数 n 就可绘出对于一根主梁的荷载横向影响线,如图 $2-86(c)$ 所示。

有了荷载横向影响线,就可用一般方法来计算某一主梁的荷载横向分布系数,应当注意的是:用比拟板法求得的荷载横向分布系数也是对于位于跨中的荷载而言的。尚需指出的是,如果观察附录 Ⅱ 中 K_0 和 K_1 的曲线图就可发现,当弯曲刚度参数 $\theta \leqslant 0.3$ 时,曲线沿 K 轴方向的间隔基本上相等,也就是说,当 $\theta \leqslant 0.3$ 时,横断面的挠曲线接近于直线。这就与"偏心压力法"中假定横向刚度无限大的结果趋于一致。因此为了计算方便可以认为:$\theta \leqslant 0.3$ 时属于窄桥,$\theta > 0.3$ 时系宽桥,这样规定所发生的误差在 5% 左右,最大不超过 10%。可见,用 θ 的值来考虑窄桥与宽桥的界限,要比简单地由宽跨比来考虑更加合理。

2)关于 K 值的校核

为了简捷地校验查表、内插等的正确性,尚可对所得的各个 K 值进行快速检查。图 $2-87$ 表示比拟板跨中横截面在 $p=1$ 作用下(图 $2-87(a)$)和将 $p=1$ 均分作用于 $1 \sim 9$ 点上(图 $2-87(b)$)的挠曲图形,很明显,后者产生平均挠度 $\overline{w}$。

根据功的互等定理有:

$$1 \cdot \overline{w} = \frac{1}{8} \sum_{i=2}^{8} w_i + \frac{1}{16}(w_1 + w_9)$$

则得:

$$\sum_{i=2}^{8} \frac{w_i}{\overline{w}} + \frac{1}{2}\left(\frac{w_1}{\overline{w}} + \frac{w_9}{\overline{w}}\right) = 8$$

或

$$\sum_{i=2}^{8} K_i + \frac{1}{2}(K_1 + K_9) = 8 \qquad (2-81)$$

利用式 $(2-81)$ 就可校核所计算 K 值的准确性。

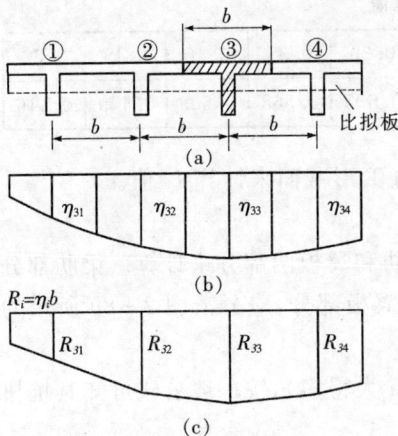

图 $2-86$　主梁荷载横向影响线的计算

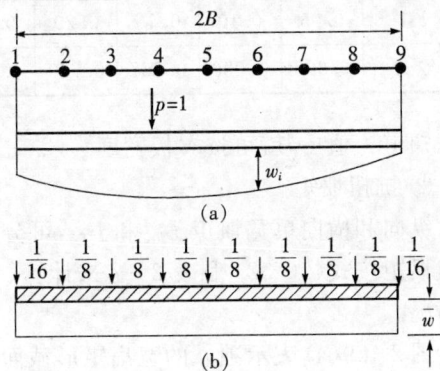

图 $2-87$　跨中截面的挠曲图式

3)关于截面抗弯和抗扭刚度的计算

在利用"G—M"法的图表计算荷载横向影响线竖标时,需要预先算出参数 θ 和

α，因此就要计算纵、横向的单宽惯矩值（图 2-83），即：

$$J_x = \frac{I_x}{b} \text{ 和 } J_{Tx} = \frac{I_{Tx}}{b}$$

以及

$$J_y = \frac{I_y}{a} \text{ 和 } J_{Ty} = \frac{I_{Ty}}{a}$$

① 抗弯惯矩

对于纵向主梁的抗弯惯矩 I_x，就按翼板宽为 b 的 T 形截面用一般方法计算，这里不再赘述。

对于横隔梁的抗弯惯矩 I_y，由于肋的间距较大，受弯时翼板宽度为 a 的 T 形梁不再符合平截面假设，也就是说，翼板内的压应力沿宽度 a 的分布是不均匀的，如图 2-88 所示。为了较精确地考虑这一因素，通常就引入所谓受压翼板有效宽度的概念。每侧翼板有效宽度的值就相当于把实际应力图形换算成以最大应力 σ_{max} 为基准的矩形图形的长度 λ，见图 2-88。根据理论分析结果，λ 值可按 c/l' 之比值由表 2-9 查得，其中 l' 为横梁的长度，可取两根边主梁的中心距计算。

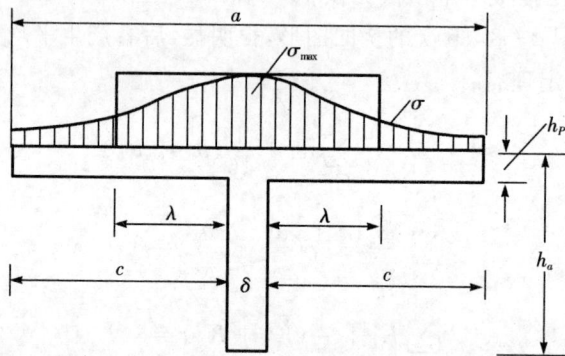

图 2-88 沿桥横向翼板内的应力分布

表 2-9 λ/c 取值

c/l'	0.05	0.10	0.15	0.20	0.25	0.30	0.35	0.40	0.45	0.50
λ/c	0.983	0.936	0.867	0.789	0.710	0.635	0.568	0.509	0.459	0.416

知道 λ 值后，就可按翼板宽度为 $(2\lambda + \delta)$ 的 T 形截面来计算 I_y 值。

② 抗扭惯矩

纵向和横向单宽惯矩 J_{Tx} 和 J_{Ty}，可分成梁肋和翼板两部分来计算。梁肋部分的抗扭惯矩按式（2-52）和表 2-7 来计算。对于翼板部分，应分清图 2-89 所示的两种情况。

图 2-89(a) 表示独立的宽扁矩形截面（b 比 h 大得多），按一般公式可知其抗扭惯矩为：

$$J_T'' = \frac{I_T''}{b} = \frac{1}{b} \frac{1}{3} b h^3 = \frac{h^3}{3}$$

对于图 2-89(b) 所示连续的桥面板来说，情况就不同。根据弹性薄板的分析，从式(2-71)和式(2-77)则有：

$$GJ_T = (1-v)D$$

将 $G = \dfrac{E}{2(1+v)}$ 和 $D = \dfrac{Eh^3}{12(1-v^2)}$ 代入上式，可得：

$$J_T = \frac{h^3}{6}$$

由此可见，连续桥面板的单宽抗扭惯矩只有独立宽扁板的一半。其原因是由于独立板沿短边的剪力 τ_{xz} 也参与抗扭作用，而连续板的单宽部分则不出现此种剪应力，见图 2-89。

图 2-89　翼板抗扭惯矩计算图式

这样，对于连续桥面板的整体式梁桥以及对于翼缘板刚性连接的装配式梁桥，在应用"G-M"法时，为计算扭弯参数 α 所需的纵横向截面单宽抗扭惯矩之和可由下式求得：

$$J_{Tx} + J_{Ty} = \frac{1}{3}h^3 + \frac{1}{b}I_{Tx}' + \frac{1}{a}I_{Ty}' \qquad (2-82)$$

式中 h 为桥面板的厚度，I_{Tx}' 和 I_{Ty}' 分别表示主梁肋和内横梁肋的截面抗扭惯矩。

(4) 按比拟板法计算荷载横向分布系数举例

[例 2-8]　图 2-90 所示为一装配式钢筋混凝土简支梁桥的主梁和横隔梁结构布置图，计算跨径 $l = 28.90\text{m}$，主梁翼缘板刚性连结。求各主梁对应于汽车和人群荷载的荷载横向分布系数。

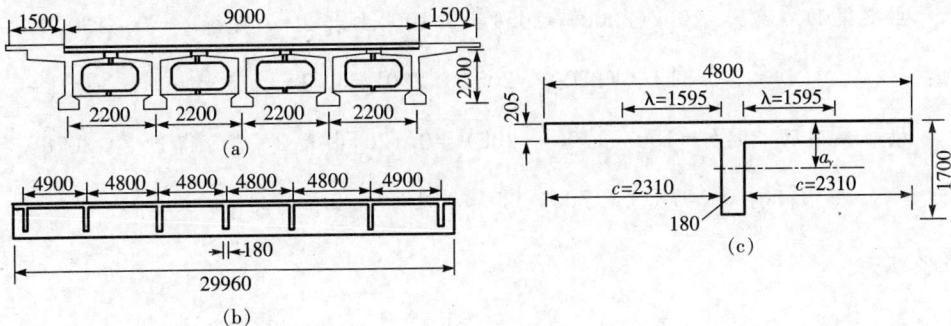

图 2-90　主梁和横隔梁简图(单位:mm)

[解]1) 计算几何特性

① 主梁抗弯惯矩

$I_x = 5.575 \times 10^{11}\,\text{mm}^4$（见例 2-5 中计算结果）

主梁比拟单宽抗弯惯矩：$J_x = \dfrac{I_x}{b} = \dfrac{5.575 \times 10^{11}}{2200} = 2.534 \times 10^8 \, \text{mm}^4/\text{mm}$

② 横隔梁抗弯惯矩

中横梁的尺寸如图 2-90(c) 所示。按表 2-9 确定横隔梁翼板的有效作用宽度 λ，横隔梁的长度取两根边主梁的轴线距离，即：

$$l' = 4 \times b = 4 \times 2200 = 8800 \text{mm}$$

由 $c/l' = 2310/8800 = 0.263$ 查表 2-9 得：$\lambda/c = 0.6905$，则：

$$\lambda = 0.6905 \times 2310 = 1595 \text{mm}。$$

横隔梁截面重心位置：

$$a_y = \frac{2 \times 1595 \times 205 \times \dfrac{205}{2} + 180 \times 1700 \times \dfrac{1700}{2}}{2 \times 1595 \times 205 + 180 \times 1700} = 341 \text{mm}$$

故横隔梁抗弯惯矩为：

$$I_y = \frac{1}{12} \times 2 \times 1595 \times 205^3 + 2 \times 1595 \times 205 \times \left(341 - \frac{205}{2}\right)^2$$

$$+ \frac{1}{12} \times 180 \times 1700^3 + 180 \times 1700 \left(\frac{1700}{2} - 341\right)^2 = 1.925 \times 10^{11} \, \text{mm}^4$$

横隔梁比拟单宽抗弯惯矩为：

$$J_y = \frac{I_y}{a} = \frac{1.925 \times 10^{11}}{4800} = 4.010 \times 10^7 \, \text{mm}^4/\text{mm}$$

③ 主梁和横隔梁的抗扭惯矩

对于 T 梁翼板刚性连接的情况，应由式(2-52)来计算抗扭惯矩，主梁翼板的平均厚度 $h_1 = 205 \text{mm}$。

主梁梁肋　$t/b = 200/(2200 - 205) = 0.100$，由表 2-7 可得 $c = 0.3120$

则：　　　$I'_{Tx} = 0.312 \times (2200 - 205) \times 200^3 = 4.98 \times 10^9 \, \text{mm}^4$

横隔梁梁肋　$t/b = 180/(1700 - 205) = 0.120$，由表 2-7 可得 $c = 0.3078$

则：　　　$I'_{Ty} = 0.3078 \times (1700 - 205) \times 180^3 = 2.685 \times 10^9 \, \text{mm}^4$

所以得：

$$J_{Tx} + J_{Ty} = \frac{1}{3} h_1^3 + \frac{1}{b} I'_{Tx} + \frac{1}{a} I'_{Ty}$$

$$= \frac{1}{3} \times 205^3 + \frac{4.98 \times 10^9}{2200} + \frac{2.685 \times 10^9}{4800}$$

$$= 5.695 \times 10^6 \, \text{mm}^4/\text{mm}$$

2) 计算参数 θ 和 α

$$\theta = \frac{B}{l}\sqrt[4]{\frac{J_x}{J_y}} = \frac{5500}{28900} \times \sqrt[4]{\frac{2.534 \times 10^8}{4.010 \times 10^7}} = 0.302$$

式中 B 为桥梁承重结构的半宽,即 $B = \frac{5 \times 2200}{2} = 5500\text{mm}$

$$\alpha = \frac{G(J_{Tx} + J_{Ty})}{2E\sqrt{J_x J_y}} = \frac{0.425E \times 6.839 \times 10^6}{2E\sqrt{2.534 \times 10^8 \times 4.010 \times 10^7}} = 0.012$$

则: $$\sqrt{\alpha} = \sqrt{0.012} = 0.110$$

3) 计算各主梁横向影响线竖标

已知 $\theta = 0.302$,从附录 II "G—M" 法计算图表可查得影响线系数 K_0 和 K_1 的值,计算结果见表 2-10 所列。

表 2-10 影响系数 K_0、K_1 计算结果

系数	梁位	荷载位置									校核
		B	$3/4B$	$1/2B$	$1/4B$	0	$-1/4B$	$-1/2B$	$-3/4B$	$-B$	
K_0	0	0.86	0.94	1.01	1.05	1.12	1.05	1.01	0.94	0.86	7.98
	$1/4B$	1.67	1.54	1.37	1.22	1.03	0.85	0.64	0.41	0.23	8.01
	$1/2B$	2.52	2.15	1.71	1.45	0.99	0.71	0.27	-0.28	-0.53	8.00
	$3/4B$	3.39	2.76	2.11	1.51	0.91	0.38	-0.17	-0.62	-1.18	7.99
	B	4.19	3.48	2.41	1.71	0.72	0.21	-0.57	-1.18	-1.75	8.00
K_1	0	0.92	0.97	1.00	1.04	1.05	1.04	1.00	0.97	0.92	7.99
	$1/4B$	0.95	1.00	1.11	1.11	1.01	1.11	0.94	0.83	0.82	8.00
	$1/2B$	1.21	1.18	1.15	1.11	1.00	0.96	0.88	0.76	0.70	8.00
	$3/4B$	1.31	1.24	1.15	1.09	0.99	0.92	0.81	0.76	0.69	7.99
	B	1.54	1.36	1.19	1.07	0.91	0.87	0.78	0.74	0.63	8.01

[注] 校核栏按式(2-81)进行。

用内插法求实际梁位处的 K_0 和 K_1 值,实际梁位与表列梁位的关系见图 2-91 所示。

因此:

1号梁 $$K' = K_{\frac{3}{4}B} + (K_B - K_{\frac{3}{4}B}) \times \frac{275}{1375} = 0.2K_B + 0.8K_{\frac{3}{4}B}$$

2 号梁　　　　$K' = K_{\frac{1}{4}B} + (K_{\frac{1}{2}B} - K_{\frac{1}{4}B}) \times \dfrac{825}{1375} = 0.6K_{\frac{1}{2}B} + 0.4K_{\frac{1}{4}B}$

3 号梁　　　　$K' = K_0$

对 1 号、2 号和 3 号梁的横向影响线竖标值的计算结果列于表 2-11。

4) 计算各梁的荷载横向分布系数

用表 2-11 中计算所得的 1 号、2 号和 3 号梁的横向影响线坐标值,绘制横向影响线图,如图 2-92 所示(图中带小圈点的竖标都是表列各荷载位置对应的数值)。

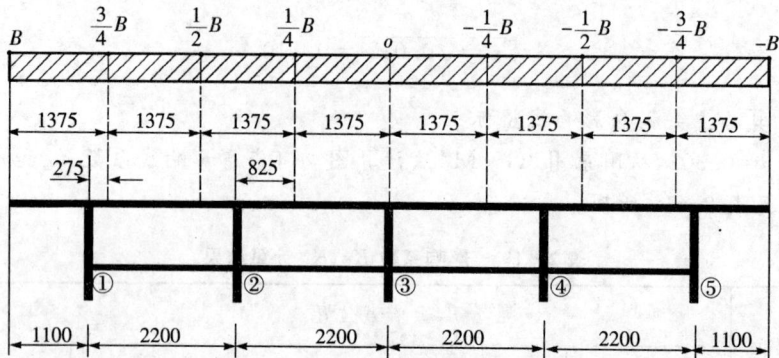

图 2-91　梁位关系图(单位:mm)

在影响线上按横向最不利位置布置荷载后,就可按对应的影响线竖标值求得主梁的荷载横向分布系数。

1 号梁:汽车荷载　$m_{cq} = \dfrac{1}{2} \sum \eta_{qi} = \dfrac{1}{2} \times (0.533 + 0.367 + 0.258 + 0.115)$

$$= 0.637(0.663)[0.682]$$

人群荷载　$m_{cr} = \eta_r = 0.641(0.645)[0.677]$

2 号梁:汽车荷载　$m_{cq} = \dfrac{1}{2} \sum \eta_{qi} = \dfrac{1}{2} \times (0.359 + 0.287 + 0.244 + 0.174)$

$$= 0.532(0.531)[0.541]$$

人群荷载　$m_{cr} = \eta_r = 0.403(0.422)[0.439]$

3 号梁:汽车荷载　$m_{cq} = \dfrac{1}{2} \sum \eta_{qi} = \dfrac{1}{2} \times (0.199 + 0.211 + 0.222 + 0.208)$

$$= 0.420$$

人群荷载　$m_{cr} = \eta_r = 0.176$

圆括弧内给出了考虑抗扭作用的修正偏心压力法的计算结果,方括弧内是偏心压力法的计算结果,以资比较。

表 2-11　横向影响线竖标值计算表

梁号	算式	荷载位置								
		B	$3/4B$	$1/2B$	$1/4B$	0	$-1/4B$	$-1/2B$	$-3/4B$	$-B$
1	$K_1' = 0.2K_{1,B} + 0.8K_{1,\frac{3}{4}B}$	1.356	1.264	1.190	1.086	0.974	0.910	0.804	0.756	0.678
	$K_0' = 0.2K_{0,B} + 0.8K_{0,\frac{3}{4}B}$	3.550	2.904	2.170	1.550	0.872	0.346	-0.250	-0.732	-1.294
	$K_1' - K_0'$	-2.194	-1.640	-0.980	-0.461	0.102	0.564	1.054	1.488	1.972
	$(K_1' - K_0')\sqrt{\alpha}$	-0.241	-0.180	-0.108	-0.051	0.011	0.062	0.116	0.164	0.217
	$K_\alpha = K_0' + (K_1' - K_0')\sqrt{\alpha}$	3.309	2.724	2.062	1.499	0.883	0.408	-1.134	-0.568	-1.077
	$\eta_{1i} = \dfrac{K_\alpha}{5}$	0.662	0.545	0.412	0.300	0.177	0.082	-0.027	-0.114	-0.215
2	$K_1' = 0.6K_{1,\frac{1}{2}B} + 0.4K_{1,\frac{1}{4}B}$	1.106	1.108	1.134	1.110	1.004	1.020	0.904	0.788	0.748
	$K_0' = 0.6K_{0,\frac{1}{2}B} + 0.4K_{0,\frac{1}{4}B}$	2.180	1.906	1.574	1.358	1.006	0.766	0.418	-0.004	-0.226
	$K_1' - K_0'$	-1.074	-0.798	-0.440	-0.248	-0.002	0.254	0.486	0.792	0.974
	$(K_1' - K_0')\sqrt{\alpha}$	-0.118	-0.088	-0.048	-0.027	0.000	0.028	0.053	0.087	0.107
	$K_\alpha = K_0' + (K_1' - K_0')\sqrt{\alpha}$	2.062	1.818	1.526	1.331	1.006	0.794	0.471	0.083	-0.119
	$\eta_{2i} = \dfrac{K_\alpha}{5}$	0.412	0.364	0.305	0.266	0.201	0.159	0.094	0.017	-0.024
3	$K_1' = K_{10}$	0.920	0.970	1.000	1.040	1.050	1.040	1.000	0.970	0.920
	$K_0' = K_{00}$	0.860	0.940	1.010	1.050	1.120	1.050	1.010	0.940	0.860
	$K_1' - K_0'$	0.060	0.030	-0.010	-0.010	-0.070	-0.010	-0.010	0.030	0.060
	$(K_1' - K_0')\sqrt{\alpha}$	0.007	0.003	-0.001	-0.001	-0.008	-0.001	-0.001	0.003	0.007
	$K_\alpha = K_0' + (K_1' - K_0')\sqrt{\alpha}$	0.867	0.943	1.009	1.049	1.112	1.049	1.009	0.943	0.867
	$\eta_{3i} = \dfrac{K_\alpha}{5}$	0.173	0.189	0.202	0.210	0.222	0.210	0.202	0.189	0.173

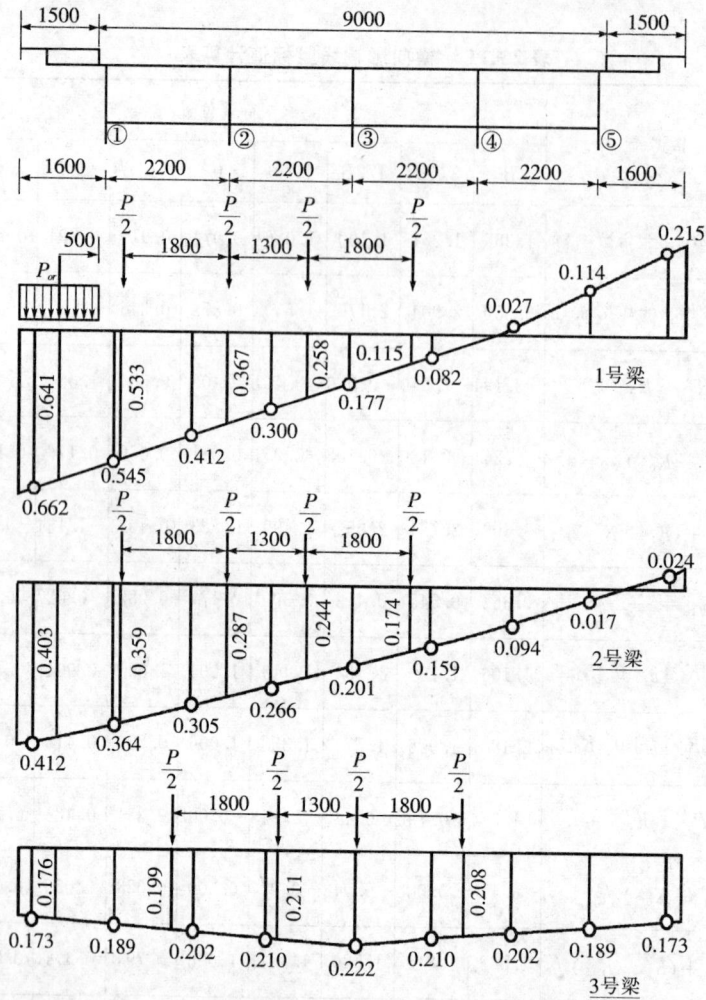

图 2-92 荷载横向分布系数计算图(单位:mm)

7. 荷载横向分布系数沿桥跨的变化

通过前面的分析与计算,可清楚地知道,荷载位于桥跨中间部分时,由于桥梁横向结构(桥面板和横隔梁)的传力作用,使所有主梁都不同程度地参与受力。但当荷载在支点处作用在某主梁上时,如果不考虑支座弹性变形的影响,荷载就直接由该主梁传至支座,其他主梁基本上不参与受力。因此,荷载在桥跨纵向的位置不同,对某一主梁产生的横向分布系数也各不相同。

在以上所介绍的计算荷载横向分布系数的方法中,通常用"杠杆原理法"来计算荷载位于支点处的横向分布系数 m_0,其他方法均适用于计算荷载位于跨中的横向分布系数 m_c。那么荷载位于桥跨其他位置时应该怎样确定横向分布系数 m 呢?显然,要精确计算 m 值沿桥跨的变化规律是相当冗繁的,而且也会使内力计算麻烦。因此在设计中常采用图 2-93 所示的实用处理方法。

对于无中间横隔梁或仅有一根中横隔梁的情况,跨中部分采用不变的 m_c,从离支点 1/4 跨起至支点的区段内 m_x 呈直线形过渡,见图 2-93(a)。

对于有多根内横隔梁的情况,m_c 从第一根内横隔梁起向 m_0 直线形过渡,见图 2-

93(b)。这样，主梁上的活载因其纵向位置不同，就应有不同的横向分布系数。

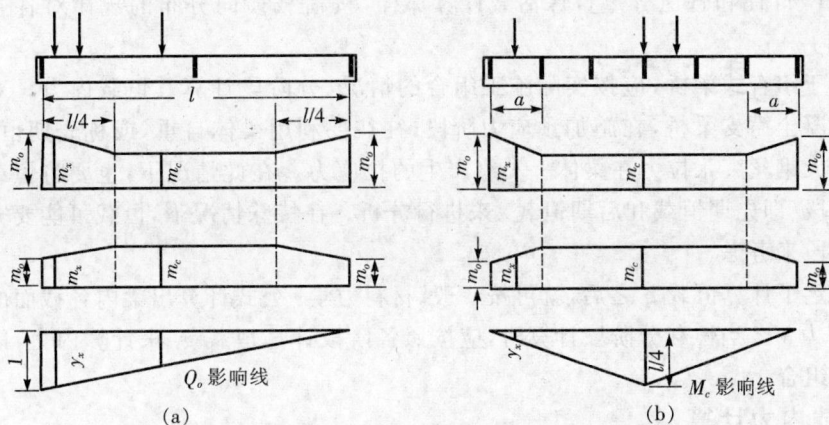

图 2-93　荷载横向分布系数 m 沿跨长变化图

在实际应用中，当求简支梁跨中最大弯矩时，由于跨中截面加载效应占总荷载效应的大部分，为了简化起见，通常均可按不变化的 m_c 来计算。对于其他截面的弯矩计算，一般也可取用不变的 m_c，但对于 m_0 与 m_c 的差值较大，且内横隔梁又较少时，要考虑 m 沿跨径变化的影响。

在计算主梁的最大剪力（梁端截面）时，鉴于主要荷载位于所考虑一端的 m 变化区段内，而且相对应的内力影响线竖标均接近最大值，见图 2-93，故应考虑该段内横向分布系数变化的影响。对位于靠近远端的荷载，鉴于相应影响线竖标值的显著减小，则可近似取用不变的 m_c 来简化计算。

对于跨内其他截面的主梁剪力，也可视具体情况计及 m 沿桥跨变化的影响。

2.4.4　主梁内力计算

根据作用于一片主梁的恒载和通过横向分布系数求得的活载，就可按一般工程力学的方法计算主梁的截面内力（弯矩 M 和剪力 V）。有了截面内力，就可按钢筋混凝土和预应力混凝土结构的计算原理进行主梁各截面的配筋设计或验算。

对于一般小跨径的简支梁，通常只需计算跨中截面的最大弯矩和支点截面及跨中截面的剪力。跨中与支点之间各截面的剪力可以近似地按直线规律变化，弯矩可假设按二次抛物线规律变化。对于较大跨径的简支梁，一般还应计算 $\frac{l}{4}$ 及 $\frac{l}{8}$ 截面的弯矩和剪力。如果主梁沿桥轴方向截面有变化，例如梁肋宽度或梁高变化，则还应计算梁肋截面变化处的内力。

1. 恒载内力计算

钢筋混凝土或预应力混凝土简支梁桥的恒载，往往占全部设计荷载很大的比重，梁的跨径愈大，恒载所占的比重也愈大。因此，设计人员要正确地确定作用于梁上的计算恒载。在确定计算恒载时，为了简化起见，往往习惯上将沿桥跨分散作用的横隔梁重量、沿桥横向不等厚分布的铺装层重量以及作用于两侧的人行道和栏杆等重量均匀地分摊给各主梁承受。因此，对于等截面梁桥的主梁，其计算恒载是简单的均布荷载。有时为了精确起见,也可根据施工安装的情况,将人行道、栏杆、灯柱和管道等重量像活载计算那样,按荷载横向分布的规律对各主梁进行分配。

对于组合式梁桥,应按实际施工组合的情况,分阶段计算其恒载内力。对于预应力混凝土简支梁桥,在施加预应力阶段,往往要利用梁体自重,或称先期恒载,来抵消强大钢丝束张拉力在梁体上翼缘产生的拉应力。在此情况下,也要将恒载分成两个阶段(即先期恒载和后期恒载)来进行分析。在特殊情况下,恒载可能要分成更多的阶段来考虑。

确定了计算恒载 g 之后,就可按一般《材料力学》公式计算出梁内各截面的弯矩 M 和剪力 V。当恒载分阶段计算时,应按照各阶段计算恒载 g_i 来计算内力,以便进行内力组合。

2. 活载内力计算

当荷载的横向分布系数求出后,就可具体确定作用在一根主梁上的作用力量值,这样就不难用一般工程力学方法来计算作用效应。

(1) 汽车荷载作用下的内力计算

$$S_q = (1+\mu)\xi m_{cq}(q_k \Omega + P_k y_i) \qquad (2-83)$$

式中:S_q —— 汽车荷载作用下截面的弯矩或剪力;

$(1+\mu)$ —— 汽车荷载的冲击系数,按公式(1-5)或式(1-12)计算;

ξ —— 多车道桥涵的汽车荷载横向折减系数,按表1-14或表1-23取用;

m_{cq} —— 汽车荷载的横向分布系数;

q_k —— 车道荷载的均布荷载标准值,按表1-11或表1-22取用;

Ω —— 弯矩或剪力影响线的面积;

P_k —— 车道荷载的集中荷载标准值,按表1-11或表1-22取用;

y_i —— 与车道荷载的集中荷载对应的内力影响线竖标值。

(2) 人群荷载作用下的内力计算

$$S_r = m_{cr} P_{or} \Omega \qquad (2-84)$$

式中:S_r —— 人群荷载作用下截面的弯矩或剪力;

m_{cr} —— 人群荷载的横向分布系数;

P_{or} —— 人群荷载标准值。

应注意:对于支点截面或靠近支点截面的剪力,除可按式(2-83)和式(2-84)分别计算汽车荷载和人群荷载作用下的剪力外,尚应计入由于荷载横向分布系数在梁端变化所产生的影响。

当求得各截面的结构重力、汽车、人群等产生的内力后,即可按照公式(1-1)、(1-2)或(1-3)、(1-4)进行相应的内力效应组合。

3. 计算举例

[例2-9] 如例2-8中图2-90所示,某简支 T 形梁桥,计算跨径为 $l=28.9\text{m}$,计算其1号梁在结构重力(包括附加重力)及公路-Ⅰ级荷载、人群荷载(3kN/m^2)作用下的跨中最大弯矩及支点最大剪力。

[解]

1) 结构重力产生的内力计算

① 结构重力集度

分别考虑预制梁自重（第一期荷载）和湿接缝、桥面铺装、人行道栏杆等（第二期荷载）重力集度。

按跨中截面计算预制梁和湿接缝每延米的重力集度为（计算过程略）：$W = 32.11 \text{kN/m}$。

② 结构重力产生的内力

跨中弯矩：$\qquad M_g = \dfrac{1}{8} W l^2 = \dfrac{1}{8} \times 32.11 \times 28.9^2 = 3352.32 \text{kN} \cdot \text{m}$

支点剪力：$\qquad V_g = \dfrac{1}{2} W l = \dfrac{1}{2} \times 32.11 \times 28.9 = 463.99 \text{kN}$

2) 汽车、人群活载内力计算

① 冲击系数计算

简支梁结构基频：$\qquad f = \dfrac{\pi}{2l^2} \sqrt{\dfrac{EI_c}{m_c}}, \qquad m_c = \dfrac{W}{g}$

其中：$I_c = 5.575 \times 10^{11} \text{mm}^4$（例 2-5 中计算结果），$W = 32.11 \times 10^3 \text{N/m}$，$E = 3.45 \times 10^4 \text{MPa}$（C50 混凝土）。代入其他相关数据，计算出 $1.5 \text{Hz} \leqslant f = 4.56 \text{Hz} \leqslant 14 \text{Hz}$。故：

$$1 + \mu = 1 + 0.1767 \ln f - 0.0157 = 1.252$$

② 跨中荷载横向分布系数 m_c

$m_{cq} = 0.637, m_{cr} = 0.641$（由例 2-8"G-M"法计算结果）

③ 支点荷载横向分布系数 m_o。

$m_{oq} = 0.409, m_{or} = 1.386$，（由例 2-3 杠杆原理法计算结果）

④ 计算汽车、人群活载内力

在内力计算时，对于横向分布系数的取值作如下考虑：计算弯矩时，全跨均采用统一的横向分布系数 m_c；求支点截面剪力时，由于主要荷载集中在支点附近而应考虑横向分布系数沿桥跨的变化影响（即从支点到第一根内横隔梁之间），沿桥纵向布载具体见图 2-94 所示。

跨中弯矩（由表 1-11 中查出 $q_k = 10.5 \text{kN/m}$、$P_k = 275.6 \text{kN}$）：

$$M_q = (1 + \mu) \xi m_{cq} (q_k \Omega + P_k y)$$

$$= 1.252 \times 1 \times 0.637 \times (10.5 \times \dfrac{1}{8} \times 28.9^2 + 275.6 \times \dfrac{1}{4} \times 28.9)$$

$$= 2462.29 \text{kN} \cdot \text{m}$$

$$M_r = m_{cr} P_{or} \Omega = 0.641 \times 3.0 \times 1.5 \times \dfrac{1}{8} \times 28.9^2 = 301.15 \text{kN} \cdot \text{m}$$

支点剪力：

$$V_q = (1 + \mu) \xi \left[m_{oq} q_k \Omega + 1.2 m_{oq} P_k y_i + \dfrac{1}{2} q_k (m_{oq} - m_{cq}) a y_c \right]$$

$$= 1.252 \times 1 \times \left[0.637 \times 10.5 \times \frac{1}{2} \times 28.9 \times 1 + 1.2 \times 0.409 \times 275.6 \times 1 \right.$$

$$\left. + \frac{1}{2} \times 10.5 \times (0.409 - 0.637) \times 4.85 \times 0.944 \right] = 283.49 \text{kN}$$

$$V_r = m_{cr} P_{or} \Omega + \frac{1}{2} a (m_{or} - m_{cr}) y_c P_{or}$$

$$= 0.641 \times 3.0 \times 1.5 \times \frac{1}{2} \times 28.9 \times 1 + \frac{1}{2} \times 4.85 \times (1.386 - 0.641)$$

$$\times 0.944 \times 3.0 \times 1.5 = 49.36 \text{kN}$$

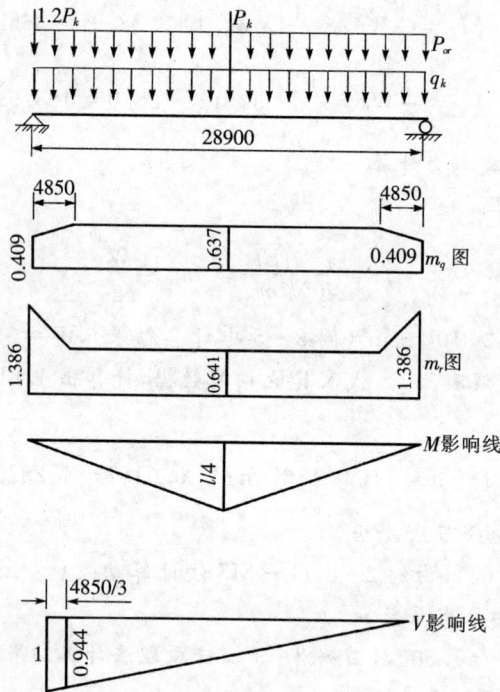

图 2-94　沿桥纵向荷载布置(单位:mm)

3) 作用效应组合

利用以上计算结果可进行作用效应组合,由式(1-1)可得承载能力极限状态下作用基本组合的效应组合设计值为

跨中弯矩:　$M_{l/2} = 1.2M_g + 1.4M_q + 0.8 \times 1.4 \times M_r$

$$= 1.2 \times 3352.32 + 1.4 \times 2462.29 + 0.8 \times 1.4 \times 301.15$$

$$= 7807.28 \text{kN} \cdot \text{m}$$

支点剪力:　$V_0 = 1.2V_g + 1.4V_q + 0.8 \times 1.4 V_r$

$$= 1.2 \times 463.99 + 1.4 \times 283.49 + 0.8 \times 1.4 \times 49.36$$

$$= 1008.96 \text{kN}$$

同理可求出其他不同效应组合的设计值。有了截面的设计内力值,就可对截面进行配筋设计,其相关内容参见《结构设计原理》一书,此处不再赘述。

2.4.5 横隔梁的内力计算

在设有横隔梁的钢筋混凝土或预应力混凝土梁桥上,为了保证各主梁共同受力和加强结构的整体性,横隔梁本身或其装配式接头应具有足够的强度。对于纵横向由主梁和横隔梁组成的梁格结构,要精确分析横隔梁的内力也是十分繁杂的,下面介绍根据主梁计算中的偏心压力法原理来计算横隔梁内力的实用方法。

1. 力学模型

横隔梁的力学模型是将桥梁的中横隔梁近似地视为竖向支承在多根弹性主梁上的多跨弹性支承连续梁,如图2-95所示,由于各主梁的荷载横向影响线(也即弹性支承力影响线)在主梁计算中已经求得,故可以简单地用静力平衡条件来求解连续梁的内力。鉴于桥上荷载的横向移动性,通常采用绘制横隔梁内力影响线的方法来计算比较方便。

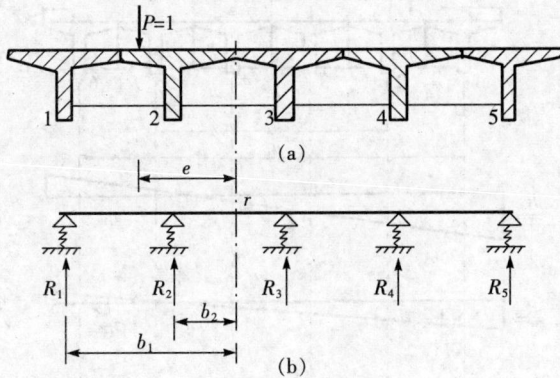

图2-95 横隔梁计算图式

对于具有多根内横隔梁的桥梁,由于位于跨中的横隔梁受力最大,通常就只要计算跨中横隔梁的内力,其他横隔梁可偏安全地仿此设计。

2. 横隔梁的内力影响线

如图2-95所示,当桥梁在跨中有单位荷载 $P=1$ 作用时,各主梁所受的荷载为 $R_1,R_2,\cdots,R_n$,这也是横隔梁的弹性支承反力。因此,由力的平衡条件就可写出横隔梁任意截面 r 的内力计算公式。

(1) 荷载 $P=1$ 位于截面 r 的左侧

$$\left.\begin{aligned} M_r &= R_1 \cdot b_1 + R_2 \cdot b_2 - 1 \cdot e = \sum^{左} R_i b_i - e \\ Q_r &= R_1 + R_2 - 1 = \sum^{左} R_i - 1 \end{aligned}\right\} \tag{2-85}$$

(2) 荷载 $P=1$ 位于截面 r 的右侧

$$\left.\begin{aligned} M_r &= R_1 \cdot b_1 + R_2 \cdot b_2 = \sum^{左} R_i b_i \\ Q_r &= R_1 + R_2 = \sum^{左} R_i \end{aligned}\right\} \tag{2-86}$$

式中：M_r、Q_r—— 横隔梁任意截面 r 的弯矩和剪力；

e—— 荷载 $P=1$ 至所求截面的距离；

b_i—— 支承反力 R_i 至所求截面的距离。

以上公式中对于确定的计算截面 r 而言，所有的 b_i 为已知的，而 R_i 则因承受荷载 $P=1$ 位置 e 而变化。因此可以直接利用已经求得的 R_i 横向影响线来绘制横隔梁的内力影响线。

通常，横隔梁弯矩在靠近桥中线截面处较大，剪力则在靠近桥两侧边缘的截面处较大。因此，以图 2-95 为例，一般可以只求 3 号梁处和 2 号与 3 号主梁之间（对于装配式桥即横隔板接头处）截面的弯矩，以及 1 号梁右侧和 2 号梁右侧等截面的剪力。

图 2-96 示出了按偏心压力法计算的横隔梁支承反力 R、弯矩 M 和剪力 V 的影响线。

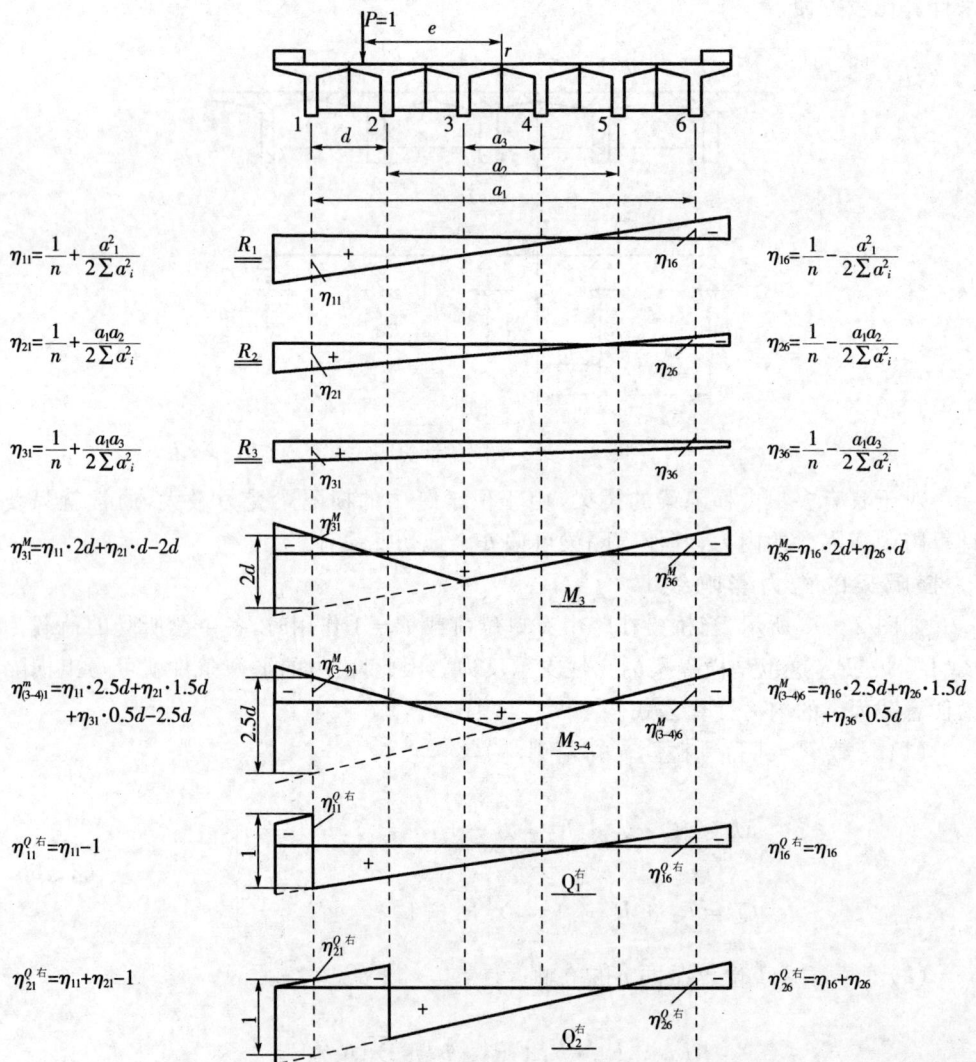

$$\eta_{11}=\frac{1}{n}+\frac{a_1^2}{2\sum a_i^2} \qquad \eta_{16}=\frac{1}{n}-\frac{a_1^2}{2\sum a_i^2}$$

$$\eta_{21}=\frac{1}{n}+\frac{a_1a_2}{2\sum a_i^2} \qquad \eta_{26}=\frac{1}{n}-\frac{a_1a_2}{2\sum a_i^2}$$

$$\eta_{31}=\frac{1}{n}+\frac{a_1a_3}{2\sum a_i^2} \qquad \eta_{36}=\frac{1}{n}-\frac{a_1a_3}{2\sum a_i^2}$$

$$\eta_{31}^M=\eta_{11}\cdot 2d+\eta_{21}\cdot d-2d \qquad \eta_{36}^M=\eta_{16}\cdot 2d+\eta_{26}\cdot d$$

$$\eta_{(3-4)1}^m=\eta_{11}\cdot 2.5d+\eta_{21}\cdot 1.5d \qquad \eta_{(3-4)6}^M=\eta_{16}\cdot 2.5d+\eta_{26}\cdot 1.5d$$
$$+\eta_{31}\cdot 0.5d-2.5d \qquad\qquad +\eta_{36}\cdot 0.5d$$

$$\eta_{11}^{Q右}=\eta_{11}-1 \qquad \eta_{16}^{Q右}=\eta_{16}$$

$$\eta_{21}^{Q右}=\eta_{11}+\eta_{21}-1 \qquad \eta_{26}^{Q右}=\eta_{16}+\eta_{26}$$

图 2-96 按偏心压力法计算横隔梁的 R、M 和 V 影响线

鉴于 R_i 影响线呈直线规律变化,故绘制内力影响线时只需要示出几个控制点的竖坐标值(例如对于 M_3 影响线只要算出 $P=1$ 作用在 1 号梁和 6 号梁上时的相应坐标 η_{31}^M 和 η_{36}^M),如图 2-96 中所示。另外,对于非直接作用于横隔梁上的荷载,在计算内力时应考虑间接传力的影响,例如图 2-96 中 M_{3-4} 影响线在 3 号梁和 4 号梁之间区段应取虚线之值。但鉴于计算中主要荷载作用于横隔梁上,仍可偏安全地忽略间接传力的影响。

也可以按修正偏心压力法来计算横隔梁的内力影响线,这时仅 R_i 影响线的竖坐标稍有变化,计算方法与上述完全相同。

3. 作用在横隔梁上的计算荷载

有了横隔梁的内力影响线,就可直接在其上加载来计算截面内力。对于跨中一根横隔梁来说,除了直接作用在其上的轮重外,前后的轮重对它也产生影响,计算时可假设荷载在相邻横隔梁之间按杠杆原理法传布,如图 2-97 所示。因此,车辆纵向轮重分布给该横隔梁的计算荷载为:

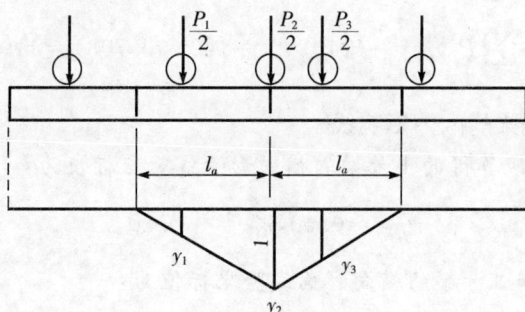

图 2-97 横隔梁上计算荷载的计算图式

$$P_{oq} = \frac{1}{2} \sum P_i y_i \qquad (2-87)$$

式中:P_i——轴重,应注意将车辆较重的轴布置在欲计算的横梁上;

y_i——对于所计算的横隔梁按杠杆原理计算的纵向荷载影响线竖标值。

人群荷载为:

$$q_{or} = P_{or} \cdot \Omega_r = P_{or} l_a \qquad (2-88)$$

式中:P_{or}——一侧人行道每延米的人群荷载;

Ω_r——人群荷载范围的影响线面积,$\Omega_r = \frac{1}{2} \times 2l_a \times 1 = l_a$;

l_a——横隔梁的间距。

4. 横隔梁内力计算

在横隔梁内力影响线上,将上述计算荷载按最不利位置加载,就可求得作用在横梁上的最小(或最大)内力值。在计算中对于汽车荷载应计入冲击作用,并按实际加载情况计入多车道折减系数。求得横隔梁的内力后,就可按钢筋混凝土或预应力混凝土结构的计算原理来配置钢筋并进行强度或应力验算。

[例 2-10] 用偏心压力法计算例 2-4 中所示装配式钢筋混凝土简支梁桥跨中横隔梁在汽车荷载作用下的弯矩 M_{2-3} 和剪力 Q_1^{zt}。

[解]

(1) 确定作用在中横隔梁上的计算荷载

对于跨中横隔梁的最不利荷载布置如图 2-98 所示。

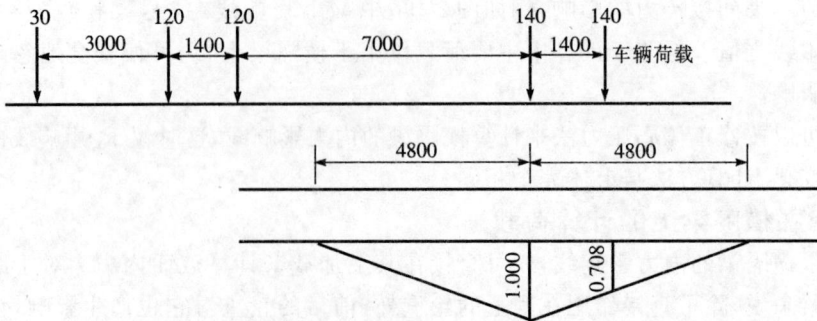

图 2-98　跨中横隔梁的受载图式(荷载单位为 kN;尺寸单位为 mm)

纵向一行车轮对中横隔梁的计算荷载为:

$$P_{cq} = \frac{1}{2} \sum P_i y_i = \frac{1}{2}(140 \times 1 + 140 \times 0.708) = 119.56 \text{kN}$$

(2) 绘制中横隔梁的内力影响线

在例 2-4 中已经算得的 1 号梁的横向影响线竖坐标值为:

$$\eta_{11} = 0.60, \eta_{15} = -0.20$$

同理可算得 2 号梁和 3 号梁的横向影响线竖坐标值为:

$$\eta_{21} = 0.40, \eta_{25} = 0$$

$$\eta_{31} = 0.20, \eta_{35} = 0.20$$

1) 绘制弯矩影响线

对于 2 号和 3 号主梁之间截面的弯矩 M_{2-3} 影响线的计算如下:

$P = 1$ 作用在 1 号梁轴时:

$$\eta^M_{(2-3)1} = \eta_{11} \times 1.5d + \eta_{21} \times 0.5d - 1 \times 1.5d$$

$$= 0.60 \times 1.5 \times 2.2 + 0.4 \times 0.5 \times 2.2 - 1 \times 1.5 \times 2.2 = -0.88$$

$P = 1$ 作用在 5 号梁轴时:

$$\eta^M_{(2-3)5} = \eta_{15} \times 1.5d + \eta_{25} \times 0.5d$$

$$= -0.2 \times 1.5 \times 2.2 + 0 \times 0.5 \times 2.2 = -0.66$$

$P = 1$ 作用在 3 号梁轴时:

$$\eta^M_{(2-3)3} = \eta_{13} \times 1.5d + \eta_{23} \times 0.5d$$

$$= 0.2 \times 1.5 \times 2.2 + 0.2 \times 0.5 \times 2.2 = 0.88$$

有了此三个竖标值和已知影响线折点位置(即所计算截面的位置),就可绘出

M_{2-3} 影响线，如图 $2-99$(b) 所示。

2）绘制剪力影响线

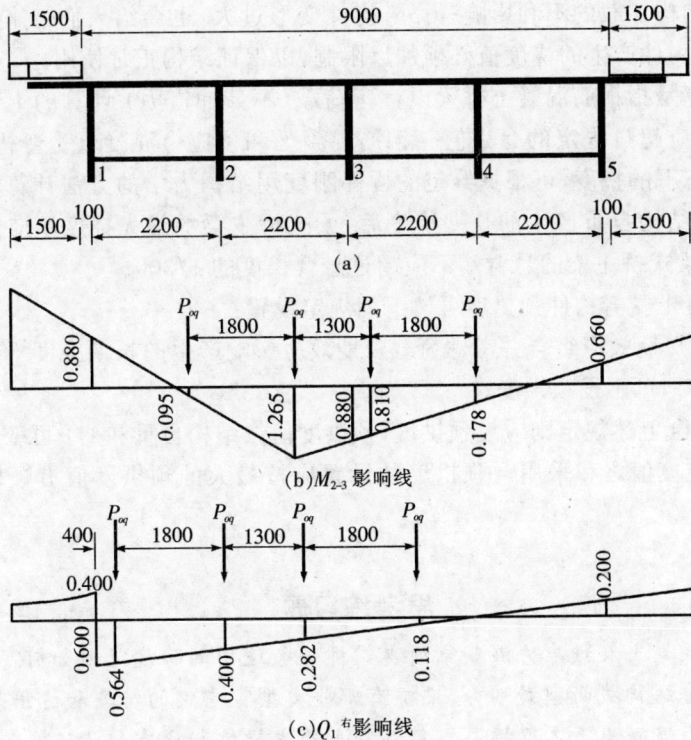

(a)

(b)M_{2-3} 影响线

(c)$Q_1^{右}$影响线

图 $2-99$　中横隔梁内力影响线(单位:mm)

对于 1 号主梁截面的 $Q_1^{右}$ 影响线可计算如下

$P=1$ 作用在计算截面以右时：$Q_1^{右}=R_1$　　即 $\eta_{1i}^{Q_1^{右}}=\eta_{1i}$(就是 1 号梁荷载横向分布影响线)

$P=1$ 作用在计算截面以左时：$Q_1^{右}=R_1-1$　　即 $\eta_{1i}^{Q_1^{右}}=\eta_{1i}-1$

绘成的 $Q_1^{右}$ 影响线如图 $2-99$(c) 所示。

（3）截面内力计算

将求得的计算荷载 P_{oq} 在相应的影响线上按最不利荷载位置加载,对于汽车荷载并计入冲击影响$(1+\mu)$,则得：

弯矩：$M_{2-3}=(1+\mu)\xi P_{oq}\sum \eta_{qi}$

$$=1.252\times 1\times 119.56\times(0.095+1.265+0.810+0.178)=351.47\text{kN}\cdot\text{m}$$

剪力：$Q_1^{右}=(1+\mu)\xi P_{oq}\sum \eta_{qi}$

$$=1.252\times 1\times 119.56\times(0.564+0.400+0.282+0.118)=204.18\text{kN}$$

2.4.6　挠度、预拱度

桥梁上部结构在荷载作用下将产生挠曲变形,使桥面成凹形或凸形,多孔桥梁甚至呈波浪形。因此设计钢筋混凝土受弯构件时,应使其具有足够的刚度,以避免产生过大的变形,影响结构的正常使用。过大的变形将影响车辆高速平稳的运行,并将导致桥面铺装的破坏;同时,车辆行驶时会引起颠簸和冲击,并伴随有较大的噪音和对桥梁结构加载的不利影响;另外,构件变形过大,也会给人们带来不安全感。因此,对受弯构件产生的挠度值必须加以限制,以保证结构正常使用。

变形验算是指钢筋混凝土桥梁以汽车荷载(不计冲击力)计算的上部结构最大竖向挠度,不应超过规定的允许值。钢筋混凝土和预应力混凝土受弯构件,在正常使用极限状态下的挠度,可根据给定的构件刚度用结构力学的方法计算。其长期挠度值,在消除结构自重产生的长期挠度后,梁式桥主梁的最大挠度不应超过计算跨径的 $1/600$;梁式桥主梁的悬臂端不应超过悬臂长度的 $1/300$。

钢筋混凝土受弯构件预拱度可按下列规定设置:

(1)荷载短期效应组合并考虑荷载长期效应影响产生的长期挠度不超过计算跨径的 $l/1600$ 时,可不设预拱度;

(2)不符合上述规定则应设预拱度,预拱度值按结构自重和 $1/2$ 可变荷载频遇值计算的长期挠度值之和采用。预拱度的设置应按最大的预拱度值沿顺桥向做成平顺的曲线。

思考练习题

1. 钢筋混凝土及预应力混凝土简支梁桥一般适用的跨度范围如何?

2. 按承重结构截面型式划分,梁桥有哪些类型? 它们的特点和适用范围如何?

3. 预应力混凝土简支梁桥与钢筋混凝土简支梁桥相比有何优点?

4. 简述整体式简支板桥的受力及配筋特点。

5. 整体式板桥与装配式板桥在受力上有何不同? 装配式板桥横向如何联结?

6. 斜交板桥的受力特点与构造特点? 影响其受力的主要因素有哪些?

7. 装配式简支梁桥设计块件划分应遵循的原则? 块件划分的方式有哪几种?

8. 装配式 T 形梁的截面尺寸如何确定? 下翼缘有时为何加宽?

9. 横隔板的作用是什么? 为何端部横隔板厚度较大? 横隔板为何留有孔洞?

10. 预应力混凝土梁中有哪些钢筋与钢筋混凝土梁中的不同? 作用如何?

11. 钢筋保护层的作用是什么? 什么叫三向预应力结构?

12. 装配式梁桥横向联结有哪些方式?

13. 预应力混凝土 T 形梁除了预应力钢筋外还需设置哪些非预应力钢筋?

14. 后张法预应力简支梁中,预应力筋大部分在梁端附近弯起,这是为什么?

15. 钢垫板下的间接钢筋有哪几种形式? 它们的作用是什么?

16. 简支梁桥的设计计算应包括哪些内容?

17. 常见桥面板的受力图式有哪几种? 车轮荷载在桥面板上如何分布?

18. 行车道板的有效工作宽度是怎样定义的? 影响其大小的因素有哪些?

19. 简述荷载横向分布和荷载横向分布系数的概念,荷载横向分布系数的大小与哪些因素有关?

20. "杠杆原理法"将桥跨结构作怎样的简化处理? 该法适用于什么情况?

21. "偏心压力法"的基本假定是什么? 该法与主梁的抗弯刚度与抗扭刚度有什

么关系？

22．"修正偏心压力法"与"偏心压力法"有什么区别？如何计算？

23．"铰接板法"的基本假定是什么？如何利用铰接板法的计算用表绘制荷载横向分布影响线图

24．荷载横向分布系数沿桥跨方向的变化在实际中如何处理？

25．横隔梁的计算跨径是怎样确定的？如何计算横隔梁的内力？

26．挠度和预拱度的定义？公路桥规对梁式桥的最大竖向挠度是怎样规定的？预拱度如何设置？

第3章

其他体系桥梁及桥梁支座

[本章导读]

主要介绍连续梁桥、悬臂梁桥、T 形刚构桥、悬索桥及斜拉桥的一般特点和构造要点,以及梁式桥常用支座的形式与计算。悬臂和连续体系梁桥由于支点负弯矩的存在,减小跨中截面的正弯矩值,故其跨越能力都比简支桥大。T 型刚构桥为悬臂梁墩柱与梁体固结后形成的结构体系,两 T 构之间带挂梁为静定结构,两 T 构之间带铰为超静定结构。悬索桥由主缆、主塔、锚碇、加劲梁、吊索等组成,主缆承曲线状,只受拉。斜拉桥由拉索、索塔、主梁等组成,为多次超静定结构,从索塔上伸出并悬吊起主梁的高强度拉索起着主梁弹性支承作用,大大减小梁内弯矩,增大桥的跨越能力。其中拉索承拉,索塔以承压为主有时还要承受较大弯矩,主梁受弯也受轴向压力或拉力。梁式桥的支座分为固定支座和活动支座,区别在于能否限制梁体的水平位移。支座的布置以有利于墩台传递纵向水平力为原则。

[知识目标]

通过本章学习熟悉连续梁桥、悬臂梁桥、预应力混凝土 T 形刚构桥的类型、构造特点、以及内力计算方法。了解悬索桥、斜拉桥一般构造、设计要点。掌握梁式桥支座的类型、布置原则、设计计算方法。

[能力目标]

能够对梁式桥支座进行设计计算。板式橡胶支座的设计与计算包括确定支座尺寸、验算支座受压偏转情况、验算支座的抗滑稳定性等,保证支座安全使用和梁体自由变形,避免局部承压混凝土破坏、橡胶与梁底之间相对滑移等不良现象的发生。

[重点难点]

本章重点是梁式桥支座的设计与计算;难点是悬索桥和斜拉桥的设计要点。悬索桥的设计顺序一般分为两部分考虑:先考虑主缆及加劲梁的设计,然后根据已解决的主缆及加劲梁体系来考虑主塔的设计。斜拉桥设计必须综合考虑塔、梁、索三者之间的相互关系,在桥跨布置、主梁断面形式、索塔形式和支承体系确定后,拟订主梁高度、索塔截面等各部尺寸,然后用平面杆系程序进行试算调整。

钢筋混凝土和预应力混凝土梁（板）桥，由于构造简单，施工方便，在桥梁建设中得到了广泛应用。当跨径较大时，如跨径超过 25m 的钢筋混凝土简支梁桥，或跨径超过 50m 的预应力混凝土简支梁桥，钢筋混凝土和预应力混凝土梁（板）桥型变得不够经济。为了降低材料用量，宜采用跨中弯矩较小的其他体系桥梁，如连续体系、悬臂体系、斜拉体系及悬索体系等。本章主要介绍连续梁桥、悬臂梁桥、预应力混凝土 T 形刚构桥、悬索桥、斜拉桥的一般特点和构造要点，以及梁式桥的常用支座形式、计算与选择。

3.1 连续梁桥

连续体系由于支点负弯矩的存在，使跨中正弯矩显著减小。与简支体系相比较，连续体系可以减小主梁的高度，从而降低结构自重，并且这本身又减小了恒载内力；另外，连续体系在桥墩上只需设置一排支座，这也相应减小了桥墩的尺寸；连续体系在运营条件上更是一大优势。然而由于连续梁桥是超静定体系，墩台基础的不均匀沉降会使梁内产生不利的附加内力，因而连续梁桥宜建在地基条件较好的地方；另外，连续梁桥在支点有负弯矩区段，梁上翼缘受拉，可能出现裂缝，若防水处理不好，雨水容易侵入。

3.1.1 结构类型

1. 等截面连续梁

超静定结构的连续梁在自重和活载作用下，支点截面设计负弯矩一般比跨中截面设计正弯矩大，但在跨径不大时，这个差值相差不大，可考虑采用等截面形式，采取一定的构造措施予以调节，从而简化主梁的构造，如图 3-1(a) 所示。

等截面连续梁桥的跨径以 40～60m 为宜，可选用等跨和不等跨两种布置方式，常采用的施工方法有就地浇筑施工、逐孔施工、移动模架施工、顶推施工等。

2. 变截面连续梁

当连续梁的主跨跨径接近或大于 70m 时，若主梁仍采用等截面布置，在结构自重和活载作用下，主梁支点截面设计负弯矩将比跨中截面设计正弯矩大得多，受力变得不合理。因此采用变截面形式符合受力要求，使得截面高度变化基本上与内力变化相适应，并且外形美观，节省材料，增大桥下净空高度。

连续梁桥超过五跨时，虽然内力变化情况与五跨相差不大，但连续跨数过大会增大温度变化的附加影响，造成梁端伸缩量很大，需设置大位移量的伸缩缝，因此连续孔数一般不超过五跨。三跨连续梁桥最为常用，其边跨与中跨的跨径比例，T 形截面连续梁桥一般为 0.8：1.0，如图 3-1(b) 所示；箱形截面一般为 (0.5：1.0)～(0.7：1.0)。五跨连续梁常用的比例为 0.65：0.9：1.0，如图 3-1(c) 所示。

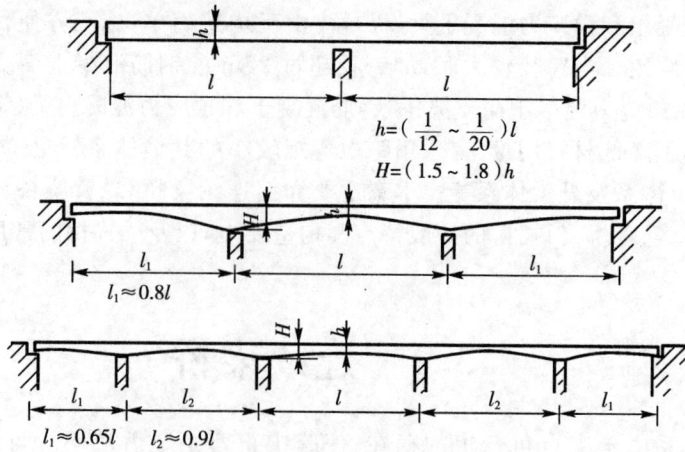

$$h=\left(\frac{1}{12}\sim\frac{1}{20}\right)l$$
$$H=(1.5\sim1.8)h$$

$l_1\approx0.8l$

$l_1\approx0.65l$ $l_2\approx0.9l$

图 3-1 连续梁桥的结构类型

3.1.2 构造特点

1. 横截面形式和尺寸

连续梁桥横截面形式主要有板式、肋梁式和箱形截面。

(1)板式截面

板式截面分实体截面、空心截面。实体截面(图 3-2(a)、(b))多用于中小跨径,一般有支架现浇施工。空心截面(图 3-2(c)、(d))常用于跨径 15～30m,板厚 0.8～1.5m。

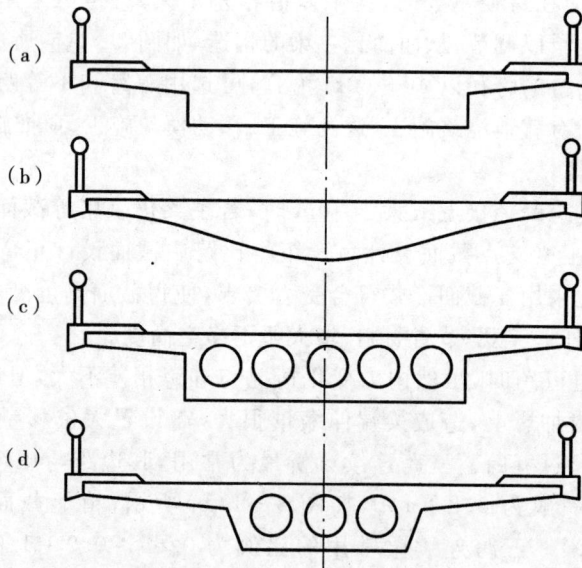

图 3-2 板式截面形式

(2)肋式截面

肋式截面制作方便,用于预制架设施工,在梁段安装后经体系转换为连续梁桥。

常用的肋式截面有带马蹄的 T 形截面(图 3-3(a)),适用于中等跨径的桥梁,从跨中到支点截面,其负弯矩逐渐增大,因此梁高和马蹄形均要相应加大。图 3-3(b)所示是在梁肋底部加设局部宽度的翼板,以加大混凝土的受压面积。翼板的宽度与厚度沿梁长可随负弯矩数值而改变。

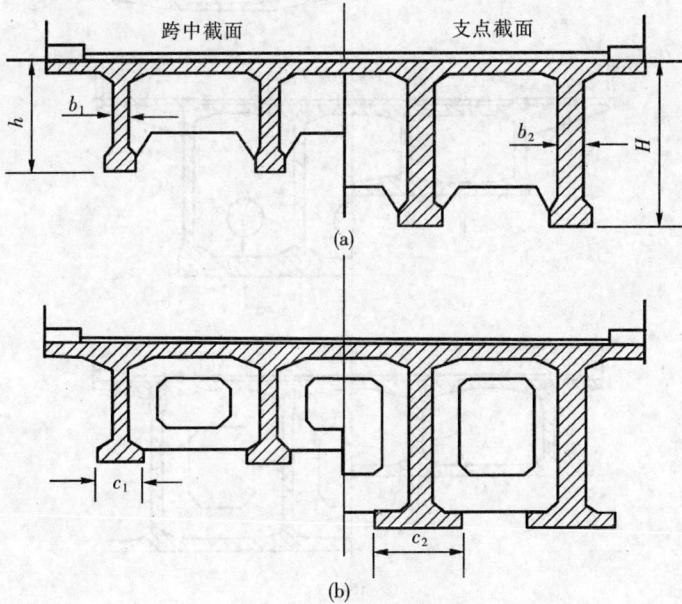

图 3-3　肋式截面形式

(3)箱形截面

当连续梁桥跨径超过 40~60m 时,主梁多采用箱形截面。箱形截面的整体性强,不但能提供足够的混凝土受压面积,而且闭合截面的抗扭刚度很大。常用箱形截面有单箱单室、单箱双室和分离式双箱单室等等。

图 3-4(a)是最简单的单箱单室箱梁截面,适用于桥面较窄的情况。图 3-4(b)所示的单箱单室截面将人行道和行车道分两层布置,这种新颖截面适用于城市高架道路。在抗扭刚度大的箱梁上从两端挑出足够长的悬臂,这样既满足了使用要求,又最大限度地缩减了墩台尺寸。宽桥采用多室的箱形截面(图 3-4(c)),为了减小箱梁宽度,还可在两侧敷设人行道挑梁来支承较宽的人行道结构。箱梁的顶板主要按行车道板要求来设计,钢筋混凝土箱梁梁肋的间距通常不宜超过 2.5~3.0m,使得顶板跨径不致过大并保证翼板与肋共同受力,底板尽量做得薄些,但从施工要求出发,不宜小于肋间净距的 1/16 或 0.15m。沿桥长可做成底板等厚的变高度梁,或者可将底板在负弯矩区逐渐加厚。肋厚一般亦可沿桥长变化,跨中截面肋的总厚度不宜小于桥宽的 1/20~1/12,支点处则不宜小于 1/12~1/8。顶底板与肋板连接处应设承托,以加强竖肋与水平板的联系,同时也避免了抗扭构件内角点处很高的集中应力。图 3-4(d)是顶板采用预制装配式微弯板(也可现浇)的箱形截面,这种构造的混凝土数量略有增加,但可显著节约桥面板的钢筋用量。

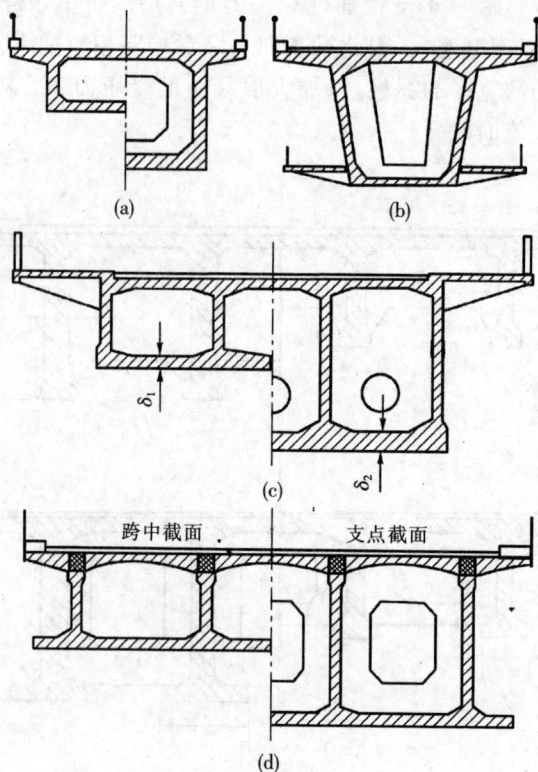

图 3 - 4   箱形截面形式

2. 横隔板

(1)肋式截面梁的横隔板

对于 T 形梁等肋式结构,横隔板的主要作用是将主梁连接成整体,增加结构的整体性和横向刚度,其结构、设置与简支梁相同。

(2)箱形截面梁的横隔板

箱形截面梁一般都在支点位置设置横隔板,用以约束箱梁的畸变变形和扭转变形,并承担和传递支反力。

对于整体式双箱结构,设置横隔板的目的是将两箱连为整体,根据整体刚度的要求来计算确定横隔板的位置和构造。在箱梁内部设置横隔板,用以约束截面的畸变和扭转变形。箱梁内的横隔板通常采用板式结构,为满足施工、维修和通风要求,须在横隔板上设置过人洞。

对于大悬臂单箱单室宽桥,要设置加劲横梁以改善箱梁的横向受力。加劲横梁多为肋式结构,其间距和构造由受力要求确定。

3. 预应力钢筋布置

连续梁的内力主要有三个:纵向受弯、受剪以及横向受弯。为了抵抗上述三个内力,需配置三向预应力钢筋。纵向预应力抵抗纵向受弯和部分受剪,竖向预应力抵抗受剪,横向预应力抵抗横向受弯。预应力钢筋数量和布筋位置需根据结构在使用阶段的受力状态予以确定,同时满足施工各阶段的受力需要。

(1)纵向预应力筋

沿着桥跨方向的纵向力筋又称为主筋,用以保证桥梁在结构重力和活载作用下纵向跨越能力的主要受力钢筋,可布置在顶、底板和腹板中。常用的纵向预应力筋为钢铰线和高强碳素钢丝。纵向预应力钢筋的布置不仅与结构形式有关,而且与施工方法关系密切,常用的布筋方式有连续配筋和分段配筋两大类。

当采用满堂支架法施工时,不存在施工阶段的内力变化问题,可以直接根据成桥后的内力,采用连续配筋方式,如图3-5(a)所示。这类布筋方式构造简单,曲线段力筋还具有抗剪作用,但跨数较多时,预应力损失大,穿束施工难度较大。

当采用节段施工(图3-5(b)、(c))、简支—连续施工(图3-5(d))时,采用分段配筋方式。节段施工中,预应力筋束分直束和弯束。直束布置在截面的上、下翼缘;弯束布置在腹板宽度范围内。

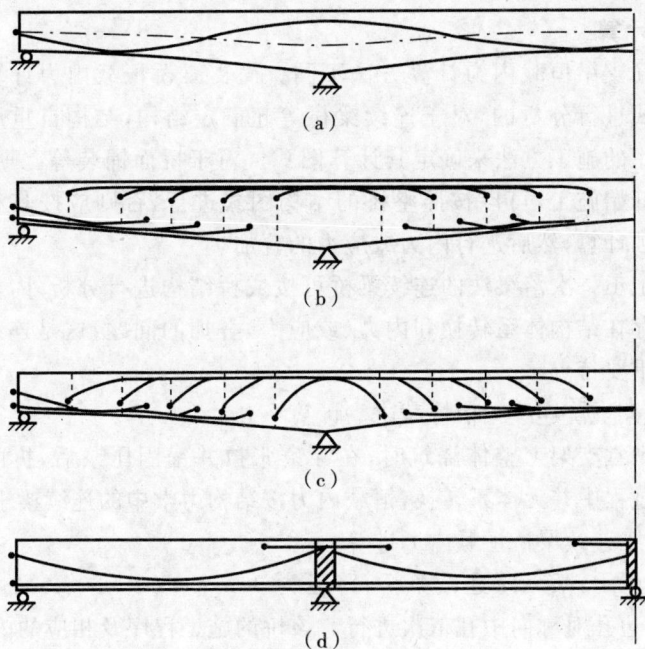

图3-5 纵向预应力筋配筋示意图

(2)横向预应力筋

横向预应力筋用以保证桥梁的横向整体性、桥面板及横隔板横向抗弯能力的主要受力钢筋,一般布置在顶板和横隔板中。常用的横向预应力筋为钢铰线和高强碳素钢丝。图3-6所示为对箱梁截面的顶板施加横向预应力的力筋构造。

(3)竖向预应力筋

竖向预应力筋布置在腹板中,主要作用是提高截面的抗弯能力。竖向预应力筋在梁体腹板内沿纵向的间距根据竖向剪力的分布进行调整,一般在0.3~1.0m之间,靠支点截面位置布置较密,靠跨中位置较疏。常用的竖向预应力筋为预应力粗钢筋。图3-6所示为对箱梁截面的腹板施加竖向预应力的力筋构造。

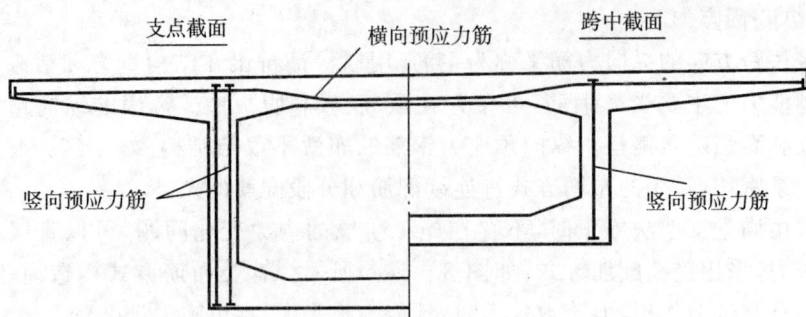

图 3 - 6　箱梁横向和竖向预应力筋配筋示意图

3.1.3　内力计算

1. 恒载内力计算

连续梁与简支梁恒载内力计算方法不同。简支梁桥恒载内力计算是按照成桥以后的结构图式进行分析的,对于连续梁桥等超静定结构,结构自重所产生的内力应根据它所采用的施工方法来确定其计算图式。对于桥面铺装等二期恒载,如果它是在成桥以后开始施工,可以按照整桥的结构图式进行,否则应按其相应施工阶段的计算图式单独计算,然后进行内力或应力的叠加。

除有支架施工一次落梁法的连续梁桥可按成桥结构进行分析外,其余方法施工的连续梁桥都存在结构体系转换和内力(或应力)叠加的问题,这是连续梁桥恒载内力计算的一个重要特点。

(1)满堂支架现浇连续梁桥恒载内力计算

连续梁在满堂支架上整体浇筑时,在穿束张拉并锚固压浆后,拆除支架。由于连续梁桥在此过程中并无体系转换,恒载内力按结构力学中的连续梁进行计算。

(2)悬臂施工连续梁桥恒载内力计算

如图 3 - 7 所示,某三跨连续梁桥,跨径为 30m＋45m＋30m,采用悬臂拼装施工,合拢次序由边孔对称向中孔依次进行。该桥的施工程序及相应的内力如下:

① 悬拼完毕,吊机拆除。首先在桥墩内预埋铁件,安装扇形支架,浇筑墩顶节段。永久支座为钢辊轴,临时支座为混凝土块,设于永久支座两侧,用直径 32mm 的钢筋将墩顶节段临时锚固在桥墩上,以保证从墩顶向墩两侧对称悬臂拼装的稳定性。悬臂施工完毕时的恒载内力如图 3 - 7(a)所示。

② 现浇边跨部分。由于边跨长度大于悬臂拼装长度,需要在边跨内另立排架,现浇部分与边跨的悬臂拼装段相接。此时为一端固定,一端简支的梁式结构,在现浇段自重作用下的恒载内力,如图 3 - 7(b)所示。

③ 拆除 2 号墩和 3 号墩上的临时支座,计算由一端固定一端简支的梁式结构转换成两端简支的单悬臂结构的内力,即计算临时支座所释放的不平衡弯矩在两端简支的单悬臂上所产生的内力,见图 3 - 7(c)。

④ 中跨合拢。将左半跨与右半跨合拢成为三跨连续梁。计算合拢段两悬臂端在支架、模板重力、合拢段自重作用下的内力,见图 3 - 7(d)。

⑤ 合拢段支架模板拆除后，考虑上述重力以相反的方向加在连续梁上产生的内力，见图3-7(e)。

⑥ 图3-7(a)～(e)的内力叠加之后，再加上二期恒载作用，得到连续梁最终的恒载内力，如图3-7(f)所示。

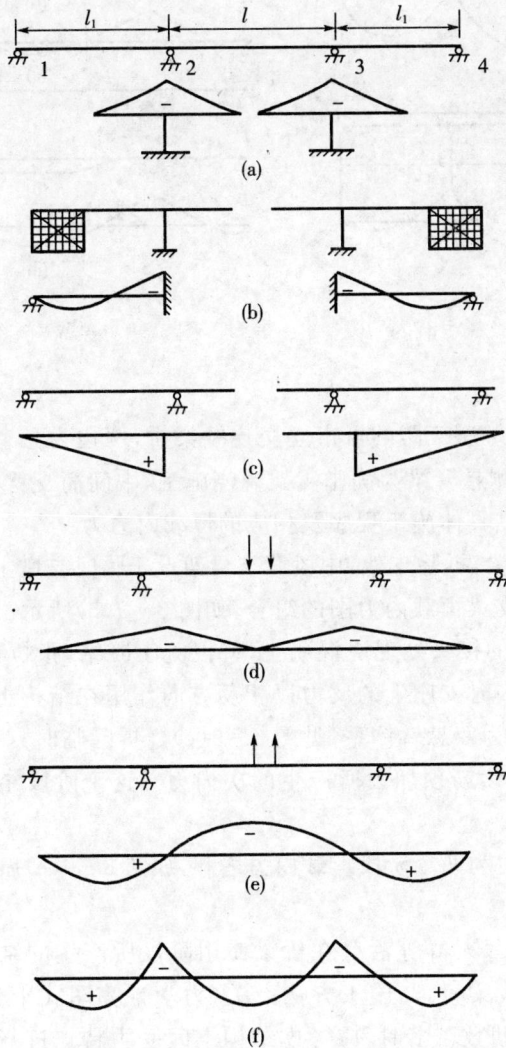

图3-7 三跨连续梁施工程序及恒载内力图

(3)梁段—整体施工连续梁桥的恒载内力计算

梁段—整体施工连续梁桥的施工程序主要有简支—连续(如图3-8所示)和悬臂—连续(如图3-9所示)两种。分别介绍如下：

1)简支—连续

如图3-8所示安装①、②号边部梁，浇筑节点(1)、(2)待混凝土达到强度后张拉节点(1)、(2)后期连接束及接缝中的竖向预应力筋，张拉③号中部梁后期贯通束，最后拆除临时墩，形成三跨连续梁。

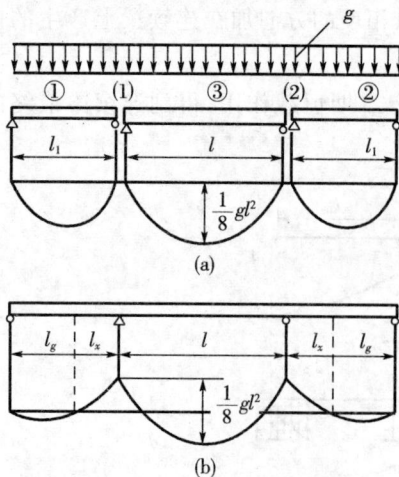

图 3-8　简支—连续梁桥恒载内力图

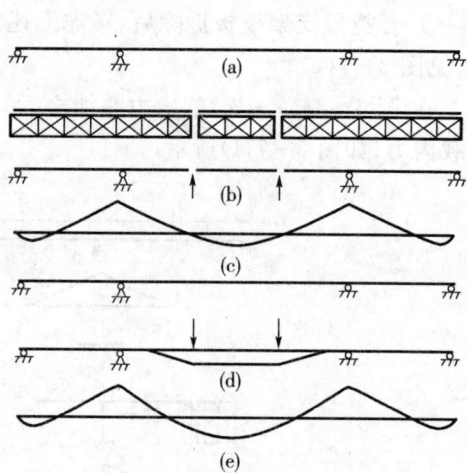

图 3-9　悬臂—连续梁桥恒载内力图

2)悬臂—连续

如图 3-9 所示为一座三跨的城市立交连续梁桥,两边为悬臂梁,中间为一简支梁,见图 3-9(a)。两侧悬臂梁为满堂支架现浇施工,中间简支梁仍用两临时支墩预制架设,然后再合拢,其具体施工程序及相应的恒载内力为:

① 完成两侧悬臂梁,拆除支架,中段简支梁架设于临时支墩上,恒载内力为单悬臂的恒载内力图与简支梁恒载内力图的组合,如图 3-9(b)所示。

② 在临时支座上的接头处现浇混凝土,待混凝土凝结,张拉预应力筋锚固压浆后,拆除临时支座,原临时支座上的反力以相反方向作用在结构上。此时,两端临时支座同时拆除,结构成为双悬臂体系,见图 3-9(c)。拆除临时支座的目的是使结构保持静定体系,消除连续筋预加力所产生的次内力。这个阶段结构的恒载内力,如图 3-9(d)所示。

结构的总恒载内力为两个阶段恒载内力之和,如图 3-9(e)所示。

2. 活载内力计算

活载内力是由汽车、人群等活载在桥梁使用阶段所产生的结构内力,此时结构已成为最终体系—连续梁桥,与施工方法无关,力学计算图式十分明确。当梁桥采用 T 形或箱形截面且肋数较多时,应考虑结构空间受力特点进行活载内力计算;当梁桥采用单箱单室截面时,可直接按平面杆系结构进行活载内力计算。

(1)按空间结构计算活载内力

按空间结构计算连续梁桥活载内力的方法有:

① 按最不利布载计算各主梁(肋)的荷载横向分布系数,按平面杆系结构计算绘制该主梁(肋)的纵桥向内力影响线;

② 将荷载乘以荷载横向分布系数,沿桥梁纵向按最不利位置分别将荷载加至影响线正负效应区,即可求得绝对值最大的正负活载内力。

(2)按平面杆系结构计算活载内力

计算方法与空间结构类同,只是无需计算横向分布系数。

(3)连续梁桥活载内力计算特点

连续梁桥为超静定结构,活载内力计算以影响线为基础。对于等截面连续梁或截面按某种规律变化的连续梁,可按结构力学的方法计算绘制影响线,也可直接采用有限元法计算绘制影响线。进行影响线加载时,如采用手工计算,可按照影响线的形状,将活载布置在最不利的位置,即可求得最大活载内力;如编程电算,可采用动态规划法进行计算。

3. 内力计算注意事项

(1)计算连续梁中间支承处的负弯矩时,可考虑支座宽度对弯矩折减的影响;折减后的弯矩按式(3-1)计算,如图3-10所示;但折减后的弯矩不得小于未经折减的弯矩的0.9倍。

$$M_e = M - M' \tag{3-1}$$

$$M' = \frac{1}{8}qa^2 \tag{3-2}$$

式中:M_e——折减后的支点负弯矩;

M——按理论公式或方法计算的支点负弯矩;

M'——折减弯矩;

q——梁的支点反力 R 在支座两侧向上按 45°分布于梁截面重心轴1—1的荷载强度,$q = R/a$;

a——梁支点反力在支座两侧向上按 45°扩散交于重心轴1—1的长度(圆形支座可换算为边长等于0.8倍直径的方形支座)。

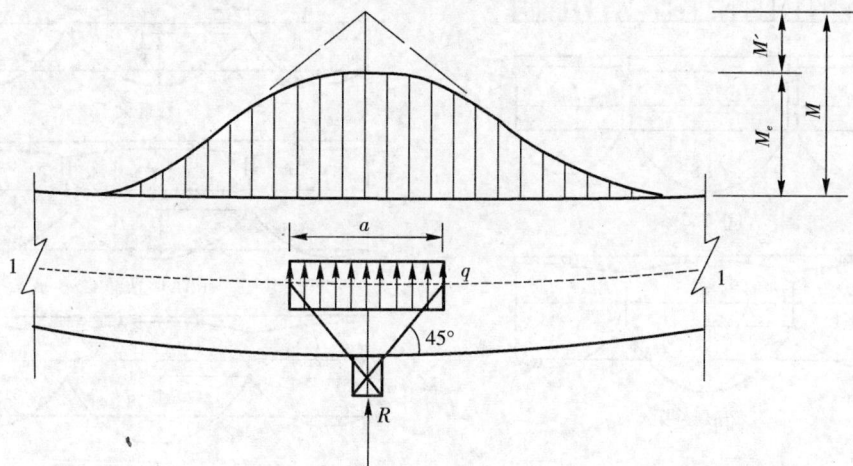

图3-10　中间支承处折减弯矩计算图

(2)设有承托的连续梁,其承托竖向与纵向之比不宜大于1/6。支点设有承托的变高度或等高度连续梁,计算作用效应时应考虑截面惯性矩的变化。但当支点截面惯性矩与跨中截面惯性矩之比等于或小于2时,可不考虑其截面惯性矩变化的影响。

(3)当连续梁中间支承处设有横隔梁时,支座上的计算截面可采用横隔梁侧面的连续梁截面。

3.2 悬臂梁桥

3.2.1 结构类型

悬臂梁桥的各种桥型图式如图 3-11(b)~(e)所示。图 3-11(b)表示由双悬臂锚跨带挂梁的多孔悬臂梁桥,图 3-11(c)是由单悬臂锚跨和挂梁组成的三跨悬臂梁桥。另一种悬臂体系是悬臂梁与墩柱固结并带挂梁的 T 形悬臂梁桥,见图 3-11(d)。鉴于这种体系中悬臂与墩柱整体结合成 T 形构架,也称 T 形刚构桥。

为了深入理解这些体系的共同力学特征,从荷载作用所产生的梁体截面内力方面来与简支体系作一比较。从恒载弯矩图来分析(见图 3-11),当跨径 l 和恒载集度 g 相同的情况下,简支梁的跨中弯矩值最大,见图 3-11(a),悬臂体系则由于支点负弯矩的存在,使跨中正弯矩值显著减小(图 3-11 中(b)、(c)、(d))。从表征材料用量的弯矩图面积大小(绝对值)来看,悬臂梁桥也比简支梁桥小得多。如以图 3-11c 的中跨弯矩图形为例,当 $l_x=l/4$ 时,正、负弯矩图面积的总和仅为同跨径简支梁的 1/3.2。再从活载方面来看,如果只在图 3-11(b)的中孔布载,则其跨中最大正弯矩仍然与简支梁一样。但对于带有挂梁的多孔悬臂梁桥(如图 3-11(c)),活载对于中间孔只按较小跨径(通常只有桥孔跨径的 0.4~0.6)的简支挂梁产生正弯矩,因此它也比简支梁桥的小得多。

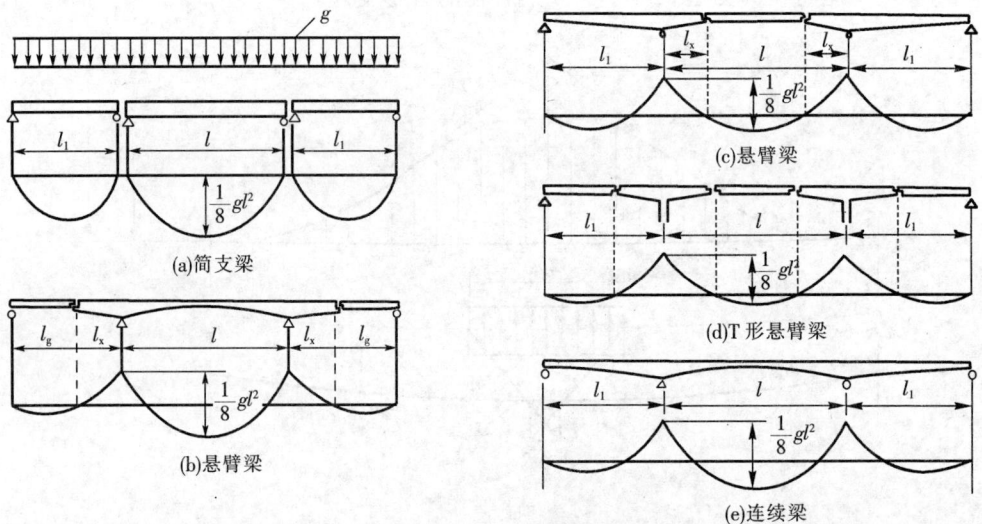

图 3-11 恒载弯矩比较图

由此可见,与简支体系相比较,悬臂梁桥可以减小跨度内主梁的高度,从而可降低钢筋混凝土数量和结构自重,并且这本身又导致了恒载内力的减小。

悬臂梁桥与多孔简支梁桥相比较的另一个重要特点是:从桥的立面上看,在桥墩上只需设置一排沿墩中心布置的支座,从而可相应地减小桥墩的尺寸。然而,由于钢筋混凝土悬臂梁桥的支点附近负弯矩区段内,梁的上翼缘受拉,不可避免要出现裂缝,雨水易于浸入梁体,而且其构造也较简支梁为复杂。另外,当跨度较大时长而重的构件不利于预制安装施工,而要在造价昂贵的支架上现浇。一般非预应力的T形悬臂梁桥跨径也不宜过大,由于墩顶接头部分负弯矩钢筋过分密集,则现场焊接质量和混凝土抗裂安全度难以保证。

3.2.2 构造特点

1. 一般构造

(1)主要尺寸的拟定

图 3-12 示出各种悬臂体系 T 形截面梁桥的跨径布置和梁高尺寸。

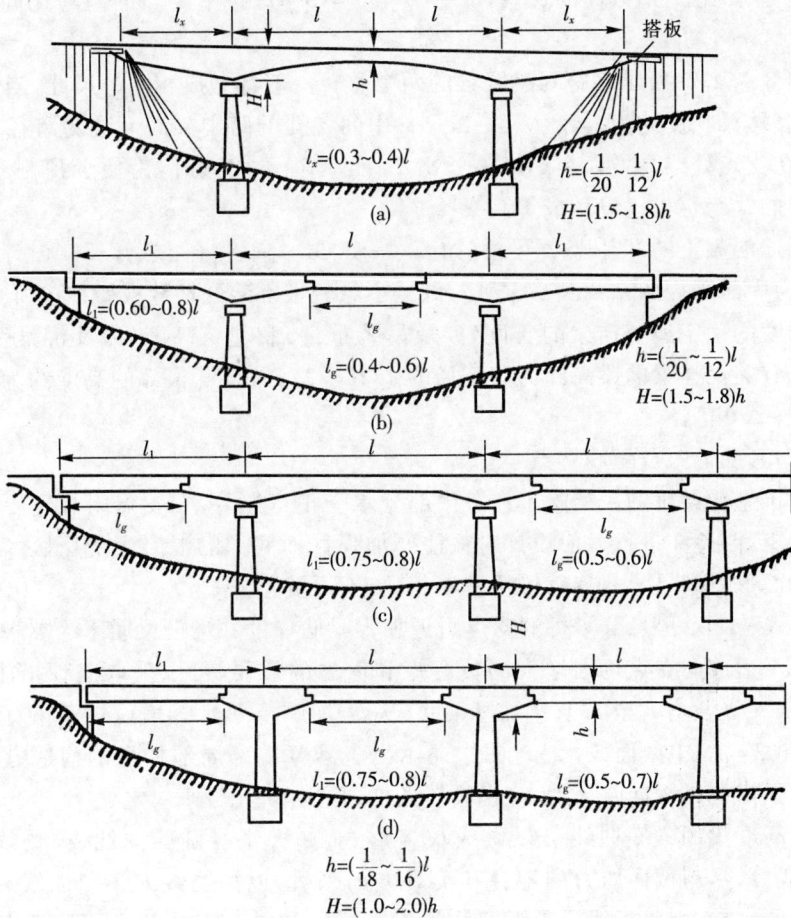

图 3-12 悬臂梁桥的主要尺寸图

单孔双悬臂梁桥,见图 3-12(a),利用悬臂端伸入路堤可省去两个体积庞大的桥台,但需在悬臂与路堤衔接处设置搭板以利行车。主梁采用 T 形截面时,悬臂长度一般为中跨长度的 0.3～0.4 倍。当采用箱形截面时,最好使跨中最大和最小弯矩的绝对值大致相等,充分发挥跨中部分底板的受压作用,因此,悬臂长度可达中跨长度的 0.4～0.6 倍。悬臂过长,活载挠度就大,过车时跳动厉害,桥与路堤的连接构造容易损坏。T形梁的跨中梁高为跨径的 $1/20 \sim 1/12$，支点处梁高通常加大到跨中梁高的 $1 \sim 1.5$ 倍。当为大跨径箱形截面梁时，跨中梁高可减小至 $(1/35 \sim 1/30)l$，在此情况下，支点梁高一般为跨中梁高的 $2 \sim 2.5$ 倍。

多跨悬臂梁桥的主孔跨径 l 通常由通航净空确定，或与边孔一起由河床地形和地质等条件综合考虑后选定。当不受上述这些条件限制时，就可按照梁的弯矩包络图面积为最小的原则来确定边孔与中孔的跨径。图 3-12(b)所示带挂梁的三孔悬臂梁桥用得较多，通常挂梁的跨度取 $l_g = (0.4 \sim 0.6)l$，锚孔跨径取 $l_1 = (0.6 \sim 0.8)l$，中孔跨径较小时取稍大值，跨径达 $50 \sim 60$m 时取较小值。在特殊情况下必须进一步减小锚孔的跨径时，应考虑活载作用在中孔时锚孔边支点可能出现负反力的情况，为此应采取加设平衡重或敷设拉力支座等特殊措施。箱形截面多跨悬臂梁桥的悬臂长度 l_x 要比 T 形截面的长些，$l_x = (0.3 \sim 0.35)l$；跨中梁高的高跨比同样也可减小至 $1/35 \sim 1/30$。

图 3-12(c)所示多跨双悬臂梁的两个悬臂一般都做成相同的尺寸，当为 T 形截面时，其挂梁长度约为 $l_g = (0.5 \sim 0.6)l$，中间各孔的跨中梁高 h 约为跨径的 $1/20 \sim 1/12$，在支点处梁高增大至 $(1.5 \sim 1.8)h$。当跨径不太大时，为便于预制和运输，带双悬臂的锚跨也可以设计成等高梁。

钢筋混凝土的 T 形悬臂梁桥(如图 3-12(d))宜将每侧悬臂长度设计得稍短一些，约为中跨跨径的 $0.25 \sim 0.15$ 倍，以减小悬臂根部装配接缝或墩柱内所受的弯矩。悬臂长度的确定还与挂梁的长度(涉及吊装重量)和建筑高度(涉及桥梁引道标高)等因素有关。挂梁的梁高约为其跨径的 $1/18 \sim 1/19$，悬臂根部的高度约为跨中梁高的 $1.8 \sim 2.0$ 倍。

(2)截面形式及配筋特点

由于悬臂梁桥的主梁除了在跨中部分承受正弯矩外，在支点附近还要抵抗较大的负弯矩，因此在进行截面设计时往往要加强截面底部的混凝土受压区。悬臂梁桥的横截面形式和尺寸与连续梁桥基本相同，不再赘述。

图 3-13 示出悬臂梁桥的支点附近加大梁肋厚度并增设梁肋下缘翼板的主梁构造。为了适应向支点逐渐增大的负弯矩和剪力的需要，可以采取三种措施：①增大梁高(从 h 逐渐增大至 H)；②加厚梁肋(从 b_1 加厚至 b_2)；③增设逐渐拓宽的下缘翼板(见图 3-13 中截面 2-2)。图中还示出了悬臂端部局部加强的构造方式。上述三种加强措施是否同时采纳，应视具体条件通过分析比较来决定。

变高度梁的梁底曲线可以做成很多形式，如大半径圆弧曲线、抛物线、正弦曲线、折线等，从与截面内力的配合和美观方面来看，以抛物线或正弦曲线为佳；但从施工方便来看，则以折线或圆弧曲线为好。特别是对于多孔 T 形悬臂梁桥，直线形变高度的 T 形悬臂配上等高度挂梁形成的折线形梁底，既经济又简洁，施工也方便。对于变高度的钢筋混凝土连续梁桥则多半采用曲线形的梁底。有时对于各种体系的变高度梁还可采用曲线和直线相结合的混合型梁底曲线。总之，梁底线形应视具体桥梁从多方面因素综合考虑后加以选定。

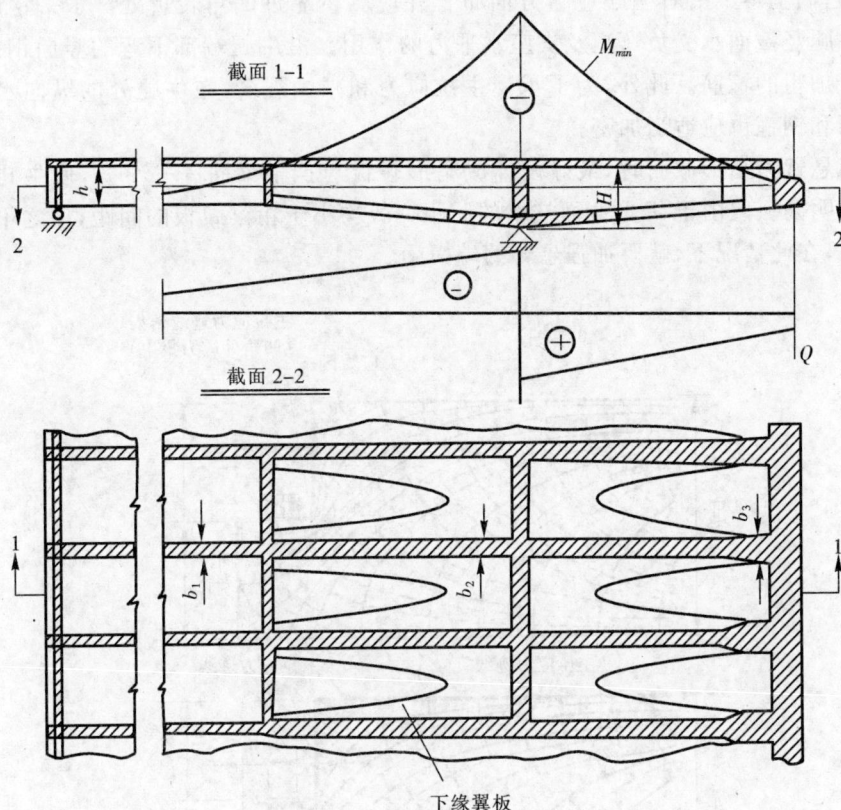

截面 1-1

M_{min}

截面 2-2

H

h

2

2

1

b_1

b_2

b_3

1

Q

下缘翼板

图 3 - 13　变截面的主梁构造

　　悬臂梁受力主筋的布置要满足正、负两种弯矩的要求。在悬臂部分和支点附近是负弯矩区,主钢筋要布置在梁的顶部;跨中部分承受正弯矩,主钢筋应布置在梁的底部;在正、负弯矩过渡区段,两个方向的弯矩都可能发生,因此顶部和底部均要布置适量的钢筋。梁内抵抗剪应力的斜钢筋,可由主钢筋弯折形成。对于跨中正弯矩区主钢筋密集的部位,往往铺设加强钢筋网来改善混凝土的裂缝分布。在支点负弯矩区,也可在桥面铺装层内铺设钢筋网并采取有效的防水措施,以免雨水渗入梁体。

　　多跨悬臂体系桥梁会出现挂梁与悬臂的搁置构造,通常将悬臂端和挂梁端的局部构造称为牛腿(图 3 - 14)。由于梁的相互搭接,要设置传力支座来传递较大的竖直和水平反力,因此牛腿高度虽削弱至不到梁高的一半,却又要传递较大的竖直和水平反力,这就使它成为上部结构中的薄弱部位。鉴于牛腿处梁高骤然减小,在凹角处就有应力集中现象,因此除将此处梁肋局部加宽并设置端横梁加强外(见图 3 - 13),还需配置密集的钢筋。根据理论和实验研究,两种不同形状牛腿在荷载作用下的主应力迹线如图 3 - 14 所示。图 3 - 14(a)的牛腿在凹角处主拉应力迹线密集,应力集中现象严重。图 3 - 14(b)是改进后的牛腿形状。显然,只要简单地避免尖锐的凹角,就能缓和应力集中。此外,为改善牛腿受力,还应尽量减小支座的高度,如采用橡胶支座等。

　　图 3 - 14(c)所示是常用的牛腿构造形式。图中斜筋 $N_1 \sim N_3$ 是牛腿中的主要

钢筋,它们基本上沿着主拉应力方向布置并应尽量靠近凹角转折处。水平钢筋 N_4 起着牛腿竖截面承受负弯矩及支座水平力的作用。沿牛腿端部下弯的竖向钢筋 N_5 相当于加粗的箍筋。此外,为了承受主拉应力和减少裂缝,在牛腿处的纵向水平附加钢筋和钢箍也应适当加密。

当悬臂为箱形截面时,最好设计成箱形腹板与挂梁梁肋一一对齐,使牛腿相互间传力明确。但由于 T 形截面挂梁的肋距一般均小于箱梁腹板的间距,使之不能直接对齐,在此情况下,就要加强悬臂的端横梁。

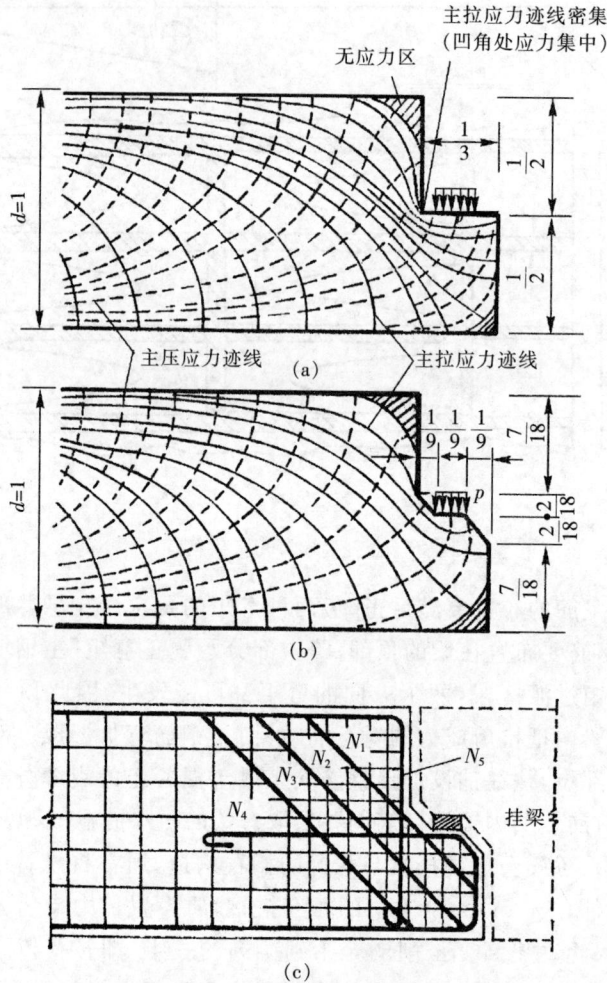

图 3-14 牛腿的应力迹线和配筋

3.2.3 内力计算

1. 恒载内力计算

悬臂梁桥的截面内力沿梁长方向不但数值有变化,而且还有正负符号的变化,所以为了能较准确地确定内力的变化情况,以便合理设计截面和布置钢筋,主梁的计算截面就要比简支梁的多些,对于一般中等跨径每跨宜选 5~6 个计算截面。为了能方便的计算截面内力并绘出内力包络图,通常可利用各截面的内力影响线来进行。

2. 活载内力计算

在内力影响线上,按最不利荷载位置布置活载,就可求得截面的控制内力值。但应注意,当内力影响线有正、负两种区段时,就应分别对正、负区段加载,分别求出正、负两个内力值。在此情况下,正值和负值分别称为最大和最小活载弯矩(或剪力)。当只有正号影响线时,则最小内力为零,反之则最大内力为零。

在计算各主梁活载内力时,与简支梁一样也要分析荷载的横向分布,及确定主梁的荷载横向分布系数。鉴于悬臂梁和连续梁与简支梁的力学体系不同,因而不能直接应用前面基于简支梁分析所得的结果。下面按 T 形或工字形截面、箱形截面两类情况分别阐述横向分布系数和截面内力的确定方法。

(1)T 形或工字形截面主梁

对各种桥梁位于支点处的荷载,显然均可像简支梁一样按"杠杆原理法"来计算其横向分布系数 m_0。对位于悬臂梁桥锚固孔跨中的荷载,由于其力学效应与同跨径简支梁相似,故也可视具体情况按窄桥($l/B \geqslant 2$)或宽桥($l/B < 2$)的条件采用"偏心压力法"或"G−M 法"计算其横向分布系数 m_c。

然而,对于悬臂和连续体系中的悬臂部分和连续梁跨,情况就与简支梁不同。鉴于跨中荷载横向分布的规律主要取决于结构纵向刚度与横向刚度之间的关系,因此我们可以引用一个非简支体系的纵向刚度修正系数 C_w 来近似考虑因体系不同对荷载横向分布带来的影响(体系改变不引起横向刚度的变化)。如果以跨中挠度来表示刚度特征,则系数 C_w 可计算如下:

$$C_w = \frac{w}{w'} \tag{3-3}$$

式中:w——单位荷载 $P=1$ 作用于简支体系跨中时的跨中挠度;

w'——单位荷载 $P=1$ 作用于非简支体系跨中时的跨中挠度。

当荷载作用于不同体系的悬臂端时,为了计算与简支梁相对应的跨中挠度,我们可在不损及悬臂受力特性的情况下做出(如图 3-15(b)、(c)和(d)所示)的假想计算图式。但需注意,此时与简支梁对应的跨径应取 $l = 2l_x$。表 3-1 列出了图 3-15(b)~(g)所示常用非简支梁体系等截面梁的纵向刚度修正系数 C_w 值。

表 3-1　C_w 值

结构体系	固端悬臂梁	带锚孔悬臂梁	T 形悬臂梁	两跨连续梁	三跨连续梁中跨 $l_边 : l_中$			三跨连续梁边跨 $l_边 : l_中$		
					1:1	1:1.2	1:1.4	1:1	1:1.2	1:1.4
纵向刚度修正系数 C_w	1	$\dfrac{l_x}{l_1 + l_x}$	$\dfrac{l_x}{l_x + 3Ha}$	1.391	1.818	1.931	2.034	1.429	1.382	1.344

[注]　表中符号见图 3-11。第三栏中的 $a = \dfrac{EJ_x}{E_zJ_z}$,EJ_x 和 E_zJ_z 分别为墩和墩柱的抗弯刚度。

根据理论分析可知,按 $\theta = \dfrac{B}{2l}\sqrt[4]{\dfrac{J_x}{J_y}} \leqslant 0.3$ 来定义"窄桥"比粗略的按 $l/B \geqslant 2$ 来定义更为合适。在上式中引入纵向刚度修正系数 C_w 即得其作为窄桥的条件为:

$$\frac{l}{B} \geqslant 1.66 \sqrt[4]{\frac{C_w J_x}{J_y}} \tag{3-4}$$

式中: l ——与简支梁相对应的跨径,对于悬臂部分取 $l=2l_x$,对于连续梁取 $l=l_1$(或 l_2);

B ——桥梁承重结构的宽度;

J_x,J_y ——桥梁纵向和横向的比拟单宽刚度。

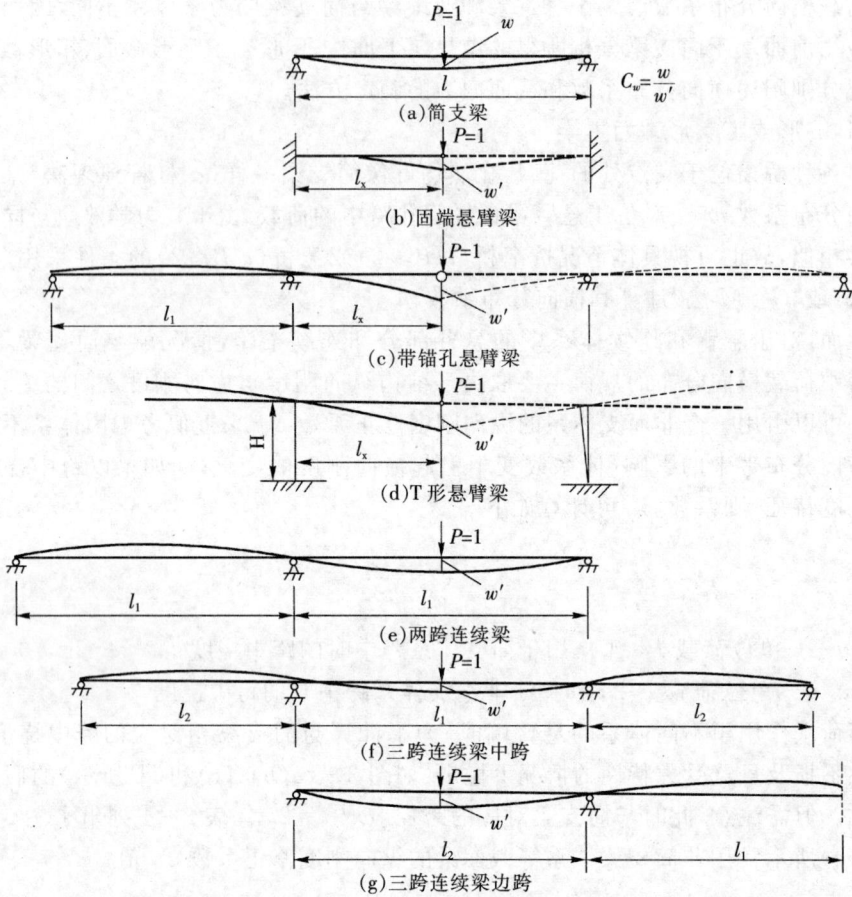

图 3-15 各种体系的计算图式

由此可见,当荷载位于悬臂端部和连续梁跨中时,如结构满足上式的条件,就可按"偏心压力法"来计算相应的荷载横向分布系数 m_c。

对于 $\frac{l}{B} < 1.66 \sqrt[4]{\frac{C_w J_x}{J_y}}$ 的场合,宜采用"$G-M$ 法"来计算。在此情况下,应根据用 C_w 系数修正后的刚度参数 θ' 和 α' 进行查表计算,并绘制荷载横向分布影响线。θ' 和 α' 的修正式为:

$$\theta' = \frac{B}{2l}\sqrt[4]{\frac{C_w J_x}{J_y}} = \sqrt[4]{C_w} \cdot \theta$$

$$\alpha' = \frac{G(J_{Tx} + J_{Ty})}{2E\sqrt{C_w J_x \cdot J_y}} = \frac{1}{\sqrt{C_w}} \cdot \alpha$$

$$\left.\right\} \qquad (3-5)$$

式中：θ 和 α 为同跨径简支体系的刚度参数。必须注意，对于长度为 l_x 的悬臂梁在计算 θ 时应取对应的跨径 $l = 2l_x$。

荷载横向分布系数沿梁长的变化，也可参照简支梁桥中的方法一样处理。

(2)箱形截面主梁

闭口箱形薄壁截面梁的受力特点与一般 T 形梁不同，其精确计算必须用薄壁构件结构力学的方法来求解。如图 3 - 16 所示，当桥上有 K 行车辆活载对桥中线呈偏心作用时，横向一排车辆的总重 KP 将具有偏心距 e，此时整体箱形梁的受力可分作两种情况来计算：对称荷载 KP 作用下的平面弯曲计算和扭矩 $M_T = KP \cdot e$ 作用下的扭转计算。

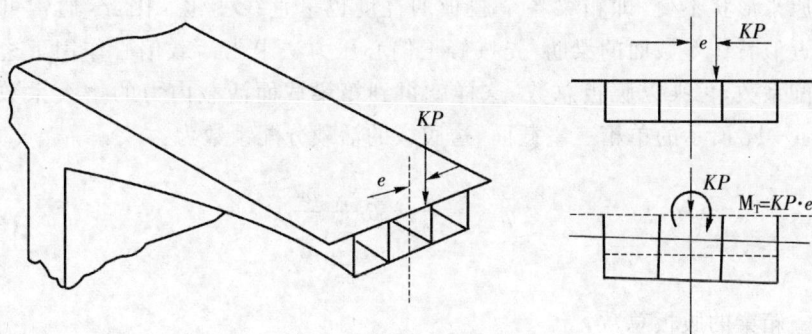

图 3 - 16　箱形截面梁的受力图式

对于平面弯曲计算，通常可用材料力学公式计算出横截面上的弯曲正应力 σ_M 和弯曲剪应力 τ_M。

对于扭转计算，一般来说，箱形薄壁杆件受扭后横截面上将产生自由扭转剪应力 τ_K、约束扭转正应力 σ_w 与剪应力 τ_w 以及截面发生歪扭引起的畸变正应力 σ_{dw} 与剪应力 τ_{dw}。

设计经验表明，钢筋混凝土或预应力混凝土箱形截面的抗扭刚度很大，由扭转引起的应力通常较平面弯曲引起的应力小得多。而且箱壁具有一定厚度的箱梁在横隔板的制约下截面不易发生歪扭，因而其畸变应力很小，可以忽略不计。再考虑到一般中、大跨径箱形截面桥梁的恒载内力就比活载内力大很多，因此活载扭转应力占总应力的比重就更小了。如按技术文献所推荐的约束扭转正应力的活载弯曲应力的 15% 计，扭转剪应力以活载弯曲剪应力的 5% 计，则约束扭转正应力仅占全部荷载所产生正应力的 1.7～3.2%，扭转剪应力仅占全部荷载剪应力的 0.5～1.5%，数值甚微。由此可见，在工程设计中，我们可以避免相当繁复的扭转应力计算而采用估计这些值，这对计算结果不会导致大的误差。

国内对直线箱形截面的桥梁常采用下列近似方法来计算其荷载内力。

① 经验估值法

对于箱壁具有一定厚度且有横隔板加劲的箱形梁,忽略歪扭变形的畸变应力,将活载偏心作用引起的约束扭转正应力和扭转剪应力分别估计为活载对称作用下平面弯曲正应力的 15% 和剪应力的 5%。当恒载对称作用时箱形梁任意截面计及扭转影响的总荷载内力可近似估计为:

弯矩
$$M = M_g + 1.15 M_p \qquad (3-6)$$

剪力
$$Q = Q_g + 1.05 Q_p \qquad (3-7)$$

式中:M_g,Q_g——恒载引起的弯矩和剪力;

M_p,Q_p——全部活载对称于桥中线作用时引起的弯矩和剪力。

② 用修正偏心压力法求活载内力增大系数

鉴于箱梁截面横向刚度和抗扭刚度大,则荷载作用下梁发生变形时可以认为横截面保持原来形状不变,即箱梁各个腹板的挠度也呈直线变化。因此,通常可以将箱梁腹板近似看作等截面的梁肋,先按修正偏心压力法求出活载偏心作用下边腹板的荷载分配系数,再乘以腹板总数,这样就得到箱梁截面活载内力的增大系数。例如对于图 3-17 所示的单箱三室截面,边腹板的活载分配系数为:

$$\eta_{\max} = \frac{1}{n} + \beta \frac{e_{\max} a_1}{\sum\limits_{i=1}^{n} a_i^2} \qquad (3-8)$$

式中:n——箱梁的腹板总数;

β——抗扭修正系数:

$$\beta = \frac{1}{1 + n\gamma \dfrac{G}{E} \cdot \dfrac{I_T}{I} \cdot \dfrac{1}{\sum a_i^2}} \qquad (3-9)$$

式中:对于简支跨的跨中截面,$\gamma = \dfrac{l^2}{12}$;对于悬臂梁的端部截面,$\gamma = \dfrac{l_x^2}{3}$;对于带锚固孔(跨径为 l_1)的外伸梁的端部截面,$\gamma = \dfrac{l_x(l_1 + l_x)}{3}$;对于各种跨径比的连续梁的跨中截面,也可按前面所述的原理求得 γ 之值。

$\dfrac{I_T}{I}$ 之比值在这里可用整个箱梁截面的抗扭惯矩与抗弯惯距之比来代替。在计算抗扭惯矩时可近似地忽略中间腹板的影响。系数 γ 的值是按等截面杆自由扭转推得的,对于变截面杆约束扭转来说,修正系数 β 将更小,因此是偏于安全的。

求得了边腹板的荷载分配系数 $\eta_{\max}$ 后,即得活载内力增大系数 ζ:

$$\zeta = n\eta_{\max} \qquad (3-10)$$

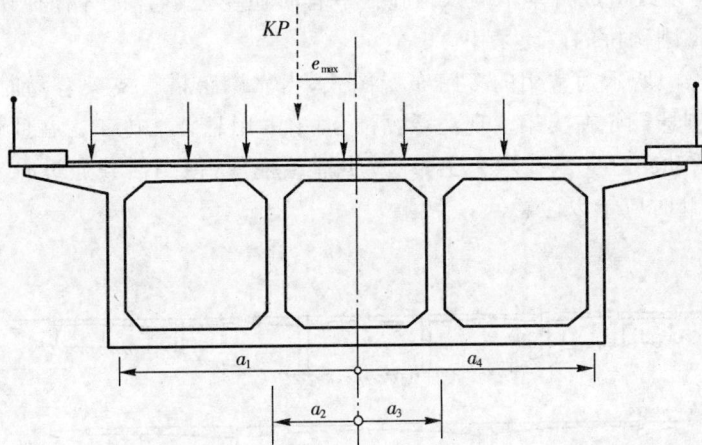

图 3 - 17　内力增大系数计算图式

则,计及活载偏心扭转作用的箱梁截面总内力为:

弯矩

$$M = M_g + \zeta M_p \qquad (3-11)$$

剪力

$$Q = Q_g + \zeta Q_p \qquad (3-12)$$

在设计时应分别计算出设计活载产生的最大和最小内力值,并与恒载内力组合,确定各截面的控制设计内力值。据此就可绘制最大和最小内力包络图,以作钢筋布置和强度校核之用。

3.3　预应力混凝土 T 形刚构桥

用普通钢筋混凝土修建的 T 形刚构桥,无论从结构性能和施工工艺上都存在不少弱点,因此跨度受到一定限制,在建桥实践中采用较少。预加应力技术的不断发展和悬臂施工工艺的不断完善,使得这种桥型的结构性能和施工特点达到高度的协调统一,从而能获得满意的经济指标。特别是对于跨越深水、深谷、大河、急流的大跨度桥梁,采用预应力混凝土 T 形刚构桥,施工十分有利。

3.3.1　结构类型

预应力混凝土 T 形刚构桥,分为跨中带剪力铰和跨内设挂梁两种基本类型。带剪力铰的 T 形刚构桥(图 3-18(a)~(d))是一种超静定结构。两个大悬臂在端部借助所谓"剪力铰"相连接,它是一种只能传递竖向剪力而不传递纵向水平力和弯矩的连接构造。当在一个 T 形结构单元上作用有竖向荷载时,相邻的 T 形结构单元通过剪力铰而共同参与受力。因而,从结构受力和牵制悬臂端变形来看,剪力铰起到了有利的作用。

然而,超静定结构的特性,温度影响、混凝土收缩徐变作用、钢筋松弛和基础不均匀沉陷等都会使结构内引起很难准确计算的附加应力,悬臂端因塑性变形的不断下垂不易调整以致造成行车不顺以及施工中有时还要强迫合拢等种种缺点,这就限制了带铰 T 形刚构桥的广泛采用。

图 3-18(a)所示为常用的多跨布置图式,当靠岸跨搭设支架容易时,往往将岸边 T 构的一侧悬臂先在支架上现浇,然后向河中采用悬臂法施工。在此情况下靠岸的悬臂端用活动支座支承在墩台上,以减少活载挠度,但当活载通过时支座将产生拍击作用,设计时应予以注意。

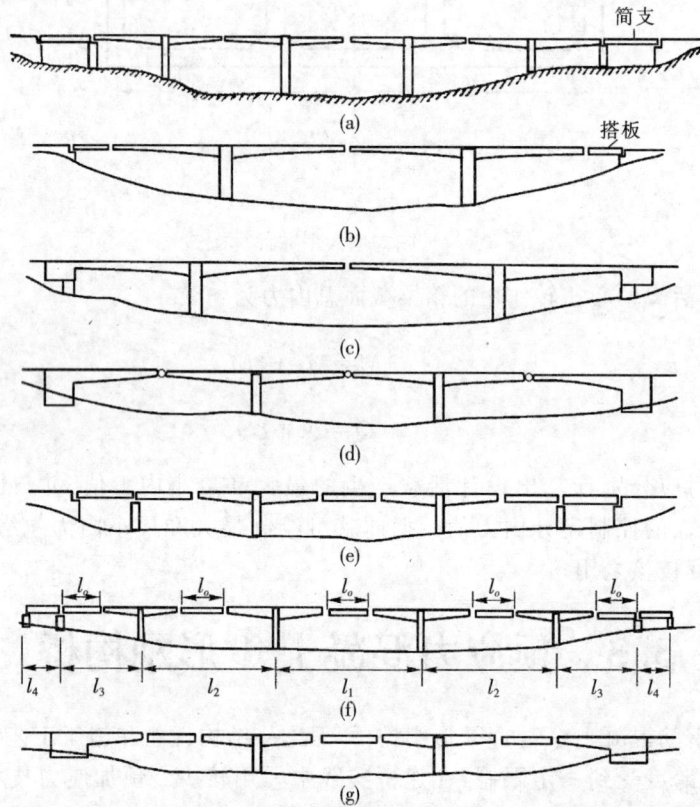

图 3-18 预应力混凝土 T 形刚构桥

图 3-18(b)所示全桥由对称 T 构组成,为了改善悬臂端与路堤的衔接,采用轻型搭板使荷载逐渐过渡。图 3-18(c)所示是为了增大中跨跨度而在边跨端部设置专门平衡重的构造形式。如果要使桥下各孔跨径相等,也可以从桥台上伸出固端梁来连接(图 3-18(d)),但这样使桥台受力不利。

带挂孔的预应力混凝土 T 形刚构桥属静定结构(图 3-18(e)~(g)),其受力特点虽然与钢筋混凝土结构一样,然而由于采用预加应力技术的悬臂法施工,消除了钢筋混凝土结构的缺点,而能充分发挥 T 形悬臂在运营和施工中受力一致的独特优点。与带铰的 T 形刚构桥相比,T 构各单元单独作用而在受力和变形方面略差一些,但它受力明确,构造简单,特别是当挂梁与多孔引桥的简支跨尺寸和构造相同时,更能加快全桥施工进度获得经济效益,因此近年来国内外已修建了较多的这类桥梁。

对于带挂梁的 T 形刚构桥,以偶数的 T 构单元与奇数的挂梁配合布置最为简单合理,如图 3-18(e)和(f)所示。在此情况下刚架两侧恒载是对称的,墩柱中无不平衡的恒载弯矩。一般的多跨桥梁均采用尺寸统一的 T 构和挂梁,以简化设计和施工。但也可以采用不同的 T 构悬臂长度和相同的挂梁相配合,以构成中孔跨径最大并向两侧逐孔减小的桥型布置(图 3-18(f))。在此情况下,每一 T 构两侧的恒载仍是对称的,墩柱中也无不平衡的恒载弯矩。图 3-18(g)示出桥台上伸出固端悬臂梁的等跨桥型,此时单悬臂梁在恒载和活载作用下全靠桥台的重力锚固来保持稳定,这就使桥台的体积增大,构造也复杂。

预应力混凝土 T 形刚构桥内挂梁的经济长度,一般在跨径的 0.22~0.50 倍范围内。主孔跨径大时,取较小比值,并应使挂梁跨径不致超过 35~40m,以利安装。

3.3.2 构造特点

1. 纵、横截面形式和主要尺寸

预应力混凝土 T 形刚构桥的横截面形式、梁底线形等基本上与上节中所介绍普通钢筋混凝土 T 形刚构桥相类似。不过由于采用了高标号混凝土和高强预应力钢筋(单向、双向或三向预加应力),结构的尺寸稍有不同。根据统计,国外对于公路和城市的预应力混凝土 T 形刚构桥,其支点处梁高与跨径之比、支点处腹板总厚度与行车道板宽度之比以及支点处腹板厚度与截面高度之比约如表 3-2 所示。

表 3-2 支点处梁高与跨径、腹板总厚度与行车道板宽度以及腹板厚度与截面高度之比

类别	支点梁高与跨度之比 H/l	支点腹板总厚度与行车道板宽度之比 $\sum \delta/B$	支点处腹板厚度与梁高之比 δ/H
跨径在 100m 内	$\frac{1}{22} \sim \frac{1}{14}$	$\frac{1}{19} \sim \frac{1}{13}$	$\frac{1}{20} \sim \frac{1}{15}$
跨径超过 100m	$\frac{1}{21} \sim \frac{1}{17}$	$\frac{1}{17} \sim \frac{1}{14}$	$\frac{1}{21} \sim \frac{1}{16}$
跨经超过 100m,且双向预加应力		$\frac{1}{23} \sim \frac{1}{20}$	$\frac{1}{28} \sim \frac{1}{19}$

从我国已建成的桥梁来分析,H/l 为 $1/18 \sim 1/16$,$\sum \delta/B$ 约为 $1/14 \sim 1/10$,δ/H 与表内之值比较接近。

跨中梁高视挂梁跨径或设铰需要而定,一般为支点梁高的 1/5~1/2,当挂梁跨径在 30m 以下时梁高通常取在 2m 以下。

预应力混凝土箱梁往往借助横向预应力钢筋使上翼缘板向两侧悬伸较大的长度,以缩窄箱梁底板尺寸,从而也使下部结构的尺寸得以减小,悬伸长度一般为 2~4m。

采用横向预应力钢筋的箱梁也可显著增大腹板的间距,以减少腹板的数量。目前对于一般双车道桥梁愈来愈趋向于采用只有两片腹板的单箱单室截面,这样既可

减小自重，又能方便施工。一般说来比较经济的腹板间距为 2.5m、4m，然而 6m 或更大的腹板间距在大跨径悬臂结构中也并不罕见。

预应力混凝土悬臂体系梁桥横截面的另一特点，就是当桥面较宽时为了便于悬臂施工而往往采用分离的多箱截面，如图 3-19 所示。在施工时两组箱梁间留出约 0.30m 宽的空缝，待两组箱

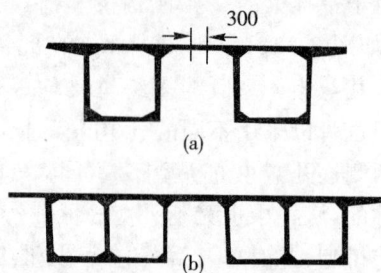

图 3-19　分离式箱形截面(单位:mm)

梁的悬臂施工设备前移后，再补浇此空缝的混凝土。在此情况下，有两种处理方式，一种是使两组箱梁完全独立受力，中间设分隔带盖缝；另一种是使两组箱梁借桥面板形成整体受力。前者活载对每个箱的偏心较小，施工也容易控制；后者活载偏心较大，施工要求(控制两组箱梁的标高)较高，但可充分利用桥面的有效宽度。

2. 预应力筋的布置

带挂梁的 T 形刚构桥的悬臂部分只承受负弯矩，因此将预应力筋布置在梁肋顶部和桥面板内，以获得最大的作用力臂，如图 3-20 所示。预应力筋分直筋和弯筋两类，直筋的一部分在接缝处端面上锚固，一部分直通至悬臂端部锚固在牛腿端面上。肋内的弯筋则随着施工的推进逐渐下弯而倾斜锚固在各安装块件(或现浇段)上。为了使位于梁肋外承托内的力筋也能下弯锚固，通常还要使它们在平面内也作适当弯曲，如图 3-20 的平面图所示。下弯的力筋能增加梁体的抗剪能力。在大跨径桥梁中还可在肋内设置专门的竖向预应力筋来增强梁肋的抗剪作用。

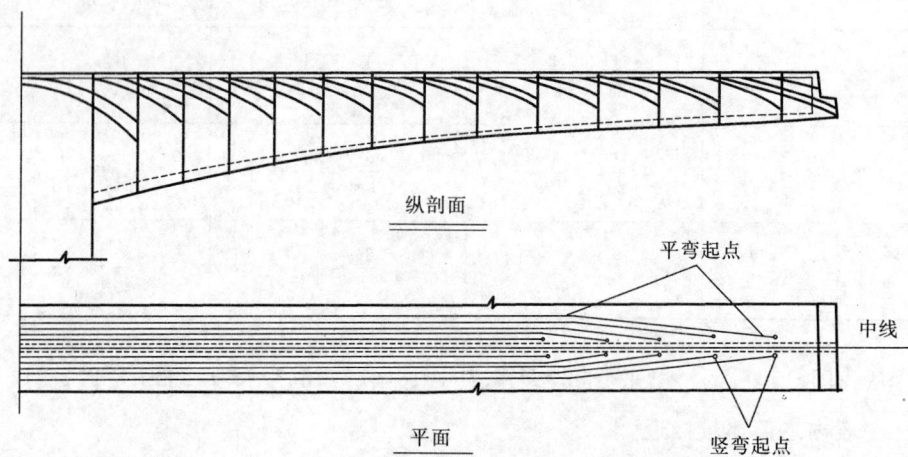

图 3-20　T 构悬臂预应力筋布置示意图

对于带铰 T 形刚构，悬臂部分也可能出现正负异号的弯矩，在此情况下梁的底部也应布置适当的纵向预应力筋，下面介绍纵向预应力筋布置的明槽法和暗管法。

(1)明槽法

在桥面板顶面预先留出凹槽，将预应力筋放在槽内，待预应力筋全部张拉锚固后，再浇筑明槽混凝土，如图 3-21(b)所示。为了分批张拉并锚固预应力筋，需要将

桥面板向下加厚做成锚固齿板(图3-21(a)),预应力筋就穿过齿板锚固在其端面下。明槽内力筋可分几层布置,随着力筋被逐步锚固而使层数减少,明槽深度也可相应减小。明槽法的优点是穿束方便,又无需压浆工艺。主要缺点是明槽混凝土未受预应力,既增加了梁体自重,又易开裂而不能有效地保护力筋。这种方法对悬拼施工显得特别方便,但鉴于上述种种缺点,近年来已较少采用。

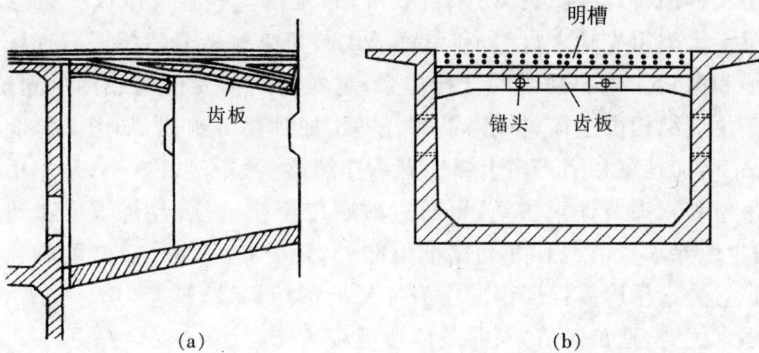

图3-21 明槽法预应力筋布置

(2)暗管法

所谓暗管,就是在浇筑梁体混凝土时在桥面板和腹板内用铁皮套管或橡胶抽拔管等预留的孔道,见图3-22。采用悬拼施工时需要穿束,当用悬浇施工时,也可预先将力筋置于铁皮套管内。然后进行张拉、锚固和压浆。暗管法适用于将较多力筋分批下弯锚固于接缝处腹板上的情况以利于抗剪。此法的主要优点是力筋都处在受预应力的混凝土内,因此能获得较好保护。与明槽法相比,由于没有增加混凝土用量,减小了自重。但其缺点是梁段制作时工艺要求较高,特别是对悬拼施工要保证多段块件预留孔道的准确顺直,不然会造成穿束困难。此外,间距不大的密集孔道,在施工中容易串孔漏浆、造成孔道堵塞。通常为了补救因施工失误可能造成孔道报废的事故,在设计时还要预设几个备用管道(见图3-22)。

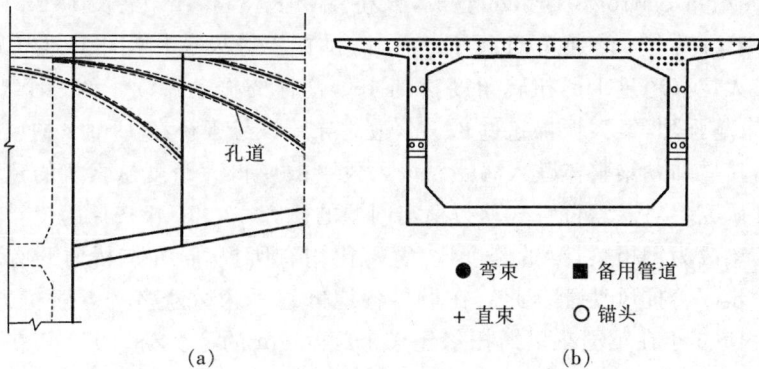

图3-22 暗管法预应力筋的布置

箱梁截面中的非预应力钢筋,大多属于构造钢筋,通常预制成钢筋网来安装,并注意在截面变化处(如承托处等),和削弱处(如检查孔处等)要局部加强。T构的墩柱属压弯构件,而且墩柱两侧均可能受拉,因此必须在两侧柱壁内布置足够的受力钢筋或预应力筋。

3.4 悬 索 桥

悬索桥又称吊桥,其构思据说来自猴桥,它是由一些猴子组成一条悬链让猴群通过的桥梁。人类祖先师之自然,利用竹子或藤条来制造悬索桥梁。现代悬索桥是指利用主缆和吊索作为加劲梁的悬挂体系,将桥跨所承受的荷载传递到桥塔、锚碇的桥梁。其主要结构由主缆、桥塔、锚碇、吊索、加劲梁等组成,如图 3-23 所示。在吊索的悬吊下,加劲梁相当于多个弹性支承连续梁,弯矩显著减小;悬索桥的活载和恒载通过吊索和索夹传递至主缆,再通过鞍座传至桥塔顶,经桥塔传递到下部的桥墩和基础;主缆除承受活载和加劲梁的恒载外,还分担一部分横向风荷载并将它直接传到塔顶。悬索桥以高强度钢丝作为主要承重结构,跨越能力大,受力合理,充分发挥材料强度优势,造价经济,同时整体造型流畅美观,施工安全快捷。

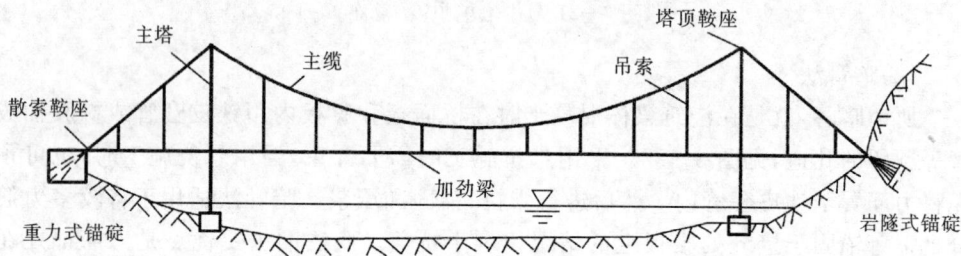

图 3-23 悬索桥结构示意图

我国四川省的灌县早在千年之前就出现了竹索桥,17 世纪开始出现用铁链作悬索的桥梁,进入 20 世纪后才出现利用钢缆绳、钢绞线和钢丝等现代钢材制造的悬索桥。1937 年美国建成金门大桥,主跨 1280m,迎来世界悬索桥第一次发展高峰。1940 年 Tacoma Narrows Bridge 建成,该桥主跨长 853.4m,全长 1810.56m,桥宽11.9m,而梁高仅 1.3m,通车四个月之后,该桥在中等风速作用下产生大幅扭转振动,竖弯最大位移超过 1m,扭转角度达到 45°,这样的振动持续了约三个小时后,振动变得越来越强烈,最大振幅超过 8.5m,最终导致该悬索桥在 19m/s 的风速下吊杆首先断裂,然后加劲梁整体跌入海峡。该风毁事故使得大跨度悬索桥的建设嘎然而止,并引发研究者对悬索桥空气动力稳定问题的研究。1950 年按原跨度重建塔科马新桥,加劲梁改为钢桁梁,梁的跨度比、宽跨比均有所提高,并在桥面开有若干带状孔隙,进一步改善抗风性能。此后在世界各地修建了为数众多的悬索桥,其中有代表性的有:1966 年在英国布里斯托尔建成主跨 988m 的塞文桥;1973 年在土耳其伊斯坦布尔建成主跨 1074m 的博斯普鲁斯海峡第一大桥;1981 年在英国建成主跨1410m 的恒伯尔桥;1998 年在日本建成主跨 1990m 的明石海峡大桥等。值得一提的是,自 20 世纪 90 年代开始,中国也进入发展悬索桥的队伍之中,已建成的主跨1650m 的西堠门大桥和主跨 1490m 的润扬长江大桥位居世界大跨度桥梁前列。

3.4.1 悬索桥的分类

悬索桥可根据悬吊跨数、主缆锚固方式及悬吊方式等加以分类。

1. 按悬吊跨数

按悬吊跨数悬索桥可分为单跨悬索桥、三跨悬索桥、四跨悬索桥和五跨悬索桥。

(1)单跨悬索桥

如图 3-24 所示,用于两岸地势较高的高山峡谷地区,采用桥墩支撑边跨更为经济,或者道路接线受限制,平面曲线布置进入了大桥边跨,为常用形式。

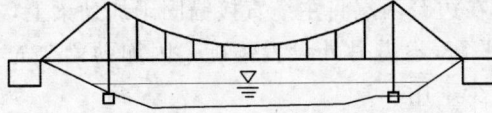

图 3-24　单跨悬索桥

(2)三跨悬索桥

如图 3-25 所示,结构受力特征较为合理,流畅对称的建筑造型符合人们审美观点,为应用最多形式。

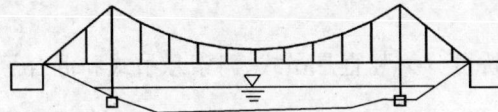

图 3-25　三跨悬索桥

(3)多跨悬索桥

指四跨或五跨悬索桥,又称多跨悬索桥,如图 3-26、图 3-27 所示。此类悬索桥结构柔性大,固有振动频率较低,难以满足特大跨度悬索桥的受力和刚度需要,不具备实用优势,目前几乎没有多跨悬索桥的工程实例。

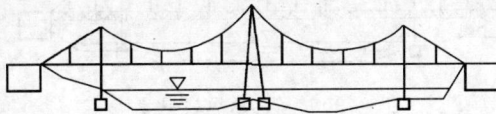

图 3-26　四跨悬索桥

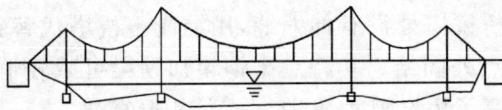

图 3-27　五跨悬索桥

2. 按主缆锚固方式

按主缆锚固方式悬索桥可分为地锚式悬索桥和自锚式悬索桥。

(1)地锚式悬索桥

如图 3-28 所示,主缆通过重力式锚碇或岩隧式锚碇将荷载产生的拉力传至地基达到全桥的受力平衡,这是大跨度悬索桥最佳的受力模式,绝大多数悬索桥采用地锚式主缆锚固方式。

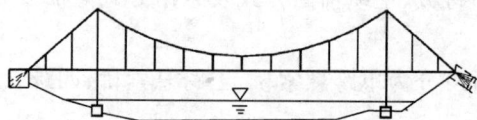

图 3-28　地锚式悬索桥

(2)自锚式悬索桥

如图 3-29 所示,在边跨两端将主缆直接锚固于加劲梁上,主缆的水平拉力由加劲梁提供轴压力自相平衡,不需另外设置锚碇。因加劲梁要先于主缆安装,施工困难、经济性差等原因极少采用。

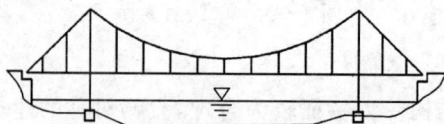

图 3-29　自锚式悬索桥

3. 按悬吊方式

按悬吊方式悬索桥可分为竖直悬吊式、斜索悬吊式和混合悬吊式。

(1)竖直悬吊式

如图 3-30 所示,采用竖直吊索并以钢桁架作加劲梁。这种形式的悬索桥一般为三跨地锚式,加劲梁不是连续的,主塔处有伸缩缝,桥面为钢筋混凝土,主塔采用钢结构。其特点是可以通过增加桁架高度来保证梁有足够的刚度,并且便于实现双层通车。

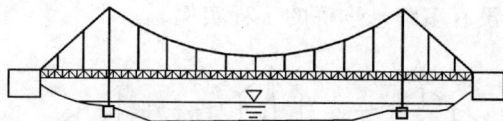

图 3-30　竖直悬吊式悬索桥

(2)斜索悬吊式

如图 3-31 所示,采用三角布置斜吊索,以高度较小的扁平流线形钢箱梁作加劲梁。这种形式的悬索桥桥塔处没有伸缩缝,用混凝土桥塔代替钢桥塔,有的还将主缆与加劲梁在主跨中点处固结。其特点是钢箱加劲梁可减轻恒载,且抗扭刚度大,三角布置的斜吊索提高了桥梁刚度,但在吊点处构造复杂。

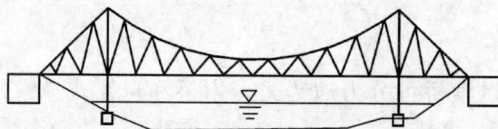

图 3-31　斜索悬吊式悬索桥

(3)混合悬吊式悬索桥

采用竖直吊索和扁平流线形钢箱梁作加劲梁。它的出现显示出钢箱加劲梁的优越性,同时避免了采用有争议的斜吊索。我国目前修建的悬索桥大多属于这种形式。混合悬吊式悬索桥除了有一般悬索桥的缆索体系外,有的还设有若干加强用的斜拉索,如图3-32所示。

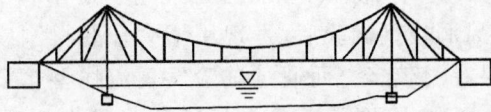

图3-32　混合悬吊式悬索桥

3.4.2　悬索桥的构造

悬索桥上部结构由主缆、加劲梁和吊索组成,下部结构由塔、桥墩、锚碇组成。四大主体结构是主缆、主塔、锚碇与加劲梁等,附属系统包括主索鞍、散索鞍座(或散索箍)、悬吊系统等。

1. 主缆

主缆是通过塔顶鞍座悬挂在主塔上并锚固于两端锚固体中的柔性承重构件,主缆本身又通过索夹和吊索承受活载和加劲梁的恒载,除此之外,还分担一部分横向风荷载并将它直接传递到塔顶。主缆必须具有强度高、弹性模量大、耐腐蚀等性能,大多选用高强镀锌钢丝及镀锌钢丝绳。大多悬索桥都采用双面主缆,也有用单面主缆者。主缆的根数一般一侧布置一根,也有一侧用两根主缆的设计,称为复式主缆。

2. 吊索

吊索是将活载和加劲梁的恒载通过索夹传递到主缆的主要构件,它的上端与索夹相连,下端与加劲梁相连。吊索一般采用镀锌钢丝绳或镀锌高强平行钢丝制作,少数小跨悬索桥采用由圆钢或钢管制成的刚性吊杆。吊索可竖直布置,也可斜向布置,它与主缆的连接方式有骑跨式和铰接式,与加劲梁的连接方式有锚头承压方式和销接式。

3. 索夹

索夹位于每根吊索和主缆的连接节点上,是主缆和吊索的连接件。索夹以套箍的形式紧固在主缆上,它在主缆上夹紧后产生一定的摩阻力抵抗滑移,从而固定吊索与主缆的节点位置。同时也固定了主缆外形。

4. 索鞍

索鞍是塔顶上承受主缆的重要构件,可以使主缆中的拉力以垂直力和不平衡水平力的方式均匀地传给塔顶。除了主塔与副塔的鞍座之外,主缆在进入锚固体之前还必须通过散索鞍座将主缆分散后以索股作单位分散锚固。

5. 加劲梁

加劲梁的主要功能是提供桥面和防止桥面发生过大的挠曲变形和扭曲变形。桥面上的活载及加劲梁的恒载通过吊索和索夹传至主缆。加劲梁是悬索桥承受风荷载和其他横向水平力的主要构件。加劲梁结构形式有钢板梁、钢桁梁、钢箱梁和钢筋混凝土箱梁等。其中,钢板梁通常采用工字形截面,沿着跨径设计成等高度梁,仅在翼缘板层数上变化。为了保证腹板局部稳定,在腹板两侧设纵横加劲梁。桁架式加劲梁是最早应用于大跨度悬索桥的加劲梁形式,通常被称作第一代钢梁。桁架式加劲梁抗扭刚度大,竖向刚度大,透风性能好,颤振稳定性好。由于桁架加劲梁的上述优点,世界上早期建设的悬索桥以钢桁架加劲梁为主,美国早期所有的悬索桥均采用桁架式加劲梁,如金门大桥和乔治华盛顿桥等。学术和工程界在进行了相当长时间的理论研究和风洞模型试验后,发现用增大加劲梁刚度来提高悬索桥的气动稳定性,效率不高且耗材较多。而通过试验发现流线型箱梁作加劲梁抗风性能好,耗材量少,且轻柔美观。因此,近几十年的公路悬索桥采用钢桁架梁日趋减少,钢箱加劲梁日渐增多。但在双层桥面交通量大的多车道公路悬索桥、公铁两用悬索桥及长大型构件运输、架设困难的山区建设的悬索桥还是首选钢桁架作加劲梁。

6. 桥面

悬索桥桥面有钢桥面和混凝土加劲梁桥面两种。其中,钢桥面是多结构组合体,包括防锈和主体铺装两大体系。混凝土加劲梁桥面可采用混凝土桥面和沥青混凝土桥面,目前多用沥青混凝土铺装。

7. 主塔

又称索塔,是支承主缆的重要构件,悬索桥的活载和恒载通过主塔传递到下部的塔墩和基础,同时主塔还承受风力和地震等作用。主塔的高度主要由垂跨比确定。主塔早期采用石砌材料,后来以美国为代表的大跨度悬索桥主塔基本采用钢结构,随着预应力混凝土和爬模技术的发展,近代欧洲各国及我国的悬索桥主塔多采用混凝土结构。

8. 锚碇

锚碇是地锚式悬索桥锚固主缆必不可少的重要结构物,可分为重力式锚碇及岩隧式锚碇。采用岩洞锚的条件是要有坚固的山体岩壁可利用,大部分悬索桥由于无此条件而采用重力锚。无论是重力锚或岩隧锚,主缆在进入锚固室或岩洞之前必须先经过散索鞍座或喇叭形散索套,将原来捆紧的主缆截面散开,变成以一股一股的钢丝索股为单元逐股分开锚固。散索鞍座一般位于主缆锚固体之前,它具有能使主缆转角或分散索股的作用。如果主缆在进入散索室或岩洞之前不需转角,则可采用喇叭形散索套。喇叭形散索套的内表面适应主缆从捆紧状态逐渐变化到分散状态,喇叭形散索套的本身依靠设置在散索套一端的摩阻套箍来固定其位置。

3.4.3 悬索桥设计要点

悬索桥的设计一般分为两部分:先考虑主缆及加劲梁的设计,然后根据主缆及加劲梁体系来考虑主塔的设计。

1. 加劲梁

拟定悬索桥的形式,采用单跨悬吊还是三跨悬吊。根据桥位处地形及地质条件,选择边孔与主孔的跨度比,初步决定主缆垂跨比。加劲梁的恒载及刚度参照已有类似悬索桥假定。设计风力可根据桥位处的风力或风速观测资料来推算主缆及加劲梁处的设计风力。

2. 主缆

确定主缆的垂跨比,即主缆在主孔内的垂度与主孔跨度的比值。垂跨比的大小对主缆中的拉力有很大影响,在较大程度上决定着主缆所需截面积与单位桥长的用钢量。参考已有类似跨度、规模、形式与垂跨比的悬索桥来初步假定主缆的钢丝索股数与每股的钢丝根数。

3. 主塔

首先确定主塔形式,一般有门架式、刚架式和桁架式。各部分截面尺寸可参考已有类似悬索桥来做初步假设。主塔计算应根据主缆与加劲梁结构体系进行,考虑纵向应力和横向应力影响,需验算主塔稳定性。

3.4.4 工程实例

以江阴长江公路大桥为例,该桥为双向六车道高速公路桥,如图 3-33 所示,设计使用年限 120 年,桥面净宽 29.5m,通航净高 50m。主桥桥跨布置成 336.5m＋1385m＋309.4m,其中主跨为钢箱梁,两边跨为预应力混凝土连续箱梁。设计荷载汽车-超 20,挂车-120,检修道人群荷载 3.15kN/m。设计时速 100km/h,设计风速 40.8m/s,地震基本烈度 Ⅵ 级,按 Ⅶ 度进行抗震设计。主塔采用混凝土刚架式塔架,均由两个单箱双室钢筋混凝土塔柱和三道预应力混凝土横梁组成。南塔布设在岸边,塔高 186m,基础采用 24 根 ϕ3m 的嵌岩钻孔灌注桩;北塔布设在浅滩上,塔高 183m,基础采用 96 根 ϕ2m 嵌岩钻孔灌注桩。主缆由平行高强度镀锌钢丝组成,钢丝直径 5.35mm,抗拉强度 1600MPa,每根主缆中跨由 169 股、每股 127 根钢丝组成,边跨各增加 8 股背索,中跨主缆直径 864mm,垂跨比为 1/10.5。两根主缆间距 32.5m。吊杆由平行高强镀锌钢丝束股和钢丝绳组成,间距 16m,上、下销接于索夹和钢箱梁上。钢箱梁采用扁平闭合箱型截面形式,选用 16 锰钢,梁高 3.0m,顶板水平宽度 29.5m,底板宽度 22.5m,每侧检修道宽度 1.5m,全桥总宽度 36.9m,箱梁顶(底)板与上(下)斜腹板厚度为 12mm(10mm)。桥面车行道铺装 50mm 厚沥青混凝土,检修道铺 30mm 厚沥青混凝土。

图 3-33 江阴长江公路大桥

3.4.5 悬索桥的发展展望

21世纪全球范围内需要修建的跨海峡通道至少有：西班牙与摩洛哥之间的跨直布罗陀海峡通道；我国广东雷州半岛与海南岛之间跨琼州海峡通道等等，以上这些海峡通道都需要修建跨度大于2000m的悬索桥，因此研究特大跨度悬索桥是21世纪新一代悬索桥亟待进行的工作。从现代悬索桥最大跨度的日本明石海峡大桥来看，主缆采用强度高达1800MPa的钢丝，设计安全系数已降到2.2，主缆中活载所占的应力已经小到只有8%左右，如果没有新的高强轻质材料，如碳纤维加劲塑料丝来代替钢丝，即使只从静力问题上来考虑，修建特大跨度悬索桥不太可能。应从以下几方面找出路：

(1)设置能自动控制桥梁气动稳定的装置。如翼板导流，增加阻尼器抑制振动等。

(2)将加劲梁一分为二以增大全桥的宽跨比。

(3)改变缆索体系来抵抗桥梁的气动失稳。

(4)采用悬索—斜拉协作体系，兼顾两种桥型优点。

(5)超大跨度悬索桥施工工艺、设备、方法及施工控制技术的研究。

(6)耐久性及抗腐蚀性材料的研究。

3.5 斜 拉 桥

斜拉桥又称斜张桥，由斜索、塔柱、主梁三部分组成，是一种桥面体系受压，支承体系受拉的多次超静定结构。从塔柱上伸出并悬吊起主梁的高强度钢索起着主梁弹性支承的作用，从而大大减小梁内弯矩，使梁截面尺寸减小，减轻了主梁的重量，加大了桥的跨越能力。在这三者中，塔柱以承压为主有时还要承受较大弯矩，主梁受弯也受轴向压力或拉力。

斜拉桥起源于19世纪，但限于当时材料水平和复杂超静定结构的计算手段，建成不久即被淘汰。20世纪中叶，出现了高强钢丝、正交异性板、电子计算机，斜拉桥重新受到广泛关注。1956年，瑞典建成跨径75+183+75m的Strömdund桥，采用钢筋混凝土与钢板的组合梁，自此拉开了现代斜拉桥建设的序幕。斜拉桥的发展远比悬索桥晚，但发展非常迅速，与悬索桥相比，斜拉桥属于自锚体系，不需昂贵的地锚基础；防腐技术要求低，钢束即使受腐蚀，可在通车情况下更换；刚度大，抗风能力好；采用悬臂施工，不妨碍通航；钢束用量少等特点。中国的斜拉桥建设起步虽然较晚，但发展迅速，目前已跻身世界斜拉桥建设强国之列，已建成的主跨1088m的苏通大桥位居世界第一。

3.5.1 斜拉桥的分类

斜拉桥的主要组成部分为主梁、索塔和拉索。由于主要组成部分的不同构造，构成不同类型的斜拉桥。

1. 按索塔布置方式

(1)单塔式斜拉桥:当跨越宽度不大或基础、桥墩工程数量不是很大时,可采用单塔式斜拉桥,如图 3-34 所示。

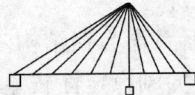

图 3-34 单塔式斜拉桥

(2)双塔式斜拉桥:桥下净空要求较大时多采用,如图 3-35 所示。

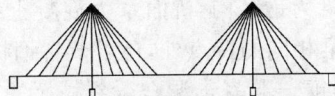

图 3-35 双塔式斜拉桥

(3)多塔式斜拉桥:当跨越宽度大时,可采用多塔斜拉桥,如图 3-36 所示。

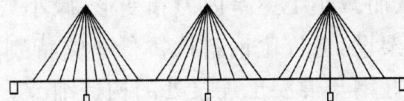

2. 按主梁支承条件

(1)连续梁式斜拉桥

墩台支撑处采用活动支座,温度变

图 3-36 多塔式斜拉桥

位均匀,水平变位由拉索约束,可采用连续梁的各种施工方法,如图 3-37 所示。

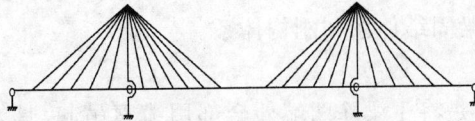

图 3-37 连续梁式斜拉桥

(2)单悬臂式斜拉桥

跨中有一挂梁,边跨采用临时墩施工,中跨采用悬臂施工,如图 3-38 所示。

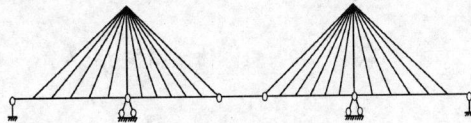

图 3-38 单悬臂式斜拉桥

(3)T 形刚架式斜拉桥

梁根部与墩、塔连成整体,形成十字固接,固结处承受很大负弯矩,主梁截面要求足够强度,构造复杂,便于平衡施工,如图 3-39 所示。

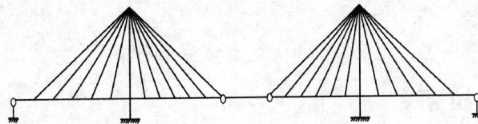

图 3-39 T 形刚架式斜拉桥

3. 按主梁所用材料

(1)混凝土斜拉桥

主梁为钢筋混凝土和预应力混凝土。特点是造价低,刚度大,挠度小,抗风稳定性好,抗潮湿性能好,后期养护比钢桥简单,但跨越能力受限制,施工安装速度不如钢结构快。

（2）钢斜拉桥

主梁及桥面系均为钢结构。特点是跨越能力大，施工速度快，但价格昂贵，后期养护工作量大，抗风稳定性较差。

（3）钢－混凝土叠合梁斜拉桥

主梁为钢结构，桥面系为混凝土结构，主梁与桥面系结合在一起共同受力。除具有钢主梁相同的特点外，还可节省钢材用量，刚度及抗风稳定性均优于钢主梁斜拉桥。

（4）钢－混凝土混合梁斜拉桥

主跨采用钢主梁，两侧边跨采用混凝土梁。特点是加大了边跨主梁的刚度和重量，从而减小了主跨内力和变形，减小或者避免了边跨端支点出现负反力，混凝土梁容易架设，造价比钢斜拉桥低。它特别适合于边跨与主跨比值较小的情况，但需要处理好钢与混凝土连接处的构造细节。

3.5.2　斜拉桥的结构体系

根据斜拉桥主要组成部分相互结合方式的不同，形成斜拉桥四种结构体系：悬浮体系、支承体系、塔梁固结体系和刚构体系。

1. 悬浮体系斜拉桥

也称漂浮体系，它是将主梁除两端外全部用缆索吊起，具有弹性支承的单跨梁，如图 3 - 40 所示。采用悬臂法施工，靠近塔柱处的梁段设置临时支点。

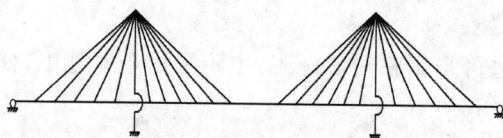

图 3 - 40　悬浮体系斜拉桥

2. 支承体系斜拉桥

主梁在塔墩上设有支点，接近于具有弹性支承的三跨连续梁，如图 3 - 41 所示。主梁一般设置活动支座。采用悬臂施工时不需设置临时支点，比较方便。

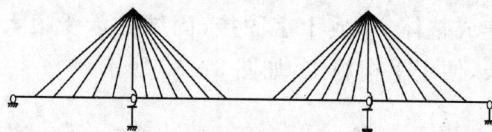

图 3 - 41　支承体系斜拉桥

3. 塔梁固结体系斜拉桥

相当于梁顶面用斜索加强的一根连续梁，如图 3 - 42 所示。上部结构的重量和活载由支座传给桥墩，需设置大吨位支座，支承力可能是万吨级的。

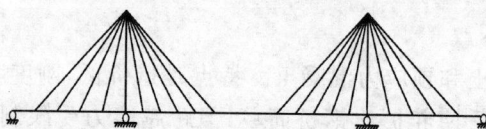

图 3 - 42　塔梁固结体系斜拉桥

4. 刚构体系斜拉桥

塔柱、主梁和柱墩相互固结,形成具有弹性支承的刚构,刚度较大,主梁和塔柱的挠度较小,如图3-43所示。

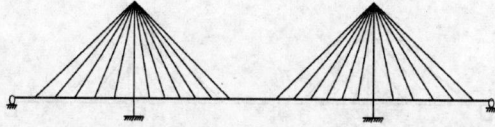

图3-43 刚构体系斜拉桥

3.5.3 斜拉桥的构造

预应力混凝土斜拉桥的拉索布置、塔柱型式、主梁截面多种多样,在此介绍一些常见的斜拉桥构造。

1. 拉索

拉索是斜拉桥的一个重要组成部分,桥跨结构的重力和桥上活载,绝大多数或全部通过拉索传递到索塔上。拉索必须用高强度的钢筋、钢丝或钢绞线制作,根据拉索在立面的不同布置,有如下四种索面形式。

(1)辐射式

将全部拉索汇集到塔顶,使各根拉索具有可能的最大倾角,如图3-44所示。索力主要由垂直力的需要确定,斜拉力较小,减少了拉索用钢量;外索以内的其它各索拉力较小,锚头及张拉易于处理;拉索能担负最大的荷载作用力。铰接的辐射索使结构形成几何不变体系,对变形及内力分布均有利。缺点是有较多拉索汇集塔顶,锚头拥挤,构造处理困难;塔身从顶到底受到最大压力,自由长度较大,塔身刚度要保证压曲稳定要求。

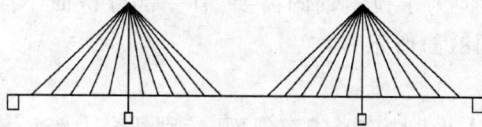

图3-44 辐射式

(2)竖琴式

拉索与塔柱连接分散,拉索倾角相同,如图3-45所示。该布索形式的连接构造易于处理,塔柱受力较有利,无辐射式斜索的视觉交叉,外形简洁美观。缺点是拉索倾角较小,工作效率差,索的总拉力大,钢索用量较多;属于几何可变体系,对内力及变形分布较不利,但可在边跨内设辅助墩改善。

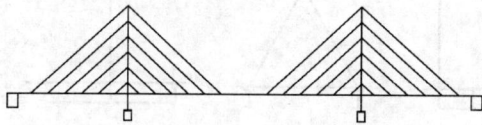

图3-45 竖琴式

(3)扇式

其特点介于辐射式与竖琴式之间,兼有上述两种优点,如图 3-46 所示。近年来长大跨径斜拉桥多半采用这种方式。

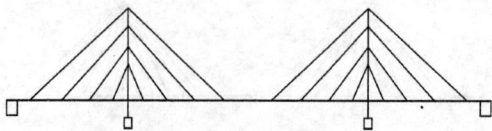

图 3-46　扇式

(4)星式

将分散锚固在塔柱上的拉索合并锚在边跨梁端与桥台上,或锚在边跨的桥墩上,如图 3-47 所示。该布索形式显著减小中跨挠度,避免在中跨加载时边跨产生很大的负弯矩。缺点是拉索倾角最小,斜索在梁上的锚固复杂,目前较少采用。

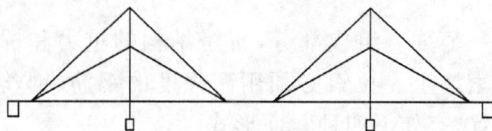

图 3-47　星式

根据拉索在横截面布置的不同,有如下三种索面布置。

(1)双垂直平面拉索

这种形式又有两种布置,一是将索平面布置在桥面宽度之外,因为不受索和塔妨碍,桥面可以被充分利用。缺点是从梁的两侧伸出强大的悬臂横梁供索锚固,传递弯矩与剪力;为了放置索塔,桥墩也要长一些。前一缺点可以选择不需强大横梁的横截面弥补,后者可用拐脚式塔柱克服。另一是将索平面布置在桥面宽度之内,省掉强大的悬臂横梁,但为了拉索锚固需要,有一部分桥面不能使用,从而增大了整个桥面宽度,如图 3-48(a)所示。

(2)双斜面拉索

索塔在横向采用 A 形刚构,形成双斜面,特别适合大跨径桥梁,因为此种情况索塔很高,采用三角刚架形式可以增加横向刚度,而且双斜面的拉索有利于梁的抗扭能力及抗风动力性能,如图 3-48(b)所示。

(3)单平面拉索

拉索设置在桥梁纵轴线上,这对于设置分隔带的桥梁特别合适,基本上不需要增加桥面宽度,具有最小的桥墩尺寸和最佳视线,如图 3-48(c)所示。另外单平面索也可以偏离中线布置在人行道上,如图 3-48(d)所示。

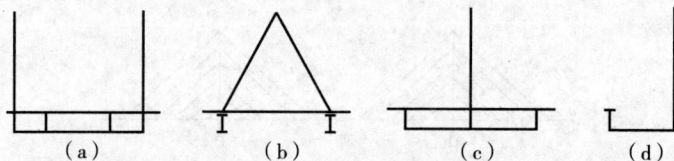

| (a) | (b) | (c) | (d) |

图 3-48　索面布置形式

2. 索塔

塔柱承受的轴向力在数千吨以上,有的塔柱还要承受很大的弯矩。索塔的上端与拉索连接,下端与桥墩或主梁连接,是斜拉桥很重要的组成部分。从桥梁立面看,索塔有独柱式、A 型和倒 Y 型等,如图 3 - 49 所示。从桥梁横向看,塔柱有独柱式、双柱式、门式、斜腿门式、倒 V 式、宝石式和倒 Y 式等,如图 3 - 50 所示。

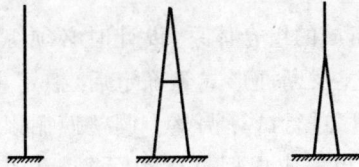

图 3 - 49　索塔立面布置

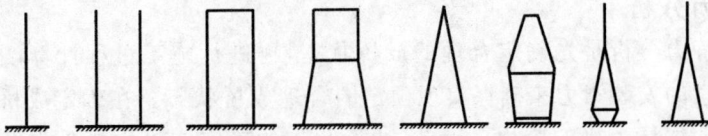

图 3 - 50　索塔横向布置

组成索塔的主要构件是塔柱、塔柱之间的横梁或其他联结构件。桥面以上塔柱高度与主梁跨径之比,从整体经济性来说,对三跨斜拉桥宜在 0.16～0.22 范围内。索塔与拉索的连接部位是将一个拉索的局部集中力安全均匀传递到索塔的重要受力构造,有两种不同的连接方式:一是在索塔上用混凝土做成鞍形支承,辐射式拉索分一层或两层分在索鞍上;二是用锚头将拉索锚固在索塔上。

3. 主梁

主梁是斜拉桥的主要承重构件之一,它与其连接的桥面系共同承受桥上活载。混凝土主梁截面形式主要有板式截面、闭合箱形截面、分离式双箱截面、分离式双肋截面等,如图 3 - 51 所示。一般来说,适用于梁式桥的横截面形式均可用于斜拉桥。

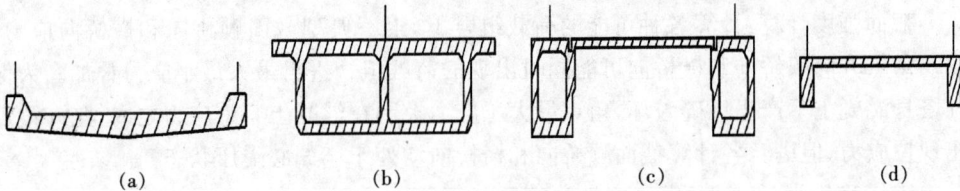

(a)　　　　　(b)　　　　　(c)　　　　　(d)

图 3 - 51　主梁截面形式

钢主梁截面形式主要有双主梁、钢箱梁、桁架梁等。双主梁一般采用两根工字形钢主梁,上置桥面板,主梁之间用钢横梁连接。钢箱梁截面有单箱单室、多箱单室、多箱多室等布置。钢桁架梁主要是为了布置双层桥面需要。

拉索与主梁的连接指主梁上锚固拉索部位的构造,是斜拉桥的一个重要部位,要保证连接的可靠性,承担集中应力并将其分散到全截面,并且要有防锈蚀能力。

拉索较大时,往往分散为小束锚固。拉索与主梁的连接有多种作法,一是梁外侧伸出悬臂横梁来锚固拉索;二是在箱梁内设横隔板锚固或在梁底锚固,此种作法应使锚固处有足够张拉钢索的空间,并允许任何时候再次张拉以调整索力。

3.5.4 斜拉桥的设计要点

1. 结构几何尺寸确定

斜拉桥作为塔、梁、索组成的组合体系,设计时必须综合考虑塔、梁、索三者之间的相互关系。在桥跨布置、主梁断面形式等确定后,拟定主梁高度、索塔截面等各部分尺寸,然后用平面杆系程序进行试算调整。调整遵循以下原则:斜拉索应力、索塔混凝土压应力、主梁恒载弯矩都应根据桥梁实际情况控制在合适幅度内;结构体系刚度必须满足要求,主梁在汽车荷载作用下的挠度大于规范规定,并有一定富余;并且尽量减少梁段类型,方便施工等。

2. 整体静力分析

斜拉桥静力分析是先确定合理的成桥状态,再进行施工过程计算,通过控制施工中每根拉索的安装索力来确保实现预定的合理成桥状态。在确定成桥状态时,起控制作用的往往是主梁的应力。因此,成桥状态的确定应以主梁受力合理为目标,以应力平衡法来设计主梁恒载内力。主梁各截面一般以拉应力控制,当截面上下缘的最大应力满足拉压应力控制条件时最理想,用这种方法确定的预应力和主梁成桥恒载弯矩称为理想值,其成桥状态称为理想状态。但恒载弯矩在一些控制区域准确地为理想值实际很难实现,设计时一般允许恒载弯矩有一定的活动范围,并将由此确定的预应力和主梁成桥恒载弯矩称之为合理值,其成桥状态称之为"合理状态"。合理的成桥状态确定之后,就可以对结构进行详细的静力分析计算。静力分析的主要内容有:结构设计的施工流程在各阶段的应力和变形情况,以及成桥运营状态下各截面的应力和变形。

3. 索塔分析计算

索塔分析计算与斜拉桥整体分析计算密切相关,一般情况下是在斜拉桥合理成桥状态确定后,再对索塔进行平面和空间计算。

截面强度计算:计算各种可能的荷载组合下,索塔典型截面顺桥向和横桥向应力,以及角点方向顺桥向和横桥向可能同时出现的荷载组合进行最大最小应力叠加。为保证塔身混凝土不产生压碎破坏,角点最大压应力控制在混凝土容许应力之内,允许角点出现拉应力,但塔身各计算截面顺桥向和横桥向均处于小偏心受压状态。

索塔稳定性计算:索塔稳定性计算包括弹性稳定性计算和弯压稳定性计算。进行弹性稳定性计算时,应分别计算裸塔状态和成桥状态的纵横稳定性。裸塔状态按一端固定、一端自由的压杆计算;成桥状态按一端固定、一端铰支计算。

索塔锚固区局部应力计算:计算锚固区最大主压应力和最大主拉应力,并控制其值满足规范要求。

4. 桥面板受力计算

对桥面板进行配筋计算,控制配筋率符合相关规范规定。

3.5.5 工程实例

以南京长江二桥为例,如图 3-52 所示,其结构为 58.5m＋246.5m＋628m＋246.5m＋58.5m 的五跨钢箱梁斜拉桥,主梁为扁平闭口流线形钢箱梁,高 3.5m,总宽 37.2m,采用正交异性钢桥面。箱梁顶板厚 14～20mm,下斜腹板和底板厚 12～16mm,上斜腹板厚 30mm,桥面板 U 肋为 320mm×280mm×8mm,间距 600mm,底板及下斜腹板 U 肋为 400mm×260mm×6mm,间距 15.2m。钢箱梁预制标准节段长 15m。最大起吊重 260t,全焊连接。斜拉桥采用空间双索面扇形布索,每索面 20 对索,全桥 80 对索。斜拉索在塔上锚固间距为 1.75～2.5m。斜拉索在梁上的锚固间距为 15m,塔下汇索区为 2×21.5m,拉索与钢箱梁采用销接锚固,张拉在塔上。索塔为上塔柱平行分离的倒 Y 形钢筋混凝土塔,塔总高 195.41m。桥面以上塔高跨比为 0.23。塔外轮廓尺寸:上、中塔柱为 7.5m×4.5m,下塔柱由 12m×7m 向上渐变至 7.5m×4.5m。索塔横向间宽度:承台顶为 26m,下横梁转折处为 46.64m,中横梁底面至塔顶为 14m。上塔柱为斜拉索锚固区,配置环向预应力平衡斜拉索水平分力。塔的上、中、下三根横梁均配置预应力钢束。在索塔下横梁上设有两个竖向支座和侧向限位支座。

图 3-52　南京长江二桥

3.5.6 斜拉桥的发展展望

斜拉桥的体系多以悬浮式或半悬浮式为主。半悬浮式可用柔性墩或在塔上设水平拉索阻止桥面过分的漂浮,所有这些都是为了抵抗温度变形及地震影响。混凝土桥面仍然是今后斜拉桥桥面的主要形式;叠合梁桥面的思想是用混凝土板代替造价昂贵的钢正交异性板,设计桥面系统时尽量增大混凝土成分,减少钢梁成分,并且充分考虑混凝土与钢梁之间的徐变、收缩应力重分配,慎重选择徐变参数;混合式桥面构造形式适用于超大跨度的斜拉桥,中孔用钢梁构造,边孔用混凝土构造,设计时要慎重研究地基沉降问题;钢梁桥面系统是最传统的方案,由正交异性板钢梁构成,价格最高,但施工最快,适应最大的跨度,今后朝着全焊的方向发展,因为斜拉桥桥面是受压结构,对疲劳的要求相对低一点。由于跨度不断增大,钢束重力也愈大,刚度在降低,因此可考虑采用辅助索。防护材料一般采用 PE(高密度聚乙烯护层)。目前在大跨度的结构分析中,古典的不考虑初始内力存在的结构内力分析已不能满足要求,考虑与不考虑初始内力结果可相差 50% 以上,由此而产生的动静力分析需要重新研究。

根据当代理论水平、材料水平、工艺水平,在不远将来建造一座跨度 1600m 的斜拉桥是非常现实的。

3.6 梁式桥支座

根据梁式桥的受力要求,在桥跨结构和墩台之间常需设置支座,其作用是传递上部结构的支承反力,包括恒载和活载引起的竖向力和水平力;同时保证结构在活载、温度变化、混凝土收缩和徐变等因素作用下能自由变形,使上部结构的实际受力情况符合结构的静力图式。梁式桥的支座一般分成固定支座和活动支座两种形式。固定支座既要将主梁固定在墩台的位置上,传递竖向压力;又要保证主梁发生挠曲时在支承处能够自由转动。活动支座只传递竖向压力,并保证主梁在支承处既能自由转动又能水平移动。

3.6.1 常用支座

由于桥梁跨径、支座反力、支座允许的转动与位移不同,选用的支座材料的不同,支座是否满足防震、减震的要求也不同。桥梁支座有许多类型。随着桥梁结构体系的发展,支座类型也相应得以更新换代,一些过去针对一般小跨径桥梁或加工较繁琐的支座形式已不常使用,如垫层支座、弧形钢板支座、钢筋混凝土摆柱式支座等,代之以板式橡胶支座、盆式橡胶支座、球形钢支座、减隔震支座等。钢筋混凝土及预应力混凝土受弯构件,如无特殊要求,宜选用橡胶支座。本节主要介绍现在常用的梁桥支座形式。

1. 板式橡胶支座

板式橡胶支座由几层橡胶和薄钢片叠合而成,如图 3-53 所示。它的活动机理是利用橡胶的不均匀弹性压缩实现转角 θ;利用其剪切变形实现微量水平位移 Δ。

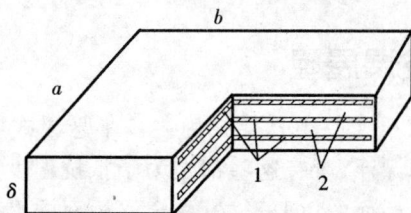

1.薄钢片 2.橡胶片

图 3-53 板式橡胶支座结构示意图

我国行业标准规定支座成品的物理力学性能应满足表 3-3 要求。

表 3-3 支座成品的物理力学性能

项 目	指标	项 目	指标
极限抗压强度(MPa)	≥70	橡胶片容许剪切正切值	≥0.7
抗压弹性模量 E(MPa)	53×S-41.8	支座与混凝土表面摩擦系数 μ	≥0.3
抗剪弹性模量 G(MPa)	1.1	支座与钢板摩擦系数 μ	≥0.2

[注] 表中形状系数 $S=\dfrac{a \cdot b}{2(a+b)\delta_1}$,其中 δ_1 为中间层橡胶片厚度,a 为支座短边尺寸(顺桥向),b 为支座长边尺寸(横桥向)。

板式橡胶支座有矩形和圆形。弯、坡、斜、宽桥梁宜选用圆形板式橡胶支座，支座的橡胶材料有氯丁橡胶、三元乙丙橡胶、天然橡胶。根据地区温度，$-25\sim+60℃$地区可选用氯丁橡胶；$-40\sim+60℃$地区可选用三元乙丙橡胶支座或天然橡胶支座。目前常用的矩形板式橡胶支座的平面尺寸有 $0.12m\times0.14m$、$0.14m\times0.18m$、$0.15m\times0.20m$ 等多种规格，橡胶片的厚度为 5mm，薄钢板厚为 2mm，支座厚度可根据所需的橡胶支座剪切位移而采用不同层数组合而成，一般从 14mm（两层钢板）开始，以 7mm 为一个台阶递增。

安装橡胶支座时，支座中心尽可能对准上部构造的计算支点。为防止支座受力不均匀，应使上部结构底面及墩台顶面不仅保持表面清洁和粗糙，而且都能与支座接触面保持水平并且紧密贴合，以增加接触面的摩阻力而避免相对滑动，必要时可先铺一薄层水灰比不大于 0.5 的水泥砂浆垫层。

2. 盆式橡胶支座

当竖向力较大时，应使用盆式橡胶支座，如图 3-54 所示，盆式橡胶支座分固定支座与活动支座。活动盆式橡胶支座由上支座板、聚四氟乙烯板、承压橡胶块、橡胶密封圈、中间支座板、钢紧箍圈、下支座板（底盆）以及上下支座连接板组成。组合上、中支座板构造或利用上下支座连接板即可形成固定支座。与板式橡胶支座相比，盆式橡胶支座具有承载能力大、水平位移量大、转动灵活等优点，因此特别适宜在大跨径桥梁上使用。我国目前生产的盆式橡胶支座竖向承载力为 1000kN 至50000kN，有效水平位移量从 $\pm40mm$ 至 $\pm250mm$，支座的容许转角为 $40°$，设计摩阻系数为 0.05。实际工程中可根据不同情况选购使用。

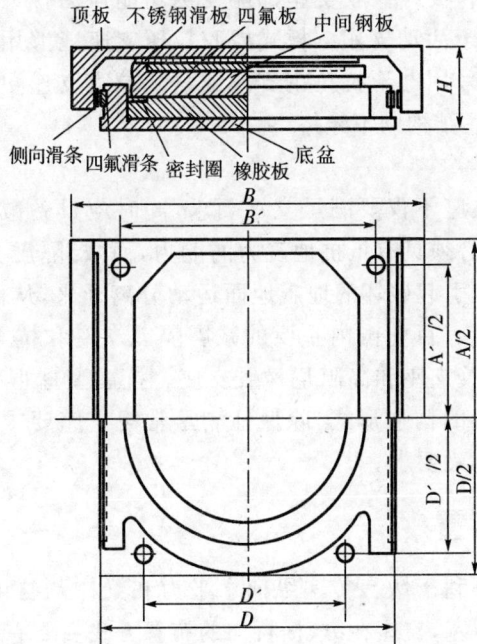

图 3-54　盆式橡胶支座结构示意图

3.6.2 特殊功能支座

1. 球形钢支座

为了适应多向转动且转动量较大的情况,还可选择使用球形钢支座,如图 3-55 所示,它具有受力均匀、转动量大(设计转角可达 0.05rad 以上)、各向转动性能一致等优点,特别适用于曲线桥和宽桥。并且由于球形支座不再使用橡胶承压,不存在橡胶变硬或老化等不良影响,它也特别适用于低温地区。

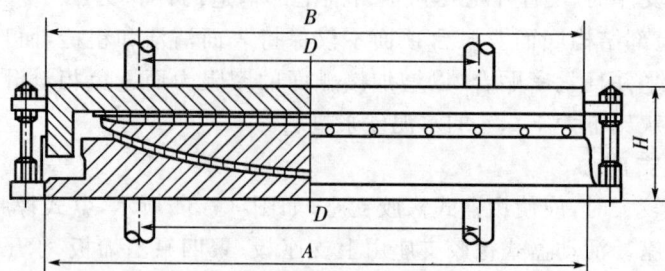

正面(横桥向)

图 3-55 球形钢支座

2. 拉力支座

对于连续梁桥、悬臂梁桥、小半径曲线桥等桥型,由于荷载的作用,在某些支点上产生拉力。在这种情况下,必须设置能抗拉且能承受相应的转动和水平位移的支座。球形钢支座、盆式和板式橡胶支座都能变更功能作为拉力支座,这种变更既可用于固定支座,还可用于活动支座。板式橡胶拉压支座能够用于拉力较小的桥梁;对于反力较大的桥梁,采用球形抗拉钢支座或盆式拉力支座更合适。但是,支座拉力超过 1000kN 时,上述结构则不经济。

3. 抗震支座

地震地区的桥梁支座不仅要满足支承要求,同时应具备减震、防震等功能。按照抗震设计要求,支座必须具有抵抗地震力的能力,而减、隔震支座的作用是尽可能的将结构或部件与可能引起破坏的地震地面运动分离开来,从而大大减小传递到上部结构的地震力和能量。目前国内主要的减震隔震支座和抗震支座的类型有抗震型球形钢支座、铅芯橡胶支座和高阻尼橡胶支座。抗震型球形钢支座(见图 3-56)是通过变更上下支座板的构造形式,除保证满足常规支座要求外,还能承受地震时的反复荷载及满足防落梁要求。

3.6.3 支座的布置

支座的布置应以有利于墩台传递纵向水平力和梁体的自由变形为原则。根据梁桥的结构体系以及桥宽,支座在纵、横桥向的布置方式主要有以下几种:

1. 对于简支梁桥,每跨宜布置一个固定支座,一个活动支座;若个别墩较高,也可以在高墩上布置两个(组)活动支座。对于多跨简支梁当采用桥面连续构造时,通常在每一联的两端设置聚四氟乙烯板式橡胶支座,即活动支座,在中间各墩上设置

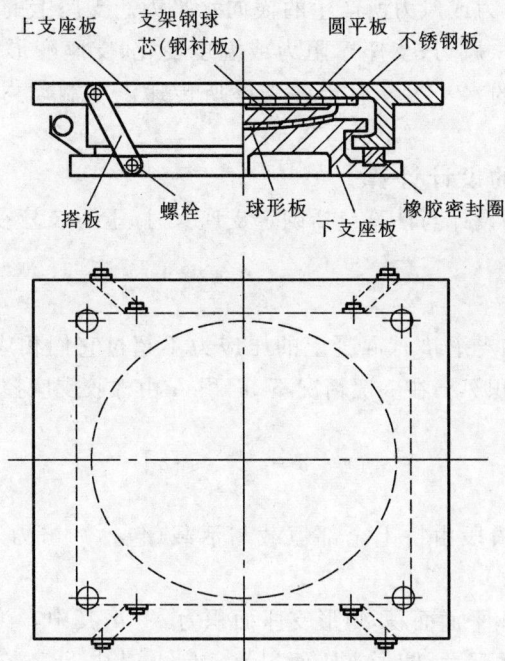

图 3-56 KQGZ 抗震球形钢支座结构示意图

部分固定与活动的板式橡胶支座。

2. 对于连续梁桥,一般在每一联设置一个固定支座,并宜将固定支座设置在靠近温度中心处,以使全梁的纵向变形分散在梁的两端,其余墩台上均设置活动支座。在设置固定支座的桥墩(台)上,一般采用一个固定支座,其余为横桥向的单向活动支座;在设置活动支座的所有桥墩台(台)上,一般沿设置固定支座的一侧,均布置顺桥向的单向活动支座,其余均布置双向活动支座。

3. 对于坡桥,宜将固定支座布置在标高低的墩台上。同时,为了避免整个桥跨下滑,影响车辆的行驶,通常在设置支座的梁底面,增设局部的楔形构造。

4. 对于悬臂梁桥,锚固孔一侧布置固定支座,一侧布置活动支座;挂孔支座布置与简支梁相同。

5. 对于处在地震地区的梁桥,宜选用可防震和减震的支座,通常应确保有多个桥墩分担水平地震力。

3.6.4 支座的计算与选择

1. 支座反力的确定

在进行桥梁支座尺寸的选定和稳定性验算时,必须先求得每个支座上所承受的竖向力和水平力。支座上的竖向力有结构自重反力、活载支点反力及其影响力。在计算活载支点反力时,应按最不利的状态布置荷载计算。对于汽车荷载的作用,应计入冲击影响力。在可能出现拉拔力的支点,应分别计算支座的最大竖向力和最大上拔力。对于上部结构可能被风力掀离的桥梁,应计算其支座锚栓及有关部件的支承力。正交直线桥梁的支座,一般仅需计算纵向水平力。斜桥和弯桥,还需要计算由于汽车荷载的离心力或风力所产生的横向水平力。支座上的纵向水平力,包括由于汽车荷载的制动力、风力、支座摩阻力或温度变化、支座变形等引起的水平力,以及桥梁纵坡等产生的水平力。对于各支座所传递汽车制动力的大小,按本书1.3计算。

2. 板式橡胶支座的设计计算

板式橡胶支座的设计与计算包括确定支座尺寸、验算支座受压偏转情况以及验算支座的抗滑稳定性。

(1)支座尺寸确定

根据橡胶支座和支承垫石混凝土的压应力不超过它们相应容许承压应力的要求,确定支座平面面积A。在一般情况下,面积A由橡胶支座控制设计:

$$\sigma = \frac{N_{max}}{A} \leqslant [\sigma] \tag{3-13}$$

式中:N_{max}——运营阶段由桥上全部恒载与活载(包括冲击力)所产生的最大支点反力;

A——橡胶支座平面面积,矩形支座面积为$a \times b$,其中a为支座短边尺寸,b为支座长边尺寸;圆形支座面积为$\pi d^2 / 4$,其中d为支座直径。

$[\sigma]$——橡胶支座的平均容许应力,当支座形状系数$S > 8$时,$[\sigma] = 10$MPa;当$5 \leqslant S \leqslant 8$时,$[\sigma] = 7 \sim 9$MPa。矩形支座形状系数$S = \dfrac{a \cdot b}{2(a+b)\delta_1}$,圆形支座形状系数$S = \dfrac{d}{4\delta_1}$,其中$\delta_1$为支座中间层单层橡胶厚度。

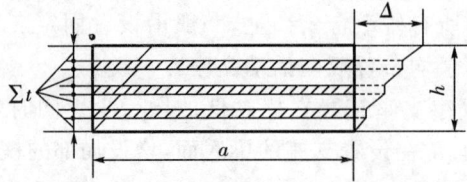

图3-57 橡胶支座的剪切变形

确定支座厚度h必须先求橡胶片的总厚度$\sum t$,它是由梁产生纵向位移时,支座的受剪状态决定的,即由剪切变形(如图3-57所示)来实现线位移。《桥规》规定,橡胶片的总厚度$\sum t$不应大于支座顺桥向边长的0.2倍。梁式桥的主梁由温度变化等因素在支座处产生的纵向水平位移Δ,依靠全部橡胶片的剪切变形来实现,则$\sum t$与Δ之间有下列关系:

$$\tan\gamma = \frac{\Delta}{\sum t} \leqslant [\tan\gamma] \tag{3-14}$$

即

$$\sum t \geqslant \frac{\Delta}{[\tan\gamma]} \tag{3-15}$$

式中:[tanγ]——橡胶片容许剪切角的正切,不计活载制动力时取用0.5;计及活载制动力时取用0.7,则式(3-15)可写成:

$$\sum t \geqslant 2\Delta_D \qquad (3-16)$$

$$\sum t \geqslant 1.43(\Delta_D + \Delta_L) \qquad (3-17)$$

式中:Δ_D——由上部结构温度变化、桥面纵坡等因素,引起支座顶面相对于底面的水平位移。当跨径为 l 的简支梁桥两端采用等厚橡胶支座时,因温度变化每个支座承担的水平位移 Δ_D,可取简支梁纵向温度变形的一半,即:

$$\Delta_D = 0.5a\Delta tl \qquad (3-18)$$

Δ_L——由制动力引起在支座顶面相对于底面的水平位移,可按式(3-19)计算:

$$\Delta_L = \frac{H_T \sum t}{2GA} \qquad (3-19)$$

式中:H_T——活载制动力在一个支座上的水平力;

G——橡胶的剪切模量,在无实验资料时,G 值可采用 1.1MPa;

A——橡胶支座的面积。

橡胶片的总厚度 $\sum t$ 确定后,再加上加劲薄钢板的总厚度,即是所需橡胶支座的厚度 h。

(2)支座偏转与平均压缩变形验算

如图3-58所示,主梁受荷挠曲时,梁端将产生转动角 θ,但不允许其与支座间产生脱空现象。梁端转动时,支座就受到一个偏心竖向力 N 的作用,表面将产生不均匀的压缩变形,一端为 Δs_1,另一端为 Δs_2,其平均压缩变形 $\Delta s = 0.5(\Delta s_1 + \Delta s_2)$,可根据式(3-20)计算:

$$\Delta s = \frac{N \sum t}{EA} \qquad (3-20)$$

式中:E——橡胶支座的弹性模量。当无试验数据时,其值与支座的形状系数 S 有关,可按式(3-21)计算:

$$E = 0.1(530S - 418)(\text{MPa}) \qquad (3-21)$$

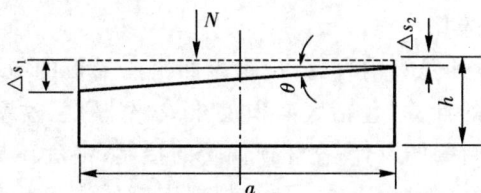

图3-58 橡胶支座的偏转变形

若梁端转角 θ 已知,或按材料力学中公式算得,则有:

$$\theta a = \Delta s_1 - \Delta s_2 \tag{3-22}$$

其中,a 为主梁跨径方向的支座尺寸,又因 $\Delta s = 0.5(\Delta s_1 + \Delta s_2)$,所以 $\Delta s_2 = \Delta s - 0.5\theta a$。当 $\Delta s_2 < 0$ 时,表示支座与梁底产生了部分脱空,支座是局部承压,因此设计时必须保证 $\Delta s_2 \geqslant 0$。桥规规定,橡胶支座的最大平均压缩变形 Δs 不应大于支座橡胶总厚 $\sum t$ 的 0.05 倍。

(3)支座抗滑性验算

橡胶支座一般直接搁置在墩台与梁底之间,在它受到梁体传来的水平力后,应保证支座不滑动,即支座与混凝土之间要有足够大的摩阻力来抵抗水平力,故应满足式(3-23)或式(3-24):

无活载作用时

$$\mu N_D \geqslant 1.4GA\frac{\Delta_D}{\sum t} \tag{3-23}$$

有活载作用时

$$\mu(N_D + N_{pmin}) \geqslant 1.4GA\frac{\Delta_D}{\sum t} + H_T \tag{3-24}$$

式中:N_D——在上部结构重力作用下的支座反力;

N_{pmin}——与计算制动力相应的汽车活载产生的最小支座反力;

μ——橡胶支座与混凝土表面的摩阻系数采用 0.3,与钢板的摩阻系数采用 0.2;

H_T——活载制动力分在一个支座上的水平力;

$GA\dfrac{\Delta_D}{\sum t}$——由温度变化等因素分在一个支座上的水平力。

(4)成品板式橡胶支座的选配

成品的板式橡胶支座早已形成系列,在一般情况下,没有必要自行设计支座,只需根据标准成品支座的目录,选配合适的产品。我国交通部颁布的成品板式橡胶支座代号表示方法,由这样几项代码组成:名称、型式、规格及胶种。如 GJZ300×400×47(CR),表示公路桥梁矩形、平面尺寸 300mm×400mm、厚度为 47mm 的氯丁橡胶支座;又如 GYZF4300×54(NR),表示公路桥梁圆形、直径 300mm、厚度为 54mm、带聚四氟乙烯滑板的天然橡胶支座。当用产品目录选型时,先根据支座反力、梁肋宽度和梁体水平位移初选出支座,再通过偏转验算和抗滑性能的验算,最终确定支座类型。

3. 盆式橡胶支座的选用

盆式橡胶支座的设计验算内容有:确定聚四氟乙烯板的氯丁橡胶板的尺寸;确定钢盆环的直径;盆塞的计算(包括底面积尺寸、盆塞厚度、盆塞的抗滑验算等);钢密封环的设计;橡胶密封圈的设计;盆环顶偏转的控制;钢盆环与顶板之间的焊缝应力验算等。而实际工程中,设计人员主要是根据支座反力和形变直接在成品目录上选配适合的支座,同时考虑地震和温度两个因素,以确定常温型和耐寒型支座和采用何种抗震型支座或抗震措施。

　　我国成品盆式橡胶支座系列主要有中交公路规划设计院设计的 GPZ 系列,以及铁道部科学研究院设计的 TPZ-1 系列等,支座竖向承载力一般为 1000~50000kN,最多分为近 40 个级,并有 DX(单向)、SX(双向活动)及 GD(固定)之分,有效水平位移量从 ±40mm 至 ±250mm,支座的容许转角为 40°,GDZ 为抗震型固定支座的代号。合适的支座不仅应满足结构变形的需要,其最大支承反力一般不超过支座容许承载能力的 5%,最小反力不低于容许承载力的 80%,以确保支座具有良好的滑移性能。

思考练习题

1. 支座布置原则是什么? 固定支座的布置有何要求。

2. 支座的作用主要表现在哪几个方面?

3. 简述板式橡胶支座的工作原理。

4. 盆式橡胶支座有哪些优点? 说明其工作原理。

5. 预应力混凝土连续梁桥的主梁截面和预应力筋布置特点是什么?

6. 连续梁桥中通常布置三向预应力筋,他们分别和什么内力相对应?

7. 悬臂梁桥和连续梁桥为什么比简支梁桥具有更大的跨越能力? 其配筋特点是什么?

8. 预应力混凝土连续刚构梁桥的主要施工方法、施工设备有哪些?

9. 变高度连续体系梁桥箱梁的顶板、底板厚度应如何确定?

10. 变高度连续体系梁桥箱梁的梁高应如何拟定?

11. 斜拉桥的基本组成、构造类型、结构体系和受力特点?

12. 斜拉桥中设置辅助墩起什么作用?

13. 悬索桥的基本组成、构造类型、结构体系和受力特点?

14. 悬索桥在形成过程中产生几大流派? 各有何特点?

拱　桥

[本章导读]

　　主要介绍拱桥的基本特点、应用范围;要求熟悉拱桥的基本组成、分类、构造特点;拱桥主拱圈、拱上建筑及其它细部的构造;中、下承式拱桥的构造和其他类型拱桥的构造。掌握拱桥的总体布置;拱轴线的选择和拱上建筑的布置;拱圈截面变化规律和截面尺寸的拟定;悬链线的几何性质及弹性中心;恒载作用下拱的内力计算;活载作用下拱的内力计算;裸拱内力计算;温度变化、混凝土收缩和拱脚变位的内力计算以及拱圈强度及稳定性验算。对拱圈应力调整有所了解。

[知识目标]

　　通过本章学习,能够熟悉各类拱桥的构造与设计。了解各类拱桥的适用条件。掌握悬链线无铰拱桥设计及计算方法。

[能力目标]

　　能够熟悉各类拱桥的构造和设计要求及其适用条件,掌握各类拱桥主要构件结构尺寸的拟定及结构受力特点,掌握悬链线无铰拱桥在设计验算时,各种荷载的内力计算以及拱圈强度及稳定性验算的计算方法,为各类拱桥的设计与计算奠定基础。

[重点难点]

　　本章重点是各类拱桥的结构布置、适用条件、拱圈截面尺寸的拟定、恒载和活载作用下拱的内力计算以及拱圈强度、稳定性验算的计算方法。难点是拱轴线的选择和拱上建筑的布置。

4.1 概 述

4.1.1 拱桥的基本特点

拱桥是我国公路上常用的一种桥梁形式。拱桥与梁桥相比较,不仅外形上不同,而且在受力性能上有着本质的差别。拱式结构在竖向荷载作用下,两端支承处不仅产生竖向支承反力,还产生水平推力。正是由于这个水平推力的存在,使得拱桥的弯矩比相同跨径梁桥的弯矩小很多。如果拱轴线形设计合理,可以使得拱桥主要承受压力,而弯矩很小。这使得主拱圈应力较均匀,能充分发挥材料的强度,不仅可以用钢、钢筋混凝土等材料,而且还可以用抗压性能较好而抗拉性能较差的圬工材料(石料、混凝土、砖等)来修建,增大跨越能力。

拱桥的主要优点:

(1)跨越能力大,抗风稳定性强,整体性好。

(2)能充分做到就地取材,可以节省钢材和水泥。

(3)耐久性好,承载潜力大,维修、养护费用少。

(4)外形美观。

(5)构造较简单。尤其是圬工拱桥,技术容易被掌握,有利于广泛采用。

拱桥的主要缺点:

(1)自重较大,相应的水平推力也较大,对墩台和地基条件的要求高。

(2)随着跨径和桥高的增大,施工技术难度提高,费用增大,造价高;同时施工的工序多,需要的劳动力多,建桥时间也较长。

(3)由于拱桥的水平推力较大,在多孔连续拱桥中,为了防止一孔破坏而影响全桥的安全,需要采用较复杂的措施,或设置单向推力墩,以承受不平衡的推力,因此增加了造价。

(4)与梁式桥相比,由于上承式拱桥的建筑高度较高,当用于城市立体交叉和平原地区的桥梁时,因桥面标高提高,而使得桥两头的接线工程量增大,或使桥面纵坡增大,既增加了造价又对行车不利。

拱桥虽然存在这些缺点,但由于它的优点突出,因此只要在条件许可的情况下,修建拱桥仍是经济合理的。目前,在我国公路桥梁中,拱桥已得到广泛的应用。

4.1.2 拱桥的主要组成及类型

1. 拱桥的主要组成

拱桥和其他桥梁一样,也是由上部结构和下部结构两部分组成。一般的上承式拱桥,上部结构包括:主拱圈和拱上建筑;下部结构包括:桥墩、桥台和基础。拱桥各主要组成部分的名称见图 4-1。

拱桥的上部结构中主拱圈(肋或箱)是主要的承重构件,承受桥上的全部荷载,并通过它把荷载传递给下部结构。由于主拱圈是曲线形,一般情况下车辆无法直接在弧面上行驶,所以在桥面系和主拱圈之间需要有传递荷载的构件或填充物,以使车辆能在平顺的行车道上行驶。这些主拱圈以上的桥面系和传力构件或填充物统称为拱上建筑。

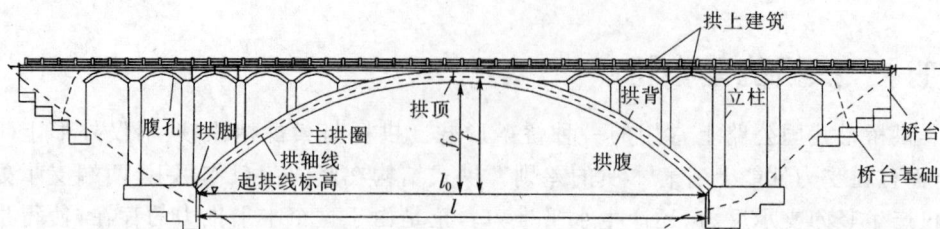

图 4-1　拱桥的基本组成

拱桥的下部结构是用以支承桥跨结构的,并将桥跨结构的全部荷载传至地基。此外桥台还能起到与两岸路堤相连接的作用,使路、桥形成一个协调的整体。

2. 拱桥的主要类型

由于拱桥的发展历史长,使用极其广泛,因此,形式多种多样,构造各有差异。为了便于进行研究,以下按照不同的方式对拱桥进行分类。

按主拱圈(肋或箱)使用的建筑材料分:圬工拱桥、钢筋混凝土拱桥、钢拱桥和钢—混凝土组合拱桥等。

按拱上建筑的形式分:实腹式拱桥和空腹式拱桥。

按拱轴线的形式分:圆弧线拱桥、抛物线拱桥和悬链线拱桥等。

按桥面位置分:上承式拱桥、下承式拱桥和中承式拱桥。

按有无水平推力分:有推力拱桥和无推力拱桥。

按结构受力图式分:简单体系拱桥、组合体系拱桥和拱片拱桥。

按主拱圈横截面形式分:板拱桥、肋拱桥、双曲拱桥、箱形拱桥、钢管混凝土拱桥和劲性骨架混凝土拱桥等。

现仅根据其中两种不同的分类方式对拱桥的主要类型作一些介绍。

(1)按结构受力图式分类

1)简单体系拱桥

此类拱桥一般不考虑行车系结构(上承式拱桥的拱上建筑或中、下承式拱桥的拱下悬吊结构)参与主拱圈一起共同受力,主拱圈以裸拱作为主要的承重结构。按照主拱圈的静力图式,简单体系拱桥又分为:三铰拱、两铰拱和无铰拱三种(图 4-2)。

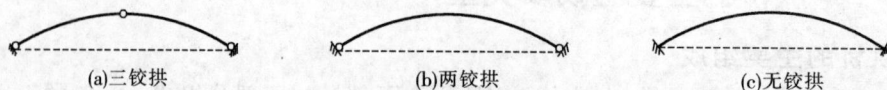

图 4-2　主拱圈(肋)的静力图式

① 三铰拱　为外部静定结构。温度变化、支座沉陷、混凝土收缩和徐变等原因引起的变形,不会在拱内产生附加内力,计算时不需要考虑结构体系弹性变形对内力的影响。当地基条件较差,又需要采用拱桥时,可以考虑采用三铰拱。但由于铰的存在,使其构造复杂,施工较困难,维护费用增大,而且减小了结构的整体刚度,降

低了拱桥的抗震能力;同时,由于拱的挠度曲线在拱顶铰处有转折,对行车不利,因此三铰拱一般较少采用。目前,最大跨径的三铰拱桥为德国的莫赛尔桥,跨径达107m。我国仅在一些较小跨径的桥上采用。空腹式拱桥拱上建筑中的边腹孔也常用三铰拱。

② 两铰拱　为外部一次超静定结构。它的特点介于三铰拱与无铰拱之间,由于取消了跨中的拱顶铰,使结构的整体刚度比三铰拱大。又由于墩台基础位移、温度变化、混凝土收缩和徐变等因素引起的附加内力比无铰拱的影响小,当因地基条件较差而不宜修建无铰拱时或在坦拱中,可考虑采用。目前,世界上最大跨径的两铰拱桥是日本的外津桥,跨径为170m。

③ 无铰拱　为外部三次超静定结构。在自重及外荷载作用下,由于主拱内的弯矩分布要比两铰拱均匀,所以材料用量省。又由于无铰,使得结构的整体刚度大,构造简单,施工方便,维护费用少,因此在实践中使用最为广泛。但由于无铰拱的超静定次数高,当温度变化、材料收缩、结构变形、特别是墩台位移时,会在拱内产生较大的附加内力,所以无铰拱一般适用于地基良好的条件下,这使得它的使用范围受到了一定的限制。不过,随着跨径的增大,附加内力的影响要相对地减小,因此无铰拱仍是国内外拱桥上采用最多的一种构造形式。目前,世界上最大跨径的钢筋混凝土无铰拱桥是我国的重庆万县长江大桥,跨径为420m。

2)组合体系拱桥

组合体系拱桥一般由拱肋、系杆、吊杆(或立柱)、行车道梁(板)及桥面系等组成,是将梁和拱两种基本结构按不同的构造方式构成一个整体,以共同承受桥面荷载和水平推力,充分发挥梁受弯、拱受压的结构特性及其组合作用,达到节省材料的目的。根据不同的组合方式和受力特点,组合体系拱桥又分为无推力的和有推力的。通常前者使用较为广泛。

① 无推力的组合体系拱桥　无推力的组合体系拱桥是外部静定结构,兼有拱桥跨越能力大和简支梁桥对地基适应能力强这两大特点。拱的推力由系杆承受,系杆的含义就是一个将两拱脚相互联系在一起的水平构件,因而墩台不承受水平推力。根据拱肋和系杆(梁)相对刚度的大小及吊杆的布置形式可以分为:具有竖直吊杆的柔性系杆刚性拱——称为系杆拱(图4-3(a));具有竖直吊杆的刚性系杆柔性拱——称为蓝格尔拱(图4-3(b));具有竖直吊杆的刚性系杆刚性拱——称为洛泽拱(图4-3(c))。以上三种拱,当用斜吊杆来代替竖直吊杆时,称为尼尔森拱(图4-3(d)、(e)、(f))。

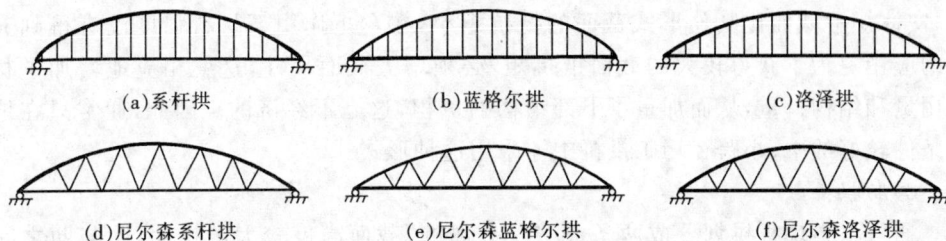

(a)系杆拱　　　　(b)蓝格尔拱　　　　(c)洛泽拱

(d)尼尔森系杆拱　　(e)尼尔森蓝格尔拱　　(f)尼尔森洛泽拱

图4-3　无推力的组合体系拱

② 有推力的组合体系拱桥　有推力的组合体系拱桥是外部超静定结构,由单独的梁和拱共同受力,由于没有系杆,拱的推力仍由墩台承受。图4-4(a)为倒蓝格尔拱(刚性梁柔性拱),图4-4(b)为倒洛泽拱(刚性梁刚性拱)。

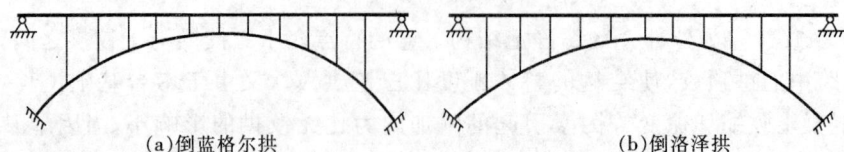

(a)倒蓝格尔拱　　　　　　　　　　　(b)倒洛泽拱

图4-4　有推力的组合体系拱

3)拱片拱桥

拱片拱桥是属于有推力的拱桥,它是将整个桥跨结构的所有组成部分刚性联结成一个整体,称为拱片。它的上边缘是水平的,下边缘是曲线形的有推力结构。拱片的立面可以做成实体拱片,也可以被挖空做成桁架的形式(图4-5)。根据桥梁宽度的不同,拱片拱桥可由两片或两片以上的拱片组成,并用横向联结系将各拱片联成整体,共同受力,行车道板支承在拱片上。拱片拱桥可以做成无铰、两铰或三铰结构,它的特点是没有其他形式拱桥那样明确的理论拱轴线,且仅适用于上承式拱桥。

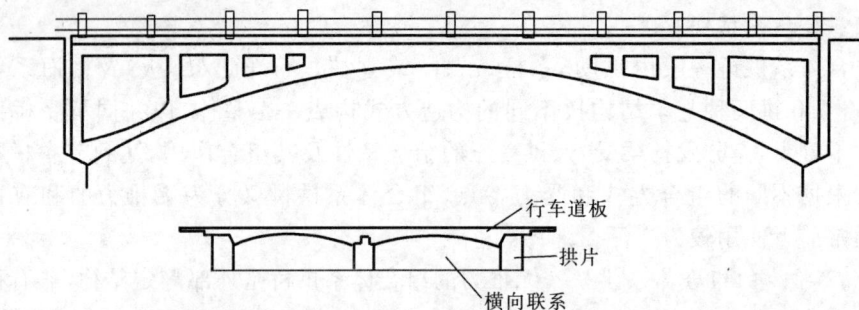

行车道板

拱片

横向联系

图4-5　竖杆式拱片拱桥

(2)按主拱圈截面形式分类

拱桥主拱圈的横截面形式很多,通常可以分为以下几种类型。

1)板拱桥

板拱桥是最古老的拱桥形式,其主拱圈的横截面是整块的矩形实体截面(图4-6(a))。由于它构造简单、施工方便,至今仍在应用。但是,在横截面面积相同的条件下,实体矩形截面比其他形式截面的抵抗矩小,在弯矩作用下材料强度没有得到充分的应用。为了获得较大的截面抵抗矩,必须增大截面尺寸,这就相应地增加了材料用量和结构自重,从而加重了下部结构的负担,这是不经济的。因此,通常只在地基条件较好的中、小跨径圬工拱桥中才采用这种形式。

2)肋拱桥

通常将整块板拱划分成两条或多条分离的、截面高度较大的拱肋,肋与肋之间用横系梁相联,形成由几条肋组成的肋拱桥(图4-6(b))。这样就可以用较小的截面积获得较大的截面抵抗矩,以达到节省材料,减轻自重的目的。肋拱桥的肋可以是实体截面、箱形截面或桁架截面等。材料可以采用混凝土、钢筋混凝土或钢材等来建造,在盛产石料地区,也可以用石料修建拱肋。例如:湖南的乌巢河大桥为石肋拱桥,跨径为 120m。由于它材料用量比板拱桥经济,因此多用于大、中跨径的拱桥。肋拱桥宜采用钢筋混凝土建造,但构造相对复杂。

3)双曲拱桥

主拱圈横截面是由一个或数个横向小拱单元组成,由于主拱圈的纵向及横向均呈曲线形,故称之为双曲拱桥(图 4-6(c))。这种截面的抵抗矩比相同截面的板拱大,可以节省材料,减轻自重,较之板拱有较大的优越性。同时,在施工中可以采取先预制后拼装的方法,将主拱圈'化整为零'进行施工,再'集零为整'组合为整体。因为施工时预制构件分得细,吊装质量轻,不需要大型起吊设备,曾在公路桥梁上得到广泛地应用,由单跨到多跨,跨径从 9m 到 150m。但由于其截面组成划分过细,施工工序过多,组合截面整体性能较差,应力集中,也易开裂等原因,因此目前已较少采用。

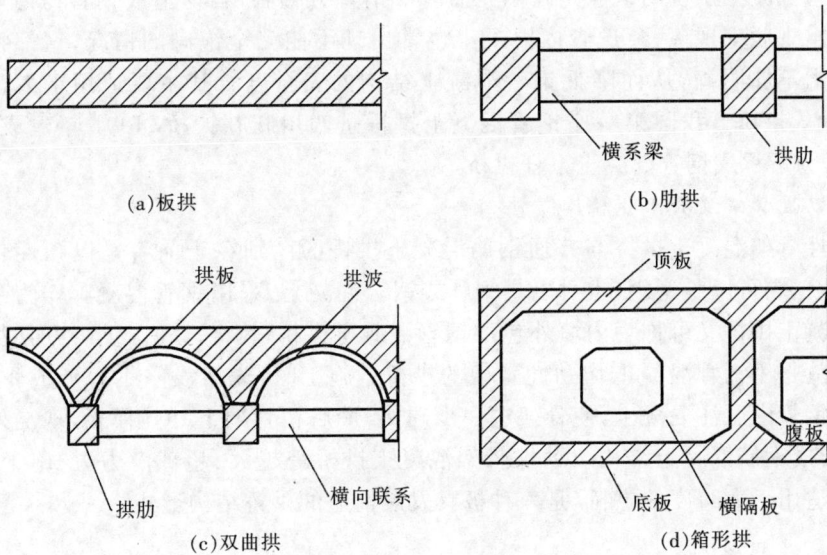

(a)板拱　　　　　　　　　　　(b)肋拱

(c)双曲拱　　　　　　　　　　(d)箱形拱

图 4-6　主拱圈的横截面形式

4)箱形拱桥

箱形截面拱圈的拱桥,外形与板拱相似,由于它将实体的板拱截面挖空,使箱形拱的截面抵抗矩比相同截面的板拱大很多,从而能节省材料,减轻自重,对于大跨径拱桥则效果更为显著(图 4-6(d))。又由于它是闭口箱形截面,抗扭刚度大,横向整体性和结构稳定性都比较好,且操作安全,特别适合于无支架施工。但箱形截面的施工制作较复杂。一般情况下,适用于大跨径的拱桥。例如:重庆万县长江公路大桥(1997 年建成,跨度 420m)是采用单箱三室的箱形截面。

5)钢管混凝土拱桥

钢管混凝土拱桥是属于肋拱桥的一种。它是在薄壁圆形钢管内填充混凝土而形成的一种复合材料,它借助内填混凝土增强钢管壁的稳定性;同时又利用钢管对核心混凝土的套箍作用,使核心混凝土处于三向受压状态,从而使其具有更高的抗压强度和抗变形能力(图4-7)。

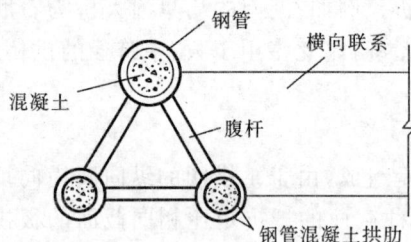

图4-7　钢管混凝土拱　　　　　　　　图4-8　劲性骨架混凝土拱

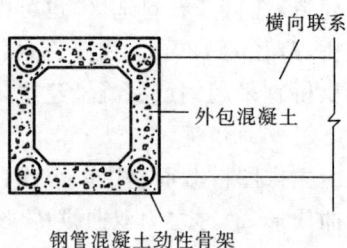

　　钢管本身是劲性承重骨架,它兼有纵向钢筋和横向箍筋的作用;同时又相当于混凝土的外模板,具有强度高、刚度大、重量轻等优点。施工时,可以先将空钢管拱肋合拢,再将混凝土压注入管内,从而大大降低了大跨径拱桥施工的难度,可省去支模、拆模等工序,缩短工期,降低工程造价,并可适应先进的泵送混凝土工艺的要求。

　　钢管混凝土拱桥的缺点是在阳光照射下钢管会膨胀,容易造成钢管与内填混凝土之间出现脱空现象;泵送管内混凝土也常出现不能完全饱满的情况,这都将引起拱圈受力不够明确,从而降低钢管混凝土结构的安全度。其主要适用于大跨度的中、下承式拱桥。我国第一座钢管混凝土拱桥是四川旺苍大桥(1991年建成,跨度115m),为下承式钢管混凝土系杆拱桥。

　　6)劲性骨架混凝土拱桥

　　劲性骨架混凝土拱桥与普通钢筋混凝土拱桥的区别在于前者是以劲性骨架作为受力筋,它可以是型钢,也可以是钢管或钢管混凝土,采用钢管混凝土作为劲性骨架的混凝土拱桥又可称为内填外包型钢管混凝土拱桥(图4-8)。重庆万县长江公路大桥就是用钢管混凝土作劲性骨架的拱桥。施工时,先架设空钢管形成骨架,然后在空钢管内压注混凝土,使骨架进一步硬化,最后在骨架上外挂模板,现浇外包混凝土,形成钢筋混凝土结构。劲性骨架混凝土拱桥跨越大、超载潜力大、施工方便,它主要适用于大跨度的拱桥,是一种极具发展前途的拱桥结构形式。

4.2　拱桥的构造

4.2.1　上承式拱桥的构造

　　行车道位于整个桥跨结构上面的拱桥称为上承式拱桥。它可分为两类:普通型和整体型。

　　普通型上承式拱桥是由主拱(圈)、拱上建筑和桥面系组成,主拱(圈)是主要的承重结构。整体型上承式拱桥(又称为拱片拱桥(图4-5))是由主拱片和桥面系组成,主拱片是主要的承重结构。下面介绍普通型上承式拱桥(图4-9)。

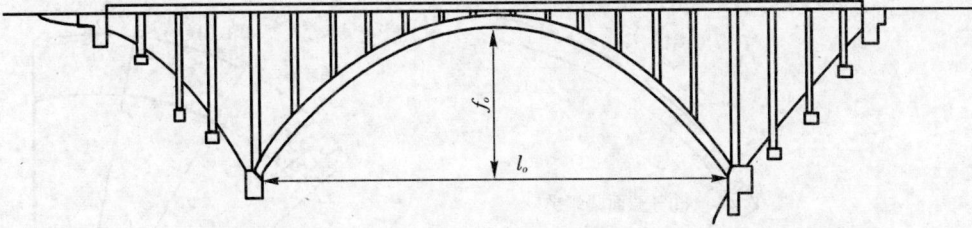

图 4 - 9 上承式拱桥

1. 主拱(圈)的构造

(1)板拱

按主拱材料不同分为石板拱、混凝土板拱和钢筋混凝土板拱等。根据拱轴线型，板拱常采用等截面圆弧拱、等截面或变截面悬链线拱等拱轴形式。一般采用无铰拱，也可以做成两铰拱和三铰拱。

1)石板拱的构造

石砌拱桥的主拱圈通常都是做成实体的矩形截面，所以称为石板拱。按照砌筑主拱圈的石料规格，又可以分为料石板拱、块石板拱、片石板拱及乱石板拱等各种类型。在盛产石料的地区它是中、小跨径拱桥的主要桥型。

用来砌筑拱圈的石料应该石质均匀、不易风化、无裂纹，石料的加工应满足施工规范的要求。由于采用小石子混凝土砌筑时，其砌体强度比用同强度的水泥砂浆的砌体强度要高，而且可以节约水泥 1/4～1/3，故目前常应用于高标号粗料石的大跨径石拱桥以及块、片和乱石板拱桥中。

为便于拱石加工和确保砌筑符合主拱圈的构造要求，需要对拱石进行编号。对等截面圆弧拱，因截面相等，又是单心圆弧线，拱石规格较少，编号简单(图 4 - 10 (a))；当采用变截面悬链线拱时，由于截面发生变化，曲率半径变化，拱石类型多，编号复杂(图 4 - 10(b))；对等截面悬链线拱，因内外弧线与拱轴线平行，拱石编号大为简化。同时，还可以采用多心圆弧线代替悬链线放样(图 4 - 10(c))。

在石板拱主拱圈砌筑时，根据受力(主要承受压力，其次是弯矩)特点和需要，构造上应满足以下要求。

① 错缝 对于料石拱，拱石受压面的砌缝应与拱轴线垂直，可以不错缝。当拱圈厚度不大时，可采用单层砌筑，但要求其横向砌缝必须错开，且不小于 100mm；当拱圈厚度较大时，可采用多层砌筑，但要求其垂直于受压面的顺桥向砌缝、拱圈横截面内拱石竖向砌缝以及各层横向砌缝必须错开，且不小于 100mm，以免因存在通缝而降低砌体的抗剪强度和削弱其整体性(图 4 - 11)。

对于块石拱或片石拱，应选择拱石较大平面与拱轴线垂直，拱石大头在上，小头在下，砌缝错开，且不小于 80mm。较大的缝隙应用小石块嵌紧，同时还要求砌缝用砂浆或小石子混凝土灌满。

② 限制砌缝宽度 拱石砌缝宽度不能太大，因砂浆强度比拱石低得多，缝太宽必将影响砌体强度和整体性。通常，对料石拱不大于 20mm，对块石拱不大于 30mm，对片石拱不大于 40mm，采用小石子混凝土砌筑时，块石砌缝宽不大于 50mm，片石砌缝宽为 40～70mm。

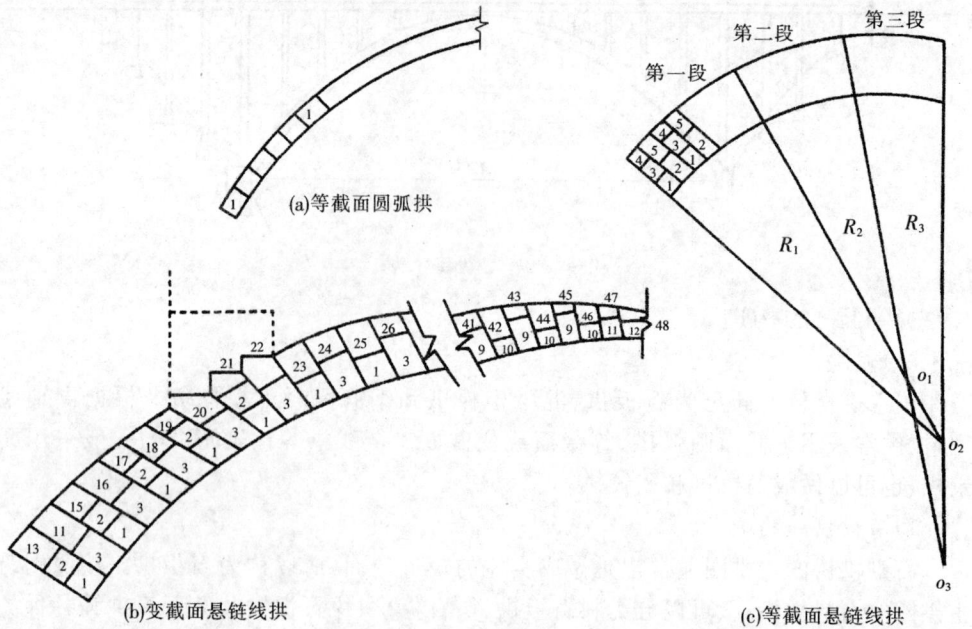

(a)等截面圆弧拱

(b)变截面悬链线拱

(c)等截面悬链线拱

图 4-10　拱石编号

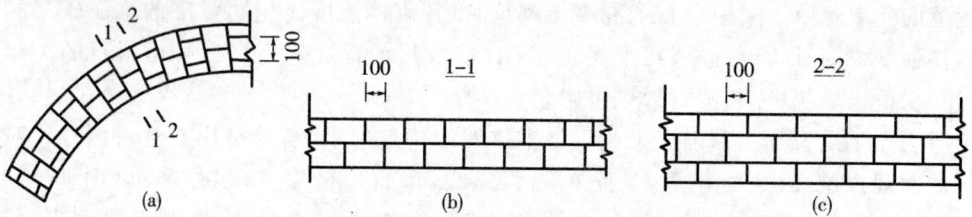

图 4-11　拱石的错缝要求(单位:mm)

③ 设五角石　拱圈与墩台、拱圈与空腹式拱上建筑的腹孔墩连接处,应采用特制的五角石(图 4-12(a)),以改善该处的受力状况。为了避免施工时损坏或被压碎,五角石不得带有锐角。为了简化施工,目前常用现浇混凝土拱座及腹孔墩底梁来代替制作复杂的五角石(图4-12(b))。

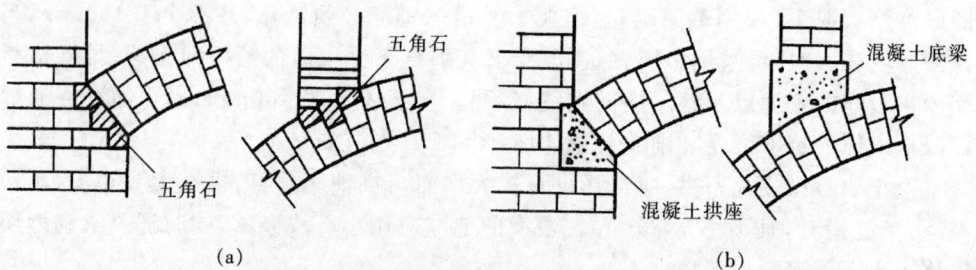

(a)　　　　　　　　　　　　(b)

图 4-12　五角石及混凝土拱座、底梁

2)混凝土板拱的构造

这类拱桥主要用于缺乏合格天然石料的地区,可以采用整体现浇,也可以预制砌筑。由于拱圈采用混凝土整体现浇,主拱内不仅收缩应力大,对受力不利,而且拱架和模板材料用量多,费工,工期长,质量不易控制,故很少采用。预制砌筑就是将混凝土板拱划分成若干块件,然后预制混凝土块件,最后将块件砌筑成拱。预制砌块在砌筑前应有足够的养护期,以消除或减少混凝土收缩的影响。

混凝土板拱按照砌块形状和砌筑工艺,分为以下几种:

① 简单预制砌块板拱:这种拱的施工以及构造要求与料石板拱相似,所不同的是用混凝土预制块代替料石。

② 分肋合拢,横向填镶砌筑板拱:这种拱就是在拱宽范围内设若干条倒 T 形截面的中肋和两条 L 形的边肋,用无支架吊装基肋合拢成拱,然后,在肋间用 T 形截面砌块填镶,组拼成板拱。此适用于中、小跨径拱桥。在块件划分时,应考虑桥跨大小、吊装能力以及砌块在横向砌筑中肋的稳定等因素。对于基肋,一般在纵向分为 3 ~5 段,分段过多,其分段节点在未合拢前处于铰接状态,对基肋本身是很不稳定的,同时,节点多对成拱前的拱轴线调整也增加了困难。对横向尺寸,在吊装能力允许和保证砌块稳定的情况下,宜加大砌块横向尺寸,减少肋数。

③ 卡砌(空心)板拱:卡砌(空心)板拱就是把混凝土预制块做成空心的(挖空率可达 40%~60%)。先在窄拱架上拼砌基箱(肋)(拱架宽 1.6~2m 即可),然后在两侧对称卡砌边箱(肋)直至成拱,从而可节省大量拱架用料。

卡砌空心板拱外形简单,种类少,便于预制和卡砌,砌块间纵横向都要满足错缝的要求。在吊装能力许可的情况下,砌块尺寸宜大不宜小。砌块厚度不宜小于800mm,以便砌筑人员能在空洞内对底板插捣砂浆。

砌块的横向宽度划分一般以双箱为单元,但在横截面两端可结合具体情况,采用 1.5 箱和 0.5 箱。

3)钢筋混凝土板拱的构造

与混凝土板拱相比,这类拱桥可以设计成较小的板厚,具有构造简单、外表整齐、轻巧美观等特点(图 4-13)。根据桥宽的不同,可做成单条整体拱圈或多条平行板(肋)拱圈,拱圈间可不设横向联系。施工时,可反复利用一套较窄的拱架与模板来完成,能节省材料。

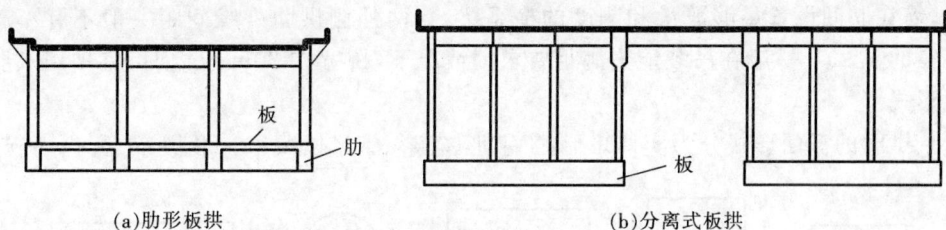

(a)肋形板拱   (b)分离式板拱

图 4-13 钢筋混凝土板拱的横截面

钢筋混凝土板拱应按计算需要与构造要求配置受力钢筋(主筋)、分布钢筋和箍筋。主筋沿拱圈纵向拱形布置,最小配筋率为 0.2%~0.4%,且上下线对称、通长布置,以适应沿拱圈各截面弯矩的变化。分布钢筋设在纵向主筋的内侧,箍筋沿半径方向布置,靠拱背处间距不大于 150mm。

(2)板肋拱

板肋拱的主拱圈截面由板和肋组成,又称矮肋拱。石砌板肋拱的特点是主拱圈截面下缘全宽是板,在较薄的板上另外砌筑石肋,使拱圈具有更大的抗弯刚度。其构造要求与石板拱相同,截面尺寸可参考已成桥资料或试算确定。钢筋混凝土板肋拱则是为了充分利用混凝土的强度,节省材料,减小质量,将实体板拱截面受拉区的混凝土挖去一部分而形成的。根据主拱圈弯矩的分布情况,在跨径中部,可将肋布置在板下面;而在拱脚区段,将肋布置在板上面。但实际上为了简化模板和钢筋的工作,往往沿整个拱跨都将肋布置在主拱圈截面的上面或下面。

（3）肋拱

肋拱是在板拱的基础上,将板拱划分成两条或多条分离的、高度较大的拱肋,再由横系梁、立柱和由横梁支承的行车道部分组成的(图4-14)。

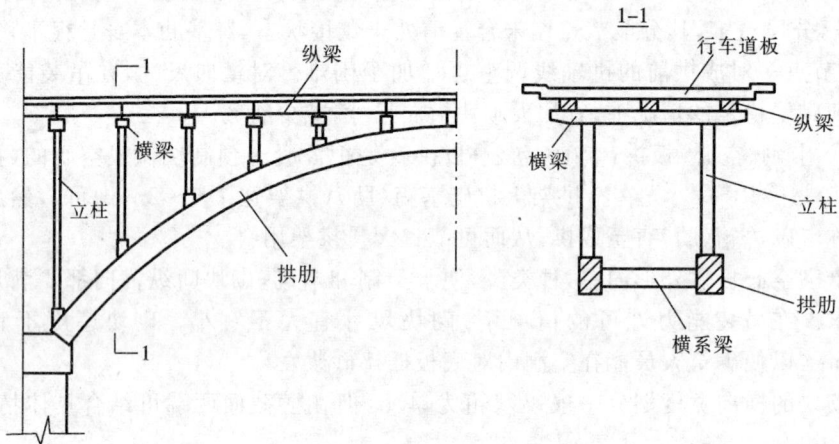

图4-14　肋拱桥立面布置图

拱肋为肋拱桥的主要承重结构,通常采用混凝土、钢筋混凝土、劲性骨架混凝土、钢材或钢管混凝土等材料建造,在盛产石料地区,也可选用石材来修建。拱肋数目和间距以及截面形式主要根据桥梁跨径、宽度、肋型、材料性能、荷载等级、施工方法、拱上结构与经济性能等综合考虑来决定。为保证各拱肋的横向稳定性和整体性,需在肋间设置足够数量和刚度的横系梁,且两外侧拱肋外缘间距一般不宜小于跨径的1/20。一般在吊装能力满足要求的情况下,桥宽在20m以内时,宜采用双肋式形式。

拱肋的截面形式分为实体矩形、工字形、箱形、管形以及组合形状等(图4-15)。

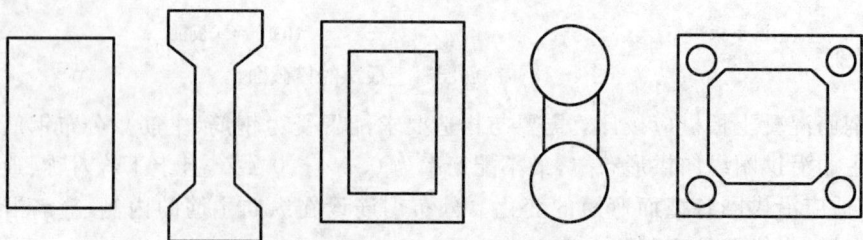

图4-15　肋拱拱肋截面形式

矩形截面拱肋具有构造简单、施工方便等优点,但由于截面相对集中于中性轴,在受弯矩作用时不能充分发挥材料的作用,经济性差,一般仅用于中、小跨径的肋拱桥。通常,肋高可取跨径的 $1/40\sim1/60$,肋宽可取肋高的 $0.5\sim2.0$ 倍。

工字形截面的核心距比矩形截面大,具有更大的抗弯能力,一般适用于大、中跨径的肋拱桥。通常,肋高可取跨径的 $1/25\sim1/35$,肋宽可取肋高的 $0.4\sim0.5$ 倍,腹板厚度可取 $300\sim500\text{mm}$。

箱形截面肋拱由双肋或多肋组成,肋间设置横系梁使之成为整体。对于拱肋,可由单箱肋或多箱肋构成。箱形肋之间的横系梁除了具有增强肋拱横向整体稳定性外,还可起到横向分布荷载的作用,要求具有足够的强度和刚度,并与拱肋固结。肋间横系梁常用钢筋混凝土材料。箱形肋拱通常采用等截面形式,以方便施工。对于特大跨径的箱形肋拱也可采用受力更为合理的变截面形式。由于箱形截面肋拱可以减少更多的圬工体积,且横向整体稳定性好,因此更适用于跨径大、桥面宽的肋拱桥。

管形截面肋拱是指采用钢管混凝土结构作为拱肋的拱桥。钢管混凝土肋拱断面中钢管的直径、钢管根数、布置形式等,应根据桥梁跨径、桥宽及受力等具体情况来确定,一般有单管式、双管式(哑铃形)、四管式(梯形、矩形)等。

(4)箱形拱

主拱圈(肋)截面由一个闭合箱(单室箱)或几个闭合箱(多室箱)构成的拱称为箱形拱。每一个闭合箱又由箱壁(侧板)、顶板(盖板)、底板及横隔板组成(图 4-16)。箱形拱包括箱形板拱和箱形肋拱。由箱形截面组成的,主拱圈截面外观形状如同板拱,称为箱形板拱。如果肋拱桥的拱肋截面为箱形,则称为箱形肋拱。箱形截面拱的主要特点是重量轻、刚度大、应力均匀、整体性好、稳定性好和方便吊装等。一般适用于大跨径的拱桥。

1)箱形板拱

主拱圈箱形断面的组成方式有以下几种:由多条 U 形肋组成的多室箱形截面(图 4-17(a))、由多条工字形肋组成的多室箱形截面(图 4-17(b))、由多条闭合箱肋组成的多室箱形截面(图 4-17(c))和整体式单箱多室截面(图 4-17(d))。箱形板拱通常采用预制拼装施工,也可采用转体施工或劲性骨架法施工。采用预制拼装施工时,先将多室箱的主拱圈截面沿横向划分为多个箱形肋,在纵向(桥跨方向)将箱形肋分成数段并预制,再安装各箱肋段成拱,并现浇各箱肋间的填缝混凝土形成箱形板拱。采用转体施工时,箱形拱主拱圈则在陆地上或支架上现浇、或拼装一次形成。采用劲性骨架法(或称刚性骨架法)施工时,箱形拱主拱圈在骨架上逐步现浇而成。由于图 4-17(c)所示截面是预制闭合箱肋,抗扭刚度大,吊装稳定性好,目前箱形拱主要采用这种截面形式。单箱多室截面(图 4-17(d))主要用于不能采用预制吊装的特大型拱桥。

箱肋是组成预制拼装施工的箱形板拱桥的基本构件,在拱圈宽度确定后,横向划分成几个箱肋,主要取决于吊装设备的能力。箱肋内每隔一定距离应设置一道横隔板(沿拱轴线布置),以提高箱肋在吊运及使用阶段的抗扭能力,加强箱壁的局部稳定性。在预制箱肋段的端部、吊装扣点及拱上腹孔墩(或立柱)处必须设置箱肋内横隔板。箱肋分段预制,吊装成拱时,段与段之间一般采用角钢顶接接头,接头处的箱壁、顶底板需局部加厚。焊接后,再用混凝土封填。

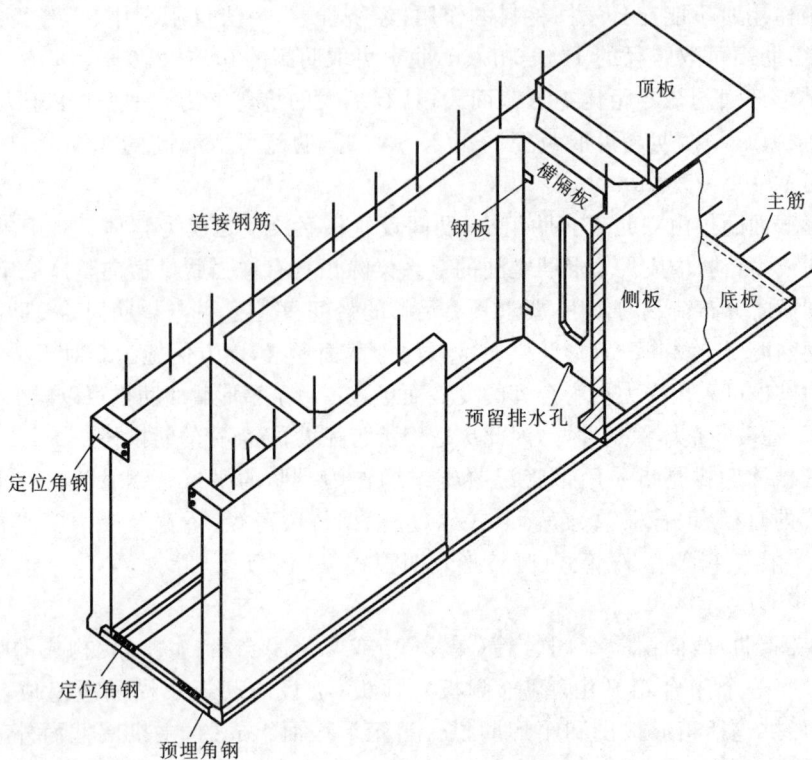

图 4 - 16　箱形拱闭合箱的构造

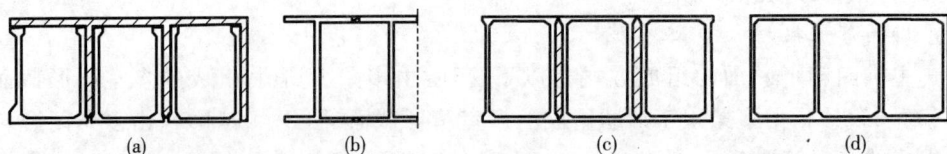

图 4 - 17　箱形截面组成方式

大跨径箱形板拱桥的主拱圈,一般可按素混凝土拱设计,但必须配置构造钢筋以及箱肋在吊装过程中的受力钢筋,这部分受力钢筋常对称,通长布置在顶、底板上。沿箱壁的高度方向应布置分布钢筋,其间距不大于 250mm。在顶、底板及腹板上沿拱轴方向一定间距应分别布置横向及径向钢筋,且横向、径向钢筋必须有效连接。当按素混凝土拱难以通过时,可按钢筋混凝土拱设计,此时,主拱圈截面的纵向受力钢筋除满足使用阶段的受力要求外,还要保证施工阶段(吊装时)的受力需要。

2)箱形肋拱

箱形肋拱桥可由双肋或多肋组成,肋间需设横系梁形成整体。拱肋有单箱肋、双箱肋或多箱肋等形式。它具有箱形板拱的所有优点,而且比箱形板拱更节省混凝土,这不仅减轻了自重,也相应减少了墩台圬工工程量,降低了全桥造价。

当箱形肋拱的拱肋由单箱肋构成时,肋宽较小,与拱上立柱尺寸较为协调,结构轻盈美观,箱肋一次预制(或现浇),故整体性好,施工方便。但箱肋吊装时质量大,为减轻吊装重,可先预制顶板厚度仅为 60~80mm 的箱肋,待吊装成拱后再现浇其余部分顶板混凝土。

对由双箱肋或多箱肋构成的拱肋,其构成方法和构造要求基本与箱形板拱相同。当吊装能力不足时,可采用与上面相同的方法,即箱肋顶板采用装配整体式。箱形肋拱通常采用等截面形式以方便施工,但对于特大跨径箱形肋拱桥,也可采用变截面拱肋。

箱形肋拱拱肋间的横系梁应具有足够的强度和刚度,并与拱肋刚性连结,以增强肋拱桥横向的整体性和稳定性。因此,横系梁应通常采用钢筋混凝土的横系梁,其截面有:工字形、箱形和桁片式横系梁。横系梁的截面尺寸需根据构造要求及拱的横向稳定需要来确定,一般横系梁高度与拱肋高度相同,短边尺寸应不小于其长度的 1/15。钢筋混凝土横系梁通常按构造要求配筋。横系梁与拱肋的连接可以采用预埋钢板焊接连接。为确保与拱肋固结,最好采用湿接头,即分别在拱肋侧面与横系梁端头预留连接钢筋,待横系梁安装就位后焊接钢筋并现浇接缝混凝土,接缝宽度通常为 300mm。

2. 拱上建筑的构造

由于主拱圈是曲线形,一般情况下车辆无法直接在弧面上行驶,所以在桥面系和主拱圈之间需要有传递荷载的构件或填充物,以使车辆能在平顺的行车道上行驶。这些主拱圈以上的桥面系和传力构件或填充物统称为拱上建筑。桥面系包括行车道、人行道和栏杆等。

拱上建筑是拱桥的组成部分,选择拱上建筑的构造形式时,不仅要考虑桥型美观,更要考虑与主拱圈受力和变形的适应性。根据构造方式的不同,拱上建筑的形式一般分为实腹式和空腹式两种。

(1)实腹式拱上建筑

实腹式拱上建筑的组成包括:拱腹填料、侧墙、护拱、变形缝、防水层、泄水管及桥面系等(图 4-18)。由于其构造简单,施工方便,填料数量较多,恒载较重,所以,一般仅适用于小跨径的板拱桥。

拱腹填料的做法可分为填充式和砌筑式两种。

填充式拱腹填料应尽量做到就地取材。通常采用透水性好、土侧压力小、成本较低的砾石、碎石、粗砂或卵石夹粘土等材料,并加以分层夯实。在地质条件较差的地区,为了减小拱上建筑的重量,可以采用其他轻质材料作为拱腹填料。如炉渣与粘土的混合物、陶粒混凝土(其重力密度可小到 10kN/m^3)等。

砌筑式拱腹填料是在散粒填充材料不易取得时,采用干砌圬工的一种方式。

侧墙在主拱圈横桥向两侧砌筑,它的作用是围护拱腹上的散粒填料,并承受拱腹填料及车辆荷载所产生的侧压力(推力)。侧墙一般采用浆砌块石或片石结构,为了美观需要,可用粗料石或细料石镶面。侧墙厚度一般按构造要求确定,其顶面宽约 500~700mm,向下逐渐增厚,墙脚厚度可以采用侧墙高度的 0.4 倍。特殊情况下侧墙厚度应由计算确定。对混凝土或钢筋混凝土板拱,也可用钢筋混凝土扶壁式侧墙。这种侧墙可以与主拱浇筑为一体,其内配置的竖向受力钢筋应伸入拱圈内一定长度(规定的锚固长度)。

护拱一般用现浇混凝土或浆砌块、片石修筑,设于拱脚处,以加强拱脚段的主拱圈(图 4 - 18)。在多孔拱桥中,护拱还便于防水层和泄水管的设置。

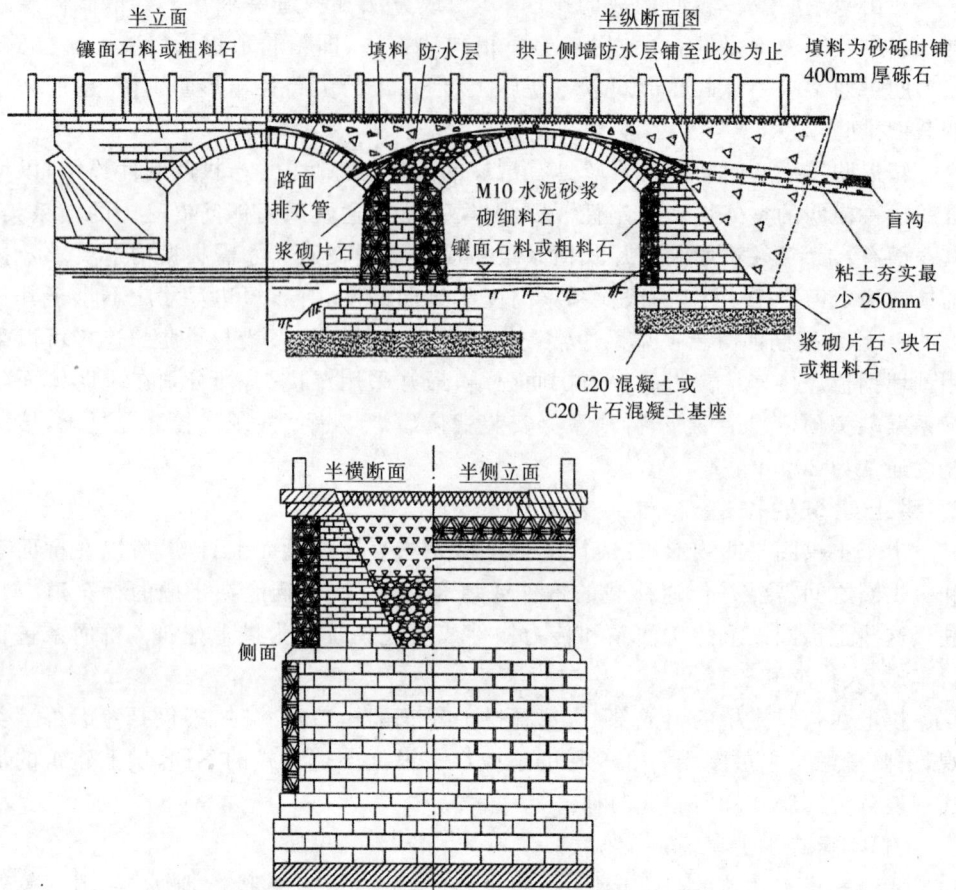

图 4 - 18 实腹式拱上建筑构造

(2)空腹式拱上建筑

大、中跨径的拱桥,特别是当矢高较大时,由于实腹式拱上建筑的填料用量多、重量大,应以采用空腹式拱上建筑为宜。空腹式拱上建筑除具有实腹式拱上建筑相同的构造外,还具有腹孔和腹孔墩。

1)腹孔

腹孔的形式和跨径的选择,应在考虑尽量减小拱上建筑重量的同时,又不致因荷载过分集中于腹孔墩处,给主拱圈受力性能造成不利的影响。此外,还要考虑方便施工以及使拱桥外形更加协调美观。

腹孔结构的形式可以分为两类:一类是拱式拱上建筑,另一类是梁式拱上建筑。

① 拱式拱上建筑

拱式拱上建筑构造简单,外形美观(图 4 - 19),但自重较大,对地基条件要求高,一般用于圬工拱桥。拱式腹孔通常对称布置在主拱上建筑高度所允许的自拱脚到拱顶的一定区段内,其长度在半跨内以不超过主拱跨径的1/3~1/4为宜,此时,跨中存在一实腹段(图 4 - 19(a))。腹孔跨数随主拱跨径的不同而不同,对中、小跨径的拱桥,一般以 3～6 孔为宜。目前,也有采用全空腹形式,即在全拱长度上用腹拱连续跨越,不存在跨中实腹段(图 4-19(b))。此时,在确定了腹孔跨径后即可确定其孔数,一般以奇数孔为宜。

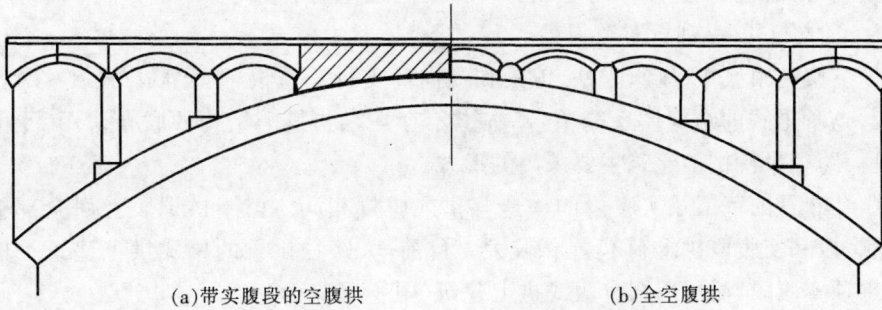

(a)带实腹段的空腹拱   (b)全空腹拱

图 4-19 拱式拱上建筑

腹孔跨径的大小主要应考虑主拱的受力需要,合理确定。腹孔跨径过大时,腹孔墩处的集中力就大,对主拱受力不利。腹孔跨径过小时,对减小拱上建筑重量不利,构造也较复杂。对中、小跨径的拱桥,腹孔跨径一般选用 2.5～5.5m 为宜。对于大跨径拱桥则控制在主拱跨径的 1/8～1/15 之间,其比值随主拱圈跨径的增大而减小。腹孔构造宜统一,最好做成等跨的,以便于施工和有利于腹孔墩的受力。

腹拱圈一般可以采用石砌、混凝土预制或现浇的圆弧形板拱,矢跨比一般为 1/5～1/2。腹拱圈的厚度与它的构造形式和跨径大小等有关。当跨径为 1～4m 时,可采用厚度不小于 300mm 的石板拱或厚度不小于 150mm 的混凝土板拱,也可采用厚度为 140mm 的微弯板。当跨径大于 4m 时,可按板拱厚度的经验公式或参考已成桥的设计资料。

靠近桥墩(台)的第一个腹拱的做法有两种:一种是将腹拱的拱脚直接支承在墩(台)上(图 4-20(a)、(b)),另一种是跨越桥墩,使两侧腹拱圈相连(图 4-20(c))。

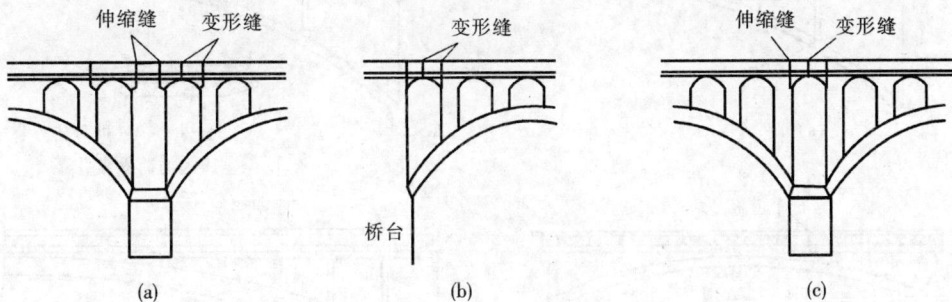

(a)   (b)   (c)

图 4-20 腹拱与墩(台)的连接

腹拱圈在拱上建筑需要设置伸缩缝或变形缝的地方应设铰(三铰或两铰),其余为无铰拱。腹拱的拱腹填料与实腹拱的相同。

② 梁式拱上建筑

在大跨径钢筋混凝土拱或无支架施工的拱桥中,为了进一步减小重量,降低拱轴系数(使拱上建筑的恒载分布接近于均布荷载),改善拱圈在施工过程中的受力情况,使桥梁造型轻巧美观,获得更好的经济效果,常采用钢筋混凝土梁式拱上建筑。其跨径及布置同拱式拱上建筑腹拱的布置要求基本相同。

梁式腹孔结构有简支的、连续的和连续框架式等多种形式(图4-21)。不同的腹孔结构形式使拱上建筑参与主拱联合作用的程度也不相同。

a. 简支腹孔(纵铺行车道板梁)

简支腹孔由底梁(座)、立柱、盖梁和纵向简支行车道板(梁)组成(图4-21(a)、(b))。这种形式的结构体系简单,基本上不存在拱与拱上结构的联合作用,受力明确,是大跨径拱桥拱上建筑主要采用的形式。

腹孔布置的范围及实腹段的构造与拱式腹拱相同。由于拱顶段上面全部被覆盖,空腹段和实腹段拱上荷载差异较大。目前,大跨径拱桥的梁式拱上建筑一般都取消拱顶实腹段,而采用全空腹式拱上建筑(图4-21(b))。

全空腹式腹孔数宜采用奇数,避免拱顶设有立柱,使拱顶受力不利。通常先确定两拱脚的立柱位置,然后将其间距除以某个奇数后,即可确定各立柱位置和腹孔跨径,若得出的腹孔跨径不恰当,可调整孔数以满足受力需要。

b. 连续腹孔(横铺行车道板梁)

连续腹孔由拱上立柱、连续纵梁、实腹段垫墙及行车道板(梁)组成(图4-21(c))。在拱上立柱上设置连续纵梁,再在纵梁上和拱顶段垫墙上铺设横向行车道板,形成拱上传载结构,这种形式主要用于肋拱桥。其特点是行车道板横置,拱顶上只有一个板厚(含垫墙)及桥面铺装厚,建筑高度很小,适合于建筑高度受限制的拱桥。

c. 连续框架腹孔

把连续纵梁与立柱刚性连接就形成连续框架腹孔。连续框架腹孔在横桥向应根据需要设置多片,每片间通过横系梁形成整体(图4-21(d))。

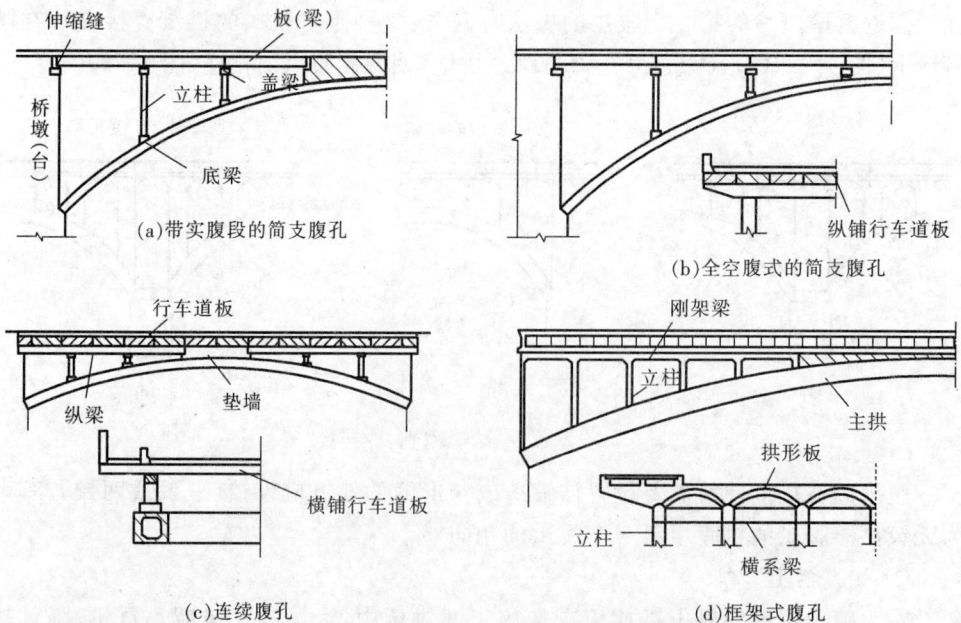

(a)带实腹段的简支腹孔

(b)全空腹式的简支腹孔

(c)连续腹孔

(d)框架式腹孔

图4-21 梁式空腹拱上建筑

2)腹孔墩

腹孔墩由底梁、墩身和墩帽组成。腹孔墩可分为横墙(立墙)式和排架(立柱)式两种(图4-22)。

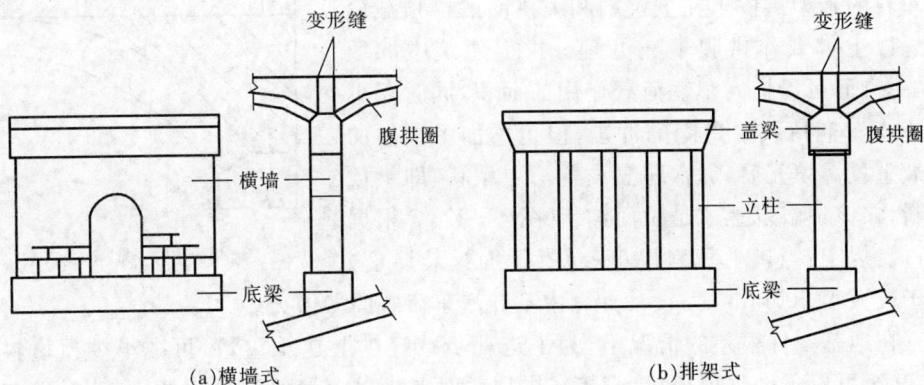

图4-22 腹孔墩构造型式

① 横墙(立墙)式

这种腹孔墩采用横墙式墩身,一般用圬工材料砌筑或现浇混凝土形成,自重较大,但施工简便,节省钢材。多用于砖、石拱桥中。为了便于维修、节省材料、减轻重量,可在横向挖一个或几个孔(图4-22(a))。腹孔墩的厚度,用浆砌片、块石时,不宜小于600mm,用混凝土砌筑时,一般应大于腹拱圈厚度的一倍。底梁能使横墙传下来的压力较均匀地分布到主拱圈的全宽上,其每边尺寸较横墙宽50mm,其高度则以使较矮一侧为50~100mm为原则来确定。底梁常采用素混凝土结构。墩帽宽度宜大于墙宽50mm,也采用素混凝土。

② 排架(立柱)式

排架式腹孔墩是由立柱和钢筋混凝土盖梁组成的排架结构(图4-22(b))。为了使立柱传递给主拱圈的压力不至于过分集中,通常在立柱下面设置底梁。立柱和盖梁按计算要求配筋,底梁按构造要求配筋,并设置足够的埋入填缝(属主拱圈)混凝土内的锚固钢筋。腹孔墩的侧面一般做成竖直的,以方便施工。

立柱沿桥纵向的厚度,一般为250~400mm,沿桥横向的厚度常取大于纵向厚度,一般为500~900mm。对于高度超过10m的立柱,其尺寸应由在拱平面内的纵向挠曲计算确定。立柱可采用现浇,也可预制安装,这时须注意立柱与盖梁以及立柱与底梁的连接接头,一般可采用接头钢筋焊接,再现浇混凝土包住,或在接头处预埋钢板,焊接装配以加快施工速度。立柱与盖梁的接头,可在预制盖梁时,在相应位置留出空洞,待立柱预留钢筋插入洞内后,用高强度等级的砂浆封死。盖梁一般整根预制。

对于拱上结构与主拱联结成整体的钢筋混凝土空腹式拱桥,为了使拱上结构不参与主拱受力,可以将腹孔墩的上、下端设铰,使它成为仅受轴向压力的受力构件,以改善腹孔墩的受力情况。为了简化构造和方便施工,一般高立柱可采用固结形式,而只将靠近拱顶处的1~2根高度较小的矮立柱上、下端设铰。

3. 拱桥的其他细部构造

(1)拱顶填料与桥面铺装

无论是实腹式拱桥还是空腹式拱桥(除了无拱上填料的轻型拱桥),在主拱圈和腹拱圈的拱顶截面上缘以上都要作拱腹填充处理。拱上建筑中的填料,一方面可以扩大车辆荷载作用的面积,同时还可以减小车辆荷载对拱圈的冲击,但也增加了拱桥的恒载重量。填充后,通常还需设置一层填料,即拱顶填料,在该填料以上才是桥面铺装(图 4-23)。根据《桥规》规定:当拱上填料厚度(包括桥面铺装厚度)等于或大于 500mm 时,设计计算中不计汽车荷载的冲击力。

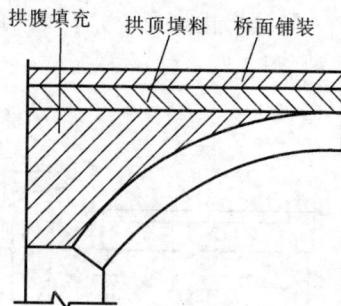

图 4-23 拱上填料示意图

在地基条件很差的情况下,为了进一步减轻拱上建筑重量,可减小拱顶填料厚度,甚至可以不设拱顶填料,直接在拱顶截面上缘以上铺筑混凝土桥面,此时行车道边缘的桥面铺装厚度不能小于 80mm,并应在混凝土铺装内设置钢筋网以分布车轮压力。不设拱顶填料的主拱圈,在计算中应计入汽车荷载的冲击力。

拱桥的桥面铺装应根据桥梁所在的公路等级、使用要求、交通量的大小以及桥型等条件来综合考虑确定。为便于排水,桥面铺装应设置 1.5%～2.0%横坡。

(2)伸缩缝与变形缝

由于拱上建筑与主拱圈的共同作用,一方面拱上建筑既能提高主拱圈的承载力,又能对主拱圈的变形起到约束作用;另一方面,在主拱圈和拱上建筑内都产生附加内力,使结构受力复杂。

为了使主拱圈和拱上建筑的结构计算图式尽量与实际受力情况相符合,避免拱上建筑的不规则开裂,保证桥梁的安全,除了在设计计算时作充分考虑外,还需采取必要的构造措施。通常在相对变形(位移或转角)较大的位置处设置伸缩缝,在相对变形较小处设置变形缝。

对于小跨径实腹拱来说,伸缩缝设在两拱脚的上方,并在横桥方向贯通全宽(包括侧墙、行车道、人行道、栏杆等)(图 4-24(a))。对拱式空腹拱桥,通常将紧靠墩(台)的第一个腹拱做成三铰拱,并在紧靠墩(台)的拱铰上方设置伸缩缝,且应贯通全桥宽,而其余两拱铰上方设置变形缝(图 4-24(b))。对大跨径拱桥,还应将靠拱顶的腹拱做成两铰或三铰拱,并在拱铰上方也设置变形缝,以使拱上建筑能更好地适应主拱的变形。对梁式腹孔,通常是在桥台和墩顶立柱处设置标准伸缩缝(板式或毛勒伸缩缝),而在其余立柱处采用桥面连续。

伸缩缝宽度一般为 20～30mm,多做成直线形,以简化构造,方便施工。施工时在缝内填入用锯木屑与沥青按 1:1 质量比例制成的预制板,也可以采用沥青砂等其他材料填缝;变形缝不留缝宽,其缝可干砌、用油毛毡隔开或用低标号砂浆砌筑。

(3)排水与防水层

对于拱桥,不仅要求将桥面雨水及时排除,而且要求将透过桥面铺装渗入到拱腹的雨水及时排除。与梁式桥相似,桥面排水也是由设置桥面纵、横向坡以及桥面两侧缘石边缘一定数量的泄水管等来实现的。泄水管的平面布置与梁式桥的相同

（图 4 - 25）。透过桥面铺装渗入到拱腹内的雨水，应由防水层汇集于预埋在拱腹内的泄水管排出，防水层和泄水管的铺设方式，与上部结构的形式有关。

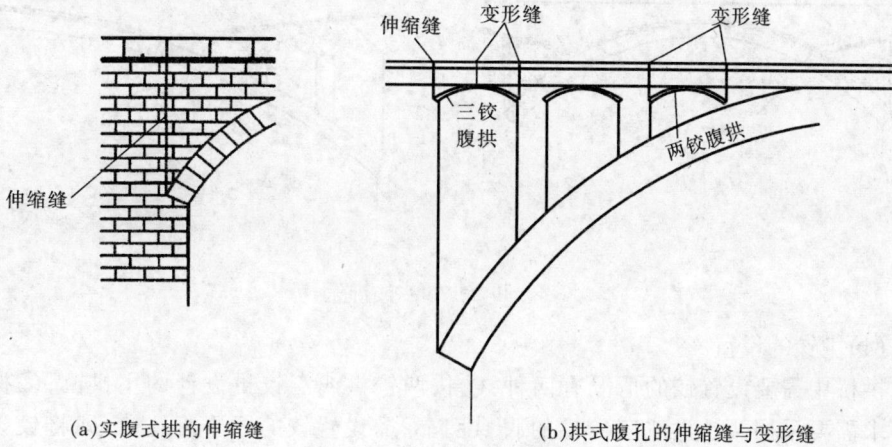

(a)实腹式拱的伸缩缝　　　　　　(b)拱式腹孔的伸缩缝与变形缝

图 4 - 24　伸缩缝与变形缝

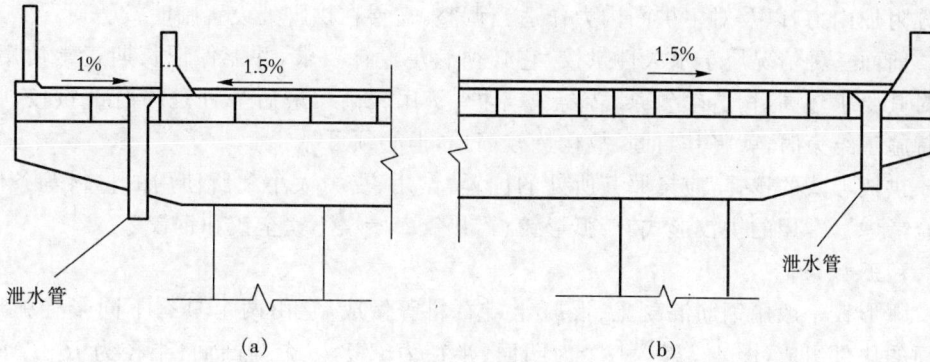

图 4 - 25　桥面雨水的排除

实腹式拱桥防水层应沿拱背护拱、侧墙铺设。如果是单孔，可以不设泄水管，积水沿防水层流至两个桥台后面的盲沟，然后沿盲沟排出路堤（图 4 - 18）。如果是多孔拱桥，可在 1/4 跨径处设泄水管（图 4 - 26(a)）。

空腹式拱桥包括带拱顶实腹段的空腹拱和全空腹拱。对于带实腹段的拱式腹拱空腹拱桥，其防水层及泄水管布置如图 4 - 26(b)所示。对拱式腹拱全空腹拱桥，其防水层及泄水管参照多孔实腹拱进行设置。

拱桥的泄水管可采用铸铁管、混凝土管、陶瓷（或瓦）管或塑料管。泄水管的内径一般为 60～100mm，在严寒地区及雨水丰富的地区需适当加大。泄水管应伸出结构表面 50～100mm，以免雨水顺着结构物的表面流淌。为便于泄水，泄水管应尽可能采用直管，并减少管节的长度。

防水层在全桥范围内不宜断开，在通过伸缩缝或变形缝处应妥善处理，使它既能防水又能适应变形。

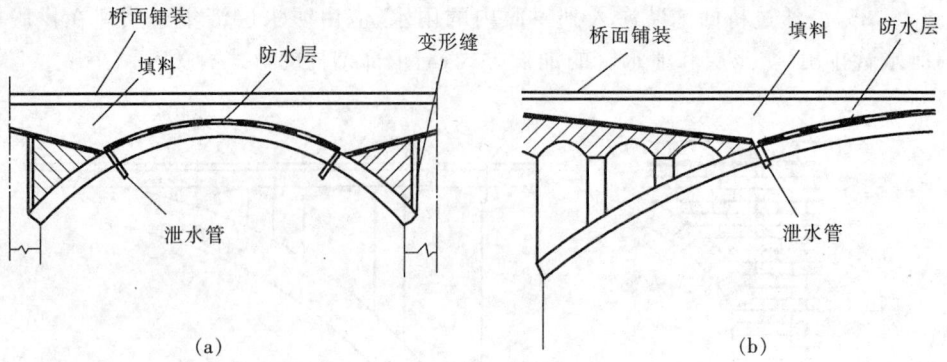

图 4 - 26　拱腹水的排除

(4)拱铰的设置

拱桥中需要设置铰的情况有四种:①按两铰拱或三铰拱设计的主拱圈;②按构造要求需要采用两铰拱或三铰拱的腹拱圈;③需设置铰的矮小腹孔墩,即将铰设置在墩上端与顶梁和下端与底梁的连接处;④在施工过程中,为消除或减小主拱圈的部分附加内力,以及对主拱圈内力作适当调整,需要在拱脚处设置临时铰。

前面三种情况属于永久性拱铰,它必须满足设计要求,并能保证长期正常使用,故对其要求较高,构造较复杂,需经常养护,费用较高。最后一种是临时性拱铰,一般待施工结束时,就将其封固,故构造较简单,但必须可靠。

拱铰形式的选择,应按照其所处的位置、作用、受力大小和所使用的材料等条件综合考虑。常用的拱铰形式有:弧形铰、铅垫铰、平铰、不完全铰和钢铰等。

1)弧形铰

弧形铰一般用钢筋混凝土、混凝土或石料等做成,它由两个具有不同半径弧形表面的块件组成(图 4 - 27),一个为凹面(半径为 R_2),一个为凸面(半径为 R_1)。R_2 与 R_1 的比值常在 1.2~1.5 范围内。铰的宽度应等于构件的宽度,沿拱轴线的长度取为拱厚的 1.15~1.20 倍。铰的接触面应精加工,以保证紧密结合。由于构造复杂,加工的铰面既费工,又难以保证质量,故主要用于主拱圈的拱铰。

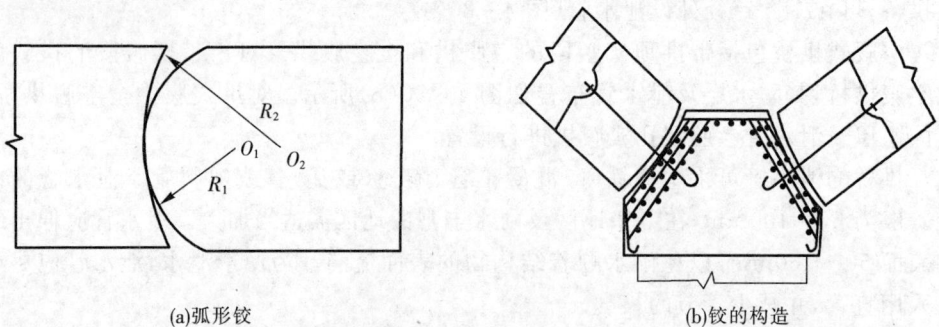

图 4 - 27　弧形铰

2)铅垫铰

铅垫铰一般由厚度 15~20mm 的铅垫板外包以锌、铜薄片(10~20mm)构成(图 4 - 28)。垫板宽度为拱圈厚度的 1/4~1/3,在主拱圈的全部宽度上分段设置。铅垫铰是利用铅的塑性变形达到支承面的自由转动,从而实现铰的功能。铅垫铰主要用于中、小跨径的板拱或肋拱,可用作永久性拱铰,也可用作临时拱铰。

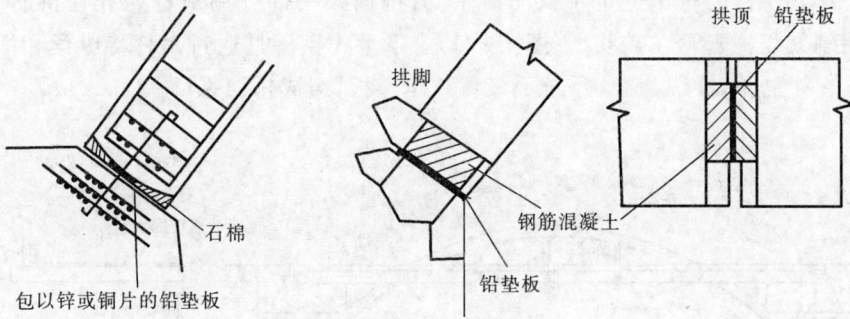

图 4-28　铅垫板铰

3)平铰

平铰就是两构件的端部平面相接,直接抵承的铰(图 4-29)。其接缝处可铺一层低标号砂浆,也可垫衬 2～3 层油毛毡或直接干砌。由于平铰的变形量较小,一般用在空腹式拱桥的腹拱圈上。

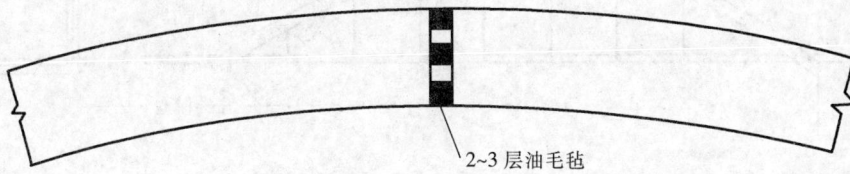

图 4-29　平铰

4)不完全铰

不完全铰的构造是将拱截面突然减小(一般为全截面的 1/3～2/5),以保证该截面的转动功能(图 4-30(a)、(b)、(c))。它属于永久性拱铰。在施工时拱圈不断开,使用时又能起铰的作用。由于构件截面突然变小,其应力很大,容易开裂,故必须配以斜钢筋。一般多用在小跨径或轻型的拱圈以及空腹式拱桥的腹孔墩柱上。

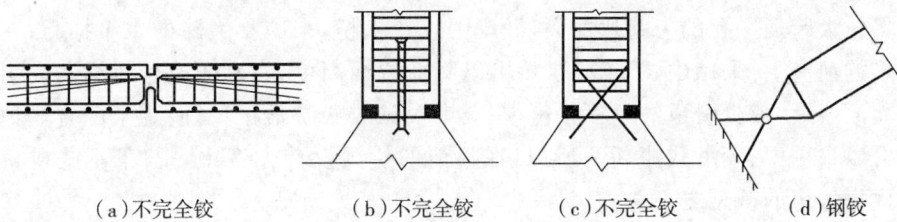

（a）不完全铰　　（b）不完全铰　　（c）不完全铰　　（d）钢铰
图 4-30　不完全铰与钢铰

5)钢铰

钢铰通常是由钢材做成带有圆柱形销轴(或不设销轴)的理想铰(图 4-30(d))。钢铰除了用于少数大跨径有铰钢拱桥的永久性拱铰外,更多的是用于施工时需要的临时铰。当采用劲性骨架施工钢筋混凝土拱桥时,在钢骨架吊装过程中拱脚处也常采用钢铰形式。

4.2.2 中、下承式拱桥的构造

中承式拱桥的行车道位于拱肋的中部,桥面系一部分用吊杆悬挂在拱肋下,一部分用刚架立柱支承在拱肋上(图4-31)。下承式拱桥是通过吊杆将纵梁和横梁系统悬挂在拱肋下,在纵、横梁系统上设置行车道板,组成桥面系(图4-32)。

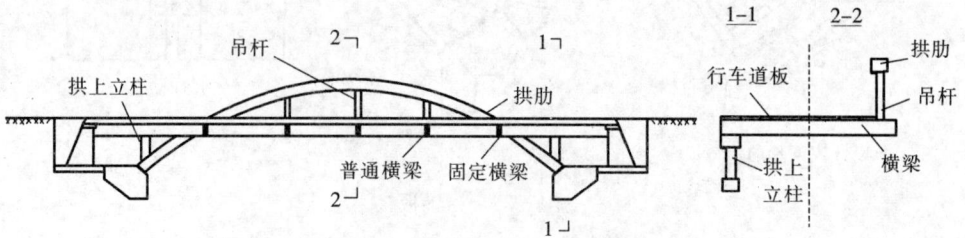

图 4-31 中承式拱桥

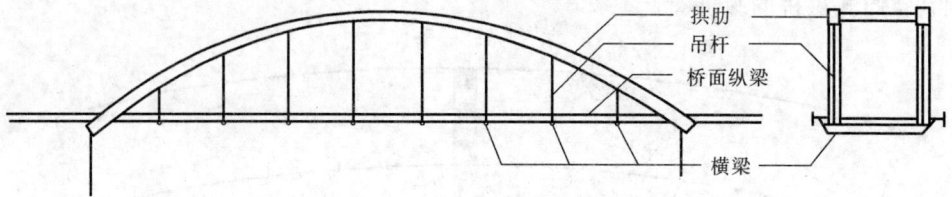

图 4-32 下承式拱桥

中、下承式拱桥不仅保持了上承式拱桥的基本力学特性,而且还可以充分发挥拱圈混凝土材料的抗压性能,使构件简洁明快,造型美观。尽管中、下承式拱桥是推力拱,要求较好的地基条件,但是多孔连续的中、下承式拱桥,仍以其外形波浪般起伏,构件的轻巧,给人以美感,并且具有广泛的适应性。当桥梁的建筑高度受到严格限制时,若采用上承式拱桥往往有困难或矢跨比过小时,可采用中、下承式拱桥以满足对桥下净空的要求;在不等跨的多孔连续拱桥中,为了平衡左右桥墩的水平推力,可以将较大跨径一孔的矢跨比加大,做成中承式拱桥,来减小大跨的水平推力;在平坦地形的河流上,采用中、下承式拱桥可以降低桥面高度,有利于改善桥梁两端引道的纵断面线形,减少引道的工程数量;在城市景点或旅游地区,有时为了配合当地景观也可以采用中、下承式拱桥。所以,在目前的桥梁设计方案中,中、下承式拱桥已成为优先考虑的桥型之一。

中、下承式拱桥的桥跨结构一般由拱肋、横向联系和悬挂结构三部分组成。

1. 拱肋

中、下承式拱桥的主要承重构件是两个分离式的拱肋。拱肋结构的常用材料是钢筋混凝土、钢管混凝土、劲性骨架混凝土或者钢材。两片拱肋一般在两个相互平行的平面内,有时为了提高拱肋的横向稳定性,也可使两拱肋顶部互相内倾而在拱顶处相交,水平面上的投影呈 X 形(即提篮式拱)(图4-33)。

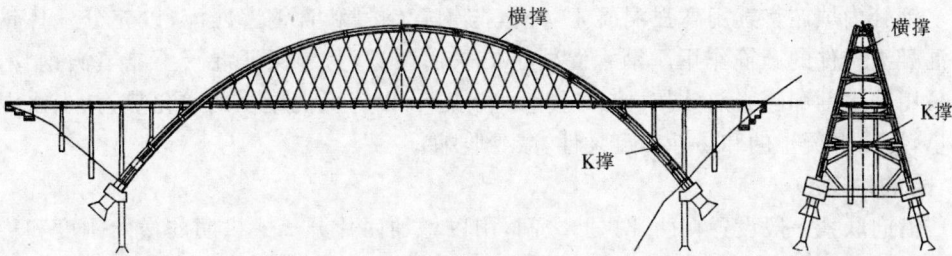

图 4-33 提篮拱桥布置图

中、下承式拱桥的拱肋一般不采用有铰拱而采用无铰拱形式,以保证其刚度。由于其恒载的分布比较均匀,因此拱轴线形一般采用悬链线或二次抛物线。拱肋的横截面沿拱轴线的变化规律可以是等截面的或变截面的,有时为了增加拱肋的横向刚度和稳定性,可将拱脚段的肋宽加大。在中、下承式拱桥中,一般通过加大拱矢高,来减小水平推力。肋拱矢跨比的取值在 $1/4\sim1/7$ 之间,根据当地条件来定。拱肋可以在拱架上立模现浇或预制拼装。

(1)钢筋混凝土拱肋

钢筋混凝土拱肋的截面形状根据跨径大小、荷载等级和结构的总体尺寸,可以采用矩形、工字形和箱形。矩形截面的拱肋施工简单,一般用于中、小跨径拱桥,拱肋高度通常为跨径的 $1/40\sim1/70$,肋宽一般为肋高的 $0.5\sim1.0$ 倍。工字形和箱形截面常用于大跨径的拱肋,拱肋截面高可先取跨径的 $1/50$ 左右,然后根据试算再调整。中、下承式拱桥常采用变截面悬链线无铰拱,拱肋截面的惯性矩变化规律一般用里特公式来确定,也可以采用二次多项式或者其他方式来确定。

(2)钢管混凝土拱肋

钢管混凝土拱肋可分为实体拱肋和桁式拱肋两类。其横截面形式,按钢管直径的大小、根数及布置方式来分。

单管型断面构造简单,受力明确,但跨径过大相应要求增大钢管直径和壁厚,对钢管制作和混凝土浇注不太方便,适用于跨径 80m 以内的小跨径拱桥。双肢哑铃型断面,由上下两个钢管通过缀板连接而成,钢管直径一般为跨径的 $1/110\sim1/150$,截面高一般为跨径的 $1/45\sim1/60$,纵向抗弯刚度大,占用桥面空间少,是一种理想的断面形式。适于跨径 $80\sim120$m 的拱桥。四肢格构型断面根据钢管的布置方式,由钢管(又称弦杆)、腹杆(多为空钢管)和横联组成,断面高度根据跨径大小决定,宽度视跨径和桥面宽度确定,是大跨径钢管拱桥常用的一种形式。三角形格构型断面纵向刚度大,横向刚度也大,适合于无风撑钢管混凝土拱桥上。拱肋是以受压为主的构件,采用格构式截面,可节省材料。拱肋通常做成等高、等宽截面,以方便加工制作。当拱脚段处于下列情形时,可将拱脚段做成钢管混凝土实腹结构:淹没于水中;或者拱脚段受力较大;或者有防撞等要求。

钢管应采用优质成品无缝钢管。钢管直径及壁厚尺寸将直接影响结构的强度,考虑到防腐等要求,壁厚不宜小于 12mm。当钢管直径较大或壁厚超过常用规格时,可用钢板冷卷或热压后焊接成相应的空钢管。由于焊接质量直接关系到全桥的安全,对焊缝必须采用超声波或 X 射线检测。

第 4 章 拱 桥

钢管内填芯宜选用高强混凝土,使其与钢管钢号和含钢率匹配,以充分发挥钢管混凝土构件的套箍作用。钢管混凝土应采用泵送,为了保证混凝土能填满钢管,应采用减水剂和膨胀剂,同时掺入适量的粉煤灰,以降低混凝土的水化热,减少水泥用量,提高混凝土的和易性和可泵性,减少收缩。

2. 横向联系

横向联系一般设置在两片拱肋之间,用以增加两片分离式拱肋的横向刚度和稳定性。横向联系的设置往往受桥面净空高度的限制,其构件只允许设置在桥面净空高度范围之外的拱段内(对于中撑式拱肋,还可以设置在桥面系以下的肋段)。有时为了满足规定的桥面净空高度要求,而不得不将拱肋的矢高加大来设置横向构件。高悬在桥面以上的横向构件,对结构物的外观和行车都是不利的。有时为了满足桥面净空的要求和改善桥上的视野而取消桥面以上的横向构件,做成敞口式拱桥。

横向联系可做成横撑、对角撑或空格式构造等形式。横撑主要设置在拱顶、拱脚、拱肋与桥面系的交接处,其宽度不应小于其长度的 1/15。在拱脚段的横撑多做成格式 K 撑或 X 撑,以获得更好的稳定性;在桥面系以上则多采用直撑、K 撑或 H 形撑。

钢管混凝土拱肋的横撑多采用钢管桁架,钢管可以是空心的,也可以内填混凝土,做成钢管混凝土横撑。

3. 悬挂结构

悬挂结构包括吊杆和桥面系等,吊杆将纵梁和横梁系统悬挂在拱肋下,桥面荷载通过它们将作用力传递到拱肋上。

(1)吊杆

吊杆由构造分为刚性吊杆和柔性吊杆两类。刚性吊杆用钢筋混凝土或预应力混凝土制作,使用刚性吊杆可以增强拱肋的横向刚度,但是用钢量大,施工程序多,工艺复杂。柔性吊杆用冷轧粗钢筋、高强钢丝或钢绞线等高强钢材制作,使用柔性吊杆可以部分消除拱肋和桥面系之间的相互影响,且节省钢材。

刚性吊杆一般设计成矩形,除承受轴向拉力外,还须抵抗上下节点处的局部弯矩。柔性吊杆必须进行防护,主要是为了提高钢索的耐久性,防止钢索锈蚀,因此要求防护层要有足够的强度、韧性、抗老化性、附着性和良好的耐候性,而不致开裂和脱落。钢索的防护方法很多,可归纳为两大类型:缠包法和套管法。缠包法的特点是采用耐候性防水涂料、树脂对钢丝进行多层涂覆,采用玻璃丝布或聚酯带缠包,最外层还可以用玻璃布或金属套管护罩。这种拱方法层次多,工序复杂,施工不便。套管法是在钢索上套上钢管、铝管、不锈钢管或塑料套管,在套管内压注水泥浆或黄油等其他防锈材料。近几年又出现了 PE 热挤索套防护工艺,它直接将 PE 材料被覆在钢束表面制成成品索,因而更简单、可靠和经济,目前已成为拉索的主要防护方法。

吊杆的间距即为行车道纵梁的跨长,一般根据构造要求和经济美观等因素来决定。间距大时,吊杆的数目减少,但纵、横梁的用料增多;反之,吊杆数目增多,纵、横梁的用料减少。一般吊杆的间距为 4～10m,通常吊杆等间距布置。为了防止车辆撞击吊杆,可在靠行车道一侧设置防撞护栏。

（2）纵梁与行车道板

桥面系是由纵、横梁和行车道板组成。由于横梁的间距一般在 4～10m 之间，纵梁多采用与行车道板连成整体的 T 形或 Ⅱ 形小梁，形成简支梁结构或连续梁结构，或直接在横梁上密铺预制空心板或实心板来取代行车道板和纵梁两者的作用。

行车道板一般为普通钢筋混凝土结构，也可采用预应力或部分预应力结构。行车道板上铺设桥面铺装、安设人行道和栏杆等。行车道一般布置在两拱肋之间，在桥面净空相同的条件下，中、下承式拱桥的拱肋间距比上承式拱桥大，横向联系设置困难，因此，通常将人行道布置在吊杆的外侧。高速公路上的桥也有仅在中央分隔带上设置一片拱肋的单承重结构，行车道分设在两侧，有利于安全行车且造型美观、轻巧、施工方便。

为避免桥面系受拱肋变形作用而受到附加拉伸，从而导致桥面、防水层和混凝土被拉裂，在行车道跨度中部或边上的位置要设置断缝。

（3）横梁

中承式拱桥的桥面横梁可分为三类：固定横梁、普通横梁和刚架横梁。

桥面系与拱肋相交处的横梁一般与拱肋刚性连接，其截面尺寸与刚度远比其他横梁大，通常称为固定横梁；通过吊杆悬挂在拱肋下的横梁称为普通横梁；通过立柱支承在拱肋上的作为拱上刚架一部分的横梁称为刚架横梁。

固定横梁由于所处的位置特殊，它既要传递垂直荷载，又要传递水平横向荷载，有时还要传递纵向制动力，它将承担从拱肋和桥面传来的很大的弯矩、扭矩和剪力，因此受力情况复杂，且要比普通横梁长。此外，横梁在两支点位置的弯矩对拱肋来说就是扭矩，这对拱肋的受力是极为不利的，因此，一般中承式拱桥（特别是提篮拱）与行车道系的交汇处不宜设置与拱肋固结的横梁。也就是说，固定横梁能避免则尽量避免。固定横梁的截面形式可根据具体的情况采用。

普通横梁的截面形式可为矩形、工字形、土字形，大型横梁也可采用箱形截面。一般为钢筋混凝土构件，当跨度较大时，也可以采用预应力混凝土构件。其尺寸取决于横梁的跨度（拱肋的中距）和横梁所承担的桥面荷载的长度（吊杆的间距）。

刚架横梁的构造与拱上门式刚架相同。

拱上门式刚架由拱上立柱和横梁组成。中承式拱桥的桥面纵梁的固定支座一般不设在拱上门式刚架上，以减小刚架所受的纵向水平力。拱上立柱与拱肋的连接可分为刚性连接和铰接。刚接时立柱底部的钢筋应插入拱肋且与拱肋主筋绑扎牢固，铰接时一般采用混凝土铰。拱上相邻刚架的立柱高度会相差较大，当立柱的高度超出纵向厚度的 20 倍时，即使与拱肋刚接，立柱内的纵向弯矩值也将很小，可以忽略不计，而对靠近固定横梁的矮立柱，则宜做成铰接。

4.2.3 其他类型拱桥的构造

1. 桁架拱桥

桁架拱桥也称为拱形桁架桥。一般由桁架拱片、横向联系和桥面结构等部分组成。其主拱是拱形桁架和桥面板组成的整体结构（图 4-34）。

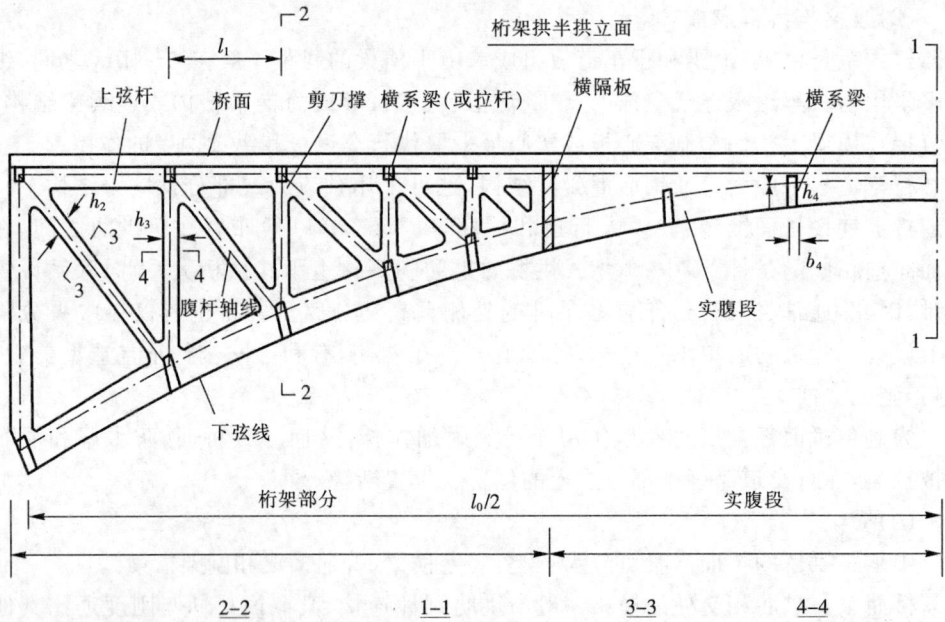

图 4-34　桁架拱桥的主要组成部分

桁架拱桥是一种具有水平推力的桁架结构,其下弦杆为拱形,上弦杆一般与桥面结构组合成一整体而共同工作。在跨中部分,因上、下弦杆很靠近而做成实腹段。

拱形结构的水平推力减少了跨间弯矩,使跨中实腹段在恒载作用下主要承受轴向压力,在活载作用下将承受弯矩,成为一偏心受压构件。空腹段的桁架杆件主要承受轴向力。由于桁架拱桥兼有桁架和拱式结构的有利因素,因此能充分发挥材料的受力性能。现利用拱上结构与拱圈形成桁架,使之整体受力,与一般拱桥相比,并不需要增加很多材料。因此桁架拱具有结构受力合理,整体性强,节省材料,自重较轻,对软土地基有较好的适应性等特点。

桁架拱桥的构件除桥面外大部分都可预制,其安装块件的尺寸和重量由运输和安装能力而定。通常,中等跨径的桁架拱片可分两至三段预制安装,每段重约十余

— 232 —

桥梁工程(第 2 版)

吨,当起重能力较大时,分段还可减少,或跨径还可增大,而且桁架拱桥的预制构件品种少,施工工序少,因此工期较短。但对构件的预制安装工艺有较高的要求。

由于桁架拱桥是有推力的结构,跨径较大时,支点反力也大,对地基承载能力的要求就高。同时,施工中对起重设备和工艺的要求也高。桁架拱桥不但模板较复杂,而且构件纤细,施工和运输均须仔细小心。并且由于桁架节点是刚性连接,使交汇于节点的竖杆、斜杆、拉杆及实腹段下缘易出现裂缝,影响整体刚度和耐久性,难以维修养护。在较大跨径的桁架拱桥中,已越来越多地采用预应力混凝土结构,利用预应力混凝土结构的特性来改善桥梁的受力状态,消除裂缝,增强结构整体性,增大跨越能力,但同时也增加了节点构造的复杂性。尽管这种桥梁结构很早以前就出现了,但由于存在上述较明显的缺点,没能得到广泛使用。通常只适用于跨度不大的城市桥梁或次等级公路,给人们提供另一种桥梁景观。

(1)桁架拱片

桁架拱片是桁架拱桥的主要承重结构,在施工中它承受全部结构的自重(包括施工荷载),竣工后它与桥面结构组合一体共同承受活载和其他荷载。桁架拱片由上弦杆、腹杆、下弦杆和拱顶实腹段组成。上弦杆和实腹段上缘构成桁架拱片的上边缘,它与桥面纵向平行(单孔拱桥也可设置竖曲线);上弦杆的轴线平行于桁架拱片的上边缘。桁架拱片下弦的轴线可采用圆弧线、二次抛物线或悬链线。由于圆弧线的计算和施工放样都较方便,因此较为常用。

腹杆包括斜杆和竖杆。根据腹杆的不同布置情况,可分为三角形式、带竖杆的三角形式、斜压杆式和斜拉杆式等四种形式(图4-35)。三角形腹杆的桁架拱片(图4-35(a)),腹杆根数少,杆件的总长度也最短,因此腹杆用料省,整体刚度较大。但是当拱跨较大,矢高较

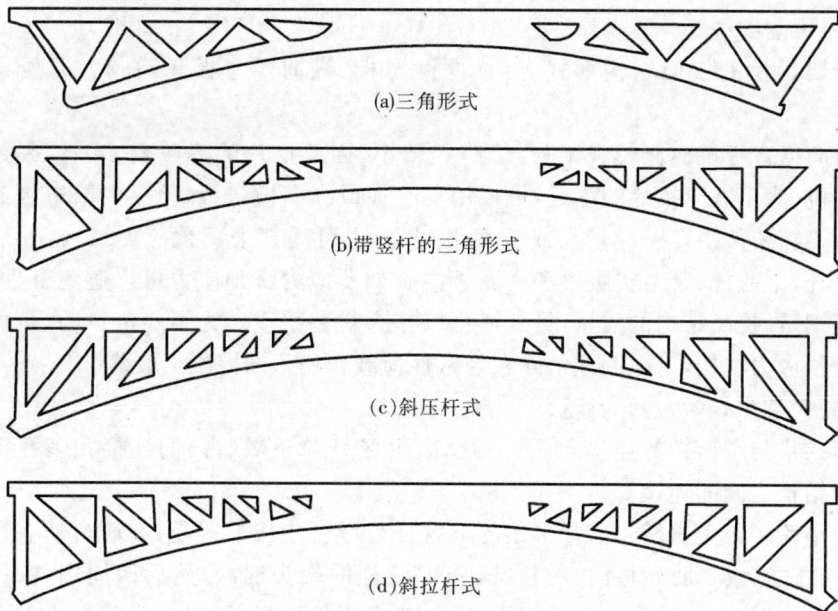

(a)三角形式

(b)带竖杆的三角形式

(c)斜压杆式

(d)斜拉杆式

图4-35 斜杆式桁架拱片

高时,三角形体系的节间就过大,为了承受桥面荷载,就要增加桥面构件的钢筋用量。因此宜增设竖杆来减少节间长度,成为带竖杆的三角形桁架拱(图4-35(b))。而仅有竖杆的桁架拱片外形美观(图4-5),施工较方便,但整体刚度较小,竖杆与上、下弦杆连接的节点处易开裂,故适用于荷载小、跨径较小的桥梁。根据斜杆倾斜方向的不同,又有斜压杆(图4-35(c))和斜拉杆(图4-35(d))两种,前者斜杆受压,竖杆受拉,而且斜杆的长度随矢高和节间长度的增大而显著增长,尤其是第一个节间内的斜杆长度更大,为了防止斜杆失稳而需增大截面尺寸,或者采用不同截面尺寸的斜杆以节省材料,但增加了施工麻烦。同时这种斜压杆式桁架拱的外形不太美观,故目前较少采用。后者则相反,斜杆受拉而竖杆受压,为了避免拉杆及节点处开裂,并减小截面尺寸节省材料,可采用预应力混凝土斜拉杆,外形也较美观,是常采用的一种形式。

桁架拱片中杆件的节点是一个很重要的部位,其构造和形式随拱跨大小,腹杆布置方式等有所不同。由于计算中常将桁架杆件的连接视为铰接(验算时也考虑由于节点刚性产生的杆端次应力),因此节点构造应保证足够的强度和构造要求。

(2)横向联系

横向联系是设置在桁架拱片之间,为了把桁架拱片联成整体,使之共同受力,并保证其横向稳定性的。一般由拉杆、横系梁、横隔板和剪刀撑等组成(图4-34)。

拉杆和横系梁分别设置在上、下弦杆的节点处,拱顶实腹段每隔3~5m也应设置横系梁。当跨径较小时,横系梁也可用拉杆代替。而对于城市宽桥,拱顶实腹段的横向联系宜加强,这样有利于活载横向分布。

横隔板一般设置在实腹段与桁架部分连接处及跨中,它在高度方向常直抵桥面板。横桥向的剪刀撑一般设置在四分之一跨径附近的上、下节点之间及跨径端部。较小跨径的桁架拱可不设端部剪刀撑。对于大跨径桁架拱桥,除设置竖向剪刀撑外,还可在下弦杆平面内设置一些连接系杆件,以加强桥梁的横向刚度。

(3)桥面结构

桁架拱桥的桥面结构形式有:横向微弯板、纵向微弯板和预应力混凝土空心板等。

横向微弯板桥面比较省钢材,但跨径较小,因此拱片的片数较多。较大跨径的桁架拱桥,为了减少拱片的片数,可采用空心板或纵向微弯板,但纵向微弯板需要较强的横梁。桁架拱在跨径较大或桥面很宽时,也可局部采用预应力结构,一般可在受拉腹杆、上弦杆、跨中实腹段和桥面板内施加预应力。预应力可以避免杆件裂缝,减少用钢量,提高结构的质量,另外还可以作为拼装手段。为了经济目的,也可设计成部分预应力结构,以限制或消除在经常性荷载作用下的混凝土裂缝。

(4)桁架拱与墩(台)的连接

桁架拱与墩(台)的连接包括:下弦杆、上弦杆与桥墩(台)的连接和多孔桁架拱桥桥跨结构之间的连接等。

中小跨径桁架拱桥目前常采用的下弦杆与墩台连接形式是:在墩台帽上预留深100mm左右(或与肋高相同)的槽孔,将下弦杆的端头插入,然后四周用砂浆填塞。在跨径较大时,由于墩台位移等原因,往往造成支承面局部承压,引起反力偏心和结构内力变化,因此宜采用较完善的铰接。

桁架拱上部与墩台的连接,以及多跨拱间的连接,有悬臂式(图4-36(a)、(b))、过梁式(图4-36(c)、(d))和伸入式(图4-36(e)、(f))等三种,一般以过梁式为好。其连接构造随上、下部结构的形式、施工方法及美观要求等而异。

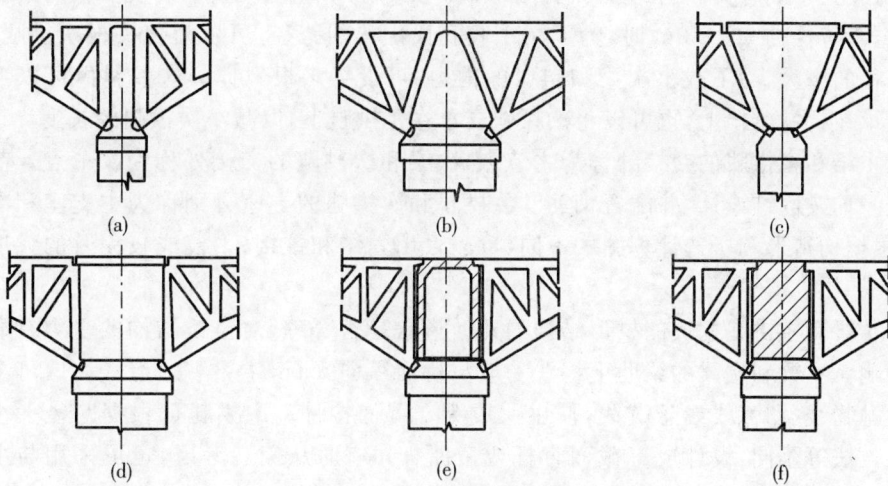

(a)   (b)   (c)

(d)   (e)   (f)

图4-36 桁架拱与墩(台)的连接形式

2. 刚架拱桥

刚架拱桥是在桁架拱桥、斜腿刚架桥等基础上发展起来的一种轻型钢筋混凝土拱与斜腿刚构的组合体系结构。属于有推力的高次超静定结构,大部分构件偏心受压,无纯拉构件,可以充分利用混凝土抗压能力强的特点。与桁架拱相比,混凝土用量和钢筋用量均可以减少,经济效益较明显;施工方法适用性强,可采用预制吊装、有支架吊装、悬臂拼装、转体施工法等。

由于它具有构件少、质量小、结构轻型、推力比常规拱桥小、整体性好、刚度大、施工方便、造价低、结构线条简单、外形美观大方和适应于软土地基上修建等特点,适用于跨径25~70m的桥梁。但是,刚架拱桥也存在类似于桁架拱桥的缺点,故目前也未能获得广泛使用。

刚架拱桥的上部结构由刚架拱片、横向联系和桥面结构等部分组成(图4-37)。

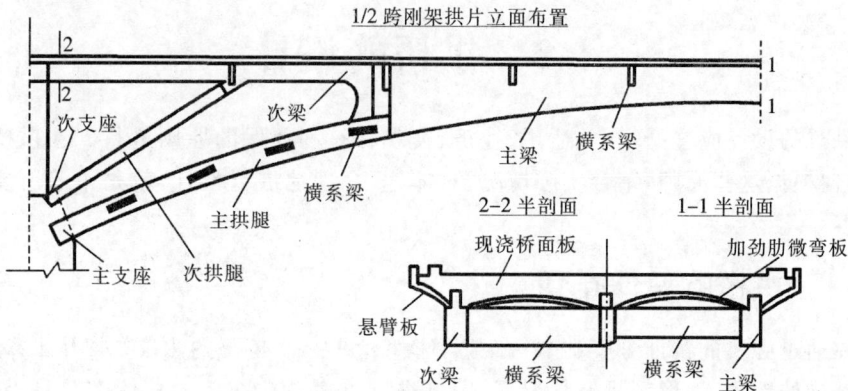

图4-37 刚架拱桥的主要组成部分

(1)刚架拱片

刚架拱片是刚架拱桥的主要承重结构,一般由跨中实腹段的主梁、空腹段的次梁、主拱腿(主斜撑)、次拱腿(斜撑)等构成(图4-37)。总体布置形式主要与桥梁跨径、荷载大小等有关。当跨径小于30m时,可采用只设主拱腿、不设次拱腿的最简单形式,当跨径在30～50m时,为了减小腹孔段次梁的跨径,可以设置一根次拱腿,随着跨径的增大,为了减小次梁和斜撑的内力,可设置多根斜撑。这些斜撑可以都直接支承在桥墩(台)上,也可以将次拱腿支承在主拱腿上,以减小次拱腿的长度。

主梁和主拱腿的交接处称为主节点,次梁和次拱腿的交接处称为次节点。节点构造一均按固结设计,并配置钢筋。主拱腿和次拱腿的支座分别称为主支座和次支座,根据构造形和所选计算图式不同,可以采用固结和铰接(平铰或较完善的弧形铰等)。

主梁和主拱腿构成的拱形结构的几何形状是否合理,对全桥结构的受力有显著的影响。主梁和次梁的梁肋上缘线一般与桥面纵向平行,主梁下边缘线一般可采用二次抛物线、圆弧线或悬链线,使主梁成为变截面构件。主拱腿可根据跨径大小和施工方法等不同,设计成等截面直杆或微曲杆。有时从美观考虑,也可采用与主梁同一曲线的弧形杆,同时可改善梁、拱腿的受力性能。

根据不同的施工方法和条件(运输、安装能力等),刚架拱片可以采用现浇或预制安装的方法施工,目前大多数采用后者。为了减小吊装重量,可将主梁和次梁、斜撑等分别预制,用现浇混凝土接头连接。当跨径较大时,次梁还可分段预制。

(2)横向联系

横向联系是为使刚架拱片联成整体共同受力、并保证其横向稳定而设置的。为了简化构造,横向联系可采用预制装配式的横系梁或横隔板形式,其间距根据跨径的大小布置。一般在刚架拱片的跨中,主、次节点,次梁端部等处设置横系梁。当跨径较大或者跨径小、桥面很宽时,为加强跨中实腹段刚架拱片间的横向整体性,有利于荷载的横向分布,可增设直抵桥面板的横隔板。

(3)桥面结构

桥面结构可由预制微弯板、现浇混凝土填平层、桥面铺装等部分组成,也可采用预制空心板、现浇混凝土层及桥面铺装构成。

4.3 拱桥的设计

拱桥的设计应遵循安全、适用、经济、美观和有利环保的原则进行。在拱桥设计中,如何根据这些原则,结合实际情况,具体地、合理地进行设计,就是本节所要介绍的内容。

4.3.1 拱桥的总体布置

在通过必要的桥址方案比较,确定了桥位,进行了必要的水文、水力计算,掌握了桥址处的地质、地形等具体情况后,即可进行拱桥总体布置。总体布置是否合理,考虑的问题是否全面,不但直接影响桥梁的总造价,而且还对以后桥梁的使用、维护和管理带来直接的影响。

总体布置图中应阐明的主要内容包括：拟采用的结构体系及结构形式；桥梁的长度、跨径、孔数、桥面标高；拱的主要几何尺寸，例如：矢跨比、桥梁的高度、宽度、外形等；墩台及其基础形式和埋置深度；桥上及桥头引道的纵坡等。

1. 确定拱桥的设计标高

拱桥的设计标高主要有 4 个：桥面标高、拱顶底面标高、起拱线标高和基础底面标高。这几项标高的合理确定是拱桥设计中的一个重要问题。

拱桥的桥面标高代表着建桥的高度，一方面要考虑两岸线路的纵断面设计要求，另外还要保证桥下净空能满足泄洪和通航的要求。特别是在平原地区，在相同纵坡的情况下，桥高会使两端的引桥或引道工程显著增加，此将提高桥梁的总造价；反之，如果桥修矮了，不但可能影响到桥下通航的正常运行，而且会有遭受洪水冲毁的危险。

拱顶底面标高是在桥面标高确定后，由桥面标高减去拱顶处的建筑高度而得到的。

拟定起拱线标高时，为了减小墩台基础底面的弯矩，节省墩台的圬工数量，一般宜选择低拱脚的设计方案。当洪水带有大量漂浮物时，若拱上建筑采用立柱时，应当将起拱线标高提高，使主拱圈不要淹没过多，以防漂浮物对立柱的撞击或挂留。有时为了美观的要求，应避免就地起拱，而应使墩台露出地面一定的高度。

基础底面标高主要是根据冲刷深度、地质情况和地基承载能力等因素来确定。

2. 确定拱桥的矢跨比

当拱顶和拱脚的标高确定后，根据分孔时拟定的跨径即可确定拱的矢跨比。矢跨比是拱桥的一个主要的设计参数。它不但影响主拱圈的内力、构造形式，还影响拱桥施工方法的选择以及拱桥的外形是否美观、与周围景物能否相协调等。

在恒载作用下，拱的水平推力 H_g 与垂直反力 V_g 的比值，随矢跨比（f/l）的减小而增大。当矢跨比减小时，拱的水平推力增加，反之则推力减小。众所周知，拱的水平推力大，相应的在主拱圈内产生的轴向力也大，对主拱圈本身的受力状况是有利的，但对墩台和基础的受力不利。同时，当矢跨比减小时，则弹性压缩、混凝土收缩和温度等附加内力均较大，对主拱圈不利。在多孔拱桥中，矢跨比小的连拱作用比矢跨比大的显著，对主拱圈也不利。然而，矢跨比小却能增加桥下的净空，降低桥面纵坡，施工时对拱圈的砌筑和混凝土的浇筑都比较方便。因此，在设计时，矢跨比的大小应经过综合比较后再进行选择。

通常，对于上承式的砖、石、混凝土板拱桥和双曲拱桥，矢跨比一般为 1/4~1/8；钢筋混凝土箱形拱桥的矢跨比，宜采用 1/5~1/8；钢筋混凝土刚架拱和桁架拱，矢跨比一般为 1/6~1/10，或者更小一些，但不宜小于 1/12。一般将矢跨比大于或等于 1/5 的拱桥称为陡拱；矢跨比小于 1/5 的拱桥称为坦拱。

3. 不等跨连续拱桥的处理方法

多孔连续拱桥最好选用等跨分孔的方案。在受地形、地质、通航等条件的限制，或者引桥很长、考虑与桥面纵坡协调一致时，可以考虑用不等跨分孔的办法处理。

不等跨拱桥，在恒载作用下，由于相邻孔的水平推力不相等，使得桥墩和基础承

受了由两侧主拱圈传来的不平衡推力。为了减小这个不平衡推力,改善桥墩和基础的受力状况,可以采用以下四项措施:

(1)采用不同的矢跨比

在跨径一定时,利用矢跨比与推力大小成反比的关系,在相邻两孔中,大跨径用较陡的拱(矢跨比较大),小跨径用较坦的拱(矢跨比较小),使相邻两孔在恒载作用下的不平衡推力尽量减小。

(2)采用不同的拱脚标高

由于采用了不同的矢跨比,致使相邻两孔的拱脚标高不在同一水平线上(图4-38)。因大跨径孔的矢跨比大,拱脚降低,减小了拱脚水平推力对基底的力臂,这样可使大跨与小跨的恒载水平推力对基底产生的弯矩得到平衡。

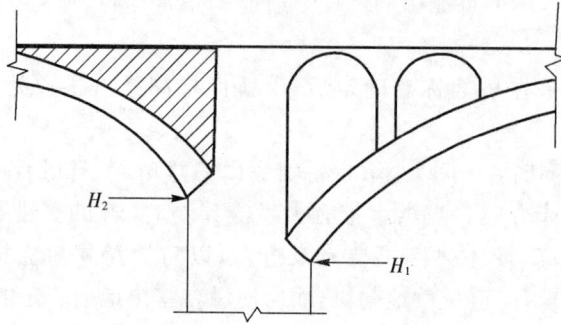

图4-38 采用不同的拱脚标高

(3)调整拱上建筑的恒载重量

在相邻的两孔中,大跨径孔采用轻质的拱上填料或采用空腹式拱上建筑,而小跨径孔用重质的拱上填料或采用实腹式拱上建筑,即以不同的恒载重量来调整拱桥的恒载水平推力。

(4)采用不同类型的拱跨结构

通常小跨径孔采用板拱结构,大跨径孔则用分离式肋拱结构,以减轻大跨径孔的恒载重量,从而减小恒载的水平推力。有时,为了进一步减小大跨径孔的恒载水平推力,可以通过加大大跨径孔拱肋的矢高,做成中承式肋拱桥。

在具体设计时,可以采用以上措施中的一种或几种。如果仍不能达到完全平衡水平推力的目的,则需通过设计成体型不对称的或加大桥墩和基础尺寸的方法来加以解决。

4.3.2 拱轴线的选择

拱轴线的线形不仅直接影响着主拱圈的内力分布与截面应力的大小(拱圈的承载能力),而且还与结构的耐久性、经济合理性和施工安全性等密切相关。选择拱轴线的原则,就是要尽可能降低由于荷载产生的弯矩值。最理想的拱轴线是与拱上各种荷载作用下的压力线相吻合的,这时主拱圈截面只有轴向压力,而无弯矩和剪力作用,应力均匀,能充分利用圬工材料的强度和抗压性能。但事实上,这样的拱轴线是不可能获得的,因为主拱圈除了承受恒载作用外,还要承受活载、温度变化和材料收缩等因素的作用,当恒载压力线与拱轴线吻合时,在活载作用下就不再吻合了;又因为相应于活载的各种不同布置,压力线也是各不相同的。公路拱桥的恒载占全部荷载的比重较大。如一座30m跨径的双车道公路拱桥,活载大约只是恒载的20%,随着跨径的增大,恒载所占的比重还将增大。因此一般说来,以恒载压力线作为设计拱轴线,可以认为基本是适宜的。恒载所占的比例越大,这种选择就越合理。但是,就是在恒载作用下,超静定拱的主拱圈轴线将产生材料的弹性压缩变形,致使拱圈的实际压力线与原来设计所采用的拱轴线发生偏离。因此在拱桥设计时,要选择一条能够使恒载作用下的截面弯矩都为零的拱轴线,实际上是不可能的。

一般来说,拱桥设计中所选择的拱轴线应满足以下四个方面的要求:(1)尽量减小主拱圈截面的弯矩,并最大限度减小截面的拉应力,最好是不出现拉应力;(2)满足各施工阶段的要求,并尽量少用或不用临时性施工措施;(3)计算方法简便;(4)外形美观、便于施工。

目前,拱桥常用的拱轴线形有以下几种:

1. 圆弧线

圆弧线是对应于均布径向荷载作用下的压力线(图4-39(a))。圆弧线的拱轴方程为:

$$\left. \begin{aligned} &x^2 + y_1^2 - 2Ry_1 = 0 \\ &x = R\sin\varphi \\ &y_1 = R(1 - \cos\varphi) \\ &R = \frac{1}{2}\left(\frac{l}{4f/l} + f/l\right) \end{aligned} \right\} \tag{4-1}$$

当计算矢高 f 和计算跨径 l 已知时,根据上述关系可算出各几何量。

其特点是:全拱曲率相同,线形最简单,施工最方便;但与拱桥的实际恒载压力线偏离较大,且拱圈各截面受力不够均匀。因此适用于20m以下的小跨径拱桥。有些较大跨径的钢筋混凝土拱桥,为了方便各拱节段的预制拼装,简化施工,也采用圆弧线作为拱轴线。例如:1961年建成的法国 Serriere 桥,跨径125m,采用了等截面圆弧线拱圈。

2. 悬链线

悬链线是实腹式拱桥的恒载集度(单位长度的重量)自拱顶向拱脚连续分布、逐渐增大时作用下的压力线(图4-39(b))。因此,采用悬链线作为实腹式拱桥的拱轴线,在恒作用下,当不计主拱圈由恒载弹性压缩产生的影响时,其与恒载压力线重合,一般认为悬链线是实腹式拱桥在恒载作用下的合理拱轴线。

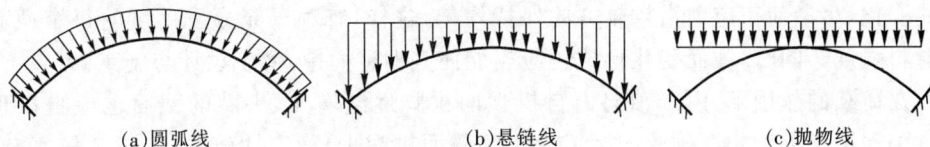

(a)圆弧线　　　　　　(b)悬链线　　　　　　(c)抛物线

图4-39　拱桥拱轴线型

空腹式拱桥的恒载自拱顶向拱脚不再是连续分布的,其空腹部分的荷载有两部分组成,即拱圈自重的分布荷载和拱上立柱(或横墙)传来的集中荷载。其相应的恒载压力线,也不再是一条平滑的悬链线,而是一条在腹孔墩处有转折的多段曲线,虽然采用悬链线作为拱轴线与恒载压力线有偏离,但此对拱圈控制截面的内力是有利的,因此,空腹式拱桥也广泛采用悬链线作为拱轴线。所以,悬链线是目前我国大、中跨径拱桥采用最普遍的拱轴线形。

3. 抛物线

二次抛物线是在竖向均布荷载作用下拱的压力线(图4-39(c))。对于恒载分布比较接近均布的拱桥,例如矢跨比较小的空腹式钢筋混凝土拱桥、钢筋混凝土桁架拱和刚架拱等轻型拱桥,往往可以采用二次抛物线作为拱轴线。抛物线的拱轴方程为:

$$y_1 = \frac{4f}{l^2}x^2 \tag{4-2}$$

在某些大跨径拱桥中,也会采用高次抛物线(如三次、四次甚成六次抛物线)作为拱轴线的。例如:南斯拉夫的 KRK 桥,跨径 390m,采用拱轴线为三次抛物线。

4.3.3 拱圈截面变化规律和截面尺寸的拟定

1. 拱圈截面变化规律

拱桥的主拱圈,有等截面和变截面两种形式。变截面拱圈的做法通常有两种:一种是拱圈沿拱轴方向不变宽度而只变厚度;另一种是厚度不变而改变拱圈的宽度(图4-40)。

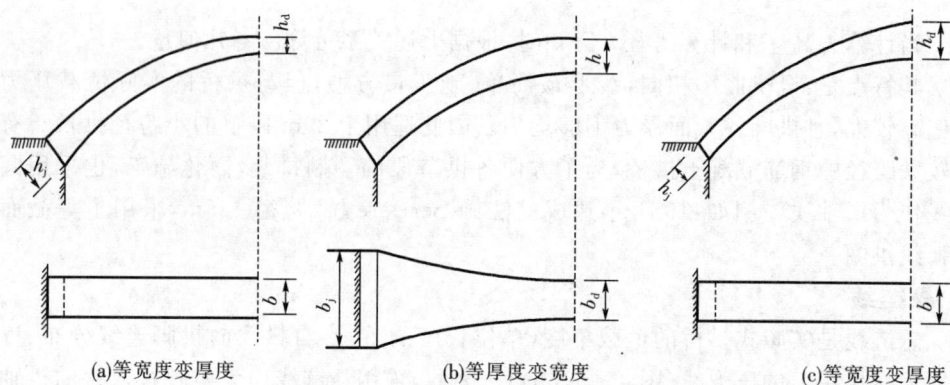

(a)等宽度变厚度　　　　(b)等厚度变宽度　　　　(c)等宽度变厚度

图4-40　变截面的立面和平面形式

主拱(圈)截面沿跨径的变化规律是确定拱圈截面尺寸的基础,应当适应拱内内力的变化,尽量使正应力沿拱轴方向保持均匀,这样,有利于充分发挥拱的每个截面的材料强度。同时,截面变化形式还应当能使其构造简单,便于设计与施工。

在荷载的作用下,由于轴向力自拱顶向拱脚逐渐增大,拱圈的截面也应自拱顶向拱脚逐渐增大,此时,拱圈的圬工量比等截面拱圈少,稳定性较好,但施工较复杂。无铰拱截面的变化规律通常是采用惯性矩从拱顶向拱脚逐渐增大的形式,其解析函

数式采用 Ritter 公式,即:

$$\frac{I_d}{I\cos\varphi}=1-(1-n)\xi \text{ 或 } I=\frac{I_d}{[1-(1-n)\xi]\cos\varphi} \tag{4-3}$$

式中:I——拱任意截面的惯性矩;

I_d——拱顶截面的惯性矩;

φ——拱任意截面的拱轴水平倾角;

n——拱厚变化系数,可用拱脚处 $\xi=1$ 的边界条件求得:$n=\dfrac{I_d}{I_j\cos\varphi_j}$,其中:$I_j$、$\varphi_j$

为拱脚截面的惯性矩和倾角。

可以看出,n 值越小,截面的变化就越大。

在设计时,可先拟定拱顶和拱脚两截面的尺寸,求出 n,再求其他截面的 I;也可以先拟定拱顶截面尺寸和拱厚系数 n,再求 I。对公路桥,n 值一般取 0.5~0.8。

事实上,Ritter 公式主要是针对上承式无铰实腹拱的,在进行中、下承式拱桥设计时,由于其受力特点的不同,一般拱肋的截面变化形式不再采用 Ritter 公式,而是采用二次、高次多项式或者其他的变化形式。

拱圈截面惯性矩自拱顶向拱脚变化的方式主要有截面自拱顶向拱脚等宽度变厚度(图 4-40(a))和等厚度变宽度(图 4-40(b))两种。等厚度变宽度方式,主要是在大跨径拱桥中,为了抵抗向拱脚增大的轴力而采用的一种变化规律,它能够有效地提高拱的横向稳定性,但增大了下部结构的宽度,增加了造价,而且由于拱脚位置大宽,美观上会受影响,在实际中使用的并不多。目前主要用于中承式拱桥,即在中承式拱桥中,桥面以上的拱肋为使构造简单而采用等宽度,桥面以下则采用变宽度。

上述惯矩变化均是自拱顶向拱脚增大的,法国工程师巴烈脱曾提出了与此相反的变化方式,即惯性矩自拱顶向拱脚逐渐减小,这种拱被称为镰刀形拱(图 4-40(c))所示。采用镰刀形拱的目的是为了尽量减小无铰拱的拱脚弯矩,并使拱内弯矩趋于均匀分布。目前这种桥型在世界上还建造不多。

由于变截面拱的构造复杂,施工不便,因此一般拱桥跨径不大时,都尽量采用等截面拱。

2. 拱圈截面的宽度和厚度

主拱圈截面的宽度取决于桥面的宽度(行车道宽度和人行道宽度之和)。当不设人行道时,则仅将防撞栏杆悬出 50~100mm(图 4-41(a));当设人行道时,通常将人行道栏杆(宽约 150~250mm)悬出(图 4-41(b))。钢筋混凝土人行道悬臂作法主要有两种:一种是设置单独的悬臂构件(图 4-41(c));另一种是在横贯全桥的横挑梁上再安装人行道板,这样既可减小拱圈的宽度,又可减小墩台的横向尺寸(图 4-41(d))。当板拱用于空腹式拱桥在拟定拱圈宽度时,可通过盖梁将人行道或部分行车道悬挑出拱圈宽度外,以减小拱圈宽度和墩台尺寸(图 4-41(e)、(f))。但悬出长度要适当,一般悬出长度在 1~1.5m,近年来也出现了悬臂长度超过 4m 的大悬臂设计。

主拱圈截面的厚度可以是等厚度,也可以是变厚度,其值主要根据桥梁跨径、矢高、建筑材料、荷载大小等因素通过试算来确定。

对于中、小跨径的石板拱,在拟定初步尺寸时,其主拱圈厚度可按下式估算:

等厚度时:
$$h = \beta k \sqrt[3]{l_0} \qquad (4-4)$$

变厚度时:
$$h_d = a(1 + \sqrt{l_0}) \qquad (4-5)$$

式中:h——为拱圈厚度(mm);

h_d——为拱顶厚度(mm);

l_0——为拱圈净跨径(mm);

k——为汽车荷载系数,一般取 1.0~1.4;

β——为系数,一般为 4.5~6.0,取值随矢跨比的减小而增大;

a——为系数,一般为 0.13~0.17,取值随跨径的增大而增大。

对于大跨径的石板拱桥,其拱圈厚度可参照已成桥的设计资料。

对钢筋混凝土板拱,初步拟定时,拱顶厚度 h_d 一般采用跨径的 1/60~1/70,跨径大时取小值。若为变厚度拱,其拱脚厚度 h_j 可按 $h_j = h_d / \cos \varphi_j$ 估算,其中拱脚截面倾角 φ_j 可以近似取相应圆弧拱的值,对中小跨径无铰拱时,h_j 可取为 $(1.2 \sim 1.5) h_d$,其他截面厚度的确定见后面所述。

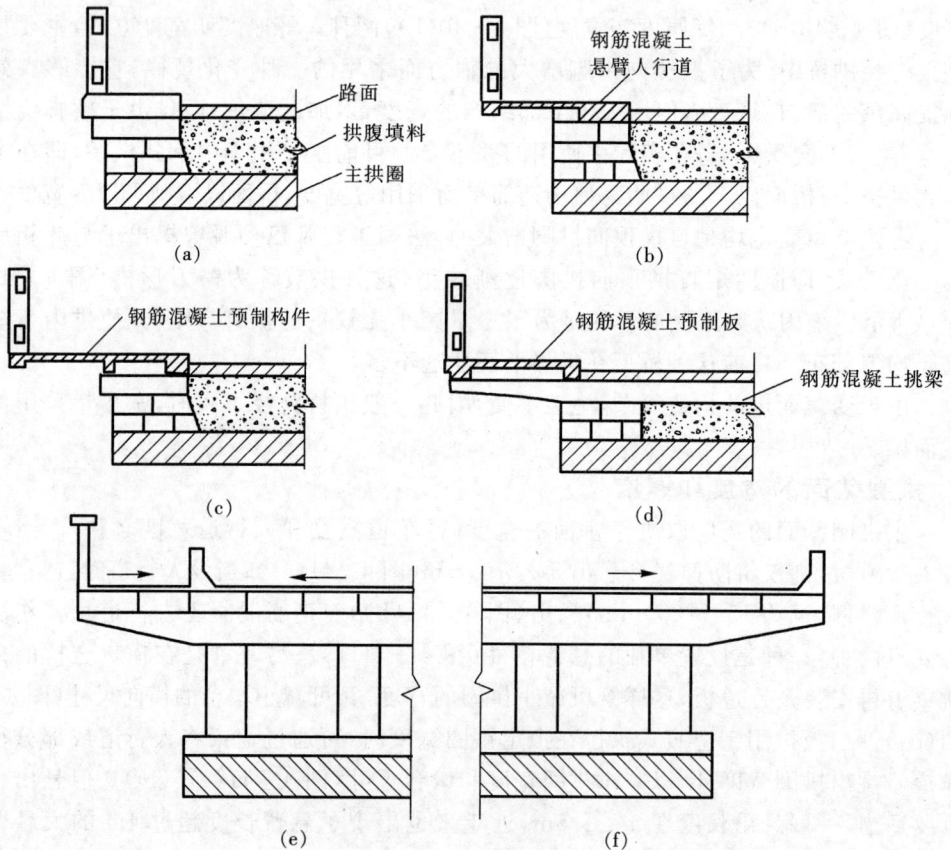

图 4-41 板拱宽度

在确定箱形拱、拱肋中距不大于 2.0m 的双曲拱、拱片中距不大于 3.0m 的桁架

拱和刚架拱时,其拱顶截面主拱圈(肋)的厚度可参考以下经验公式估算:

$$h = \left(\gamma + \frac{l_0}{\eta}\right) \cdot k \qquad (4-6)$$

式中:γ,η——为系数,单室箱 $\gamma=70$,$\eta=100$;多室箱 $\gamma=60$,$\eta=100$;双曲拱 $\gamma=35$,$\eta=100$;桁架拱 $\gamma=20$,$\eta=70$;刚架拱 $\gamma=35$,$\eta=100$。

3. 拱圈(肋)主要构造的尺寸拟定

(1)箱形拱桥

箱形拱桥主拱圈截面形式有单室箱和多室箱两种。每一个闭合室箱又由箱壁(腹板)、顶板(盖板)、底板及横隔板组成。单室箱宽度不宜大于 6.0m,顶板、腹板及底板厚度均不应小于 100mm,需要时可设置纵、横向加劲肋。拱脚区段的底板由于压应力很大,应适当加厚。由几个闭合室箱组成的多室箱形拱,箱肋的宽度一般在1.2~1.7m 左右,因此双车道公路桥梁一般均由 5~6 个箱肋组成。

采用高强度的混凝土,可以减少截面尺寸,减轻吊装重量,使箱板的厚度不致过大或加大跨径。目前箱形拱一般都采用 C40~C50 混凝土制作施工。箱壁厚度通常用 80~100mm,边箱外壁宜适当加厚。底板厚度视跨径大小而定,中等跨径箱拱的底板厚度一般为 100mm,大跨径拱一般为 120~150mm。顶板厚度按施工方式而异,当采用预制盖板的形式时,预制盖板厚度可用 100mm,其上现浇的整体混凝土层厚度不宜小于预制盖板厚度,一般为 100~120mm,并布置直径为 6~10mm 的钢筋网;当采用闭合式预制拱箱时,顶板厚度一般在 120~140mm 左右。

采用无支架施工的箱拱,拱箱可分段预制,然后安装各箱肋段成拱,最后现浇各箱肋段之间的填缝混凝土形成整体。通常填缝宽为 100~140mm,不宜太窄,否则不便于调整拱箱位置和浇筑缝间的混凝土。由于接头构造复杂,制造精度要求较高,应局部加强,以保证施工安全。

对于设计时允许洪水淹没部分拱圈的箱形拱,可将拱箱上、下游迎水面侧板在吊装合拢后浇筑厚 200mm 的加厚混凝土(内设钢筋网),以增加拱箱抵抗漂流物撞击的能力。并在拱箱侧板上设进、出水口,以减小水浮力的不利作用。

拱箱内设置横隔板是为了加强箱壁的局部稳定性,提高箱拱的抗扭刚度。横隔板的布置由拱桥跨径大小和桥宽来定,除了在腹孔墩处均宜布置外,一般间距为 2.5~5m。横隔板厚度在 100~150mm 左右,中间可挖空,以减小重量,方便施工和养护人员通行。

(2)桁架拱桥

在跨径和矢跨比确定之后,钢筋混凝土桁架拱桥需要确定桁架拱片的形式、片数和间距,桁架节间划分和各部分截面尺寸等。

桁架拱片的片数应根据桥梁的宽度、跨径、设计荷载等级和经济比较等多方面因素综合考虑确定。一般情况下,跨径较大时,宜采用较少的桁架拱片片数。对于跨径在 20~50m 的桁拱桥,拱片间距一般可用 2.0m 左右,跨径再大时可稍加大一些,以减少拱片的数量。

桁架节间划分是否适当,关系到上弦杆局部受力、腹杆受力和桥梁外观等。桁架节间如由端部向跨中逐节减小,这样可使斜杆大体平行,与竖杆保持 30°～50°左右。一般跨径的桁架拱桥,最大节间长度不宜超过 5m。

在确定了桁架(空腹段)部分长度以后,跨中实腹段长度也就可以相应确定,一般为跨径的 0.3～0.4 倍。对于单跨或桥墩刚度较大的多跨桁架拱,跨中实腹段截面总高度可由前述经验公式估算,对于桥墩刚度较小的多跨桁架拱桥,还要考虑连拱作用的影响,通常约为跨径的 1/50～1/30。

上弦杆与桥面组合后的高度,可根据上弦杆最大节间长度决定,一般为它的 1/8～1/6。下弦杆一般均用相等的矩形截面,其高度可取跨径的 1/100～1/80。对于中、小跨径取较大值,大跨径取较小值。

桁架拱片宽度一般为 200～500mm,前者用于跨径较小、拱片片数较多的情况;后者则相反。宽度选择还应结合施工方法来考虑,对预制安装的拱片,还要满足拱片施工时平吊、翻身等的要求。

斜杆和竖杆的宽度,一般与桁架拱片的宽度相同,但也可略小。截面高度,一般为下弦杆截面高度的 1/2～1/1.5,通常取 200～400mm。为使杆件尺寸比例协调,腹杆的截面高度也可随杆长的增加而加大。为了使拱片在吊运过程中不至于损坏,端腹杆的截面尺寸可适当增大一些。

横向连接系杆件的截面尺寸,主要由构造决定。拉杆和剪刀撑可取边长为 150～200mm 的矩形截面。横系梁一般也采用矩形截面,其高度与下弦杆高度相同,宽度不小于拱片净间距的 1/15,可取 150～200mm。为了减小自重,一般可将横系梁中部挖空。横隔板的厚度通常为 150～200mm。

桥面结构采用微弯板时,微弯板的净矢跨比一般在 1/15～1/10 之间。板的跨中厚度一般为板跨径的 1/15～1/13,其中预制微弯板的厚度与桥面填平层在板顶的厚度可取相同厚度,也可使填平层厚度略大,一般约为 50～80mm。

微弯板沿桥横向搁置在桁架拱片的上弦杆和实腹段上。为了加强微弯板与桁架拱的连接,一般将上弦杆和实腹段设计成凸形,并在肋顶伸出锚固钢筋。凸肩宽可取拱片宽度1/5,但不宜小于 50mm。

(3)刚架拱桥

钢筋混凝土刚架拱桥的矢跨比,应综合桥位处状况等因素综合考虑,一般为 1/10～1/6。在确定了跨径和矢跨比以后,与桁架拱相似,再分别选定其他主要尺寸。

刚架拱片的片数也与桥宽、跨径等有关。拱片间距一般约为 3.0m 左右,当采用预应力混凝土空心桥面板与预应力刚架拱片相配合使用时,片间距离还可适当加大,减少拱片数量,以取得较好的经济效果。

刚架拱片各主要节点位置的合理确定,是刚架拱桥设计的重要内容之一,它不仅关系到结构在恒、活载作用下的受力状况,也关系到全桥的外形美观。

主节点的位置根据跨中实腹段主梁长度和主拱腿斜度确定。一般情况下,主梁长度约为桥梁跨径的 0.4～0.5 倍,主拱腿水平夹角在 30° 左右,于是在跨径和矢跨比确定后,主节点位置也就大致确定,一般取在(0.25～0.30)l 附近。

次节点的位置则与主节点位置和腹孔段边梁跨度大小有关,对于只有一根次拱腿的拱片,一般可将次节点布置在次梁的中点附近,以改善次梁的受力。

主梁一般为变截面构件,其下缘弧线可采用矢跨比为 1/20～1/16 左右的二次抛物线或悬链线,此时主拱腿可采用直杆或微曲杆。为了改善拱片受力和美观,主拱腿与主梁也可采用同一根曲线。

刚架拱片宽度一般为 200～400mm,为了简化施工,主梁、斜撑均采用相同宽度。主、次梁采用凸形,斜撑采用矩形。截面高度随受力大小确定,一般主梁高度由前述经验公式拟定,斜撑高度约为拱片宽度的 2.5～3.5 倍。在初步拟定截面尺寸后,再经过试算进行调整。

4.4　拱桥的计算

在拱桥总体布置、细部尺寸、施工方案等确定后,需要进行拱桥计算,计算包括:

1. 成桥状态的内力分析和强度、刚度、稳定验算(恒载内力,活载内力,温度、收缩徐变,拱脚变位,内力调整,拱上建筑的计算)以及必要的动力分析。

2. 施工阶段的内力分析和验算。

拱桥通常为超静定的空间结构,当活载作用于桥跨结构时,拱上建筑参与主拱圈的受力,共同承受活载的作用,这种现象被称为拱上建筑与主拱的联合作用,简称"联合作用"。通常,拱式拱上建筑的联合作用较大,梁式拱上建筑的联合作用较小;腹拱圈、腹孔墩对主拱圈的相对刚度越大,联合作用越显著。目前,为了简化计算,一般偏安全地不考虑联合作用。

在横桥方向,不论活载是否作用在桥面的中心位置,在桥梁的横断面上都会出现应力分布不均匀现象,称为"活载的横向分布"。拱上建筑为墙式墩的板拱(包括双曲板拱、箱形截面板拱),如活载的横向布置不超出拱圈以外,则活载可均匀分布于拱圈全宽。拱上建筑为立柱排架式墩的板拱,以及横向由多个构件组成的肋拱,应考虑荷载横向分布的影响。对于双肋拱桥,一般可偏安全地用杠杆原理法计算;对于拱上建筑为立柱排架式的拱桥,可按弹性支撑连续梁(横梁)计算活载的横向分布系数。

由于拱轴线的形状直接影响主拱截面内力的分布和大小,在一般情况下,无论是实腹式拱桥,还是空腹式拱桥,悬链线都是目前大、中跨径拱桥采用最普遍的拱轴线线形。所以,下面介绍悬链线无铰拱的拱轴方程和几何性质。

4.4.1　悬链线无铰拱的拱轴方程和几何性质

1. 悬链线无铰拱拱轴方程的建立

悬链线无铰拱的拱轴方程就是在恒载的作用下,根据拱轴线与恒载压力线(不计弹性压缩)完全吻合的条件推导出来的。确定拱轴线一般采用无矩法,即认为主拱圈截面仅承受轴向压力而无弯矩。

取图 4-42 所示的坐标系,设拱轴线即为恒载压力线,在恒载的作用下,拱顶截面的内力为:弯矩 $M_d=0$,剪力 $Q_d=0$,于是拱顶截面仅有恒载水平推力 H_g,对拱脚截面取矩,则:

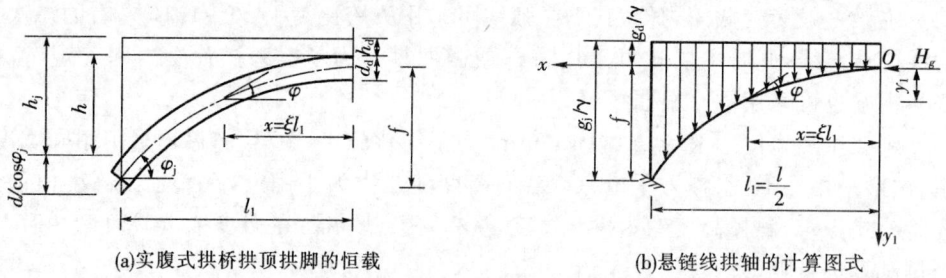

(a)实腹式拱桥拱顶拱脚的恒载　　　　　　(b)悬链线拱轴的计算图式

图 4-42　悬链线拱轴计算图示

$$H_g = \frac{\sum M_j}{f} \qquad (4-7)$$

式中：$\sum M_j$——为半拱恒载对拱脚截面的弯矩；

H_g——为不考虑弹性压缩时拱的恒载水平推力；

f——为拱的计算矢高。

对任意截面取矩，得：

$$y_1 = \frac{M_x}{H_g} \qquad (4-8)$$

此式即为求恒载压力线的基本方程。

式中：M_x——为任意截面以右的全部恒载对该截面的弯矩；

y_1——为以拱顶为坐标原点，拱轴上任意点的纵坐标。

再将上式两边对 x 求二阶导数，得：

$$\frac{\mathrm{d}^2 y_1}{\mathrm{d}x^2} = \frac{1}{H_g} \cdot \frac{\mathrm{d}^2 M_x}{\mathrm{d}x^2} = \frac{g_x}{H_g} \qquad (4-9)$$

此式即为恒载压力线的基本微分方程。由上式可知，为了计算拱轴线（即恒载压力线）的一般方程，需要首先知道恒载的分布规律。对于实腹式拱，假设其任意截面 x 处的恒载集度 g_x 可以表示为：

$$g_x = g_d + \gamma \cdot y_1 \qquad (4-10)$$

式中：g_d——为拱顶处恒载集度；

γ——为拱上材料的容重。

引入拱轴系数 m，令：

$$m = \frac{g_j}{g_d} \qquad (4-11)$$

得拱脚截面处恒载集度：

$$g_j = g_d + \gamma \cdot f = m g_d \qquad (4-12)$$

式中：g_j——为拱脚处恒载集度。

所以，得：

$$\gamma=(m-1)\frac{g_\mathrm{d}}{f} \qquad (4-13)$$

这样 g_x 可变换为：

$$g_x=g_\mathrm{d}+\frac{mg_\mathrm{d}-g_\mathrm{d}}{f}y_1=g_\mathrm{d}\left[1+(m-1)\frac{y_1}{f}\right] \qquad (4-14)$$

为使最终结果简单,再引入参数:令 $x=l_1\xi$,则 $\mathrm{d}x=l_1\mathrm{d}\xi$,可得:

$$\frac{\mathrm{d}^2y_1}{\mathrm{d}\xi^2}=\frac{l_1^2}{H_g}g_\mathrm{d}\left[1+(m-1)\frac{y_1}{f}\right]$$

令

$$k^2=\frac{l_1^2g_\mathrm{d}}{H_gf}(m-1) \qquad (4-15)$$

得

$$\frac{\mathrm{d}^2y_1}{\mathrm{d}\xi^2}=\frac{l_1^2g_\mathrm{d}}{H_g}+k^2y_1 \qquad (4-16)$$

上式为二阶非齐次常系数线性微分方程。解此方程,得到拱轴线方程为:

$$y_1=\frac{f}{m-1}(\mathrm{ch}k\xi-1) \qquad (4-17)$$

上式称为悬链线方程。

其中 $\mathrm{ch}k\xi$ 为双曲余弦函数: $\qquad \mathrm{ch}k\xi=\dfrac{e^{k\xi}+e^{-k\xi}}{2}$

对于拱脚截面有: $\xi=1,y_1=f$,代入式(4-17)可得: $\mathrm{ch}k=m$。

设计拱桥时,通常 m 为已知,则可以用下式计算 k 值:

$$k=\mathrm{ch}^{-1}m=\ln(m+\sqrt{m^2-1})$$

当时 $m=1$,则 $g_x=g_\mathrm{d}$,表示恒载是均布荷载。可以证明,在均布荷载作用压力线为二次抛物线,其方程变为: $y_1=f\xi^2$。

由悬链线方程式(4-17)可以看出,拱轴系数 m 是拱轴线(压力线)方程的主要参数。当拱的矢跨比确定后,拱轴线各点的纵坐标将取决于拱轴系数 m,而 m 则于取决于拱脚与拱顶处的恒载集度比。各种 m 值的拱轴线坐标一般不必按式(4-17)计算,可直接由《拱桥》附录表(Ⅲ)-1 查出。

当拱的跨径和矢高确定后,悬链线的形状取决于拱轴系数 m,其线形可用 $l/4$ 点的纵坐标 $y_{1/4}$ 的大小表示(图 4-43)。

当 $\xi=\dfrac{1}{2}$ 时,$y_1=y_{1/4}$,代入悬链线拱轴方程式(4-17),得:

$$\frac{y_{1/4}}{f}=\frac{1}{m-1}\left(\mathrm{ch}\frac{k}{2}-1\right)$$

$$\mathrm{ch}\frac{k}{2}=\sqrt{\frac{\mathrm{ch}k+1}{2}}=\sqrt{\frac{m+1}{2}}$$

$$\frac{y_{1/4}}{f}=\frac{\sqrt{\frac{m+1}{2}}-1}{m-1}=\frac{1}{\sqrt{2(m+1)}+2} \tag{4-19}$$

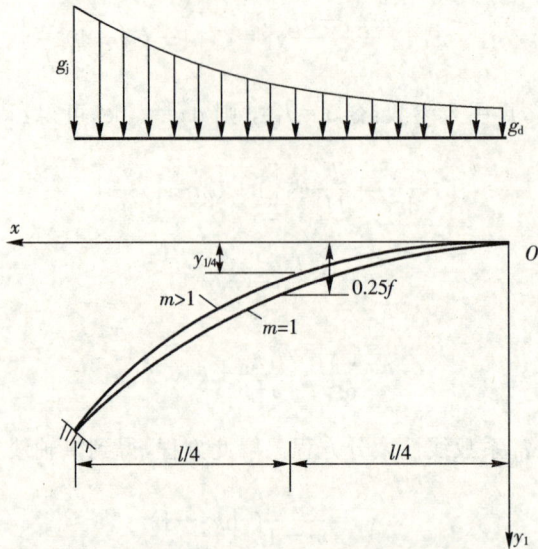

图 4-43 1/4 点处 $y_{1/4}$ 与 m 的关系

轴线抬高),随 m 减小而增大(即拱轴

恒载从拱顶向拱脚增加,$g_j>g_d$,因而

时,才能出现 $m=1$ 的情况。此时 $y_{1/4}$

(4-18)

据拱轴系数 m 查得所需的表值外,亦

的对应关系见表 4-1。

荷载作用下的

表 4-1 拱轴系数 m 与 $\frac{y_{1/4}}{f}$ 的关系表

m	1.000	1.167	1.347	1.543	1.756	1.988	2.240	2.514	2.814	…	5.321
$\dfrac{y_{1/4}}{f}$	0.250	0.245	0.240	0.235	0.230	0.225	0.220	0.215	0.210	…	0.180

2. 拱轴系数 m 的确定

悬链线拱轴方程的主要参数是拱轴系数 m。m 值确定后,拱轴线各点的纵坐标 y_1 就可以求得。

(1)实腹式悬链线拱

实腹式拱的恒载分布规律与推导悬链线拱轴方程时对荷载的假定完全一致。

因为拱轴系数 $m=\dfrac{g_j}{g_d}$,所以,拱顶恒载分布集度 g_d 为:

$$g_d=\gamma_1 h_d+\gamma_2 d \tag{4-20}$$

拱脚恒载分布集度 g_j 为:

$$g_{j} = \gamma_1 h_d + \gamma_2 \frac{d}{\cos\varphi_j} + \gamma_3 h \qquad (4-21)$$

式中：$\gamma_1,\gamma_2,\gamma_3$——分别为拱顶填料、拱圈材料及拱腹填料的容重；

    h_d——为拱顶填料厚度，一般为 300～500mm；

    d——为主拱圈厚度；

    φ_j——为拱脚处拱轴线的水平倾角；

由几何关系有：

$$h = f + \frac{d}{2} - \frac{d}{2\cos\varphi_j} \qquad (4-22)$$

由以上各式可以看出，尽管只有 φ_j 为未知数，其余均为已知，但仍不能直接算出 m。所以，在具体计算 m 值时可采用试算法确定。具体做法如下：

①先根据拱的跨径和矢高假设 m，再由《拱桥》附录表(Ⅲ)—20 查得拱脚处的 $\cos\varphi_j$ 值；

②将 $\cos\varphi_j$ 值代入式(4-21)计算出 g_j 后，再与 g_d 一同代入式(4-11)，即可求得 m 值。

③再与假设的 m 值比较，如两者相符，即假定的 m 为真实值；如两者相差较大（差值大于半级，即相邻 m 值的差的一半），则以计算出的 m 值作为假设值，重新计算，直到两者接近为止。

(2)空腹式悬链线拱

在空腹式拱桥中，桥跨结构的恒载由两部分组成，即主拱圈与实腹段自重的分布力和空腹部分通过腹孔墩传下的集中力(图 4-44(a))。由于集中力的存在，使得拱的恒载压力线为一条在集中力作用点处有转折的曲线，它不是悬链线，甚至也不是一条光滑的曲线。在实际设计拱桥时，由于悬链线的受力情况较好，又有完整的计算表格可供利用，故多采用悬链线作为拱轴线。为了使悬链线与其恒载压力线接近，一般采用"五点重合法"来确定悬链线拱轴的 m 值。即要求拱轴线在全拱有五点（拱顶、两个 $l/4$ 点和两拱脚）与其相应的三铰拱的恒载压力线重合(图 4-44(b))。

其相应的拱轴系数 m 可由上述五点弯矩为零的条件确定如下：

已知：拱顶处弯矩 $M_d=0$，剪力 $Q_d=0$，拱顶恒载水平推力为 H_g。

对拱脚取距，由 $\sum M_A = 0$ 得：

$$H_g = \frac{\sum M_j}{f} \qquad (4-23)$$

对 $l/4$ 截面取距，由 $\sum M_B = 0$ 得

$$H_g y_{1/4} - \sum M_{1/4} = 0$$

$$H_g = \frac{\sum M_{1/4}}{y_{1/4}}$$

可得：

$$\frac{y_{1/4}}{f} = \frac{\sum M_{1/4}}{\sum M_j} \qquad (4-24)$$

式中：$\sum M_j$——为半拱恒载对拱脚截面的弯矩；

$\qquad \sum M_{1/4}$——为拱顶至拱跨 $l/4$ 点的恒载对 $l/4$ 截面的力矩。

等截面悬链线拱主拱圈的恒载对 $l/4$ 和拱脚截面的力矩 $\sum M_{1/4}$ 和 $\sum M_j$，可直接由《拱桥》附录表（Ⅲ）-19 查出。

求得 $\dfrac{y_{1/4}}{f}$ 之后，即可由 $\dfrac{y_{1/4}}{f}=\dfrac{1}{\sqrt{2(m+1)}+2}$ 反求 m 值为：

$$m=\frac{1}{2}\left(\frac{f}{y_{1/4}}-2\right)^2-1 \qquad\qquad (4-25)$$

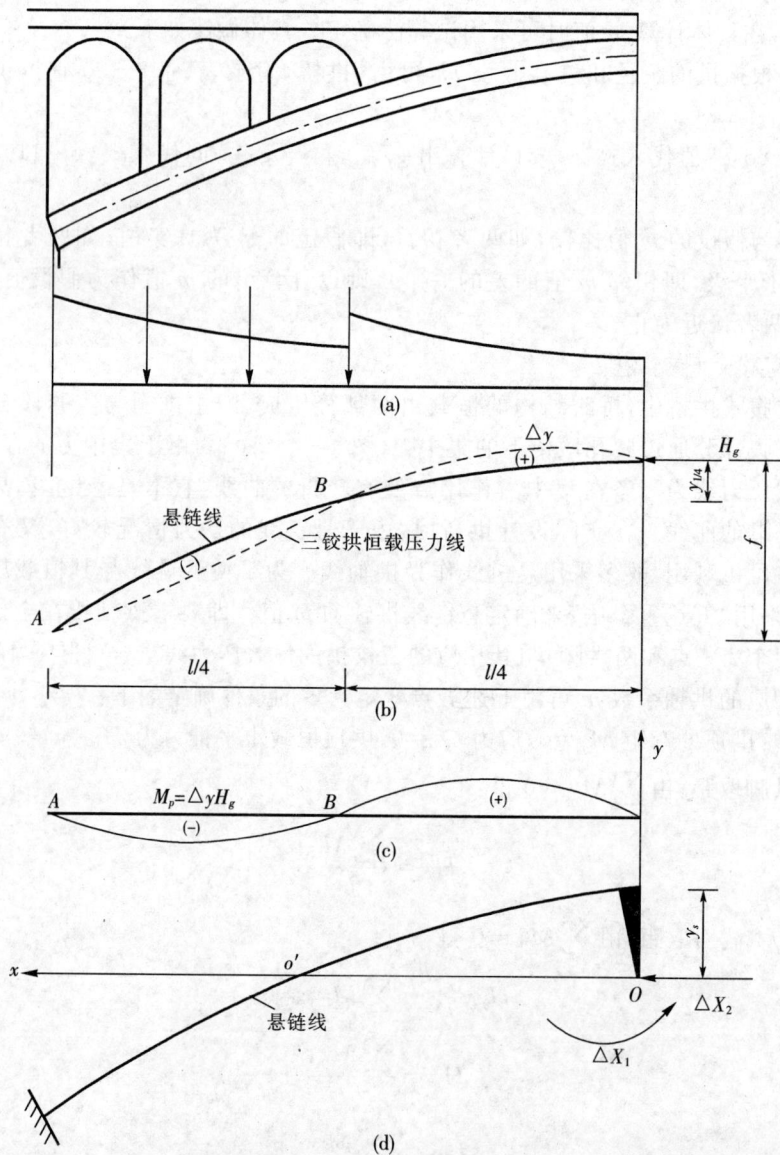

图 4-44　空腹式悬链线拱轴计算图示

空腹式悬链线拱的 m 值,仍需要采用试算法计算(逐次渐近法)。即先假定一个 m 值,定出拱轴线,作图布置拱上建筑,然后计算出主拱圈和拱上建筑的恒载对 $l/4$ 和拱脚截面的力矩 $\sum M_{1/4}$ 和 $\sum M_j$,利用式(4-25)算出 m 值,如与假定的 m 值不符,则应当以求得的值作为新的假定值,重新计算,直到两者接近为止。

用上述方法计算确定的空腹式无铰拱桥的拱轴线,仅保证了全拱有五点与三铰拱的恒载压力线(不计弹性压缩)相重合,在其他截面点上都有不同程度的偏离(图4-44(b))。计算表明,从拱顶到 $l/4$ 点,一般压力线在拱轴线之上;而从 $l/4$ 点到拱脚,压力线却大多在拱轴线之下。拱轴线与相应的三铰拱恒载压力线的偏离类似于一个正弦波(图4-44(c))。

因为压力线与拱轴线的偏离会在拱中产生附加内力,所以,对于静定三铰拱,各截面的偏离弯矩值 M_p 可以用三铰拱压力线与拱轴线在该截面的偏离值 Δy 表示($M_p=H_g \cdot \Delta y$)(图4-44(c));对于无铰拱,偏离弯矩的大小不能以三铰拱压力线与拱轴线的偏离值表示,而应当以该偏离值 M_p 作为荷载,计算出无铰拱的偏离弯矩值。

由结构力学可知,荷载作用在悬臂曲梁的基本结构上(图4-44(d)),引起弹性中心的赘余力为

$$\Delta X_1 = -\frac{\Delta_{1p}}{\delta_{11}} = -\frac{\int_s \dfrac{\overline{M}_1 M_p \mathrm{d}s}{EI}}{\int_s \dfrac{\overline{M}_1^2 \mathrm{d}s}{EI}} = -\frac{\int_s \dfrac{M_p}{I}\mathrm{d}s}{\int_s \dfrac{\mathrm{d}s}{I}} = -H_g \frac{\int_s \dfrac{\Delta y}{I}\mathrm{d}s}{\int_s \dfrac{\mathrm{d}s}{I}} \qquad (4-26)$$

$$\Delta X_2 = -\frac{\Delta_{2p}}{\delta_{22}} = -\frac{\int_s \dfrac{\overline{M}_2 M_p \mathrm{d}s}{EI}}{\int_s \dfrac{\overline{M}_2^2 \mathrm{d}s}{EI}} = H_g \frac{\int_s \dfrac{y\Delta y}{I}\mathrm{d}s}{\int_s \dfrac{y^2 \mathrm{d}s}{I}} \qquad (4-27)$$

式中:M_p——为三铰拱恒载压力线偏离拱轴线所产生的弯矩值,$M_p=H_g \cdot \Delta y$;$\overline{M}_1=1$,$\overline{M}_2=-y$。其中:Δy 为三铰拱恒载压力线与拱轴线的偏离值(图4-44(b))。

由图4-44(b)可见,Δy 有正有负,沿全拱积分 $\int_s \dfrac{\Delta y \mathrm{d}s}{I}$ 的数值不大,由式(4-26)可知,ΔX_1 数值较小。若 $\int_s \dfrac{\Delta y \mathrm{d}s}{I}=0$,则 $\Delta X_1=0$。大量计算表明,由式(4-27)决定的 ΔX_2 恒为正值(压力)。任意截面的偏离弯矩为:

$$\Delta M = \Delta X_1 - \Delta X_2 y + M_p \qquad (4-28)$$

式中:y——为以弹性中心为原点(向上为正)的拱轴线纵坐标。

对于拱顶、拱脚截面,$M_p=0$ 时,偏离弯矩为:

$$\left.\begin{array}{l} \Delta M_{\mathrm{d}} = \Delta X_1 - \Delta X_2 y_s < 0 \\ \Delta M_{\mathrm{j}} = \Delta X_1 + \Delta X_2 (f - y_s) > 0 \end{array}\right\} \qquad (4-29)$$

式中，y_s——为弹性中心至拱顶的距离。

空腹式无铰拱桥采用"五点重合法"确定的拱轴线，与相应的三铰拱的恒载压力线在拱顶点、两个 $l/4$ 点和两拱脚五点重合，而与无铰拱的恒载压力线（简称恒载压力线）实际上并不存在五点重合的关系。由式（4-29）可见，由于拱轴线与恒载压力线有偏离，在拱顶、拱脚都产生了偏离弯矩，拱顶的偏离弯矩值 ΔM_{d} 为负，拱脚的偏离弯矩 ΔM_{j} 为正，恰好与这两个截面控制弯矩的符号相反。这一事实说明，在空腹式拱桥中，用"五点重合法"确定的悬链线拱轴，其偏离弯矩对拱顶、拱脚都是有利的。因此，在设计中，不计入偏离弯矩的影响是偏于安全的。而对于空腹式无铰拱桥的拱轴线，用悬链线比用恒载压力线则更加合理。

在大跨径空腹式拱桥中，由于恒载压力线与悬链线拱轴线偏离较大，则应计入偏离弯矩的影响。这时实际的恒载压力线将不通过上述五点。

（3）拱轴系数 m 的初步选定

实腹式拱的拱轴系数 m 值，取决于拱脚与拱顶处恒载强度之比。当拱顶填料厚度不变（即拱顶恒载强度不变）时，要加大 m 值必须增加拱脚处的恒载强度。由式（4-12）知，要加大 m，必须增加矢高 f。因此，坦拱的拱轴系数可得小些，陡拱的拱轴系数可选大一些。当主拱圈的矢跨比不变时，随着拱上填料厚度的增加，拱顶恒载强度的增加比拱脚处的快。因此，高填土拱桥的拱轴系数 m 可以选得小些，低填土拱桥的拱轴系数 m 可选得大一些。

对于空腹式拱桥，由于拱脚至拱跨 $l/4$ 之间的拱上建筑是挖空的，由式（4-24）和（4-25）知，结构重力对拱脚处的力矩减少，即 $\sum M_{\mathrm{j}} / \sum M_{1/4}$ 比值减小，则拱轴系数 m 值也将减少。所以空腹拱的拱轴系数比实腹拱小。如果拱桥采用无支架施工，裸拱（主拱圈本身）的拱轴系数接近 1。而拱桥设计时，一般拱轴系数的选定是按全桥结构恒载确定的，而不是按裸拱恒载确定的，因此拱轴线与裸拱恒载的压力线有偏离，设计的 m 值愈大，此项偏离弯矩也愈大。为此对于无支架或早脱架施工的拱桥，为了改善裸拱的受力状态，设计时宜选用较小的拱轴系数值，一般不宜大于 2.814。

3. 拱轴线的水平倾角 φ

将式（4-17）ξ 对取导数得：

$$\frac{\mathrm{d}y_1}{\mathrm{d}\xi} = \frac{f \cdot k}{m-1} \mathrm{sh}k\xi \qquad (4-30)$$

而

$$\tan\varphi = \frac{\mathrm{d}y_1}{\mathrm{d}x} = \frac{\mathrm{d}y_1}{l_1 \mathrm{d}\xi} = \frac{2\mathrm{d}y_1}{l \mathrm{d}\xi} \mathrm{sh}k\xi$$

将式（4-30）代入上式得：

$$\tan\varphi = \frac{2f \cdot k}{l(m-1)} \mathrm{sh}k\xi = \eta \cdot \mathrm{sh}k\xi \tag{4-31}$$

式中：

$$\eta = \frac{2f \cdot k}{l(m-1)}$$

由上式可见，拱桥水平倾角与拱轴系数 m 有关。拱轴线上各点的水平倾角 $\tan\varphi$，可直接由《拱桥》附录表（Ⅲ）-2 查得。

4. 悬链线无铰拱的弹性中心

无铰拱是三次超静定结构。在计算无铰拱的内力（恒载、活载、温度变化、混凝土收缩和拱脚变位等）时，为了简化计算工作，常利用拱的弹性中心的概念，目的是将求解三个赘余力的联立方程的问题解耦，从而变为解三个独立的一元一次方程的问题。

对称无铰拱若从拱顶切开取为基本结构，则：多余力 X_1（弯矩）、X_2（轴力）为正对称，而 X_3（剪力）是反对称的，故知副系数：

$$\delta_{13} = \delta_{31} = 0$$

$$\delta_{23} = \delta_{32} = 0$$

但仍有 $\delta_{12} = \delta_{21} \neq 0$，为了使 $\delta_{12} = \delta_{21} = 0$，可以通过引入"刚臂"的办法得到。现以悬臂曲梁为基本结构（图 4-45）。

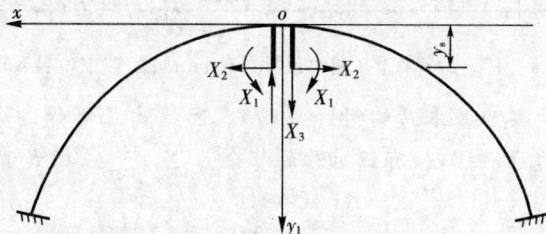

图 4-45　拱的弹性中心

令 $\delta_{12} = \delta_{21} = 0$，可得拱的弹性中心坐标为：

$$y_s = \frac{\displaystyle\int_s \frac{y_1 \mathrm{d}s}{EI}}{\displaystyle\int_s \frac{\mathrm{d}s}{EI}} \tag{4-32}$$

式中：$y_1 = \dfrac{f}{m-1}(\mathrm{ch}k\xi - 1)$；$x = l_1\xi = \dfrac{l}{2}\xi$；$\mathrm{d}s = \dfrac{\mathrm{d}x}{\cos\varphi} = \dfrac{l}{2} \cdot \dfrac{1}{\cos\varphi}\mathrm{d}\xi$；

其中：

$$\cos\varphi = \frac{1}{\sqrt{1 + \tan^2\varphi}} = \frac{1}{\sqrt{1 + \eta^2 \mathrm{sh}^2 k\xi}}$$

则：

$$\mathrm{d}s = \frac{l}{2}\sqrt{1 + \eta^2 \mathrm{sh}^2 k\xi}\,\mathrm{d}\xi \tag{4-33}$$

以 y_1 及 ds 代入式(4-32),并考虑等截面拱的 I 为常数,则有:

$$y_s = \frac{\int_s y_1 \, ds}{\int_s ds} = \frac{f}{m-1} \frac{\int_0^1 (\text{ch} k\xi - 1) \sqrt{1 + \eta^2 \text{sh}^2 k\xi} \, d\xi}{\int_0^1 \sqrt{1 + \eta^2 \text{sh}^2 k\xi} \, d\xi} = \alpha_1 f \qquad (4-34)$$

系数 α_1 可由《拱桥》附录表(Ⅲ)-3查得。

[例题4-1] 等截面悬链线空腹式无铰拱桥,计算跨径 $l = 80\text{m}$,计算矢高 $f = 16\text{m}$,主拱圈和拱上建筑恒载简化为图4-46中所示的荷载作用,主拱圈截面面积 $A = 5.0\text{m}^2$,容重为 $\gamma = 25.0\text{kN/m}^3$,试用"五点重合法"确定拱桥的拱轴系数 m,并计算拱脚竖向力 V_g,水平推力 H_g 和恒载轴力 N_g。

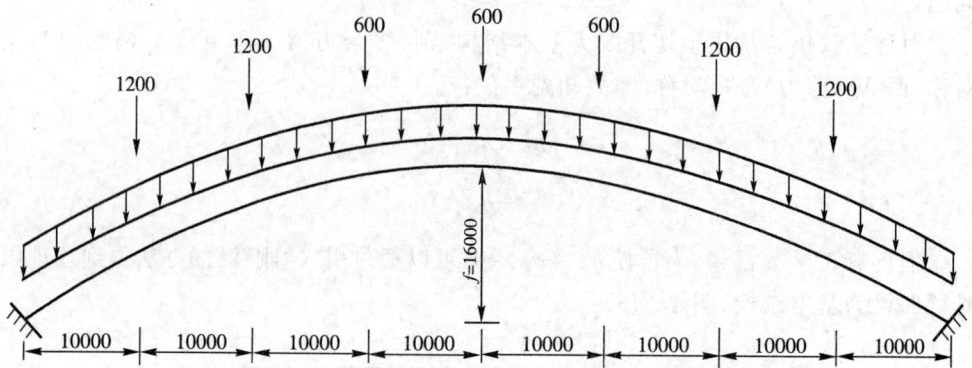

图4-46 计算简图(图中尺寸单位:mm,荷载单位:kN)

[解] 取悬臂曲梁为基本结构(图4-47)。因结构正对称,荷载也是正对称的,故弹性中心的赘余力 $X_3 = 0$,仅有正对称的赘余力 X_1,X_2。由式解得:

$$\frac{1}{\sqrt{2(m+1)} + 2} = \frac{y_{1/4}}{f} = \frac{\sum M_{1/4}}{\sum M_j}$$

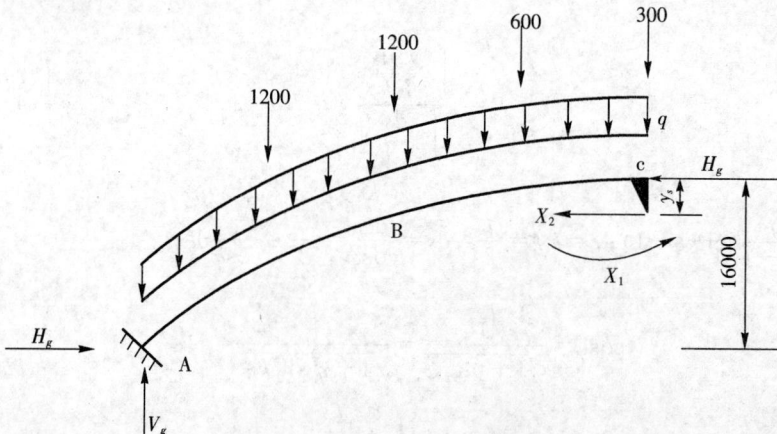

图4-47 半基本结构图(图中尺寸单位:mm,荷载单位:kN)

半拱悬臂集中荷载对拱跨 $l/4$ 截面和拱脚截面的弯矩为：

$$M_{1/4} = 600 \times 10 + 300 \times 20 = 12000 \text{kN} \cdot \text{m}$$

$$M_j = 1200 \times 10 + 1200 \times 20 + 600 \times 30 + 300 \times 40 = 66000 \text{kN} \cdot \text{m}$$

(1)假定拱轴系数 $m = 2.514$，因 $\dfrac{f}{l} = \dfrac{16}{80} = \dfrac{1}{5}$，由《拱桥》附录表（Ⅲ）－19 查得半

拱悬臂分布荷载对 $l/4$ 截面和拱脚截面的弯矩为 $M_k = \left(\dfrac{A \cdot \gamma \cdot l^2}{4} \right) \times [\text{表值}]$

故：
$$M_{1/4} = \left(\frac{5.0 \times 25 \times 80^2}{4} \right) \times 0.12619 = 25238 \text{kN} \cdot \text{m}$$

$$M_j = \left(\frac{5.0 \times 25 \times 80^2}{4} \right) \times 0.52328 = 104656 \text{kN} \cdot \text{m}$$

所有半拱悬臂恒载对 $l/4$ 截面和拱脚截面的弯矩为：

$$\sum M_{1/4} = 12000 + 25238 = 37238 \text{kN} \cdot \text{m}$$

$$\sum M_j = 66000 + 104656 = 170656 \text{kN} \cdot \text{m}$$

所以：
$$\frac{1}{\sqrt{2(m'+1)} + 2} = \frac{37238}{170656} = \frac{1}{4.583}, \text{得} \ m' = 2.336$$

$$|m - m'| = 0.178 > \text{半级}\left(= \frac{2.514 - 2.240}{2} = 0.137 \right)$$

所以 m 与 m' 不符，需重新计算。

(2)假定拱轴系数 $m = 2.24$，由《拱桥》附录表（Ⅲ）－19 查得半拱悬臂分布荷载
对 $l/4$ 截面和拱脚截面的弯矩为：

$$M_{1/4} = \left(\frac{5.0 \times 25 \times 80^2}{4} \right) \times 0.12625 = 25250 \text{kN} \cdot \text{m}$$

$$M_j = \left(\frac{5.0 \times 25 \times 80^2}{4} \right) \times 0.52354 = 104708 \text{kN} \cdot \text{m}$$

所有半拱悬臂恒载对 $l/4$ 截面和拱脚截面的弯矩为：

$$\sum M_{1/4} = 12000 + 25250 = 37250 \text{kN} \cdot \text{m}$$

$$\sum M_j = 66000 + 104708 = 170708 \text{kN} \cdot \text{m}$$

所以：
$$\frac{1}{\sqrt{2(m'+1)} + 2} = \frac{37250}{170708} = \frac{1}{4.583}, \text{得} \ m' = 2.336$$

因为 $|m - m'| = 0.096 < \text{半级}\left(= \frac{2.514 - 2.240}{2} = 0.137 \right)$，所以取拱轴系数 $m = 2.24$。

(3)由《拱桥》附录表（Ⅲ）－19 查得半拱悬臂分布荷载对拱脚截面的竖向剪
力为：

$$P_{\mathrm{j}} = A \cdot \gamma \cdot l \times [\text{表值}] = 5.0 \times 25 \times 80 \times 0.55184 = 5518.4\mathrm{kN}$$

半拱悬臂集中荷载对拱脚截面的竖向剪力为：

$$P_{\mathrm{j}} = 1200 + 1200 + 600 + 300 = 3300\mathrm{kN}$$

半拱悬臂恒载对拱脚截面的竖向总剪力为：

$$\sum P_{\mathrm{j}} = 5518.4 + 3300 = 8818.4\mathrm{kN}$$

所以：

$$V_g = \sum P_{\mathrm{j}} = 8818.4\mathrm{kN}$$

$$H_g = \frac{\sum M_{\mathrm{j}}}{f} = \frac{170708}{16} = 10669.25\mathrm{kN}$$

拱脚截面恒载轴力

$$N_g = \sqrt{H_g^2 + V_g^2} = \sqrt{10669.25^2 + 8818.4^2} = 13841.86\mathrm{kN}$$

4.4.2 恒载作用下悬链线无铰拱的内力计算

当采用恒载压力线作拱轴线时，若拱是绝对刚性的，即不考虑拱圈变形的影响时，拱圈各截面仅产生轴向压力而无弯矩和剪力，即拱圈处于纯压状态。实际上，拱圈材料有弹性，它在恒载作用下会产生弹性压缩，使拱轴缩短，由此会在无铰拱中产生弯矩和剪力，这就是所谓弹性压缩的影响。在计算主拱的内力时，为了方便，常将恒载内力计算分为两部分：即先计算不考虑弹性压缩影响的内力，再计算考虑弹性压缩引起的内力，然后将两者相加，便得到恒载作用下拱的总内力。如果拱轴线和恒载压力线有偏离，则还要计算拱轴偏离引起的恒载内力。

1. 不考虑弹性压缩影响的恒载内力

(1)实腹拱

因为实腹式悬链线拱的拱轴线与恒载压力线完全吻合，所以，在恒载作用下，主拱圈任何截面上都只存在轴向压力而无弯矩。此时，主拱圈中的内力可按纯压拱的公式计算。

在进行悬链线方程推导时，由式(4-15)知 $k^2 = \dfrac{l_1^2 g_d}{H_g f}(m-1)$ 和 $l_1 = l/2$，可得恒载水平推力 H_g 为：

$$H_g = \frac{m-1}{4k^2} \cdot \frac{g_d l^2}{f} = k_g \frac{g_d l^2}{f} \tag{4-35}$$

式中：$k_g = \dfrac{m-1}{4k^2}$，且 $k = \mathrm{ch}^{-1} m = \ln(m + \sqrt{m^2-1})$

在恒载的作用下，拱脚的竖向反力为半拱的恒载重力，即：

$$V_g = \int_0^{l_1} g_x \mathrm{d}x = \int_0^1 g_x l_1 \mathrm{d}\xi$$

将式(4-14)和(4-17)代入上式，并积分，得：

$$V_g = \frac{\sqrt{m^2-1}}{2[\ln(m+\sqrt{m^2-1})]} g_d l = k_g' g_d l \tag{4-36}$$

式中：
$$k_g' = \frac{\sqrt{m^2-1}}{2[\ln(m+\sqrt{m^2-1})]}$$

系数 k_g、k_g' 可由《拱桥》附录表（Ⅲ）－4 查得。

由于不考虑弹性压缩，在恒载作用下，弯矩和剪力为零，所以，主拱圈各截面的轴力 N 可按下式计算：

$$N = \frac{H_g}{\cos\varphi} \qquad (4-37)$$

（2）空腹拱

空腹式悬链线无铰拱，由于拱轴线与恒载压力线有偏离，将在主拱圈中产生附加内力，拱顶、拱脚和 $l/4$ 点都有恒载弯矩。在设计中，为了计算方便，空腹式无铰拱桥的恒载内力又以可分为两部分，即先不考虑偏离的影响，将拱轴线视为与恒载压力线完全吻合，然后再考虑偏离影响，按式（4－26）～式（4－28）计算由偏离引起的恒载内力，二者再叠加，就可以得到空腹式无铰拱不考虑弹性压缩时的恒载内力。

不考虑偏离影响时，由恒载产生的空腹拱内力也按纯压拱计算。这时，拱的恒载推力 H_g 和拱脚竖向反力 V_g，可直接由静力平衡条件得到：

$$H_g = \frac{\sum M_j}{f}$$

$$V_g = \sum P（半拱恒载重力）$$

算出 H_g 之后，即可由式（4－37）计算各截面的轴向力。此时，可认为拱中各截面的弯矩和剪力均为零。

在设计中、小跨径的空腹式拱桥时，可以偏安全地不考虑偏离弯矩的影响。由于大跨径空腹式拱桥的恒载压力线与拱轴线的偏离一般比中、小跨径的拱桥大，且偏离弯矩又是有利因素，常计入偏离弯矩的影响。计算恒载作用下偏离弯矩的影响时，除了计算偏离弯矩对拱顶、拱脚截面的有利影响外，还应计入偏离弯矩对 $l/8$ 和 $3l/8$ 截面的不利影响，尤其 $3l/8$ 是截面，往往成为正弯矩的控制截面。

根据静力平衡条件，计算空腹式拱桥恒载压力线与拱轴线偏离时，任意截面的轴力 ΔN，弯矩 ΔM 和剪力 ΔQ 为：

$$\left.\begin{aligned}
\Delta N &= \Delta X_2 \cos\varphi \\
\Delta M &= \Delta X_1 + \Delta X_2(y_1 - y_s) + H_g \Delta y \\
\Delta Q &= \Delta X_2 \sin\varphi
\end{aligned}\right\} \qquad (4-38)$$

偏离的影响 ΔX_1、ΔX_2 可按式（4－26）和式（4－27）首先计算出。将式（4－38）叠加到式（4－37）上，则得到空腹式拱桥在不考虑弹性压缩影响时的恒载内力。偏离附加内力 ΔN、ΔM 和 ΔQ 的大小与荷载的具体布置有关，一般来说，拱上腹孔跨度越大，偏离附加内力也越大。

2. 弹性压缩引起的内力

在恒载产生的轴向压力作用下，拱圈的弹性压缩表现为拱轴长度的缩短。拱圈的这种变形会在拱中产生相应的内力。为求解此内力,分析时,首先将拱顶切开,取悬臂曲梁为基本结构,并假设弹性压缩会使拱轴在跨径方向缩短 Δl。但在实际结构中,由于拱顶没有相对水平位移,其变形受到约束,则在弹性中心处必有一水平拉力 ΔH_g,使拱顶的相对水平位移为零(图 4-48)。

弹性压缩产生的水平拉力 ΔH_g,可由拱顶的变形协调条件求得,即:

$$\Delta H_g \delta'_{22} - \Delta l = 0$$

$$\Delta H_g = \frac{\Delta l}{\delta'_{22}} \tag{4-39}$$

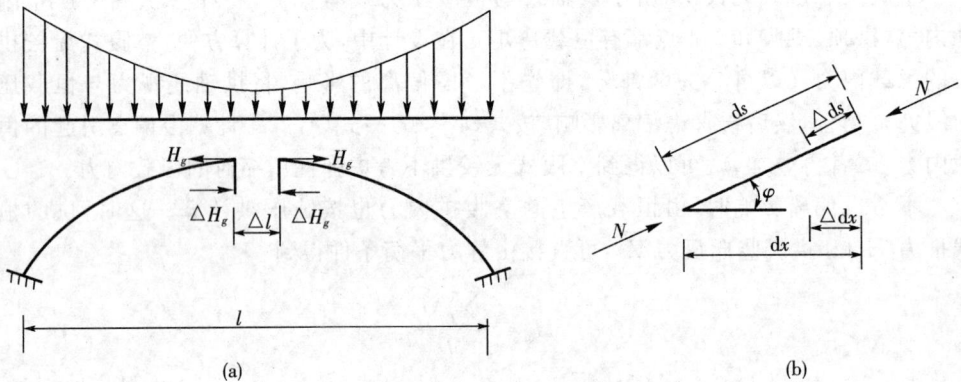

图 4-48 拱圈弹性压缩

从拱中取出一微段 ds(图 4-48),在轴向压力作用下缩短 Δds,其水平分量为 $\Delta dx = \Delta ds \cos\varphi$,则整个拱轴方向缩短的水平分量 Δl 为

$$\Delta l = \int_0^l \Delta dx = \int_s \Delta ds \cos\varphi = \int_s \frac{N ds}{EA} \cos\varphi \tag{4-40}$$

将 $N = \dfrac{H_g}{\cos\varphi}$ 代入上式,得:

$$\Delta l = \int_0^l \frac{H_g dx}{EA \cos\varphi} = H_g \int_0^l \frac{dx}{EA \cos\varphi} \tag{4-41}$$

由单位水平力作用在弹性中心产生的水平位移(考虑轴向力的影响)为:

$$\delta'_{22} = \int_s \frac{\overline{M}_2^2 ds}{EI} + \int_s \frac{\overline{N}_2^2 ds}{EA} = \int_s \frac{y^2 ds}{EI} + \int_s \frac{\cos^2\varphi ds}{EA} = (1+\mu) \int_s \frac{y^2 ds}{EI} \tag{4-42}$$

式中:

$$y = y_s - y_1 \tag{4-43}$$

$$\mu = \frac{\displaystyle\int_s \frac{\cos^2\varphi ds}{EA}}{\displaystyle\int_s \frac{y^2 ds}{EI}} \tag{4-44}$$

将式(4-41)、式(4-42)代入式(4-39)得:

$$\Delta H_g = H_g \frac{1}{1+\mu} \frac{\int_0^l \dfrac{\mathrm{d}x}{EA\cos\varphi}}{\int_s \dfrac{y^2\mathrm{d}s}{EI}} = H_g \frac{\mu_1}{1+\mu} \qquad (4-45)$$

式中：
$$\mu_1 = \frac{\int_0^l \dfrac{\mathrm{d}x}{EA\cos\varphi}}{\int_s \dfrac{y^2\mathrm{d}s}{EI}} \qquad (4-46)$$

为了便于制表计算，对于等截面悬链线拱，可将式(4-44)和式(4-46)的分子项改写成

$$\int_s \frac{\cos^2\varphi\,\mathrm{d}s}{EA} = \frac{l}{EA}\int_0^l \cos\varphi\,\frac{\mathrm{d}x}{l} = \frac{l}{EA}\int_0^1 \frac{\mathrm{d}\xi}{\sqrt{1+\eta^2\,\mathrm{sh}^2k\xi}} = \frac{l}{EvA}$$

$$\int_0^l \frac{\mathrm{d}x}{EA\cos\varphi} = \frac{l}{EA}\int_0^l \frac{1}{\cos\varphi}\,\frac{\mathrm{d}x}{l} = \frac{l}{EA}\int_0^1 \sqrt{1+\eta^2\,\mathrm{sh}^2k\xi}\,\mathrm{d}\xi = \frac{l}{Ev_1A}$$

于是得：
$$\mu = \frac{l}{EvA\displaystyle\int_s \frac{y^2\mathrm{d}s}{EI}} \qquad (4-47)$$

$$\mu_1 = \frac{l}{Ev_1A\displaystyle\int_s \frac{y^2\mathrm{d}s}{EI}} \qquad (4-48)$$

其中 $\displaystyle\int_s \frac{y^2\mathrm{d}s}{EI}$ 可由《拱桥》附录表(Ⅲ)-5 查得，等截面拱的 $\dfrac{1}{v_1}$ 和 $\dfrac{1}{v}$ 可由表(Ⅲ)-8 和表(Ⅲ)-10 查得，μ_1 和 μ 可直接由表(Ⅲ)-9 和表(Ⅲ)-11 查得。

由于 ΔH_g 的作用而在拱内产生轴力 N、弯矩 M 和剪力 Q，一般规定：拱中弯矩以使拱圈内缘受拉为正，拱中剪力以绕脱离体逆时针转动为正，拱中轴力以使拱圈受压为正(图 4-49)。

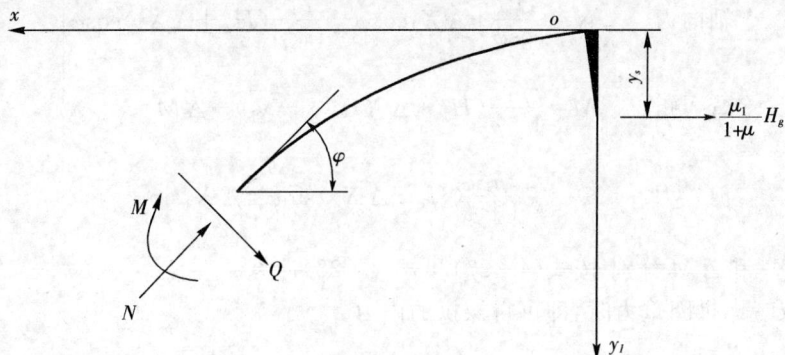

图 4-49 弹性压缩产生的内力

则在恒载的作用下，弹性压缩引起的主拱圈的内力为：

$$\text{轴向力} \qquad N = -\frac{\mu_1}{1+\mu}H_g\cos\varphi \left.\right\}$$

$$\text{弯 矩} \qquad M = \frac{\mu_1}{1+\mu}H_g(y_s - y_1) \qquad (4-49)$$

$$\text{剪 力} \qquad Q = \mp\frac{\mu_1}{1+\mu}H_g\sin\varphi$$

式中:上边符号适用于左半拱,下边符号适用于右半拱。

从式(4-49)可见,考虑了弹性压缩后,主拱各截面将产生弯矩。例如:在拱顶产生正弯矩,该处压力线将上移;在拱脚产生负弯矩,压力线将下移。即实际的恒载压力线将不再与拱轴线重合了。

3. 恒载作用下主拱圈各截面的总内力

当不考虑空腹拱恒载压力线与拱轴线偏离的影响时,主拱圈各截面的恒载内力为:不考虑弹性压缩的恒载内力加上弹性压缩产生的内力,即:

$$\text{轴向力} \qquad N = \frac{H_g}{\cos\varphi} - \frac{\mu_1}{1+\mu}H_g\cos\varphi \left.\right\}$$

$$\text{弯 矩} \qquad M = \frac{\mu_1}{1+\mu}H_g(y_s - y_1) \qquad (4-50)$$

$$\text{剪 力} \qquad Q = \mp\frac{\mu_1}{1+\mu}H_g\sin\varphi$$

式中:上边符号适用于左半拱,下边符号适用于右半拱。

由式(4-50)可见,考虑了恒载作用下拱的弹性压缩后,即使不计入拱轴线偏离恒载压力线的影响,主拱圈中仍有恒载产生的弯矩。这说明,不论是空腹式拱还是实腹式拱,考虑弹性压缩后的恒载压力线,将无法与拱轴线重合。

当计入偏离影响(考虑弹性压缩)时,拱圈各截面的恒载总内力为:

$$\text{轴向力} \qquad N = \frac{H_g}{\cos\varphi} + \Delta X_2\cos\varphi - \frac{\mu_1}{1+\mu}(H_g + \Delta X_2)\cos\varphi \left.\right\}$$

$$\text{弯 矩} \qquad M = \frac{\mu_1}{1+\mu}(H_g + \Delta X_2)(y_s - y_1) + \Delta M \qquad (4-51)$$

$$\text{剪 力} \qquad Q = \mp\frac{\mu_1}{1+\mu}(H_g + \Delta X_2)\sin\varphi \pm \Delta X_2\sin\varphi$$

式中:ΔX_2 和 ΔM 分别 按式(4-27)和式(4-28)计算。

当仅考虑拱圈重力时,即可得裸拱的内力。

[例题 4-2]　续例题 4-1,截面抗弯惯性矩 $I=1.0\text{m}^4$,计算弹性压缩引起的拱脚竖向力 V_g,水平推力 H_g,恒载轴力 N_g,拱脚、拱顶截面的弯矩 M_j 和 M_d;以及考虑弹性压缩后的拱脚竖向力 V_g,水平推力 H_g 和恒载轴力 N_g。

[解]　由例题 4-1 知:拱轴系数 $m=2.24$

(1)不考虑弹性压缩时的 V_g、H_g 和 N_g

由例题 4 – 1 知：

$$V_g = \sum P_j = 8818.40\text{kN}$$

$$H_g = \frac{\sum M_j}{f} = \frac{170708}{16} = 10669.25\text{kN}$$

$$N_g = \sqrt{H_g^2 + V_g^2} = \sqrt{10669.25^2 + 8818.4^2} = 13841.86\text{kN}$$

(2)由弹性压缩引起的 V_g、H_g 和 N_g

主拱圈在恒载作用下产生弹性压缩，会使拱轴缩短，则在弹性中心处必有一水平拉力 ΔH_g（图 4 – 50），由式（4 – 34）可知：$y_s = a_1 f$，由《拱桥》附录表（Ⅲ）– 3 查得，$a_1 = 0.339193$，故 $y_s = 0.339193 \times 16 = 5.427\text{m}$

由式（4 – 45）可知：

$$\Delta H_g = H_g \frac{\mu_1}{1 + \mu}$$

由《拱桥》附录表（Ⅲ）– 9 和表（Ⅲ）– 11 查得

$$\mu_1 = [\text{表值}] \times \left(\frac{r}{f}\right)^2$$

$$\mu = [\text{表值}] \times \left(\frac{r}{f}\right)^2$$

因为 $r = \sqrt{\dfrac{I}{A}} = \sqrt{\dfrac{1}{5}} = 0.4472\text{m}$，故：

$$\mu_1 = 11.0501 \times \left(\frac{0.4472}{16}\right)^2 = 0.008632$$

$$\mu = 9.14719 \times \left(\frac{0.4472}{16}\right)^2 = 0.007146$$

所以

$$\Delta H_g = 10669.25 \times \frac{0.008632}{1 + 0.007146} = 91.44\text{kN}$$

$$H_g = -\Delta H_g = -91.44\text{kN}$$

$$V_g = 0$$

$$N_g = -\sqrt{H_g^2 + V_g^2} = -91.44\text{kN}$$

则

$$M_j = -\Delta H_g \times (f - y_s) = -91.44 \times (16 - 5.427) = -966.80\text{kN} \cdot \text{m}$$

$$M_d = \Delta H_g \times y_s = 91.44 \times 5.427 = 496.25\text{kN} \cdot \text{m}$$

弯矩图如图 4 – 50 所示。

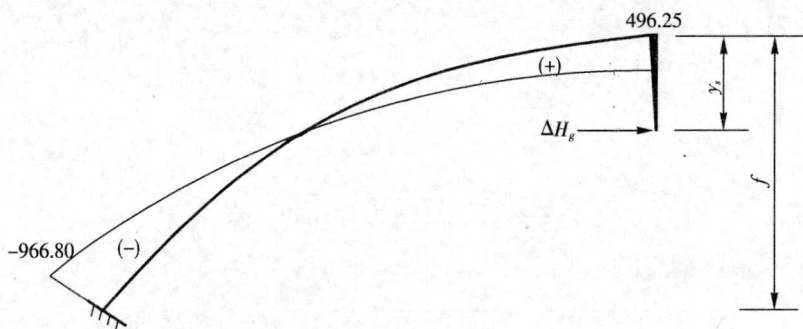

图 4-50 半结构弯矩图(单位:力为 kN,弯矩为 kN·m)

(3)考虑弹性压缩后的 V_g、H_g 和 N_g

考虑弹性压缩后的值为:不考虑弹性压缩的内力加上弹性压缩产生的内力值的总和。

$$H_g = 10669.25 - 91.44 = 10577.81 \text{kN}$$

$$V_g = 8818.4 \text{kN}$$

$$N_g = \sqrt{H_g^2 + V_g^2} = \sqrt{10577.81^2 + 8818.4^2} = 13771.5 \text{kN}$$

4.4.3 活载作用下悬链线无铰拱的内力计算

拱桥的桥跨结构属于空间结构。由于在活载作用下的受力比较复杂,为了简化计算,在实际设计中,像梁桥的计算一样引入荷载横向分布系数,将空间结构简化成平面结构(必须进行空间分析的除外)。同时,由于活载在拱桥上作用位置的不同,主拱圈各截面的内力也不一样,所以计算活载产生的主拱圈内力最简便的方法是采用影响线加载法。为了利用等代荷载简化计算,与计算由恒载产生的内力一样,计算活载产生的内力也分两步进行,即首先计算不考虑主拱圈弹性压缩影响的内力,然后再计算弹性压缩对活载内力的影响,最后将两者相加,便得到活载作用下拱的总内力。

1. 荷载横向分布系数

(1)石板拱桥、混凝土箱板拱桥

石板拱桥由于主拱圈的横向刚度较大,可假定荷载均匀分布在主拱圈全宽上。对于矩形截面主拱圈,常取单位拱圈宽度计算,则单位宽度主拱圈的荷载横向分布系数为:

$$m = \frac{C}{B} \qquad\qquad (4-52)$$

对于混凝土箱板拱桥,一般取单个拱箱进行计算,其荷载横向分布系数为:

$$m = \frac{C}{n} \qquad\qquad (4-53)$$

式中:m——为荷载横向分布系数;

$\quad C$——为车列数;

B ——为主拱圈宽度；

n ——为主拱圈的拱箱个数。

(2)肋拱桥

对于双肋拱桥(包括上、中、下承式)，一般可偏安全地采用杆杠原理计算。对于多肋拱桥，由于拱上建筑一般为排架式，则拱肋的荷载横向分布系数可按梁式桥的方法计算。比较简单的方法是按弹性支承连续梁(横梁)计算拱肋的荷载横向分布系数，其计算结果与实际值平均误差在 10% 左右。

2. 活载作用下不考虑弹性压缩影响的内力

计算由于活载产生的不考虑弹性压缩影响的内力，最简便的办法是利用内力影响线来计算。其办法是：先计算赘余力影响线，然后用叠加的办法计算内力影响线，最后根据内力影响线按最不利情况布载、计算。

(1)赘余力影响线

为了便于编制内力影响线表，在求主拱圈中内力影响线时，常采用简支曲梁为基本结构(图 4 - 51)。

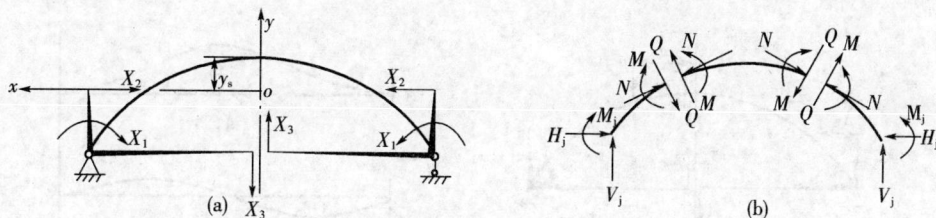

图 4 - 51 采用简支曲梁求解无铰拱内力

设赘余力为 X_1, X_2, X_3，根据结构力学和弹性中心的特性，有典型方程：

$$\left.\begin{array}{ll} X_1\delta_{11}+\Delta_{1p}=0, & X_1=-\dfrac{\Delta_{1p}}{\delta_{11}} \\[2mm] X_2\delta_{22}+\Delta_{2p}=0, & X_2=-\dfrac{\Delta_{2p}}{\delta_{22}} \\[2mm] X_3\delta_{33}+\Delta_{3p}=0, & X_3=-\dfrac{\Delta_{3p}}{\delta_{33}} \end{array}\right\} \tag{4-54}$$

上式中，分母部分为弹性中心的常变位值，分子部分为载变位值。这里暂不考虑轴向力对变位的影响，亦不计剪力及曲率对变位的影响，则有：

$$\delta_{11}=\int_s \frac{\overline{M_1}^2}{EI}\mathrm{d}s=\frac{l}{EI}\int_0^1 \sqrt{1+\eta^2\,\mathrm{sh}^2 k\xi}\,\mathrm{d}\xi=\frac{l}{EI}\frac{1}{v_1}$$

$$\delta_{22}=\int_s \frac{\overline{M_2}^2}{EI}\mathrm{d}s=\frac{l}{EI}\int_0^1 \left[\frac{f}{m-1}(\mathrm{ch}k\xi-1)\right]\left[\frac{f}{m-1}\mathrm{ch}k\xi\right]\sqrt{1+\eta^2\,\mathrm{sh}^2 k\xi}\,\mathrm{d}\xi=\theta\frac{lf^2}{EI}$$

$$\delta_{33}=\int_s \frac{\overline{M_3}^2}{EI}\mathrm{d}s=\frac{l^3}{EI}\int_0^1 \xi^2\sqrt{1+\eta^2\,\mathrm{sh}^2 k\xi}\,\mathrm{d}\xi=\gamma\frac{l^3}{EI}$$

式中 $\dfrac{1}{v_1}$, θ, γ 为系数，可分别由《拱桥》附录表(Ⅲ)-8，(Ⅲ)-5，(Ⅲ)-6 查到。显而

易见 $l \times \dfrac{1}{v_1} =$ 拱轴弧长 S。

为了计算荷载作用下的变位,在计算 M_p 时,可利用对称性,将单位荷载分解为正对称和反对称两组荷载,并设荷载作用在右半拱。则有:

$$\Delta_{1p} = \int_s \frac{\overline{M}_1 M_p}{EI} \mathrm{d}s$$

$$\Delta_{2p} = \int_s \frac{\overline{M}_2 M_p}{EI} \mathrm{d}s$$

$$\Delta_{3p} = \int_s \frac{\overline{M}_3 M_p}{EI} \mathrm{d}s$$

将上述系数代入式(4-54)后,即可得 $P=1$ 作用在 B 点时的赘余力 X_1,X_2,X_3 的值。为了计算并绘制赘余力的影响线,一般可将拱圈沿跨径分为48(或24)等分。当 $P=1$ 从左拱脚以 Δl 为步长($\Delta l = l/48$)移到右拱脚时,即可利用式(4-54),算出 P 在各个分点上 X_1,X_2,X_3 的影响线的竖坐标,并绘制三个赘余力影响线图(图4-52(a)、(b)、(c))。

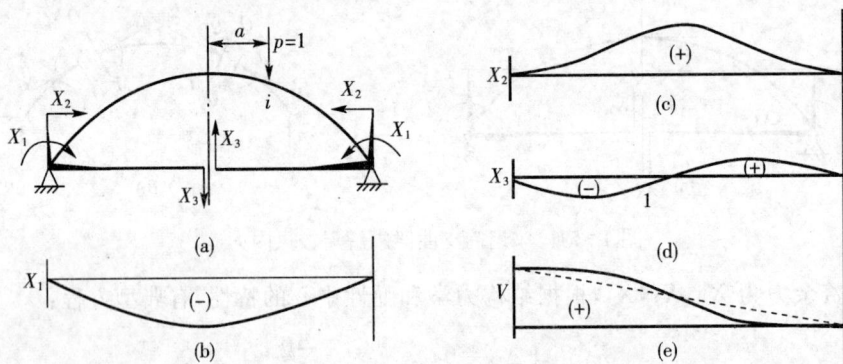

图4-52　拱中赘余力影响线

(2)内力影响线

有了赘余力的影响线后,主拱圈中任意截面的内力影响线都可以利用静力平衡条件和叠加原理求得。

1)拱中任意截面水平推力 H_1 的影响线

由 $\sum X=0$ 知,主拱圈中任意截面水平推力 $H_1=X_2$,因此,H_1 的影响线与赘余力 X_2 的影响线(图4-52(c))完全相同,各点的影响线竖标可由《拱桥》附录表(Ⅲ)-12查得。

2)拱脚竖向反力 V 的影响线

将赘余力 X_3 移至两支点后,由 $\sum Y=0$ 得:

$$V = V_0 \mp X_3 \tag{4-55}$$

式中:V_0——为简支梁的反力影响线。上边符号适用于左半跨,下边符号适用于右半跨。

叠加 V_0 和 X_3 两条影响线就得到拱脚处竖向反力 V 的影响线(图 4-52(e))。显然,拱脚处竖向反力的影响线的总面积 $\omega=\dfrac{l}{2}$。

3)任意截面的弯矩影响线

由图 4-53(a)可得主拱圈任意截面的弯矩为:

$$M_i=M_0-H_1y\pm X_3x+X_1 \qquad (4-56)$$

式中:M_0——为简支梁的弯矩。上边符号适用于左半跨,下边符号适用于右半跨。

对于拱顶截面 $x=0$,且 $X_3x=0$,则由上式得拱顶截面的弯矩为:

$$M_d=M_0-H_1y+X_1 \qquad (4-57)$$

图 4-53(b)、(c)示出了拱顶截面弯矩影响线的叠加过程,图 4-53(d)、(e)示出了拱顶截面和任意截面的弯矩影响线图形。

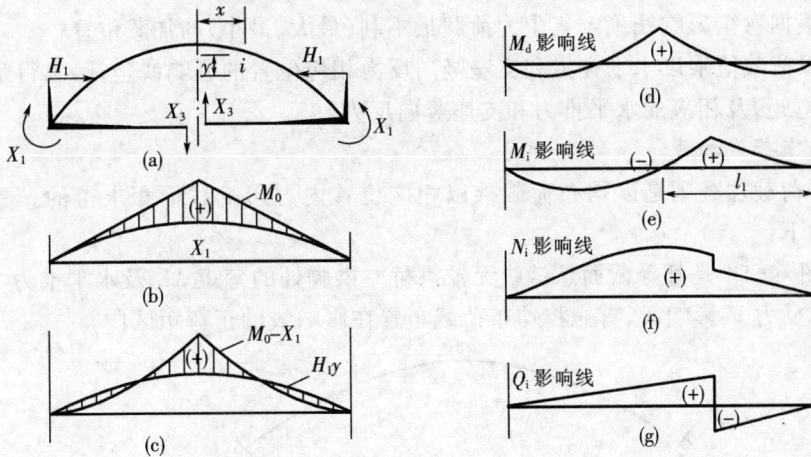

图 4-53 拱中内力影响线

4)任意截面的轴力和剪力影响线

主拱圈中任意截面的轴力和剪力影响线(图 4-53(f)、(g)),在其截面处都有突变,比较复杂,一般也不利用轴力和剪力的影响线计算其内力。通常,可先算出拱中该截面的水平推力 H_1 和拱脚的竖向反力 V,再按下列计算式计算轴向力 N 和 Q。

$$\text{轴向力}\begin{cases}\text{拱顶}\quad N=H_1 \\ \text{拱脚}\quad N=H_1\cos\varphi_j+V\sin\varphi_j \\ \text{其他截面}\quad N\approx\dfrac{H_1}{\cos\varphi}\end{cases} \qquad (4-58)$$

$$\text{剪力}\begin{cases}\text{拱顶}\quad \text{数值很小,一般不计算} \\ \text{拱脚}\quad Q=H_1\sin\varphi_j-V\cos\varphi_j \\ \text{其他截面}\quad \text{数值较小,一般不计算}\end{cases} \qquad (4-59)$$

（3）活载产生的内力计算

主拱圈是偏心受压构件，其最大正压力是由截面弯矩 M 和轴向力 N 共同产生的，严格来说，应绘制截面核心弯矩影响线，求出最大和最小核心弯矩值，但是计算核心弯矩影响线的工作非常繁琐。

在实际计算中，由于荷载布置往往不可能使 M 和 N 同时达到最大值，考虑到拱桥的抗弯性能远差于其抗压强度的特点，一般可在弯矩影响线上按最不利情况加载，求得最大（或最小）弯矩，然后求出与这种加载情况相应的水平推力 H_1 和竖向反力 V 的数值，以求得与最大（或最小）弯矩相应的轴向力。

影响线加载时分别考虑集中力和均布荷载。

1）集中力加载

集中力加载就是以最不利布载位置的集中力乘以相应位置的内力影响线坐标求得的（还需考虑荷载横向分布系数、车道折减系数等因素的影响）。其计算步骤如下：

① 首先画出计算截面的弯矩、水平推力和支座竖向反力影响线；

② 根据弯矩影响线确定集中力荷载最不利（最大、最小）的加载位置；

③ 以荷载值乘以水平推力和支座竖向反力相应位置的影响线坐标，求得最大弯矩（最小弯矩）及相应的水平推力和支座竖向反力。

2）均布荷载加载

均布荷载加载则是以均布荷载乘以相应位置内力影响线面积求得的。具体计算步骤如下：

① 图 4-54 是某等截面悬链线无铰拱桥左拱脚处的弯矩 M_j 及水平推力 H_1 和支座竖向反力 V 影响线，首先将均布荷载布置在影响线的正弯矩区段。

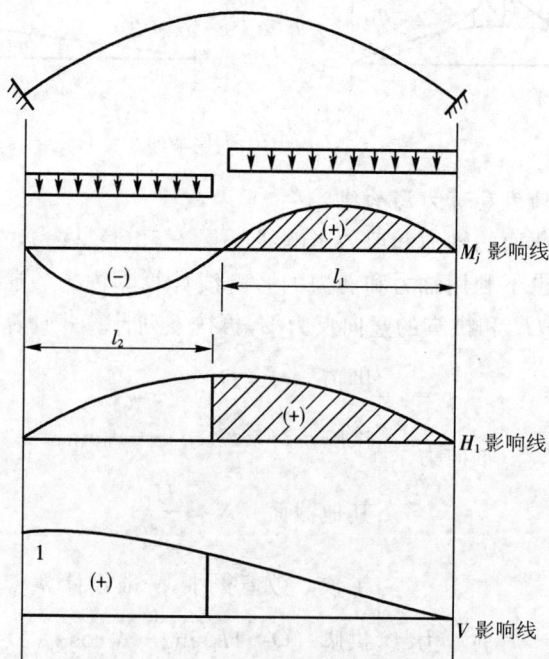

图 4-54 拱脚截面内力影响线

② 可由《拱桥》手册的均布荷载表查得最大正弯矩及相应水平推力和竖向反力相应的面积 ω_M，ω_H，ω_V。

③ 再以荷载值分别乘以最大正弯矩及相应水平推力和竖向反力的面积 ω_M，ω_H，ω_V，即可求得拱脚截面的内力。

$$\left.\begin{array}{l}\text{最大正弯矩}\quad M_{\max}=\xi \cdot m_q \cdot q \cdot \omega_M \\[2mm] \text{与 } M_{\max}\text{相应水平推力}\quad H_1=\xi \cdot m_q \cdot q \cdot \omega_H \\[2mm] \text{与 } M_{\max}\text{相应竖向反力}\quad V=\xi \cdot m_q \cdot q \cdot \omega_V\end{array}\right\} \qquad (4-60)$$

式中：m_q——为荷载横向分布系数；

ξ——为车道折减系数；

与 $M_{\max}$ 相应的拱脚截面的轴向力为：

$$N=H_1\cos\varphi_j+V\sin\varphi_j \qquad (4-61)$$

同理，再将荷载布置在影响线的负弯矩区段，可求得最大负弯矩及相应水平推力、竖向反力和拱脚截面的轴向力。

④ 其他相应截面的轴向力和剪力分别按式(4-58)和式(4-59)计算。

《公路圬工桥涵设计规范》(JTG D61-2005)(**以下简称《圬工桥规》**)第 5.1.1 条中规定，计算由汽车荷载产生的拱的各截面正弯矩时，拱顶至拱跨 1/4 点应乘以折减系数 0.7，拱脚应乘 0.9，拱跨 1/4 点至拱脚，用直线插入法确定。

[**例题 4-3**]　等截面悬链线无铰拱桥，$l=80\text{m}$，$f=16\text{m}$，$m=2.814$，$y_s=5.335$，承载双车道公路—Ⅰ级荷载，且自振频率 $f_1=0.81\text{Hz}$，求拱顶和拱脚截面的最大正、负弯矩及相应的轴向力。

[**解**]　(1)汽车荷载冲击力

按《桥规》规定：当 $f_1<1.5\text{Hz}$，冲击系数 $\mu=0.05$，则，汽车均布荷载为 $1.05\times2\times10.5=22.05\text{kN/m}$，集中荷载为 $1.05\times2\times360=756\text{kN}$。

(2)拱顶截面

根据 $m=2.814$，$\dfrac{f}{l}=\dfrac{1}{5}$，为了加载公路—Ⅰ级的均布荷载，拱顶截面考虑弹性压缩的弯矩和相应的水平推力的影响线面积，可由《拱桥》附录表(Ⅲ)-14(59)查得：

弯矩影响线面积：$\omega_M=[\text{表值}]\times l^2=[\text{表值}]\times80^2$

最大正弯矩影响线面积：$0.00725\times80^2=46.40$

最大负弯矩影响线面积：$-0.00456\times80^2=-29.184$

相应的水平推力影响线面积：$\omega_H=[\text{表值}]\times\dfrac{l^2}{f}=[\text{表值}]\times\dfrac{80^2}{16}$

最大正弯矩影响线面积：$0.06913\times400=27.652$

最大负弯矩影响线面积：$0.05903\times400=23.612$

为了加载公路—Ⅰ级集中荷载，拱顶截面不考虑弹性压缩的弯矩影响线坐标和相应的轴向力(拱顶即为水平推力)的影响线坐标，可由《拱桥》附录表(Ⅲ)-13(36)和表(Ⅲ)-12(8)分别查得：

最大(绝对值)正、负弯矩影响线坐标:$\omega_M{'}=[表值]\times l=[表值]\times 80$

最大正弯矩影响线坐标:$0.05405\times 80=4.324$

最大负弯矩影响线坐标:$-0.01146\times 80=-0.9168$

相应的水平推力影响线坐标:$\omega_H{'}=[表值]\times l/f=[表值]\times 5$

最大正弯矩影响线坐标:$0.23302\times 5=1.1651$

最大负弯矩影响线坐标:$0.10897\times 5=0.5449$

1)拱顶截面正弯矩

① 均布荷载作用下考虑弹性压缩的弯矩:$M_{max}=22.05\times 46.40=1023.12\ kN\cdot m$

相应的考虑弹性压缩的水平推力:$H=22.05\times 27.652=609.771 kN\cdot m$

② 集中荷载作用下不考虑弹性压缩的弯矩:$M'_{max}=756\times 4.324=3268.944\ kN\cdot m$

相应的不考虑弹性压缩的水平推力:$H_1=756\times 1.1651=880.816 kN$

弹性压缩附加水平推力:

$$\Delta H=-\frac{\mu_1}{1+\mu}H_1=-0.010389\times 880.816=-9.151 kN$$

弹性压缩附加弯矩:

$$\Delta M=(y_1-y_s)\Delta H=(0-5.335)\times(-9.151)=48.821 kN\cdot m$$

考虑弹性压缩的水平推力:$H=H_1+\Delta H=880.816-9.151=871.665 kN$

考虑弹性压缩的弯矩:

$$M_{max}=M'_{max}+\Delta M=3268.944+48.821=3317.765 kN\cdot m$$

③ 汽车荷载总效应标准值为:

轴向力(即水平推力之和):$N=609.771+871.665=1481.436 kN$

弯矩:$M_{max}=0.7\times(1023.12+3317.765)=3038.620 kN\cdot m$

2)拱顶截面负弯矩

① 均布荷载作用下考虑弹性压缩的弯矩:

$$M_{min}=-22.05\times 29.184=-643.507 kN\cdot m$$

相应考虑弹性压缩的水平推力:

$$H=22.05\times 23.612=520.667 kN$$

② 集中荷载作用下不考虑弹性压缩的弯矩:

$$M'_{min}=756\times(-0.9168)=-693.101 kN\cdot m$$

相应的不考虑弹性压缩的水平推力:$H_1=756\times 0.5449=411.944 kN$

弹性压缩附加水平推力:

$$\Delta H=-\frac{\mu_1}{1+\mu}H_1=-0.010389\times 411.944=-4.280 kN$$

弹性压缩附加弯矩:

$$\Delta M = (y_1 - y_s)\Delta H = (0 - 5.335) \times (-4.280) = 22.834 \text{kN} \cdot \text{m}$$

考虑弹性压缩的水平推力:

$$H = H_1 + \Delta H = 411.944 - 4.280 = 407.644 \text{kN}$$

考虑弹性压缩的弯矩:

$$M_{min} = M'_{min} + \Delta M = -693.101 + 22.834 = -670.267 \text{kN} \cdot \text{m}$$

③ 汽车荷载总效应标准值为:

轴向力(即水平推力之和):$N = 520.667 + 407.644 = 928.331 \text{kN}$

弯矩: $\quad M_{min} = -(643.507 + 670.267) = -1313.774 \text{kN} \cdot \text{m}$

(3)拱脚截面

根据 $m = 2.814$, $\dfrac{f}{l} = \dfrac{1}{5}$, 由《拱桥》附录表(Ⅲ)—20(8)查得拱脚处水平倾角的正弦和余弦:

$$\sin\varphi_j = 0.7010, \quad \cos\varphi_j = 0.7132$$

为了加载公路—Ⅰ级均布荷载,拱脚截面考虑弹性压缩的弯矩和相应的水平推力与拱脚反力的影响线面积,可由《拱桥》附录表(Ⅲ)—14(59)查得:

弯矩影响线面积:$\omega_M = [\text{表值}] \times l^2 = [\text{表值}] \times 80^2$

最大正弯矩影响线面积:$0.01994 \times 80^2 = 127.616$

最大负弯矩影响线面积:$-0.01409 \times 80^2 = -90.716$

相应的水平推力影响线面积:

$$\omega_H = [\text{表值}] \times \frac{l^2}{f} = [\text{表值}] \times \frac{80^2}{16}$$

最大正弯矩影响线面积:$0.09242 \times 400 = 36.968$

最大负弯矩影响线面积:$0.03575 \times 400 = 14.30$

相应的拱脚反力影响线面积:$\omega_V = [\text{表值}] \times l$

最大正弯矩影响线面积:$0.17067 \times 80 = 13.654$

最大负弯矩影响线面积:$0.32933 \times 80 = 26.346$

为了加载公路—Ⅰ级集中荷载,拱脚截面不考虑弹性压缩的弯矩影响线坐标和相应的水平推力与拱脚反力影响线坐标(拱脚反力不受弹性压缩的影响,没有弹性压缩附加力),可由《拱桥》附录表(Ⅲ)—13(40)、表(Ⅲ)—12(8)和表(Ⅲ)—7(8)分别查得:

最大(绝对值)正、负弯矩影响线坐标:$\omega_M' = [\text{表值}] \times l = [\text{表值}] \times 80$

最大正弯矩影响线坐标:$0.05401 \times 80 = 4.321$

最大负弯矩影响线坐标:$-0.05913 \times 80 = -4.730$

相应的水平推力影响线坐标:$\omega_H' = [\text{表值}] \times l/f = [\text{表值}] \times 5$

最大正弯矩影响线坐标:$0.19846 \times 5 = 0.9923$

最大负弯矩影响线坐标:$0.06449 \times 5 = 0.32245$

相应的拱脚反力影响线坐标:$\omega_V' = [\text{表值}]$

最大正弯矩影响线坐标:0.29351

最大负弯矩影响线坐标:0.93757

1)拱脚截面正弯矩

① 均布荷载作用下考虑弹性压缩的弯矩:

$$M_{max} = 22.05 \times 127.616 = 2813.933 \text{kN} \cdot \text{m}$$

相应的考虑弹性压缩的水平推力:

$$H = 22.05 \times 36.968 = 815.144 \text{kN}$$

相应的拱脚反力:

$$V = 22.05 \times 13.654 = 301.071 \text{kN}$$

轴向力:

$$N = H\cos\varphi_j + V_j\cos\varphi_j = 815.144 \times 0.7132 + 301.071 \times 0.7010 = 792.412 \text{kN}$$

② 集中荷载作用下不考虑弹性压缩的弯矩:

$$M'_{max} = 756 \times 4.321 = 3266.676 \text{kN} \cdot \text{m}$$

相应的不考虑弹性压缩的水平推力:

$$H_1 = 756 \times 0.9923 = 750.179 \text{kN}$$

弹性压缩附加水平推力:

$$\Delta H = -\frac{\mu_1}{1+\mu}H_1 = -0.010389 \times 750.179 = -7.794 \text{kN}$$

弹性压缩附加弯矩:

$$\Delta M = (y_1 - y_s)\Delta H = (16 - 5.335) \times (-7.794) = -83.123 \text{kN} \cdot \text{m}$$

考虑弹性压缩的水平推力:

$$H = H_1 + \Delta H = 750.179 - 7.794 = 742.385 \text{kN}$$

考虑弹性压缩的弯矩:

$$M_{max} = M'_{max} + \Delta M = 3266.676 - 83.123 = 3183.553 \text{kN} \cdot \text{m}$$

与 M_{max} 相应的拱脚反力:

$$V_j = 1.2 \times 756 \times 0.29351 = 266.272 \text{kN}$$

(《桥规》第4.3.1条规定:集中荷载计算剪力时,乘以1.2。)

轴向力:

$$N = H\cos\varphi_j + V_j\cos\varphi_j = 742.385 \times 0.7132 + 266.272 \times 0.7010 = 716.126 \text{kN}$$

③ 汽车荷载总效应标准值为:

轴向力:$N = 792.412 + 716.126 = 1508.538 \text{kN}$

弯矩：$M_{max} = 0.9 \times (2813.933 + 3183.553) = 5397.737 \text{kN} \cdot \text{m}$

2）拱脚截面负弯矩

① 均布荷载作用下考虑弹性压缩的弯矩：

$$M_{min} = -22.05 \times 90.176 = -1988.381 \text{kN} \cdot \text{m}$$

相应考虑弹性压缩的水平推力：

$$H = 22.05 \times 14.30 = 315.315 \text{kN}$$

相应的拱脚反力：

$$V = 22.05 \times 26.346 = 580.929 \text{kN}$$

轴向力：

$$N = H\cos\varphi_j + V_j\cos\varphi_j = 315.315 \times 0.7132 + 580.929 \times 0.7010 = 632.114 \text{kN}$$

② 集中荷载作用下不考虑弹性压缩的弯矩：

$$M'_{max} = -756 \times 4.730 = -3575.880 \text{kN} \cdot \text{m}$$

相应的不考虑弹性压缩的水平推力：

$$H_1 = 756 \times 0.32245 = 243.772 \text{kN}$$

弹性压缩附加水平推力：

$$\Delta H = -\frac{\mu_1}{1+\mu} H_1 = -0.010389 \times 243.772 = -2.533 \text{kN}$$

弹性压缩附加弯矩：

$$\Delta M = (y_1 - y_s)\Delta H = (16 - 5.335) \times (-2.533) = -27.010 \text{kN} \cdot \text{m}$$

考虑弹性压缩的水平推力：

$$H = H_1 + \Delta H = 243.772 - 2.533 = 241.239 \text{kN}$$

考虑弹性压缩的弯矩：

$$M_{min} = M'_{min} + \Delta M = -3575.880 + (-27.010) = -3602.89 \text{kN} \cdot \text{m}$$

与 M_{min} 相应的拱脚反力：

$$V_j = 1.2 \times 756 \times 0.93757 = 850.564 \text{kN}$$

轴向力 $\quad N = H\cos\varphi_j + V_j\cos\varphi_j = 241.239 \times 0.7132 + 850.564 \times 0.7010$
$$= 768.297 \text{kN}$$

③ 汽车荷载总效应标准值为：

轴向力 $\quad N = 632.114 + 768.297 = 900.411 \text{kN}$

弯矩 $\quad M_{min} = -(1988.381 + 3602.89) = -5591.271 \text{kN} \cdot \text{m}$

3. 活载作用下由弹性压缩引起的内力

活载弹性压缩与恒载弹性压缩计算相似,也是在弹性中心产生赘余水平力 ΔH (拉力)(图4-55),其大小为:

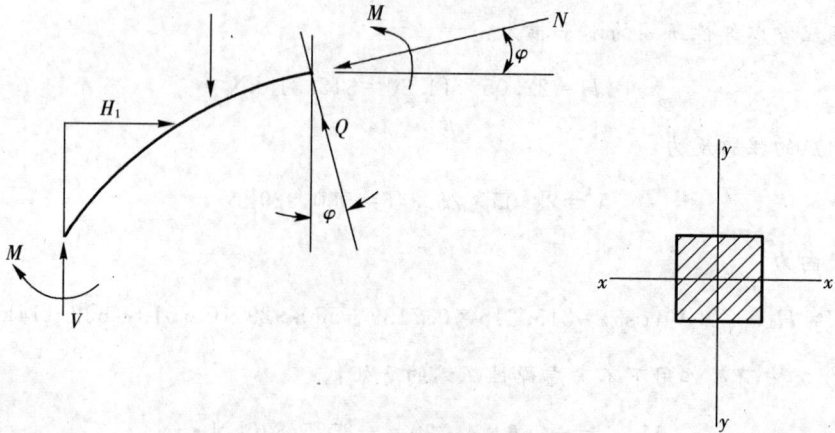

图 4-55 活载弹性压缩引起的内力

$$\Delta H = \frac{\Delta l}{\delta'_{22}} = \frac{\int_s \dfrac{N\,\mathrm{d}s}{EA}\cos\varphi}{\delta'_{22}} \qquad (4-62)$$

将拱脚的三个已知力投影到水平方向上得:

$$N = \frac{H_1 - Q\sin\varphi}{\cos\varphi} = \frac{H_1}{\cos\varphi}\left(1 - \frac{Q}{H_1}\sin\varphi\right)$$

上式中,由于 $\dfrac{Q}{H_1}\sin\varphi$ 相对较小,可近似忽略,则有:

$$N = \frac{H_1}{\cos\varphi}$$

于是:

$$\Delta l = \int_s \frac{N\,\mathrm{d}s}{EA}\cos\varphi = H_1 \int_0^l \frac{\mathrm{d}x}{EA\cos\varphi}$$

将上式代入式(4-62),即得:

$$\Delta H = -\frac{H_1 \int_0^l \dfrac{\mathrm{d}x}{EA\cos\varphi}}{\delta'_{22}} = -\frac{H_1 \int_0^l \dfrac{\mathrm{d}x}{EA\cos\varphi}}{(1+\mu)\int_s \dfrac{y^2\,\mathrm{d}s}{EI}} = -H_1 \frac{\mu_1}{1+\mu} \qquad (4-63)$$

所以,考虑弹性压缩后,由活载产生的总推力为:

$$H = H_1 + \Delta H = H_1 - H_1 \frac{\mu_1}{1+\mu} = H_1 \frac{1+\mu-\mu_1}{1+\mu} \approx \frac{H_1}{1+\mu_1} \qquad (4-64)$$

则活载作用下,由弹性压缩引起的内力为:

弯　矩　　$\Delta M = -\Delta H \cdot y = \dfrac{\mu_1}{1+\mu} \cdot H_1 \cdot y$

轴向力　　$\Delta N = -\Delta H \cdot \cos\varphi = -\dfrac{\mu_1}{1+\mu} \cdot H_1 \cdot \cos\varphi$ $\qquad$ (4-65)

剪　力　　$\Delta Q = \pm\Delta H \cdot \sin\varphi = \mp\dfrac{\mu_1}{1+\mu} \cdot H_1 \cdot \sin\varphi$

　　最后将不考虑弹性压缩影响的活载产生的内力与考虑弹性压缩产生的内力叠加起来,即得活载作用下拱的总内力。当采用电算求解结构内力影响线并用直接加载法求内力时,由于拱的弹性压缩是一起考虑的,故求出的内力就是总内力。

4.4.4　悬链线无铰拱的其他内力计算

　　在超静定拱中,温度变化、混凝土收缩和拱脚变位都会产生附加内力。当拱桥所在地区温度变化幅度较大时,温度变化产生的附加内力就不容忽视。尤其是就地浇筑的混凝土,在结硬过程中由于混凝土的收缩变形而产生的附加内力,可使拱桥开裂。在软土地基上建造圬工拱桥,墩台变位的影响比较突出,拱脚水平位移的影响更为严重,根据观测的结果,在两拱脚的相对水平位移动 $\Delta_h > l/200$ 时,拱的承载力就会大大降低,甚至破坏。

1. 温度变化产生的附加内力计算

　　根据热胀冷缩的道理,当大气温度比成拱时的温度(即主拱圈施工合拢时温度,称为合拢温度)高时,称为温度上升,引起拱体膨胀;反之,当大气温度比合拢温度低时,称为温度下降,引起拱体收缩。不论是拱体膨胀(拱轴伸长)还是拱体收缩(拱轴缩短)都会在拱中产生附加内力,不过两者的符号不同而已。

　　在图 4-56 中,设温度变化引起拱轴在水平方向的变位为 Δl_t,与弹性压缩的道理相同,必定在弹性中心产生一对水平力 H_t,由典型方程得

$$H_t = \frac{\Delta l_t}{\delta'_{22}} = \frac{\Delta l_t}{(1+\mu)\displaystyle\int_s \frac{y^2 \mathrm{d}s}{EI}} \qquad (4-66)$$

$$\Delta l_t = \alpha \cdot l \cdot \Delta t \qquad (4-67)$$

式中：Δt——为温度变化值,即最高(或最低)温度与合拢温度之差。当温度上升时,Δt 和 H_t 均为正;当温度下降时,均为负。

　　　　α——材料的线膨胀系数,混凝土或钢筋混凝土结构 $\alpha = 1 \times 10^{-5}$,混凝土预制块砌体 $\alpha = 0.9 \times 10^{-5}$,石砌体 $\alpha = 0.8 \times 10^{-5}$。

　　由温度变化引起拱中任意截面的附加内力(图 4-57)为：

弯　矩　　$M_t = -H_t \cdot y = -H_t \cdot (y_s - y_1)$

轴向力　　$N_t = H_t \cdot \cos\varphi$ $\qquad$ (4-68)

剪　力　　$Q_t = \pm H_t \cdot \sin\varphi$

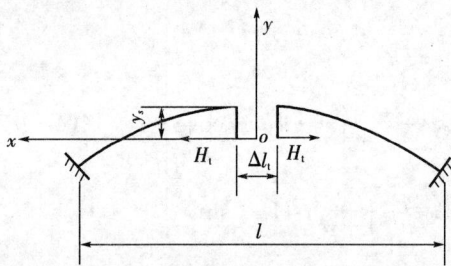

图 4-56　温度变化引起赘余力计算图式　　图 4-57　温度变化引起拱中的内力

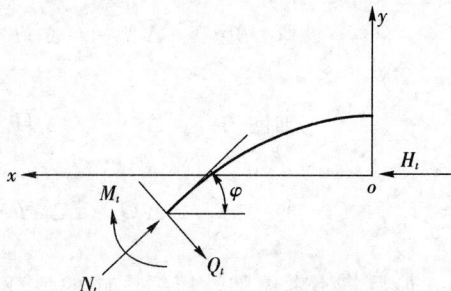

[例题 4-4]　等截面悬链线无铰拱,拱轴系数 $m=2.814$,计算跨径 $l=80\mathrm{m}$,计算矢高 $f=16\mathrm{m}$,主拱圈线膨胀系数 $\alpha=1.0\times10^{-5}$,弹性模量 $E=3.15\times10^{4}\mathrm{MPa}$,主拱圈截面面积 $A=5.08\mathrm{m}^{2}$,抗弯惯性矩 $I=1.9668\mathrm{m}^{4}$。建桥地区最高日平均温度为 35℃,最低日平均温度为 5℃,设施工时的合拢温度为 15℃,试求拱顶和拱脚截面由于温度变化引起的内力。

[解]　由《拱桥》附录表(Ⅲ)-3 查得:

$$y_s=0.333431\times f=0.333431\times16=5.335\mathrm{m}$$

由《拱桥》附录表(Ⅲ)-5 查得:

$$\int\frac{y^2\mathrm{d}s}{EI}=[表值]\times\frac{l\cdot f^2}{EI}$$

$$=0.099373\times\frac{80\times16^2}{3.15\times10^4\times1000\times1.9668}$$

$$=0.000032849$$

由《拱桥》附录表(Ⅲ)-11 查得:

$$\mu=[表值]\times\left(\frac{r}{f}\right)^2=9.16703\times\left(\frac{1.9668}{5.08}\right)\times\frac{1}{16^2}=0.013864$$

下面先计算温度变化 1℃时,全拱宽的弹性中心水平赘余力 H_t:

$$H_t=\frac{0.7\cdot\alpha\cdot\Delta_t\cdot l}{(1+\mu)\displaystyle\int_s\frac{y^2\mathrm{d}s}{EI}}=\frac{0.7\times0.00001\times1\times80}{(1+0.013864)\times0.000032849}=16.815\mathrm{kN/℃}$$

式中:0.7 为考虑温度效应的折减系数,且温升取正值,温降取负值。则:

结构升温为:$35-15=20℃$,结构降温为:$15-5=10℃$。

温度上升 20℃时:$H_t=20\times16.815=336.20\mathrm{kN}$

温度下降 10℃时:$H_t=-10\times16.815=-168.15\mathrm{kN}$

(1)拱顶截面

温度上升引起的轴向力 N_t,弯矩 M_t 和剪力 Q_t

$N_t=H_t\cdot\cos\varphi=336.30\times1=336.30\mathrm{kN}$

$M_t=H_t\cdot(y_1-y_s)=336.30\times(0-5.335)=-1794.161\mathrm{kN}\cdot\mathrm{m}$

$$Q_t = H_t \cdot \sin\varphi = 336.30 \times 0 = 0$$

温度下降引起的轴向力 N_t、弯矩 M_t 和剪力 Q_t

$$N_t = H_t \cdot \cos\varphi = -168.15 \times 1 = -168.15\text{kN}$$

$$M_t = H_t \cdot (y_1 - y_s) = -168.15 \times (0 - 5.335) = 897.080\text{kN} \cdot \text{m}$$

$$Q_t = H_t \cdot \sin\varphi = -168.15 \times 0 = 0$$

（2）拱脚截面

根据 $m = 2.814$，$\dfrac{f}{l} = \dfrac{1}{5}$，由《拱桥》附录表（Ⅲ）—20(8) 查得拱脚处水平倾角的正弦和余弦：$\sin\varphi_j = 0.7010$，$\sin\varphi_j = 0.7132$。

温度上升引起的轴向力 N_t、弯矩和 M_t 剪力 Q_t

$$N_t = H_t \cdot \cos\varphi = 336.30 \times 0.7132 = 239.8491\text{kN}$$

$$M_t = H_t \cdot (y_1 - y_s) = 336.30 \times (16 - 5.335) = 3586.640\text{kN} \cdot \text{m}$$

$$Q_t = H_t \cdot \sin\varphi = 336.30 \times 0.7010 = 235.746\text{kN}$$

温度下降引起的轴向力 N_t、弯矩和 M_t 剪力 Q_t

$$N_t = H_t \cdot \cos\varphi = -168.15 \times 0.7132 = -119.925\text{kN}$$

$$M_t = H_t \cdot (y_1 - y_s) = -168.15 \times (16 - 5.335) = -1793.320\text{kN} \cdot \text{m}$$

$$Q_t = H_t \cdot \sin\varphi = -168.15 \times 0.7010 = -117.873\text{kN}$$

2. 混凝土收缩、徐变引起的内力

混凝土在结硬过程中，由于收缩引起的变形，对拱桥的作用与温度下降时的情况相似。通常将混凝土收缩影响折算为温度的额外降低。《圬工桥规》建议：

（1）整体浇筑的混凝土结构的收缩影响，对于一般地区相当于降低温度 20℃，干燥地区为 30℃；整体浇筑的钢筋混凝土结构的收缩影响，相当于降低温度 15～20℃。

（2）分段浇筑的混凝土或钢筋混凝土结构的收缩影响，相当于降低温度 10～15℃。

（3）装配式钢筋混凝土结构的收缩影响，相当于降低温度 5～10℃。

混凝土徐变的影响可根据实际资料考虑，如缺乏资料，其产生内力可按要求乘以下列系数：温度变化对徐变的影响力：0.7；混凝土收缩对徐变的影响力：0.45。

[例题 4-5] 同例题 4-4，现设拱合拢时，各构件的平均龄期为 90d，利用《公桥规》中表 6.2.7 计算混凝土的收缩应变终极值 $\varepsilon = 0.2 \times 10^{-3}$，相当于降温 20℃，试求拱顶和拱脚截面由于混凝土的收缩引起的内力。

[解] 混凝土收缩效应为永久作用效应，其计算方法与温降作用相同。

由于混凝土收缩，在弹性中心产生的水平赘余力 H_t：

$$H_t = -\frac{0.45 \cdot \alpha \cdot \Delta_t \cdot l}{(1 + \mu)\displaystyle\int_s \frac{y^2 \mathrm{d}s}{EI}} = -\frac{0.45 \times 0.00001 \times 20 \times 80}{(1 + 0.013864) \times 0.000032849} = -216.188\text{kN}$$

式中：0.45 为考虑混凝土收缩效应的折减系数。

（1）拱顶截面

由于混凝土收缩引起的轴向力 N_t、弯矩 M_t 和剪力 Q_t

$$N_t = H_t \cdot \cos\varphi = -216.188 \times 1 = -216.188\text{kN}$$

$$M_t = H_t \cdot (y_1 - y_s) = -216.188 \times (0 - 5.335) = 1153.360 \text{kN} \cdot \text{m}$$

$$Q_t = H_t \cdot \sin\varphi = -216.188 \times 0 = 0$$

（2）拱脚截面

由于混凝土收缩引起的轴向力 N_t、弯矩 M_t 和剪力 Q_t

$$N_t = H_t \cdot \cos\varphi = -216.188 \times 0.7132 = -154.185 \text{kN}$$

$$M_t = H_t \cdot (y_1 - y_s) = -216.188 \times (16 - 5.335) = -2305.645 \text{kN} \cdot \text{m}$$

$$Q_t = H_t \cdot \sin\varphi = -216.188 \times 0.7010 = -151.548 \text{kN}$$

3. 拱脚变位引起的内力计算

在软土地基上修建的拱桥以及桥墩较柔的多孔拱桥，拱脚变位是难以避免的。拱脚的变位包括拱脚的水平位移、垂直位移（沉降）和转动（角变），每一种变位都会在拱中产生附加内力。根据力法求解内力如下（忽略轴向力的影响）：

（1）拱脚相对水平位移引起的内力（X_2）

在图 4-58 中，设两拱脚发生的相对水平位移为

$$\Delta_h = \Delta_{hB} - \Delta_{hA}$$

式中：Δ_{hA}，Δ_{hB}——分别为左、右拱脚的水平位移，自原位置向右移为正，左移为负。

由于两拱脚发生相对水平位移 Δ_h，在弹性中心产生的赘余力为：

$$X_2 = -\frac{\Delta_h}{\delta_{22}} = -\frac{\Delta_h}{\int_s \dfrac{y^2 \mathrm{d}s}{EI}} \tag{4-69}$$

如两拱脚相对靠拢（Δ_h 为负），X_2 为正；反之为负。

（2）拱脚相对垂直位移引起的内力（X_3）

在图 4-59 中，设拱脚的垂直相对位移为：

$$\Delta_v = \Delta_{vB} - \Delta_{vA}$$

式中：Δ_{vB}，Δ_{vA}——分别为左、右拱脚的垂直位移，均以自原位置向下移为正，上移为负。

由于两拱脚产生相对垂直位移 Δ_v，在弹性中心产生的赘余力为：

$$X_3 = -\frac{\Delta_v}{\delta_{33}} = -\frac{\Delta_v}{\int_s \dfrac{x^2 \mathrm{d}s}{EI}} \tag{4-70}$$

等截面悬链线拱的 $\displaystyle\int_s \frac{x^2 \mathrm{d}s}{EI}$ 可由《拱桥》附录表（Ⅲ）-6 查得。

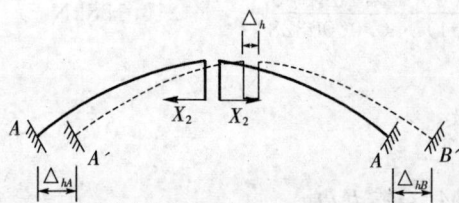

图 4-58 拱脚水平位移引起的内力计算图示　　图 4-59 拱脚相对垂直位移引起的内力计算图示

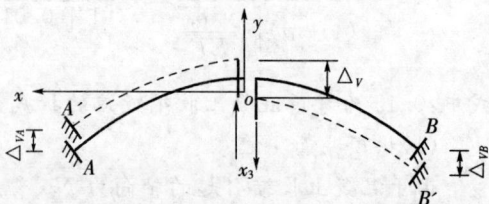

(3)拱脚相对角变引起的内力

在图 4-60(a)中,右拱脚 B 发生转角 θ_B (θ_B 顺时针为正)之后,在弹性中心除产生相同的转脚 θ_B 之外,还会引起水平位移 Δ_h 和垂直位移 Δ_V。

因此,在弹性中心会产生三个赘余力 X_1,X_2,X_3。其典型方程为:

$$\left.\begin{array}{l} X_1\delta_{11}+\theta_B=0 \\ X_2\delta_{22}+\Delta_h=0 \\ X_3\delta_{33}-\Delta_V=0 \end{array}\right\} \qquad (4-71)$$

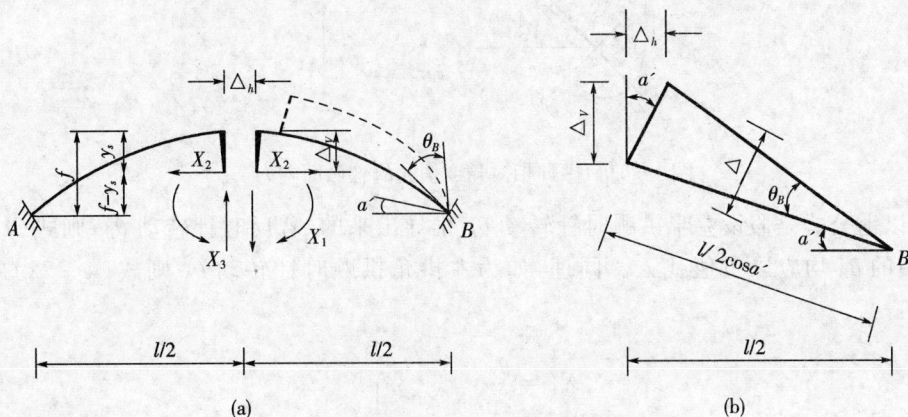

图 4-60 拱脚相对角变引起的赘余力

上式中 θ_B 为已知,Δ_h 和 Δ_V 可根据图 4-60(b)的几何关系,有:

$$\left.\begin{array}{l} \Delta_B=\theta_B \cdot l/2\cos\alpha' \\ \tan\alpha'=(f-y_s)/l/2 \\ \Delta_h=\Delta\sin\alpha'=\theta_B \cdot (f-y_s) \\ \Delta_V=\Delta\cos\alpha'=\theta_B \cdot l/2 \end{array}\right\}$$

将 Δ_h 和 Δ_V 代入式(4-71)得三个赘余力为:

$$\left.\begin{array}{l} X_1=-\dfrac{\theta_B}{\delta_{11}} \\[3mm] X_2=-\dfrac{\theta_B(f-y_s)}{\displaystyle\int_s\frac{y^2\mathrm{d}s}{EI}} \\[5mm] X_3=-\dfrac{\theta_B \cdot l}{2\displaystyle\int_s\frac{x^2\mathrm{d}s}{EI}} \end{array}\right\} \qquad (4-72)$$

式中: $\quad \delta_{11}=\displaystyle\int_s\frac{\overline{M}_1{}^2\mathrm{d}s}{EI}=\int_s\frac{\mathrm{d}s}{EI}=\frac{l}{EI}\int_0^1\frac{\mathrm{d}\xi}{\cos\varphi}=\frac{l}{EI}\times\frac{1}{v_1}$

其中 $\dfrac{1}{v_1}$ 可由《拱桥》附录表(Ⅲ)-8 中查得。拱脚相对角变引起的各截面的内力(图4-61)为:

$$M = X_1 - X_2 y \pm X_3 x$$
$$N = \mp X_3 \sin\varphi + X_2 \cos\varphi$$
$$Q = X_3 \cos\varphi \pm X_2 \sin\varphi$$

$$(4-73)$$

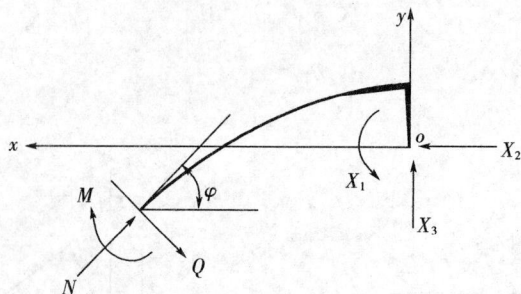

图 4 - 61 拱脚相对角变引起的各截面内力

以上公式是假设左半拱顺时针转动 θ_B 推导出来的,若反时针转动 θ_B,则式(4-72)中的 θ_B 均应以负值代入。同理,如为左拱角拱顺时针转动 θ_A 则式(4-72)应改为:

$$X_1 = \frac{\theta_A}{\delta_{11}}$$

$$X_2 = \frac{\theta_B(f - y_s)}{\int_s \frac{y^2 \mathrm{d}s}{EI}}$$

$$(4-74)$$

$$X_3 = \frac{\theta_A \cdot l}{2 \int_s \frac{x^2 \mathrm{d}s}{EI}}$$

4.4.5 主拱圈强度和稳定性验算

求出了主拱圈在各种荷载作用下的内力后,即可进行最不利情况下的荷载组合,然后验算主拱圈控制截面的强度、刚度和稳定性。对于强度验算,小跨径无铰拱桥的控制截面通常在拱脚、拱跨 $l/4$、拱顶等处,而对于大、中跨径无铰拱桥,除上述截面以外,拱跨 $l/8$、$3l/8$ 等截面也可能成为控制截面,有必要进行验算。对于采用无支架施工的大跨径以及其他特大跨径拱桥,拱跨 $l/4$ 截面往往不一定是控制截面;而拱跨 $l/8$、$3l/8$ 等截面常常是控制截面,故必须对拱脚、拱跨 $l/8$、拱跨 $l/4$、拱跨 $3l/8$、拱顶以及其他的不利截面进行验算。

1. 主拱圈强度验算

《圬工桥规》规定:主拱圈采用分项安全系数的极限状态法设计,其设计原则是:荷载效应不利组合的设计值小于或等于结构(截面)抗力效应的设计值。以方程式表示为:

$$\gamma_0 S \leqslant R(f_\mathrm{d}, a_\mathrm{d})$$

$$(4-75)$$

式中：γ_0——为结构重要性系数,按桥涵结构设计安全等级规定的一级、二级、三级分别取用 1.1、1.0、0.9；

S——为作用效应组合设计值,按《桥规》的规定计算；

$R(\cdot)$——为构件承载力设计值函数；

f_d——为材料强度设计值；

a_d——为几何参数设计值,可采用几何参数标准值 a_K,即设计文件规定值。

(1)正截面受压强度验算

1)轴向力偏心距不超过规定的偏心距限值

① 砌体截面强度验算

主拱圈偏心受压时,当轴向力偏心距不超过规定的偏心距限值(表 4 - 2)时,主拱圈正截面受压强度计算公式为：

$$\gamma_0 N_d < \varphi \cdot A \cdot f_{cd} \qquad (4-76)$$

式中：N_d——为轴向力设计值；

A——为构件(主拱圈)的截面面积。对于组合截面可按强度比换算,即：$A = A_0 + \eta_1 A_1 + \eta_2 A_2 + \cdots$,$A_0$ 为标准层的截面积,A_1,$A_2 \cdots$ 为其他层的截面积；而 $\eta_1 = \dfrac{f_{c1d}}{f_{c0d}}$,$\eta_2 = \dfrac{f_{c2d}}{f_{c0d}}$,$\cdots$,$f_{c0d}$ 为标准层的轴心抗压强度设计值,f_{c1d},$f_{c2d} \cdots$ 为其他层的轴心抗压强度设计值；

f_{cd}——为砌体或混凝土材料的轴心抗压强度设计值,对组合截面为标准层的轴心抗压强度设计值；

φ——为构件轴向力的偏心距 e 和长细比 β 对受压构件承载力影响系数,即：

$$\varphi_x = \frac{1}{\dfrac{1}{\varphi_x} + \dfrac{1}{\varphi_y} - 1} \qquad (4-77)$$

$$\varphi_x = \frac{1 - \left(\dfrac{e_x}{x}\right)^m}{1 + \left(\dfrac{e_x}{i_y}\right)^2} \cdot \frac{1}{1 + \alpha \cdot \beta_x \cdot (\beta_x - 3) \cdot \left[1 + 1.33 \cdot \left(\dfrac{e_x}{i_y}\right)^2\right]} \qquad (4-78)$$

$$\varphi_y = \frac{1 - \left(\dfrac{e_y}{y}\right)^m}{1 + \left(\dfrac{e_y}{i_x}\right)^2} \cdot \frac{1}{1 + \alpha \cdot \beta_y \cdot (\beta_y - 3) \cdot \left[1 + 1.33 \cdot \left(\dfrac{e_y}{i_x}\right)^2\right]} \qquad (4-79)$$

$$\beta_x = \frac{\gamma_\beta \cdot l_0}{3.5 i_y} \qquad (4-80)$$

$$\beta_y = \frac{\gamma_\beta \cdot l_0}{3.5 i_x} \qquad (4-81)$$

其中：φ_x,φ_y——分别为 x 方向和 y 方向偏心受压构件承载力影响系数；

x,y——分别为 x 方向、y 方向截面(或换算截面)重心至偏心方向截面边缘的距离；

e_x, e_y——分别为轴向力在 x 方向、y 方向的偏心距；

m——为截面形状系数，对圆形截面取 2.5；对 T 形或 U 形截面取 3.5；对箱形或矩形截面（包括两端设有曲线形或圆弧形的矩形墩身截面）取 8.0；

i_x, i_y——分别为弯曲平面内的截面回转半径；

α——为与砂浆强度等级有关的系数，当砂浆强度等级大于或等于 M5 或为组合构件时，α 为 0.002；当砂浆强度为 0 时，α 为 0.013；

β_x, β_y——分别为构件在 x 方向、y 方向的长细比，当 β_x、β_y 小于 3.0 时取为 3.0；

γ_β——为不同砌体材料构件的长细比修正系数，按表 4-3 选用；

l_0——为构件的计算长度，按表 4-4 选用。

表 4-2　受压构件偏心距限值

作用组合	偏心距限值 e
基本组合	$\leqslant 0.6s$
偶然组合	$\leqslant 0.7s$

[注]　表中 S 值为截面或换算截面重心轴至偏心方向截面边缘的距离。

表 4-3　长细比修正系数 γ_β

砌体材料类别	γ_β
混凝土预制块砌体或组合构件	1.0
细料石、半细料石砌体	1.1
粗料石、块石、片石砌体	1.3

表 4-4　构件的计算长度 l_0

直杆构件及其约束情况	计算长度 l_0
两端固结	$0.5l$
一端固定，一端为不移动的铰	$0.7l$
两端均为不移动的铰	$1.0l$
一端固定，一端自由	$2.0l$

② 混凝土截面强度验算

主拱圈正截面受压强度计算公式为：

$$\gamma_0 N_d < \varphi \cdot A_c \cdot f_{cd} \tag{4-82}$$

式中：A_c——为混凝土受压区面积，当单向偏心受压时，$A_c = b \cdot (h - 2e)$；当双向偏心受压时，$A_c = (h - 2e_x) \cdot (b - 2e_y)$；$e$ 为轴向力的偏心距；

b——为矩形截面宽度；

h——为矩形截面高度；

φ——为弯曲平面内轴心受压构件弯曲系数，按表 4-5 选用。

表 4-5 混凝土轴心受压构件弯曲系数

l_0/b	<4	4	6	8	10	12	14	16	18	20	22	24	26	28	30
l_0/i	<14	14	21	28	35	42	49	56	63	70	76	83	90	97	104
φ	1.00	0.98	0.96	0.91	0.86	0.82	0.77	0.72	0.68	0.63	0.59	0.55	0.51	0.47	0.44

[注] (1) l_0 为构件的计算长度,按表 4-4 的规定采用;(2)在计算 l_0/b 或 l_0/i 时,b 或 i 的取值:对于单向偏心受压构件,取弯曲平面内截面高度或回转半径;对于轴心受压构件及双向偏心受压构件,取截面短边尺寸或截面最小回转半径。

2)轴向力偏心距超过规定的偏心距限值

当砌体或混凝土构件的轴向力偏心距 e 超过规定的偏心距限值(表 4-2)时,主拱圈正截面受压强度计算公式为:

单向偏心受压

$$\gamma_0 N_d \leqslant \varphi \frac{A \cdot f_{tmd}}{\dfrac{A \cdot e}{W} - 1} \tag{4-83}$$

双向偏心受压

$$\gamma_0 N_d \leqslant \varphi \frac{A \cdot f_{tmd}}{\left(\dfrac{A \cdot e_x}{W_y} + \dfrac{A \cdot e_y}{W_x} - 1 \right)} \tag{4-84}$$

式中:W——为单向偏心受压时,构件受拉边缘的弹性抵抗矩;

W_x,W_y——为双向偏心受压时,构件 x 方向受拉边缘绕 y 轴的截面弹性抵抗矩和构件 y 方向受拉边缘绕 x 轴的截面弹性抵抗矩;

f_{tmd}——为构件受拉边层的弯曲的抗拉强度设计值;

e——为单向偏心受压时,轴向力的偏心距;

e_x,e_y——分别为双向偏心受压时,轴向力在方向和方向的偏心距;

φ——为砌体偏心受压构件承载力影响系数见公式(4-77)或混凝土轴心受压构件弯曲系数见表 4-5。

(3)规范要求

① 砌体截面在强度验算时,可不计长细比 β_x、β_y 对受压构件承载力的影响,即令公式(4-78)、(4-79)内的 β_x、β_y 值小于 3.0 取为 3.0。

② 混凝土截面在强度验算时,可取公式(4-82))内的混凝土轴心受压构件弯曲系数 φ 为 1.0。

(2)砌体或混凝土构件直接受剪

砌体或混凝土构件直接受剪时,抗剪强度按下式计算:

$$\gamma_0 V_d \leqslant A \cdot f_{vd} + \frac{1}{1.4} \mu_f \cdot N_k \tag{4-85}$$

式中:V_d——为剪力设计值;

A——为受剪截面面积;

第 4 章 拱桥

— 281 —

f_{vd}——为砌体或混凝土抗剪强度设计值；

μ_f——为摩擦系数，取 0.7；

N_k——为与受剪截面垂直的压力标准值。

2. 主拱圈的整体"强度—稳定"验算

主拱圈是以受压为主的构件，无论是施工过程中，还是成桥运营阶段，除应满足强度要求外，还必须进行稳定性验算。主拱圈的稳定性验算分为纵向（面内）和横向（面外）两个方面。

实腹式拱桥，跨径一般较小，常采用有支架施工法，可不验算主拱圈的纵、横向稳定性。

大、中跨径拱桥是否验算纵、横向稳定与施工过程等具体条件有关。采用有支架施工，其稳定与落架时间有关，拱上建筑砌筑完后落架，可不验算主拱圈的纵向稳定性。如果采用无支架施工或在拱上建筑合拢前就脱架的拱桥，则其主拱圈的纵、横向稳定性均应验算。

随着所用材料性能的改善和施工技术的提高，拱桥的跨径不断增大，主拱圈的长细比也越来越大，其施工阶段和成桥运营状态的稳定问题变得非常突出，这已成为控制拱桥设计的重要问题。

《圬工桥规》规定的主拱圈的整体"强度—稳定"验算是将主拱圈（或拱肋）换算为相当长度的压杆（图 4 - 62），以各截面的平均轴向力来计算，同时考虑偏心距和长细比的双重影响，按照直杆承载力的计算公式来验算拱的承载力，以强度校核的形式来控制稳定。由于模拟为直杆，全拱只能取用同一个轴向力、偏心距和截面来验算拱的承载力。此方法间接地验算了主拱圈的纵向和横向稳定性。

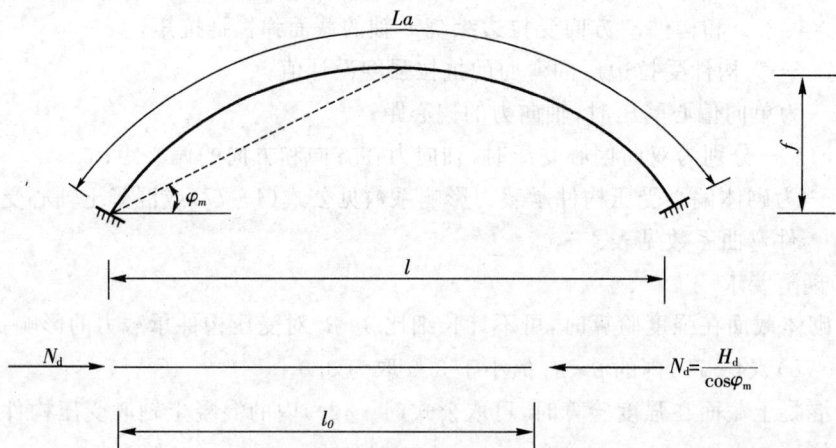

图 4 - 62　主拱圈"强度—稳定"验算

主拱圈按公式（4 - 76）～（4 - 82）进行拱的整体"强度—稳定"验算。

主拱圈轴向力设计值的计算公式为：

$$N_d = \frac{H_d}{\cos\varphi_m} \qquad (4-86)$$

式中：H_d——为拱的水平推力设计值；

φ_m——为拱顶与拱脚连线与水平线的夹角,即:$\cos\varphi_m = \dfrac{1}{\sqrt{1+4\left(\dfrac{f}{l}\right)^2}}$。

轴向力偏心距可取与水平推力计算时同一荷载布置的拱跨处的弯矩设计值除以拱的水平推力设计值 H_d。

砌体拱在考虑拱上建筑与主拱圈的联合作用时,纵向长细比 β_y 对构件承载力的影响系数 φ_y 可不考虑,即令 β_y 小于 3.0 时取为 3.0。

混凝土拱在考虑拱上建筑与主拱圈的联合作用时,纵向稳定可不考虑,即可取纵向轴心受压构件弯曲系数 $\varphi = 1.0$。

当板拱主拱圈宽度等于或大于 1/20 计算跨径时,砌体拱可不考虑横向长细比 β_x 对构件承载力的影响,即令 β_x 小于 3.0 时取为 3.0;混凝土拱可不考虑横向稳定,即可取横向轴心受压构件弯曲系数 $\varphi = 1.0$。

将主拱圈换算为直杆时,主拱圈的纵向与横向的换算系数不同,其换算为直杆的计算长度可按以下两种情况进行。

(1)主拱圈的纵向稳定计算长度

主拱圈纵向(弯曲平面内)稳定计算长度的公式为:

$$l_0 = \pi\sqrt{\frac{8f}{kl}} \cdot l \qquad\qquad (4-87)$$

式中:l_0——为主拱圈的纵向稳定计算长度(换算为直杆的自由长度);

$\quad l$——为主拱圈的跨径;

$\quad f$——为主拱圈的矢高;

$\quad k$——为系数,取值可参考《圬工桥规》。

此公式是按抛物线拱受均布荷载的临界水平推力公式推导出来的。由于公路桥线形、截面多样,荷载也非均布,所以偏安全地将此公式用于平均轴向力作用下的主拱圈纵向稳定验算。为了便于计算,《圬工桥规》规定:

$$\begin{cases} 无铰拱 \quad l_0 = 0.36L_a \\ 双铰拱 \quad l_0 = 0.54L_a \\ 三铰拱 \quad l_0 = 0.58L_a \end{cases}$$

其中 L_a 为拱轴线长度。

(2)主拱圈的横向稳定计算长度

对于主拱圈的宽跨比小于 1/20 的板拱桥、肋拱桥、特大跨径拱桥以及无支架施工过程中的主拱圈(或拱肋),均存在横向稳定性的问题,设计时必须进行验算。

主拱圈的横向(弯曲平面外)稳定计算长度的公式为:

$$l_0 = r\pi\sqrt{1/k} \qquad\qquad (4-88)$$

式中:k——为系数,其值与圆弧拱的圆心角 a(以弧度计)有关,见表 4-6;

$\quad r$——为圆曲线半径,当为其他曲线时,可近似取 $r = \dfrac{l}{2}\left(\dfrac{1}{4\beta}+\beta\right)$,其中 β 为矢跨比。

此公式是按圆弧无铰拱在均布径向荷载作用下的横向稳定临界力公式推导出来的。各种矢跨比的无铰板拱横向稳定计算长度值见表 4-7。

表 4-6　系数

a/π	0.25	0.50	1.00
k	60.1	12.6	1.85

表 4-7　无铰板拱横向稳定计算长度

f/l	1/3	1/4	1/5	1/6	1/7	1/8	1/9	1/10
l_0	$1.167r$	$0.962r$	$0.797r$	$0.577r$	$0.495r$	$0.452r$	$0.425r$	$0.406r$

主拱圈的稳定性分析和验算,对于简单结构可以通过手算完成,对于复杂结构的稳定性以及主拱圈截面是逐步形成的施工过程中的稳定性,则必须采用结构有限元方法进行分析。

以上验算没有考虑拱轴在荷载作用下变形的影响。对于具有一般矢跨比的中小跨径拱桥,其变形相对来说不大,忽略其影响是可以的,但对于坦拱和大跨径拱桥,尤其是主拱圈采用高强度材料时,拱轴变形的影响不容忽视。另外,材料的非线性对主拱圈的稳定性也有影响,故在分析稳定性时,应考虑几何和材料的非线性的影响,通常可采用结构有限元程序来进行计算。

4.4.6　主拱圈的内力调整

悬链线无铰拱桥在最不利荷载组合时,常出现拱脚负弯矩或拱顶正弯矩过大的情况。为了减小拱脚、拱顶过大的弯矩,可以从设计或施工方面采取一些措施来调整主拱圈的内力,这就是主拱圈的内力调整。常用的方法有:假载法调整内力;用临时铰调整内力;改变拱轴线调整内力。

1. 假载法调整内力

假载法主要是通过调整拱轴系数 m 来改变拱轴线形状,使得拱顶、拱脚两截面的控制内力接近相等,以达到改变主拱圈受力性能的目的。m 的调整幅度,一般为半级或一级($\frac{y_{1/4}}{f}$ 相差 0.01 称为一级)。

(1)实腹式拱桥

设调整前的拱轴系数为 $m = g_j/g_d$,而调整后的拱轴系数为 $m' = g'_j/g'_d$(这时的拱轴线与压力线已不重合)。由于拱轴系数调整前后,拱顶截面的实际强度没有变化,而拱脚截面由于几何尺寸有些变化,对拱脚的荷载强度影响较小,可以忽略。在计算时可假设 m' 是从调整前的荷载强度减去或增加一层均布的虚荷载 q_x(图 4-63),即 q_x 称为假载(m' 相应于 $q \mp q_x$ 时的拱轴线与压力线是重合的)。于是有

$$m' = \frac{g'_j}{g'_d} = \frac{g_j \mp q_x}{g_d \mp q_x} \qquad (4-89)$$

由于 m'、g_j、g_d 均已知,由上式可求得 q_x。应当注意的是:采用假载法调整内力,调整后的拱轴线与实际结构的重力压力线是不重合的。

采用假载法调整内力时的具体步骤如下:

1)首先计算 $q \mp q_x$(将 q_x 视为实际荷载,这时拱轴线与压力线重合),再根据 m' 计算拱圈内力(包括弹性压缩),这时拱顶产生正弯矩,拱脚产生负弯矩。

2)然后加上($m' < m$)或减去($m' > m$)用均布荷载 q_x 乘以采用 m' 绘制的影响线所得到的内力(包括弹性压缩),即得到实际结构的恒载内力。

3)最后再根据 m' 计算活载、温度变化等产生的内力。

调整时需注意,当 $m' > m$ 时,q_x 在拱顶、拱脚处产生的弯矩为正值(因拱顶、拱脚的影响面积和均为正值),可以抵消拱脚的负弯矩,但加大了拱顶的正弯矩。当 $m' < m$ 时,q_x 在拱顶,拱脚处产生的弯矩为负值,可以抵消拱顶的正弯矩,但加大了拱脚的负弯矩(图 4-64)。

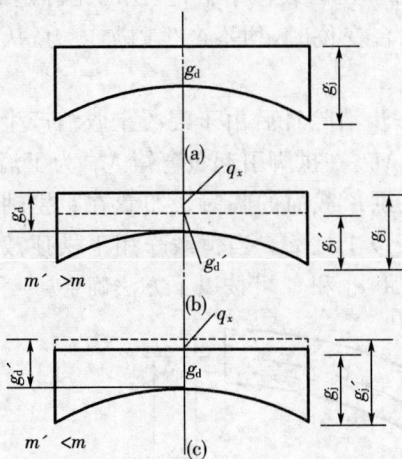

图 4-63　实腹拱的假载内力计算

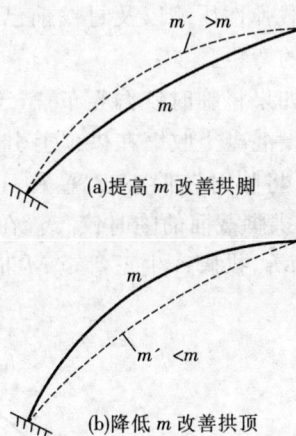

图 4-64　拱轴随 m 变化的情况

(2)空腹式拱桥

空腹式拱轴线的变化是通过改变 $l/4$ 截面处的纵坐标 $y_{1/4}$ 来实现的。设拱轴系数为 m' 时,$l/4$ 截面处的纵坐标为 $y'_{1/4}$,则有

$$\frac{y'_{1/4}}{f} = \frac{\sum M_{1/4} \mp \dfrac{q_x l^2}{32}}{\sum M_j \mp \dfrac{q_x l^2}{8}} \tag{4-90}$$

q_x 前的符号为:当 $m' < m$ 时为正;当 $m' > m$ 时为负。

拱轴系数调整后,拱的几何尺寸和内力计算应根据 m' 确定。空腹拱的结构重力内力计算方法与实腹拱相同。即先计算结构重力和假载 q_x 共同作用下的水平推力 H_g:

不计弹性压缩损失时:

$$H_g = \frac{\sum M_j \mp \dfrac{q_x l^2}{8}}{f} \tag{4-91}$$

计入弹性压缩损失时:

$$H'_g = \left(1 - \frac{\mu_1}{1+\mu}\right)H_g \qquad (4-92)$$

然后再减去或加上假载 q_x 作用下的内力(包括弹性压缩)。即得到调整拱轴系数后的实际结构的拱圈截面恒载内力。最后再计算活载、温度变化等产生的内力。

调整时需注意:用假载法调整拱轴线不能同时改善拱顶、拱脚两个控制截面的内力。同时对其他截面内力也产生影响,调整时应全面考虑。

2. 用临时铰调整内力

用临时铰调整内力,就是在主拱圈施工时,在拱顶、拱脚用铅垫板做成临时铰,拱架拆除后,由于临时铰的存在,主拱圈成为静定的三铰拱,待拱上建筑完成后,再用高标号水泥砂浆封固,成为无铰拱。由于在恒载作用下,主拱圈是静定的三铰拱,在恒载弹性压缩以及封铰前已发生的墩台变位时,均不产生附加内力,从而减小了拱中的弯矩。

如果将临时铰偏心布置,还可以进一步消除日后由于混凝土收缩产生的附加内力。设混凝土收缩在拱顶上引起正弯矩 M_d,在拱脚引起负弯矩 M_j,为了消除此项弯矩,可将临时铰偏心布置(图 4-65),在拱顶截面的临时铰布置在距拱轴线以下处 e_d,在拱脚截面的临时铰布置在距拱轴线以上处 e_j。当恒载作用下拱顶截面产生负弯矩 M_d,拱脚产生正弯矩 M_j 时,则偏心距 e_d 和 e_j 可按以下方法确定。

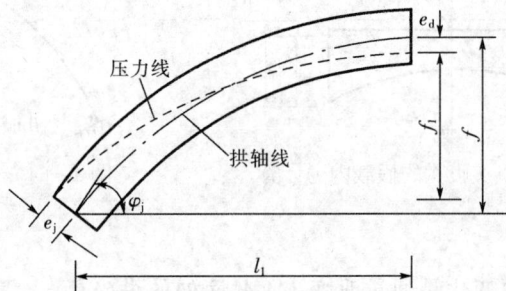

图 4-65 临时铰调整应力

设置临时铰后,压力线的矢高为:

$$f_1 = f - e_d - e_j \cos\varphi_j$$

此时,拱的恒载推力值变为:

$$H'_g = H_g \frac{f}{f_1} \qquad (4-93)$$

式中: H_g——为不设置临时铰时拱的恒载推力。

根据需要调整弯矩 M_d 和 M_j,可求偏心距:

$$e_d = \frac{M_d}{H'_g} = \frac{M_d}{H_g} \cdot \frac{f_1}{f} \qquad (4-94)$$

$$e_j = \frac{M_j}{H'_g}\cos\varphi_j = \frac{M_j}{H_g} \cdot \frac{f_1}{f}\cos\varphi_j \qquad (4-95)$$

所以：
$$f_1 = f - \frac{1}{H_g} \cdot \frac{f_1}{f}(M_d + M_j) = \frac{H_g \cdot f^2}{H_g \cdot f + M_d + M_j \cos^2 \varphi_j} \qquad (4-96)$$

大跨度钢筋混凝土拱桥还可采用千斤顶调整内力。即在砌筑拱上建筑之前，在拱顶预留接头处设置上、下两排千斤顶，形成偏心力，使拱顶产生负弯矩，拱脚产生正弯矩，达到消除弹性压缩、收缩徐变产生的内力。对于用拱架施工的拱桥，设置千斤顶还能起到脱架的作用。总之，用临时铰或千斤顶调整主拱圈内力，效果显著，但施工复杂。

3. 改变拱轴线调整内力

在空腹式拱桥中，由于悬链线与压力线之间的偏离，可以不同程度的减小拱顶和拱脚截面的过大弯矩。所以，可在三铰拱恒载压力线的基础上，根据桥的实际需要叠加一个正弦波的调整曲线来作为拱轴线，采用逐次渐进法来调整，即通过适当地选取调整曲线竖标来抵消

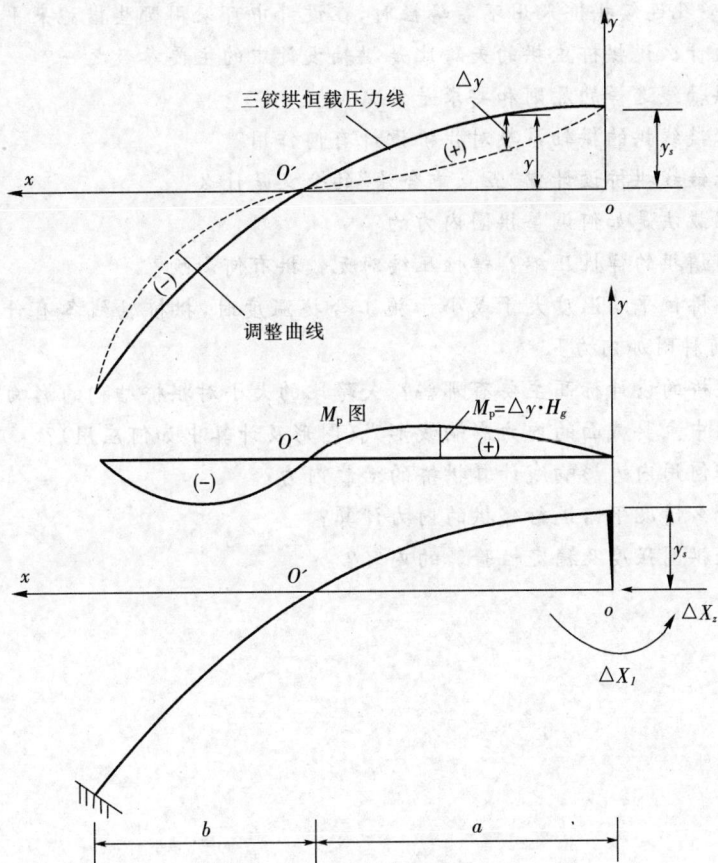

图 4-66　改变拱轴线调整应力

恒载、弹性压缩和混凝土收缩等因素在拱顶和拱脚产生的弯矩值，逐渐使得拱顶、拱脚两截面的总弯矩趋近于零。为了达到以上目的，要求调整的拱轴线通过 O'，并使拱轴线与压力线具有相同的弹性中心（图 4-66）。这样做起到类似临时铰调整内力的作用。所以，改变拱轴线调整主拱圈内力，就是人为地改变拱轴线，使拱轴线与恒

载的压力线造成有利的偏离,使在拱脚、拱顶截面产生有利的恒载弯矩,以消除这两个截面过大的弯矩,达到调整主拱圈内力的目的。

思考练习题

1. 拱桥按结构体系可分为哪几类?各自受力特点是什么?

2. 无推力组合体系拱桥有哪几种?

3. 箱型拱桥、钢管混凝土拱桥各有哪些特点?

4. 空腹式拱上建筑的特点是什么?

5. 拱上腹孔的布置原则是什么?

6. 空腹式拱上建筑梁式腹孔和腹孔墩各有哪几种形式?

7. 上承式拱桥一般在哪些部位设置伸缩缝或变形缝?

8. 拱桥中设置铰的情况有哪几种?常用铰的形式有哪些?

9. 当多孔连续拱桥采用不等跨径时,在设计中可采用哪些措施来平衡推力?

10. 为什么说拱桥主拱的矢跨比是拱轴设计中的主要参数之一?

11. 拱轴线选择的原则和要求是什么?

12. 悬链线拱的拱轴系数对拱桥设计有何作用?

13. 悬链线拱桥设计中"五点重合法"的含义是什么?

14. 假载法是如何调整拱圈内力的?

15. 何谓拱的弹性压缩?弹性压缩对无铰拱有何影响?

16. 当桥位平均温度大于或小于施工合拢温度时,拱桥轴线各有什么变化?主拱各承受何种附加内力?

17. 拱桥的设计标高主要有哪些?矢跨比的大小对拱桥结构的影响?

18. 拱中主要截面的内力影响线形式(图形及计算中如何应用)?

19. 如何用内力影响线计算拱桥的活载内力?

20. 什么情况下需进行裸拱的内力计算?

21. 主拱圈强度及稳定性验算的内容?

桥梁墩台

[本章导读]

本章从最基本和最常用的墩台形式入手，掌握它们的基本构造、设计原则及其一般计算方法。公路桥梁上常用的墩台按受力特点和构造特点，大体上可以归纳为重力式墩、台和轻型墩、台两大类。根据梁桥和拱桥的受力特点的不同，分别介绍了梁桥和拱桥的重力式组合和轻型墩台的设计、构造及适用条件，着重阐述了重力式桥梁墩台的作用、作用效应的选择、验算的内容及其计算方法，简要介绍了其他类型的墩台的计算要点，为桥梁下部结构设计与计算奠定了基础。

[知识目标]

通过本章学习，能够熟悉各类梁桥墩台和拱桥墩台的构造与设计。了解各类桥梁墩台的适用条件及其施工工艺。掌握重力式桥梁墩台和柔性排架桥墩的荷载的选择及计算方法，了解其他类型的墩台的计算要点。

[能力目标]

能够熟悉各类桥梁墩台的构造和设计要求及其适用条件，掌握桥梁墩台的受力特点，掌握桥梁墩台在设计验算时，各种荷载可能出现的最不利作用效应组合，能够选取适当的验算截面，掌握桥梁墩台的极限承载能力验算、偏心验算和稳定性验算的计算方法，为桥梁墩台的设计与计算奠定基础。

[重点难点]

本章重点是各种桥梁墩台形式的结构布置和适用条件，桥梁墩台的作用效应组合的选择、验算截面的选取及验算内容的计算方法。难点是桥梁墩台形式的选择、验算荷载的选择和验算的内容计算方法。

5.1 桥梁墩台的构造和设计

5.1.1 概述

桥梁墩台是桥墩和桥台的合称,是支承桥梁上部结构的结构物。它与基础统称为桥梁下部结构。

桥梁墩台是桥梁结构的重要组成部分,它主要由墩(台)帽、墩(台)身和基础三部分组成,如图5-1所示。桥梁墩台承担着桥梁上部结构所产生的荷载,并将荷载有效地传递给地基基础,起着"承上启下"的作用。

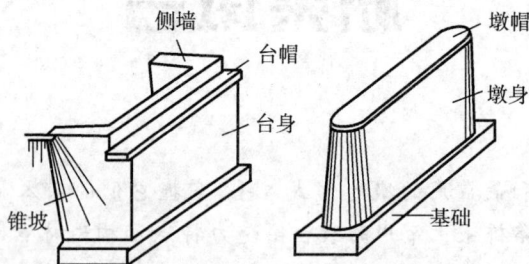

图5-1 梁桥重力式墩、台

桥墩一般系指多跨桥梁中的中间支承结构物。它除承受上部结构产生竖向力、水平力和弯矩外,还承受风力、流水压力、及可能发生的地震力、冰压力、船只和漂流物的撞击力。桥台设置在桥梁两端,除了支承桥跨结构外,它又是衔接两岸接线路堤的构筑物;既要能挡土护岸,又能承受台背填土及填土上车辆荷载所产生的附加侧压力。因此,桥梁墩台不仅自身应有足够的强度、刚度和稳定性,而且对地基的承载能力、沉降量、地基与基础之间的摩阻力等也都提出一定的要求,避免在上述荷载作用下产生危害桥梁整体结构的水平位移、竖向位移和转角。

设计桥梁下部结构应遵循安全耐久,满足交通要求,造价低,维修养护少,预制施工方便,工期短,与周围环境协调,造型美观等原则。桥梁的墩台设计与结构受力有关;与土质构造和地质条件有关;与水文、流速及河床性质有关。因此,桥梁墩台要置于稳定可靠的地基上,要通过设计和计算确定基础型式和埋置深度。从桥梁破坏的实例分析,桥梁下部结构要经受洪水、地震、桥梁活载等的动力作用,要确保安全、耐久,必须充分考虑上述各种因素的组合。

当前,世界各国的桥梁建设都在迅速发展,这不仅反映在上部结构的造型新颖上,而且也还反映在下部结构向轻型合理的方向发展上。近年来,国内外出现了不少新型桥梁墩台,尤其是在桥墩形式上显得更为突出,它把结构上的轻巧合理和艺术造型上的美观统一起来。对于城市立交桥、高架桥的桥墩,既要考虑墩身的轻巧、又要考虑能有利于上部结构的受力和施工,以达到节约材料和降低工程造价,于是便涌现出了许多结构匀称,形式优美的桥梁墩台,如图5-2所示,主要有:(1)单柱式墩(5-2(a)),其截面可以是圆形、矩形、多角形等,这种桥墩的外貌轻盈,视空开阔,造价经济;(2)多柱式墩(5-2(b)),其柱顶各自直接支撑上部结构的箱梁底板,柱间不设横系梁显得挺拔有力,干净利落;(3)矩形薄壁墩(5-2(d)、(e)),这种墩常将表面做成纹理(竖向或横向纹理),从而收到美观的效果;(4)双叉形(5-2(g))和四叉形(5-2(h));(5)T形、V形和X形(5-2(c)、(f)、(i))等,这些形式除满足结构受力的要求外,都是为了达到造型美观的目的。随着技术的进步,桥墩的结构形式,还在日新月异地不断发展,以促使结构更趋经济合理和轻盈美观。

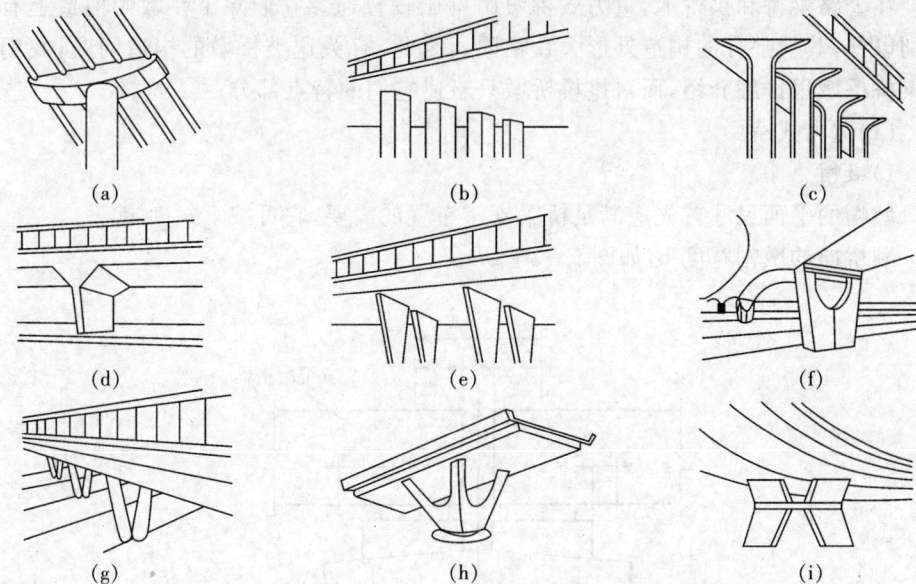

图 5-2 各种轻型桥墩形式

目前,桥梁墩台的种类繁多,本章的目的是从最基本和最常用的墩台形式入手,掌握它们的基本构造、设计原则及其一般计算方法。公路桥梁上常用的墩台按受力特点和构造特点,大体上可以归纳为重力式墩、台和轻型墩、台两大类。

1. 重力式墩、台

这类墩、台的主要特点是靠自身重量来平衡外力而保持其稳定。因此,墩、台身比较厚实,可以不用钢筋,而用天然石材或片石混凝土砌筑。它适用于地基良好的大、小型桥梁,或流冰、漂浮物较多的河流中。在砂石料方便的地区,小桥也往往采用重力式墩、台。重力式墩、台的主要缺点是圬工体积较大,因而其自重和阻水面积也较大。

2. 轻型墩、台

属于这类墩、台的型式很多,而且都有各自的特点和使用条件。选用时必须根据桥位处的地形、地质、水文和施工条件等因素综合考虑确定。一般而言,这类墩(台)身截面较小,相对这一截面的长细比较大,整体刚度较小,受力后允许在一定的范围内发生弹性变形。所用的建筑材料大都以钢筋混凝土和少量配筋的混凝土为主,但也有一些轻型墩台,通过验算后、可以用石料砌筑。这种墩台外形轻巧美观,是目前公路桥梁中广泛采用的墩台型式之一,特别是在较宽较大的城市立交桥和高架桥中。

本章的内容着重于介绍各类墩台的墩(台)帽和墩(台)身的部分,有关各种基础的内容,除扩大基础稍作介绍外,其余均在《地基和基础》课程中论述。下面将分节阐述桥墩和桥台的类型和构造设计问题。

5.1.2 桥墩

1. 梁桥桥墩

在公路梁桥和拱桥上,重力式桥墩用得比较普通。它们除了在墩帽构造上有所差别以外,其他部分的构造外形大致相同。因此,有关这类桥墩的构造问题,我们放在梁桥桥墩里详细介绍,而对拱桥桥墩只略述它们的特点部分。

(1)重力式桥墩

1)墩帽

墩帽的平面尺寸首先应满足桥梁支座布置的需要,它可按下式确定:

顺桥向的墩帽宽度 b,如图 5-3 所示。

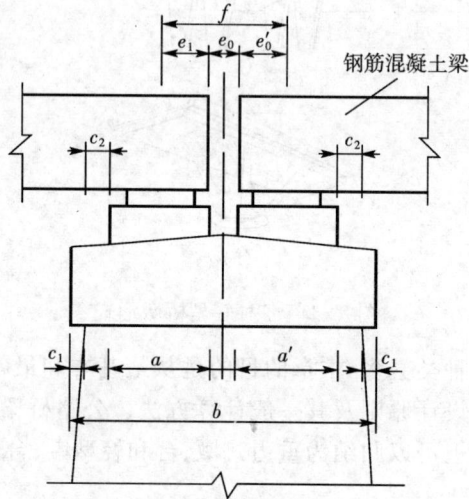

图 5-3 墩帽顺桥向尺寸

$$b \geqslant f + \frac{a}{2} + \frac{a'}{2} + 2c_1 + 2c_2 \tag{5-1}$$

式中:f——相邻两跨支座的中心距离,它由支座中心至主梁端部的距离和两跨间的

伸缩缝宽度来确定;即 $f = e_0 + e_1 + e'_1 \geqslant \frac{a}{2} + \frac{a'}{2}$ \qquad (5-2)

e_0——伸缩缝宽,中小桥为 $2\sim5\mathrm{cm}$;大跨径桥梁可按温度变化及施工放样、安装构件可能出现的误差等决定;温度变化引起的变位 e_0 为

$$e_0 = l \cdot \Delta t \cdot \alpha \tag{5-3}$$

其中:l——桥跨的计算长度(因桥梁的分孔、联长、固定支座与活动支座布置不同而不同)

Δt——温度变化幅度值,可采用当地最高和最低月平均气温及桥跨浇筑完成时的温度计算决定;

α——材料的线膨胀系数,钢筋混凝土及预应力混凝土梁(板)为 1×10^{-5};

e_1、e'_1——桥跨梁端到支座中心的长度;

a、a'——桥跨结构支座垫板的纵桥向宽度;

c_2——支座边缘至墩身边缘的最小距离,具体尺寸见表 5-1 及图 5-4;

c_1——檐口宽度,一般为 $50 \sim 100$mm。

表 5-1 支座边缘到墩(台)身边缘最小距离(mm)

桥向 跨径 l(m)	顺桥向 (mm)	横桥向(mm)	
		圆弧形端头(自支座边角量起)	矩形端头
$l \geqslant 150$	300	300	500
$50 \leqslant l < 150$	250	250	400
$20 \leqslant l < 50$	200	200	300
$5 \leqslant l < 20$	150	150	200

[注] 当采用钢筋混凝土或预应力混凝土悬臂墩帽时,可不受本表限制,应以便于施工、养护和更换支座而定。

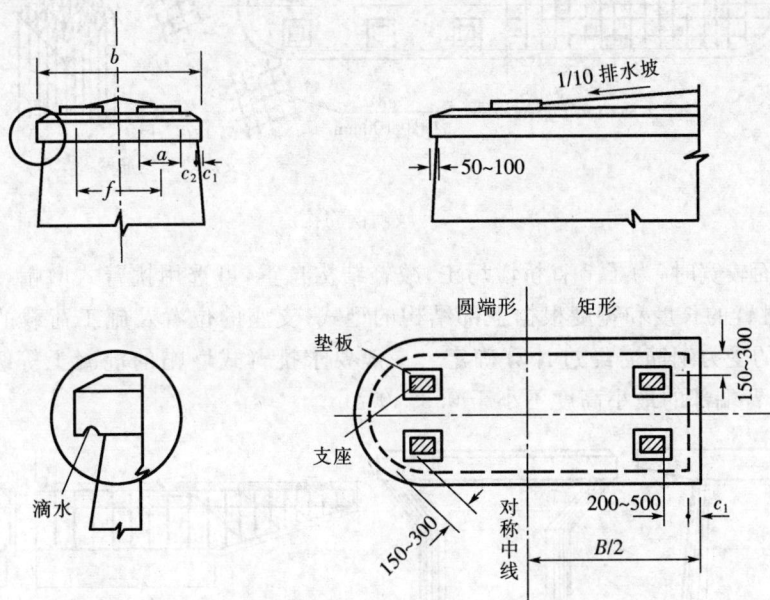

图 5-4 支座边缘到墩、台边缘最小距离示意图(单位:mm)

横桥向的墩帽最小宽度 B

$$B = 两侧主梁间距 + 支座横向宽度 + 2c_1 + 2c_2 \tag{5-4}$$

对这个最小距离所作的要求,其目的是为了避免支座过分靠近墩身侧面边线而导致的应力集中;另一个原因是为了提高混凝土的局部抗压强度以及考虑施工误差和预留锚栓孔的要求。墩帽宽度除了满足上式的要求以外,还应符合墩身顶宽的要求,安装上部结构的需要,以及抗震时为设防措施所需要的宽度。墩帽厚度:对于大跨径的桥梁不小于 0.50m。小跨径的桥梁不小于 0.40m,桥墩顶面常做成 10% 的排水坡。

墩帽一般采用 C20 及以上的混凝土,加 8mm 的构造钢筋,钢筋中距 200mm 左右,非严寒地区的小跨径桥,墩帽可不加构造钢筋。

在同一座桥墩上,当相邻两孔的支座高度不同时,就应在墩顶上设置钢筋混凝土制成的支撑垫石来调整。垫石内钢筋配置依据支座反力由计算确定。活动支座下一般采用 $\phi 8 \sim \phi 10@200mm$ 的加钢筋网。图 5-5 为普通墩帽和具有支承垫石墩帽的钢筋构造图。

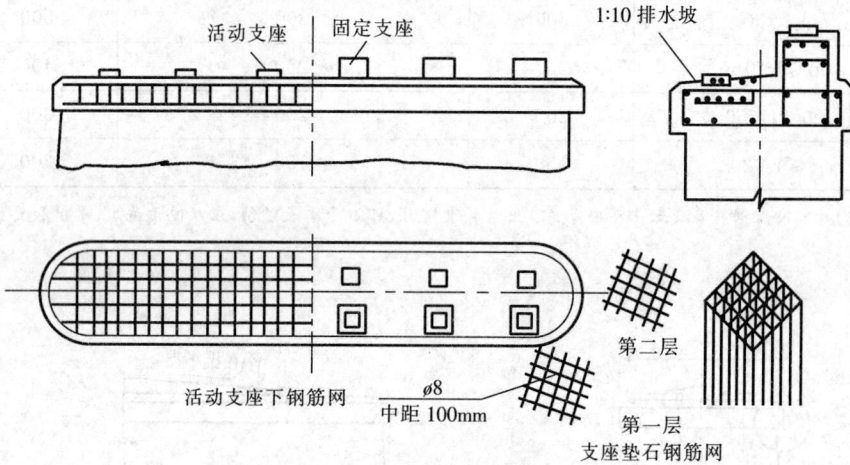

图 5-5　墩帽钢筋构造

当桥面较宽时,为了节省桥墩圬工,减轻结构自重,可选用挑臂式墩帽,如图 5-6 所示。挑臂的长度和宽度根据上部结构的型式,支座的位置及施工荷载的要求确定。挑臂的受力钢筋需经过计算确定。一般要求挑臂式墩帽的混凝土等级为 C20 或 C25,悬臂端部的最小高度不小于 0.3～0.4m。

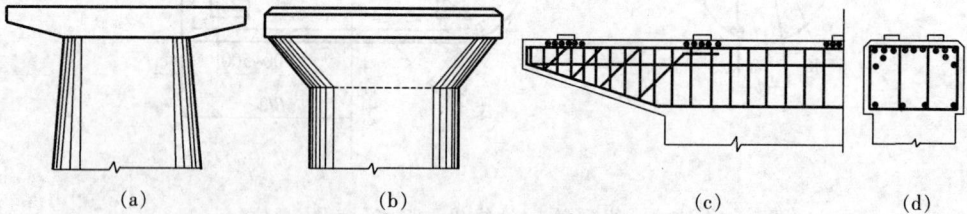

图 5-6　悬臂式和托盘式墩帽

2)墩身

墩身是桥墩的主体。重力式桥墩的墩身通常由块石、浆砌片石、混凝土或钢筋混凝土等材料建造。对于大、中桥梁墩身采用的材料最低强度等级为:石材 MU40,混凝土 C25,砂浆 M7.5。对于小桥的墩身,石材应不小于 MU30,混凝土 C20,砂浆

M5。墩身的主要尺寸包括墩高、墩顶面、底面的平面尺寸及墩身侧坡。用于梁式桥的墩身宽度小跨径不宜小于 0.8m,中等跨径不宜小于 1m,大跨径桥的墩身宽度视上部结构类型而定。墩身的侧坡可采用 30∶1~20∶1(竖∶横),对小跨径且桥墩不高时可以不设侧坡。

为了便于水流和漂浮物通过,墩身平面形状可以做成圆端形或尖端形(图 5-7(a)、(b));无水的岸墩或高架桥墩可以做成矩形,在水流与桥梁斜交或流向不稳定时,就宜做成圆形(图 5-7(c))。在有强烈流水或大量漂浮物的河道(冰厚大于0.5m,流冰速度大于 1m/s)上,桥墩的迎水端应做成破冰棱体(图 5-7(e))破冰棱可由强度较高的石料砌成,也可以用高等级的混凝土辅之以钢筋加固。

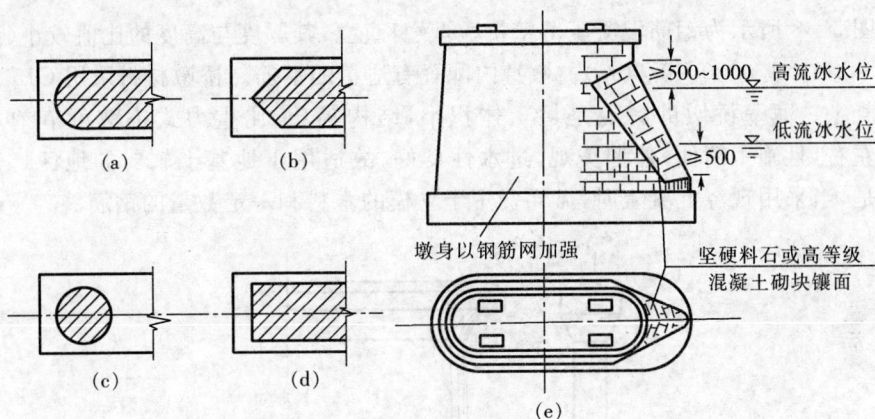

图 5-7 墩身平面及破冰棱(单位:mm)

3)基础

重力式桥墩的基础可根据受荷情况、地质、水文等条件而配置不同类型的基础。河道上建桥,为确保桥基稳定性,在基础埋置深度问题上,特别要注意水流对河床的冲刷作用。在非岩石河床桥梁墩台基底埋深安全值按表 5-2 确定,岩石河床墩台基底最小埋置深度可参考《公路工程水文勘测设计规范》(JTG C30-2002)附录 C确定。

表 5-2 基底埋深安全值

总冲刷深度(m) 桥梁类别	0	5	10	15	20
大桥、中桥、小桥(不铺砌)	1.5	2.0	2.5	3.0	3.5
特大桥	2.0	2.5	3.0	3.5	4.0

[注] ①总冲刷深度为自河床算起的河床自然演变冲刷、一般冲刷与局部冲刷深度之和;②表列数值为墩台基底埋入总冲刷深度以下的最小值;若对设计流量、水位和原始断面资料无把握或不能获得河床演变准确资料时,其值宜适当加大;③若桥位上下游有已建桥梁,应调查已建桥梁的特大洪水冲刷情况,新建桥梁墩台基础埋深不宜小于已建桥梁的冲刷深度且酌加必要的安全值;④如河床上有铺砌层时,基础底面宜设置在铺砌层顶面以下不小于 1m。

设置在天然地基上的桥墩基础采用 C20 以上的片石混凝土或用 MU30 以上的浆砌块石筑成。基础平面尺寸较墩身底面尺寸略大,四周放大的尺寸每边约 0.25~0.75m。基础可做成单层的或 2~3 层台阶式的,每层高度一般采用 0.5~1m。台阶式襟边的宽度与它的高度应有一定的比例,通常其宽度控制在刚性角以内。

(2)轻型桥墩

当地基土质条件较差时,为了减轻地基的负担,或者为了减轻墩身重量,节约圬工材料,常常采用各种型式的轻型桥墩。轻型桥墩的墩帽尺寸及构造也由上部结构及其支座的尺寸等要求来确定,这与重力式桥墩并无多大差异。在梁桥中,通常采用以下几种类型:

1)钢筋混凝土薄壁桥墩

图 5-8 所示为钢筋混凝土薄壁桥墩,墩身直立,其厚度与高度的比值较小(约为 1/10~1/15 或 0.30~0.50m)。墩身内配置有适量的钢筋。桥墩材料采用 C15 以上的混凝土。薄壁桥墩的特点是圬工体积小,结构轻巧,比重力式桥墩可节约圬工70%左右,且施工简便,外型美观,过水性良好,故适用于地基土软弱的地区。它的缺点是,当采用现浇混凝土时,需耗费用于立模的木料和一定数量的钢筋。

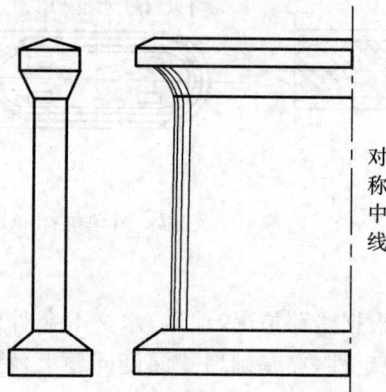

图 5-8　钢筋混凝土薄壁桥墩

2)薄壁空心式桥墩图

薄壁空心式桥墩设置的主要目的是:为了减轻墩身的自重,或地震时有较小的惯性力,或减小软弱地基的负荷,如图 5-9 所示。其截面形式有圆形、圆端形、长方形等几种,如图 5-10 所示。其中,圆形及圆端形的截面形式便于滑模施工。桥墩的立面布置可采用直坡式、侧坡式和阶梯式,直坡式和侧坡式便了滑模施工。

薄壁空心桥墩构件,其混凝土等级一般为 C20~C30。根据受力情况、桥墩高度以及自身构造要求,对于钢筋混凝土不宜小于 30cm,对于素混凝土不小于 50cm。墩身立面侧坡通常为 50:1~40:1。为了降低薄壁空心桥墩墩身的内外温差,一般墩身均应加设护面钢筋,并在薄壁空心墩上设通风孔及排水孔,孔径不小于 20cm,墩顶实体段一下应设置带门的进入洞或相应的检查设备;陆上墩身在离地面 5m 以上部分应设置交错的通风孔与泄水孔,直径不小于 20cm,以减少内外温差和排水。

为了保证薄壁空心桥墩的墩壁自身稳定和抗扭,应在适当间距设置水平隔板和纵向隔板,但设置横隔板对沿滑模施工比较困难,因此目前的趋势是尽量不设或少设。对于 40m 以上的高桥墩,无论壁厚如何,均按按 6～10m 的间距设置横隔板,以加强墩壁的局部稳定。薄壁空心墩按计算配筋,一般配筋率在 0.5% 左右。

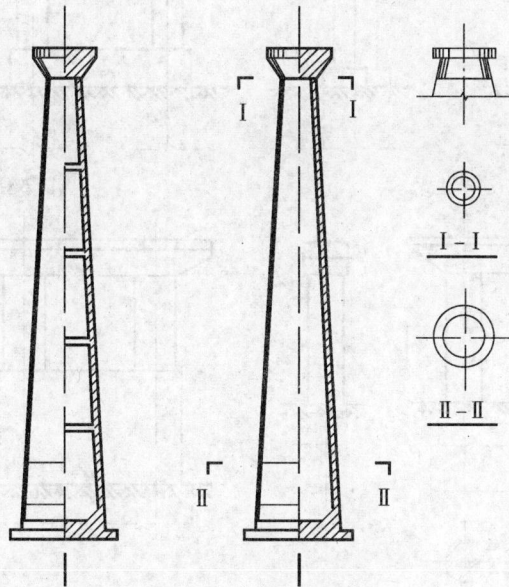

图 5 - 9　圆形空心桥墩

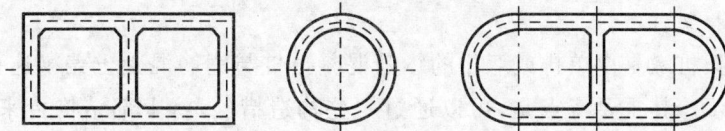

图 5 - 10　空心式桥墩截面图

3)柱式桥墩

柱式桥墩是目前公路桥梁中广泛采用的桥墩型式。它具有线条简捷、明快、美观,既节省材料数量又施工方便的特点,特别适用于桥梁宽度较大的城市桥梁和立交桥。

柱式桥墩,如图 5 - 11 所示。一般可分为独柱、双柱和多柱等形式,它可以根据桥宽的需要以及地形地貌条件任意组合。柱式桥墩由承台、柱式墩身和盖梁组成,对于上部结构为大悬臂箱形截面,墩身可以直接与梁相接。柱式墩一般用混凝土等级为 C20～C30 的钢筋混凝土构件组成。

钻孔桩柱式桥墩适合于许多场合和各种地质条件。对于宽桥可采用三柱式或多柱式,视桩的承载能力而定,也可把洪水位以下部分墩身做成实体式,以增强抵抗漂浮物的能力。通过增大桩径,桩长或用多排桩加建承台等措施,也能适用于更复杂的软弱地质条件以及较大跨径和较高的桥墩。它的施工方式也较优越,全部墩台工程都可以在水上作业,避免了最繁重的水下作业,故目前应用最广。

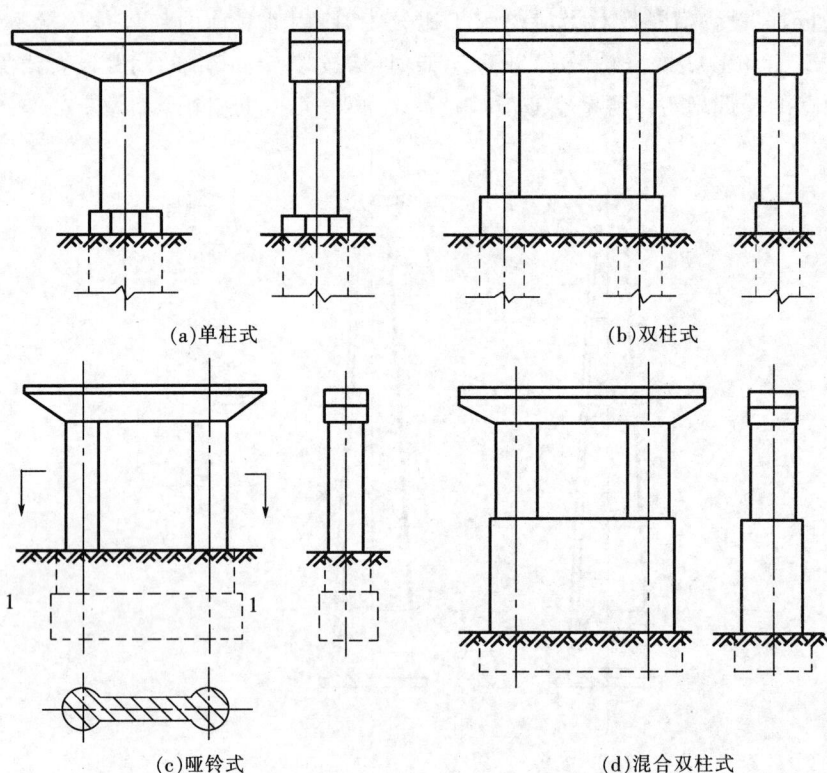

(a)单柱式　　　　　　　　　　　(b)双柱式

(c)哑铃式　　　　　　　　　　　(d)混合双柱式

图 5-11　柱式桥墩

4)柔性排架桩墩

柔性排架桩墩是由单排或双排的钢筋混凝土桩与钢筋混凝土盖梁连接而成,如图 5-12 所示。其主要特点是,可以通过一些构造措施,将上部结构传来的水平力(制动力、温度影响力等)传递到全桥的各个柔性墩台,或相邻的刚性墩台上,以减少单个柔性墩所受到的水平力,从而达到减小桩墩截面的目的。单排架桩墩一般适用于墩身高度不超过 4.0~5.0m;桩墩高度大于 5.0m 时,为避免行车时可能发生的纵桥向晃动,宜设置双排架桩墩,但当采用钻孔灌注桩时,可仍采用单排架桩墩。柔性排架桩墩的尺寸较小,对于山区河流、流冰或漂流物严重的河流,墩柱易被损坏,不宜采用。对于石质或砾石河床,沉入桩也不宜采用。

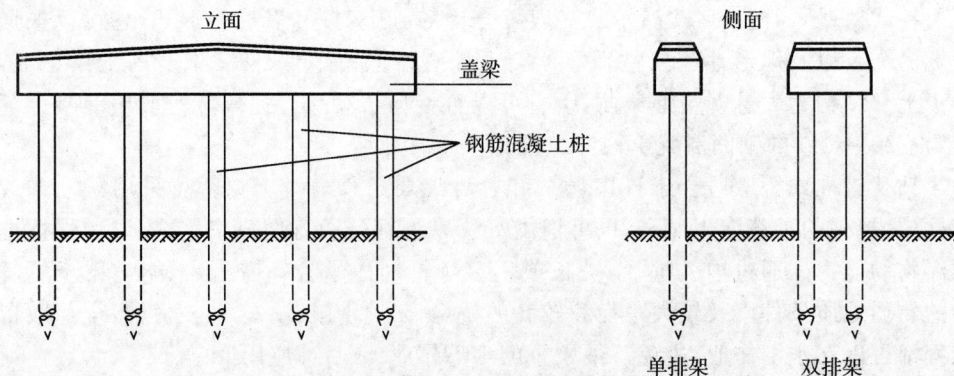

图 5-12　柔性排架桩墩

柔性排架桩墩适用的桥长,应根据温度变化幅度决定,一般为 50～80m。温差大的地区,桥长应短些,温差小的地区桥长可以适当长些。桥长超过 50～80m,受温度影响大,需要设置滑动支座或设置刚度较大的温度墩。

当桥梁孔数较多且桥较长时,柔性排架桩墩的墩顶会因位移过大而处于不利状态,这时宜将桥跨分成若干联,一联长度的划分视温度、地形、构造和受力情况确定。一般来讲,当墩的高度在 5m 以内时,可采用一段式、二段式和多段式桩墩,每段 1～4 孔,每段全长为 40～45m。对于多联式中间联的桩墩,由于不受土压力的影响,此联长可以达到 50m。联与联之间设温度墩,即为两排互不联系的桩墩,为的是在温度变化的情况下,联与联之间互不影响。当墩的高度为 6～7m 时,应在每联内设置一个由盖梁构成整体的双排架桩墩,以增加结构的刚度,如图 5-13 所示。此时每联长度可适当加长,中间联的孔数可相应增加。

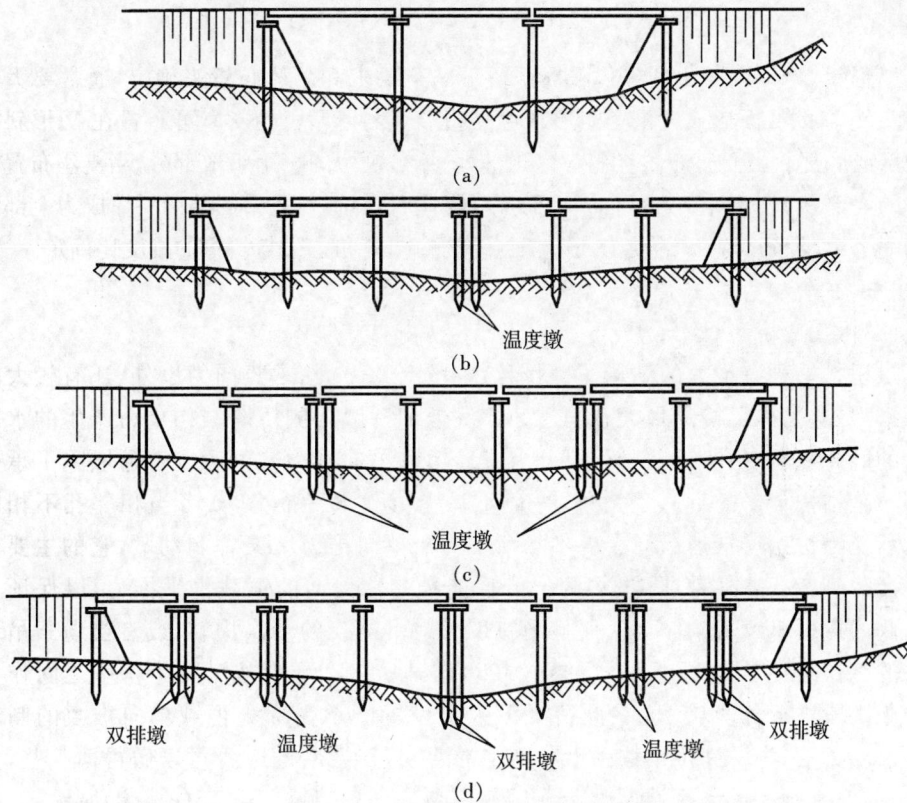

图 5-13 柔性排架桩墩的纵向布置

5)框架墩

框架墩是采用由构件组成的平面框架代替墩身,以支承上部结构,必要时可做成双层或更多层的框架支承上部结构,这类墩是较空心墩更进一步的轻型结构,是以钢筋混凝土和预应力混凝土建成受力体系。还可以适应建筑艺术,建成纵、横向 V 形、Y 形、X 形、倒梯形等墩身,如图 5-14 所示。在现代混凝土梁桥中较常采用。这些桥墩在同样跨越能力情况下可缩短梁的跨径、降低梁高.使结构轻巧美观,但结构构造比较复杂、施工比较麻烦。

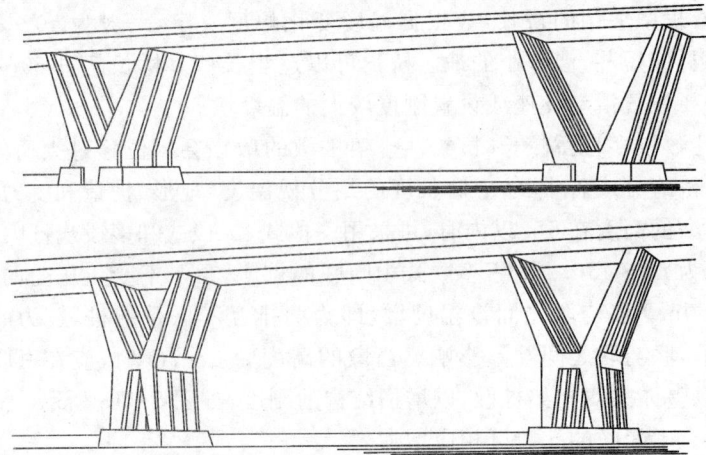

图 5-14 V形和X形桥墩

V形斜撑与水平面的夹角,需根据桥下净空要求和总体布置来确定,通常要大于 45°角。斜撑的截面形式可采用矩形、I形和箱形等。V形墩的支座可布置在V形斜撑 的顶部或底部。当支座布置在斜撑的顶部,斜撑是桥墩的一个组成部分;当支座布置在 斜撑的底部,或采取斜撑与承台刚接而不设支座时,斜撑与主梁固结. 斜撑成为上部结 构的一个组成部分,斜撑的受力大小依据结构的图式和主梁与斜撑的刚度比确定。

2. 拱桥桥墩

(1)重力式桥墩

拱桥是一种有推力的结构,拱圈传给桥墩上的力,除了竖向力以外,还有较大的 水平推力,这是与梁桥的最大不同之处。从抵御桥墩两侧桥跨结构重力产生的水平 推力的能力来看,拱桥桥墩又可以分为普通墩和单向推力墩两种。普通墩除了承受 相邻两跨结构传来的垂直反力外,一般不承受恒载水平推力,或者当相邻孔不相同 时只承受经过相互抵消后尚余的不平衡推力。单向推力墩又称制动墩,它的主要作 用是当一侧桥孔因某种原因遭到毁坏时,能承受住单向的恒载水平推力,以保证其 另一侧的拱桥不致遭到倾坍。而且当施工时为了拱架的多次周转,或者当缆索吊装 设备的工作跨径受到限制时为了能按桥台与某墩之间或者按某两个桥墩之间作为 一个施工段进行分段施工,在此情况下也要设置能承受部分恒载单向推力的制动 墩。由此可见,为了满足结构强度和稳定的要求,普通墩的墩身可以做得薄一些,见 图 5-15(a)、(b)所示,单向推力墩则要做得厚实一些,见图 5-15(c)、(d)所示。

因为上承式拱桥的桥面与墩顶顶面相距有一段高度,墩顶以上结构常采用的有以 下几种不同形式。对于空腹式拱桥的普通墩,常采用立墙式、立柱加盖梁式或者采用跨 越式(图 5-15(a)、(b))。对于单向推力墩常采用立墙式和框架式(图 5-15(c)、(d))。

拱桥实体重力式桥墩也由墩帽、墩身及基础三部分组成,与梁桥桥墩不同的一 点是,梁桥桥墩的顶面要设置传力的支座,且支座距顶面边缘保持一定的距离;而拱 桥桥墩则在其顶面的边缘设置呈倾斜面的拱座(图 5-15(e)、(f)),直接承受由拱圈 传来的压力,故无铰拱的拱座总是设计成与拱轴线呈正交的斜面。由于拱座承受着 较大的拱圈压力,故一般采用 C25 以上的整体式混凝土、混凝土预制块或 MU40 以

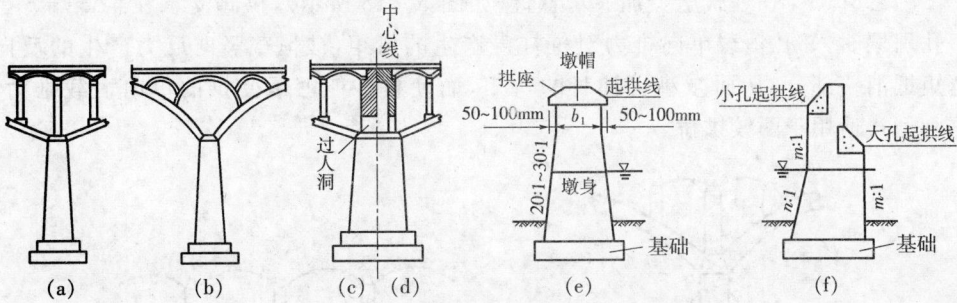

图 5-15 拱桥重力式桥墩

上的块石砌筑。

当桥墩两侧孔径相等时,则拱座均设置在桥墩顶部的起拱线高程上,有时考虑桥面的纵坡,两侧的起拱线高程可以略有不同。当桥墩两侧的孔径不等,恒载水平推力不平衡时,将拱座设置在不同的起拱线高程上(图 5-15(f)),此时,桥墩墩身可在推力小的一侧变坡或增大边坡,以减小不平衡推力引起的基底反力偏心距。从外形美观上考虑,变坡点一般设在常水位以下,墩身两侧边坡和梁桥的一样,一般为 20∶1~30∶1。

(2)轻型桥墩

拱桥轻型桥墩按构造形式不同,主要有以下几种类型。

1)桩柱式桥墩 是拱桥常用的一种轻型桥墩。拱桥柱式桥墩因受水平力大,较多地采用钻孔灌注桩,形成桩柱式桥墩,如图 5-16(a)所示。从外形上看,它与梁桥的桩柱式桥墩非常相似。其主要差别是:在梁桥墩帽上设置支座,而在拱桥墩顶部分则设置拱座。当采用多排桩或打入桩时应设置承台与墩柱联结,柱顶由盖梁联成整体,如图 5-16(b)所示。中、小跨径桥一般采用单排桩柱式桥墩,在桩柱接合处设横系梁;跨径在 40~50m 以上的高墩可采用双排基础柱式墩,柱高大于 6~8m 时在柱中部设置横系梁,柱式墩适用范围较广。

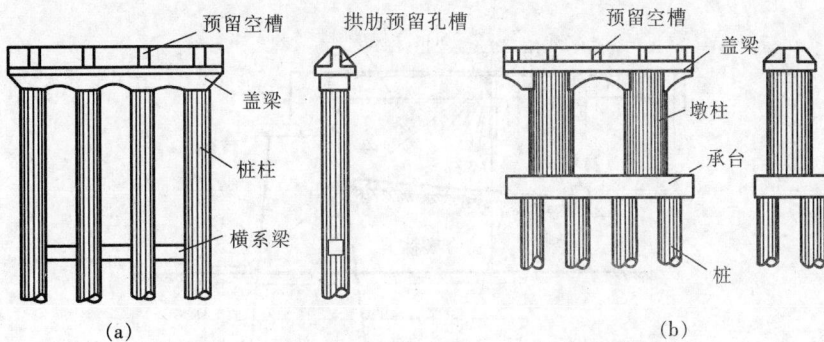

图 5-16 拱桥桩柱式桥墩

2)斜撑墩 在墩柱两侧对称地增设钢筋混凝土斜撑和水平拉杆(如图 5-17 所示),以提高抵抗恒载单向推力的能力,保证一孔被破坏而不影响邻孔。在构造处理上,要使斜撑只能承受压力而不承受拉力。为提高斜撑和拉杆构件的抗裂性,可采用预应力混凝土结构。这种型式适用在旱地上的不太高的桥梁。

3)悬臂墩　在柱式墩上加一对悬臂(如图 5-18 所示),拱脚支承在悬臂端。当一孔坍塌时,邻孔恒载单向推力对桩柱身产生的弯矩,被恒载竖向反力产生的反向弯矩抵消一部分,从而减小桩柱身的弯矩,而使桩柱能够承受拱的单向恒载推力。这种型式适用于两铰拱桥。

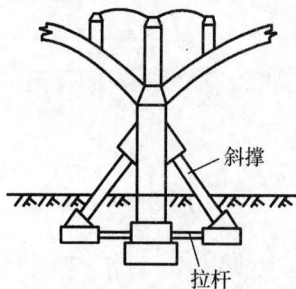

图 5-17　拱桥斜撑式桥墩

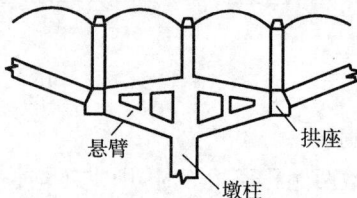

图 5-18　拱桥悬臂式桥墩

5.1.3　桥台

1. 梁桥桥台

梁桥桥台从构造上可分为重力式桥台、轻型桥台、组合式桥台。

(1)重力式桥台

重力式桥台常用形式是 U 型桥台,它由台帽、台身和基础三部分组成。由于台身是由前墙和两个侧墙构成的 U 字形结构,故而得名,如图 5-19 所示。台后的土压力主要靠自重来平衡,故桥台本身多数由石砌、片石混凝土或混凝土等圬工材料建造,并用就地浇筑的方法施工。其优点是构造简单,可以用混凝土或片、块石砌筑。它适用于填土高度在 8~10m 以下或跨度稍大的桥梁;缺点是桥台体积和自重较大,也增加了对地基的要求。此外,桥台的两个侧墙之间填土容易积水,结冰后冻胀,使侧墙产生裂缝。所以宜用渗水性较好的土夯填,并做好台后排水措施。

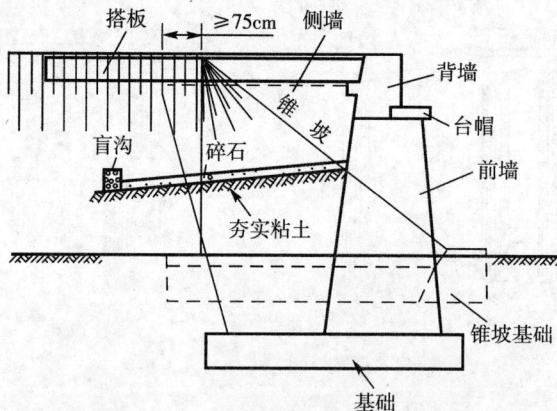

图 5-19　梁桥 U 形桥台的一般构造

下面将叙述 U 形桥台的各部分构造。

1)台帽　台帽在桥台结构中尽管尺寸较小,但受力较复杂,应采用钢筋混凝土。

若采用素混凝土应设置构造钢筋,其混凝土的强度等级应视桥梁跨径和台帽的施工方法的不同而异;对于大桥的台帽,预制施工应不低于 C30,现浇时应不低于 C25;小桥台帽预制不低于 C25,现浇不低于 C20。台帽的厚度,对于大跨径以上桥梁不应小于 50cm,对于中小跨径桥梁不应小于 40cm。台帽的长、宽度的取值与实体式墩帽的计算方法和要求相同。

2)台身 U 形桥台前墙正面可设为竖直面和斜面,竖直面形式有利于桥下净空,斜面形式多采用 10∶1 或 20∶1 的斜坡;前墙内侧面为斜面,斜坡取 8∶1～6∶1。侧墙与前墙结合成一体,兼有挡土墙和支撑墙的作用,侧墙外表面设为竖表面,内侧面为 3∶1～5∶1 的斜坡,其长度视桥台高度、锥坡坡度以及侧墙尾端伸入路堤内的长度而定。台身宽度通常与路基顶宽相同。

3)锥形护坡 锥坡的下缘一般应与前墙正面所交的地面线相交汇,锥坡坡度一般由纵桥向为 1∶1 逐渐变至横桥向为路堤的边坡(多为 1∶1.5)。为保证桥台与路堤有良好的衔接,侧墙尾端应有不小于 75cm 的水平长度伸入路堤内,如图 5-19 所示,其尾端竖向除最上段 100cm 采用竖直外,以下部分常采用 4∶1～8∶1 的倒坡。当纵桥向与横桥向的坡度相同时,锥形护坡在平面上为 1/4 圆形;当两向坡度不等时,为 1/4 椭圆形。护坡在高出设计洪水位 0.5m 以下部分应根据设计流速不同采用块、片石砌筑或种植草皮加固护坡表面。

4)基础 U 形桥台基础的构造及埋置深度要求同实体式桥墩基础。基础平面形状一般取矩形,其尺寸与 U 形台身相配合。

《圬工桥规》规定,前墙与侧墙的顶面宽度均不宜小于 50cm,如图 5-20 所示,前墙任一水平截面的宽度不宜小于该截面至墙顶高度的 0.1 倍。对于侧墙任一水平截面的宽度应按下列规定取值:侧墙为片石砌体时,不宜小于该截面至墙顶高度的 0.4 倍;为块石、粗料石砌体或混凝土墙体时,不宜小于 0.35 倍;若桥台内填料为中、粗砂或砂砾时,则以上两项可分别相应减为 0.35 或 0.30 倍。另外,在非岩石类的地基上,较宽的桥台宜每隔 10～15m 设置一道沉降缝。现浇混凝土桥台应根据当地气候条件及施工条件,每隔 5～10m 设置一道伸缩缝。为了排除桥台内的积水,应设置台背排水设施,将积水引向设于台后横穿路堤的盲沟内。

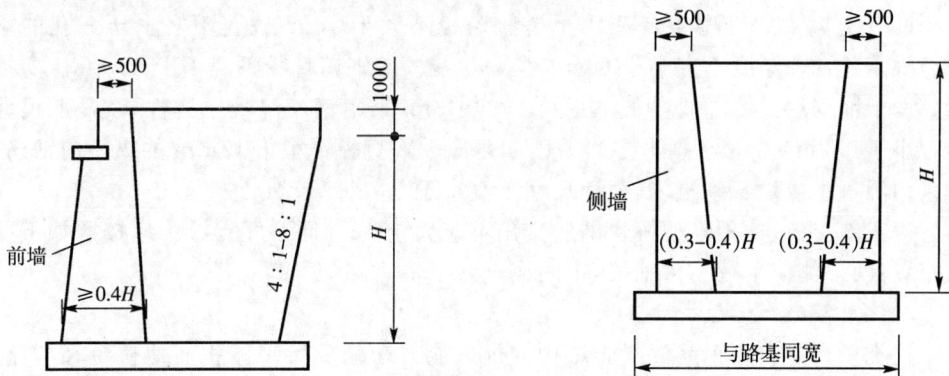

图 5-20 U 形桥台尺寸(单位:mm)

(2)轻型桥台

1)支撑梁式轻型桥台

这种桥台是在两桥台之间或台与墩间设置3~5根支撑梁,使上部桥跨结构与支撑梁共同支撑桥台,承受台后填土侧向压力,从而台身受力较小,减小台身尺寸。一般台身以混凝土筑成,支撑梁为钢筋混凝土构件。按翼墙的形式和布置方式,可分为一字形轻型桥台,如图5-21(a)上,八字形轻型桥台,如图5-21(a)下和耳墙式轻型桥台,如图5-21(b)。这种桥台比实体式桥台可节约大量圬工材料,仅用很少的钢材,结构简单,施工方便,是适用于单跨或少跨的小跨径桥梁。

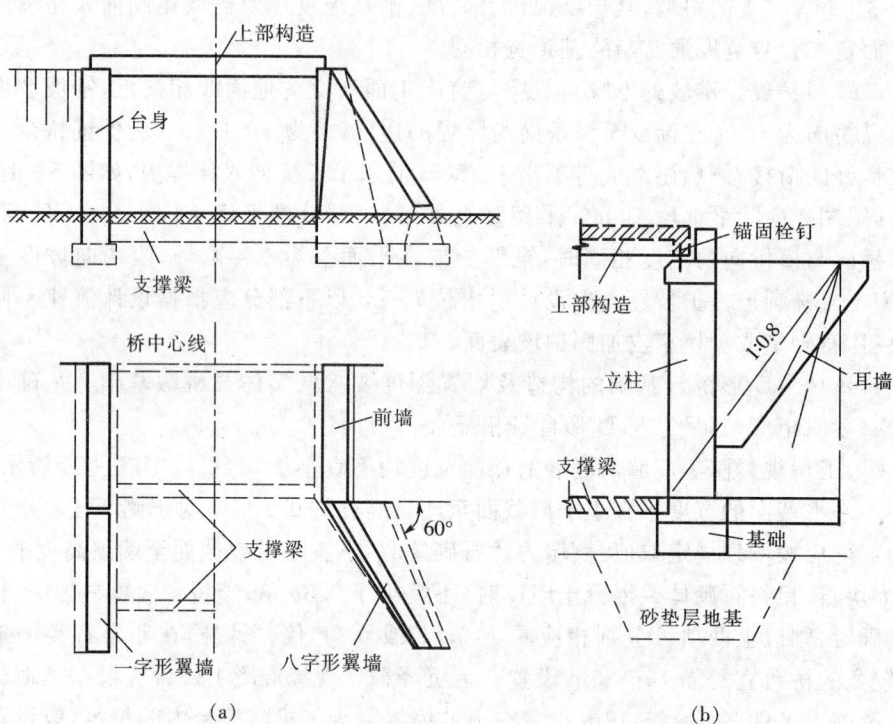

图5-21 设置地下支撑梁的轻型桥台

设有支撑梁的轻型桥台适用于桥梁跨径不大于13m,桥孔不宜多于三孔的梁(板)桥。其台墙厚度不宜小于60cm,梁(板)端铰接钢销直径不应小于20mm。支撑梁应设于铺砌层或冲刷线以下,中距宜为2~3m,采用钢筋混凝土构件,其截面尺寸不宜小于0.2m×0.3m(横×竖),截面四角应设置直径不小于12mm的纵桥向钢筋;如采用混凝土或块石砌筑,其截面尺寸不宜小于0.4m×0.4m。

对于斜交桥,这种轻型桥台的斜交角不应大于15°,且下部支撑梁应按照如下要求布置:两外侧应平行于桥轴线,中间应垂直于台墙。

2)钢筋混凝土薄壁桥台

这类桥台是利用钢筋混凝土结构的抗弯能力来减少圬工体积而使桥台轻型化。桥台型式有悬臂式、扶壁式、支撑式及箱式等,如图5-22(a)所示。扶壁式钢筋混凝土薄壁桥台,它是由扶壁式挡土墙和两边的侧壁组成。如图5-22(b)所示,两边侧壁与前墙垂直或斜交,而形成扶壁式U形或八字形薄壁桥台。这种桥台可节省圬工材料,重量轻,但用钢量较大,施工相对比较复杂。它一般可适用于软弱地基,对于软土地基,虽然由于自重减轻而减小了对地基的压力,但抗滑稳定性降低,因而应根据桥台的高度、地基强度和基底土质等因素选定和进行设计。

扶壁式薄壁桥台前墙厚度一般为 0.15~0.3m,扶壁间距为 2.5~3.5m。台顶由竖直背墙和支于扶壁上水平板构成,用以支承桥跨结构。

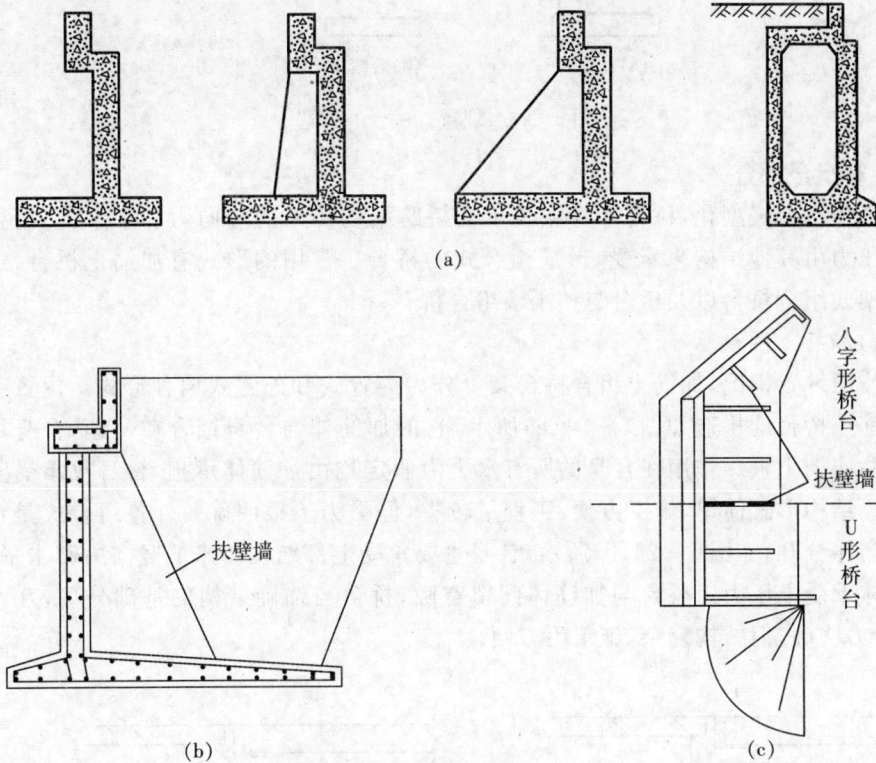

(a)

(b)   (c)

图 5-22　钢筋混凝土薄壁轻型桥台

3)埋置式桥台

桥台台身埋置于台前溜坡内,不需另设翼墙,仅由台帽两端的耳墙与路提衔接。耳墙长度不宜太长,一般不超过 3~4m。厚度为 0.15~0.3m,高度为 0.5~2.5m,耳墙应将主筋伸入台帽或背墙借以锚固。

图 5-23(a)为直立式埋置桥台,图 5-23(b)为后倾式,它使台身重心向后,用以平衡台后填土的倾覆力矩,但倾斜度应适当。

埋置式桥台台身为圬工实体,台帽及耳墙采用钢筋混凝土,当台前溜坡有适当保护不被冲毁时,可考虑溜坡填土的主动土压力。因此,埋置式桥台圬工数量较省,但由于溜坡伸入桥孔,压缩了河道,有时需要增加桥长。它适用于桥头为浅滩,溜坡受冲刷较小,填土高度在 10m 以下的中等跨径的多跨桥中使用。当地质情况较好时,可将台身挖空成拱形,以节省圬工,减轻自重。埋置式桥台的溜坡坡度一般取用 1:1.5。溜坡坡面采用砌石保护,并应根据河岸冲刷深度确定其基础的埋置深度。溜坡面距台帽后缘应不小于 0.3m,耳墙伸入溜坡至少 0.75m。溜坡坡面和台身前沿相交处应比设计洪水位高出 0.25m,以避免水流渗入。

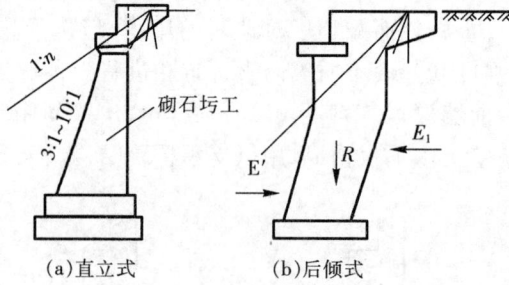

图 5-23　埋置式桥台的构造

(3)组合桥台

为使桥台轻型化,桥台本身主要承受桥跨结构传来的竖向力和水平力,而台后的土压力由其他结构来承受,形成组合式的桥台。常用的形式有加筋土桥台、过梁式框架式组合桥台以及桥台与挡土墙组合桥台。

1)加筋土桥台

按照埋置情况,加筋土组合桥台又可分为内置式和外置式两种形式。内置组合式加筋土桥台的构造如图 5-24(a)所示,它的加筋体与台身结合在一起,台身可兼做立柱或挡土板。作用在台身的所有水平力假定均由加筋体承担,台身仅承受竖向荷载。结构形式简单,施工方便,工程量较省,但受力不很明确。外置组合式是台身与加筋体分开,如图 5-24(b)所示,台身主要承受上部结构传来的竖向力和水平力,加筋体承受土压力。桥台与加筋体间留空隙,桥台与锚碇结构的基础分离,互不影响,受力明确,但结构复杂,施工不方便。

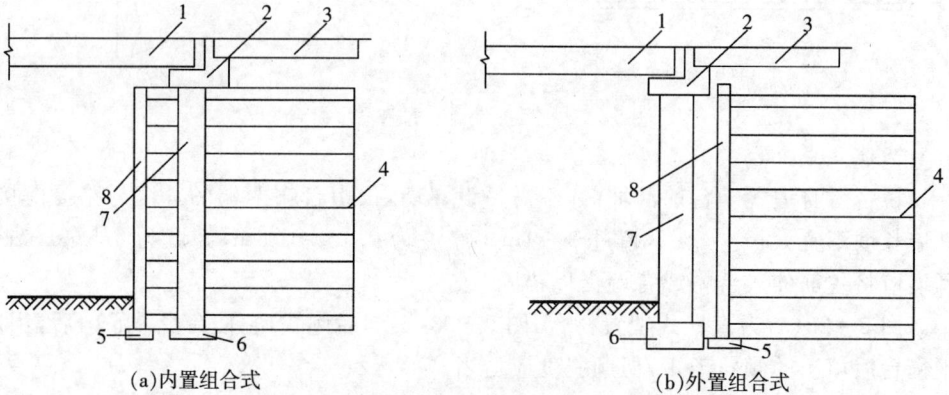

1—上部构造;2—盖梁;3—桥头搭板;4—筋带;5—基础;6—台柱基础;7—台柱;8—面板
图 5-24　加筋土桥台类型图

内置组合式桥台台柱与面板的净距不宜小于 40cm,其值应根据台柱尺寸、筋带种类以及压实方法等条件综合考虑确定;外置组合式桥台,台柱与面板的净距不应小于 30cm。

加筋土桥台加筋体的筋带应选用抗老化、耐腐蚀的材料,筋带的截面面积、长度以及加筋体的稳定性,应通过加劲体内部、外部的稳定性分析确定。

加筋土桥台与埋置式桥台相比,减少了占地面积,与其他桥台相比,减少了台身和基础的体积,因而具有较好的经济性。另外,这种桥台属柔性结构,抗震性能较好,对地形地貌的适应能力也较强。

另外,加筋土桥台应设置桥头搭板,其设计要求和具体措施详见我国公路刚性路面设计规范。

2)过梁式框架组合桥台

桥台与挡土墙用过梁结合在一起,使桥台与桥墩的受力相同。当过梁与桥台、挡土墙刚结,则形成过梁式框架组合桥台,如图5-25所示。

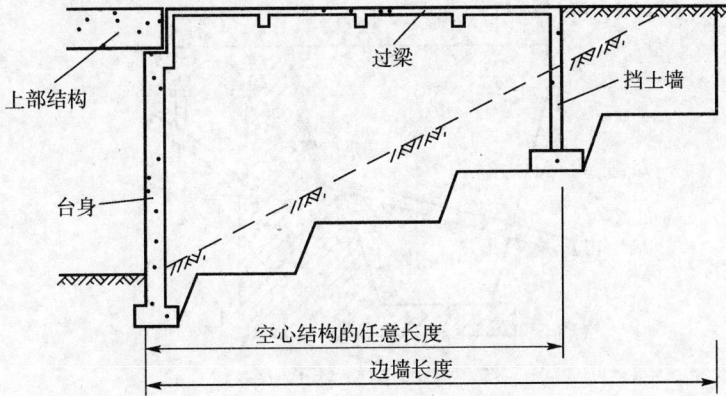

图 5-25　过梁式框架组合桥台

3)桥台与挡土墙组合桥台

这种桥台是由轻型桥台支承上部结构、台后设挡土墙承受压力的组合式桥台。台身与挡土墙分离,上端做伸缩缝,使受力明确。当地基比较好时也可将桥台与挡土墙放在同一个基础之上,如图5-26所示。这种组合式桥台可采用轻型桥台,而且可不压缩河床,但构造较复杂,是否经济需通过比较确定。

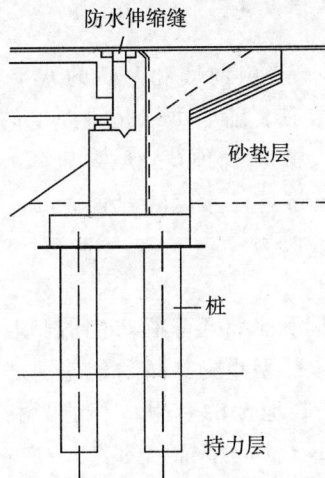

图 5-26　桥台与挡土墙组合桥台

2. 拱桥桥台

拱桥桥台既要承受来自拱圈的推力、竖向力及弯矩,又要承受台后土的侧压力,从尺寸上看,拱桥桥台一般较梁桥要大。根据桥址具体条件可选用不同的构造形式,可分为重力式桥台、轻型桥台和组合式桥台三大类。

(1)重力式桥台

拱桥常用的重力式桥台是 U 形桥台,如图 5 - 27 所示,它由拱座、台身和基础三部分组成。其优缺点与梁桥中的 U 形桥台相同,在结构构造上除在拱座和前墙两部分有所差别外,其余部分也基本相同。拱桥桥台只在向桥跨的一侧设置拱座,其尺寸可参照拱桥桥墩的拱座拟定。其他部分的尺寸见图 5 - 27 所示和参考梁桥 U 形桥台进行设计。

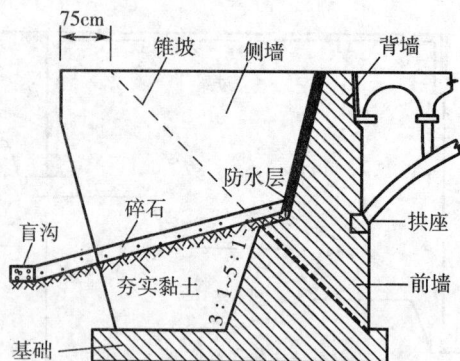

图 5 - 27　拱桥 U 形桥台

(2)轻型桥台

拱桥轻型桥台是相对于重力式桥台而言的,当地基承载力较小、路堤填土较低时采用此类桥台。这种桥台适用于 13m 以内的小跨径拱桥和桥台水平位移量很小的情况。其工作原理是,当桥台受到拱的推力后,便发生绕基底形心轴而向路堤方向的转动,此时台后的土便产生抗力来平衡拱的推力,从而使桥台的尺寸大大地小于实体重力式桥台(约为 65% 左右)。常用的轻型桥台有:八字形桥台、U 字形桥台、背撑式桥台、空腹式桥台和齿槛式桥台。

1)八字形桥台

八字形桥台的构造简单,台身由前墙和两侧的八字翼墙构成,如图 5 - 28(a)所示。两者之间通常用沉降缝分砌。前墙可以是等厚度的,也可以是变厚度的。变厚度台身的背坡为 2∶1～4∶1。翼墙肋顶宽一般为 0.40m,前坡为 10∶1,后坡为 5∶1。为了防止基底向河心活动,基础应有一定的埋置深度。台后填土必须分层夯实,做好防护措施,防止受水流侵蚀冲刷。

2)U 字形桥台

U 字形轻型桥台是由前墙和平行于车行方向的侧墙组成,构成 U 字形的水平截面,如图 5 - 28(b)所示。它与 U 型重力式桥台的差别是,后者是靠扩大桥台底面积,以减小基底压力,并利用基底与地基的摩阻力和适当利用台背侧土压力,以平衡拱的水平推力。因此,基础底面积较轻型桥台的要大,通常从前墙一直延伸到侧墙尾端,侧墙与前墙连成整体,而与拱上侧墙断开。U 字形轻型桥台前墙的构造和八字形桥台相同,但侧墙却是拱上侧墙的延伸,它们之间应设变形缝,以适应桥的可能变位。轻型桥台侧墙的顶宽一般为 0.50m,内侧坡度为 5∶1,若有人行道,则上端做成等厚直墙,直到与按 5∶1 内坡相交为止,以下仍用 5∶1 的坡度。

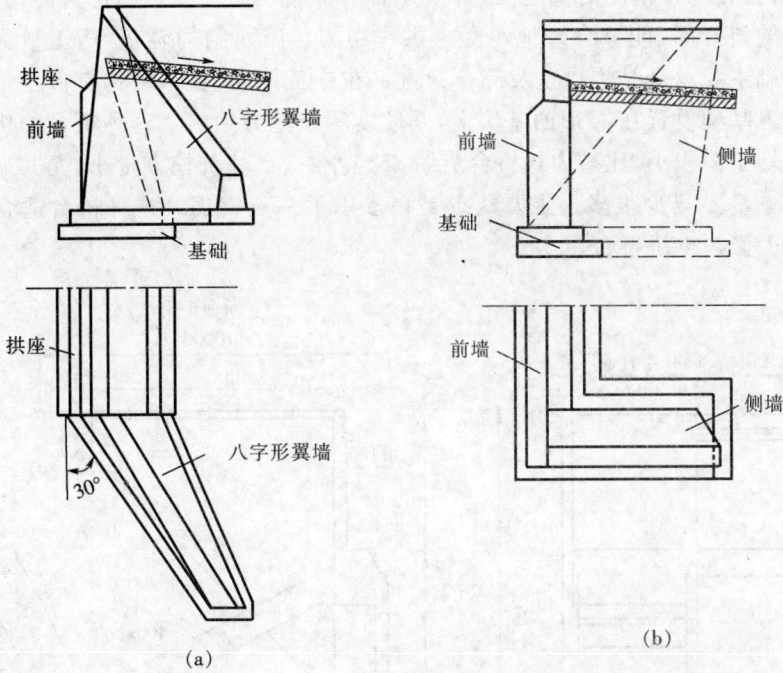

图 5-28　八字形和 U 字形轻型桥台

3)背撑式桥台

当桥台较宽时,为了保证结构的强度和稳定性,可以在八字形或 U 字形桥台的前墙背后加一道或几道背撑,构成 Ⅱ 字形、E 字形等水平截面形式的前墙,如图 5-29 所示。背撑顶宽为 0.30~0.60m,厚度也为 0.30~0.60m,背坡为 3∶1~5∶1 的梯形。这种桥台比八字形桥台的稳定性要好,但土方开挖量及圬工体积都有增多。然而加背撑的 U 字形桥台却能适用于较大跨径的高桥和宽桥。

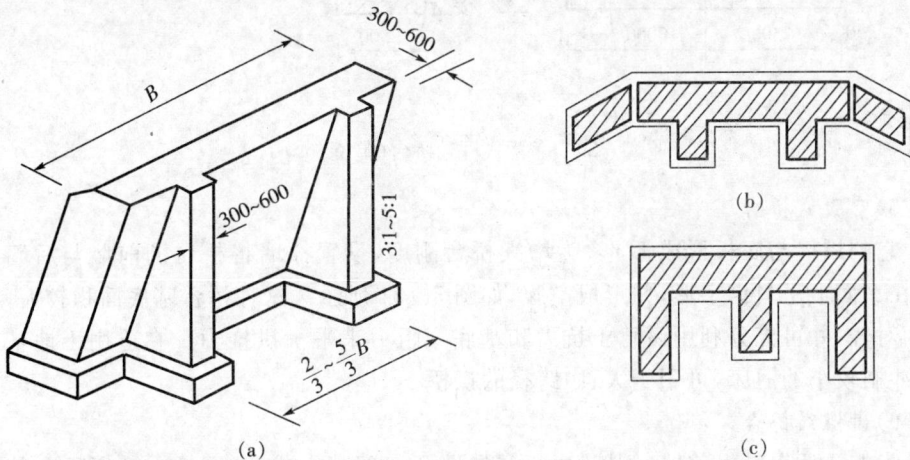

图 5-29　背撑式桥台　(单位:mm)

4)靠背式框架桥台

这种桥台是用三角形框架把台帽、前壁、耳墙和设置在不同标高且具有不同斜度的分离式基础联接而成,如图5-30所示。这样,一方面它具有水平的和倾斜的基底,能够满足桥台在施工期间的稳定性,另一方面由于底板比柱脚基础位置高,并具有与老土紧贴的斜背面,能够合理地承受主拱作用力。因而结构轻巧,圬工量大为减少。水平基础主要承受结构自重及部分荷重。在施工期间,整个结构有似于锚杆式挡土墙。斜置基础设置在L形的基坑上,其坡度等于挖方边坡。这种桥台的优点是:受力合理、圬工体积小,比重力式桥台节约85%左右,且基坑挖方量小,尤其显著的是水中的挖方量要减少很多。主要缺点是稍多用了一点钢筋。这种桥台适合于在非岩石地基上修建拱桥桥台。

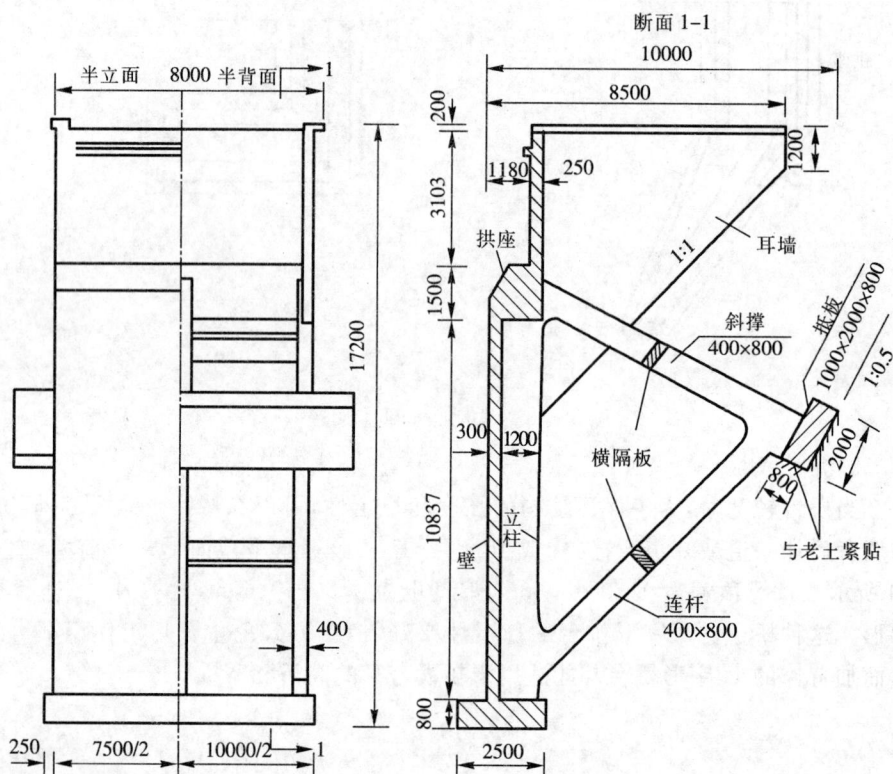

图5-30　靠背式框架桥台(单位:mm)

5)空腹式桥台

它的后墙与底板形成L形、为增大桥台刚度,设置撑墙将桥台的前墙与后墙相连,在平面上呈"目"字形,并形成空腹,如图5-31所示。这种桥台基底面积较大,重量相对轻,并可充分利用后背土抗力和基底摩阻力来平衡拱推力。它适用于地基软弱、冲刷较小的河床,可用于大、中跨径的拱桥。

6)齿槛式桥台

齿槛式桥台是由前墙、侧墙、底板和撑墙几个部分组成,如图5-32所示。其结构特点是:基底面积较大,可以支承一定的垂直压力;底板下的齿槛可以增加抗滑稳定性;台背做成斜挡板,利用它背面的原状土和前墙背面的新填土,共同平衡拱的水平推力,前墙与后墙板之间的撑墙可以提高结构的刚度。齿槛的宽度和深度一般不小于 0.50m。这种桥台适用于软土地基和路堤较低的中小跨径拱桥。

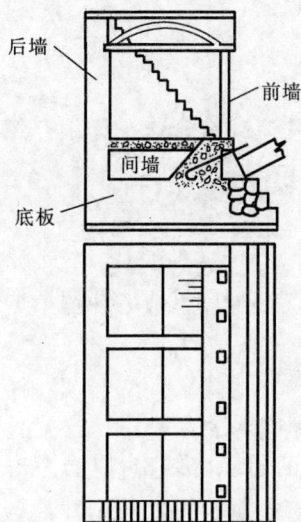

图 5-31　空腹式桥台

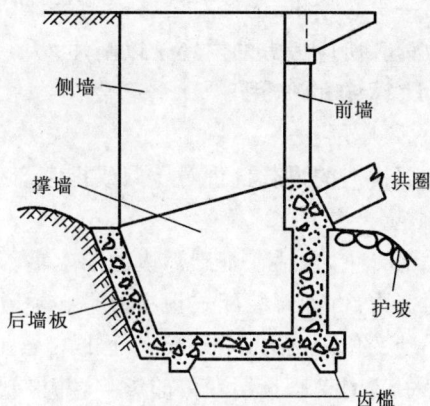

图 5-32　齿槛式桥台

(3)组合式桥台

组合式桥台是由前台和后座两部分构成,如图 5-33 所示。前台与一般桥台相似,由台身、拱座和基础组成。前台基础一般采用桩基或沉井基础。当采用多排桩(双排桩)时宜采用斜直桩相结合。前直后斜,且斜桩多于直桩;当采用多排直桩时宜增加后排桩长或桩数,以提高桩基础抵抗前台向后转动和向岸水平位移的能力。后座由摩阻板和挡土墙组成,借挡土墙后土体水平抗力和摩阻板底下土的剪切抗力以及前台桩基础所承受的水平力来平衡拱推力。挡土墙也可设置在前台,即为前台的背墙。

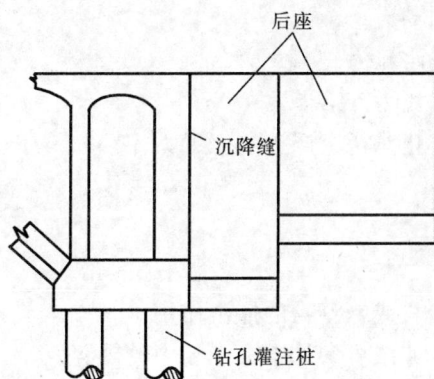

图 5-33　组合式桥台

前台与后座两部分之间必须密切贴合,并设置沉降隔离缝,以适应两者的不均沉降。后座在考虑沉降后的基底标高宜接近于拱脚截面中心标高。在地基土质较差时,后座地基应作适当处理。这种桥台可适用于软弱地基上的大、中跨径的拱桥。

5.2　桥墩的计算

5.2.1　作用及其效应组合

在第一篇总论里,已经对公路桥涵设计荷载及其荷载组合作了详细介绍。这里结合桥墩计算所应考虑的内容予以阐述。

1. 桥墩计算中的作用

(1)永久作用

1)上部构造的恒载自重对墩帽或拱座产生的支承反力,包括上部构造混凝土收缩,徐变影响。

2)桥墩自重,包括在基础襟边上的土重。

3)预应力,例如对装配式预应力空心桥墩所施加的预应力。

4)基础变位影响力,对于奠基于非岩石地基上的超静定结构,应当考虑由于地基压密等引起的支座长期变位的影响,并根据最终位移量按弹性理论计算构件截面的附加内力。

5)水的浮力,当验算稳定性时,位于透水性地基上的桥梁墩台,应计算设计水位时水的不利浮力;当验算地基承载力时,仅考虑低水位时的有利浮力或不计浮力;基础嵌入不透水性地基的墩台,可以不计水的浮力;当不能肯定是否透水时,则分别按透水和不透水两种情况进行最不利的作用效应组合。

(2)可变作用

1)作用在上部结构上的汽车荷载,对于钢筋混凝土柱式墩应计入冲击力,对于重力式墩台则不计冲击力。

2)人群荷载。

3)作用在上部构造和墩身上的纵、横向风力。

4)汽车荷载引起的制动力。

5)作用在墩身上的流水压力。

6)作用在墩身上的冰压力。

7)上部构造因温度变化对桥墩产生的水平力。

8)支座摩阻力。

(3)偶然荷载

1)地震作用。

2)作用在墩身上的船只或飘浮物的撞击作用。

上述各种荷载的计算方法可参见本书1.3中的内容。

2. 作用效应组合

为了找到控制设计的最不利组合,通常需要对各种可能的组合分别进行计算,并且在对汽车荷载作用效应计算时还需按纵向及横向的最不利位置布载。在桥墩计算中,一般需验算墩身截面的承载能力、墩身截面上的合力偏心距及其稳定性。为此需根据不同的验算内容选择各种可能的最不利作用效应组合。下面将分别叙述梁桥和拱桥桥墩可能出现的组合。

(1)梁桥重力式桥墩

1)第一种组合

按在桥墩各截面上可能产生的最大竖向力的情况进行组合。此时将汽车车道均布荷载纵向布置在相邻的两跨桥孔上,并且将集中荷载布置在计算墩处,这时得到桥墩上最大的汽车竖向荷载,但偏心较小。

它是用来验算墩身强度和基底最大应力。因此,除了有关的永久作用外。应在相邻两跨布置汽车车道荷载和人群荷载,见图5-34(a)。

2)第二种组合

按桥墩各截面在顺桥方向上可能产生的最大偏心和最大弯矩的情况进行组合。当汽车车道荷载只在一孔桥跨上布置时,同时有其他水平荷载,如风力、船撞力、水流压力和冰压力等作用在墩身上,这时竖向荷载最小,而水平荷载引起的弯矩作用最大,可能使墩身截面产生很大的合力偏心距,此时桥墩的稳定性也是最不利的。

它是用来验算墩身强度、基底应力、偏心以及桥墩的稳定性。属于这一组合的除了有关的永久作用外,应在相邻两孔的一孔上(当为不等跨桥梁时则在跨径较大的一孔上)布置汽车车道荷载和人群荷载,以及可能产生的其他可变作用,例如纵向风力、汽车制动力和支座摩阻力等,见图5-34(b)。

3)第三种组合

按桥墩各截面在横桥方向上可能产生最大偏心和最大弯矩的情况进行组合。它是用来验算在横桥方向上的墩身强度,基底应力、偏心以及桥墩的稳定性。属于这一组合的除了有关的永久作用以外,要注意将可变作用的一种或几种偏于桥面的一侧布置,此外还应考虑偶然荷载中的船只或漂浮物的撞击力等,见图5-34(c)。

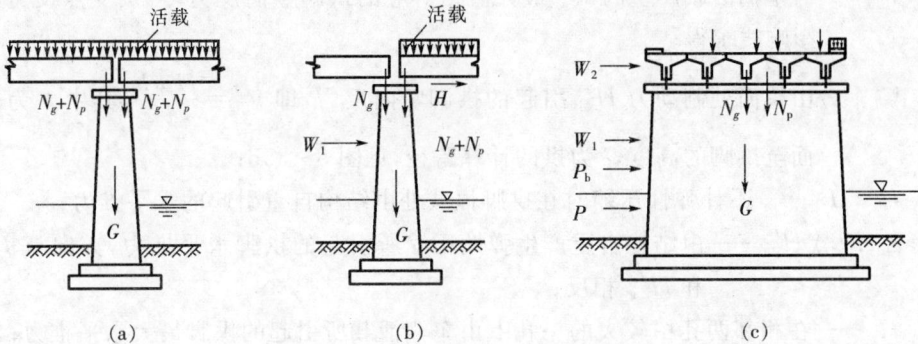

图5-34 梁桥桥墩的作用组合图示

(2)拱桥重力式桥墩

拱桥实体桥墩的计算方法与梁桥桥墩基本相同,只是在受力上,由于上部构造是拱跨结构,因此在拱座上除了作用有竖向力以外还有水平推力和弯矩,同时还要考虑受温度变化及拱圈材料的收缩的影响。

1)顺桥方向的作用及其效应组合

顺桥方向的最不利组合是相邻两孔全部恒载,在一孔或跨径较大的一孔满布汽车车道荷载和人群荷载,其他可变荷载中的汽车制动力、纵向风力、温度作用等,并计及由此对桥墩产生的不平衡水平推力、竖向力和弯矩,见图 5-35。当相邻两孔为等跨时,则由恒载、温度作用和拱圈材料收缩影响引起的拱座水平推力及弯矩互相抵消。

对于单向推力墩则只考虑相邻两孔中跨径较大一孔的永久荷载作用力。

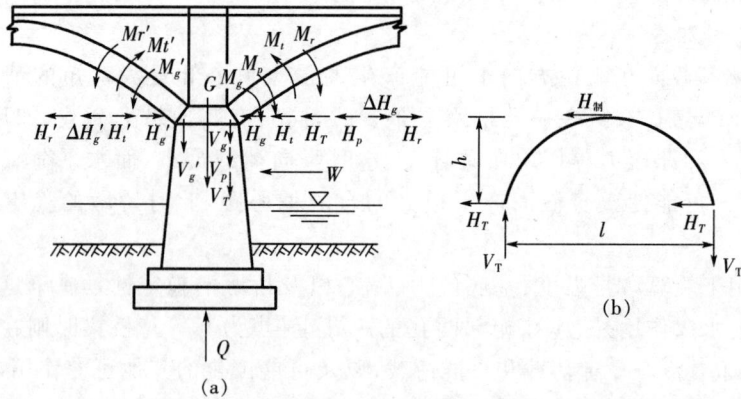

图 5-35　不等跨拱桥桥墩受力

图 5-35 中的符号意义如下:

G——桥墩自重;

Q——水的浮力(仅在验算稳定时考虑);

V_g,V'_g——相邻两孔拱脚处因结构自重产生的竖向反力;

V_p——与车辆活载产生的 H_p 最大值相对应的拱脚竖向反力,可按支点反力的影响线求得;

V_T——由桥面处制动力 $H_{制}$ 引起的拱脚竖向反力,即 $V_T = \dfrac{H_{制} h}{l}$,其中 h 为桥面至拱脚的高度,l 为拱的计算跨径,见图 5-35b;

H_g,H'_g——不计弹性压缩时在拱脚恒载处由结构自重引起的水平推力;

ΔH_g,$\Delta H'_g$——由结构自重产生弹性压缩所引起的拱脚水平推力,方向与 H_g 和 H'_g 相反;

H_p——在相邻两孔中较大的一孔上由车辆活载所引起的拱脚最大水平推力;

H_T——制动力在拱脚处引起的水平推力,按两个拱脚平均分配计算,即 $H_T = \dfrac{H_{制}}{2}$;

H_t,H'_t——温度变化引起在拱脚处的水平推力(图示方向为温度上升,降温时则方向相反);

H_r,H'_r——拱圈材料收缩引起的拱脚水平拉力;

M_g,M'_g——结构自重引起的拱脚弯矩;

M_p——由车辆活载引起的拱脚弯矩,由于它是按 H_p 达到最大值时的活载布置计算,故产生的拱脚弯矩很小,可以忽略不计;

M_t,M'_t——温度变化引起的拱脚弯矩;

M_r,M'_r——拱圈材料收缩引起的拱脚弯矩;

W——墩身纵向风力。

2)横桥方向的荷载及其组合

横桥方向的验算一般不控制设计,仅在地震力、冰压力或漂浮物撞击时才给予考虑。求得以上各力大小和作用点后,可分别对墩身截面及基底进行应力和偏心验算,以及桥墩的稳定性验算。其验算方法与梁桥桥墩相同。

上述的各种作用组合是对重力式桥墩面言的,对于其它型式的桥墩,则要根据它们的构造和受力特点进行具体分析,然后参照上述的一般原则,进行相应的作用效应组合。

5.2.2 重力式桥墩的计算与验算

在计算桥墩之前,应根据构造要求拟定各部分尺寸。在验算时分别按主力和主力加附加力的最不利组合情况,进行强度和稳定性的验算。验算结果如超过桥墩圬工的规定容许应力及地基土的容许应力,以及不能满足倾覆和滑动稳定性要求时,则应将尺寸作适当的修改并重新计算。

对于梁桥和拱桥重力式桥墩的的算,虽然在作用效应组合的内容上稍有不同,但是就某个截面而言,这些外力都可以合成为竖向和水平方向的合力(用 $\sum N$ 和 $\sum H$ 表示)以及绕该截面 $x-x$ 轴和 $y-y$ 轴的弯矩(用 $\sum M_x$ 和 $\sum M_y$ 表示),如图 5-36 所示。因此,它们的验算内容和计算方法基本相同。

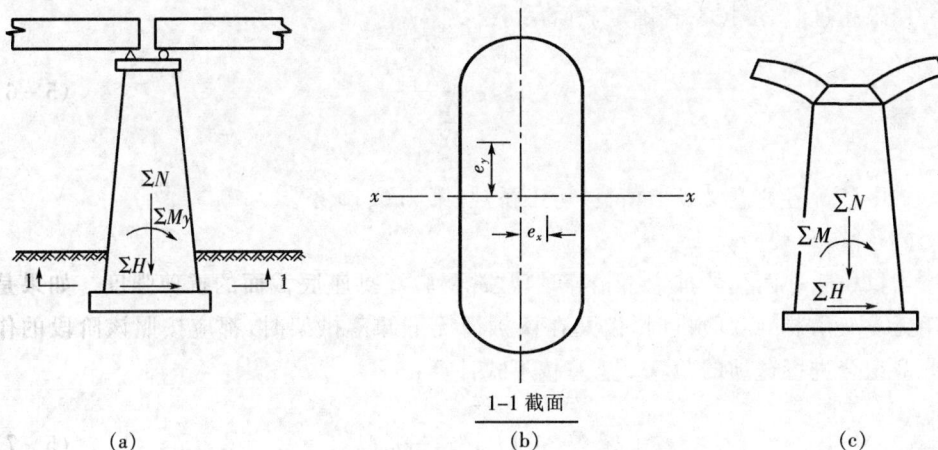

图 5-36 墩身底截面强度验算

1. 截面承载能力极限状态验算

重力式桥墩主要用圬工材料建造,一般为偏心受压构件,结构采用以概率论为基础的极限状态设计方法,采用分项系数的设计表达式进行计算,在不利作用效应

组合下，桥墩各控制截面的作用效应设计值应小于或等于结构的抗力效应设计值，以方程表示为

$$\gamma_0 S \leqslant R(f_d, a_d) \tag{5-5}$$

式中各符号的意义及取值见《圬工桥规》中式(4.0.4)

墩台截面的强度验算包括下列各项内容：

(1)验算截面的选取

验算截面通常选取墩身的基础顶面与墩身截面突变处。对于悬臂式墩帽的墩身，应对与墩帽交界的墩身截面进行验算。当桥墩较高时，由于危险截面不一定在墩身底部，需沿墩身每隔 2~3m 选取一个验算截面。

(2)验算截面的内力计算

按照各种组合分别对各验算截面计算其竖向力、水平力和弯矩(顺桥向和横桥向)，得到相应的竖向力 $\sum N$、水平力 $\sum H$ 和弯矩 $\sum M$。

(3)承载能力极限状态验算

按轴心或偏心受压构件验算墩身各截面的承载能力。对于砌体截面，承载力验算应按《圬工桥规》第 4.0.5 条至第 4.0.7 条和第 4.0.9 与第 4.0.10 条的规定计算；对于混凝土截面，其承载力验算应按《圬工桥规》第 4.0.8 与第 4.0.10 条的规定计算。如果不满足要求时，就应修改墩身截面尺寸、重新验算。

(4)截面偏心验算

桥墩承受偏心受压荷载时，各验算截面在各种组合下的偏心距 $e = \dfrac{\sum M}{\sum N}$ 不得超过《圬工桥规》表 4.0.9 中规定的允许值。

如果超过时，可按下式确定截面尺寸

$$\gamma_0 N_d \leqslant \varphi \dfrac{A f_{tmd}}{\dfrac{Ae}{W} - 1} \tag{5-6}$$

式中各符号的意义及取值见《圬工桥规》第 4.0.10 条。

(5)抗剪承载力验算

当拱桥相邻两孔的推力不相等时，常常要验算拱座底截面的抗剪强度。如果是采用无支架吊装的双曲拱时，以及在裸拱情况下卸落拱架时，都应按照该阶段的作用效应组合进行这项的验算。验算按下式计算：

$$\gamma_0 N_d \leqslant A f_{vd} + \dfrac{1}{1.4} \mu_f N_k \tag{5-7}$$

式中各符号的意义及取值见《圬工桥规》第 4.0.13 条规定。

2. 桥墩的稳定性验算

桥墩整体稳定性验算包括抗倾覆稳定性验算和抗滑动稳定件验算两方面内容，可按《公路桥涵地基与基础设计规范》(JTG D63—2007)进行计算。

(1)抗倾覆稳定性验算

如图 5-37 所示,当桥墩处于临界稳定平衡状态时,绕倾覆转动轴 A-A 取矩,**令稳定力矩为正,倾覆力矩为负**,则:

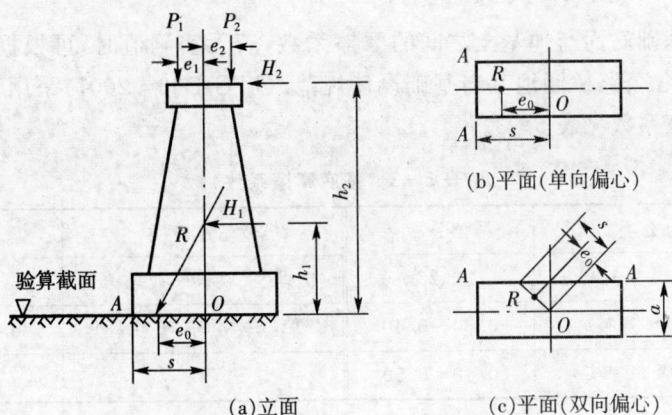

图 5-37   墩台基础稳定验算示意图

$O-$ 截面重心;$R-$ 合力作用点;$A-A$ 验算倾覆轴

$$\sum P_i \cdot (s - e_i) - \sum (H_i \cdot h_i) = 0$$

即:$s \cdot \sum P_i - \left[\sum (P_i \cdot e_i) + \sum (H_i \cdot h_i)\right] = 0$

上述方程左边第一项为稳定力矩,第二项为倾覆力矩。

有此可见,抵抗倾覆的稳定系数 K_0 可按下式验算:

$$K_0 = \frac{M_稳}{M_倾} = \frac{s \sum P_i}{\sum (P_i e_i) + \sum (H_i h_i)} = \frac{s}{e_0} \tag{5-8}$$

式中:$M_稳$ —— 稳定力矩;

$M_倾$ —— 倾覆力矩;

P_i —— 不考虑其分项系数和组合系数的作用标准值组合或偶然作用(地震除外) 标准值组合引起的竖向力(kN);

e_i —— 竖向力 P_i 对验算截面重心的力臂(m);

H_i —— 不考虑其分项系数和组合系数的作用标准值组合或偶然作用(地震除外) 标准值组合引起的水平力(kN);

s —— 在截面重心与合力作用点的连接线上,自截面重心至验算倾覆轴的距离(m);

e_0 —— 所有外力的合力 R 在验算截面的作用点对基底重心的偏心距。

(2)抗滑动稳定性验算

抵抗滑动的稳定系数 K_c,按下式验算:

$$K_c = \frac{\mu \sum P_i + \sum H_{iP}}{\sum H_{ia}} \tag{5-9}$$

式中：$\sum P_i$ —— 各竖向力的总和（包括水的浮力）；

$\sum H_{iP}$ —— 抗滑稳定水平力的总和；

$\sum H_{ia}$ —— 滑动水平力总和；

μ —— 基础底面与地基土之间的摩擦系数，若无实测值时，可根据土质情况参照《公路桥涵地基与基础设计规范》（JTG D63—2007）采用，各种土的摩擦系数见表 5-3。

表 5-3　基底摩擦系数

地基土分类	摩擦系数 μ	地基土分类	摩擦系数 μ
黏土（流塑～坚硬）、粉土	0.25	软岩（极软岩～较软岩）	0.40～0.60
砂土（粉砂～砾砂）	0.30～0.40	硬岩（较硬岩、坚硬岩）	0.60、0.70
碎石土（松散～密实）	0.40～0.50		

上述求得的倾覆与滑动稳定系数 K_0 和 K_c 均不得小于表 5-4 中所规定的最小值。最后还要注意的是：在验算倾覆稳定性和滑动稳定性时，应分别按常水位和设计洪水位两种情况考虑水的浮力。

表 5-4　抗倾覆和抗滑动的稳定系数

编号	作用组合	验算项目	稳定系数
1	永久作用（不包括混凝土收缩徐变、水的浮力）和车道荷载、人群荷载、的标准值效应组合	抗倾覆	1.5
		抗滑动	1.3
2	各种作用（不包括地震作用）的	抗倾覆	1.3
		抗滑动	1.2
3	施工阶段作用的标准值效应组合	抗倾覆	1.2
		抗滑动	

3. 相邻墩台基础沉降及墩顶水平位移验算

当墩台建筑在地质情况复杂、土质不均匀及承载力较差的地基上，以及相邻跨径差别悬殊而需计算沉降差或跨线桥净高需预先考虑沉降量时，均应计算其沉降。

对于座落在多层土上的墩台基础，其最终沉降量可用分层总和法计算。

《公路桥涵地基与基础设计规范》（JTG D63—2007）规定相邻墩台均匀沉降差（不包括施工中的沉降）不应使桥面形成大于 0.2% 的附加纵坡（折角）。对于超静定结构，桥梁墩台间的均匀沉降差除应满足桥面纵坡要求，还应满足结构的受力要求。

根据《圬工桥规》第 6.1.3 条的条文说明可知，墩顶水平位移不作验算限制。

4. 基础底面土的承载力和偏心距验算

地基的强度一般要比墩身圬工材料低。所以在设计时常将基底面积加大，以减小基底应力。因而对基底应力和偏心仍需进行验算，使其控制在容许范围内。

(1)基底土的应力验算

基底应力验算—般按顺桥方向和横桥方向分别进行。当偏心荷载的合力作用在基底截面的核心半径 ρ 以内时,应验算偏心向的基底应力。当设置在基岩上的墩基底的合力偏心距 e_0 超出核心半径 ρ 时,其基底的一边将会出现拉应力,由于不考虑基底承受拉应力,故需按基底应力重分布,见图 5-38,重新验算基底最大压应力,其验算公式如下:

顺桥方向 $p_{\max} = \dfrac{2N}{ac_x} \leqslant \gamma_R [f_a]$

$$(5-10)$$

横桥方向: $p_{\max} = \dfrac{2N}{bc_y} \leqslant \gamma_R [f_a]$

$$(5-11)$$

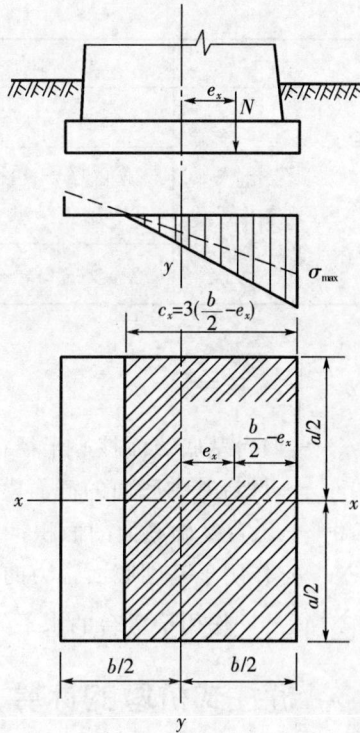

图 5-38 基底应力重分布

式中: $p_{\max}$ ——重新分布后基底最大压应力;

N ——作用于基础底面合力的竖向分力;

a、b ——横桥方向和顺桥方向基础底面积边长;

γ_R ——地基承载力容许值抗力系数,根据地基不同的受荷阶段,取 $\gamma_R = 1.0$ ~1.5;

$[f_a]$ ——计入基底埋深影响的修正后地基土的容许承载力;

c_x ——顺桥方向验算时,基底受压面积在顺桥方向的长度,即 $c_x = 3(b/2 - e_x)$;

c_y ——横桥方向验算时,基底受压面积在横桥方向的长度,即 $c_y = 3(a/2 - e_y)$;

其中: e_x、e_y ——合力在 x 轴和 y 轴方向的偏心距。

(2)基底偏心距验算

为了防止基底最大和最小应力悬殊过大(即荷载偏心过大),而使基底产生不均匀沉陷,影响桥墩的正常使用。因此,必须进行基底偏心距验算,使荷载的偏心距 e_0 应满足表 5-5 的规定。

表 5-5　墩台基底的合力偏心距容许值 $[e_0]$

作用情况	地基条件	合力偏心距	备注
墩台仅承受永久作用标准值效应组合	非岩石地基	桥墩 $[e_0] \leqslant 0.1\rho$	拱桥、刚构桥墩台,其合力作用点应尽量保持在基底重心附近
		桥台 $[e_0] \leqslant 0.75\rho$	

作用情况	地基条件	合力偏心距	备注
墩台承受坐一会标准值效应组合或偶然作用（地震作用除外）标准值效应组合	非岩石地基	$[e_0] \leqslant \rho$	拱桥单向推力墩不受限制，但 $e_0 > \rho$ 时应考虑应力重分布，且符合抗力倾覆稳定系数
	较破碎—极破碎岩石地基	$[e_0] \leqslant 1.2\rho$	
	完整、较完整岩石地基	$[e_0] \leqslant 1.5\rho$	

表中：$\rho = \dfrac{W}{A}$，$e_0 = \dfrac{\sum M}{N}$

式中：ρ—— 墩台基底截面核心半径；

W—— 墩台基础底面的截面模量；

A—— 墩台基础底面的面积；

N—— 作用于基础底面合力的竖向分力；

$\sum M$—— 作用于墩台的水平力和竖向力对基底形心轴的弯矩。

5.2.3 桩柱式桥墩的计算

桩式桥墩计算包括盖梁和桩身两部分。

1. 盖梁计算

桩柱式桥墩通常按钢筋混凝土构件设计。在构造上，桩柱的钢筋伸入盖梁内，与盖梁的钢筋绑扎成整体，因此盖梁与桩柱刚结呈刚架结构。双柱式墩台，当盖梁的刚度与桩柱的线刚度（EI/l）比大于 5 时，为简化计算可以忽略节点不均衡弯矩的分配及传递，一般可按简支梁或悬臂梁进行计算和配筋，多根桩柱的盖梁可按连续梁计算。所计算的钢筋混凝土盖梁，其跨高比为：简支梁 $2.0 < l/h \leqslant 5.0$；对连续梁或刚构 $2.5 < l/h \leqslant 5.0$。当跨高比 $l/h > 5.0$ 时，可按《公桥规》8.2.2 中规定的要求计算。此处，l 为盖梁的计算跨径，按《公桥规》8.2.3 条规定取用；h 为盖梁的高度。

作用在盖梁上的外力主要考虑上部结构永久作用引起的支反力、盖梁自重、活载和施工吊装荷载以及桥墩沿纵向的水平力。最不利活载加载，首先可根据所计算盖梁处上部结构支反力影响线确定活载最大支反力，其次是根据盖梁内力影响线决定活载最不利横向布置。

盖梁在施工过程中，荷载的不对称性很大，各截面将产生较大的内力，因此应根据当时的架桥施工方案，做出最不利荷载工况。

盖梁的配筋验算方法与钢筋混凝土梁配筋类同，根据弯矩包络图配置受弯钢筋，根据剪力包络图来配置斜筋和箍筋。在配筋时，还应计算各控制截面扭矩所需要的箍筋及纵向钢筋。

2. 墩身计算

桥墩一般分为刚性和柔性两种。刚性桩墩计算方法与重力式桥墩相仿；柔性桩墩的计算特点是需要从整个桥梁体系的分析来确定各桥墩的受力。

目前,国内采用橡胶支座日愈见多,这种支座在水平力作用下可以有微小的水平位移,因此,可以按在节点处设水平弹簧支承的框架图式计算,见图 5-39(a)所示。当采用对桥跨结构变形不够完善的支座,如仅垫油毛毡数层等时,通常可按多跨铰接框架的图式计算,见图 5-39(b)所示。

由于按多跨铰接框架图式所计算的要点,相对于工程的适用性越来越小,本节仅对图 5-39(a)所示的多跨水平弹簧支承的框架图式的计算要点进行介绍。考虑到按不同的纵向荷载布置来确定各墩的最不利受力仍然甚繁,故在设计中又作进一步简化,现将有关计算的一些基本假定和计算步骤分述如下:

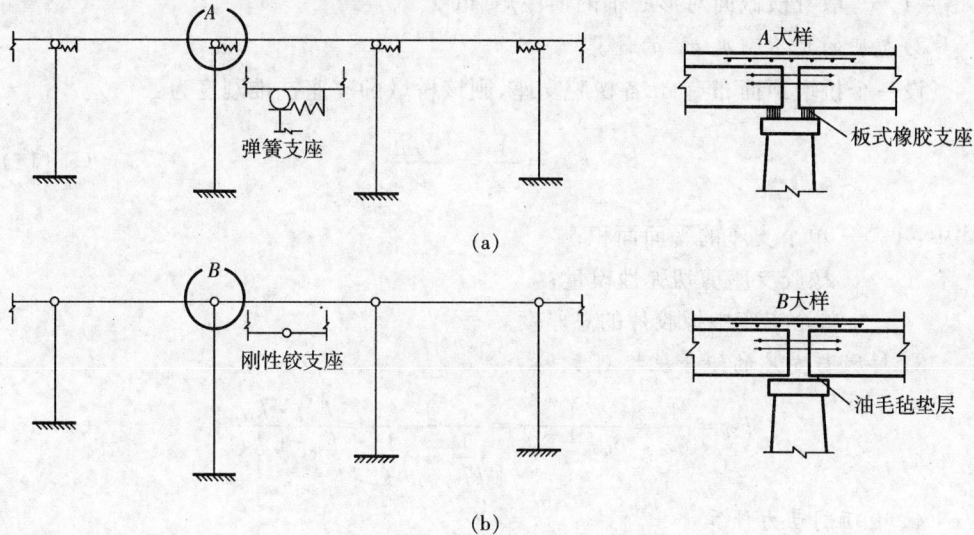

图 5-39　梁桥柔性排架墩计算图示

(1)基本假定

1)柔性桩墩视为下端固支、上端节点具有水平弹性变形铰支的超静定体系。

2)作用于墩顶的竖向力 N_i、不平衡弯矩 M_{0i} 以及由温度、制动力等引起的水平力 H_i,必要时还包括桩墩身受到的风荷载。对于梁体的混凝土收缩、徐变等次要因素引起的水平力可忽略不计。

3)计算制动力时,各墩台受力按墩顶抗推刚度(墩顶产生单位水平位移的水平反力)分配。在计算土压力时,如设有实体刚性墩台,则全部由有关刚性墩台承受。如均为柔性墩,则由岸墩承受土压力,并假定此时各个桩顶与上部构造之间不发生相对位移。

4)计算温度变形时,桩墩对梁产生的弹性拉伸或压缩影响忽略不计,而只计桩墩顶部水平力对桩墩所引起弯矩的影响。

5)在计算墩顶板式橡胶支座的抗推刚度时,只计水平方向剪切变形的影响,而忽略梁端偏转角的影响。

(2)计算步骤

1)桥墩抗推刚度 $k_{墩i}$ 的计算

桥墩抗推刚度 $k_{墩i}$ 是指使墩顶产生单位水平位移所需施加的水平反力。

$$k_{墩i} = \frac{1}{\delta_{墩i}} \qquad (5-12)$$

① 当墩柱下端固结在基础或承台顶面时：$\delta_{墩i} = \dfrac{l_i^3}{3EI}$ (5-13)

② 当考虑桩侧土的弹性抗力时，$\delta_{墩i}$则按《地基基础》课程中桩基础的有关公式计算。

式中：$\delta_{墩i}$——单位水平力作用在第 i 柔性墩顶产生的水平位移(m/kN)；

l_i——第 i 墩柱下端固结处到墩顶支座底面的高度(m)；

I——墩身横截面对形心轴的惯性矩(m^4)。

2）支座的抗推刚度 $k_{支i}$ 的计算

设一个桥墩顶面布有 m 各橡胶支座，则该桥墩的支座抗推刚度为：

$$k_{支i} = \frac{1}{\delta_{支i}} = \frac{AGm}{t} \qquad (5-14)$$

式中：A—— 单个支座的平面面积；

G—— 橡胶支座剪切弹性模量；

t—— 单个支座中橡胶片的总厚度。

3）桥墩与支座的组合抗推刚度 k_{Zi}

$$k_{Zi} = \frac{1}{\delta_{Zi}} = \frac{1}{\delta_{墩i} + \delta_{支i}} = \frac{1}{\dfrac{1}{k_{墩i}} + \dfrac{1}{k_{支i}}} = \frac{k_{墩i} \cdot k_{支i}}{k_{墩i} + k_{支i}} \qquad (5-15)$$

4）墩顶制动力计算

$$H_{iT} = \frac{k_{Zi}}{\sum k_{Zi}} T \qquad (5-16)$$

式中：H_{iT}—— 作用在第 i 墩（台）顶的制动力(kN)；

T—— 全桥（或一联）承受的制动力(kN)。

由制动力产生的墩顶水平位移：$\Delta_{iT} = \dfrac{H_{iT}}{k_{Zi}}$ (5-17)

5）梁的温度变形引起的水平力

各墩由温度变化产生的水平位移为　　$\Delta_{it} = \alpha \cdot \Delta t \cdot x_i$ (5-18)

各排架墩顶所受的温度力为：　$H_{it} = k_{Zi}\Delta_{it}$ (5-19)

式中：α—— 桥跨结构材料线膨胀或收缩系数，钢筋混凝土取 0.00001；

Δt—— 温度升降变化范围；

x_i—— 各排架中心到温度变化时偏移值等于零的位置的距离。

6）由墩顶不平衡弯矩 M_{0i} 产生的水平位移 Δ_{iM}

根据桥跨结构上纵桥向可变作用最不利布载，可求得简支梁桥墩顶不平衡弯矩 M_{0i}，由其产生的水平位移为：

$$\Delta_{Mi} = \frac{M_0 l_i^2}{2EI} \qquad (5-20)$$

式中：l_i、E 和 I 的意义同前

7）不计入支座约束影响时，墩顶产生的总水平位移的计算

在这种情况下，应计入墩顶受到的最不利布载时的竖向力 N_i 及墩身的自重 q、水平力 H_i 和不平衡弯矩 M_{0i} 的影响。这是一个几何非线性的问题，如图 5-40 所示，可应用瑞雷—里兹法和最小势能原理近似求解。

墩顶总水平位移为：

$$\Delta_i = \frac{H_i + M_{0i}\left(\dfrac{\pi}{2l_i}\right)}{\dfrac{l_i}{8}\left[\dfrac{EI_i}{4}\left(\dfrac{\pi}{l_i}\right)^4 - \left(N_i + \dfrac{ql_i}{3}\right)\left(\dfrac{\pi}{l_i}\right)^2\right]}$$

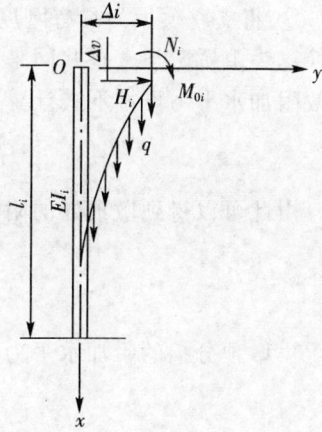

$$(5-21)$$

图 5-40　等直截面悬臂墩

式中：H_i——作用于墩顶处的纵桥向总水平力，其

作用方向与图 5-40 中的 y 轴一致者为正，反之为负。

　　M_{0i}——作用于墩顶处的不平衡力矩，若由它引起的墩顶水平位移与 H_i 的位移应相一致时，则取与 H_i 同号，反之取与 H_i 异号。

8）计入板式橡胶支座约束影响后墩顶的附加水平力的计算

由图 5-41(a) 可知，每个桥墩的顶部并非完全自由，而是受到板式橡胶支座的弹性约束的。梁体上的水平力是通过板式支座与墩、梁接触面的摩阻力传递至桥墩，它既使墩顶产生水平位移，而又使板式支座产生剪切变形。当梁体完成了这个水平力的传递以后，梁体便处于暂时的稳定状态。这时由于存在有轴力 N_i 和墩身自重 q 的影响，将使墩顶产生附加变形 δ'_i。于是，板式橡胶支座由原来传递水平力的功能转变为抵抗墩顶继续变形的功能，当墩身很柔时，有可能使支座原来的剪切变形先恢复到零，逐渐过渡到反向状态。根据这个工作机理，便可将每座桥墩的受力状态分解为两个工作状态的组合，如图 5-41 所示。

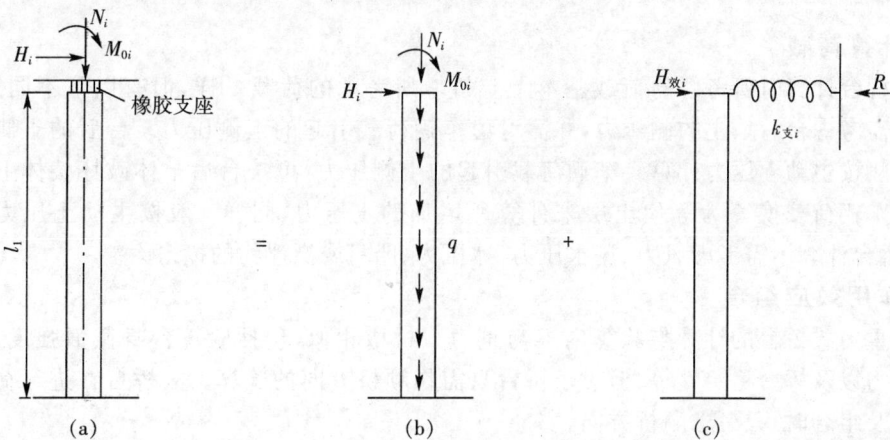

图 5-41　考虑几何非线性效应的计算模型

① 不计几何非线性效应的普通悬臂墩,它可按墩顶上的各个外力先分别计算,然后进行内力或变形的叠加,如图 5-41(b)所示。

② 将支座模拟为具有刚度为 $k_{支i}$ 的弹簧支承,将引起几何非线性效应影响的轴力换算为由桥墩与支座共同来承担的等效附加水平力 $H_{效i}$,如图 5-41(c)所示。该等效附加水平力可按下式计算:

$$H_{效i} = k_{墩i}(\Delta_i - \Delta_{iM}) - H_i \qquad (5-22)$$

由此可以得到墩顶处的附加水平位移 δ'_i,即:

$$\delta'_i = \frac{H_{效i}}{k_{墩i} + k_{支i}} \qquad (5-23)$$

由墩顶分担的附加水平力:

$$H'_{效i} = k_{墩i}\delta'_i \qquad (5-24)$$

由弹簧支撑分担的附加水平力 $H''_{效i}$ 或支反力 R_i 为:

$$H''_{效i} = R_i = k_{支i}\delta'_i \qquad (5-25)$$

以上是柔性排架墩的一般计算步骤和方法。对于不同的桥墩应分别按不同的工况进行最不利的组合,找到控制设计的截面内力进行设计。工程中有时为了简化分析,也可以偏安全地不考虑橡胶支座弹性抗力的有利影响,即按式(5-21)得到的结果来确定截面内力。

顺便指出,上述的计算步骤和公式同样适用于设置板式橡胶支座的中、小跨径连续梁。由于连续梁的各个中墩均只有一排支座,理论上可以认为墩顶的不平衡力矩 $M_{0i} = 0$,并代入相应的公式即可。

5.3 桥台的计算

5.3.1 重力式桥台的计算

1. 计算荷载

桥台计算时所考虑的荷载基本上与桥墩所考虑的荷载一样,但有以下不同点:桥台需考虑台后填土的侧压力,并需考虑车辆荷载引起的土侧压力。台后的土侧压力一般按主动土压力计算。车辆荷载引起的土侧压力,可按台后土体破坏棱体上布置的车辆荷载换算为等代土层来计算所增加的土压力,同样一般按主动土压力计算;桥台计算不需考虑风力、流水压力、冰压力、船只或漂浮物的撞击力。

2. 作用效应组合

重力式桥台的计算与验算内容与重力式桥墩相似,包括验算台身截面强度、地基应力以及桥台稳定性等,但对于桥台只需作顺桥方向的验算。故桥台在进行荷载布置及组合时,只考虑顺桥方向。

(1)梁桥重力式桥台的荷载布置及组合

根据汽车荷载沿纵桥向不同的布置形式,按各种可能出现的荷载进行最不利荷载组合,梁桥桥台验算时车辆荷载可按以下三种情况布置:①车辆荷载仅布置在台后填土的破坏棱体上,见图5-42(a);②车辆荷载仅布置在桥跨结构上,见图5-42(b);③车辆荷载同时布置在桥跨和台后填土的破坏棱体上,见图5-42(c)。

具体是哪一种荷载组合控制设计,要结合验算的具体内容经过分析比较后才能确定。

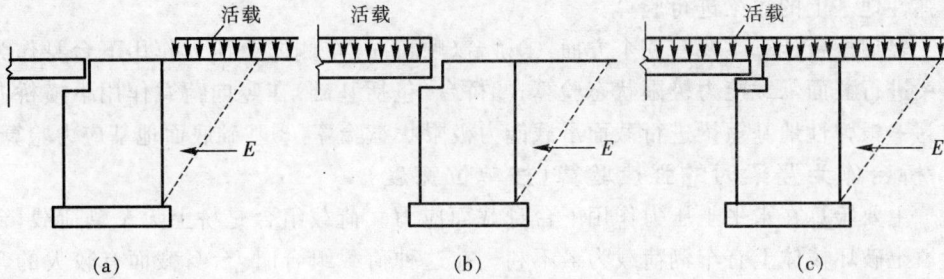

图5-42 梁桥桥台荷载组合图式

(2)拱桥重力式桥台的荷载布置及组合

拱桥桥台一般按以下两种情况布置车辆荷载,并进行组合:①桥跨满布活载,使拱脚水平推力 H_p 达到最大值,温度上升,制动力向路提方向,台后按压实土考虑土侧压力,使桥台有向路堤方向偏移的趋势,见图5-43(a);②台后破坏棱体上有活载,制动力向桥跨方向,桥跨上无活载,温度下降,台后按未压实土考虑土侧压力,使桥台有向桥跨方向偏移的趋势,见图5-43(b)。图中符合的意义与图5-35相同。

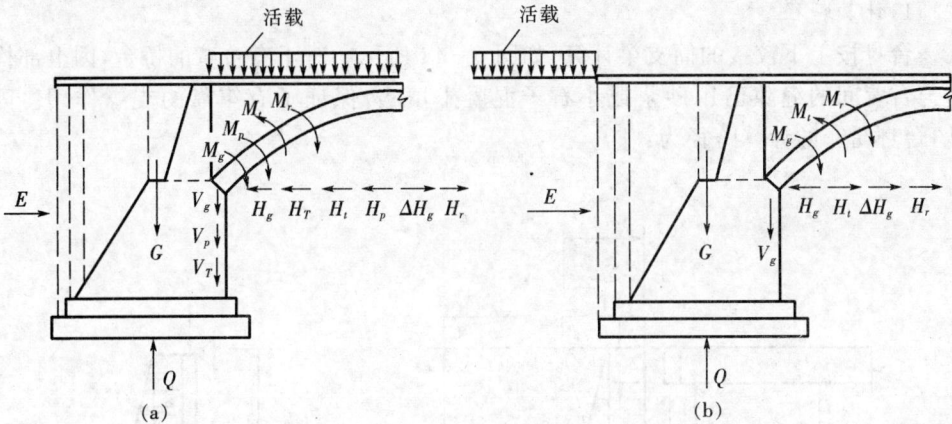

图5-43 拱桥桥台荷载组合图式

3. 验算内容

桥台只作纵桥向的验算,U形桥台验算项目与实体式桥墩基本相同,需验算台身强度、截面偏心距及桥台整体稳定性(抗倾覆稳定和抗滑动稳定)。验算方法与公式均与实体式桥墩相同。当验算台身砌体强度时,如桥台截面各部尺寸满足上述构造要求,则把桥台的翼墙和前墙作为整体来考虑受力;否则前墙应按独立的挡土墙计算。

5.3.2 设有支承梁的轻型桥台的计算特点

梁桥轻型桥台是按四铰刚构的理论进行计算的。桥梁的上部构造及桥孔下面的支撑梁作为桥台的上下支撑,保持两台不向河中移动。桥台作为上下端均为简支的竖梁,承受台后的水平土压力,同时由于翼墙与桥台连成整体,所以桥台尚应作为在弹性地基上的短梁进行验算。

轻型桥台计算主要有三个方面:①桥台(顺桥向)在侧向土压力作用下台身作为竖梁进行截面承载能力极限状态验算;②桥台(包括基础)在竖向荷载作用下横桥向作为一根弹性地基短梁进行截面承载能力极限状态验算;③基础底面地基应力验算。

1. 桥台作为竖梁时的强度验算(按单位宽度)

主要验算在水平土压力作用下台身截面应力。荷载组合是桥上无车辆荷载,台背填土破坏棱体上有车辆荷载为最不利。在这种荷载组合时,台身截面有较大的弯矩,因而控制设计。

(1)验算截面处竖向力 N

它包括以下三项:①桥跨结构恒载在单位宽度桥台上的支点反力 N_1;②单位宽度台帽的自重 N_2;③验算截面以上单位宽度台身的自重 N_3。于是 $N = N_1 + N_2 + N_3$。

(2)台后主动土压力计算

按《桥规》中 4.2.3 条的规定进行计算。

(3)台身内力计算

1)计算跨径

台身按上下铰接的简支梁计算,如图 5-44 所示。对于有台背的桥台,因上部构造与台背间的缝隙已用砂浆或小石子混凝土填实,保证了有牢靠的支撑作用。因此,台身受弯的计算跨径为:

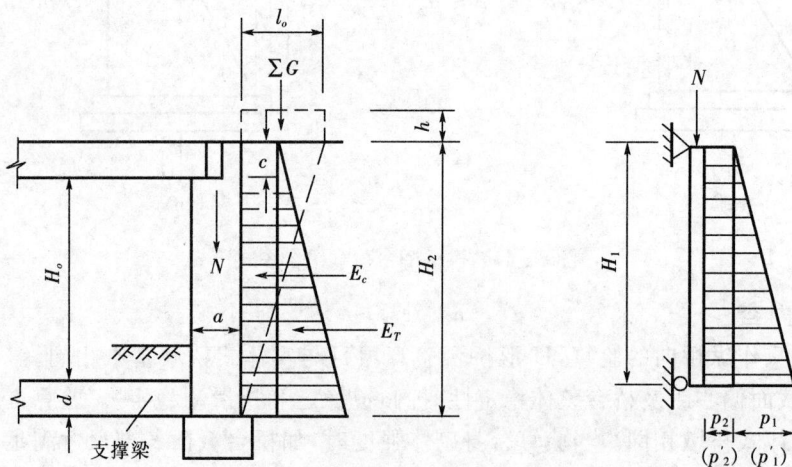

图 5-44 土压力及计算图示

$$H_1 = H_0 + \frac{d}{2} + \frac{c}{2} \tag{5-26}$$

式中：H_0——桥跨结构与支撑梁间的净距；

    d——支撑梁的高度；

    c——桥台背墙的高度。

对于受剪的计算跨径则取 H_0。

2）土压力引起的弯矩和剪力（近似按中点计算）

台身跨中截面的弯矩：$M = \dfrac{1}{8} p_2 H_1^2 + \dfrac{1}{16} p_1 H_1^2 \tag{5-27}$

台帽顶部截面的剪力：$Q = \dfrac{1}{2} p'_2 H_0 + \dfrac{1}{3} p'_1 H_0 \tag{5-28}$

支撑梁顶面处的剪力：$Q = \dfrac{1}{2} p'_2 H_0 + \dfrac{2}{3} p'_1 H_0 \tag{5-29}$

式中：p_1, p_2——受弯计算跨径 H_1 处的土压力强度；

    p'_1, p'_2——受剪计算跨径 H_0 处的土压力强度。

（4）截面强度验算

按《公桥规》中有关公式进行跨中截面的抗压强度和支点截面的抗剪强度验算。

2. 桥台在本身平面内的弯曲验算

根据弹性地基梁的理论，当荷载距梁两端的距离均小于 $3/\beta$（β 为特征系数）时，近似地作为短梁计算，其计算图式见图 5-45 所示。中点最大弯矩可按下式计算：

$$M_{1/2} = \frac{q}{2\beta^2} \left[\frac{\mathrm{ch}\beta l - 1}{\mathrm{sh}\beta l + \sin\beta l} \mathrm{ch}\beta a \sin\beta a + \frac{1 - \cos\beta l}{\mathrm{sh}\beta l + \sin\beta l} \mathrm{sh}\beta a \cos\beta a - \mathrm{sh}\beta a \sin\beta a \right]$$

$$\tag{5-30}$$

式中：l——基础长度；

    a——桥台中心线至分布荷载边缘的距离；

    β——特征系数，$\beta = \sqrt[4]{k/4EI}$；

其中：k——土的弹性抗力系数，一般由试验确定；无试验资料时，可按规范或手册采用；E、I——桥台的弹性模量和截面惯性矩。

3. 基地应力验算

桥台的基底应力为桥台本身自重引起的和桥跨结构的恒载及活载引起的应力之和。桥台自重引起的基底应力可按台墙因自重不致发生弯曲的假定计算。荷载引起的基底最大应力可按下式求得。

$$\sigma = \frac{q}{b} \left[\frac{\mathrm{ch}\beta l + 1}{\mathrm{sh}\beta l + \sin\beta l} \mathrm{sh}\beta a \cos\beta a + \frac{1 + \cos\beta l}{\mathrm{sh}\beta l + \sin\beta l} \mathrm{ch}\beta a \sin\beta a + 1 - \mathrm{ch}\beta a \cos\beta a \right]$$

$$\tag{5-31}$$

式中的 b 为基础宽度，其余符号同前。

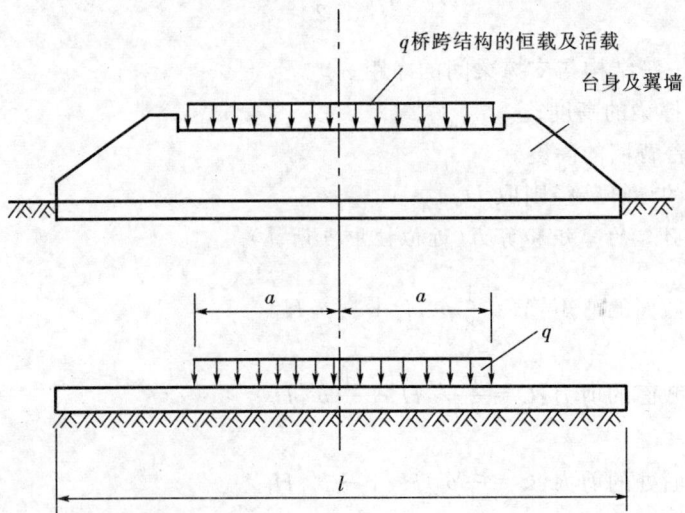

图 5 - 44　桥台在本身平面内弯曲的计算图式

思考练习题

1. 梁桥墩台有哪几种类型？各自的适用条件是什么？

2. 拱桥墩台有哪几种类型？各自的适用条件是什么？

3. 拱桥墩台与梁桥墩台的最大区别是什么？

4. 与梁桥相比,拱桥重力式桥墩的作用效应组合有哪些不同？

5. 对于中、小跨径的不等跨结构,桥梁上部结构采用简支梁或拱桥时,重力式桥墩的设计有何不同？

6. 拱桥何时设单向推力墩？常用的推力墩有哪几种？

7. 叙述组合式桥台的构造和受力特点？

8. 在验算墩台的稳定性或地基承载力时,应怎样考虑水的浮力？

9. 实体式墩台验算中如基础底面应力出现负值时应如何计算？

10. 梁桥桩柱式桥墩的计算有什么特点？

11. 梁桥桥墩计算中,可能出现的作用效应组合有哪几种情况？

12. 柔性排架桩墩的组合抗推刚度的定义是什么？

13. 为什么要控制实体墩墩身截面的偏心距？

14. 叙述设置支撑梁的轻型桥台的特点

15. 梁桥桥台验算时有哪三种布载方式？验算有哪些内容？

16. 设有支撑梁的梁桥轻型桥台可按什么结构体系计算,其计算内容有哪些？

第6章

桥梁施工

[本章导读]

本章首先从桥梁基础施工和上部结构施工两个方面介绍桥梁施工基本方法、施工要点和一般注意事项。公路桥梁上常用的桥梁基础及其相应的施工方法包括：扩大基础、桩及管柱基础、沉井基础、地下连续墙基础、组合基础以及新型根式基础等。上部施工方法包括：现浇法、预制安装法、悬臂施工法、转体施工法、顶推施工法、逐孔施工法、横移施工法、提升与浮运施工法等。然后，本章根据桥梁结构形式的不同，分别阐述了钢筋混凝土简支梁桥、预应力混凝土简支梁桥、装配式简支梁桥、悬臂体系和连续体系梁桥、拱桥、斜拉桥和悬索桥等桥型的施工方法和施工要点。

[知识目标]

通过本章学习，能够熟悉各类桥梁的施工方法和施工要点。了解各类桥梁施工方法的适用条件、施工工艺和施工设备。掌握常用的简支和连续梁桥、拱桥的施工要点，初步了解长大跨度桥梁，包括斜拉桥和悬索桥等的施工流程。

[能力目标]

熟悉各类桥梁的施工方法及其适用条件，掌握与施工方法相对应的施工工艺；能够理解桥梁结构在施工阶段的力学依据，为正确掌握施工方法以及参加工程实践奠定基础。

[重点难点]

本章重点是各种桥梁施工方法的适用条件、施工工艺的合理选择，以及在实际施工过程中多种施工方法的综合运用。难点是理解桥梁施工力学的不确定性和复杂性，包括：施工中材料特性的不确定性、施工荷载的不确定性、结构体系不确定性、施工次内力的不确定性等等。另外，长大跨度桥梁（斜拉桥、悬索桥等）施工过程中的控制措施和施工监控方法也是本章的难点。

6.1 桥梁施工方法概述

桥梁施工是桥梁工程中非常重要的环节,是从图纸向实桥转变的唯一途径。施工阶段力学问题不同于桥梁结构设计的力学计算,它具有一定的复杂性和不确定性:(1)对临时支架的力学计算,要考虑基础条件的不确定性、支架连接的不确定性和荷载的不确定性;(2)对桥梁结构施工状态的力学计算要考虑材料特性的不确定性、结构体系的不确定性、施工荷载的不确定性和构造细节特性的不确定性;(3)大型桥梁结构施工过程中往往存在体系转换,必须考虑因施工工序不同而产生的施工内力,以及各项次内力,受力情况复杂。因此,了解和掌握桥梁工程施工方法和技术,具有非常重要的意义。

6.1.1 桥梁基础施工

桥梁上部承受的各种荷载,通过桥台或桥墩传至基础,再由基础传至地基。基础是桥梁下部结构的重要组成部分,因此,基础工程在桥梁结构物的设计与施工中,占有极为重要的地位,它对结构物的安全使用和工程造价有很大的影响。

桥梁基础按施工方法可分为扩大基础、桩及管柱基础、沉井基础、地下连续墙基础和组合基础。

1. 扩大基础

扩大基础或称明挖基础属直接基础,是将基础底板设在直接承载地基上,来自上部结构的荷载通过基础底板直接传递给地基。其施工方法通常是采用明挖的方式进行的,施工中坑壁的稳定性是必须特别注意的问题。

2. 桩及管柱基础

当地基浅层土质较差,持力土层埋藏较深,需要采用深基础才能满足结构物对地基强度、变形和稳定性要求时,可采用:

(1)桩基础

桩基按材料分类有木桩、钢筋混凝土桩、预应力混凝土桩与钢桩。桥梁基础中使用较多的是中间两种。按制作方法分为预制桩和钻(挖)孔灌注桩;按施工方法分为锤击沉桩、振动沉桩、射水沉桩、静力压桩、就地灌注桩与钻孔埋置桩等,前四种又统称沉入桩。应根据地质条件、设计荷载、施工设备、工期限制及对附近建筑物产生的影响等来选择桩基的施工方法。

为增加桩土接触面积和更大地发挥土层的承载潜力,在桩身的不同位置扩大其横截面,在等截面桩的基础上,又发展形成了桩身截面沿深度变化的特型桩。包括截面形式为圆形、三角形、四边形或五边形的倒锥形桩,爆扩桩,扩底桩,带翼桩,挤扩支盘桩等变截面桩。

(2)管柱基础

由钢筋混凝土、预应力混凝土或钢制成的单根或多根管柱上连钢筋混凝土承台,支撑并传递桥梁上部结构和墩台全部荷载于地基的结构物。柱底一般落在坚实土层或嵌入岩层中。适用于深水、岩面不平整、覆盖土层厚薄不限的大型桥梁基础。

按荷载传递形式可分为端承式和摩擦式两种,在结构形式上与桩基相似,但多为垂直状。

3. 沉井基础

又称开口沉箱基础,由开口的井筒构成的地下承重结构物。一般为深基础,适用于持力层较深或河床冲刷严重等水文地质条件,具有很高的承载力和抗震性能。这种基础系由井筒、封底混凝土和顶盖等组成,其平面形状可以是圆形、矩形或圆端形,立面多为垂直边,井孔为单孔或多孔,井壁为钢筋、木筋或竹筋混凝土,甚至由钢壳中填充混凝土等建成。若为陆地基础,它在地表建造,由取土井排土以减少刃脚土的阻力,一般借自重下沉;若为水中基础,可用筑岛法,或浮运法建造。在下沉过程中,如侧摩阻力过大,可采用高压射水法、泥浆套法或井壁后压气法等加速下沉。

1839 年,法国 Saloney 煤田首次使用沉井施工,随后渗透到各个工程领域。国内从二十世纪五十年代起,沉井基础的工程应用发展迅速。特别是随着越江、跨海大桥的修建,沉井基础广泛应用于深水工程,南京长江大桥(1968 年建成通车)中发展了重型沉井和深水钢筋砼沉井;芜湖长江大桥(2000 年建成通车)的桥台也为沉井基础;海口世纪大桥(2003 年建成通车)两主塔基础了采用了沉井基础;江阴长江大桥(1999 年建成通车)北锚沉井基础整体规模位居"中国第一,世界第四",其形状为矩形多孔(格),长 69m、宽 51m,制作高度及下沉深度均为 58m,该沉井的顺利完工,标志着我国的沉井施工水平已达到国际先进水平。

4. 地下连续墙基础

用槽壁法施工筑成的地下连续墙体作为土中支撑单元的桥梁基础。它的形式大致可分为两种:一种是采用分散的板墙,平面上根据墩台外形和荷载状态将它们排列成适当形式,墙顶浇筑钢筋混凝土承台;另一种是用板墙围成闭合结构,其平面呈四边形或多边形,墙顶浇筑钢筋混凝土盖板。后者在大型桥基中使用较多,与其他形式的深基相比,它用材省、施工速度快,而且具有较大的刚度,目前是发展较快的一种新型基础。连续墙的建造是通过专门的挖掘机泥浆护壁法挖成长条形深槽,再下钢筋笼和灌注水下混凝土,形成单元墙段,它们相互连接而成连续墙,其厚度一般为 0.3~2.0m,随深度而异,最大深度已达 100m。

5. 组合基础

处于特大水流上的桥梁基础施工,墩位处往往水深流急,地质条件极为复杂,河床土质覆盖层较厚,施工时水流冲刷较深,施工工期较长,采用普遍常用的单一形式的基础已难以适应。为了确保基础工程安全可靠,同时又能维持航道交通,宜采用由两种以上形式组成的组合式基础。其功能要满足既是施工围堰、挡水结构物;又是施工作业平台,能承担所有施工机具与用料等;同时还应成为整体基础结构物的一部分。

组合基础的形式很多,常用的双壁围堰钻孔桩基础、钢沉井加管柱(钻孔桩)基础、浮运承台与管柱、井柱、钻孔桩基础以及地下连续墙加箱形基础等。可根据设计要求、桥址处的地质水文条件、施工机具设备状况、施工安全及通航要求等因素,通过综合技术经济分析,论证比较,因地制宜,合理选用。

6. 根式基础

根式基础是在马鞍上长江大桥施工过程中,由安徽省高速公路总公司针对厚覆盖层地区提出的一种创新型的基础形式,包括根式沉井基础和根式锚碇基础。

根式沉井基础是在沉井井壁预留顶推孔,待沉井下沉到设计标高后,通过千斤顶把预制根键顶入土中,在保证根键与沉井的固结后,形成一种仿生基础,即在普通沉井周围增加根键,利用根键带动基础周围更大范围内的土体承担荷载,使基础的承载力得以提高。根式锚碇基础是根式沉井基础的拓展,是通过承台把数根根式沉井群连接成群井基础,而形成的一种悬索桥锚碇基础。

根式沉井基础自 2005 年提出以来,已在多种工程地质情况下成功施工建造,同时研发了整套施工设备。通过与其他传统形式基础的经济效益分析得出,根式沉井基础具有材料用量省,施工方便等优点,可降低造价约 30%,减少工期约 25%。

6.1.2 桥梁上部结构的施工

在钢筋混凝土桥梁的早期年代,主要是现场浇筑的施工方法。由于桥梁类型增加与跨径增大,构件生产的预制化,结构设计方法的进步、机械设备的发展,由此而引起施工方法的进步和发展,形成了多种多样的施工方法。下面将介绍桥梁上部结构的施工方法,并概括各种方法的施工特点。

1. 就地浇筑法

就地浇筑法是在桥位处搭设支架,在支架上浇筑桥体混凝土,达到强度后拆除模板、支架。就地浇筑法无需预制场地,而且不需要大型起吊、运输设备,梁体的主筋可不中断,桥梁整体性好。它的主要缺点是工期长,施工质量不容易控制;对预应力混凝土梁由于混凝土的收缩、徐变引起的应力损失比较大;施工中的支架、模板耗用量大,施工费用高;搭设支架影响排洪、通航,施工期间可能受到洪水和漂流物的威胁。

2. 预制安装法

在预制工厂或在运输方便的桥址附近设置预制场进行梁的预制工作,然后采用一定的架设方法进行安装。预制安装法施工一般分预制、运输和安装三部分。

预制安装施工法的主要特点是:①由于是工场生产制作,有利于确保构件的质量和尺寸精度,并尽可能多的采用机械化施工;②上、下部结构可以平行作业,因而可缩短工期;③能有效地利用劳动力,降低工程造价;④由于施工速度快,可适用于紧急施工工程;⑤将构件预制后由于要存放一段时间,因此在安装时已有一定龄期,可减少混凝土收缩、徐变引起的变形。

3. 悬臂施工法

悬臂施工法是从桥墩开始,两侧对称进行现浇梁段或将预制节段对称进行拼装。前者称悬臂浇筑施工,后者称悬臂拼装施工,有时也将两种方法结合使用。

悬臂施工的主要特点是:①桥梁在施工过程中产生负弯矩,桥墩也要求承受由施工产生的弯矩,因此悬臂施工宜在营运状态的结构受力与施工状态的受力状态比较接近的桥梁中选用,如预应力混凝土 T 型刚构桥、变截面连续梁桥和斜拉桥等;②非墩梁固接的预应力混凝土梁桥,采用悬臂施工时应采取措施,使墩、梁临时固结,因而在施工过程中存在结构体系的转换问题;③采用悬臂施工的机具设备种类很多,就挂篮而言,也有桁架式、斜拉式等多种类型,可根据实际情况选用;④悬臂浇筑施工简便,结构整体性好,施工中可不断调整位置,常在跨径大于100m的桥梁上选用;悬臂拼装法施工速度快,桥梁上、下部结构可平行作业,但施工精度要求比较高,可在跨径100m以下的大桥中选用;⑤悬臂施工法可不用或少用支架,施工不影响通航或桥下交通。

4. 转体施工法

转体施工是将桥梁构件先在桥位处(岸边或路边及适当位置)进行预制,待混凝土达到设计强度后旋转构件就位的施工方法。转体施工的支座位置就是施工时的旋转支承和旋转轴,桥梁完工后,按设计要求改变支撑情况。转体施工可分为平转、竖转和平竖结合的转体施工。

转体施工的主要特点是:①可以利用地形,方便预制构件;②施工期间不断航,不影响桥下交通,并可在跨越通车线路上进行桥梁施工;③施工设备少,装置简单,容易制作并便于掌握;④节省木材,节省施工用料。采用转体施工与缆索无支架施工比较,可节省木材80%,节省施工用钢60%;⑤减少高空作业,施工工序简单,施工迅速;当主要构件先期合拢后,可作为后期支架;⑥转体施工适合于单跨和三跨桥梁,可在深水、峡谷中建桥采用,同时也适应在平原区以及用于城市跨线桥;⑦大跨径桥梁采用转体施工将会取得较好的技术经济效益,转体重量轻型化、多种工艺综合利用,是大跨径及特大跨径桥梁施工有利的竞争方案。

转体工艺始于上世纪40年代,而真正用于桥梁结构施工则始于50年代意大利修建的多姆斯河桥,为竖转法施工,跨径达70米。平转法于1976年首次在奥地利维也纳的多瑙河运河桥上应用,该桥为斜拉桥,跨径布置为55.7m+119m+55.7m,转体重量达4000t。此后平转法在法国、德国、日本、比利时、中国等国家得到应用。采用平转法施工的桥梁除拱桥外,还有梁桥、斜拉桥等。迄今为止,转体重量最大的是比利时的本·艾因桥,该桥为斜拉桥,跨径布置为3×42m+168m,转体重量达19500t,1991年建成通车。国内从1975年就开始独立进行拱桥转体施工工艺的研究,并于1977年首次在四川省遂宁县采用平转法建成第一座跨径为70m的钢筋混凝土箱肋拱转体施工试验桥,转体重量1200t。此后,转体施工工艺在全国范围内得到推广应用,先后在100余座桥梁上采用了转体施工,转体重量由千吨级上升到万吨级。

5. 顶推施工法

顶推施工是在沿桥纵轴方向的台后设置预制场地,分节段预制,并用纵向预应力筋将预制节段与施工完成的梁体连成整体,然后通过水平千斤顶施力,将梁体向前顶推出预制场地。之后继续在预制场地进行下一节段梁的预制,循环操作直至施工完成。

顶推施工法的特点:①顶推法可以使用简单的设备建造长大桥梁,施工费用低,施工平稳无噪声,可在深水、山谷和高桥墩上采用,也可在曲率相同的弯桥和坡桥上采用;②主梁分段预制,连续作业,结构整体性好;由于不需要大型起重设备,所以施工节段的长度一般可取用10~30m;③桥梁节段固定在一个场地预制,便于施工管理改善施工条件,避免高空作业。同时,模板、设备可多次周转使用,在正常情况下,节段的预制周期6～8d。④顶推施工时,梁的受力状态变化很大,施工阶段梁的受力状态与运营时期的受力状态差别较大,因此在梁截面设计和布索时要同时满足施工与运营的要求,由此而造成的用钢量较高;在施工时也可采取加设临时墩,设置前导梁和其他措施,用以减少施工内力;⑤顶推法宜在等截面梁上使用,当桥梁跨径较大时,选用等截面梁会造成材料用量的不经济,也增加施工难度,因此以中等跨径的桥梁为宜,桥梁的总长也以500～600m 为宜。

6. 逐孔施工法

逐孔施工是中等跨径预应力混凝土连续梁中的一种施工方法,它使用一套设备从桥梁的一端逐孔施工,直到对岸。有用临时支承组拼预制节段的逐孔施工法、移动支架逐孔现浇施工法以及整孔吊装或分段节段施工法等。

采用逐孔施工的主要特点:①不需要设置地面支架,不影响通航和桥下交通,施工安全、可靠;②有良好的施工环境,保证施工质量,一套模架可多次周转使用,具有在预制场生产的优点;③机械化、自动化程度高,节省劳力,降低劳动强度,上下部结构可以平行作业,缩短工期;④通常每一施工梁段的长度取用一孔梁长,接头位置一般可选在桥梁受力较小的部位;⑤移动模架设备投资大,施工准备和操作都较复杂;⑥宜在桥梁跨径小于50m 的多跨长桥上使用。

7. 横移施工法

横移施工是在拟待安置结构的位置旁预制该结构,并横向移运该结构物,将它安置在规定的位置上。横移施工的主要特点是在整个操作期间与该结构有关的支座位置保持不变,即没有改变梁的结构体系。在横向移动期间,临时支座需要支承该结构的施工重量。

8. 提升与浮运施工法

提升施工是在未来安置结构物以下的地面上预制该结构并把它提升就位。浮运施工将桥梁在岸上预制,通过大型浮运至桥位,利用船的上下起落安装就位的方法。

使用该方法的要求是:①在该结构下面需要有一个适宜的地面;②被提升结构下的地面要有一定的承载力;③拥有一台支撑在一定基础上的提升设备;④该结构应该是平衡的,至少在提升操作期间是平衡的;⑤采用浮运法要有一系列的大型浮运设备。

以上介绍了桥梁工程常用的施工方法。对于当前建造的特大桥梁,分主桥和引桥,有时主桥与引桥在结构体系、跨径、截面形式、桥梁高度、桥下环境等方面有较大差异,而常在一座大桥上采用两种或两种以上的组合施工方法。也有些桥型,如拱桥、斜拉桥、悬索桥等,其施工方法相对较复杂,很难将其归并在某一施工法中,为此本章在归纳常用桥梁施工法的基础上,对复杂桥型的施工也加以介绍。

9. 撑伞法

撑伞法(又称平衡提升法),先修建主梁和桥梁墩柱(通常为竖向现浇方式),然后在主梁和桥梁墩柱之间安装拉、压杆,随后同步平衡提升主梁、拉杆与压杆,最终将主梁拉或撑到预定位置。撑伞法与其它桥梁施工方法的最大区别在于:主梁在竖向修建。主梁的施工可以与桥墩相同,均采用自爬升模板,便于缩短工期。在可行性研究中显示,撑伞法工期仅为平衡悬臂法工期的 2/3。由于拉杆、压杆兼作中间支点,辅助主梁施工,撑伞法还可节约部分附加费用。相对于悬臂法施工来说,主梁断面尺寸可以尽量减小,钢筋、预应力钢束的数量相应也减少了,研究显示,该法可减少材料用量 20%—30%。该方法特别适用于桥墩较高、主跨在 50~250 m 的桥梁。

6.1.3 施工方法的选择

选择确定桥梁的施工方法,需要充分考虑桥位的地形、环境、安装方法的安全性、经济性、施工速度等。因此在桥梁设计时就要对桥位条件进行详细的调查,掌握现场的地理环境、地质条件及气象条件。施工场地处在市区内、平原、山区、跨河道、跨海湾等,其各方面的条件差别很大,运输条件和环境约束也不相同,这些条件除作为选择施工方法的依据外,同时也涉及设计方案的考虑、桥跨及结构形式的选定。

在选择施工方法时,桥梁的类型、跨径、施工的技术水平、机具设备条件也是相当重要的因素。虽然桥梁的施工方法很多,但对于不同的桥梁类型,有的适合,有的就不适合,有的则在特定的条件下可以使用。

桥梁施工方法的选定,可依据下列条件综合考虑:①使用条件,包括桥梁的类型、跨径、墩高、梁下空间的限制、平面场地的限制、桥墩的形状等;②施工条件,包括工期要求、起重能力和机具设备要求、架设时是否封闭交通、架设时所需的临时设施、材料可供情况、架设施工的经济核算等;③自然环境条件,主要包括山区或平原、地质条件及软弱层状况、对河道的影响、运输线路的限制等;④社会环境影响,主要是对施工现场环境的影响,包括公害、景观、污染、架设孔下的障碍、道路交通的阻碍、公共道路的使用及建筑限界等。

6.2 钢筋混凝土简支梁桥施工

6.2.1 模板和支架

模板和支架虽都是工程施工中的临时结构,但对桥梁的施工十分重要,它不仅控制梁体的尺寸,而且对工程质量、施工进度和工程造价有直接的影响,为了保证桥梁施工的可靠性,模板和支架应满足下列要求:①具有足够的强度、刚度和稳定性、能可靠地承受施工过程中可能产生的各项荷载,保证结构设计形状、尺寸和模板各部件之间位置的准确性;②尽可能采用组合模板和大模板,以节约木材,提高模板适应性和周转性;③模板面平整、光滑、无缝、严密。确保混凝土在强烈震动时不漏浆;④做到便利制作、装拆容易、施工操作方便,确保安全。

1. 模板的分类和构造

按制作材料分类,桥梁施工常用的模板有木模板、竹胶模板、钢模板、钢木结合模板。有时为了节省钢木材料,也可因地制宜利用土模或砖模来制梁。按模板的装拆方法分类,可分为零拼式模板、分片装拆式模板、整体装拆式模板等。

2. 简易支架

就地浇筑梁桥时,需要在梁下搭设简易支架(或称脚手架)来支承模板、浇筑的钢筋混凝土以及其他施工荷载的重量。对于装配式桥的施工,有时也要搭设简易支架作为吊装过程中的临时支承结构和施工操作之用。

6.2.2 钢筋工作

钢筋加工工作包括钢筋整直、切断、除锈、弯制、焊接或绑扎成型等工序。由于钢筋在浇筑混凝土后无法检查其质量和数量,而钢筋又是保证桥梁结构强度和稳定的关键,因此,必须严格地控制钢筋加工的施工质量。

钢筋必须按不同钢种、等级、牌号、规格及生产厂家分批验收,分别堆存,不得混杂,且应设立识别标志,并宜置于仓库(棚)内,露天堆置时,应垫高并加遮盖。钢筋应具有出厂质量证明书和试验报告单。对桥梁所用的钢筋应抽取试样做力学性能试验。

6.2.3 混凝土工作

混凝土工作包括拌制、运输、灌注、振捣、养护以及拆模等工序。

1. 混凝土的拌制

混凝土一般应采用机械搅拌,上料的顺序一般是先石子,次水泥,后砂子。

用机械搅拌时,放入拌和机内的第一盘混凝土材料应增加适量的水泥、砂和水。以覆盖拌和筒的内壁而不降低拌和物所需的含浆量。每一工作班正式称量前,应对计量设备进行重点校核。对集料的含水率应经常进行检测,雨天施工应增加检测次数.据以调整集料和水的用量。自全部材料装入拌和筒至开始出料的最短搅拌时间应按设备出厂说明书的规定,并按经验确定,且符合《公路桥涵施工技术规范》要求。

混凝土拌和完毕后应检查混凝土的坍落度、保水性、粘聚性、均匀性。

2. 混凝土的运输

混凝土运输应以最少的转运次数、最短的运距迅速从搅拌地点运至浇筑位置为原则。当运距较近时,可采用无搅拌器的运输工具,当运距较远时,宜采用搅拌运输车运输。

采用泵送混凝土时要求:①混凝土的供应必须保证输送泵能连续工作。输送泵的输送管线宜直、转弯宜缓,接头应严密。如管道向下倾斜,应防止混入空气,产生阻塞。②泵送前应先用适量的、与混凝土内成分相同的水泥浆润滑输送管内壁。混凝土出现离析现象时,应立即用压力水或其他方法冲洗管内残留的混凝土。且泵送间隙时间不宜超过 15min。③在泵送过程中,送料斗内应具有足够的混凝土,以防止吸入空气产生阻塞。

3. 混凝土浇筑

浇筑混凝土前必须认真检查模板和钢筋的尺寸,预埋件的位置等是否正确,并要检查模板的清洁、润滑和紧密程度,并使各项均达到规定要求。混凝土浇筑过程中的要求有：①要防止混凝土离析；②混凝土应按一定厚度、顺序和方向分层浇筑；③振捣密实；④浇筑应连续进行，如因故必须间断时，其间断时间应小于前层混凝土的初凝时间或能重塑的时间。并符合施工规范要求。当必须超过时，应预留施工缝。

4. 混凝土养护及模板拆除

混凝土浇筑完成后进行养生，能促使混凝土硬化，并在获得规定强度的同时，防止混凝土干缩引起的裂缝，防止混凝土受雨淋、日晒、受冻及受荷载的振动、冲击。由于混凝土在硬化过程中发热，在夏季和干燥的气候下应进行湿润养生，而冬季则主要保护其不受冻，采用加温养生。

混凝土经过养护，当混凝土达到设计强度 25% 以后，可拆除侧模；当混凝土强度不小于设计强度的 75% 以后，方可拆除各种梁的模板。

5. 混凝土的冬季施工

冬季施工期间，在混凝土硬化过程和抗压强度未达到设计强度的 40%～50% 时不得受冻，需要采取保温措施。对于寒冷地区宜选用早期强度较高的水泥，使其能较早达到耐冻的强度；使用矿渣水泥时，因其后期强度不降低，宜优先考虑采用蒸汽养护。使用其他品种水泥时，为节约水泥并增强混凝土的和易性，可掺入适量的塑化剂用以提高混凝土的抗冻性。冬季施工混凝土的骨料和水可采用加热拌制，所规定的加热温度与使用的水泥种类有关，可按施工规定处理。

6.3　预应力混凝土简支梁桥施工

6.3.1　先张法简支梁的施工

先张法是指先在台座上张拉预应力钢材，然后浇筑混凝土以形成预应力混凝土构件的施工方法。先张法生产可采用台座法或机组流水法。采用机组流水法时，构件是在移动式的钢模中生产，钢模按流水方式通过张拉、浇筑、养护等各个固定机组完成每道工序。此法只用于工厂内预制定型构件。台座法其构件施工的各道工序全部在固定台座上进行，它不需复杂机械设备，施工适用性强。这里重点介绍台座法。

1. 台座

台座按构造形式可分为墩式和槽式两类。

墩式台座是靠自重和土压力来平衡张拉力所产生的倾覆力矩，并靠土壤的反力和摩擦力来抵抗水平位移。在地质条件良好，台座张拉线较长的情况下，此法可节约大量混凝土。墩式台座的构造见图 6-1。台座由台面、承力架、横梁和定位钢板等组成。

槽式台座见图 6-2 所示，适用于现场地质条件较差，台座不很长的情况。其传力柱和横系梁一般用钢筋混凝土制作，其他部分与墩式台座的相同。其台面要求平整光滑，一般可在夯实平整的基土上浇一层素混凝土即可，并按规定留出伸缩缝。

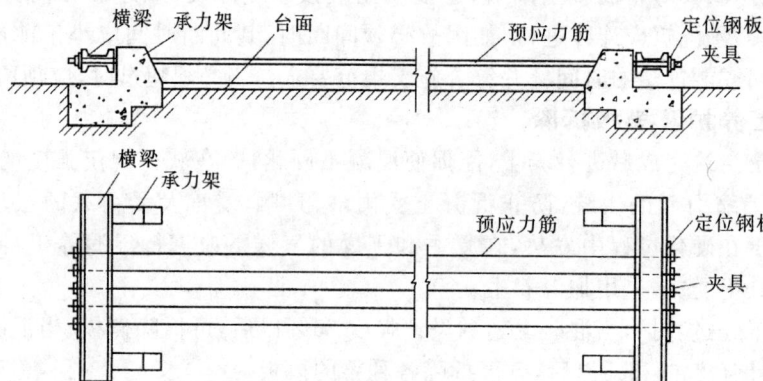

图 6-1 重力式台座构造示意图

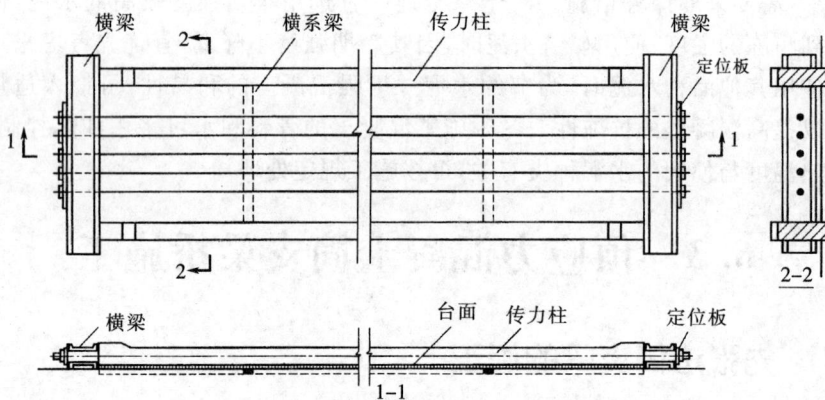

图 6-2 槽式台座

2. 预应力钢筋的制作

先张法预应力混凝土梁宜采用钢绞线、螺旋肋钢丝或刻痕钢丝用作预应力钢筋。当采用光面钢丝作预应力钢筋时,应采取适当措施,保证钢丝在混凝土中可靠的锚固。预应力钢绞线之间的净距不应小于其直径的 1.5 倍,且对二股、三股钢绞线不应小于 20mm,对七股钢绞线不应小于 25mm。预应力钢丝间净距不应小于 15mm。对于单根预应力钢筋,其端部应设置长度不小于 150mm 的螺旋筋;对于多根预应力钢筋,在构件端部 10 倍预应力钢筋直径范围内,应设置 3~5 片钢筋网。

3. 预应力筋的张拉与放松

先张法梁的预应力筋,是在底模整理好后在台座上进行张拉的。对于长线台座,预应力筋需要先用连接器串联后才能张拉。先张法梁通常采用一端张拉,另一端在张拉前要设置好固定装置或安放好预应力筋的放松装置。但也有采用两端张拉的方法。

钢筋在超张拉时,其张拉值不得大于钢筋的屈服强度,或钢丝、钢绞线抗拉强度的 75%。为施工安全,应在超张拉后放松至 90% 的控制应力,进行安装预埋件、模板和钢筋等工作。

当混凝土强度达到设计要求后,可在台座上放松受拉预应力筋(称为"放张"),对预制梁施加预应力。当设计无规定时,一般应在混凝土强度大于设计等级的75%时进行。放松之后,切割梁外钢筋,即可移位准备再生产。

4. 混凝土浇筑

预应力混凝土梁的混凝土工作,除了因所用等级较高而在配料、制备、浇筑、振捣和养护等方面更应严格要求外,基本操作与钢筋混凝土结构中相仿。此外,在台座内每条生产线上的构件,其混凝土必须一次连续浇筑完毕;振捣时,应避免碰击预应力筋。

6.3.2 后张法简支梁的施工

后张法制梁的步骤是先制作留有预应力筋孔道的梁体,待梁达到规定强度后,再在孔道内穿入预应力筋进行张拉并锚固,最后进行孔道压浆并浇灌梁端封头混凝土。制梁过程中有关模板和混凝土的工作与钢筋混凝土梁和先张法预应力梁的基本相同。下面将其他主要工序进行介绍。

1. 预应力筋

预应力筋一般采用钢绞线、钢丝,中、小型构件或竖、横向预应力钢筋,也可选用精轧螺纹钢筋。

2. 预应力筋孔道成型

其主要工作内容有选择和安装制孔器,抽拔制孔器和孔道通孔检验等。我国常用的抽拔式制孔器有三种,一般宜采用浇筑在混凝土中的刚性或半刚性管道,对一般工程也可采取钢管抽心、胶管抽心及金属套管抽心。

3. 预应力筋的张拉

(1)锥锚式千斤顶张拉施工

图6-3是TD-60型锥锚式三作用千斤顶构造和张拉简图。后张法预应力混凝土梁桥使用最广的是采用高强钢丝束、钢制锥形锚具并配合锥锚式千斤顶的张拉工艺。其操作工序为:

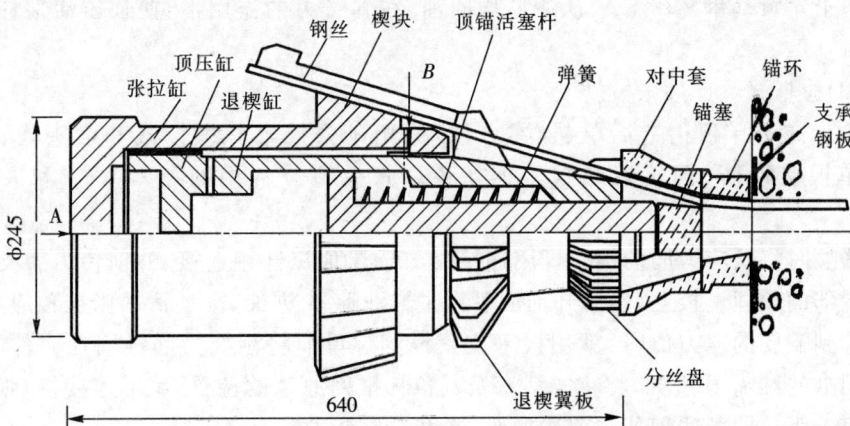

图6-3 TD-60型锥锚式三作用千斤顶张拉装置(单位:mm)

1)准备工作 在支承钢板上画出锚圈轮廓的准确位置,随着放入锚塞并将钢丝均匀分布在锚塞周围,用手锤轻敲锚塞,使其不致脱出。

2)装上对中套 即缺口垫圈,借以可测量钢丝伸长量和锚塞外露量等;并将钢丝用楔块楔住在千斤顶夹盘内,先不要楔得太紧,待张拉到初应力时钢丝发生自动滑移而调整长度后再打紧楔块。

3)初始张拉 先从 A 油嘴进油入张拉缸,使钢丝束略为拉紧,并随时调整锚圈及千斤顶的位置,务使孔道、锚具和千斤顶三者的轴线相吻合。进而两端同时张拉至钢丝束达到初应力(约为 10%)时打紧夹丝楔块,并在分丝盘沟槽处的钢丝上标出测量伸长量的起点记号,在夹丝盘前端的钢丝上也标出用以辨认是否滑丝的记号。

4)正式张拉 A 油嘴进油,两端轮流分级加载张拉,每级加载值为油压表读数 5000kPa 的倍数,直至张拉后停息 5min,以消除预应力筋的松弛损失。再使 A 油嘴回油卸载至控制张拉力值,测量钢丝伸长量。

5)顶锚 完成上述张拉后,先从一端使 B 油嘴进油顶紧锚塞(顶锚力约为控制张拉力的 50%~55%),测量钢丝伸长量及锚塞外露量后,再使张拉缸回油卸载至钢丝具有初应力的张拉力,继续测量钢丝伸长量及锚塞外露量。然后算出钢丝内缩量并作记录。最后使千斤顶回油至零。由于先从一端顶锚时钢丝因回缩而发生预应力损失,故其后在另一端顶锚前就能将张拉力补足。另一端的顶锚步骤与前相同。

必须注意:在顶锚时,千斤顶张拉缸油压力会上升,其原因主要是退楔缸油压迫使张拉缸套向前移动,从而使张拉缸缸室压缩。但此时油压的上升并不说明预应力筋内应力的增加。这时如果降低张拉缸油压,则张拉缸缸套继续前移,会使预应力筋回缩量增大而导致张拉力不足。因此在顶锚时不应降低张拉缸油压。

6)退楔 顶锚完毕后,两端同时使 A 油嘴回油,张拉缸卸载前移;再从 B 油嘴进油,由于退楔缸室的液压作用,使张拉缸继续前移,直至夹丝楔块顶住退楔翼板,使楔块顶松而退出楔块为止。

7)千斤顶缸体复位 A、B 油嘴均回油,在弹簧力的作用下,使顶压活塞杆后移复位。

(2)拉杆式千斤顶张拉施工

拉杆式千斤顶构造简单、操作方便,适用于张拉带有螺杆式和镦头式锚、夹具的单根粗钢筋、钢丝束或碳素钢丝束。张拉吨位常用的有 600kN 和 800kN 两种。

张拉时将预应力筋的螺丝杆用连接器与千斤顶拉杆相连接,并使传力架支承在构件端部的预埋钢板上,然后开动油泵从主缸油嘴 A 进油,推动活塞张拉预应力筋。当拉伸到需要的应力值时,就用扳手旋紧锚固螺母而将预应力筋锚固在构件端部,再从副缸的油嘴 B 进油,将主缸活塞及其拉杆推回原来的位置,旋下连接器,张拉即告结束。张拉的某些细节与前述类似,这里不再赘述。

图 6-4 是常用的 GJ_2Y—60A 型拉杆式千斤顶的构造图。

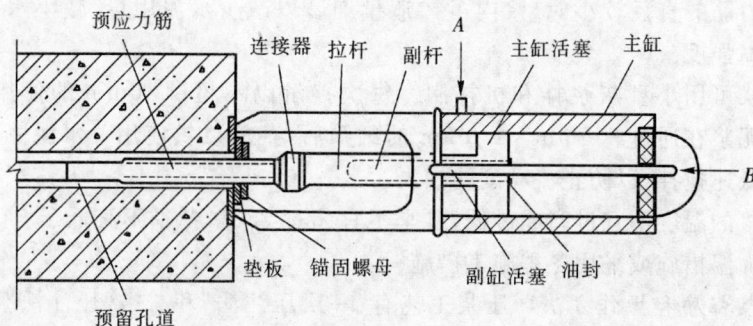

图 6-4　GJ₂Y—60A 型拉杆式千斤顶构造示意图

(3)穿心式千斤顶张拉施工要点

图 6-5 是 GJ2Y—60 型(即 YC—60 型)穿心式千斤顶的构造简图。如再配上特制的配件改装后,也可作拉杆式和锥锚式千斤顶使用。这种千斤顶主要用于张拉带有夹片式锚、夹具的单根钢筋、钢绞线或钢筋束、钢绞线束,张拉吨位有 180kN、250kN 和 600kN 等数种。其张拉过程是:张拉前先将预应力筋穿过千斤顶,在其后端用锥销式工具锚锚住;从主缸油嘴 A 进油而顶压油缸,并使其后移而带动工具锚并张拉预应力筋。在保持张拉力稳定的条件下,从顶压缸油嘴 B 进油,借顶压活塞顶压夹片锚塞锚固预应力筋。回程时使油嘴 A 回油,油嘴 B 进油,张拉油缸就前移复位,顶压活塞则在油嘴 A 和 B 同时回油下由弹簧回程。

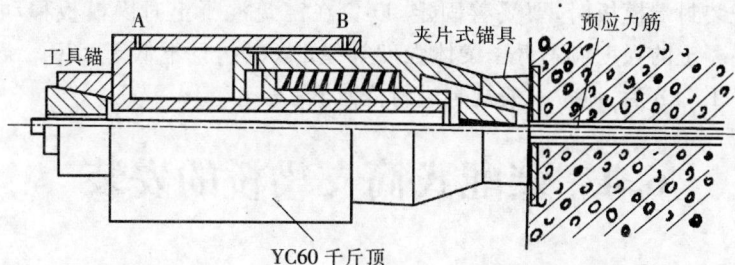

图 6-5　GJ₂Y—60 型穿心式千斤顶的构造简图

4. 后张孔道压浆施工

为了保护预应力筋不致锈蚀,并使力筋与混凝土梁体粘结成整体,以减轻锚具的受力并提高梁的承载能力、抗裂性和耐久性,预加力筋张拉后,孔道应尽早压浆。

1)准备工作　压浆前烧割锚外钢丝时,应采取降温措施,以免锚具和预应力筋因过热而产生滑丝。用环氧砂浆或棉花和水泥浆填塞锚塞周围的钢丝间隙,用压力水冲洗孔道,排除孔内粉渣杂物,确保孔道畅通,并吹去孔内积水。

2)水泥浆的制备　压注孔道所用的水泥浆,须用不低于 42.5 级的普通水泥或硅酸盐水泥拌制,采用矿渣水泥时应加强试验,防止材性不稳定。水泥浆的水灰比应为 0.40～0.45,最大不超过 0.5。为了防止腐蚀钢丝,加掺合剂时须验明其中不含氯盐,不得掺用加气剂,但可掺入适量的塑化剂和铝粉(膨胀剂),其掺量由试验确定。制浆前应筛除水泥中的结块,大颗粒及杂物,以免堵塞输浆管路或孔道。当孔道直径较大而力筋的直径较小时,浆内可掺适量细砂以减少水泥用量、减小水泥浆体积收缩并提高强度。

水泥浆可用小型灰浆拌和机拌制。每次拌量以不超过 40min 的使用量为宜。拌好的水泥浆在通过 2.5mm×2.5mm 的细筛后,存放以供使用。水泥浆在使用前仍应进行低速搅拌,以防止流动度的损失。

水泥浆的温度不宜过高或过低,夏季不宜超过 35℃,冬季不宜低于 5℃,不然则需要采取降温措施或采用冬季施工措施。

3)压浆程序和操作方法　压浆工艺有"一次压注法"和"二次压注法"两种。前者用于不太长的直线形孔道,对于较长的孔道或曲线形孔道以"二次压注法"为好。

压浆压力以 500~600kPa 为宜,如压力过大,易胀裂孔壁。压浆顺序应先下孔道后上孔道,以免上孔道漏浆把下孔道堵塞。直线孔道压浆时,应从构件的一端压到另端;曲线孔道压浆时,应从孔道最低处开始向两端进行。

二次压浆时,第一次从甲端压入直至乙端冒出浓浆时将乙端的阀关闭,待灰浆压力达到要求且各部再无漏水现象时再将甲端的阀关闭。待第一次压浆后 30min,打开甲、乙端的阀,自乙端再进行第二次压浆,重复上述步骤,待第二次压浆完成经 30min 后,卸除压浆管,压浆工作便告完成。

5. 封端

孔道压浆后应立即将梁端水泥浆冲洗干净,并将端面混凝土凿毛。在绑扎端部钢筋网和安装封端模板时,要妥善固定,以免在浇筑混凝土时因模板移动而影响梁长。封端混凝土的强度应不低于梁体强度等级的 80%,且不低于 C30。浇完封端混凝土并静置 1~2h 后,应按一般规定进行浇水养护。

6.4　装配式简支梁桥的安装

6.4.1　预制梁的出坑和运输

1. 出坑

预制构件从预制场的底座上移出来,称为"出坑"。钢筋混凝土构件在混凝土强度达到设计强度 75% 以上,预应力混凝土构件在预应力张拉以后才可出坑。一般采用龙门吊机将预制梁起吊出坑后移到存梁处或转运至现场,如简易预制场无龙门吊机时,可采用吊机起吊出坑,也可用横向滚移出坑。

2. 运输

预制梁从预制场运至施工现场的运输称为场外运输,常用大型平板车、驳船或火车运至桥位现场。预制梁在施工现场内运输称为场内运输,常用龙门轨道运输、平车轨道运输、平板汽车运输,也可采用纵向滚移法运输。

6.4.2　预制梁的安装

简支梁、板构件的架设,主要包括起吊、纵移、横移、落梁等工序。下面介绍几种常用架梁方法及其工艺特点。

1. 陆地架设法

(1)自行式吊车架梁

适用于桥不高、场内可设置行车便道的情况,视吊装重量,可采用单吊(一台吊车)或双吊(两台吊车)。此法施工方便简单,机动性好,架梁速度快,见图 6-6(a)所示。

(2)跨墩门式吊车架梁

适用于桥不太高、架桥孔数多、沿桥墩两侧铺设轨道不困难的情况;它除了需要铺设吊车行走轨道外,还需在其内侧铺设运梁轨道或者设便道用拖车运梁。可视情况采用一台或两台跨墩门式吊车架梁。梁运到后,用门式吊车起吊、横移、并安装在预定位置。架完一孔后,吊车前移,再架设下一孔。当水深不超过 5m、水流平缓、不通航的中小河流上,亦可通过搭设便桥并铺轨后用门式吊车架梁,见图 6-6(b)所示。

(3)摆动排架架梁

适用于小跨径桥梁。用木排架或钢排架作为承力的摆动支点,由牵引绞车和制动绞车来控制摆动速度。当预制梁就位后,再用千斤顶落梁就位,见图 6-6(c)所示。

(4)移动支架架梁

适用于高度不大的中、小跨径桥梁,且桥下地基良好能设置简易轨道的情况。采用木制或钢制的移动支架来架梁,梁随着牵引索前拉,移动支架带梁沿轨道前进,到位后再用千斤顶落梁,见图 6-6(d)所示。

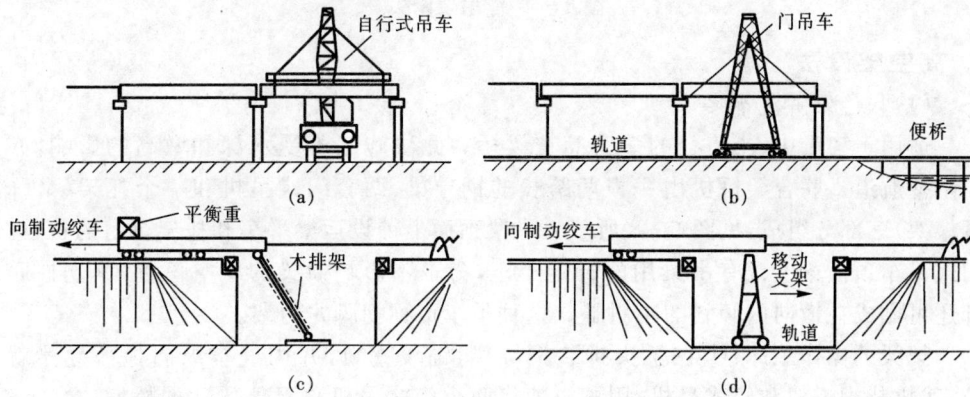

图 6-6 陆地架梁法

2. 浮吊架设法

(1)浮吊船架梁

适用于海上和大的深水河流上修建桥梁。采用可回转的伸臂式浮吊架梁比较方便,其高空作业少,施工比较安全、吊装能力与工效均较高。但需大型浮吊,一般采用装梁船存梁后成批一起架设才比较经济省时。需在岸边设置临时码头来移运预制梁。架梁时,浮吊要锚固。如流速不大时,可用预先抛入河中的混凝土锚来作为锚固点,如图6-7(a)所示。

(2)固定式悬臂浮吊架梁

采用钢制万能杆件或贝雷钢架拼装固定式的悬臂浮吊,如图6-7(b)所示。此法适用于流速不大、桥墩不高的情况,架设30mT梁或T形刚构的挂梁均很方便。架梁前,先从存梁场吊运预制梁至下河栈桥,再由固定式悬臂浮吊接运并安放稳妥,再用拖轮将载重的浮吊拖至待架桥孔处,并使浮吊初步就位。再将船上的定位钢丝绳与桥墩锚系,慢慢调整定位,在对准梁位后可落梁就位。此法要注意气象,特别是风向,风力。

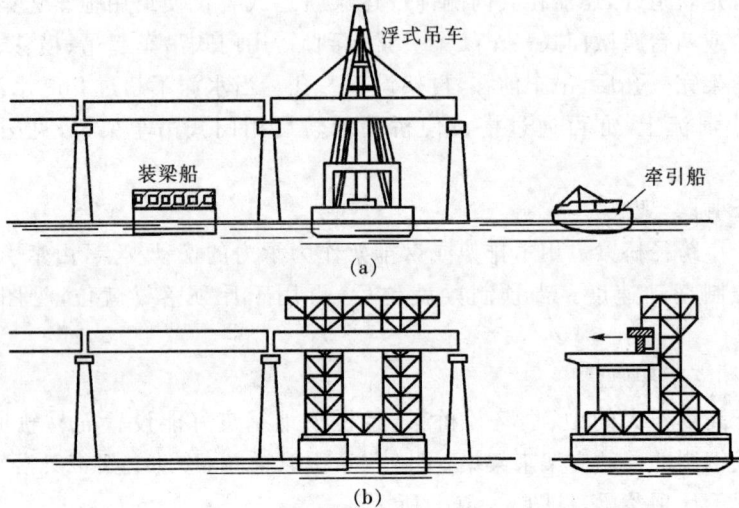

图6-7 浮吊架设法

3. 高空架设法

(1)联合架桥机架梁

适用于架设中、小跨径的多跨简支梁桥。此法施工不受水深和墩高的影响,亦不阻塞航道。联合架桥机由一根两跨长的钢导梁、两套门式吊机和一个托架(又称蝴蝶架)三部分组成,见图6-8所示。导梁顶面上铺设运梁平车和托架行走的轨道。门式吊车顶横梁上设有吊梁用的行走小车,为了不影响架梁的净空位置,其立柱底部还可做成在横向内倾斜的小斜腿。这种吊车俗称拐脚龙门架。

架梁的操作工序:①在桥头拼装钢导梁,铺设钢轨,并用绞车纵向拖拉导梁就位;②拼装蝴蝶架和门式吊机,用蝴蝶架将两个门式吊机移至架梁孔的桥墩(台)上;③由平车轨道运送预制梁至架梁孔位,将导梁两侧可以安装的预制梁用两个门式吊机起吊、横移并落梁就位,见图6-12(a)所示;④将导梁所占位置的预制梁临时安放在已架设的梁上;⑤用绞车纵向拖拉导梁至下一孔后,将临时安放的梁架设完毕;⑥在已架设的梁上铺设钢轨后,用蝴蝶架顺次将两个门式吊车托起并运至前一孔的桥墩上,见图6-8(b)所示。

如上反复进行,直至将各孔梁全部架设完为止。

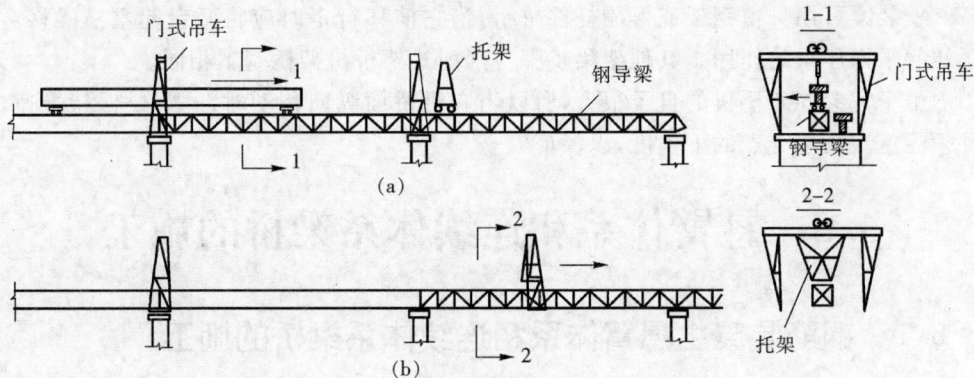

图 6-8　联合架桥机架设

(2)闸门式架桥机架梁

适用于桥高、水深、多孔的中、小跨径的装配式梁桥架设:架桥机主要由两根分离布置的安装梁、两根起重横梁和可伸缩的钢支腿三部分组成,见图 6-9 所示。安装梁用四片钢桁架或贝雷桁架拼组而成,下设移梁平车,可沿铺在已架设梁顶面的轨道行走。两根型钢组成的起重横梁支承在能沿安装梁顶面轨道行走的平车上,横梁上设有带复式滑车的起重小车。其架梁步骤为:①将拼装好的安装梁用绞车纵向拖拉就位,使可伸缩支腿支承在架梁孔的前墩上(安装不够长时可在其尾部用前方起重横梁吊起预制梁作为平衡压重);②前方起重横梁运梁前进,当预制梁尾端进入安装梁巷道时,用后方起重横梁将梁吊起继续运梁前进至安装位置后,固定起重横梁;③借起重小车将梁安放在滑道垫板上,并借墩顶横移将梁(除一片中梁外)安装就位;④按以上步骤直接用起重小车架设中梁,整孔梁架完后即铺设移运安装梁的轨道。重复上述工序,直至全桥架梁完毕。

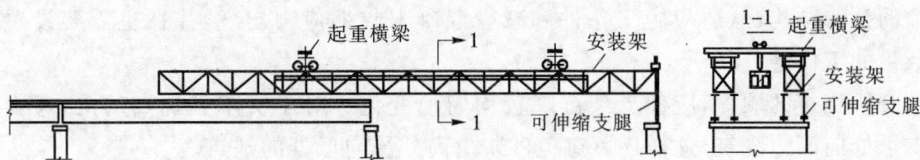

图 6-9　闸门式架桥机架设

(3)宽穿巷式架桥机架梁

图 6-10 表示用宽穿巷式架桥机架梁的示意图。其结构特点是:在吊机支点处用强大的倒 U 形支承横梁来支承间距放大布置的两根安装梁。在此情况下,横截面内所有主梁都可由起重横梁上的起重小车横移就位,而不需要墩顶横移的费时工序。

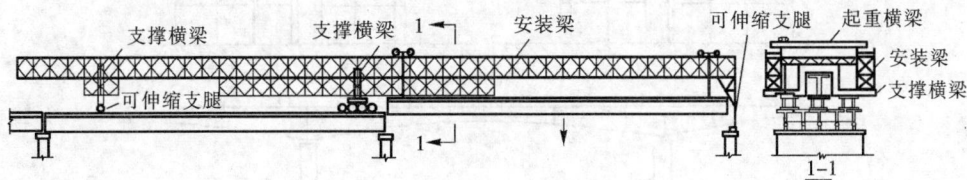

图 6-10　宽穿巷式架桥机架设

安装梁可用贝雷钢架或万能杆件拼组,当它前移行走时应将两台起重横梁移至尾端起平衡压重的作用。其他架梁步骤与闸门式架桥机架桥基本相同。

由于宽穿巷架桥机的自重很大,所以当它沿桥面纵向移动时,一定要保持慢速,并须注意观察前支点的下挠度,以保证安全。

6.5 悬臂体系和连续体系梁桥的施工

6.5.1 钢筋混凝土悬臂体系和连续体系梁桥的施工

普通钢筋混凝土的悬臂梁桥和连续梁桥,由于主梁的长度和重量大,一般很难能像简支梁那样将整根梁一次架设。如果采取分段预制,则不但架设困难,而且受力截面的主钢筋都被截断,接头工作复杂,强度也不易保证。因此目前在修建这类钢筋混凝土桥梁时,主要还是采用搭设支架模板就地浇筑的施工方法。

鉴于悬臂梁和连续梁在中墩处是连续的,而桥墩的刚性远比临时支架的刚性大得多,因此在施工中必须设法消除由于支架沉降不均而导致梁体在支承处的裂缝。为此,在浇筑悬臂梁和连续梁的混凝土时,由于不可能在初凝前一次浇完整根梁,一般就在墩台处留出工作缝,如图 6 - 11(a)所示。若施工支架中采用了跨径较大的梁式构件时,鉴于支架的挠度线将在梁的支承处有明显转折。因此在这些部位上也应设置工作缝,见图 6 - 11(b)所示。工作缝宽度应不小于 0.8~1.0m。由于工作缝处的端板上有钢筋通过,故制作安装都很困难,而且在浇筑混凝土前还要对已浇端面进行凿毛和清洗等工作。

有时为了避免设置工作缝的麻烦,也可以采取不设宽工作缝的分段浇筑方法,如图 6 - 11(c)所示,此时 4、5 段须待 1、2、3 段强度达到 2.5MPa 后才能浇筑;对于长跨径的桥跨结构,从适应施工条件和减少混凝土收缩应力出发,往往也需要设置适当数量的工作缝。

分段浇筑的顺序,应使支架沉降较均匀地变化。对于支承处加高的梁,通常应从支承处向两边浇筑,这样还可避免砂浆由高处流向低处的缺点。

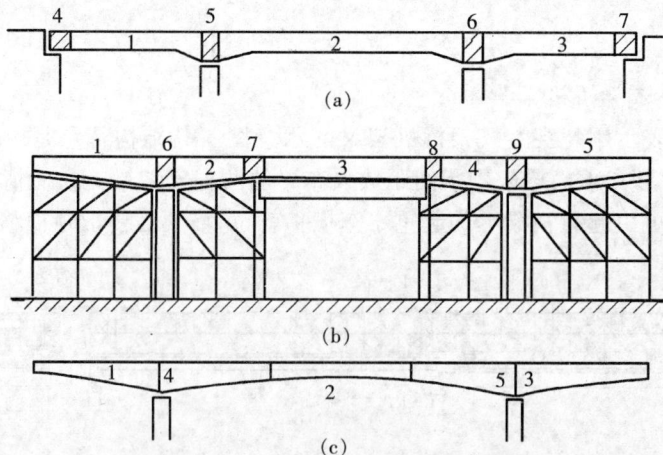

图 6 - 11 浇筑次序和工作缝设置

6.5.2 预应力混凝土悬臂体系梁桥的施工

悬臂施工法建造预应力混凝土梁桥时,不需要在河中搭设支架,而直接从已建墩台顶部逐段向跨径方向延伸施工,每延伸一段就施加预应力,使其与已成部分联结成整体,如图6-12所示。如果将悬伸的梁体与墩柱做成刚性固结,这样就构成了能最大限度发挥悬臂施工优越性的预应力混凝土 T 形刚架桥;鉴于悬臂施工时梁体的受力状态与桥梁建成后使用荷载下的受力状态基本一致,即施工中所施加的预应力,也是使用荷载下所需预应力的一部分,这就既节省了施工中的额外耗费,又简化了工序,使得这类桥型在设计与施工上达到协调和统一。

用悬臂施工法来建造悬臂梁桥,要比建造 T 形刚架桥复杂一些。因为在施工中需要采取临时措施使梁体与墩柱保持固结,而待梁体自身达到稳定状态时,又要恢复梁体与墩柱的铰接性质,对此尚需调整所施加的预应力以适应这种体系的转换。

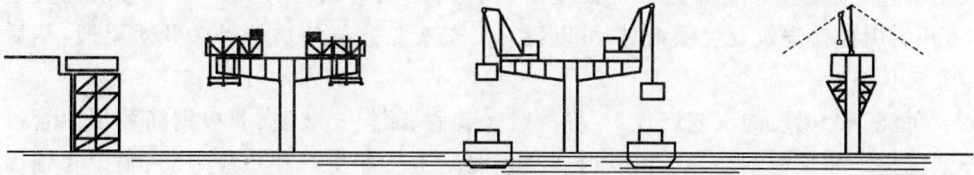

图 6-12 悬臂施工法概貌

鉴于悬臂施工法不受桥高、水深等影响,适应性强,目前不仅用于悬臂体系桥梁的施工,而且还广泛应用于大跨径预应力混凝土连续梁桥、混凝土斜拉桥以及钢筋混凝土拱桥的施工。

预应力混凝土连续梁(刚构)桥最早产生于德国和法国。随后在美国、日本以及北欧等国家和地区得到迅速发展。世界上第一座预应力混凝土刚构桥,是前德国于1953 年建成的跨度为 101.65m＋114.2m＋104.2m 的沃尔姆斯(Worms)大桥。自二十世纪六十年代中期德国首次采用悬臂浇筑法建成 Bendorf 桥以来,悬臂浇筑施工法和悬臂拼装施工法得到不断改进、完善和推广,从而使得预应力混凝土连续梁桥成为许多国家广泛采用的桥型之一。下面分别介绍这两种施工方法和施工中的临时固结措施。

1. 悬臂浇筑法

悬臂浇筑法又称无支架平衡伸臂法、挂篮法、吊篮法。它是以已经完成的墩顶段(通常称"0"号块)为起点,通过悬吊的挂篮从立模、浇注混凝土、张拉预应力钢筋,逐段对称地向跨中合拢,形成整桥。悬臂法施工内容包括挂篮设计、托(支)架设计、临时支座和永久支座的安装、"0"号块的施工、标准段施工、直线段施工、合拢段施工和体系转换。梁段长度一般为 3～5m,在桥墩两侧相背方向同时对称施工。悬臂法施工包含模板工程、钢筋工程、混凝土工程、预应力技术、合拢技术和体系转换技术、线型控制技术等基本技术。

图 6-13 所示挂篮结构简图,它由底模架 1,悬吊系统 2、3、4,承重结构 5,行走系统 6,平衡重 7 及锚固系统 8,工作平台 9 等部分组成;挂篮的承重结构可用万能杆件

或贝雷钢架拼成,或采取专门设计的结构,它除了要能承受梁段自重和施工荷载外,还要求自重轻、刚度大、变形小、稳定性好,行走方便等。

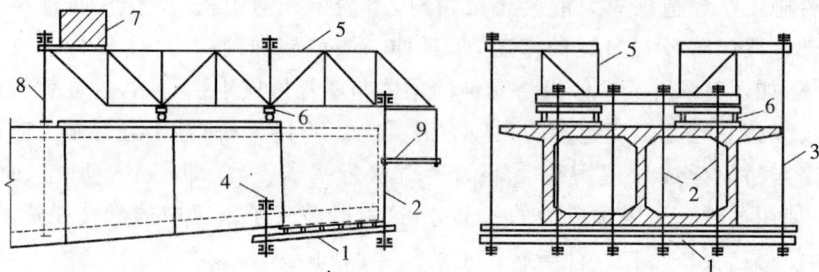

图 6-13　挂篮结构简图

　　用挂篮浇筑墩侧第一对梁段时,由于墩顶位置受限,往往需要将两侧挂篮的承重结构连在一起,待浇筑到一定长度后再将两侧承重结构分开。如果墩顶位置过小,开始用挂篮浇筑发生困难时,可以设立局部支架来浇筑墩侧的头几对梁段,然后再安装挂篮。

　　每浇一个梁段的工艺流程为:移挂篮→装底、侧模→装底、肋板钢筋和预留管道→装内模→装顶板钢筋和预留管道→浇筑混凝土→养生→穿预应力筋、张拉和锚固→管道压浆。

　　悬臂浇筑一般采用由快凝水泥配制的 C40～C60 混凝土。在自然条件下,浇筑后 30～36h。混凝土强度就可达到 30MPa 左右(接近标准强度70%),这样可以加快挂篮的移位。目前每段施工周期约为 7～10d,视工作量、设备、气温等条件而异。最常采用悬臂浇筑法施工的跨径为 50～120m。

　　悬臂浇筑法施工的主要优点是:不需要占地很大的预制场地;逐段浇筑,易于调整和控制梁段的位置,且整体性好;不需要大型机械设备;主要作业在设有顶棚、养生设备等的挂篮内进行,可以做到施工不受气候条件影响;各段施工属重复作业。需要施工人员少,技术熟练快,工作效率高等。主要缺点是:梁体部分不能与墩柱平行施工,施工周期较长,而且悬臂浇筑的混凝土加载龄期短,混凝土收缩和徐变影响较大。

2. 悬臂拼装法

　　悬臂拼装法施工是在工厂或桥位附近将梁体沿轴线划分成适当长度的块件进行预制,然后用船或平车从水上或从已建成部分桥上运至架设地点,并用活动吊机等起吊后向墩柱两侧对称均衡地拼装就位,张拉预应力筋。重复这些工序直至拼装完悬臂梁全部块件为止。

　　预制块件要求尺寸准确,特别是拼装接缝要密贴,预留孔道的对接要顺畅。为此,通常采用间隔浇筑法来预制块件,使得先完成块件的端面成为浇筑相邻块件时的端模,见图 6-14 所示(图中数字表示浇筑次序)。在浇筑相邻块件之前,应在先浇块件端面上涂刷肥皂水等隔离剂,以便分离出坑。在预制好的块件上应精确测量各块件相对标高,在接缝处做出对准标志,以便拼装时易于控制块件位置,保证接缝密贴,外形准确。

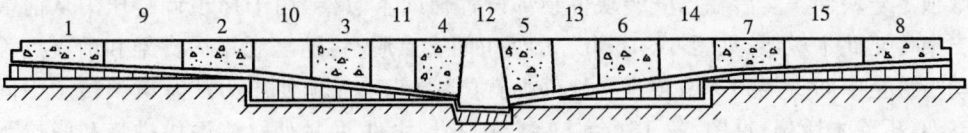

图 6-14 块件预制(间隔法)

预制块件的悬臂拼装可根据现场布置和设备条件采用不同的方法来实现。当靠岸边的桥跨不高且可在陆地或便桥上施工时,可采用自行式吊车、门式吊车来拼装。对于河中桥孔,也可采用水上浮吊进行安装。如果桥墩很高,或水流湍急而不便在陆上、水上施工,则可采用各种吊机进行高空悬拼施工。

图 6-15(a)为沿轨道移动的伸臂吊机进行悬臂拼装示意图。图 6-15(b)为用拼拆式活动吊机进行悬拼示意图,其承重结构与悬臂浇筑法中的挂篮相仿,但在吊机就位固定后起重平车可沿承重梁顶面的轨道纵向移动,以便拼装时调整位置。图 6-15(c)为用缆索起重机吊运和拼装块件的示意图,它主要用于起重机跨度不太大,块件重量较轻的桥梁。自行式悬臂——闸门式吊机悬臂拼装施工,适用于无法用浮

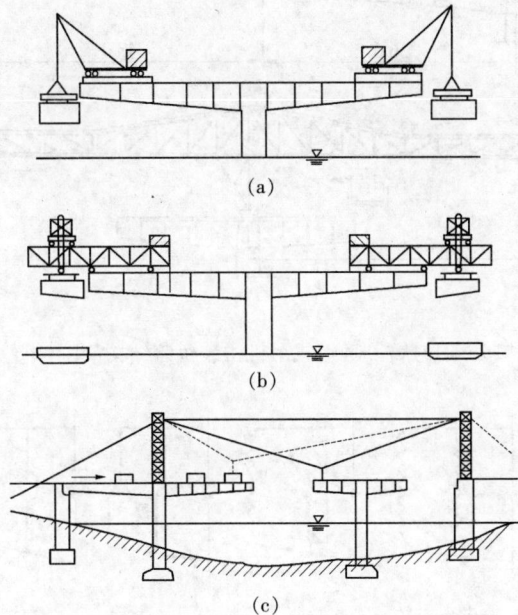

(a)

(b)

(c)

图 6-15　高空悬臂拼装

运设备运送块件至桥下而需要从桥的一岸出发修建多孔大跨径预应力混凝土桥的情况。图 6-16 示出在施工过程中两种主要位置的图式。图 6-16(a)示出了吊机在已拼完的悬臂梁上前进走到中间支架达到悬臂端时的位置。吊机是特制的,它由钢桁架承重梁、两个移动支架(中间和尾部)、一个(前端)带有调节千斤顶的铰接支架及沿桁架下弦轨道可移动的起重平车组成。桁架长度稍大于安装桥孔的跨度,移动支架可使安装块件在中间通过,起重平车可使被吊起的块件作横向和竖向移动并可在平面内转动。当吊机处于 6-16(a)图位置后,再将前端铰接支架临时支承在墩身外伸托架上,调节三个支点的受力,使吊机按连续梁工作,再行起吊、移运和安装

墩顶零号块件。然后在已安装块件顶部设置辅助木墩架,用千斤顶调整压力从前端支架传至此木墩架,见图 6-16(b),并使中间支点脱空,随之利用后支架和前支点移动吊机至中间支架到达墩顶零号块件上就位,调节千斤顶使压力从木墩架传至中间支架,拆除木墩架,见图 6-16(c)。接着在零号块件两侧对称地逐块拼装和张拉预应力筋,直至拼装完悬臂端块件为止。但要注意,块件在吊运中应在平面内旋转 90° 才能通过支架。在两相邻悬臂间安装连接构件后,吊机继续前进,准备下一 T 构的拼装循环。

悬臂拼装时,预制块件之间的接缝可采用湿接缝,见图 6-17(a),用水泥砂浆填筑接缝。但采用最广泛的是胶接缝,有平面型,见图 6-17(f)、多齿型,见图 6-17(b)、单阶型,见图 6-17(d) 和单齿型,见图 6-17(e)。接缝采用环氧树脂等作为胶结材料。

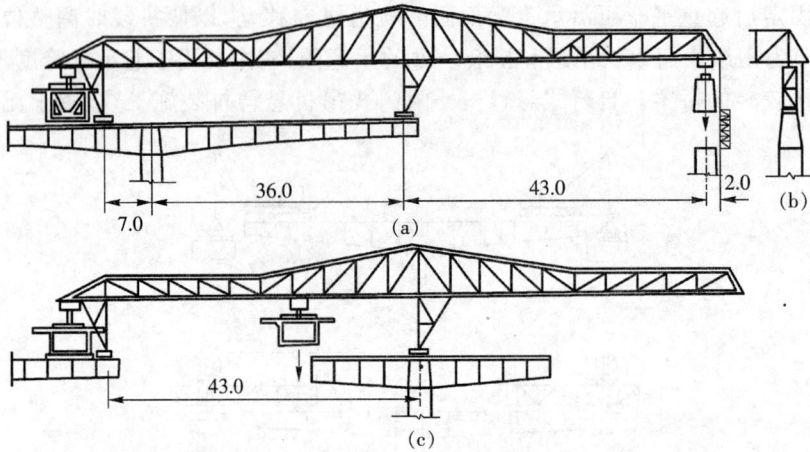

图 6-16 用悬臂—闸门式吊机拼装桥跨结构简图(单位:m)

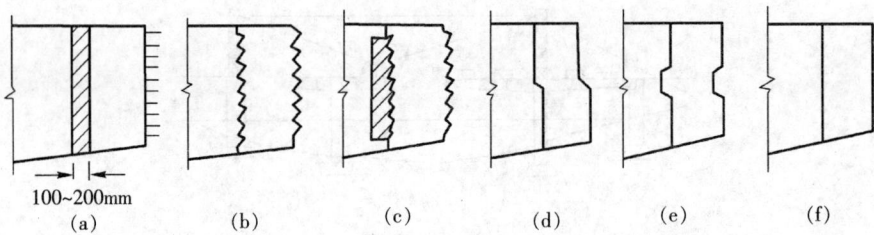

图 6-17 接缝形式

3. 临时固结措施

为了承受施工过程中可能出现的不平衡力矩,当采用悬臂施工法从桥墩两侧逐段延伸来建造预应力混凝土悬臂梁桥时,需要采取措施使墩顶的零号块件与桥墩临时固结起来。

(1)楔形垫块措施

在浇筑零号块件之前,在墩顶靠两侧先浇筑 C50 混凝土楔形垫块,待零号块件达到设计强度 75% 以上时,在桥墩两侧各用 10 根 φ32mm 预应力粗钢筋从块件顶部张拉固定,见图 6-18 所示。使拼装过程中出现的不平衡力矩完全由临时的混凝土垫块和预应力筋共同承受。待全部块件拼装完毕后,即可卸去临时固结措施,使悬臂梁的永久支座发生作用,施工过程中的 T 形刚架受力图式将转化为悬臂梁的受力图式。

(2)支架式固结措施

适合于桥不高、水不深而易于搭设临时支架的情况。拼装中的不平衡力矩完全靠梁段的自重来保持稳定,见图 6-19(a)所示。

(3)锚固式固结措施

利用临时立柱和预应力筋来锚固上下部结构的构造,预应力筋的下端埋固在基础承台内,上端在箱梁底板上张拉并锚固,使立柱在施工过程中始终受压,以维持稳定,见图 6-19(b)所示。

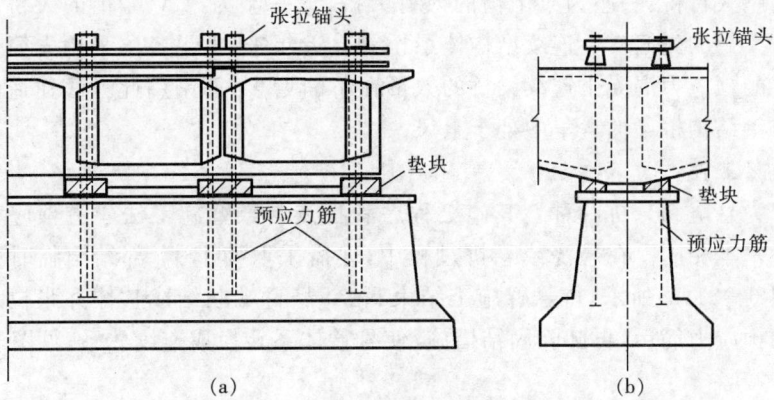

图 6-18 零号块件与桥墩的临时固结构造

(4)临时支承式固结措施

适用于桥高水深的情况。可采用围建在墩身上部的三角形撑架来设置梁段的临时支承,并用砂筒作为悬臂拼装完毕后转换体系的卸架设备,见图 6-19(c)所示。

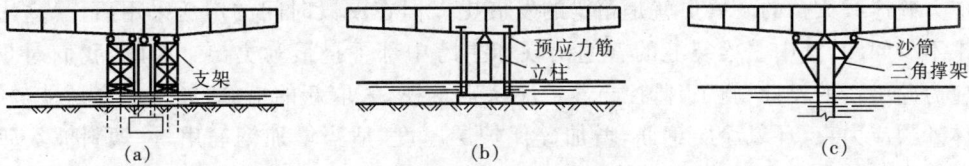

图 6-19 临时固结措施

6.5.3 预应力混凝土连续体系梁桥的施工要点

我国自上世纪五十年代中期开始修建预应力混凝土梁桥,至今已有 50 多年的历史,比欧洲起步晚,但近年来发展迅速。在预应力混凝土桥梁的设计、结构分析、试验研究、预应力材料及工艺设备、施工工艺等方面日新月异,预应力混凝土连续梁桥的设计技术与施工技术都达到了新的水平。

1. 装配—整体施工法

根据起吊安装设备的能力,将整根连续梁先分段预制,并将预制件安装至墩、台或轻型的临时支架上,再现浇接头混凝土,最后通过张拉部分预应力筋,使梁体集成连续体系。

简支—连续施工法,适用于最大跨径 40~50m。预制件按简支梁配筋,安装时支承在墩顶两侧的临时支架上,浇筑接头混凝土,待其达到规定强度后,再张拉承受墩顶负弯矩的预应力筋并锚固好,安上永久支座,最后卸除临时支座,使结构转换为连续体系,见图 6-20 所示。

在国外,无论是日本、韩国等亚洲地区,还是美国、加拿大等美洲地区及欧洲地区,都出现了很多采用"先简支后连续"施工方法建造成的桥梁实例。其中有两座桥梁在"先简支后连续"结构体系中占有重要的地位,它们是美国内布拉斯加州林肯市建造的两座人行桥:一座为第十街的人行天桥,另一座为第 V 号街的天桥。随后国外出现了大量的先简支后连续结构体系桥梁。近年来,世界各国采用先简支后连续方法建造的预应力混凝土连续梁桥的数量在不断增多,而采用此方法建造的连续梁桥甚至与钢结构桥梁的竞争中处于上风。

2. 悬臂施工法

可分为悬浇和悬拼两种。其施工程序和特点与悬臂施工法建造预应力混凝土悬臂梁桥基本相同。在悬浇或悬拼过程中,亦需采取使上、下部结构临时固结的措施。见图 6-21(a)所示,待悬臂施工结束、相邻悬臂端联结成整体并张拉承受正弯矩的下缘预应力筋后,再卸除固结措施,使悬臂体系转换成连续体系,见图 6-21(c)所示。

我国公路桥梁中预应力砼连续梁桥居多,约占总数 90% 以上。该桥型采用挂篮悬臂灌注法施工工艺比较成熟,特别适合高山峡谷 250m 跨径左右的桥梁施工。目前已建成主跨 1088m 的苏通长江大桥副航道 268m 连续刚构桥居处于世界领先水平,发展前景广阔。

在已建成的大跨径预应力砼梁桥中,当跨径超过 40m 后,其截面大多为箱形,预应力砼连续梁桥的发展史就是箱梁的发展史。但在一段时间的广泛采用后,暴露出来不少问题,其中主梁裂缝的普遍出现和主跨中部下挠最为突出。因此,我们对预应力砼梁桥的设计、施工、监控与养护应特别重视,采取新的措施,如采用高性能砼,体外预应力束,环氧涂层钢筋,增加砼保护层厚度,适当增加钢筋用量,塑料波纹管辅助真空压浆技术等以提高其耐久性。

3. 顶推法施工

湖南省在 1980 年建成的望城县伪水河桥,在我国首次采用柔性墩多点顶推的架桥技术获得成功。之后,包头黄河大桥和柳州第二公路大桥推广采用了这种技术。

基本工序是在桥台后面的引道上或在刚性好的临时支架上设置制梁场集中制作梁段(现浇或预制装配),一般为等高度的箱形梁段(约 10~30m 一段),待有 2~3段后,在上、下翼板内施加能承受施工中变号内力的预应力,然后用水平千斤顶等顶推设备将支承在氟塑料板与不锈钢板滑道上的箱梁向前推移,推出一段再接长一段,如此周期性地反复操作直至最终位置,进而调整预应力(通常是卸除支点区段底部和跨中区段顶部的部分预应力筋,并增加和张拉一部分支点区段顶部和跨中区段底部的预应力筋),以使能满足后加恒载和活载内力的需要,最后,将滑道支承移置成永久支座,结束施工。

由于氟板和不锈钢板之间摩擦系数仅为 0.02～0.05,故梁重达到 10000t,也只需 5000kN 以下的力即可推出。

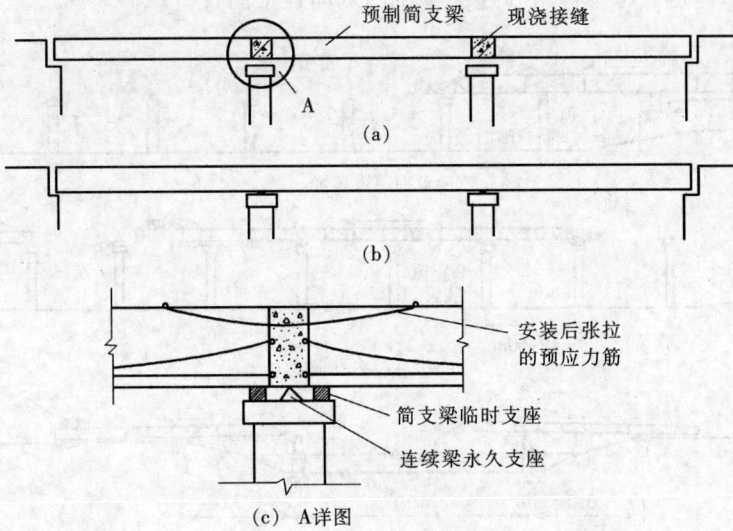

图 6-20 简支一连续施工法

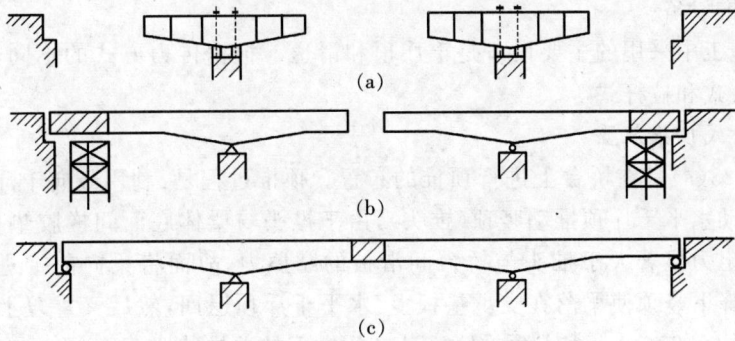

图 6-21 悬臂法建造连续梁桥的体系转换

顶推法施工又可分为如下多种方式:

(1)单向单点顶推法

顶推设备只设在一岸的桥台处,见图 6-22(a)所示。在顶推中为了减少悬臂负弯矩,一般要在梁的前端安装一节长约为顶推跨径 0.6～0.7 倍的钢导梁,要求导梁自重轻而刚度大。本法最宜用于建造跨度 40～60m 的多跨连续梁桥。当跨度更大时,可在桥墩间设置临时支墩。国外已用此法修建了跨度达 168m 的桥梁。其顶推速度,当水平千斤顶行程为 1m 时,一个顶推循环约 10～15min。国外最大推速达到 16m/h。

（2）多点顶推法

对特别长的多联多跨桥梁采用多点顶推方式使每联单独顶推到位，见图 6-22（b）所示。在此情况下，在墩顶上均可设置顶推装置，梁的前后端应安装导梁。

（3）双向顶推施工法

采用从两岸双向顶推施工方式，可不设临时墩而修建中跨跨径更大的连续梁桥。图6-22（c）是三跨不等跨径连续梁桥的双向顶推图式。

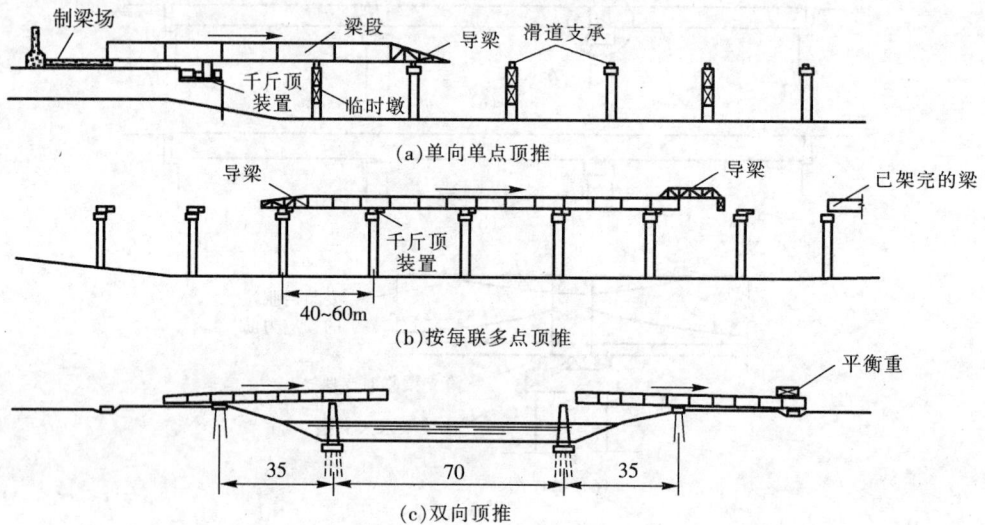

图 6-22　连续梁顶推法施工示意图（单位：m）

（4）顶推设备

顶推施工中采用的主要设备是千斤顶和滑道。根据传力方式的不同，顶推工艺又分为推头式和拉杆式等。

1）推头式顶推装置

图 6-23（a）是在桥台上进行顶推的布置。顶推过程是：利用竖向千斤顶将梁顶起，然后启动水平千斤顶推动竖顶（推头），由于推头与梁体底面间橡胶垫板（或粗齿垫板）的摩阻力显著大于推头与桥台间滑板的摩擦力，故而将梁向前推进。一个行程推完后，降下竖顶使梁落在支承垫板上，水平千斤顶退回，然后又重复上一循环将梁推进。图 6-23（b）为多点顶推时安装在桥墩上的顶推装置。

2）拉杆式顶推装置

图 6-24 为拉杆式顶推装置的布置。顶推过程是：水平千斤顶通过传力架固定在桥墩（台）顶部靠近主梁的外侧，装配式的拉杆用连接器接长后与埋固在箱梁腹板上的锚固器相联结，驱动水平千斤顶后活塞杆拉动拉杆，使梁借助梁底滑板装置向前滑移。水平顶走完一个行程后，就卸下一节拉杆，然后水平顶回油后活塞杆退回，再连接拉杆并进行下一顶推循环；亦可用图 6-24（b）中所示穿心式水平千斤顶来拉梁前进。此时，拉杆的一端固定在梁的锚固器上，另一端穿过水平顶后用夹具锚固在活塞杆尾端，水平顶每走完一个行程，松开夹具，活塞杆退回，然后重新用夹具锚固拉杆进行下一顶推循环。

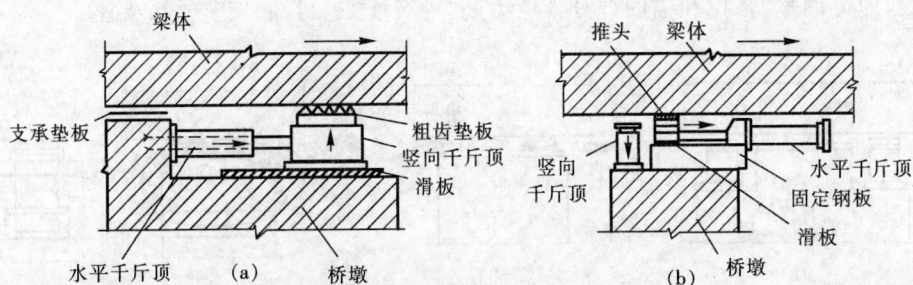

图 6-23 推头式顶推装置

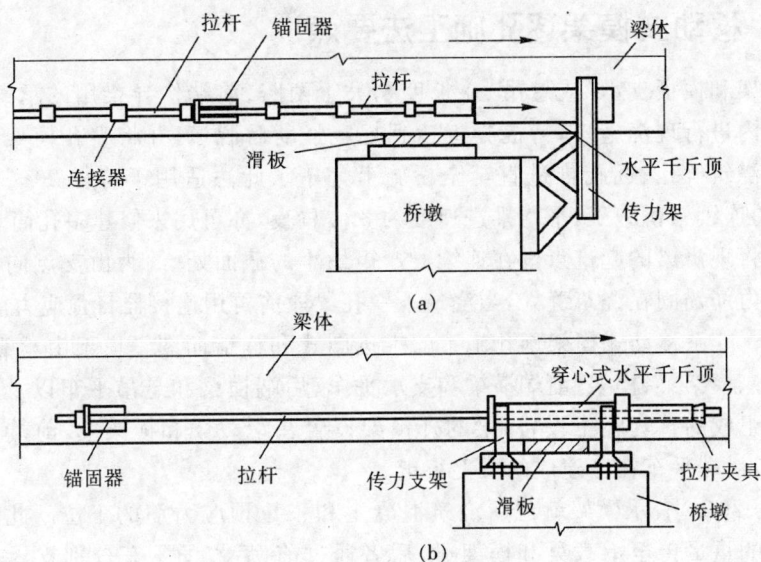

图 6-24 拉杆式顶推装置

必须注意:在顶推过程中要严格控制两侧千斤顶同步运行。为防止梁体在平面内发生偏移(特别是单点顶推时),通常在墩顶于梁体旁边设置横向导向装置。

(5)顶推法的滑道装置

滑道装置由设置在墩顶的混凝土滑台、铬钢板和滑板组成,见图6-25所示。滑板由上层为氯丁橡胶板、下层为聚四氟乙烯板镶制而成,橡胶板与梁体接触增大摩擦力,四氟板与铬钢板接触使摩擦力减至最小,使梁体滑移前进。图6-25(a)的构造是当滑板从铬钢板的一侧滑移到另一侧时必须停止前进并用竖顶将梁顶起,将滑板移至原来位置,然后再使竖向千斤顶回油将梁落在滑板上,再重复顶推过程。图6-25(b)是表示利用接下和喂入滑板的方式使梁连续滑移,但应注意滑板进出口处要做成顺畅的弧面,以免损坏昂贵的滑板。图6-25(c)表示利用封闭形铬钢带进行自动连续滑移的滑道装置。四氟滑板位置固定,而三层封闭形铬钢带(每层厚1mm)则不断沿氟板面滑移,最外层铬板带的外表面上有4mm厚的硫化橡胶,以阻止钢带滑出滑道。

顶推法施工每一节段从制作到顶推完毕,一个循环约需6～8d。在全梁顶推完毕后,即可调整、张拉和锚固部分预应力筋,进行灌浆、封端、安装永久支座。

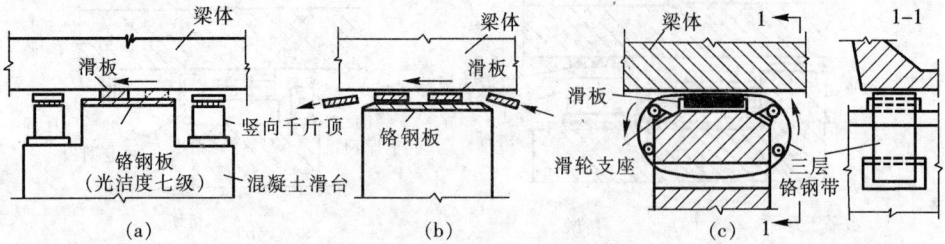

图 6-25　滑道构造

6.5.4　移动式模架逐孔施工法要点

将支架和模板支承(或悬吊)在长度稍大于两跨、前端作导梁用的承载梁上,然后在桥跨内进行现浇施工,待混凝土达到规定强度后脱模,并将整孔模架沿导梁前移至下一浇筑桥孔、逐孔推进直至全桥施上完毕。此法适用于跨径 20～50m 的等跨、等高的连续梁桥施工,平均推进速度约 3m/昼夜,亦可用来修建多孔简支梁桥。

通常将现浇梁的起讫点设在连续梁弯矩最小的截面处(约为由支点向前 5～6m 处),预应力筋锚固在浇筑缝处,当浇筑下一孔梁段前再用连接器将预应力筋接长。

图 6-26 系移动式模架逐孔施工的推进图式和构造简图。模架由承载梁(其前端为导梁)、模架梁、模架、前端横梁和支承平车、后端横梁和悬吊平车以及模架梁支承托架等组成的整套施工设备,梁的外模架设置在承载梁和横梁上,前端平车在导梁上行走,后端平车在已建成的梁上行走。

图 6-26(a)表示模架就位后浇筑混凝土和张拉预应力筋的工位。此时梁体新浇混凝土的重量传至承载梁和模架梁,后者通过前、后端的平车分别支承在承载梁和已经完成的梁上。待混凝土达到规定强度并脱模后,由前端支承平车和后端悬吊平车将模架梁连同模架前移至新的浇筑孔。见图 6-26(b)。模架到位后,用设置在模架梁上的托架将模架梁临时支承在桥墩两侧,用牵引绞车将导梁移至前孔并使承载梁就位,见图 6-26(c),最后松开托架而使前端平车承重并固定位置后,即开始新的浇筑循环。

图 6-26 所示方式特别适用于具有柱式桥墩的场合。移动模架时模架梁可利用足够的空间前移而不需增加拆、拼工序。

当采用支承式装置有困难时,亦可采用悬吊式移动模架来施工。此时承载梁与导梁将设置在桥面标高以上,将模架梁和模架悬吊在承载梁上进行现浇制梁。

预应力混凝土连续梁、连续刚构或桁式组合拱桥,除满堂支架施工外,采用其他施工方法都面临着体系转换这一共同问题,尤其是采用悬臂浇注或悬臂拼装的多跨大跨径连续结构,都经历最初的静定悬臂刚构状态,然后分阶段合拢为多跨的连续刚构等不同体系,最后才合拢为成桥状态的连续梁、连续刚构或桁架拱等超静定结构。当按顺序合拢桥梁完成体系转换时,在合拢梁段上要张拉连续预应力束,这些连续束的张拉是在超静定体系上进行的,预加力会引起次内力,需引起注意。

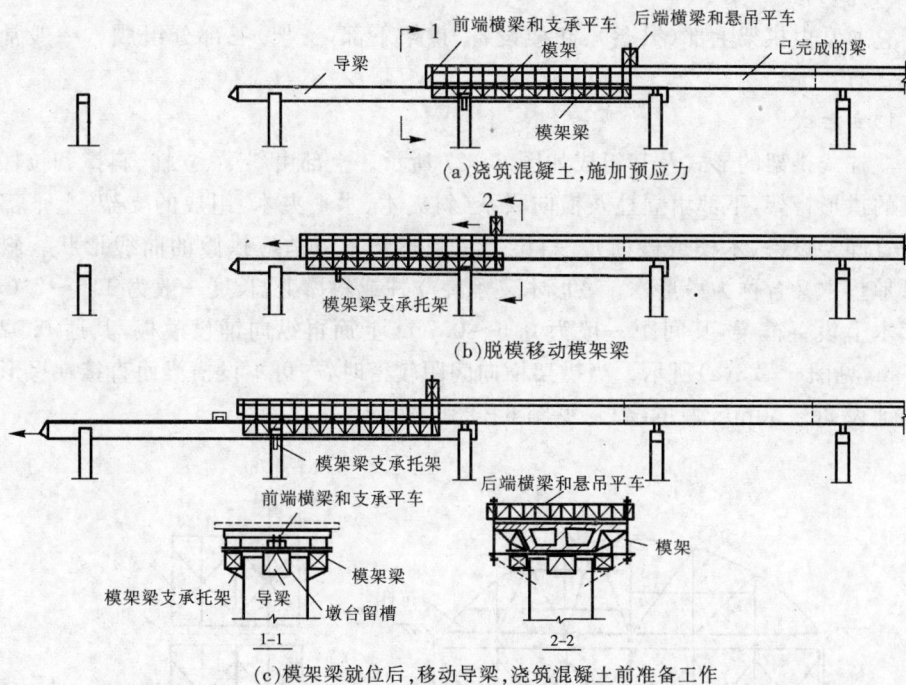

图6-26 移动式模架逐孔施工法

6.6 拱桥施工

拱桥是一种能充分发挥圬工及钢筋混凝土材料抗压性能、外形美观、维修管理费用少的合理桥型,因此被广泛采用。拱桥的施工,从方法上大体可分为有支架施工和无支架施工两大类。在我国,前者常用于石拱桥和混凝土预制块拱桥;后者多用于肋拱、双曲拱、箱形拱、桁架拱桥等。目前也有采用两者相结合的施工方法。本章着重介绍石拱桥的有支架施工及无支架缆索吊装的施工方法。

6.6.1 拱桥的施工要点

石拱桥、现浇混凝土拱桥及混凝土预制块砌筑的拱桥,均采用有支架的施工方法修建。在此,只对拱架、拱圈及拱上建筑的施工要点进行介绍。

1. 拱架

砌筑石拱桥(或预制混凝土块拱桥)及就地浇筑混凝土拱圈时,均要搭设拱架,其作用在于支承全部或部分拱圈和拱上建筑的重量和保证拱圈的形状符合设计要求。因此要求拱架应具有足够的强度、刚度和稳定性。但它又是临时结构,因此要求构造简单,易于制作,节省材料且便于拆卸。

2. 拱架的形式和构造

木拱架按其构造形式有以下几种。

(1)满布式拱架

它通常由拱架上部(拱盔)、卸架设备、拱架下部(支架)三部分组成。一般常用的形式有:

1)立柱式

立柱式拱架的形式及其组成如图6-27所示。上部由斜梁、立柱、斜撑和拉杆等组成的拱形桁架,下部由立柱及横向联系(斜夹木、水平夹木)组成的支架,上下部之间放置卸架设备(木楔或砂筒)。斜梁上钉弧形垫木以适应拱腹的曲线形状。斜梁和弧形垫木又合称为弓形木。弓形木支承在立柱或斜撑上,长度一般为1.5~2.0m。弓形木上设置横梁,其间距一般为0.6~0.7m,上面再纵向铺设模板,其厚0.02~0.04m,见图6-28(a)所示。当拱架横向间距较密时,亦可不设横梁而直接在弓形木上面铺设30~50mm厚的横板,见图6-28(b)所示。

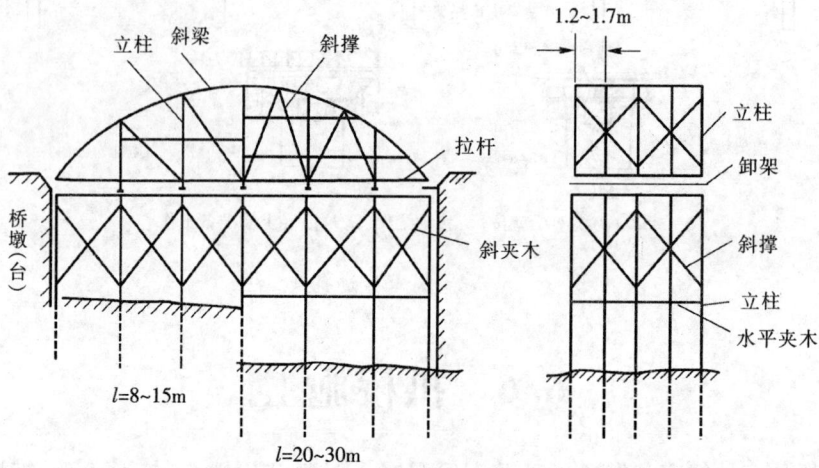

图6-27 立柱式拱架的形式及其组成

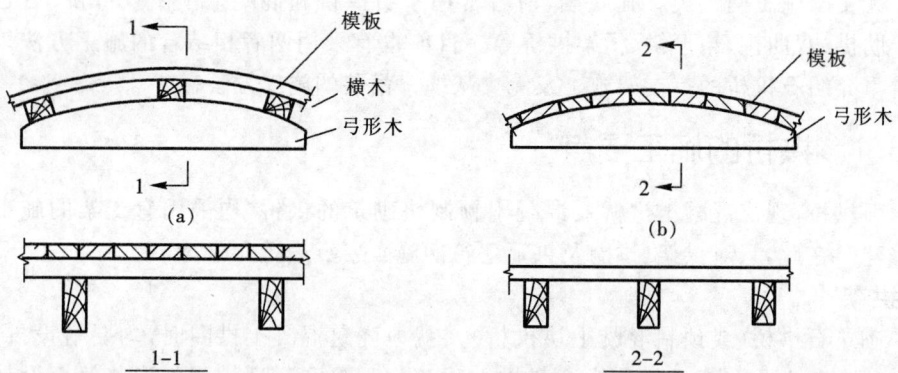

图6-28 弓形木及模板构造图

立柱间距一般在1.5~5.0m之间,视桥梁跨径及承受拱圈重量而定。拱架在横桥方向的间距一般为1.2~1.7m,拱架各片之间设置横向联系(水平及斜向夹木)以增强横向稳定性。立柱式拱架适用于跨度和高度不大的拱桥。

2)撑架式

用少数框架式支架加斜撑来代替数目众多的立柱,其形式见图6-29所示,可少用木材,有一定的通航空间,减少洪水及漂流物的威胁。

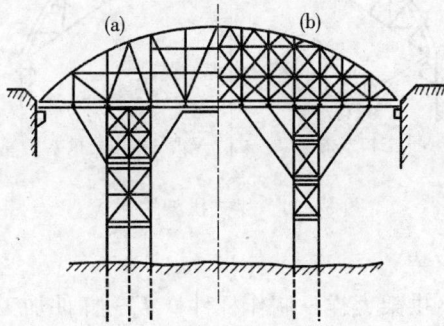

图6-29 撑架式拱架的形式

在施工中要求上述两种形式的拱架各连接处应精密制作,连接紧密,使拱架具有足够的强度、刚度和稳定性,以保证拱架在荷载作用下变形最小且变形曲线圆顺。

满布式拱架常用的节点构造见图6-30所示。

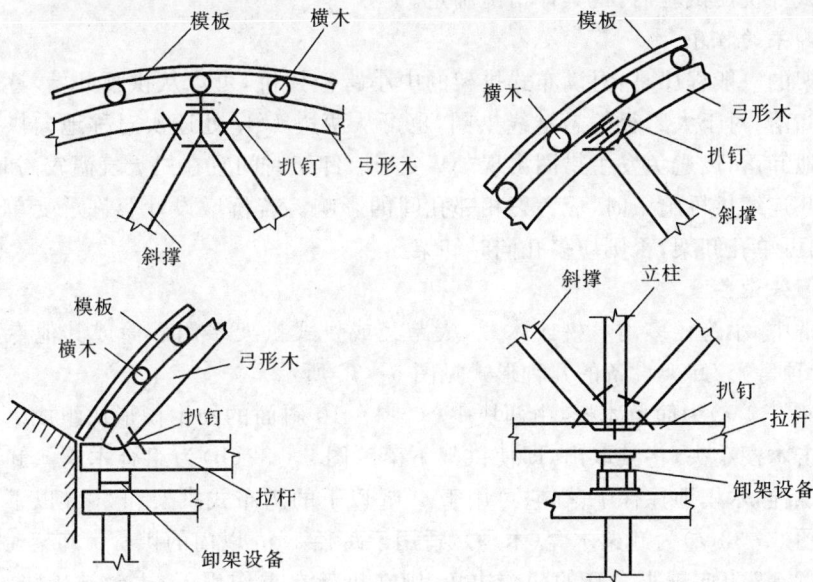

图6-30 满布式拱架的节点构造

(2)拱式拱架

拱式拱架不受洪水、漂流物的影响,在施工期间能维持通航,适用于墩高、水深、流急或要求通航的河流。三铰桁式拱架是常用的一种形式,材料用量少,但要求有较高的施工水平和架设能力。其拱架形式见图6-31所示。三铰桁式拱架的纵、横向稳定的保证,除加强纵横向联系外,还需设抗风缆索,以加强整体稳定性。

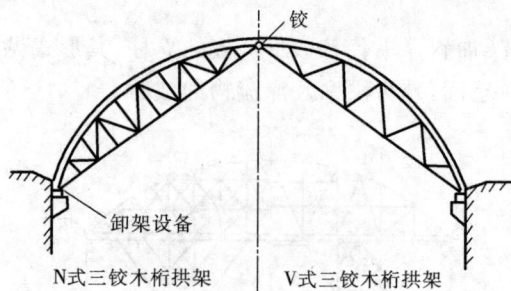

图 6-31　拱式拱架的形式

（3）拱架的制作与安装

其施工程序是：放出拱架大样→制作杆件样板→杆件加工→试拼→修改→安装。满布式拱架是在桥孔内逐杆安装，三铰桁式拱架均采用整片吊装安装。安装时应及时测量，保证设计尺寸要求，注意安全。

（4）拱架的卸落

在正常施工条件下，拱圈合拢后，拱架应保留的最短时间，对石拱桥一般当跨径在 20m 以内时为 20 天，大于 20m 时为 30 天；对混凝土拱桥，应按设计强度要求，经混凝土试件抗压试验后，视具体情况确定。

1）卸架的程序

卸架的一般程序是：对满布式拱架的中小跨径拱桥，可以从拱顶开始，逐次向拱脚对称卸落；对于大跨径的悬链线拱圈，也可从两边 1/4l 处逐次对称地向拱脚和拱顶均衡地卸落，以避免发生拱圈出现"M"变形。卸架时间宜在白天气温较高时进行。

多孔连续拱桥施工时，应考虑相邻孔间的影响。若桥墩设计容许承受单孔施工荷载，则可单孔卸架，否则应多孔同时卸架。

2）卸架设备

通常中、小跨径多用木楔或木凳，大跨径或拱式拱架多用砂筒或其他专用设备（如千斤顶等）。卸架设备的几种形式见图 6-32 所示。

图 6-32(a)为简单木楔，由两块 1:6～1:10 斜面的硬木楔形块组成。落架时用锤轻击木楔小头，将其取出，即使拱架下落。图 6-32(b)为组合木楔。卸架时只要扭松螺栓，木楔即徐徐下落，它可用于 40m 以下的满布式拱架和 20m 以下的拱式拱架。图 6-32(c)为卸架木凳（木马），适用于跨径 15m 以内的拱桥。卸架时只要沿 1—1 与 2—2 方向锯去木凳的两个边角，则在拱架自重作用下，木凳被压陷，则拱架随之下落。图 6-32(d)为卸架砂筒。从泄砂孔将沙子均匀泄出，则活塞下落，使拱架随之下落。所用的砂子应颗粒均匀、干燥、清洁。

2007 年 8 月 13 日下午，湖南省湘西土家族苗族自治州凤凰县正在建设的堤溪沱江大桥发生坍塌事故，造成 64 人死亡，22 人受伤，直接经济损失 3974.7 万元。大桥主拱圈砌筑材料未满足规范和设计要求，拱桥上部构造施工工序不合理，主拱圈砌筑质量差，降低了拱圈砌体的整体性和强度，随着拱上施工荷载的不断增加，造成 1 号孔主拱圈靠近 0 号桥台一侧 3～4m 宽范围内，砌体强度达到破坏极限而坍塌，受连拱效应影响，整个大桥迅速坍塌。大跨径石拱桥，自重很大，侧向推力更是自重的

(a)

(c)

活塞

沥青填塞

金属(或木)筒

70~100mm

砂

泄砂孔

(b) α

(d) 垫板

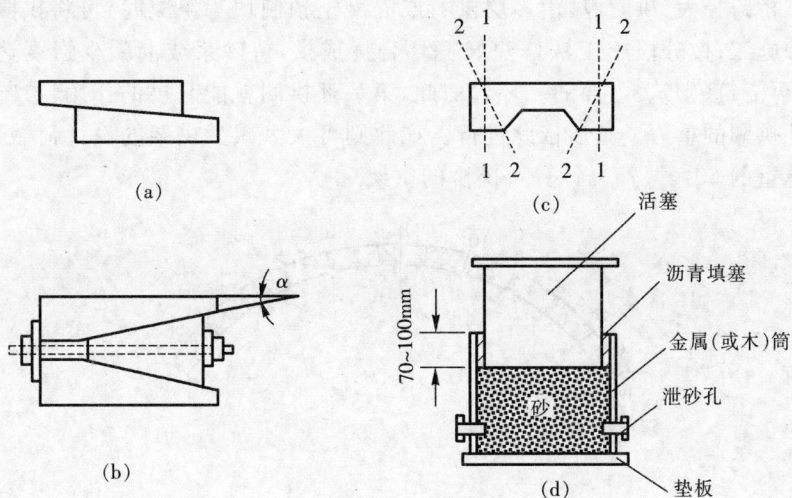

图 6-32 卸架设备的几种形式

数倍,随着大桥完工,脚手架拆除,大桥自重和侧向推力就完全传到地面和大桥两端,因此拆脚手架时是它的一个危险期。拱桥建成后,在桥拱未达到一定强度前,不能马上拆除脚手架;拆除脚手架必须严格按照一定的顺序进行,拆时也要均衡,不能只拆一边,要几个支点同时拆。若拆除脚手架的顺序出了错误,会造成石拱受力不均,其中一跨坍塌后,导致拱圈产生的水平推力失衡,就会形成多米诺骨牌式的连环倒塌。

6.6.2 拱圈及拱上建筑施工

1. 拱圈施工

(1)跨径小于 10m 的拱圈,按拱的全宽全厚由两侧拱脚同时对称地向拱顶砌筑,并应采取最快的速度,以使拱顶合拢时拱脚处的混凝土未初凝或石拱桥的石砌缝中砂浆尚未凝结。

(2)跨径 10~15m 的拱圈,最好在拱脚处留空缝,由拱脚向拱顶按全宽、全厚进行砌筑(浇筑混凝土)。但施工中要注意:为防止拱架的拱顶部分上翘,可在拱顶区段预先压重(一般自拱脚向上砌到 1/3 矢高左右,就在拱顶 $1/3l$ 范围内预压占总数 20% 的拱石),待拱圈砌缝的砂浆达到设计强度 70% 后(或混凝土达到设计强度),再用砂浆(或混凝土)填塞预留的拱脚处的空缝。

(3)大、中跨径拱桥,一般采用分段施工或分环(分层)与分段相结合的方法施工。分段处一般应设置在拱架挠曲线有转折及拱圈弯矩比较大的位置,如拱顶、拱脚及拱架的节点处。对于石拱桥,分段间应预留30~40mm 的主缝或设置木撑架,混凝土拱圈则应在分段间设混凝土挡板(端模板),待拱圈砌筑后再用砂浆(或埋入石块、浇筑混凝土)灌缝。分段时对称施工的顺序一般如图 6-33 所示。拱顶处封拱(如石拱桥拱顶石的砌筑)必须在所有空缝填塞并达到设计强度后才能进行。并应注意设计对封拱(合拢)时大气温度的要求,当设计无明确要求时,宜在气温较低时(凌晨)进行。

当拱桥跨径大、拱圈厚，由多层拱石或混凝土预制块等组成时，可将拱圈全厚分层（分环）施工；按分段施工法修建好一环合拢成拱，待砂浆或混凝土强度达到设计要求后，再浇筑（砌筑）上面的一环。似此，第一环拱圈就能起拱的作用，参与拱架承受第二环拱圈的重力。其后依此进行。如此则可大大减少拱架的设计荷载（一般可按拱圈总重的 60%～75% 计算石拱桥的拱架）。

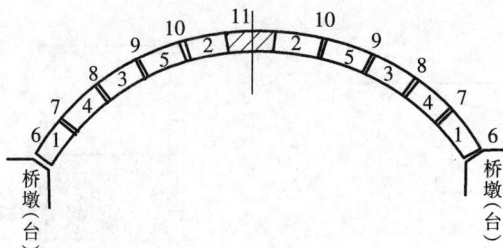

图 6-33　拱圈分段施工的一般顺序

2. 拱上建筑的施工

拱上建筑（拱上结构）是指桥面系及其与拱圈之间的传力构件或填充物的统称。

拱上建筑施工的基本要点是，拱上建筑随在拱圈合拢、混凝土或砂浆达到设计强度 30% 以后进行。对于石拱桥，一般不少于合拢后 3 天。

拱上建筑的施工，应避免主拱圈产生过大的不均匀变形。实腹拱拱上建筑应由拱脚向拱顶对称地砌筑，当侧墙砌筑好以后，再填筑拱腹填料及修建桥面结构等。

空腹式拱桥一般是在腹孔墩砌完后就卸落拱架，然后再对称地均衡砌筑腹拱圈，以免由于主拱圈的不均匀下沉而使腹拱圈开裂。

在多孔连拱中，当桥墩不是按单向受力墩设计时，仍应注意相邻孔间的对称均衡施工，以免桥墩承受过大的单向推力而出问题。特别是在裸拱圈上修建拱上结构的多孔连拱时，更应注意。

3. 缆索吊装施工

在峡谷或水深流急的河段上或在需通航的河流上或在洪水季节施工并受漂流物影响等条件下建桥，就宜考虑无支架的施工方法。

施工工序大致包括：拱肋（箱）的预制、移运和吊装、主拱圈的砌筑、拱上建筑的砌筑、桥面结构的施工等主要工序。除缆索吊装设备、拱肋（箱）的预制、移运和吊装、拱圈的砌筑外，其余工序均与有支架施工方法相同（或相近）。下面主要介绍缆索吊装施工，见图 6-34 所示，其基本内容也可用于其他无支架施工方法。

（1）缆索吊装设备

按其用途和作用，主要设备有：

1）主索　亦称为承重索或运输天线。它横跨河面，支承在两侧塔架的索鞍上，两端锚固于地锚，吊运构件的行车支承于主索上。主索的截面积（根数）根据吊运构件的重量、垂度、计算跨径等因素由计算确定。横桥向主索的组数，可根据桥面宽度（两外侧拱肋间的距离）、塔架高度（塔架高度越大，横移构件的宽度范围就相应的增大）及设备供应情况等合理选择，一般可选 1～2 组。每组主索可由 2～4 根平行钢丝绳组成。

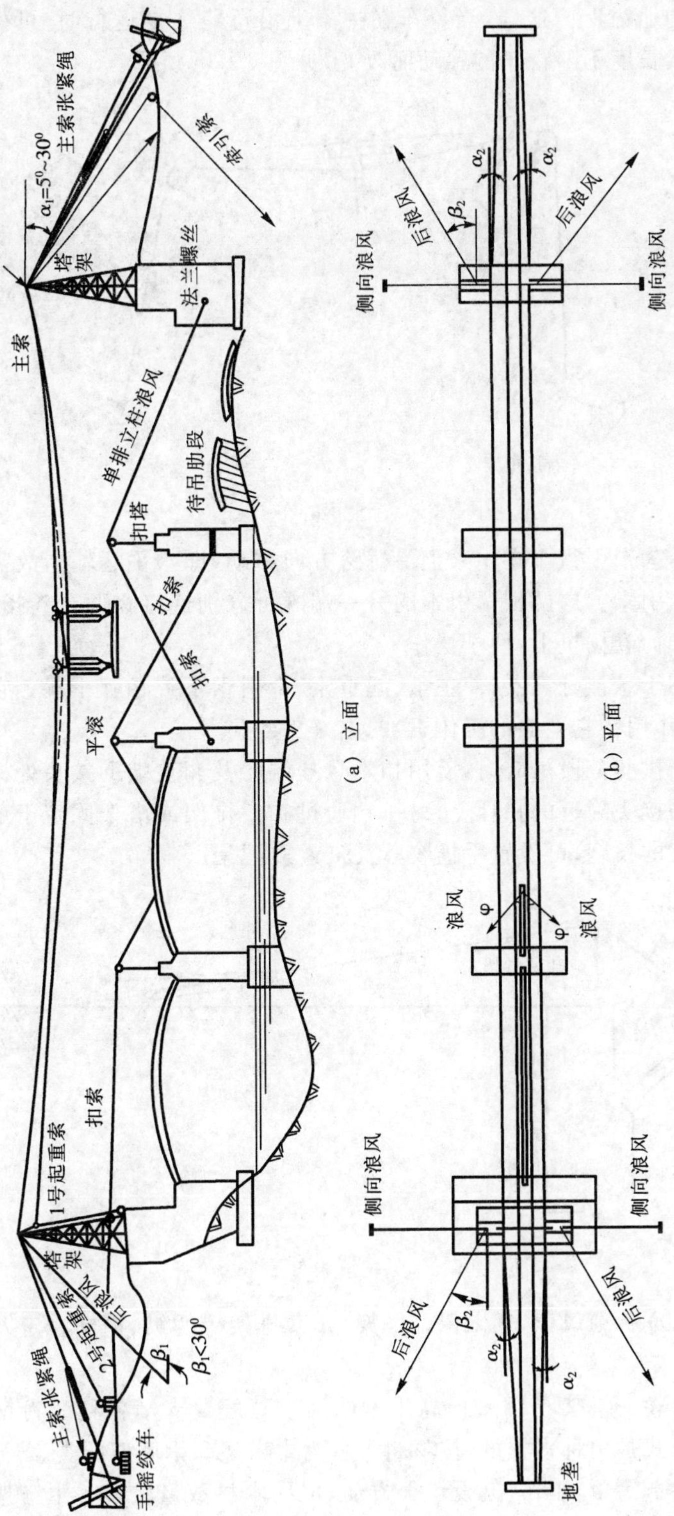

图 6-34　缆索吊装设备及其布置形式

2)起重索 用来控制吊物的升降(即垂直运输),一端与卷扬机滚筒相连,另一端固定于对岸的地锚上。这样,当行车在主索上沿桥跨往复运行时,可保持行车与吊钩间的起重索长度不随行车的移动而改变,见图6-35所示。

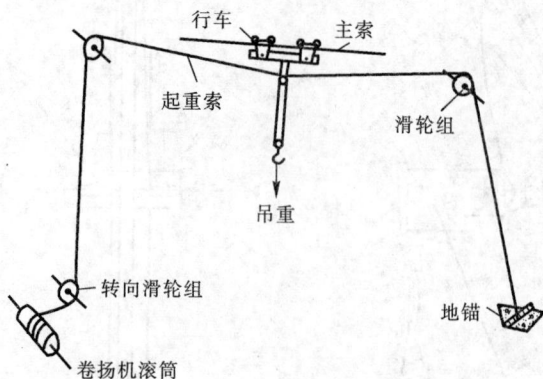

图6-35 起重索的布置图

3)牵引索 为牵引行车在主索上沿桥跨方向移动(即水平运输),故需在行车两端各设置一根牵引索。这两根牵引索的另一端既可分别连接在两台卷扬机上,也可合拴在一台双滚筒卷扬机上,便于操作。

4)结索 用于悬挂分索器,使主索、起重索、牵引索不致相互干扰。它仅承受分索器(包括临时作用在它上面的工作索)的重力及自重。

5)扣索 当拱肋分段吊装时,需用扣索悬挂端肋及调整端肋接头处标高。扣索的一端系在拱肋接头附近的扣环上,另一端通过扣索排架或塔架固定于地锚上。为了便于调整扣索的长度,可设置手摇绞车及张紧索,见图6-36。

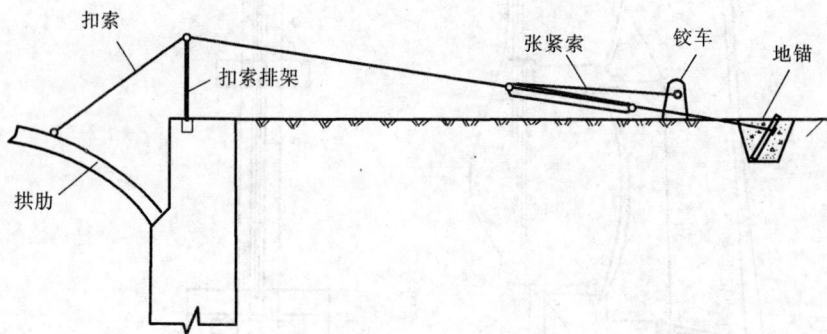

图6-36 扣索的布置图

6)浪风索 亦称缆风索,用来保证塔架、扣索排架等的纵、横向稳定及拱肋安装就位后的横向稳定。

7)塔架及索鞍 塔架是用来提高主索的临空高度及支承各种受力钢索的重要结构。塔架的形式是多种多样的,按材料可分为木塔架和钢塔架两类。

木塔架的构造简单,制作、架设均很方便,但用木材数量较多。木塔架一般用于高度在20m以下的场合。当高度在20m以上时,较多采用钢塔架。钢塔架可采用龙门架式、独脚扒杆式或万能杆件拼装成的各种形式。

塔架顶上设置了为放置主索、起重索、扣索等用的索鞍,见图6-37所示,它可以减小钢丝绳与塔架的摩阻力,使塔架承受较小的水平力,并减少钢丝绳的磨损。

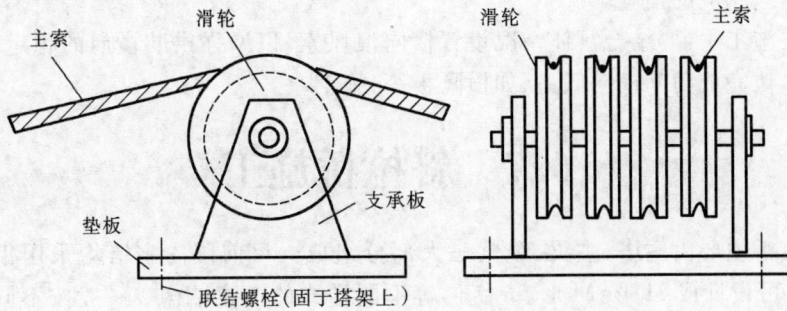

图6-37 索鞍构造图

8)地锚 亦称地垄或锚碇,用于锚固主索、扣索、起重索及绞车等。地锚的可靠性对缆索吊装的安全有决定性影响,设计和施工都必须高度重视。按照承载能力的大小及地形、地质条件的不同。地锚的形式和构造可以是多种多样的。条件允许时,还可以利用桥梁墩、台作锚碇,这就能节约材料,否则需设置专门的地锚。图6-38是一个临时性的木地垄装置,由杂木或钢轨捆扎、埋入地下而构成。

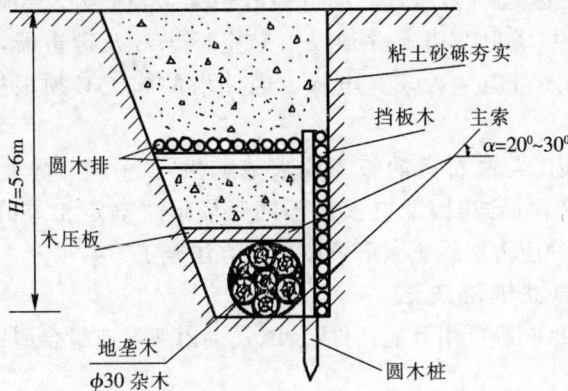

图6-38 木地垄的构造

9)电动卷扬机及手摇绞车 用作牵引、起吊等的动力装置。电动卷扬机速度快,但不易控制。对于一般要求精细调整钢索长度的部位,多采用手摇绞车,以便于操纵。

10)其他附属设备 如各种倒链葫芦、花篮螺栓、钢丝卡子(钢丝扎头)、千斤绳、横缆索吊装设备的类型及规格非常多,必须因地制宜地结合各工程的具体情况合理选用。

(2)施工中应特别注意的问题

1)注意计算挠度值与实测值的关系:对于计算挠度值,要在施工过程中结合实测挠度值加以校核和修正。

2)必须认真观测温度变化对拱肋加载变形的干扰,掌握温度变化引起拱肋挠度变化规律,以便校正实测的拱肋加载挠度值,从而正确地控制拱肋的受力状况。

3)为保证拱肋有足够的纵、横向稳定性,除满足计算要求外,在构造、施工上均必须采取些相应的措施。

4)在施工中,要结合具体情况设置横向浪风索,以增强拱肋横向的稳定性,并在施工中尽快完成肋间横向联系(如横隔板等)施工。

6.7 斜拉桥施工

斜拉桥主要由主塔、主梁、缆索三大部分组成。目前国内主塔均采用钢筋混凝土结构,可设计成 H 形、M 形、人字形等不同样式的空腹结构。一般按不同高程的结构特点,主塔分为基础、塔座、下塔柱、下横梁、中塔柱、上横梁、上塔柱、塔顶装饰等 8 个施工阶段。斜拉索由两端的锚具、中间的拉索传力件及防护材料三部分组成,称为拉索组装件。拉索的材料有钢丝绳、粗钢筋、高强钢丝、钢绞线等。下面介绍主塔、主梁和缆索的施工方法。

6.7.1 主塔施工

索塔的材料可用金属、钢筋混凝土或预应力混凝土。索塔的构造远比一般桥墩复杂,塔柱可以是倾斜的,塔柱之间可能有横梁,塔内须设置前后交叉的管道以备斜拉索穿过锚固,塔顶有塔冠并须设置航空标志灯及避雷器,沿塔壁须设置检修攀登步梯,塔内还可能建设观光电梯。因此塔的施工必须根据设计、构造要求统筹兼顾。

斜拉桥索塔施工与高桥墩的施工要求基本相同,关键技术是模板平台灌注体系。由于索塔有多种形式,因此应根据不同索塔形式确定相应的施工方法。混凝土、钢筋混凝土和预应力混凝土索塔可按下列方法施工:

1. 整体塔架分节立模浇筑法

宜先设置支架,一般可用万能杆件,装配式钢桁架片或组合型钢安装。

2. 滑升模板法

滑升模板在结构上应有足够的强度、刚度和稳定性,每段模板高度一般为 1～1.5m,滑动模板支撑杆及提升设备应能保证模板竖直均衡上升。为使模板不致发生倾斜和扭转,宜采用油压千斤顶同步提升(提升时速宜在 100～300mm/h)。并应连续进行,以免中断(中断时亦应缓慢提升)不致使混凝土粘住模板。此外,当因故中断时,在中断前亦应将混凝土浇筑齐平。主塔施工还有翻板模施工系统和爬模系统等方法。实际上翻板模施工中的模板设计是把滑模中的活动模板改变为更趋合理的调曲率的固定模板,这种模板浇注的塔身更美观,同时将滑模中的单层模板变为翻板模板的三层模板,便于拆卸,也使混凝土施工模板提升时更易掌握,操作简单。爬模与翻模不同的是以凝固的混凝土作为承力结构,或采用爬架与劲性骨架或模板彼此之间互为支承结构,彼此交错固定后,再相互提升。从而有效地完成爬架与模板的爬升、定位等作业,形成塔柱各节段施工工序循环。一般由大模板、爬升架和提升设备组成。

3. 预制吊装法

采用装配式预应力混凝土预制块件逐节吊装,然后在块件预留上下贯通的孔道内穿入预应力钢筋后张拉锚固。

6.7.2 主梁施工

斜拉桥主梁的施工方法与采用的结构形式及主梁截面有着密切的关系、目前国内外斜拉桥施工方法有如下几种方法:悬臂拼装法、悬臂浇筑法、顶推法、平转法、支架现浇法等,应用最为广泛的是悬臂施工法。

混凝土斜拉桥主梁施工一般采用支架现浇、悬臂浇筑,悬臂预制和转体法等。目前大跨径混凝土梁斜拉桥多采用挂篮悬臂浇筑法,尤其是无平衡重轻型挂篮技术的发展,使斜拉桥施工实现索距 8m、主梁宽度 30m 的全断面一次浇筑混凝土成形,既保证了施工质量又缩短了工期。常用的挂篮有利用斜拉索作前支点的牵索式挂篮和无平衡重后支点挂篮。钢箱和混合梁斜拉桥的钢箱采用正交异性板,工厂焊接成段,现场吊装架设。

斜拉桥预应力混凝土梁施工与其他预应力梁挂篮施工基本相同,在此不多详述,仅介绍几个关键技术问题。

1. 梁塔体系

斜拉桥基本体系按力学性能分为漂浮体系、支承体系、梁塔固结体系及刚构体系。漂浮体系是墩塔固结、塔梁分离,主梁除两端有支撑外,其余全部用拉索悬吊。支承体系墩梁固结,塔梁分离。塔梁固结体系即塔梁固结并支承在墩上。刚构体系为梁塔墩互为固结,形成跨度内只有多点弹性支承的结构。

2. 临时固结

临时固结的方法一般有:增加临时支座,增加临时体外锚索以及临时连接钢筋等方法,临时支座一般采用预埋电阻丝的硫黄胶泥支座。如武汉长江二桥采用增加临时支座和预应力束相结合的办法,在竖向和横向分别增加了 4 个板式橡胶支座,并在横向增加 8 根 24ϕ5mm 预应力束。

6.7.3 合拢段的施工

斜拉桥主梁合拢段施工是施工难度最大的关键部位。合拢段施工有强制合拢法和自然合拢法两种,预应力钢筋混凝土梁采用强制合拢法,钢梁采用自然合拢法。

1. 合拢段预压

预应力混凝土斜拉桥主梁一般设计上伸到边跨,由于平衡力矩的需要,一般将主梁端做成牛腿,承受边跨及相邻梁体的重力。在合拢段施工时,一般采用压重法来调整梁体的受力平衡。如武汉长江二桥设计上主梁悬臂伸出边墩中线外 5m,并承受着相邻刚构的 125m 边跨主梁。合拢段选在梁墩中心线向主梁方向 618~1018m 的梁段。采取的施工顺序是先现浇施工主梁悬臂伸出边墩中线外 5m 和桥墩中心线向主梁方向 618m 梁段,此段梁采用墩旁托架的方法。待悬索挂篮施工到合拢段时,在合拢段相邻梁段上采用水箱压重,压重水箱配合调索分两次注水压重。

2．索力调整

为控制调整索力,要求在合拢段模板钢筋安装完后,测量挂篮支点的反力及其自重,并严格控制梁上荷载。根据牛腿上的支点反力,及时调整平衡压重。

3．体系转换

一般预应力混凝土斜拉桥合拢段采用预压重法,即预先在合拢段两端加水箱按合拢段混凝土重量注水压重,待浇注混凝土时边浇边放水,以保证浇注时的线型平顺,防止混凝土产生裂缝。合拢支撑待压重水灌完后再施焊,以减少受力。合拢支撑焊连后,立即进行体系转换,将墩顶临时硫黄砂浆支座熔掉,切断墩顶与主梁的连接钢筋,将斜拉桥边跨现浇段落在永久支座上。

6.7.4 拉索施工

1．挂索安装

挂索是将索的两端分别穿入梁上和塔上预留的索孔,并初步固定在索孔端面的锚板上。当索长小于100m时可采用卷扬机牵引穿索;对于大于100m的拉索,卷扬机的牵引力有限,在塔上的索孔中先穿入一束由若干根钢绞线组成的柔性牵引索,并在千斤顶上附设一套钢绞线束的牵引装置,卷扬机将拉索提升,至连接杆到达塔外索孔进口附近,即可和钢绞线相接,从而利用千斤顶的力量,将连杆拉入索孔,完成挂索。

2．拉索张拉

拉索的张拉一般分为拉丝式(钢绞线夹片群锚)和拉锚式锚具张拉两种。其中拉锚式锚具张拉因施工操作方便及现场工作量较少等优点被更多地采用。根据设计要求及现场实际情况,有采用塔部一端张拉的,有采用梁部一端张拉的,也有两端张拉的,其中以塔部一端张拉使用最为广泛。

3．斜拉索的索力量测

索力的测量方法有压力表测定方法、压力传感器测定法和频率法三种。压力表测定法是利用张拉千斤顶的液压与张拉力的直接关系,通过测定张拉过程中的油压,而后换算成索力的一种测定方法。压力传感器测定法是在张拉连杆套一个穿心式压力传感器,张拉时处在千斤顶和张拉螺母之间的传感器受压发出电讯号,在配套的二次仪表上读出千斤顶张拉力,从而得到索力值。频率法是利用斜拉索振动频率和索力之间的关系,通过测定频率,间接换算索力的办法量测索力。

4．斜拉索的减震

斜拉索在风、雨、雪等的作用下会发生振动。为此可采用设置阻尼衬套,吸收振动能量,即将粘弹性高阻尼衬套安装于斜拉索钢套管内,达到减震效果。

6.7.5 斜拉桥施工控制方法

大跨度斜拉桥是高次超静定结构,在正常荷载作用下,往往也会产生较大位移,结构整体表现出非常明显的几何非线性行为。特别是在施工过程中,由于斜拉桥尚未合拢,其结构整体刚度较低,致使斜拉桥表现出更大的变形,使得施工过程中的几何非线性问题更为突出。因此几何非线性分析是施工控制过程中的一个重要部分。

归纳起来,斜拉桥的几何非线性效应主要有三方面因素:斜拉索的垂度效应、梁—柱效应和大位移效应。随着斜拉桥跨度的增加,结构刚度急剧下降,可能会出现一系列新的特殊力学问题,因此大跨度斜拉桥在施工过程中的索力优化和线形控制是一个十分关键的问题。

倒拆法和正装迭代法是确定斜拉桥主梁合理施工状态的两个主要方法。倒拆法在拆除合拢段时,常有不平衡杆端力的影响;由于结构的非线性效应,当施工步骤比较复杂时,几乎难以求得较为精确的解。正装迭代法采用大循环的顺装分析来确定桥梁的合理施工线形。该方法克服了倒拆法的弊端,但由于没有对施工中的一些不利因素(如应力、变形)进行约束,当设计变量较多或假定的初始值不合理时,会出现迭代不收敛的现象。

参数识别法是在斜拉桥施工过程中根据实测主梁的内力和挠度、塔柱的水平位移、斜拉索的索力以及支座反力等信息运用数学方法识别和修正设计时采用的参数,如构件截面特性、混凝土自重、徐变系数和斜拉索索力等,对结构进行实时分析,对原有设计值进行校核和调整,重新给出标高、内力和索力的施工控制值。参数识别法在施工计算时采用修正的考虑了混凝土收缩徐变影响的倒拆法,是一种比较完善(已用于甬江桥)的斜拉桥施工控制方法。

无应力状态法是将成桥状态各单元无应力长度和无应力曲率作为安装过程的控制量,来实现对成桥目标的自动逼近。但实际上在安装过程中,设计计算参数误差、施工误差、量测误差、制作误差等必将使还原后的结构内力和线型与设计成桥状态有差异,误差的积累还有可能使结构较大地偏离设计成桥状态。

零弯矩法的思想是每一拼装梁段的重量由此梁段中的斜拉索来平衡,因而正在安装的梁段对已拼装的梁段不传递弯矩和剪力而只传递轴向力。用零弯矩法计算的斜拉索初始张拉力不是最优的初始张拉力,因此结构内力也不是最合理的。用零弯矩法指导施工的广东九江桥也因此在运营2年后不得不进行调索。

日本斜拉桥施工控制方面经验也较为丰富,其施工控制方法要点是:首先确定误差范围,对需控制的因素进行高精度的量测,把量测结果输入计算机进行误差分析、温度修正,然后确定是否要进行索力调整,对下一施工阶段进行预测。索力调整的方法主要有两种:一种是选择垫片厚度作为目标函数,设定容许误差作为测试误差,这种方法叫线性规划法;另一种是选择残留误差、垫片厚度及调整个数作为目标函数,对于测试误差则通过增加测试项目来处理,该方法为最小二乘法。

6.8 悬索桥施工

悬索桥的施工主要包括:锚碇、桥塔、主缆、吊索和加劲梁等的制作和安装。各部分的主要施工特点综述如下。

6.8.1 锚碇施工

锚碇是支承主缆的重要结构之一。大跨悬索桥的锚碇由锚块、锚块基础、主缆的锚碇架及固定装置、遮棚等组成;在小跨径悬索桥中,除了锚块外其他部分可作简化。因锚块分为重力式和岩洞式。重力式锚块混凝土的浇筑应按大体积混凝土浇筑的注意事项进行、锚块与基础应形成整体。对于岩洞式锚块,在开挖岩石过程中不宜采用大药量的爆破,应尽量保护岩石的整体性。锚板混凝土浇注应注意水化热影响,防止锚板产生裂缝。岩洞式锚块应注意岩洞中排水和防水措施,对于岩洞周围裂缝较多的岩石应加以处理。岩洞内的岩面,开挖到设计截面后,应迅速加设衬砌,避免岩面风化,影响锚块质量。

6.8.2　桥塔施工

桥塔可采用钢桥塔和钢筋混凝土桥塔,但无论是钢结构桥塔还是钢筋混凝土结构桥塔,其施工方法均与斜拉桥的桥塔基本相同。仅有的区别是悬索桥的桥塔有安装塔顶主鞍座的问题,而斜拉桥的桥塔则要考虑斜拉缆索的锚固问题。

悬索桥桥塔的施工,根据其规模、形状、施工地点的地形条件,以及其经济性可采取如下几种方法:浮式吊机施工法、塔式吊机施工法、爬升式吊机施工法。

6.8.3　缆索施工

对于大跨径悬索桥,要使竣工后结构线形符合设计要求,需要在施工中采取监控措施,事先计算出各施工阶段的超前控制值,并在施工过程中不断进行跟踪分析和调整。大跨度悬索桥的结构线形主要受主缆线形和吊索长度的控制,因此主缆施工阶段的监控制是整个施工过程中最重要的部分。因为主缆一旦架设完成,其线形将不能进行调整;吊索长度根据主缆完成线形提出,一般也不预留太大的调整长度。因此精确计算出主缆初始安装位置和吊索制作长度等超前控制值非常关键,是保证悬索桥成桥后几何线形满足设计的必要条件,也是悬索桥施工控制的第一步。

悬索桥缆索工程的施工步骤,一般如下图(图 6 - 39)所示。

1. 准备工作

在架设缆索之前的准备工作有:安装塔顶吊机、塔顶主鞍座、支架副鞍座、展束锚固鞍座,以及包括各种绞车和转向设备等的驱动装置。

2. 架设导索

导索是缆索工程中最先拉过江河(或海湾)的一根钢丝绳索,也是缆索工程中的第一道难关。一般架设导索有如下两种方法,见图 6 - 40。

(1)浮子法

如图 6 - 40(a)所示,将准备渡江(或海)的导索每隔一定距离装上一个浮子,使导索由浮子承重而不下沉水中。然后出曳船将导索的一端从始发墩旁浮拖至需到达的墩旁,再由到达墩的塔顶垂挂下来的拉索直接拉到塔顶。此法在潮流速度缓慢、且无突出岩礁等障碍物时,是较为可靠的。

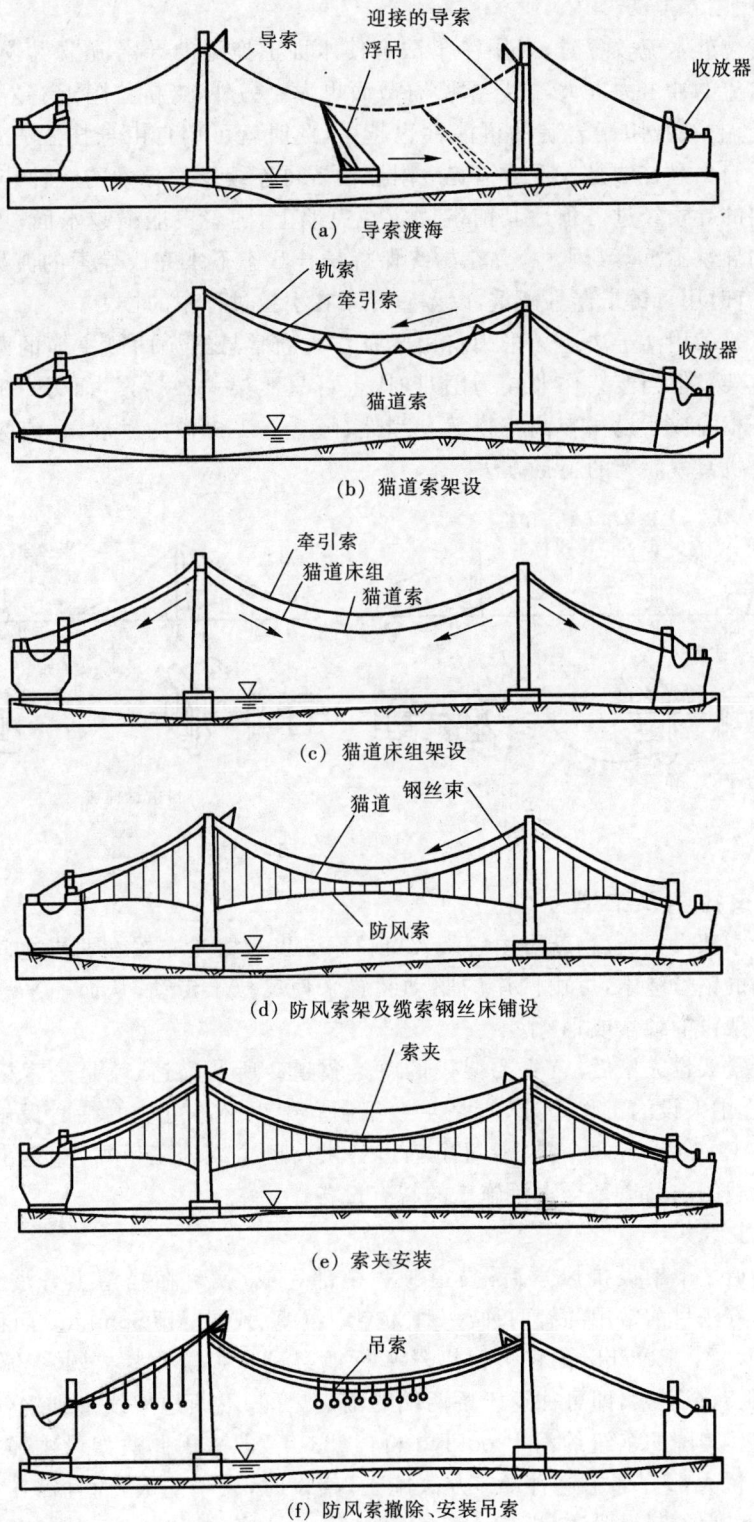

（a）导索渡海

（b）猫道索架设

（c）猫道床组架设

（d）防风索架及缆索钢丝床铺设

（e）索夹安装

（f）防风索撤除、安装吊索

图 6-39 缆索工程施工顺序示意图

(2)自由悬挂法

当桥位处水流较急时,采用浮子法会使水面上拖远的导索流散得较远,同时导索所受水流的冲击力也大,故导索所需截面也大。另外,当桥位附近有岩礁时,导索流散越远,它被挂阻于岩礁的可能性也越大,此时就可用自由悬挂法 如图 6 - 40 (b)所示,自由悬挂法是在桥台锚碇墩附近设置可连续发送导索的一种装置,从此装置引拉出的导索经过塔顶后其前端固定在曳船上,随着曳船横越水面,可使连续发送出来的导索不沉落到水中,并在始终保持悬挂状态下来完成导索的渡架。为提高安全度,有时用重锤来作平衡重,以调整导索在引拉过程中的拉力。

无论是采用浮子法还是采用自由悬挂法。通常悬索桥两侧主缆的两根导索都用同法渡架。但当渡架作业较为困难时,也可只渡架一根导索,而另一根导索可直接在第一根完成后设法在高空横渡。当然,随着施工机械的发展,也有采用浮吊吊杆或直升机牵索渡架的施工方法。

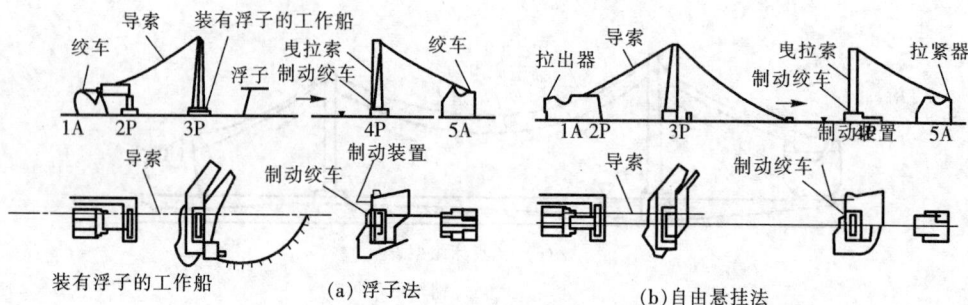

图 6 - 40　架设导索的两种方法

3. 架设曳拉索及猫道

当导索架设完毕后,就可由它来架曳拉索。曳拉索是布置在两岸之间的一根环状无端头的钢丝绳索,可由两岸的驱动装置来使曳拉索走动,从而一来一往地引拉其他需要架设的缆索或钢丝。

曳拉索架设完毕后,首先要架设的就是猫道。所谓猫道,就是悬索桥架设施工中,为其空中架设的工作走道,它是主缆编制和架设必不可少的临时设施。每座悬索桥的施工一般设有两个猫道,每个猫道各供一侧主缆施工所需,它是由若干根猫道索来承载的。猫道是悬索桥施工的特有设备。

4. 架设主缆

在猫道之下架设抗风索后,猫道工程全部完成,就可在猫道上开展主缆架设。主缆架设方法目前常用的有两种:一种为空中编缆法(即 Air Spinning 简称 AS 法)。1814 年,J. A. ROCbling 将多根钢丝平行地架设和张拉并紧成圆形,放在牵引索上,然后驱动牵引索,即可往返于桥两端的锚碇之间,不断地架线直到钢丝数量满足施工要求。美国的东纽约河 Brooklyn 桥(1883 年)即采用此法架设主缆。此后,欧美的悬索桥大部分都用这种 AS 方法施工,架设时,风不能大,而且需作业人员多。另一种方法为预制绳股法(即 Prefabricated Strand,简称 PS 法),也有简称 PWS 法(此为 Parallel Wire Strand 之意),是为代替 AS 法开发的,在工厂中,将数十根钢丝制成索股并卷成盘后,两端加上锚具,运至现场进行架设的方法。第一座采用 PS 法的悬索桥是美国的 Newport 桥(1969 年)。日本上吉野川桥(主跨 253m),左右两根主缆分别以 AS 法和 PS 法架设,在同种条件下对两法进行了比较,结果证实 PS 法的效果比较好。

5. 架吊索

主缆架设完毕,将猫道转载于主缆后,拆除抗风索,并在猫道上开始架设吊索的施工。当吊索安装完毕后,即可拆除猫道。至此,悬索桥的缆索工程遂告全部完成。

6.8.4 加劲梁的架设

现代大跨径悬索桥的主梁一般都采用钢箱梁,在施工时一般采取节段吊装、最后整体焊接的方法。在加劲梁吊装阶段主缆所受的荷载变化较快,主缆坐标变化迅速。钢箱梁的荷载对主缆来说是集中力,因此主缆的线形由吊装前规则的整体悬链线变成若干段悬链线的组合,理论上各个索夹之间是规则悬链线。这个阶段需要关注的问题主要有两个:一是钢箱梁吊装期间的结构线形,二是索塔应力及塔顶主索鞍的多次顶推。结构线形主要是指主缆及钢箱梁的线形。钢箱梁线形主要取决于主缆线形,而主缆在这个阶段的线形变化是与主梁吊装架设顺序紧密相关的。

悬索桥加劲梁的架设方法按其推进方式分,主要有以下两种:

(1)先从跨中节段开始向两侧主塔方向推进

图 6-41 为加劲梁从跨中向两侧主塔推进的施工步骤,一般为分如下六阶段:①主墩、主塔和锚碇墩的施工;②主缆的架设;③加劲梁从主跨中央开始架设,当加劲梁节段的重量逐段加于主缆时,梁的线形不断变化,所以,梁段间的连接仅作施工临时连接,以避免梁段的过分变形;④边跨加劲梁开始架设,以减小塔顶水平位移;⑤主塔处加劲梁段合拢;⑥加劲梁所有接头封合。

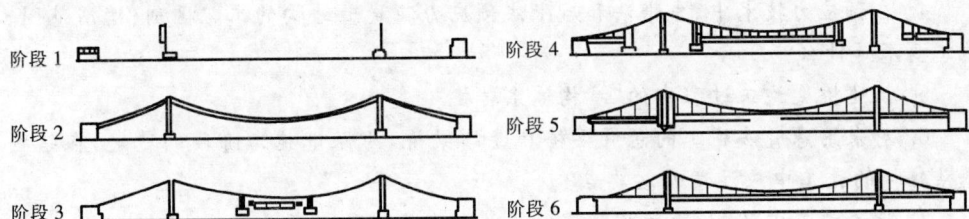

图 6-41 加劲梁从跨中向两侧主塔推进图

(2)从主塔附近的节段开始向跨中及桥台推进

图 6-42 是加劲梁从主塔向跨中架设方法的施工步骤。

从图 6-42 可以看出,此法的施工步骤正好与图 6-41 中的相反。但图 6-42 所示的架设方法有利于施工操作和管理。

随着加劲梁吊装的进行,主缆线形变化迅速,其本身的伸长量也在不断变化。因此主缆线形监控需要计算和测量较多的控制点。在一般清况下,边跨跨中、中跨跨中及四分点是必须的计算控制点。若实测与计算的结果有偏差,要及时查明情况,分析原因。

索塔应力的变化以及塔顶主索鞍的多次顶推是由主缆承受载荷的不断变化引

起的。钢箱梁吊装前,主缆中、边跨水平拉力相同,索塔处于竖直状态。吊装过程中,中跨主缆的受力不断加大,相应的水平分量也不断变大,而边跨主缆的水平分力没有变化的情况下,索塔由于不平衡水平力的作用,将发生向中跨的偏移。位移后,中、边跨的主缆线形发生变化,边跨主缆垂度降低,主缆张力及水平分力增加,中跨主缆垂度增加,主缆张力及水平分力减小,再加上索塔的抗力,结构达到了新的平衡。随着钢箱梁吊装的不断进行,索塔向中跨的偏位也越来越大,导致索塔的受力处不利状态,使受拉侧(边跨侧)的拉应力有可能超出结构的允许值。因此,必须在主索鞍安装时设置一定的向边跨的预偏量,在钢箱梁的吊装过程中,不断的向中跨顶推索鞍,保证索塔的受力处于良好的状态。

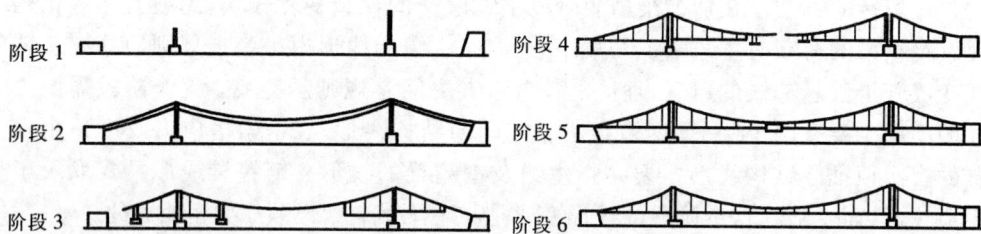

图 6-42　加劲梁从主塔向跨中推进图

思考练习题

1. 试述桥梁上部结构有哪些施工方法及各自的特点是什么?

2. 根式基础与普通管柱式基础在计算方法和理论上有什么区别?

3. 控制混凝土质量的主要工作有哪些?

4. 在预应力技术中,先张法和后张法预应力混凝土结构的工艺区别、适用范围、施工要求是什么?

5. 试述桥梁施工过程中的"结构体系转换"。

6. 对采用悬臂法施工的悬臂梁桥和连续梁桥,为保证施工阶段的稳定,在结构体系转换的施工中应注意哪些要点?

7. 简述施工中"0"号段的临时固结措施和支承措施。

8. "初应力"与"超张拉"的要求及目的分别是什么?

9. 简述桥梁悬臂施工法的施工工艺。

10. 叙述采用拉杆顶推大型预应力梁的顶推法工作原理。

11. 试述移动式模架逐孔施工的主要机具及其施工程序。

12. 拱架有哪些形式?各有何特点?拱架应在什么时间卸架?如何卸架?

13. 试述斜拉桥主塔与主梁施工的方法及其各自的特点。

14. 试述斜拉桥的施工控制方法。

15. 试述悬索桥缆索的施工工序。

第7章

计算机辅助桥梁工程设计

[本章导读]

本章从有限元法的基本原理入手,介绍有限元法分析计算的基本思路和做法,了解有限元法前处理阶段、求解阶段和后处理阶段三大部分组成。通用有限元软件,如 ANSYS、ABAQUS、ADINA 和 SAP 等都可用来进行桥梁结构的计算分析。常用的桥梁结构分析专业软件有:桥梁博士、MIDAS/Civil、桥梁设计师、桥梁通 CAD 系统、GQJS 等,均已比较成熟,分别介绍其基本使用方法及特点。

[知识目标]

通过本章学习,能够掌握有限元法分析计算的基本原理,熟悉常用桥梁结构分析专业软件的建模及分析方法,并能够针对不同的桥梁特征及不同的软件特点选择相应的分析软件进行桥梁结构的计算机辅助设计。

[能力目标]

能够熟悉常用桥梁结构分析专业软件的特点及适用条件,掌握根据不同桥梁型式及施工工艺,选择相应的专业分析软件,正确定义计算施工工况和相关设计参数,得到设计需要的计算结果。

[重点难点]

本章重点是掌握桥梁结构分析专业软件的特点,正确定义桥梁分析施工工况、设计参数及荷载组合。难点是桥梁结构分析方法的选择。

计算机辅助设计(Computer Aided Design)指利用计算机及其图形设备帮助设计人员进行设计工作。在桥梁工程设计中,计算机可以帮助设计人员进行结构分析、信息存储和图纸绘制等项工作,已成为当前结构计算和设计的主要手段。

桥梁结构分析最经典的方法是解析法,然而能用解析方法求出精确解的只是少数简单的问题。桥梁结构日趋复杂,解析方法已不能很好地完成复杂结构的计算,如变截面梁、高次超静定结构、柔性结构等,用解析法求解不但耗费大量时间和人力,而且有时甚至是不可能的。随着计算机的发展和广泛运用,有限元方法应运而生,结构计算和设计软件不断改进,为桥梁结构计算和设计提供了强大的技术支撑。

7.1 有限元法简介

有限单元法是随着电子计算机的发展而迅速发展起来的一种数值分析方法,它在工程技术领域中的应用十分广泛。几乎所有的弹塑性结构静力学和动力学问题都可用它求得满意的数值结果。它的基本思想是将连续的求解区域离散为一组有限个单元,按一定方式相互联结在一起的单元组合体,且可以模型化几何复杂的求解域,从而适应不同的结构形式。

有限元法分析计算的思路和做法可归纳如下。

7.1.1 结构离散化

将某个工程结构离散为由各种单元组成的计算模型,这一步称作单元剖分。待解区域进行分割,离散成有限个单元的集合,离散后单元与单元之间利用单元的节点相互连接起来;单元节点的设置、性质、数目等应根据问题的性质、描述变形形态的需要和计算精度而定(一般情况单元划分越细则描述变形情况越精确,即越接近实际变形,但计算量越大)。所以有限元中分析的结构已不是原有的物体或结构物,而是由众多单元以一定方式连接成的离散物体。这样,用有限元分析计算所获得的结果只是近似的。如果划分单元数目非常多而又合理,则所获得的结果就与实际情况相符合。

7.1.2 单元特性分析

常见的单元类型有一维单元(杆单元、索单元等)、二维单元(梁单元、三角形和四边形等参单元等)和三维单元(四面体、六面体单元)以及板、壳单元等。

根据单元的材料性质、形状、尺寸、节点数目、位置及其含义等,应用弹性力学中的几何方程和物理方程来建立力和位移的方程式,找出单元节点力和节点位移的关系式,从而导出单元刚度矩阵,这是有限元法的基本步骤之一。

物体离散化后,假定力是通过节点从一个单元传递到另一个单元。但是,对于实际的连续体,力是从单元的公共边传递到另一个单元中去的。因而,这种作用在单元边界上的表面力、体积力和集中力都需要等效的移到节点上去,也就是用等效的节点力来代替所有作用在单元上的力。

7.1.3 求解未知节点位移

利用结构力学的平衡条件和边界条件把各个单元按原来的结构重新连接起来,

形成整体的有限元方程,解有限元方程式得出位移。

通过上述分析,可以看出,有限单元法的基本思想是"一分一合",分是为了进行单元分析,合则为了对整体结构进行综合分析。

7.2 有限元程序简介

对于一个比较复杂的结构分析问题,根据算法直接写出计算程序是不太容易的。因此,人们首先常用图形把整个解题的方法和步骤形象直观地描绘出来,这样的图形称为框图,这个过程称为框图设计。有了框图,就可根据它用特定的算法语言(如 BASIC 语言、FORTRAN 语言和 C 语言等)编写计算程序。

7.2.1 有限元程序的基本内容

有限元分析程序用于求解工程中各类问题时,一般由前处理阶段、求解阶段和后处理阶段三大部分组成:

(1)前处理阶段

前处理阶段首先建立模型并将之离散为有限个单元,每个单元代表这个实际结构的一个离散部分,单元通过节点连接起来,节点和单元的集合称为网格,网格构成有限元模型。

建立有限元模型的同时定义坐标系统、单元的属性、材料参数、荷载工况以及边界条件。

(2)求解阶段

根据模型的单元刚度矩阵或特性矩阵,集合生成整体刚度矩阵或特性矩阵,求解线性或非线性微分方程组,得到节点位移及其它未知量。

(3)后处理阶段

后处理阶段主要是结果数据文件的输出及打印。

7.2.2 有限元程序求横向分布系数

对于横向具有一定的连接构造,但其连接刚性又很薄弱,跨中荷载横向分布的计算,"杠杆原理法"和"偏心压力法"均不适用。以实际受力状态接近于数根并列而相互间横向铰接的狭长板(梁)为基本假定,采用横向铰接板(梁)理论来计算荷载的横向分布。

采用 FORTRAN 语言编写程序进行铰接板(梁)法计算横向分布系数,部分源程序为:

```
PROGRAM HGM
DIMENSION A(600,600),B(600),X(600),JS(600),ANTA(60)
WRITE( * ,11)
11  format(1x,////////)
WRITE( * ,12)
12  format(5x,'          ———铰接板(梁)法计算荷载横向分布     ———',/)
```

```fortran
      WRITE(*,*)'汪莲－－－合肥工业大学道路与桥梁研究所  2010.02'
      WRITE(*,*)'  '
      WRITE(*,*)'              Designed by Wang Lian  2010.02'
      WRITE(*,*)'  '
      WRITE(*,*)'              (press "Enter" to continue)'
      READ (*,*)
      WRITE(*,*)'桥梁的板梁总数 M='
      READ(*,*) M
      WRITE(*,*)'刚度参数 GAMA='
      READ(*,*) GAMA
      WRITE(*,*)'所要求的板梁序号(自左向右) NX='
      READ(*,*) NX
c     WRITE(*,*)'受单位荷载作用的板梁序号(自左向右) NL='
c     READ(*,*) NL
      do 1001 k=1,m
      nl=k
      N=M-1
      DO 1 I=1,N
      DO 1 J=1,N
      A(I,J)=-(1.0-GAMA)
      IF(I.EQ.J)A(I,J)=2*(1.0+GAMA)
      IF(ABS(I-J).GT.1) A(I,J)=0.0
1     CONTINUE
      DO 2 I=1,N
      B(I)=0.0
      IF(I.EQ.NX.AND.NX.EQ.1) THEN
      B(I)=1.0
      ENDIF
      IF(I.EQ.NX.AND.NX.NE.1) THEN
      B(I-1)=-1.0
      B(I)=1.0
      ENDIF
2     CONTINUE
      CALL GAUSS(A,B,N,X,L,JS)
      DO 3 I=1,M
      IF(I.EQ.1) X(I-1)=0.0
      IF(I.EQ.M) X(I)=0.0
      ANTA(I)=X(I-1)-X(I)
      IF(I.EQ.NX) ANTA(I)=1.0+X(I-1)-X(I)
```

```fortran
3    CONTINUE
     WRITE( * ,4) nx,NL,anta(nl)
4    FORMAT(1x,'ANTA',I2,I2,'=',F7.5)
1001 CONTINUE
     WRITE(1, * )
     WRITE(1,1003) M
1003 FORMAT(1X,'桥梁的板梁总数 M=',I2)
     WRITE(1,1004) GAMA
1004 FORMAT(1X,'刚度参数 GAMA=',F7.5)
     WRITE(1,1005) NX
1005 FORMAT(1X,'所要求的板梁序号(自左向右) NX=',I2)
     DO 1006 I=1,M
     NL=I
1006 WRITE(1,1002) nx,NL,anta(NL)
     PAUSE
     END
     SUBROUTINE GAUSS(A,B,N,X,L,JS)
     DIMENSION A(600,600),B(600),X(600),JS(600)
     L=1
     DO 50 K=1,N-1
      D=0.0
      DO 210 I=K,N
       DO 210 J=K,N
       IF(ABS(A(I,J)). GT. D) THEN
       D=ABS(A(I,J))
       JS(K)=J
       IS=I
       ENDIF
210  CONTINUE
     IF(D+1.0. EQ. 1.0) THEN
     L=0
     ELSE
       IF(JS(K). NE. K) THEN
       DO 220 I=1,N
       T=A(I,K)
       A(I,K)=A(I,JS(K))
       A(I,JS(K))=T
220  CONTINUE
       ENDIF
```

```
          IF(IS. NE. K) THEN
          DO 230 J=1,N
          T=A(K,J)
          A(K,J)=A(IS,J)
          A(IS,J)=T
230       CONTINUE
           T=B(K)
           B(K)=B(IS)
           B(IS)=T
           ENDIF
          ENDIF
          IF(L. EQ. 0) THEN
            WRITE( * ,100)
            RETURN
          ENDIF
          DO 10 J=K+1,N
          A(K,J)=A(K,J)/A(K,K)
10      CONTINUE
          B(K)=B(K)/A(K,K)
          DO 30 I=K+1,N
            DO 20 J=K+1,N
             A(I,J)=A(I,J)-A(I,K) * A(K,J)
20      CONTINUE
          B(I)=B(I)-A(I,K) * B(K)
30      CONTINUE
50      CONTINUE
          IF(ABS(A(N,N))+1. 0. EQ. 1. 0) THEN
          L=0
          WRITE( * ,100)
          RETURN
          ENDIF
          X(N)=B(N)/A(N,N)
          DO 70 I=N-1,1,-1
          T=0. 0
          DO 60 J=I+1,N
          T=T+A(I,J) * X(J)
60      CONTINUE
          X(I)=B(I)-T
70      CONTINUE
```

```
100  FORMAT(1X,'FAIL')
     JS(N)=N
     DO 150 K=N,1,-1
     IF(JS(K).NE.K) THEN
     T=X(K)
     X(K)=X(JS(K))
     X(JS(K))=T
     ENDIF
150  CONTINUE
     RETURN
     END
```

程序计算界面如图 7-1 所示：

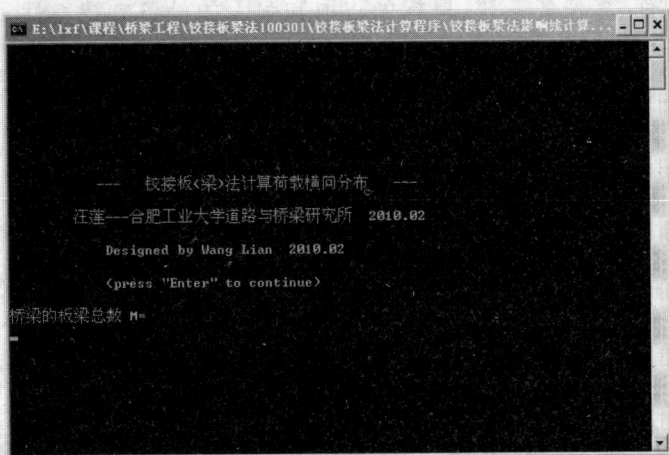

图 7-1 铰接板(梁)法计算横向分布系数程序界面

程序编制完成并调试后,有效地减少了桥梁结构设计计算时间,不需要重复进行大量的解析计算,同类构造和计算方法只需在程序中输入一些关键参数即可以得到准确的计算结果,便捷可靠。本节中给出编制程序进行铰接板(梁)法计算桥梁结构横向分布系数的示例,同样也可以编制程序进行桥梁结构其它方面的分析和计算。

7.3 桥梁结构专业分析软件简介

有限元分析软件的出现使工程师没有必要自己花费大量的时间去编程,重复软件开发工作,而可以集中精力在现有的优秀软件的基础上开发和研究自己更专业的问题。目前,已有许多大型通用有限元软件,功能强大且应用方便。

有限元分析软件的研究和应用已有多年历史,通用有限元软件,如 ANSYS、ABAQUS、ADINA 和 SAP 等都可用来进行桥梁结构的计算分析。但由于桥梁结构自身的特点,如施工过程中存在体系转换、结构内力和变形与施工方法和过程紧密相关,以及桥梁结构分析需要处理的特殊荷载(如预应力荷载、混凝土收缩徐变、车辆荷载等），通用有限元软件处理起来相当繁琐或无法处理。

目前，常用的桥梁结构分析专业软件有：桥梁博士、MIDAS/Civil、桥梁设计师、桥梁通 CAD 系统、GQJS 等，均已比较成熟，但也有各自的特点，以下分别进行简单介绍。

7.3.1 桥梁博士简介

桥梁博士系统是我国自主研发的一套桥梁结构计算分析和设计系统，是一个集可视化数据处理、数据库管理、结构分析、打印与帮助为一体的综合性桥梁结构设计与施工计算系统。系统的编制完全按照桥梁设计与施工过程进行，密切结合桥梁设计规范，充分利用现代计算机技术，完全符合设计人员的习惯。对结构的计算充分考虑了各种结构的复杂组成与施工情况，使用方便，计算精确。

桥梁博士系统寄托在 Windows 平台上，充分利用 Windows 平台的特点：标准一致的用户界面、多任务系统、鼠标的点取和强大的设备支持特性。自投向市场以来设计计算了钢筋混凝土及预应力混凝土连续梁、刚构、连续拱、桁架梁、斜拉桥等各种桥梁。在设计过程体现了程序的实用性强、可操作性好、自动化程度较高等特点，对于提高桥梁设计能力起到了很好的作用。桥梁博士系统界面如图 7-2 所示。

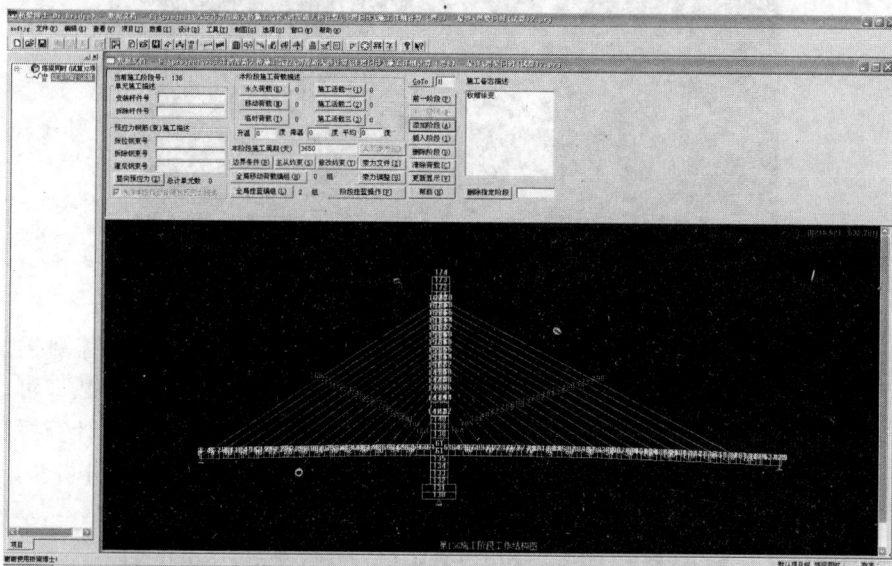

图 7-2　桥梁博士系统界面

桥梁博士的主要特点有：

能够计算钢筋混凝土、预应力混凝土、组合梁以及钢结构的各种结构体系在恒载与活载下线性与非线性结构响应；

可以分析各种平面斜、弯和异型结构桥梁的恒载与活载结构响应，自动进行影响面加载，并考虑了多车道的活载布置情况；

可以按照用户的要求对各种构件和预应力钢束进行承载能力极限状态和正常

使用极限状态及施工阶段的配筋计算或应力和强度验算,并根据规范限值判断是否满足规范要求;

对于带索结构可根据用户要求计算各索的一次施工张拉力或考虑活载后估算拉索的面积和恒载的优化索力;

能运用杠杆法、刚性横梁法或刚接(铰接)板梁法计算主梁在各种活载作用下的横向分布系数;

用户可在材料库基础上自定义各种规范的材料类型,建立用户材料库;可以自己定义截面,使用自定义的截面信息,大大的提高了用户的工作效率;

可以在调整钢束、拉索的同时,看到预应力混凝土结构由此产生的应力变化的过程;

输入数据采用标准界面人机交互进行,并配有强大的数据编辑和自动生成工具;系统对计算结果的输出采用详尽的思想,通过分类整理,可以采用图形、表格及可编辑的文本的方式按照用户的要求一次或多次输出,便于用户分析中间数据结果或整理最终数据文档。

桥梁博士新的版本已按照《公路桥涵设计通用规范》(JTG D60-2004)和《公路钢筋混凝土及预应力混凝土桥涵设计规范》(JTG D62-2004)进行补充修改。

7.3.2 MIDAS/Civil 简介

MIDAS 是个通用的空间有限元分析软件,可适用于桥梁结构、地下结构、工业建筑、飞机场、大坝、港口等结构的分析与设计。特别是针对桥梁结构,MIDAS/Civil 结合国内的规范与习惯,在建模、分析、后处理、设计等方面提供了很多便利的功能,目前已为各大公路、铁路部门的设计院所采用。MIDAS/Civil 软件系统界面如图 7-3 所示。

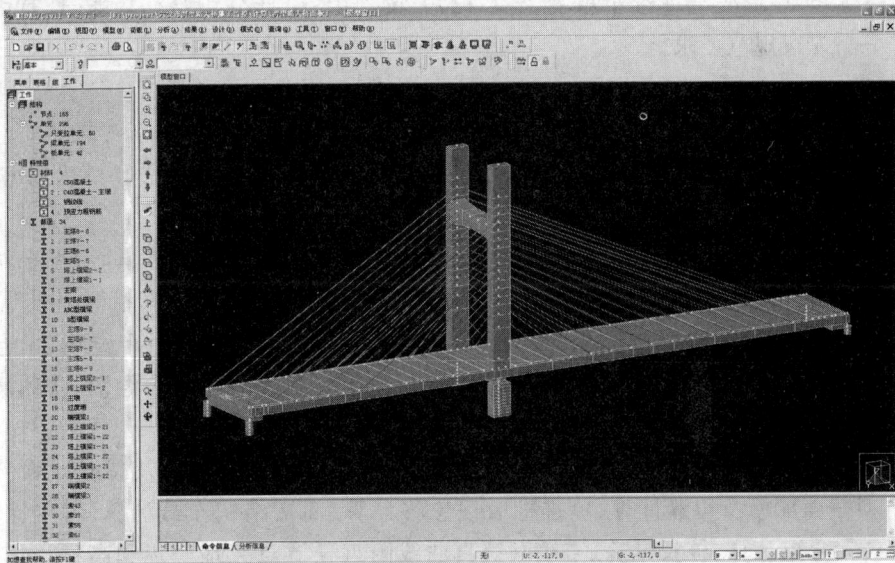

图 7-3 MIDAS/Civil 系统界面

MIDAS/Civil 系统的主要特点如下：

提供菜单、表格、文本、导入 CAD 和部分其他程序文件等灵活多样的建模功能，使用户的工作效率达到最高；

提供刚构桥、板型桥、顶推法桥梁、悬臂法桥梁、移动支架/满堂支架法桥梁、悬索桥、斜拉桥的建模助手；

提供中国、美国、英国、德国、欧洲、日本和韩国等国家的材料和截面数据库，以及混凝土收缩和徐变规范和移动荷载规范；

提供桁架、一般梁/变截面梁、平面应力/平面应变、只受拉/只受压、索、加劲板、轴对称板（厚板/薄板、面内/面外厚度、正交各向异性）、实体单元（六面体、楔形、四面体）等工程设计时所需的各种有限元模型；

提供静力分析（线性静力分析、热应力分析）、动力分析（自由振动分析、反应谱分析、时程分析）、静力弹塑性分析、动力弹塑性分析、几何非线性分析（P－delta 分析、大位移分析）、优化索力、屈曲分析、移动荷载分析（影响线/影响面分析）、支座沉降分析、热传导分析（热传导、热对流、热辐射）、水化热分析（温度应力、管冷）、施工阶段分析、联合截面施工阶段分析等分析功能；

在后处理中，可以根据设计规范自动生成荷载组合，可以输出各种反力、位移、内力和应力的图形、表格和文本，提供静力和动力分析的动画文件。

7.3.3　桥梁设计师简介

桥梁设计师系统是上海同豪土木工程咨询有限公司继桥梁博士系统之后研发的一套集结构设计分析、施工图绘制、工程量统计等功能为一体的施工图自动设计系统。软件整体架构是以工程各部位为工程对象，使用流程完全符合工程设计的实际过程，且功能实用、运行稳定、出图质量标准、界面操作友好。目前已经支持的等截面连续箱梁、简支变连续小箱梁、空心板、T 梁，具备设计分析验算功能，计算内容涵盖全部现行规范要求。

7.3.4　桥梁通 CAD 系统简介

桥梁通 CAD 由计算模块、辅助计算模块、绘图模块三部分组成。桥梁通 CAD 系统界面如图 7－4 所示。

计算模块包括：桥墩或桥台盖梁结构计算、桩柱式桥墩结构计算、U 型桥台结构计算、实体桥墩结构计算、联孔计算。

绘图模块包括：桥型布置绘图、墩台盖梁绘图、桩柱式桥墩或桥台绘图、承台柱式墩或肋式台绘图、桩接盖梁桥墩或桥台绘图、扩基柱式墩或肋式台绘图、实体墩绘图、U 台绘图、薄壁台绘图。

辅助计算模块包括：矩形截面配筋及裂缝计算、圆形截面配筋及裂缝计算、I 型或 T 型截面配筋及裂缝计算、单排桩墩顶位移计算、简支结构布载计算、群桩计算、土中最大弯矩计算、桩长计算、直缓圆缓直曲线附近任意点大地坐标和高程计算、通航控制高程拉坡计算、螺旋箍筋长度计算、浏览钢筋外径、内径、每米重数据表、浏览钢筋长度折减表。

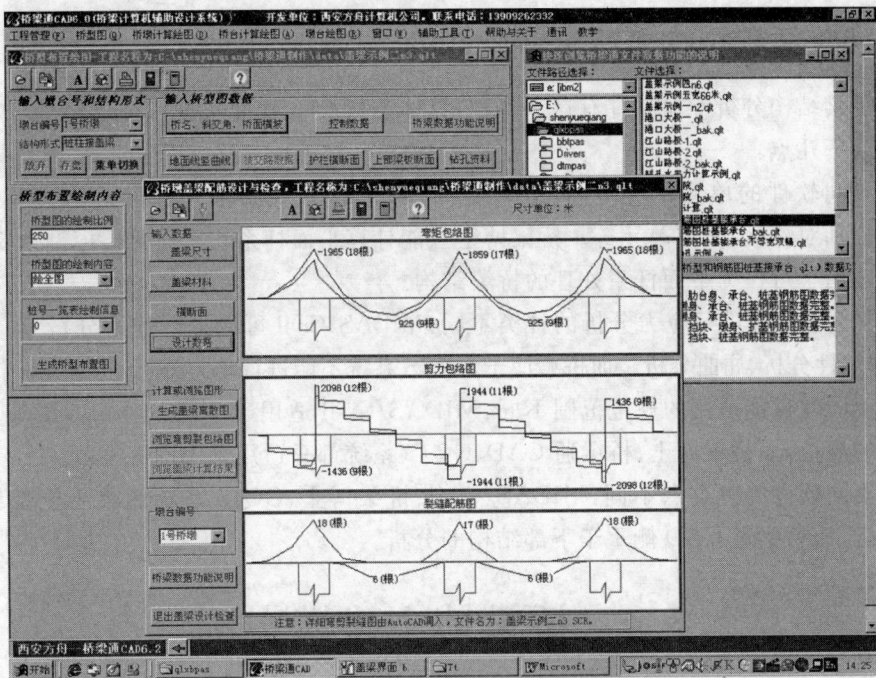
图 7-4　桥梁通 CAD 系统界面

7.3.5　GQJS 系统简介

　　GQJS 是一款公路桥梁结构设计系统,本系统适用于任意可作为平面杆系处理的桥梁结构,如:预应力混凝土梁桥、拱桥、桁架结构桥、斜拉桥以及各种框架结构等。本系统能按大块吊装、悬臂浇注、逐段顶推、支架现浇等多种施工方法,对大跨径桥梁结构施工全过程分析,并可进行设计活载自动加载等综合分析。结果浏览模块内容丰富生动,可快速查询计算结果,可形成内力、应力、位移及影响线等内容的曲线图、包络图、彩色云图,可形成桥梁施工控制用的预拱度及阶段桥面高程表等,还设置了 AutoCAD 绘图接口,能在 AutoCAD 中绘制预应力混凝土桥梁施工设计图和内力、应力、位移、影响线图。GQJS 系统界面如图 7-5 所示。

图 7-5　GQJS 系统界面

7.3.6　桥梁结构分析专业软件的选用

桥梁结构分析专业软件有这么多种,具体选用什么软件来进行桥梁结构分析要注意以下几点:

不同软件的单元种类不同:MIDAS/Civil 软件系统的单元有桁架、梁、平面应变、索、轴对称板、实体单元等。桥梁博士只能计算平面杆系和平面梁格模型。GQJS系统适用于可作为平面杆系处理的桥梁结构。

不同软件能进行应力分析的种类不同:MIDAS/Civil 可以进行静力分析、动力分析、弹塑性分析、屈曲分析。而桥梁博士、GQJS 系统不能进行动力分析、屈曲分析。

不同软件能适用的规范范围不同:MIDAS/Civil 适用于中国、美国、韩国等多个国家的规范,而桥梁博士、桥梁通 CAD、GQJS 系统都只适用于中国的规范。

不同软件的侧重点不同:MIDAS/Civil、桥梁博士、GQJS 系统侧重于上部结构的分析,而桥梁通 CAD 侧重于下部结构的分析。

7.4　桥梁博士建模实例

利用桥梁博士建立 3 跨连续梁模型,如图 7-6 所示。

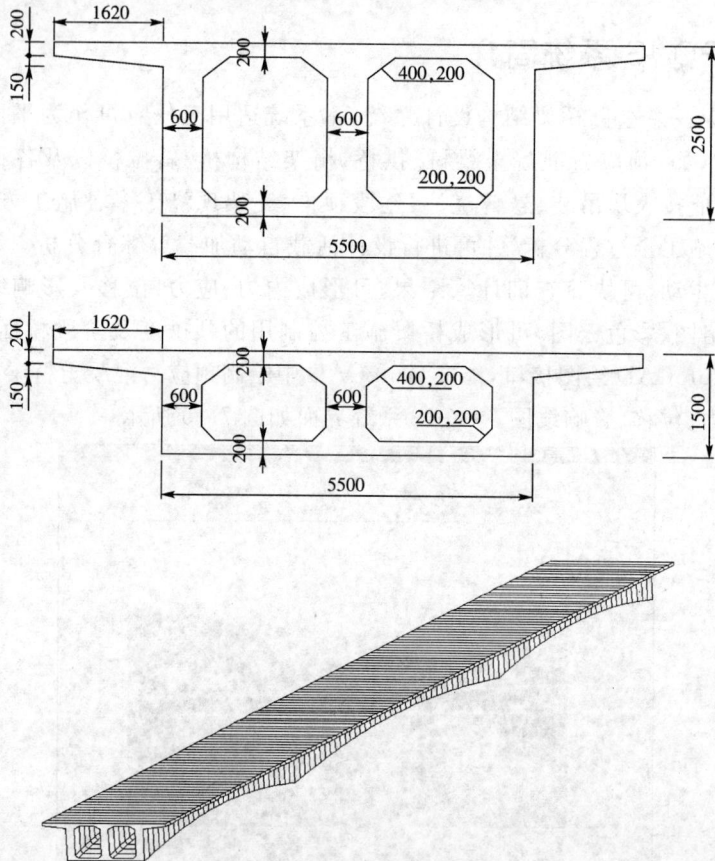

图 7-6　3 跨连续梁模型

模型参数：3 跨连续梁，边跨 30m，中跨 40m，都呈抛物线变化，模型共分 100 个单元，每单元为 1m，截面形状如图 7-6，为铅直腹板单箱双室，边跨梁高 2500mm，跨中梁高 1400mm。

步骤一：建立新工程，在输入单元特性信息对话框中，点击快速编译器的直线编译器，如图 7-7 所示。

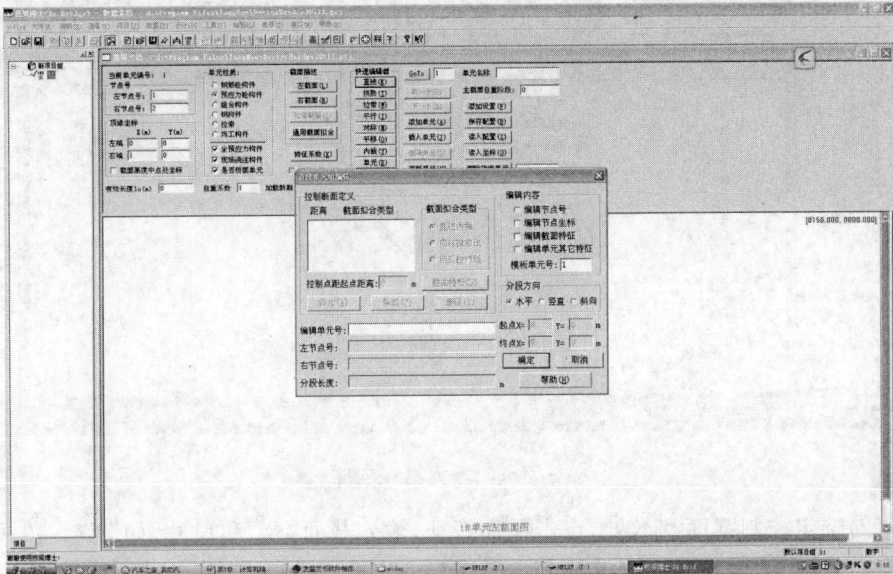

图 7-7　直线快速编译器

步骤二：如图 7-7 在编辑内容的复选框内把 4 个复选按钮都勾上，编辑单元号：1-100，左节点号：1-100，右节点号：2-101，分段长度：100×1，起点 x=0，y=0，终点 x=1，y=0，如图 7-8 所示。

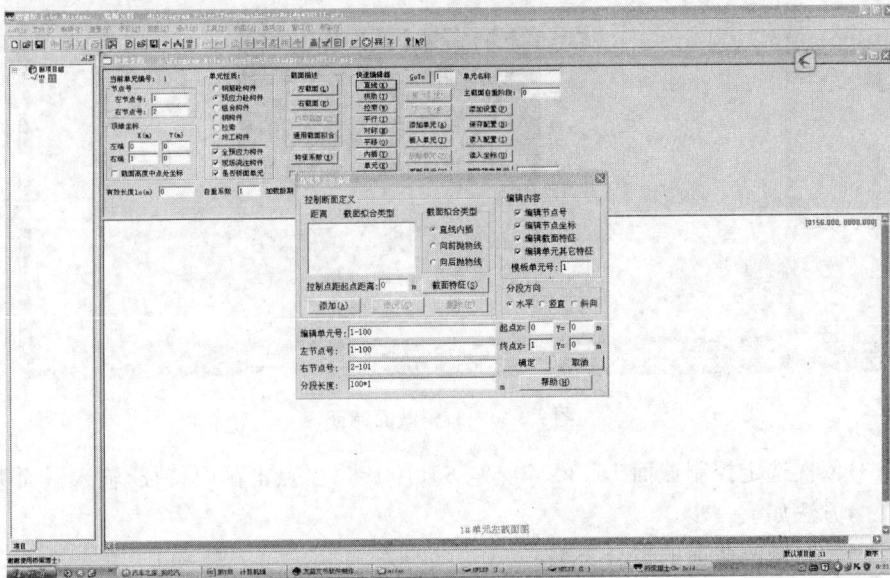

图 7-8　快速编译 3 跨连续梁单元

第 7 章　计算机辅助桥梁工程设计

步骤三:添加控制截面。

(1)在控制点距起点距离这一栏,依次添加 0、15、30、50、70、85、90,如图 7 - 9 所示;

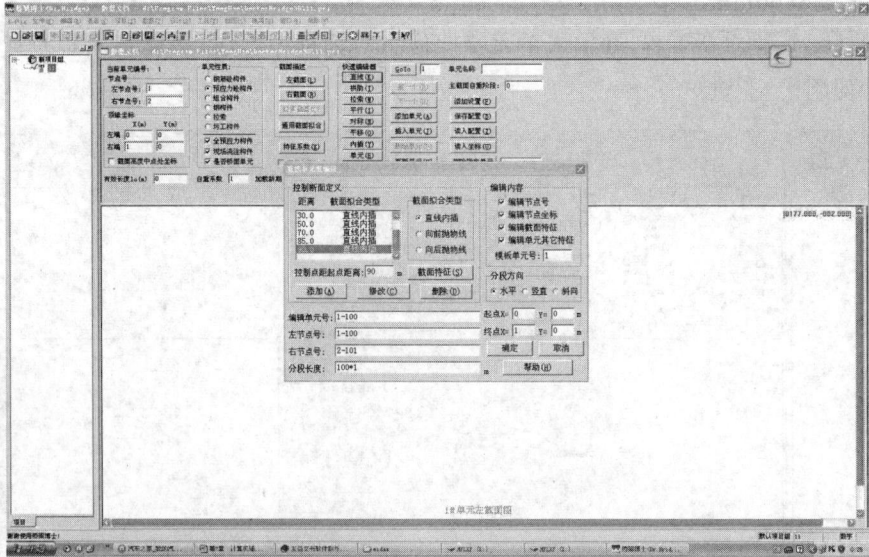

图 7 - 9　单元直线内插

(2)选定控制截面 0 米处,点击截面特征,输入截面类型和尺寸,如图 7 - 10 所示(注意:在输完截面类型和尺寸回到主菜单后一定要点击一下"修改"这个按钮);

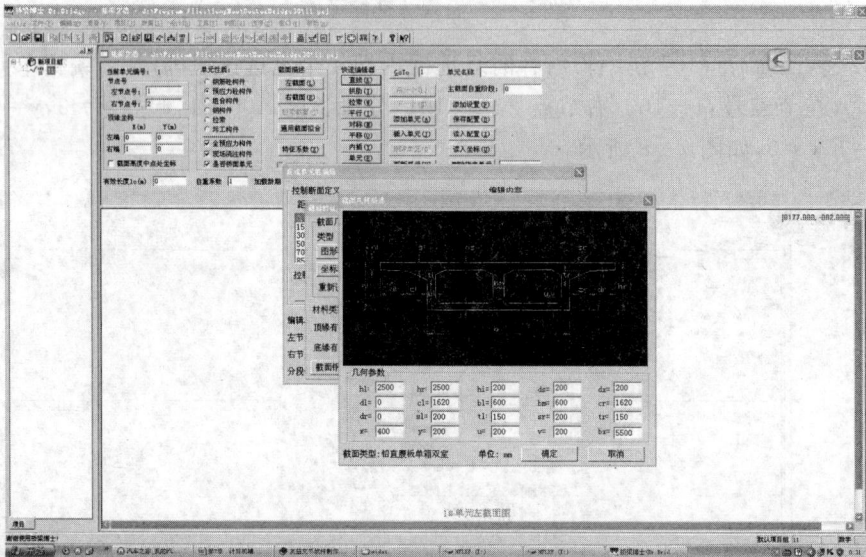

图 7 - 10　编辑截面特征

(3)依次选定控制截面 15、30、50、70、85、100 米处,点击截面特征,输入截面类型和尺寸,方法如上一步。

步骤四:修改截面的拟合类型。

0 米处:直线内插

15 米处:向后抛物线

30 米处:向前抛物线

50 米处:向后抛物线

70 米处:向前抛物线

85 米处:向后抛物线

100 米处:向前抛物线

(注意,每次修改了拟合类型后都要点击"修改"这个按钮)

修改完以后如图 7 – 11 所示,再点击确定就可以输出单元了。

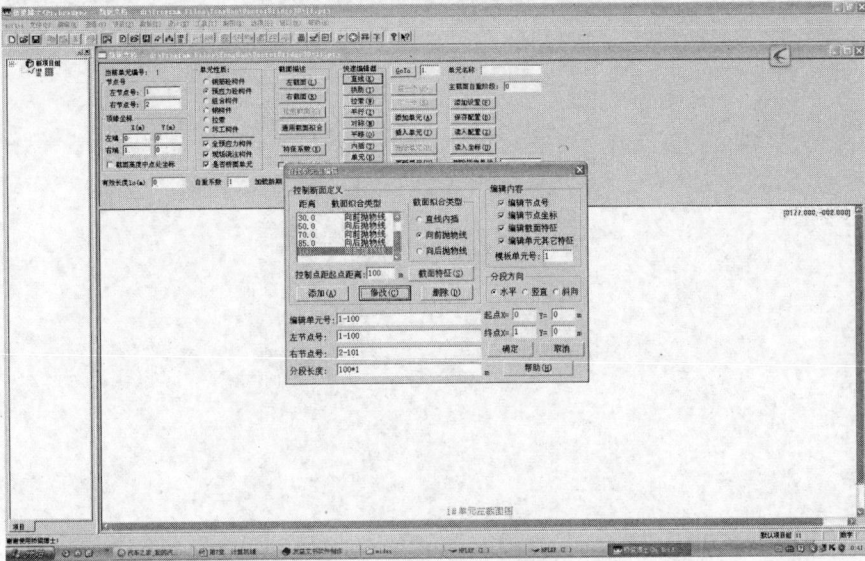

图 7 – 11　修改截面的拟合类型

输出后三维效果图如图 7 – 12 所示。

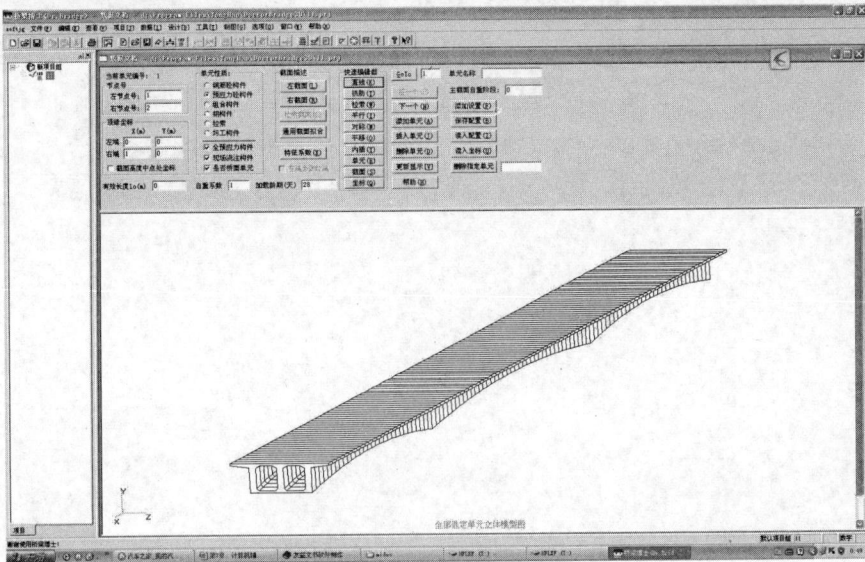

图 7 – 12　三跨连续梁三维效果图

思考练习题

1. 常用的桥梁辅助结构设计分析软件有哪些,其各自的适用条件及特点?
2. 运用桥梁博士与 MIDAS/Civil 软件建立预应力简支梁桥计算分析模型。
3. 分别运用桥梁博士与 MIDAS/Civil 软件进行荷载横向分布系数的计算。
4. 分别运用桥梁博士与 MIDAS/Civil 软件分析桥梁结构悬臂浇筑法施工。
5. 试分别根据倒装法和正装法运用桥梁辅助设计分析软件分析桥梁的施工过程。

附　录

附录 I　铰接板荷载横向分布影响线竖标表

说明：

1. 本表适用于横向铰接的梁或板，各片梁或板的截面是相同的；

2. 表头的两个数字表示所要查的梁或板号，其中第一个数目表示该梁或板是属于几片梁或板铰接而成的体系，第二个数目表示该片梁或板在这个体系中自左而右的序号；

3. 横向分布影响线竖标以 η_{ij} 表示，第一个脚标 i 表示所要求的梁或板号，第二个脚标 j 表示受单位荷载作用的那片梁或板号，表中 η_{ij} 下的数字前者表示 i，后者表示 j，η_{ij} 的竖标应绘在梁或板的中轴线处；

4. 表中的 η_{ij} 值为小数点后的三位数字，例如 278 即为 0.278，006 即为 0.006；

5. 表值按刚度参数 γ 给出

$$\gamma = 5.8 \frac{I}{I_T} \left(\frac{b}{l} \right)^2$$

式中：l——计算跨径；

　　　b——一片梁或板的宽度；

　　　I——梁或板的抗弯惯矩；

　　　I_T——梁或板的抗扭惯矩。

铰接板　3－1

γ	η_{ij}			γ	η_{ij}			γ	η_{ij}		
	11	12	13		11	12	13		11	12	13
0.00	333	333	333	0.08	434	325	241	0.40	626	294	080
0.01	348	332	319	0.10	454	323	223	0.60	683	278	040
0.02	363	331	306	0.15	496	317	186	1.00	750	250	000
0.04	389	329	282	0.20	531	313	156	2.00	829	200	－029
0.06	413	327	260	0.30	585	303	112				

铰接板 3-2

γ	η_{ij} 21	22	23	γ	η_{ij} 21	22	23	γ	η_{ij} 21	22	23
0.00	333	333	333	0.08	325	351	325	0.40	294	412	294
0.01	332	336	332	0.10	323	355	323	0.60	278	444	278
0.02	331	338	331	0.15	317	365	317	1.00	250	500	250
0.04	329	342	329	0.20	313	375	313	2.00	200	600	200
0.06	327	346	327	0.30	303	394	303				

铰接板 4-1

γ	η_{ij} 11	12	13	14	γ	η_{ij} 11	12	13	14
0.00	250	250	250	250	0.15	484	295	139	082
0.01	276	257	238	229	0.20	524	298	119	060
0.02	300	263	227	210	0.30	583	296	089	033
0.04	341	273	208	178	0.40	625	291	066	018
0.06	375	280	192	153	0.60	682	277	035	005
0.08	405	285	178	132	1.00	750	250	000	000
0.10	431	289	165	114	2.00	828	201	—034	005

铰接板 4-2

γ	η_{ij} 21	22	23	24	γ	η_{ij} 21	22	23	24
0.00	250	250	250	250	0.15	295	327	238	139
0.01	257	257	248	238	0.20	298	345	238	119
0.02	263	264	246	227	0.30	296	375	240	089
0.04	273	276	243	208	0.40	291	400	243	066
0.06	280	287	241	192	0.60	277	441	247	035
0.08	285	298	239	178	1.00	250	500	250	000
0.10	289	307	239	165	2.00	201	593	240	—034

γ	$\eta_{\dot{\jmath}}$					γ	$\eta_{\dot{\jmath}}$				
	11	12	13	14	15		11	12	13	14	15
0.00	200	200	200	200	200	0.15	481	291	130	061	036
0.01	237	216	194	180	173	0.20	523	295	114	045	023
0.02	269	229	188	163	151	0.30	583	296	087	026	.010
0.04	321	249	178	136	116	0.40	625	291	066	015	004
0.06	362	263	168	115	092	0.60	682	277	035	004	001
0.08	396	273	158	099	073	1.00	750	250	000	000	000
0.10	425	281	150	085	059	2.00	828	201	−034	006	−001

γ	$\eta_{\dot{\jmath}}$					γ	$\eta_{\dot{\jmath}}$				
	21	22	23	24	25		21	22	23	24	25
0.00	200	200	200	200	200	0.15	291	320	222	105	061
0.01	216	215	202	187	180	0.20	295	341	227	091	045
0.02	229	228	204	176	163	0.30	296	374	235	070	026
0.04	249	249	207	158	136	0.40	291	399	240	055	015
0.06	263	267	211	144	115	0.60	277	440	246	031	004
0.08	273	281	214	133	099	1.00	250	500	250	000	000
0.10	281	294	216	123	085	2.00	201	593	241	−041	006

γ	$\eta_{\dot{\jmath}}$					γ	$\eta_{\dot{\jmath}}$				
	31	32	33	34	35		31	32	33	34	35
0.00	200	200	200	200	200	0.15	130	222	295	222	130
0.01	194	202	208	202	194	0.20	114	227	318	227	114
0.02	188	204	215	204	188	0.30	087	235	357	235	087
0.04	178	207	230	207	178	0.40	066	240	389	240	066
0.06	168	211	243	211	168	0.60	035	246	437	246	035
0.08	158	214	256	214	158	1.00	000	250	500	250	000
0.10	150	216	268	216	150	2.00	−034	241	586	241	−034

铰接板 6-1

γ	η_{ij}						γ	η_{ij}					
	11	12	13	14	15	16		11	12	13	14	15	16
0.00	167	167	167	167	167	167	0.15	481	290	129	058	027	016
0.01	214	192	168	151	140	135	0.20	523	295	113	043	017	009
0.02	252	212	168	138	119	110	0.30	583	295	086	025	008	003
0.04	312	239	165	117	090	077	0.40	625	291	065	015	003	001
0.06	358	257	159	101	069	055	0.60	682	277	035	004	001	000
0.08	394	270	152	088	055	041	1.00	750	250	000	000	000	000
0.10	423	278	146	078	044	031	2.00	828	201	−034	006	−001	000

铰接板 6-2

γ	η_{ij}						γ	η_{ij}					
	21	22	23	24	25	26		21	22	23	24	25	26
0.00	167	167	167	167	167	167	0.15	290	319	219	098	046	027
0.01	192	190	175	157	146	140	0.20	295	340	226	087	035	017
0.02	212	209	182	149	129	119	0.30	295	373	234	069	021	008
0.04	239	238	192	137	105	090	0.40	291	399	240	054	012	003
0.06	257	259	200	127	087	069	0.60	277	440	246	031	004	001
0.08	270	276	206	119	074	055	1.00	250	500	250	000	000	000
0.10	278	291	210	112	064	044	2.00	201	593	241	−041	007	−001

铰接板 6-3

γ	η_{ij}						γ	η_{ij}					
	31	32	33	34	35	36		31	32	33	34	35	36
0.00	167	167	167	167	167	167	0.15	129	219	288	208	098	058
0.01	168	175	179	170	157	151	0.20	113	226	314	217	087	043
0.02	168	182	190	173	149	138	0.30	086	234	356	230	069	025
0.04	165	192	210	179	137	117	0.40	065	240	388	238	054	015
0.06	159	200	227	186	127	101	0.60	035	246	437	246	031	004
0.08	152	206	243	191	119	088	1.00	000	250	500	250	000	000
0.10	146	210	257	197	112	078	2.00	−034	241	586	243	−041	006

铰接板　7－1

γ	η_j							γ	η_j						
	11	12	13	14	15	16	17		11	12	13	14	15	16	17
0.00	143	143	143	143	143	143	143	0.15	480	290	128	057	025	012	007
0.01	200	177	152	133	120	111	107	0.20	523	295	113	043	017	007	003
0.02	244	202	157	125	102	088	082	0.30	583	295	086	025	007	002	001
0.04	309	235	159	109	078	059	051	0.40	625	291	065	015	003	001	000
0.06	356	255	156	096	061	042	034	0.60	682	277	035	004	001	000	000
0.08	293	268	151	085	049	031	023	1.00	750	250	000	000	000	000	000
0.10	423	278	144	076	040	023	016	2.00	828	201	−034	006	−001	000	000

铰接板　7－2

γ	η_j							γ	η_j						
	21	22	23	24	25	26	27		21	22	23	24	25	26	27
0.00	143	143	143	143	143	143	143	0.15	290	318	219	097	043	020	012
0.01	177	175	158	139	125	115	111	0.20	295	340	225	086	033	013	007
0.02	202	198	170	135	111	096	088	0.30	295	373	234	068	020	006	002
0.04	235	232	185	127	091	069	059	0.40	291	399	240	054	012	003	001
0.06	255	256	196	121	077	053	042	0.60	277	440	246	031	004	001	000
0.08	268	275	203	115	067	041	031	1.00	250	500	250	000	000	000	000
0.10	278	290	209	109	058	033	023	2.00	201	593	241	−041	007	−001	000

铰接板　7－3

γ	η_j							γ	η_j						
	31	32	33	34	35	36	37		31	32	33	34	35	36	37
0.00	143	143	143	143	143	143	143	0.15	128	219	287	205	092	043	025
0.01	152	158	161	150	134	125	120	0.20	113	225	314	216	083	033	017
0.02	157	170	176	156	128	111	102	0.30	086	234	356	229	067	020	007
0.04	159	185	201	167	119	091	078	0.40	065	240	388	237	053	012	003
0.06	156	196	222	176	112	077	061	0.60	035	246	437	246	031	004	001
0.08	151	203	239	184	107	067	049	1.00	000	250	500	250	000	000	000
0.10	144	209	255	191	102	058	040	2.00	−034	241	586	243	−042	007	−001

γ	$\eta_{前}$							γ	$\eta_{前}$						
	41	42	43	44	45	46	47		41	42	43	44	45	46	47
0.00	143	143	143	143	143	143	143	0.15	057	097	205	282	205	097	057
0.01	133	139	150	157	150	139	133	0.20	043	086	216	310	216	086	043
0.02	125	135	156	169	156	135	125	0.30	025	068	229	354	229	068	025
0.04	109	127	167	193	167	127	109	0.40	015	054	237	387	237	054	015
0.06	096	121	176	213	176	121	096	0.60	004	031	246	436	246	031	004
0.08	085	115	184	231	184	115	085	1.00	000	000	250	500	250	000	000
0.10	076	109	191	248	191	109	076	2.00	006	−041	243	586	243	−041	006

铰接板　8－1

γ	$\eta_{前}$							
	11	12	13	14	15	16	17	18
0.00	125	125	125	125	125	125	125	125
0.01	191	168	142	122	107	096	089	085
0.02	239	197	151	117	093	076	066	061
0.04	307	233	156	106	073	052	040	034
0.06	355	254	155	094	058	037	025	020
0.08	392	268	150	084	048	028	017	013
0.10	423	277	144	075	039	021	012	008
0.15	480	290	128	057	025	011	005	003
0.20	523	295	113	043	016	006	003	001
0.30	583	295	086	025	007	002	001	000
0.40	625	291	065	015	003	001	000	000
0.60	682	277	035	004	001	000	000	000
1.00	750	250	000	000	000	000	000	000
2.00	828	201	−034	006	−001	000	000	000

铰接板　8－2

γ	$\eta_{前}$							
	21	22	23	24	25	26	27	28
0.00	125	125	125	125	125	125	125	125
0.01	168	165	148	127	111	100	092	089

γ	$\eta_{乃}$							
	21	22	23	24	25	26	27	28
0.02	197	193	163	127	101	083	071	066
0.04	233	230	182	123	085	060	046	040
0.06	254	255	194	119	073	047	032	025
0.08	268	274	202	113	064	037	023	017
0.10	277	290	208	108	057	030	017	012
0.15	290	318	219	097	043	019	009	005
0.20	295	340	225	086	033	013	006	003
0.30	295	373	234	068	020	006	002	001
0.40	291	399	240	054	012	003	001	000
0.60	277	440	246	031	004	000	000	000
1.00	250	500	250	000	000	000	000	000
2.00	201	593	241	−041	007	−001	000	000

铰接板　8－3

γ	$\eta_{乃}$							
	31	32	33	34	35	36	37	38
0.00	125	125	125	125	125	125	125	125
0.01	142	148	150	137	120	108	100	096
0.02	151	163	168	147	116	096	083	076
0.04	156	182	197	162	111	079	060	052
0.06	155	194	219	173	107	068	047	037
0.08	150	202	238	182	103	060	037	028
0.10	144	208	254	190	099	053	030	021
0.15	128	219	287	205	091	041	019	011
0.20	113	225	314	215	082	032	013	006
0.30	086	234	356	229	067	020	006	002
0.40	065	240	388	237	053	012	003	001
0.60	035	246	437	246	031	004	001	000
1.00	000	250	500	250	000	000	000	000
2.00	−034	241	586	243	−042	007	−001	000

铰接板　8-4

γ	η_{ij}							
	41	42	43	44	45	46	47	48
0.00	125	125	125	125	125	125	125	125
0.01	122	127	137	143	134	120	111	107
0.02	117	127	147	158	142	116	101	093
0.04	106	123	162	185	156	111	085	073
0.06	094	119	173	208	168	107	073	058
0.08	084	113	182	227	178	103	064	048
0.10	075	108	190	245	186	099	057	039
0.15	057	097	205	281	203	091	043	025
0.20	043	086	215	310	214	082	033	016
0.30	025	068	229	354	229	067	020	007
0.40	015	054	237	387	237	053	012	003
0.60	004	031	246	436	246	031	004	001
1.00	000	000	250	500	250	000	000	000
2.00	006	−041	243	586	243	−042	007	−001

铰接板　9-1

γ	η_{ij}							
	11	12	13	14	15	16	17	18	19
0.00	111	111	111	111	111	111	111	111	111
0.01	185	162	136	115	098	086	077	072	069
0.02	236	194	147	113	088	070	057	049	046
0.04	306	232	155	104	070	048	035	026	023
0.06	355	254	154	094	057	035	023	015	012
0.08	392	268	150	084	047	027	015	010	007
0.10	423	277	144	075	039	020	011	006	004
0.15	480	290	128	057	025	011	005	002	001
0.20	523	295	113	043	016	006	002	001	000
0.30	583	295	086	025	007	002	001	000	000
0.40	625	291	065	015	003	001	000	000	000
0.60	682	277	035	004	001	000	000	000	000
1.00	750	250	000	000	000	000	000	000	000
2.00	828	201	−034	006	−001	000	000	000	000

γ	η_j								
	21	22	23	24	25	26	27	28	29
0.00	111	111	111	111	111	111	111	111	111
0.01	162	158	141	119	102	090	081	075	072
0.02	194	189	160	122	095	075	062	053	049
0.04	232	229	181	121	082	057	040	031	026
0.06	254	255	194	118	072	044	028	019	015
0.08	268	274	202	113	063	036	021	013	010
0.10	277	290	208	108	056	029	016	009	006
0.15	290	318	219	097	043	019	008	004	002
0.20	295	340	225	086	033	013	005	002	001
0.30	295	373	234	068	020	006	002	001	000
0.40	291	399	240	054	012	003	001	000	000
0.60	277	440	246	031	004	001	000	000	000
1.00	250	500	250	000	000	000	000	000	000
2.00	201	593	241	−041	007	−001	000	000	000

γ	η_j								
	31	32	33	34	35	36	37	38	39
0.00	111	111	111	111	111	111	111	111	111
0.01	136	141	142	129	111	097	087	081	077
0.02	147	160	164	141	110	087	072	062	057
0.04	155	181	195	159	108	074	053	040	035
0.06	154	194	219	172	105	065	041	028	023
0.08	150	202	237	182	102	058	033	021	015
0.10	144	208	254	190	099	052	028	016	011
0.15	128	219	287	205	090	040	018	008	005
0.20	113	225	314	215	082	031	012	005	002
0.30	086	234	356	229	067	020	006	002	001
0.40	065	240	388	237	053	012	003	001	000
0.60	035	246	431	246	031	004	001	000	000
1.00	000	250	500	250	000	000	000	000	000
2.00	−034	240	586	243	−042	007	−001	000	000

铰接板 9 - 4

γ	41	42	43	44	45	46	47	48	49
					η_{ij}				
0.00	111	111	111	111	111	111	111	111	111
0.01	115	119	129	133	123	108	097	090	086
0.02	113	122	141	152	134	106	087	075	070
0.04	104	121	159	182	151	104	074	057	048
0.06	094	118	172	206	165	102	065	044	035
0.08	084	113	182	226	176	099	058	036	027
0.10	075	108	190	244	185	097	052	029	020
0.15	057	097	205	281	202	089	040	019	011
0.20	043	086	215	310	214	082	031	013	006
0.30	025	068	229	354	229	067	020	006	002
0.40	015	054	237	387	237	053	012	003	001
0.60	004	031	246	436	246	031	004	001	000
1.00	000	000	250	500	250	000	000	000	000
2.00	006	−041	243	586	243	−042	007	−001	000

铰接板 9 - 5

γ	51	52	53	54	55	56	57	58	59
					η_{ij}				
0.00	111	111	111	111	111	111	111	111	111
0.01	098	102	111	123	131	123	111	102	098
0.02	088	095	110	134	148	134	110	095	088
0.04	070	082	108	151	178	151	108	082	070
0.06	057	072	105	165	203	165	105	072	057
0.08	047	063	102	176	224	176	102	063	047
0.10	039	056	099	185	242	185	099	056	039
0.15	025	043	090	202	280	202	090	043	025
0.20	016	033	082	214	309	214	082	033	016
0.30	007	020	067	229	354	229	067	020	007
0.40	003	012	053	237	387	237	053	012	003
0.60	001	004	031	246	436	246	031	004	001
1.00	000	000	000	250	500	250	000	000	000
2.00	−001	007	−042	243	586	243	−042	007	−001

γ	$\eta_{万}$									
	11	12	13	14	15	16	17	18	19	1,10
0.00	100	100	100	100	100	100	100	100	100	100
0.01	181	158	131	110	093	080	070	063	058	056
0.02	234	192	146	111	085	066	052	043	037	034
0.04	306	232	155	103	069	047	032	023	018	015
0.06	355	254	154	094	057	035	021	014	009	007
0.08	392	268	150	084	047	026	015	009	005	004
0.10	423	277	144	075	039	020	011	006	003	002
0.15	480	290	128	057	025	011	005	002	001	001
0.20	523	295	113	043	016	006	002	001	000	000
0.30	583	295	086	025	007	002	001	000	000	000
0.40	625	291	065	015	003	001	000	000	000	000
0.60	682	277	035	004	001	000	000	000	000	000
1.00	750	250	000	000	000	000	000	000	000	000
2.00	828	201	−034	006	−001	000	000	000	000	000

γ	$\eta_{万}$									
	21	22	23	24	25	26	27	28	29	2,10
0.00	100	100	100	100	100	100	100	100	100	100
0.01	158	154	137	114	097	083	073	065	060	058
0.02	192	188	157	120	092	071	056	046	040	037
0.04	232	229	181	121	081	055	038	027	020	018
0.06	254	255	193	117	071	044	027	017	012	009
0.08	268	274	202	113	063	035	020	012	007	005
0.10	277	290	208	108	056	029	015	008	005	003
0.15	290	318	219	097	043	019	008	004	002	001
0.20	295	340	225	086	033	013	005	002	001	000
0.30	295	373	234	068	020	006	002	001	000	000
0.40	291	399	240	054	012	003	001	000	000	000
0.60	277	440	246	031	004	001	000	000	000	000
1.00	250	500	250	000	000	000	000	000	000	000
2.00	201	593	241	−041	007	−001	000	000	000	000

铰接板 10-3

γ	η_{ij}									
	31	32	33	34	35	36	37	38	39	3,10
0.00	100	100	100	100	100	100	100	100	100	100
0.01	131	137	137	123	104	090	078	070	065	063
0.02	146	157	162	138	106	082	065	054	046	043
0.04	155	181	195	158	106	072	049	035	027	023
0.06	154	193	218	171	104	064	039	025	017	014
0.08	150	202	237	181	101	057	032	019	012	009
0.10	144	208	254	189	098	051	027	014	008	006
0.15	128	219	287	205	090	040	018	008	004	002
0.20	113	225	314	215	082	031	012	005	002	001
0.30	086	234	356	229	067	020	006	002	001	000
0.40	065	240	388	237	053	012	003	001	000	000
0.60	035	246	437	246	031	004	001	000	000	000
1.00	000	250	500	250	000	000	000	000	000	000
2.00	−034	241	586	243	−042	007	−001	000	000	000

铰接板 10-4

γ	η_{ij}									
	41	42	43	44	45	46	47	48	49	4,10
0.00	100	100	100	100	100	100	100	100	100	100
0.01	110	114	123	127	116	100	087	078	073	070
0.02	111	120	138	148	129	100	080	065	056	052
0.04	103	121	158	180	149	101	069	049	038	032
0.06	094	117	171	205	163	100	062	039	027	021
0.08	084	113	181	226	175	098	056	032	020	015
0.10	075	108	189	244	185	096	050	027	015	011
0.15	057	097	205	281	202	089	040	018	008	005
0.20	043	086	215	310	214	082	031	012	005	002
0.30	025	068	229	354	229	067	020	006	002	001
0.40	015	054	237	387	237	053	012	003	001	000
0.60	004	031	246	436	246	031	004	001	000	000
1.00	000	000	250	500	250	000	000	000	000	000
2.00	006	−041	243	586	243	−042	007	−001	000	000

γ	η_{ij}									
	51	52	53	54	55	56	57	58	59	5,10
0.00	100	100	100	100	100	100	100	100	100	100
0.01	093	097	104	116	123	114	100	090	083	080
0.02	085	092	106	129	142	126	100	082	071	066
0.04	069	081	106	149	175	146	101	072	055	047
0.06	057	071	104	163	201	162	100	064	044	035
0.08	047	063	101	175	223	174	098	057	035	026
0.10	039	056	098	185	241	184	096	051	029	020
0.15	025	043	090	202	280	201	089	040	019	011
0.20	016	033	082	214	309	214	082	031	013	006
0.30	007	020	067	229	354	229	067	020	006	002
0.40	003	012	053	237	387	237	053	012	003	001
0.60	001	004	031	246	436	246	031	004	001	000
1.00	000	000	000	250	500	250	000	000	000	000
2.00	－001	007	－042	243	586	243	－042	007	－001	000

附录Ⅱ　G—M 法 K_0、K_1 值的计算用表

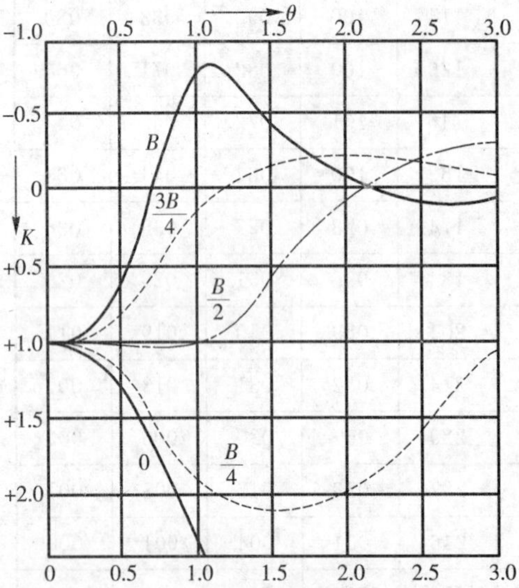

附图Ⅱ-1　梁位 $f=0$ 处的荷载横向影响系数 K_0

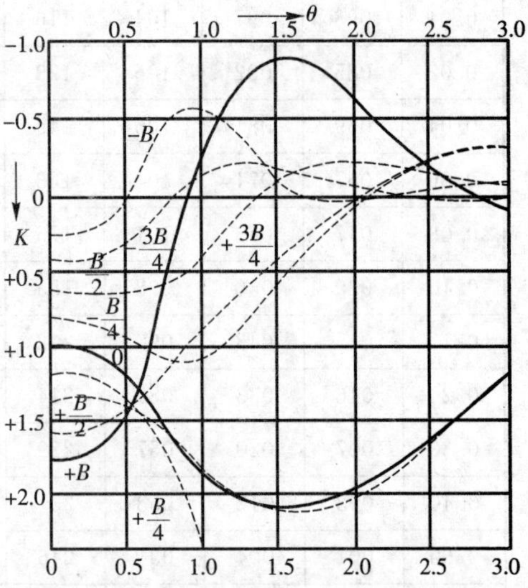

附图Ⅱ-2　梁位 $f=B/4$ 处的荷载横向影响系数 K_0

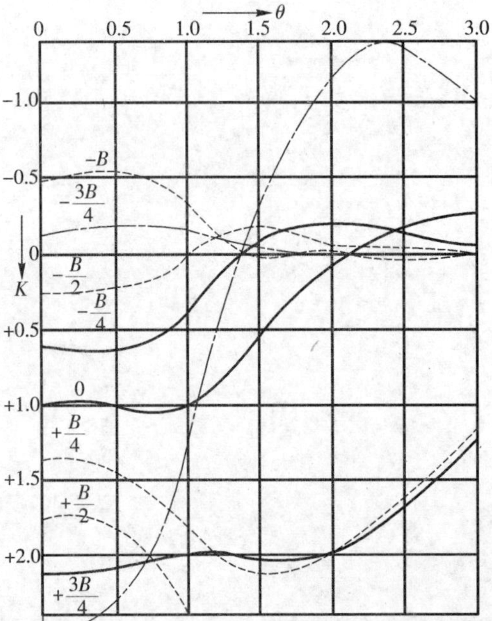

附图Ⅱ-3　梁位 $f=B/2$ 处的荷载横向影响系数 K_0

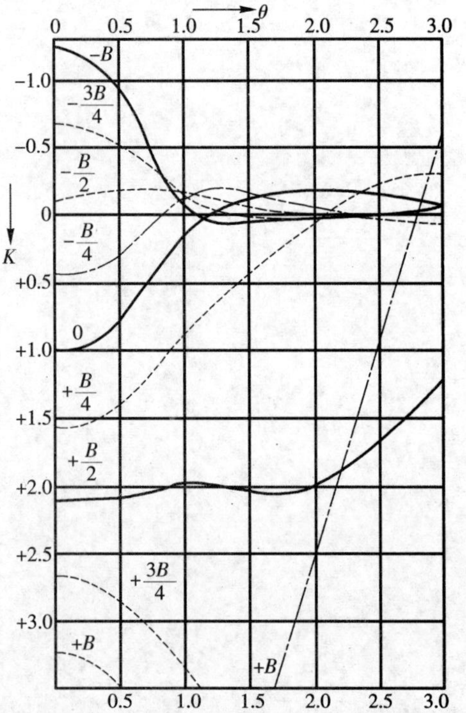

附图Ⅱ-3　梁位 $f=3B/4$ 处的荷载横向影响系数 K_0

桥梁工程(第2版)

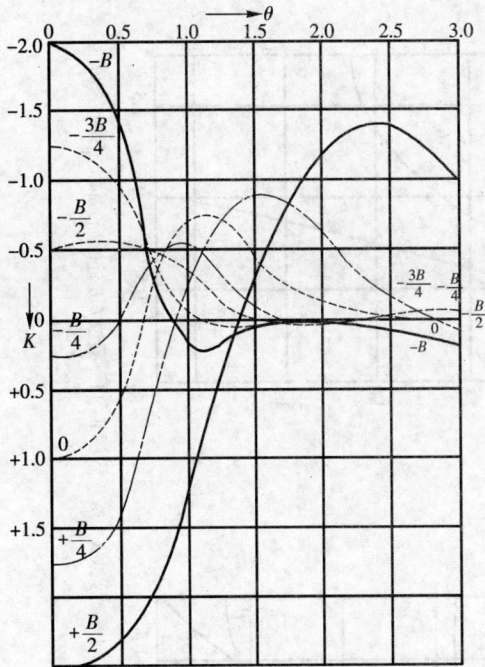

附图Ⅱ-5 梁位 $f=B$ 处的荷载横向影响系数 K_0

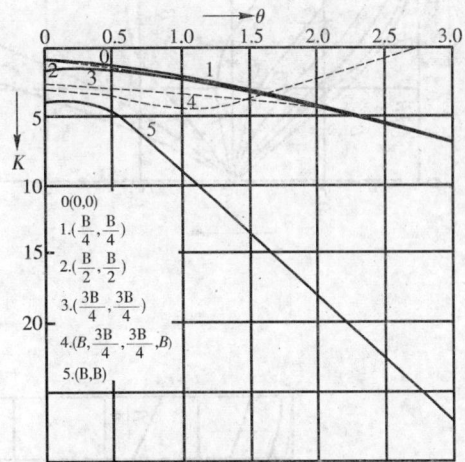

附图Ⅱ-6 不同梁位处的荷载横向影响系数 K_0（数值较大时）

0(0,0)
1. $\left(\dfrac{B}{4},\dfrac{B}{4}\right)$
2. $\left(\dfrac{B}{2},\dfrac{B}{2}\right)$
3. $\left(\dfrac{3B}{4},\dfrac{3B}{4}\right)$
4. $\left(B,\dfrac{3B}{4},\dfrac{3B}{4},B\right)$
5. (B,B)

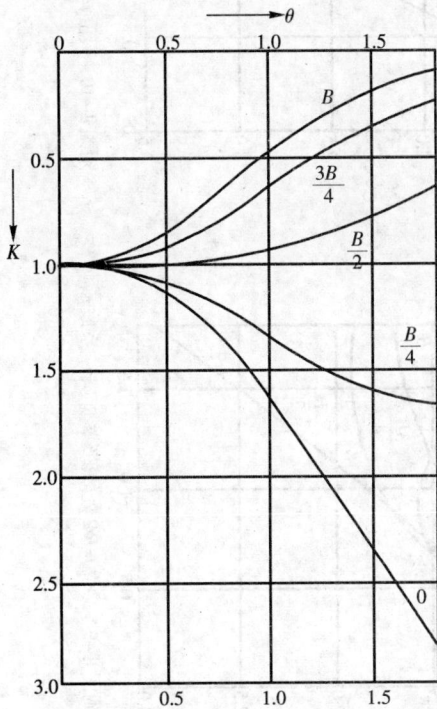

附图Ⅱ-7 梁位 $f=0$ 处的荷载横向影响系数 K_1

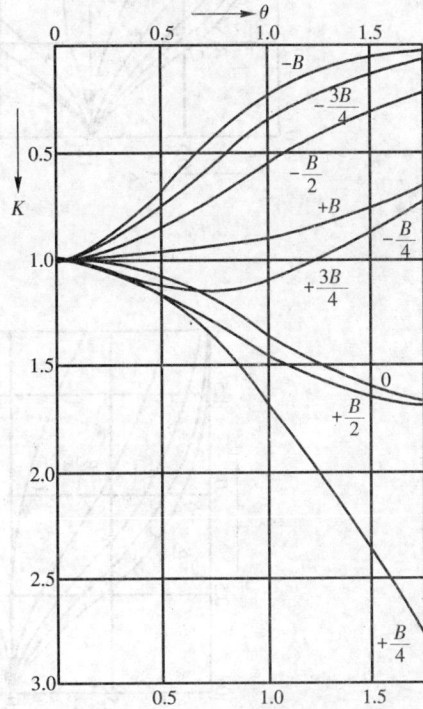

附图Ⅱ-8 梁位 $f=B/4$ 处的荷载横向影响系数 K_1

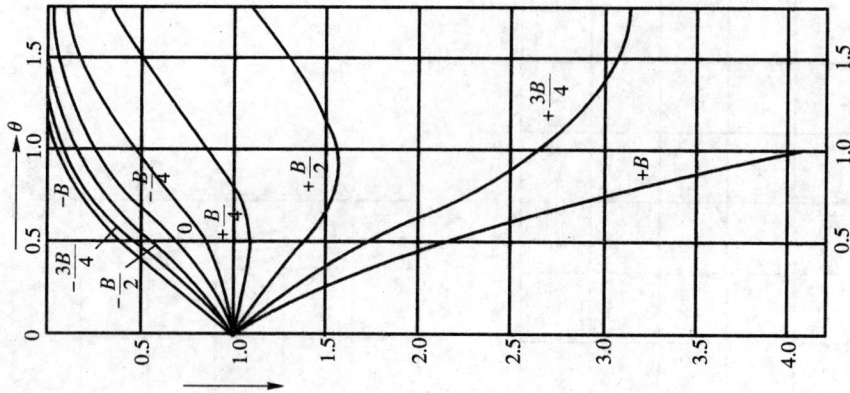

附图 II –11　梁位 $f=B$ 处的荷载横向影响系数 K_1

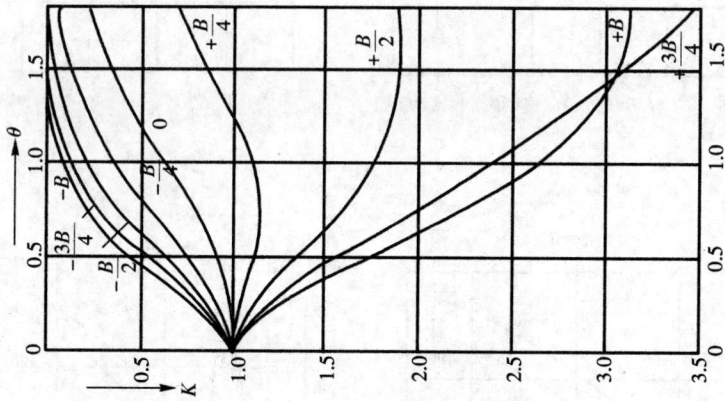

附图 II –10　梁位 $f=3B/4$ 处的荷载横向影响系数 K_1

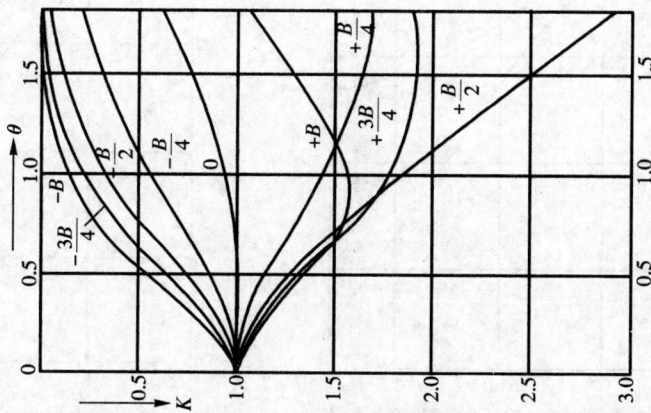

附图 II –9　梁位 $f=B/2$ 处的荷载横向影响系数 K_1